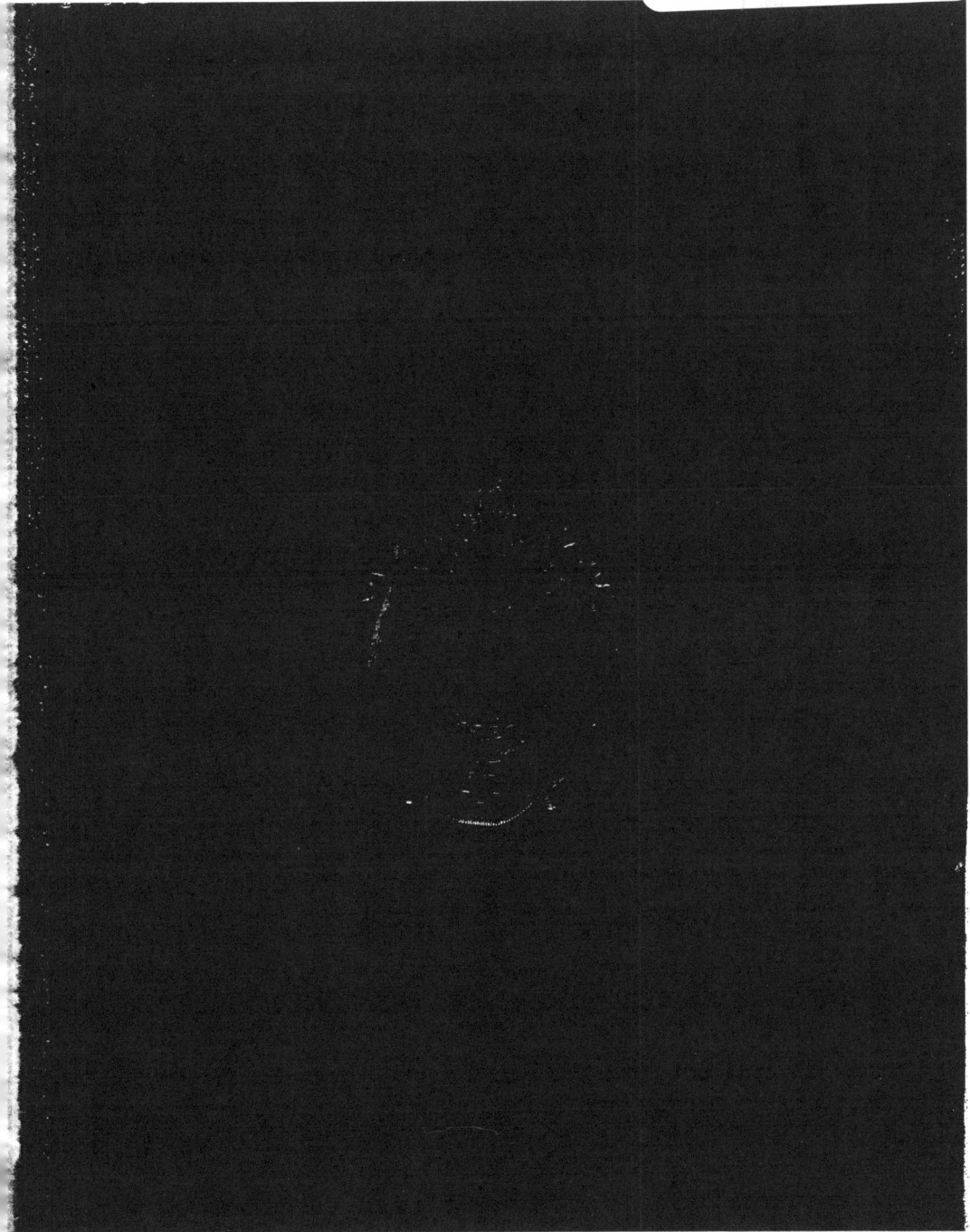

ENCYCLOPÉDIE

MÉTHODIQUE,

OU

PAR ORDRE DE MATIÈRES;

PAR UNE SOCIÉTÉ DE GENS DE LETTRES,
DE SAVANS ET D'ARTISTES;

Précédée d'un Vocabulaire universel, *servant de Table pour tout* l'Ouvrage *, ornée des Portraits de MM.* DIDEROT & D'ALEMBERT, *premiers Éditeurs de* l'Encyclopédie.

ENCYCLOPÉDIE

MÉTHODIQUE.

Blason.

A PARIS,

Chez PANCKOUCKE, Libraire, hôtel de Thou, rue des Poitevins;

A LIÈGE,

Chez PLOMTEUX, Imprimeur des États.

M. DCC. LXXXIV.

AVEC APPROBATION ET PRIVILÈGE DU ROI.

DISCOURS PRÉLIMINAIRE.

M. le chevalier de Jaucourt, que son zèle pour les lettres & l'étendue de ses connoissances ont rendu si utile à l'Encyclopédie, s'étoit chargé, dans la première édition de cet ouvrage, de plusieurs des principaux articles concernans la noblesse & le Blason; il les avoit traités avec une philosophie qui devenoit en lui de la générosité, & qu'un roturier auroit peut-être eu tort de montrer. Peu de gens auroient eu, comme M. le chevalier de Jaucourt, le courage d'écrire contre des avantages dont ils jouissoient, & de vouloir détromper d'une erreur qui leur étoit utile; c'étoit cependant à un homme de son nom à faire ainsi les honneurs de la noblesse & des grands noms; mais, osons le dire, il les a trop faits. Qu'il eût traité de préjugé la noblesse, ce n'est pas toujours condamner une idée établie, que de la traiter de préjugé; il peut y avoir des préjugés utiles, & que la philosophie même enseigne à respecter : mais il cherche à donner du ridicule à celui-là; il l'attaque dans sa source; & non content d'établir que la nature nous fait tous égaux par la naissance, la mort & le malheur, il soutient qu'elle a tant contrarié la loi, qu'il n'y auroit en effet ni noble, ni roturier, si les secrets de la nature étoient dévoilés : il se plait à voir dans toute généalogie indistinctement un mélange confus *de pourpre & de haillons*, *de sceptres & d'outils*, *d'honneurs & d'opprobres*. On peut lui accorder tout, par l'impossibilité de rien établir & de rien détruire en ce genre: peu de races sans doute descendent, comme dit Boileau, *de Lucrèce en Lucrèce*, des auteurs que les titres indiquent & que la loi reconnoît : les noms devroient se perpétuer par les femmes, pour que le sang fût sûrement transmis avec le nom; mais dans les idées saines de la noblesse, le hasard, le secret de la naissance n'est rien, l'éducation seule fait tout; & n'est-ce rien que ces principes d'honneur, d'élévation, de courage, dont l'idée d'être issu d'un sang illustre fait aux nobles un devoir plus sacré, principes qui se transmettent, non pas peut-être avec le sang, mais par une éducation systématique, continuée de génération en génération ? N'est-ce rien que ces anathêmes lancés par Juvénal, par tous les moralistes, & sur-tout par l'opinion contre les fils dégénérés? Et puisqu'on ne peut espérer de conduire à la fois tous les hommes à la vertu, n'est-ce rien que d'y mener plus sûrement, par des moyens particuliers, une portion choisie de l'humanité ?

Mais ces moyens sont chimériques !

Non, s'ils sont efficaces. Qu'importe que quelques hommes se croyent mal-à-propos supérieurs aux autres hommes, si par cette erreur ils le deviennent réellement? Qu'importe que ce soit la vanité qui grave plus profondément dans leur ame les principes de l'honneur, le zèle pour la patrie, l'ardeur pour la servir & pour la défendre ? S'il est vrai qu'il ne faille rien espérer des humains que par leurs foiblesses, mettons ces foiblesses à profit, faisons-en des instrumens de vertu.

Mais, dira-t-on peut-être, si l'idée d'être issu d'un sang illustre, & les distinctions attachées à ce hasard heureux peuvent élever les nobles au-dessus des autres hommes, & leur faire un devoir particulier des devoirs communs du citoyen, n'est-il pas à craindre que l'idée d'être confondus dans la foule ne rabaisse les roturiers au-dessous d'eux-mêmes, qu'elle ne les porte, privés comme ils le sont des encouragemens & des récompenses réservés aux nobles, à se dispenser des devoirs dont ils regardent les nobles comme spécialement chargés ? Si le sentiment de la noblesse peut ennoblir encore, le sentiment de la bassesse ne peut-il pas avilir? Alors la noblesse ne donneroit à une foible partie de la nation un petit ressort factice, qu'en privant la nation entière de tout ressort & de toute énergie.

Je réponds que cet inconvénient ne pourroit arriver que par la mal-adresse du Gouvernement, s'il mettoit entre les nobles & les roturiers une barrière que ceux-ci ne pussent jamais franchir, mais qu'il ne peut avoir lieu dans un état où la carrière de l'honneur est ouverte à tout le monde.

Patere honoris scirent ut cuncti viam,
Nec generi tribui, sed virtuti gloriam.
                                        PHEDR.

Il ne peut avoir lieu dans un État, où la noblesse conserve son origine respectable, où elle continue d'être ce qu'elle a été dans sa source, c'est-à-dire le prix de la valeur, des talens, des services, des vertus ; alors le roturier envisage la noblesse comme un but proposé à ses travaux, il la regarde d'un œil, non d'envie, mais d'émulation ; il dit : *Voilà où je peux parvenir, voilà l'héritage que je puis laisser à mes enfans.* Il s'établit alors entre le noble & le roturier une concurrence heureuse ; l'un travaille à n'avoir point d'égal, l'autre à n'avoir point de supérieur ; celui-ci veut atteindre celui qu'il voit devant lui ; celui-là craint d'être atteint, & l'État est servi. La noblesse peut donc être regardée comme une institution politique avantageuse. Que l'annoblissement soit ce qu'il doit être, c'est-à-dire la récompense d'une grande, d'une belle, d'une bonne action, d'un service public & connu, non une simple marque de faveur toujours suspecte d'être le fruit de l'intrigue, & les nouveaux nobles n'envieront point aux anciens cet avantage de l'ancienneté, tout considérable qu'il est & qu'il doit être en matière de noblesse. Nous disons : *& qu'il doit être*, car si les fils n'ont pas dégénéré de la vertu de leurs pères, plus une race est ancienne, plus elle a produit de sujets utiles à la patrie, plus par conséquent elle doit être chère & respectable à cette même patrie.

M. le chevalier de Jaucourt étant si peu favorable à la noblesse, ne pouvoit pas l'être davantage au Blason, qui n'est que la connoissance des signes par lesquels les nobles se distinguoient des roturiers & se distinguoient aussi entre eux.

» Il n'y a pas, dit-il, une seule brochure sur l'art de faire des chemises, des bas, » des souliers, du pain ; l'Encyclopédie est le premier & l'unique ouvrage qui décrive » ces arts utiles aux hommes, tandis que la librairie est inondée de livres sur la science » vaine & ridicule des armoiries ; je ne les vois jamais, ces livres, dans des biblio- » thèques de particuliers, que je ne me rappelle la conversation du pâtre, du mar- » chand, du gentilhomme, & du fils de Roi, que la Fontaine fait sur le bord » de l'Amérique ; là, se trouvant ensemble & raisonnant sur les moyens de fournir à leur » subsistance prochaine le fils de Roi dit, qu'il enseigneroit *la politique. Le noble* » *poursuivit :*

Moi je sais le Blason, j'en veux tenir école,
Comme si devers l'Inde, on eût eu dans l'esprit
La sotte vanité de ce jargon frivole.

» Le temps n'est pas encore venu parmi nous, où l'art héraldique sera réduit à sa » juste valeur, &c. ».

M. le chevalier de Jaucourt commence par avoir raison ; avant l'Encyclopédie, les objets les plus utiles, les objets mécaniques, étoient négligés comme ignobles. Cette erreur venoit du régime féodal & tenoit à des idées fausses & exaltées sur la noblesse & sur la roture qu'on regardoit comme séparées par un intervalle immense. Tout exercice inconnu à l'ancienne noblesse étoit réputé vil, les métiers, les arts, les sciences même ; on sait aujourd'hui que tout ce qui est utile, est noble, & l'Encyclopédie n'a pas peu contribué à établir cette vérité.

Le reste du discours de M. de Jaucourt est d'une exagération manifeste. La science des armoiries n'a rien de plus ridicule que celle des autres distinctions établies parmi les hommes ; elle est ignorée & chez les sauvages de l'Amérique & dans les états despotiques de l'Orient, par des raisons qui ne font pas à l'avantage de cette ignorance ; mais dans la plupart des monarchies mitigées, la noblesse & ses distinctions tiennent à

la conftitution de l'État; quelque progrès que faffent dans la fuite nos lumières, & quelque contraires qu'elles puiffent être aux diftinctions de la nobleffe, l'art héraldique ne
fera probablement jamais oublié; il tient trop effentiellement à l'hiftoire. Quand les révolutions du temps, de la fortune & de la politique auroient tout changé à cet égard,
le paffé ne pouvant pas n'avoir pas été, le Blafon fubfifteroit toujours comme monument hiftorique. C'eft, fi l'on veut, l'hiftoire de la vanité, mais l'hiftoire de la vanité
humaine ne fe diftingue pas de l'hiftoire des hommes.

Au refte M. le chevalier de Jaucourt, avec tout fon mépris pour le Blafon, n'auroit
pu répandre fur cette fcience autant de ridicule que certains écrivains héraldiques avec
leur refpect exceffif & mal-adroit. Jaloux d'affurer à l'art qu'ils profeffoient, la plus haute
antiquité (manie commune des favans fans lumières), ils en ont été puifer l'origine dans
les fources les plus reculées de l'hiftoire tant facrée que profane; ils voient par-tout,
dès l'enfance du monde, le Blafon en honneur; ils le voient fous la même forme, ils
l'énoncent dans les mêmes termes que le Blafon moderne; s'ils ne nous préfentent pas
l'écuffon d'Adam & des premiers Patriarches, ils commencent peu de temps après la
tour de Babel & la confufion des langues; ils triomphent fur-tout au temps de Jacob;
les figures emblématiques par lefquelles ce Patriarche mourant défigne le caractère ou
annonce les deftinées futures de fes enfans (Genèfe, chapitre 49) » *Juda* eft un jeune
» lion; *Iffachar* eft un âne fort; que *Dan* devienne comme un ferpent; *Nepthali* fera
» comme un cerf; *Benjamin* fera un loup raviffant ». Les pierres précieufes à quatre
rangs & à trois pierres par rang, qui étoient pofées fur le *Rational du jugement*, dans
l'habillement du Grand-Prêtre, & fur lefquelles étoient gravées les noms des douze
tribus (Exode, chap. 28), leur paroiffent de véritables armoiries, qu'ils blafonnent avec
toutes les formules ufitées aujourd'hui. Ils difent que le lion de Juda étoit d'or en champ
de Sinople; qu'Ephraïm portoit d'or, à un bœuf de gueules, &c.

Un artifte, nommé Bara, qui a deffiné les Blafons anciens, donne à *Jofué* un écu
d'or, à une tête de lion de gueules, arrachée, lampaffée & armée d'argent; comment
ne lui donnoit-on pas le foleil qu'il avoit arrêté?

*David portoit d'azur à une harpe d'or cordée d'argent, la bordure de même, diaprée
de gueules, la diaprure remplie d'un mot hébraïque.*

Les mêmes auteurs placent le Blafon jufques dans la fable; ils le retrouvent dans
l'expédition des Argonautes & dans les fièges de Thèbes & de Troie. Bara, déja cité,
donne à *Jafon la toifon d'or, mife en pal, accornée d'azur.*

*Tiphis portoit de pourpre à un griffon d'argent, membré, becqué de gueules, tenant dans
fa griffe droite la toifon d'or.*

Caftor porte d'azur à une étoile d'argent; Pollux de gueules à une étoile d'argent, car
ces deux freres n'étoient pas tout-à-fait de la même maifon. D'ailleurs les armes, de
l'aveu de ces favans, étoient alors perfonnelles & non héréditaires.

Hercule portoit de pourpre à l'hydre d'argent, ombrée de finople, armée de gueules.

Théfée, de gueules, au minotaure d'or, tenant fur fon épaule droite une maffue de pourpre.

Amphiaraüs portoit un écu de pur argent, comme n'ayant encore rien fait de
glorieux,

Parmâque inglorius albâ.

Au contraire, Agamemnon portoit la tête d'un lion, avec cette infcription en un vers
grec:

Voici l'effroi du monde, Agamemnon le porte.

Cet emblême du moins eft naturel, & Agamemnon pouvoit en effet le porter fur
fon bouclier ou fur fon cafque.

Mais qui a dit à Bara, que *Priam portoit de gueules, au lierre d'or?*

Anchife d'or, au demi-fol de pourpre?

*Antenor, d'azur à un lion d'argent, ayant la tête d'un homme couverte d'un chapeau
de gueules, tenant une houlette d'or avec fes deux pattes?*

Hector, d'or à un lion de gueules, armé & lampassé d'argent, assis sur une chaire de pourpre, tenant avec ses pattes une hallebarde d'argent, dont le manche est d'azur ?

Et leur ennemi *Dioméde, Roi d'Etolie, d'argent à un paon rouant d'azur, œillé d'or, accompagné de trois molettes de gueules ?*

Le Blason des héros de l'histoire ancienne n'est pas moins détaillé. *Alexandre le Grand, portoit d'or à un lion de gueules, armé & lampassé d'azur.*

Les armes d'*Alcibiade* sont d'un Blason moins chimérique & d'une allégorie plus ingénieuse ; c'est un Cupidon embrassant la foudre de Jupiter.

Les royaumes & les républiques de l'antiquité avoient aussi leur Blason, c'est-à-dire qu'ils portoient dans leurs enseignes une marque distinctive, comme les particuliers en portoient dans leurs armes ; & si c'est-là ce qu'on entend par le Blason antique, soit des nations, soit des individus, c'est une chose qui peut aisément se supposer, qui est même connue jusqu'à un certain point par des devises & des emblêmes que l'histoire nous a conservés ; mais il est ridicule de s'engager à détailler jusqu'aux moindres pièces de ce Blason dans le jargon moderne qui appartient à cette science.

Ce jargon est une autre objection qu'on fait contre le Blason. Ce n'est, dit-on, qu'une science de mots, qui rejette les noms communs que tout le monde entendroit, pour en adopter d'étrangers & de barbares dont l'intelligence est réservée aux seuls initiés, qui a même une syntaxe à part, laquelle n'appartient à aucune langue connue. Si je dis que les armes de France ont un fond bleu d'où sortent trois fleurs de lys jaunes, deux en haut, une en bas, tout le monde m'entend, & j'ai donné une idée exacte des armes de France ; mais je n'ai pas parlé le langage du Blason. Si je dis au contraire : *Les rois de France portent d'azur à trois fleurs de lys d'or, deux en chef, une en pointe,* je parle la langue du Blason, mais je ne suis plus entendu que de ceux à qui cette langue est familière. Il y a plus. Supposons un homme qui ait fait une étude profonde des armoiries, qui sache distinguer celles de toutes les maisons de l'europe & les faire distinguer aux autres en se servant du langage commun ; supposons au contraire un homme qui ne sache aucunement distinguer les armoiries, ni les appliquer aux maisons qu'elles désignent, mais qui sache nommer en langage de Blason chaque pièce des diverses armoiries qu'on lui présentera, il est clair que toutes les idées héraldiques seront d'un côté, tous les mots de l'autre. & que celui qui saura reconnoître les différentes maisons à leurs armes, sera l'ignorant en blason, faute de savoir *blasonner,* c'est-à-dire faute d'avoir su retenir une nomenclature bizarre.

En général la multiplicité des signes nuit à l'acquisition des connoissances ; on surcharge la mémoire de nomenclatures infinies, & on présente à peine une idée à l'esprit. Les noms grecs sont d'un grand usage dans les sciences, parce qu'ils contiennent presque toujours en un seul mot une définition complette de la chose ; mais de quelque langue que viennent les mots *de gueules, d'azur, de sable, de sinople,* ils ne signifient toujours que *rouge, bleu, noir & verd.* C'est bien la peine de changer de noms pour cesser d'être entendu. Au lieu de créer ainsi par l'abus des mots & la multiplication des signes, des branches stériles d'une même science, il faudroit plutôt rapprocher, & pour ainsi dire identifier par un même signe tout ce que les différentes sciences peuvent avoir de commun. Si, par exemple, l'ortographe avoit conservé les étymologies dans toutes les langues, quelle facilité n'auroit-on pas à saisir la chaîne & la filiation de ces langues, à en démêler les ressemblances & les différences, à distinguer les langues-mères & celles qui en sont dérivées, à suivre la route par laquelle certains mots, dans chaque langue, sont arrivés de leur signification primitive à la signification souvent très éloignée qu'ils ont prise, à comparer dans ces variations la marche des différentes langues, à en observer les rapports avec le génie & le caractère des peuples.

Les savans ont cherché une langue savante & universelle, à la faveur de laquelle ils pussent s'entendre & communiquer entre eux de toutes les parties du monde : le moyen de parvenir à ce but, ou d'en approcher, ou au moins d'y tendre, seroit de simplifier

beaucoup, d'unir tout ce qui pourroit être uni, de confondre tout ce qui feroit commun, de rendre les fignes auffi rares qu'on le pourroit, fans les rendre équivoques.
Des rapports ou fenfibles & manifeftes, ou finement apperçus, ont fouvent fait donner un même nom à des objets entièrement difparates ; les mêmes dénominations ont
fouvent été tranfportées du phyfique au moral & du moral au phyfique, ou appliquées
à des objets du même genre, mais très-différens les uns des autres ; on a, par exemple,
appellé *ciel de lit* la partie fupérieure qui couvre le lit, comme ce que nous appellons
le ciel, nous paroît couvrir la terre. Jufques-là tout va bien. Cette méthode de défigner
une chofe par fes rapports avec une autre, tend à fimplifier la fcience des fignes : mais
pourquoi affoiblir enfuite l'idée de ce rapport par des diftinctions inutiles, & qui font
même en contradiction avec le premier deffein, qui étoit d'exprimer ce rapport ? Pourquoi des *ciels de lit* au plurier, tandis que le plurier naturel de *ciel* eft *cieux* ? Craignoit-
on l'équivoque ? Comment feroit-elle plus à craindre au plurier qu'au fingulier ?

La contradiction eft encore plus forte, quand on applique ce plurier irrégulier *ciels*
aux repréfentations que les peintres font du ciel ; car c'eft affurément bien le *ciel*, ce
font les *cieux*, foit ouverts, foit fermés qu'ils veulent repréfenter.

Pourquoi encore le travail qu'un miniftre fait avec le roi exigera-t-il le plurier irrégulier *travails* ? La raifon qui fait donner le nom de travail au compte qu'un miniftre
rend au roi des affaires de fon département, n'eft-elle pas que ce compte eft cenfé être
le réfultat d'un travail important, & cette raifon n'eft-elle pas la même au plurier qu'au
fingulier ?

Il en eft de même du mot *œil de bœuf* & du plurier *œils de bœuf.*

Mais il en eft autrement du mot : *lit de juftice ;* on a eu beau faire, il a fallu qu'au plurier il fît *lits de juftice.* » *On a tenu deux ou trois LITS DE JUSTICE pour cette affaire.*

Pourquoi toute cette bigarure ? C'eft qu'on ne fuit pas affez conftamment un même
principe, qu'on n'eft pas affez frappé de l'inconvénient de multiplier les fignes & d'augmenter les difficultés de l'inftruction. J'infifte fur cet article, car je le crois de quelque
importance, & peut-être auroit-il befoin de réforme. L'inconvénient dont je me plains,
celui de donner, indépendamment des idées, une langue particulière à apprendre,
n'eft point propre au Blafon, il n'y a point de fcience ou d'art où il n'ait lieu jufqu'à
un certain point. Tout art, toute fcience a & doit avoir fes mots techniques : les inftrumens, les outils, la manœuvre, les procédés divers de chaque art, foit libéral, foit
mécanique, ne peuvent trouver leurs noms dans la langue commune. Mais que doivent
être ces mots techniques, & quand doivent-ils être employés ? Voilà ce qu'il importe
d'examiner. Quand ils font les fignes néceffaires & uniques des idées qu'ils repréfentent,
rien de fi utile que les mots techniques, mais ils ne font utiles que quand ils font
neceffaires, & toutes les fois qu'il y a dans la langue commune un mot qui donne à
tout le monde une idée précife de la chofe qu'on veut exprimer, pourquoi créer un
mot technique & dès-lors à charge, puifqu'il faut commencer par en apprendre la
fignification ? Par exemple, & fans aller plus loin, qu'étoit-il befoin dans la marine des mots
ftribord & *babord* ? N'avoit-on pas dans la langue commune les mots de *droite* & de *gauche*,
de *côté droit* & de *côté gauche* du vaiffeau, qui étoient fans embarras & fans équivoque ?
Je fais que cette réflexion appliquée ainfi à deux mots devenus d'un ufage familier,
quoique les ignorans les entendiffent à peine au commencement de la dernière guerre, peut
paroître petite ; mais donnons-lui toute fon étendue, envifageons dans fa totalité l'inconvénient dont nous parlons, on verra qu'on perd à apprendre cette partie fuperflue
de la langue de certaines fciences, un temps qu'on auroit pu employer à faire des
progrès dans la fcience même, & que cette lifte de fignes fur-abondans tient dans la
tête la place d'idées & de connoiffances réelles ; c'eft un abus qui n'eft pas fans ridicule, & pour s'en convaincre, il ne faut que voir ce qu'on penfe de cet étalage de
mots techniques, quand il n'eft pas autorifé, & en quelque forte néceffité par l'ufage.
C'eft un ridicule qui n'a point échappé à Molière,

» Quoi, monfieur, dit le pédant Lyfidas, la protafe, l'épitafe & la péripétie......

DORANTE.

» Ah! monfieur Lyfidas, vous nous affommés avec vos grands mots! Ne paroiffez
» point fi favant, de grace; humanifez votre difcours, & parlez pour être entendu.
» Penfez-vous qu'un nom grec donne plus de poids à vos raifons? & ne trouveriez-
» vous pas qu'il fût auffi beau de dire l'expofition du fujet, que la protafe; le nœud
» que l'épitafe, & le dénouement, que la péripétie?

LYSIDAS.

» Ce font termes de l'art dont il eft permis de fe fervir ».

Lyfidas fe trompe, cela n'eft permis que quand cela eft commandé; mais auffi dans
ce cas, ce feroit un autre genre de pédanterie que d'éviter avec affectation le mot
technique autorifé par l'ufage; quand la convention eft faite, quand la règle eft établie,
il faut s'y foumettre.

Il en eft de même des termes du Blafon & de fa fyntaxe particuliere. La convention
eft faite, il faut la fuivre. Après tout, les fciences font bien auffi fouvent le réfultat des
conventions arbitraires des hommes que de leurs connoiffances réelles.

On peut alléguer encore en faveur de la nomenclature héraldique, qu'elle abrège,
& que fouvent elle exprime en un feul mot, ce qui ne pourroit être rendu en termes
communs que par des périphrafes, raifon qui a fuffi pour charger de mots techniques toutes les fciences & tous les arts.

Mais c'eft fur-tout par l'allégorie, c'eft par toutes ces chimères myftiques de la fcience
hiéroglyphique & fymbolique, que les héraldiftes ont défiguré & déshonoré le Blafon;
ils l'ont traité comme les *pédans* traitent Homère & Mathanafius fa chanfon de pont-
neuf, ils ont entendu fineffe à tout, ils trouvent une fignification emblématique dans
les métaux, dans les couleurs, dans les fourures, dans les animaux, dans les plantes,
dans tous les meubles dont fe compofent les armoiries: l'un cite le *Timée* de Platon en
faveur de la couleur de gueules; un héraldifte moderne s'écrie, avec le zèle & le ton
d'un miffionnaire: » Impies, qui dans le cœur voudriez qu'il n'y eût point de Dieu,
» *dont* vos remords, qui ne vous quittent point, vous font fentir l'exiftence, ap-
» prochez, ouvrez les yeux; que la cigogne vous faffe admirer par fa piété, celui dont
» elle eft ainfi que vous l'ouvrage, & que fa reconnoiffance vous infpire une fainte
» horreur de votre ingratitude!.... Quoi! vous régimbez contre l'Être fuprème qui
» vous a tiré des horreurs du néant, & vous voyez tous les jours la docilité du cheval
» qui n'a point d'entendement! »

Quand les allégoriftes trouvent un lion, ou un aigle dans des armes, ils ont beau
jeu, c'eft la valeur, c'eft l'élévation du héros qui eft repréfentée; mais quand ils y
trouvent la tête d'un âne, le groin d'un porc, la gueule d'un loup; alors ce n'eft plus
le héros, c'eft un ennemi vaincu qu'on repréfente, & cet ennemi étoit un lâche ou
un méchant; mais cette explication a au moins deux inconvéniens, l'un que rien n'indique quand l'allégorie regarde le vainqueur ou le vaincu, l'autre qu'en aviliffant le
vaincu on affoiblit le mérite de la victoire; en un mot, rien de plus ridicule que ces
explications, rien de plus arbitraire que ces rapports; n'ajoutons pas de nouvelles chimères à un art qu'on accufe déja d'être effentiellement chimérique; mais auffi n'impu-
tons point à l'art héraldique les folies des héraldiftes.

De quoi s'agit-il dans les armoiries? De fe diftinguer par un figne quelconque: la
multitude & la variété infinie de ces fignes prouvent que s'ils ont pu avoir dans l'origine
quelque allégorie, ils l'ont perdue par fucceffion de temps & qu'ils font devenus très-indiffé-
rens; y chercher aujourd'hui le rafinement d'un fens allégorique, c'eft imiter les fots qui
mettent de l'efprit par-tout, & qui n'ont jamais conçu la fimplicité. Les armoiries n'en
feront pas moins utiles pour n'être qu'une diftinction & non pas un emblême. Les diftinctions font néceffaires dans un état, où, par la conftitution, tous les hommes ne font
pas réputés égaux, on ne peut s'en paffer par-tout où il y a de la nobleffe.

De quelque œil enfin qu'une philofophie févère envifage la fcience du Blafon, les nobles ne peuvent être indifférens à cet égard, & il ne feroit pas à défirer qu'ils le fuffent.

Quant à ceux qui ne jouiffent pas des avantages de la nobleffe, outre qu'ils peuvent les acquérir un jour, comment auroient-ils le droit de négliger ou de méprifer ce qui concerne un ordre qui, dans les monarchies, tient fi effentiellement à la conftitution de l'état, & dont l'hiftoire eft la plus belle partie de celle de la nation?

Mais les diftinctions du Blafon font arbitraires & frivoles! Frivoles, fi l'on veut: il faut pourtant les connoître, &, fuivant l'expreffion d'un ancien, une curiofité honnête ne les dédaigne point. *Frivola hæc fortaffis, ... videbuntur, fed tamen honefta curiofitas ea non refpuit.* Vopifc. in Aurelian.

Nous joignons ici le Blafon avec l'hiftoire, à caufe des rapports néceffaires que ces deux fciences ont entre elles, & nous faifons cependant du Blafon un dictionnaire particulier, parce que c'eft une fcience à part & complette.

Nous joignons au Blafon ce qui concerne les ordres de chevalerie hofpitaliers, militaires & autres, tant à caufe des rapports généraux de la chevalerie avec la nobleffe, que parce que les ordres de chevalerie & les armoiries pourroient bien avoir une origine commune, les croifades.

Quant à l'exécution, les articles de l'*Encyclopédie* & ceux du *fupplément*, forment le fond de cet ouvrage, & cependant c'eft un ouvrage prefque entièrement nouveau, foit par la multitude des articles ajoutés, foit par les retranchemens & les changemens faits à la plupart de ceux qui font reftés; lorfqu'on a confervé en entier quelques articles importans, on en avertit, ou en le déclarant expreffément, ou en laiffant fubfifter au bas de ces articles la marque qui défigne leurs auteurs.

Dans l'Encyclopédie, la liaifon fi néceffaire du difcours avec les planches avoit été entièrement négligée, ou plutôt le difcours & les planches avoient été faits féparément, & on avoit ajouté après coup, pour les planches, une explication entièrement étrangère au difcours; nous employons les mêmes planches; elles nous ont paru fuffire; nous n'y avons fait que quelques légers changemens que le temps rendoit néceffaires, & dont les raifons feront ou évidentes par elles-mêmes, ou expliquées; à chaque article, nous prenons ordinairement pour exemples ceux que préfentent les planches, & cependant nous laiffons quelquefois fubfifter une partie de ceux qui étoient déja cités & qui ne fe trouvent point dans les planches, mais qui s'expliquent aifémen par leur reffemblance avec ceux des planches, & qui en augmentent le nombre des exemples, enfeignent de plus en plus à blafonner, qui d'ailleurs devoient fouvent être confervés par des confidérations particulières.

On ne fera pas furpris de voir revenir plufieurs fois un même exemple dans différens articles & pour des mots différens; comme le mot de l'article eft toujours fous-ligné, l'attention du lecteur eft particulièrement fixée fur le mot pour lequel l'exemple eft cité, & ce mot, dans un même exemple, eft tantôt l'un, tantôt l'autre.

A la fuite des planches de l'Encyclopédie, nous plaçons celles du fupplément; ces dernières ne font qu'au nombre de fix, & ne feront qu'un avec celles de l'Encyclopédie.

Nous avons fait difparoître entièrement, pour les raifons expofées plus haut, ces allégories arbitraires & forcées, dont prefque tous les livres héraldiques font remplis.

Des traits d'hiftoire choifis & bien placés font l'ornement naturel d'un ouvrage, tel que celui-ci; il faut alors qu'ils fe rapportent uniquement aux armoiries, qu'ils en montrent l'origine ou les changemens, qu'ils rendent raifon de ce qu'elles peuvent avoir d'honorable ou de remarquable; non feulement nous avons confervé ces fortes de traits, quand nous en avons trouvé, mais nous en avons ajouté plufieurs. Nous en avons auffi retranché beaucoup par une raifon contraire. C'eft affurément prodiguer l'hiftoire, & dénaturer les genres, que de raconter dans un dictionnaire de Blafon l'hiftoire perfonnelle d'un miniftre, d'un général, fans aucun rapport héraldique, & uniquement parce qu'il étoit d'une famille dont on cite les armoiries pour exemple de quelque pièce ou meuble de Blason ; nous avons supprimé ces sortes de récits sans motif & sans prétexte, nous les avons renvoyés à l'histoire, où est leur véritable place, & où nous pourrons les employer, s'il y a lieu.

Nous avons mis à contribution les divers auteurs héraldiques, tant anciens que modernes, sur-tout la Colombière & le père Ménestrier, dont on avoit déja fait un grand usage dans l'Encyclopédie & dans le supplément ; nous avons tiré des traits curieux & des observations très-justes d'un grand travail sur le Blason, qu'un militaire fort instruit de ces matières, auxquelles sa naissance lui donne un motif & lui fait un devoir particulier de s'intéresser, a bien voulu nous communiquer, sans nous permettre d'autre marque de reconnoissance que cet aveu, & en nous défendant expressément de le nommer & de le désigner.

La nature des choses & la variété des opinions nous ont souvent fait incliner vers le doute ; on ne nous trouvera peut-être que trop éloignés du ton affirmatif de quelques héraldistes sur divers points, tels que les proportions des pièces de l'écu, honorables ou autres, soit entre elles, soit par comparaison avec l'étendue du champ ; sur les différens emplois réguliers ou irréguliers qu'on en peut faire ; sur leurs dénominations mêmes ; nous avons cru reconnoître qu'en général il n'y a dans le Blason qu'un très-petit nombre de principes fixes & incontestables.

Cette rareté même de principes nous laisse peu de choses à dire sur l'ordre dans lequel les divers articles doivent être lus, pour faire de ce dictionnaire un traité. Le Blason a peu de règles & elles sont contenues dans un petit nombre d'articles, elles se trouvent même presque toutes rassemblées dans les seuls articles *Blason* & *blasonner*.

Le premier sur tout traite en particulier, & sous autant de titres différens :

1°. De l'origine du Blason & de son étymologie.
2°. Des émaux.
3°. Des pièces honorables.
4°. De la position des pièces honorables.
5°. Des partitions ou divisions de l'écu.
6°. Des répartitions ou subdivisions.
7°. Des parties du corps humain employées dans le Blason.
8°. Des châteaux & tours.
9°. Des animaux & de leurs parties employées dans le Blason.
10°. Des instrumens de guerre.
11°. Des arbres, fleurs & fruits.
12°. Des astres.
13°. Des meubles d'armoiries proprement dits.
14°. De la position des pièces & meubles.

Cet article *Blason* est donc à lui seul le traité que nous cherchons & contient le précis des règles qui constituent l'art héraldique. De plus, chacun des objets traités dans cet article, peut être vu à son article particulier, & ils indiqueront tous les autres articles à consulter, & l'ordre dans lequel ils doivent être consultés. Par exemple, le *traité des émaux*, soit dans cet article *Blason*, soit à son article propre. indiquera les deux métaux, les cinq couleurs, les deux fourures que le Blason emploie, leurs usages, leurs alliances, leurs oppositions, leur ordre ; de même, *le traité des partitions & répartitions de l'écu* donnera la liste de toutes les formes que l'écu peut recevoir, indiquera comment elles naissent les unes des autres, & dans quel ordre chaque article doit être lu.

De même encore le *traité des pièces honorables & de leur position* nommera toutes ces pièces, même celles qui ne sont pas reconnues pour telles par tous les héraldistes, & indiquera leur ordre.

Quant à la multitude des pièces & meubles (non distingués par le titre d'honorables) que les trois règnes de la nature peuvent fournir au Blason, (car il admet tout ou peut tout admettre) on sent bien qu'il n'y a aucun ordre à observer à cet égard.

BLASON.

BLASON.

ABAISSÉ, ÉE, adj. se dit de l'aigle, lorsque ses ailes paroissent pliées, de maniere que les extrémités ou pointes tendent vers le bas de l'écu, car ordinairement elles sont étendues en haut : les ailes *abaissées* de cet oiseau s'expriment par ces mots: *au vol abaissé*. (*Voyez pl. VI. fig. 301.*)

ABAISSÉ, ÉE, se dit aussi du chevron, du pal, de la bande, de la fasce, de quelques autres pieces & de quelques meubles de l'écu, posés dans une situation plus basse qu'à l'ordinaire.

ABAISSÉ, se dit encore du chef, lorsqu'il se trouve sous un autre chef, qu'on a par concession, ou par place.

Les chevaliers & commandeurs de Malte, qui ont un chef dans leurs armoiries, l'*abaissent* sous celui de la Religion.

Antoine de Paulo, élu grand-maître de l'ordre de Malte le 10 mars 1623, mort le 10 juin 1636, ayant bien mérité de l'ordre & fait plusieurs établissemens utiles, le chapitre général tenu en 1635 accorda, en reconnoissance, à tous les aînés mâles de cette maison de Paulo, originaire de Gènes, établie à Toulouse, le privilège de porter dans leurs armes un chef de la Religion, qui est de gueules à la croix d'argent, avec les attributs de l'ordre pour ornemens extérieurs de leur écu.

En conséquence les aînés de la famille de Paulo, quoique mariés, portent d'azur à une gerbe de bled d'or & un paon rouant de même sur la gerbe ; au chef cousu de gueules chargé de trois étoiles d'argent : ce chef *abaissé* sous un chef des armoiries de la Religion, de gueules à la croix d'argent ; l'écu sommé d'une couronne de marquis, & accolé d'un chapelet entrelacé dans une croix à huit pointes derriere les armes.

La famille de Mellet de Fargues, en Auvergne, dont il y a eu plusieurs chevaliers de Malte, porte d'azur à trois étoiles d'argent, au chef d'or. Les chevaliers & commandeurs de ce nom *abaissent* ce chef sous celui de la Religion.

De même, François de Boczoffel Mongontier, chevalier de Malte, commandeur, puis bailli, cité dans la premiere édition de l'Encyclopédie, portoit d'or au chef échiqueté d'argent & d'azur de deux tires, *abaissé* sous le chef des armoiries de la Religion.

On peut voir à la *planche II. figure 109*, un exemple d'un chef *abaissé*, & à la *planche III. figure 124*, un exemple de trois pals *abaissés*.

ABAISSEMENT, ou ABATEMENT, s. m. C'est, ou ce seroit quelque chose d'ajouté à l'écu, pour en diminuer la valeur, & comme disent les héraldistes, la dignité, en conservant la mémoire de quelque action déshonorante, de quelque tache infamante.

Les *abaissemens*, ou *abatemens* sont la matiere d'une contestation entre les héraldistes ; les uns les rejettent comme chimériques & comme contradictoires avec l'idée d'armoiries : les armes, disent-ils, étant des marques de noblesse & d'honneur, on ne peut y mêler aucune marque infamante, sans qu'elles cessent d'être des armes. Comment, disent-ils, pourroit-on, ou déterminer, ou forcer quelqu'un à porter des armes qui le flétriroient ? Il faut ou laisser ces armes sans altération, ou les supprimer tout-à-fait, comme on en use dans le cas du crime de lèse-majesté, où on renverse entièrement l'écu pour marque d'une entiere dégradation.

Les historiens ont rapporté le jugement de saint Louis contre les d'Avesnes ; Marguerite, comtesse de Flandre, avoit eu deux maris, Bouchard d'Avesnes, & Guillaume de Dampierre. Elle avoit des enfans des deux lits ; ceux du second prétendoient exclure ceux du premier ; ils avoient, disoient-ils, découvert que Bouchard d'Avesnes étoit engagé dans les ordres avant son mariage, que par conséquent ce mariage étoit nul, & les d'Avesnes, sinon bâtards, du moins inhabiles à succéder. Les d'Avesnes croyoient voir Marguerite incliner pour les Dampierre ; ils cherchèrent un juge plus juste que leur mère, & s'adresserent à Louis. Mezerai rapporte que les parties ayant comparu devant le roi, Louis demanda d'abord à la mère qui elle désiroit avoir pour héritiers, ou des d'Avesnes ou des Dampierre. *Les enfans légitimes*, répondit-elle, *doivent avoir la préférence*. Sur ce mot l'aîné des d'Avesnes, s'écria tout en colère : *Eh quoi ! serois-je tenu pour bâtard de la plus riche P..... qui vive ?* Louis, le plus respectueux de tous les fils, scandalisé d'un tel outrage, fait à une mère, ordonna, pour punir d'Avesnes, ou plutôt pour lui donner une leçon, que, du lion de sable en champ d'or qu'il portoit, il retrancheroit la langue & les griffes, *pour marque*, dit Mezerai, *qu'il ne devoit avoir ni paroles, ni armes contre sa mère.*

C'est ainsi, disent certains héraldistes, que l'*abaissement* peut se faire tout au plus par la suppression de quelques caractères, ou honorables, ou indifférens, mais jamais par l'introduction d'aucun signe diffamant, & alors l'*abaissement* n'ayant rien d'apparent, n'a rien de réel.

D'autres auteurs héraldiques soutiennent la réalité de l'*abaissement* ; ils en citent plusieurs exemples, ils en prescrivent même la forme.

L'*abaissement* se fait, disent-ils, ou par réversion, ou par diminution.

Par réversion, en tournant l'écu du haut en bas, ou en enfermant dans le premier écusson un second écusson renversé.

Par diminution, en dégradant une partie par

A

l'addition d'une tache ou d'une marque de diminution, comme une barre, un point dextre, un point champagne, un point plaine, une pointe senestre, un gousset, &c. (*Voyez* chacun de ces mots à son article.)

On ajoute que ces marques doivent être de couleur brune ou tannée, sans quoi ce seroient des marques d'honneur & non de diminution.

Il paroit que s'il y a réellement des exemples d'*abaissement* en armoiries, ces exemples sont rares, relatifs à des circonstances particulières, & ne forment point de règle générale.

ABEILLE, subf. f. mouche à miel: sa situation est d'être montante & volante. (*Voyez à la pl. VI. fig. 326*, les armes de la maison Barberin.)

ABISME, ou ABIME, s. m. EN ABIME, ou EN CŒUR, se dit d'une pièce ou meuble de l'écu qui est au centre ou milieu, sans toucher ni charger aucune autre pièce. Ainsi on dit d'un petit écu placé au milieu d'un grand, qu'il est *en abime* : toutes les fois qu'on commence par toute autre figure que par celle du milieu, on dit que celle qui est au milieu est *en abime*, comme si on vouloit dire que les autres grandes pièces étant élevées en relief, celle-là paroit petite & comme cachée & abimée. Une pièce *en abime* est ordinairement au milieu de trois autres pièces ou meubles, & est nommée la dernière. Il porte trois besans d'or avec une fleur de lys *en abime*.

Voisin porte d'azur à trois étoiles d'or, un croissant d'argent mis *en cœur* ou *en abime* ; cependant la pièce *en abime* est quelquefois seule.

ABOUTÉ, ÉE, adj., se dit de quatre hermines, dont les bouts se répondent & se joignent en croix.

Hurleston, en Angleterre, d'argent à quatre queues d'hermines en croix, & *aboutées* en cœur.

ACCOLADE, s. f. cérémonie qu'on employoit en conférant l'ordre de chevalerie, dans le temps où les chevaliers étoient reçus en cette qualité par les princes Chrétiens. Elle consistoit en ce que le prince armoit le nouveau chevalier, l'embrassoit ensuite en signe d'amitié, & lui donnoit sur l'épaule un petit coup du plat d'une épée. Cette marque de faveur & de bienveillance est très-ancienne ; Grégoire de Tours écrit que les rois de France de la première race, donnant le baudrier & la ceinture dorée, baisoient les guerriers à la joue gauche, en proférant ces paroles, *au nom du Père & du Fils & du Saint-Esprit*, & comme nous venons de dire, les frappoient de l'épée légèrement sur l'épaule. Un ancien auteur de la vie de Louis le Débonnaire, rapporte à l'année 791, que ce prince, âgé alors d'environ treize ans, fut armé solemnellement au château de Rensbourg par Charlemagne, qui lui ceignit l'épée, *ibique ense accinctus est*. C'étoit un reste d'un ancien usage des Francs & des Germains, qui faisoit, du moment où l'enfant recevoit avec les armes le droit de défendre la patrie, une des grandes époques de la vie ; & ce fut le commencement de cet autre usage, si célèbre depuis sous

le nom de *chevalerie*. Ce fut à peu près ainsi que Guillaume le Conquérant, roi d'Angleterre, conféra la chevalerie à Henri son fils, âgé de dix-neuf ans, en lui donnant des armes ; le chevalier qui recevoit l'*accolade* étoit nommé *chevalier d'armes*, & en latin *miles* ; parce qu'on le mettoit en possession de faire la guerre, dont l'épée, le haubert, & le heaume, étoient les symboles. On y ajoutoit le collier comme la marque la plus brillante de la chevalerie. Il n'étoit permis qu'à ceux qui avoient ainsi reçu l'*accolade*, de porter l'épée & de chausser des éperons dorés ; d'où ils étoient nommés *equites aurati*, différant par-là des écuyers qui ne portoient que des éperons argentés. En Angleterre, les simples chevaliers ne pouvoient porter que des cornettes chargées de leurs armes : mais le roi les faisoit souvent chevaliers bannerets en temps de guerre, leur permettant de porter la bannière comme les barons.

L'*accolade* (oserons-nous le dire ?) étoit quelquefois un soufflet ; c'est ce que Ducange appelle *Alapa militaris* ; on vouloit, dit-on, par cette cérémonie, disposer le nouveau chevalier à supporter avec courage les humiliations mêmes ; mais ces symboles sont toujours un peu équivoques, & les interprétations un peu arbitraires : n'étoit-il pas bien plus dans l'esprit militaire & chevaleresque de ces temps-là de ne jamais supporter l'humiliation, & ne vouloit-on pas plutôt dire au nouveau chevalier : voilà le dernier affront qu'il vous soit permis *d'endurer* ; c'est dans ce sens que Molière paroît avoir voulu faire la parodie de l'ancienne *accolade*, par la bastonnade de M. Jourdain, à sa réception dans la dignité de *Mamamouchi* ; *dara, dara bastonnara, non tener honta questa star l'ultima affronta*.

En donnant l'*accolade*, on prononçoit ces mots : *Au nom de Dieu, de saint George, de saint Michel, de monseigneur saint Denis*, &c. je te fais chevalier. Quelquefois on disoit : Soyez preux & loyal.

Lorsqu'après la victoire de Marignan, François I voulut être armé chevalier sur le champ de bataille par Bayard ; celui-ci, en le frappant doucement sur le cou du plat de son épée, lui dit : *Autant vaille que si c'étoit Roland ou Olivier, Godefroi ou Baudoin son frère ; certes, vous êtes le premier prince que onques feis chevalier, Dieu veuille qu'en guerre ne preniez la fuite.* Il ne la prit point à la bataille de Pavie, & il fut pris.

L'*accolade* est encore d'usage dans les nouveaux ordres de chevalerie.

On trouve dans quelques vieux auteurs le mot substantif *accolée* pour *accolade*.

ACCOLÉ, ÉE, adj. (& ACCOLER, verb.) se prennent en plusieurs sens différens.

1°. Pour deux choses attenantes & jointes ensemble, comme les écus de France & de Navarre, qui sont *accolés* sous une même couronne dans les armoiries de nos rois. Les femmes *accolent* leurs écus à ceux de leurs maris. Les fusées, les losanges, les macles (voir ces mots) sont aussi censées être *accolées* quand elles se touchent de leurs flancs ou de leurs pointes sans remplir tout l'écu.

Nagu de Varennes, en Beaujolois, d'azur à trois fusées d'argent, *accolées* en fasce.

Rohan, en Bretagne, de gueules à neuf macles d'or, *accolées* & aboutées trois trois en trois fasces.

2º. *Accolé* se dit des chiens, des vaches, des aigles, des cignes & autres animaux qui ont des colliers ou des couronnes passées autour du cou.

De Valbelle de Mairargues, de Tourve, en Provence, d'azur, au levrier rampant d'argent, *accolé* de gueules.

De Nicolaï, d'azur, au levrier courant d'argent, *accolé* de gueules & bouclé d'or. (*Pl. VI. fig. 283.*)

3º. Des choses qui sont *entortillées à d'autres*, comme une vigne à un échalas, un serpent à une colonne ou à un marbre, &c.

Chauvelin de Grisenoir, de Beau Séjour, à Paris, d'argent au chou sauvage de sinople à cinq branches, posé sur une terrasse de même, la tige du chou *accolée* d'une bisse d'or. (*Voir la pl. VIII. fig. 429.*)

Bignon, d'azur à la longue croix coupée d'argent, posée sur une terrasse de sinople, *accolée* d'un sep de vigne, feuillé & tigé de même, chargé de cinq grappes de raisin d'or; la croix cantonnée de quatre flammes d'argent. (*Pl. IV. fig. 169.*)

4º. On se sert de ce terme pour les chefs, bâtons, masses, épées, bannières & autres choses semblables qu'on passe en sautoir derrière l'écu, & beaucoup mieux encore pour les colliers des ordres qui environnent l'écu.

Les chevaliers des ordres *accolent* leurs armoiries de l'ordre de saint Michel & de celui du saint Esprit.

L'ordre de saint Michel *accole* de plus près l'écu, parce qu'il est de plus ancienne création.

Les prélats associés à l'ordre du saint-Esprit *accolent* leurs armoiries du ruban bleu d'où pend la croix du saint-Esprit.

Les grand-croix & commandeurs de l'ordre de saint Louis *accolent* leur écu d'un ruban rouge où est attachée la croix du saint.

ACCOMPAGNÉ, ÉE, adj. On appelle dans le Blason, pièces honorables ou pièces du premier ordre, celles qui dans leur largeur la plus ordinaire remplissent à-peu-près la troisième partie de l'écu, qui en occupent les principales places, & dont les extrémités touchent les bords de l'écu. Ces pièces sont souvent ou chargées, ou cantonnées, ou côtoyées (ces mots seront expliqués en leur lieu) ou enfin *accompagnées* d'autres pièces réputées de moindre valeur dans le Blason. Le mot *accompagné*, convient à la fasce, au chevron, au pairle & à la pointe.

Esparbez, en Guyenne, d'argent à *la fasce* de gueules, *accompagnée* de trois merlettes de sable.

Ranchin d'Amalry, de Fronfrède, en Languedoc; d'azur *à la fasce* d'or, *accompagnée* en chef de trois étoiles de même, & en pointe d'un puits d'argent.

Laurencin de la Buffière, en Bourgogne; de sable, au chevron d'or, *accompagné de trois* étoiles d'argent.

Baron, d'azur au chevron d'or, *accompagné* de trois molettes de même.

Une ou plusieurs bandes sont *accompagnées* lorsqu'elles ont à leurs côtés des pièces ou meubles *de longueur en séantes positions*, c'est-à-dire, perpendiculaires, car si ces pièces ou meubles étoient inclinés en diagonale dans le sens de la bande, alors la bande ou les bandes sont *acôtées*.

ACCOMPAGNÉ se dit aussi du lion, de l'aigle, de divers animaux quadrupèdes volatiles ou reptiles, lorsque quelques meubles ou pièces se trouvent *en séantes positions* au-dessus, au-dessous, ou aux côtés.

La Bruyère, de Caumont en Champagne; d'azur au lion d'or, *accompagné* de trois mouchetures d'hermine.

ACCORNÉ, ÉE, adj. se dit de tout animal à cornes, lorsque ces cornes sont d'un autre émail que le corps de l'animal.

Portail, semé de France, à la vache d'argent, clarinée de même, accolée, *accornée* & couronnée de gueules. (*Voyez la pl. V. fig. 272.*)

ACCOSTÉ, ÉE, adj. ou COTOYÉ, ÉE, se dit du Pal, de la bande de la barre, quand ces pièces ont aux côtés d'autres pièces moindres. Le Pal est *accosté de six annelets*, quand il y en a trois d'un côté & autant de l'autre; la bande est *accostée*, quand les pièces qui sont à ses côtés sont couchées du même sens, c'est-à-dire en diagonale, & qu'il y en a le même nombre de chaque côté. Les bandes qui ont aux côtés des pièces rondes, comme besans, tourteaux, annelets, roses, &c. s'appellent *accompagnées* plutôt *qu'accostées*.

Ville-prouvée, en Anjou & en Champagne, de gueules à la bande d'argent *accostée* de deux cottices d'or.

Nerestang de Gadagne, à Paris, d'azur, à trois bandes d'or *accostées* de trois étoiles d'argent; les étoiles posées entre la première & la seconde bande.

ACCROUPI, IE, adj. se dit du lion assis, comme de celui de la ville d'Arles & de celui de Venise; il se dit d'autres animaux sauvages & autres lorsqu'ils sont assis; il se dit aussi des lièvres & des lapins, qui sont ramassés, ce qui est leur posture ordinaire, lorsqu'ils ne sont pas courans.

Paschal Colombier, en Dauphiné, d'argent à un singe *accroupi* de gueules.

ACCULÉ, adj. se dit d'un cheval cabré & renversé en arrière de manière qu'il porte ou semble porter sur le derrière & de quelques autres animaux dans la même situation; il se dit aussi de deux canons posés sur leurs affuts, comme les deux que le grand-maître de l'artillerie mettoit au bas de ses armoiries pour marque de sa dignité. (*Pl. XVII. fig. dernière.*)

Harling, en Angleterre, d'argent à la licorne

A 2

acculée de fable ; accornée & onglée d'or. (*Pl. VI. fig. 281.*)

ACHÉMENS, f. mafcul. plur. lambrequins ou chaperons d'étoffe découpés, qui environnent le cafque ou l'écu. Ils font ordinairement des mêmes émaux que les armoiries.

ADDEXTRÉ, ÉE, adj. ou ADEXTRÉ, fe dit des pièces qui en ont quelqu'autre à leur droite ; un pal qui n'auroit qu'un lion fur le flanc droit, feroit *addextré* de ce lion. (*Voyez pl. II. fig. 68 & 71.*)

ADOSSÉ, ÉE, adj. fe dit de deux animaux qui ont le dos l'un contre l'autre.

Defcordes, d'azur à deux lions *adoffés* d'or. (*pl. V. fig. 246.*) *Voyez* auffi les bars ou barbeaux de la *fig. 337, pl. VII.*

Il fe dit auffi en général de toutes les pièces de longueur qui ont deux faces différentes, comme les haches, les doloires, les marteaux, &c. On peut voir des croiffans *adoffés*, (*fig. 369, 370, 374, pl. VII.*) On appelle *clefs adoffées* celles qui ont leurs pannetons tournés en dehors, l'un d'un côté, l'autre de l'autre, comme les clefs paffées en fautoir derrière l'écu du pape, & qui fervent d'ornemens extérieurs à cet écu. Par la même raifon les haches de la *pl. IX. fig. 497*, & les hallebardes de la *pl. X. fig. 505*, font *adoffées.*

AFFRONTÉ, ÉE, adj. fe dit de deux chofes oppofées de front, deux lions ou deux autres animaux ; c'eft le contraire d'*adoffé.*

Gonac, en Vivarais ; de gueules à deux levrettes *affrontées* d'argent, accolées de fable, clouées d'or.

De Cormis, en Provence, d'azur à deux lions *affrontés* d'or, un cœur d'argent, entre leurs pattes de devant. (*Pl. V. fig. 245.*)

AFFUTÉ, adj. fe dit d'un canon qui n'eft pas du même émail que fon *affut.*

Un canon d'argent, *affuté* de fable.

AGNEAU, f. m. plus fouvent employé fous le nom de *mouton. Voyez* MOUTON.

On appelle *agneau pafchal* celui qui tient une banderole ou pannonceau chargé en bas d'une croifette. On le nomme auffi *agnus Dei.*

Hanus, en Lorraine, porte écartelé, au premier de finople à l'*agneau pafchal* d'argent ; au fecond & troifième, d'azur à deux palmes d'or en fautoir, au quatrième de Sinople, à la croix d'argent alefée & accompagnée au canton feneftre d'une étoile auffi d'argent.

AIGLE, fubf. fém. dans l'art Héraldique, quoique très-fouvent mafculin dans la langue françoife.

C'eft fur l'*aigle* que les allégoriftes ont le plus donné carrière à leur imagination. Ils ont mis à contribution la fable & l'hiftoire pour illuftrer cette pièce de Blafon qu'ils regardent comme la plus noble. Cet oifeau, difent-ils, a nourri Jupiter de nectar, lorfqu'il fe cachoit dans l'ifle de Crète, de peur d'être dévoré par Saturne fon

père ; auffi ce même oifeau étoit-il confacré à Jupiter. C'eft le roi des oifeaux, c'eft le fymbole de la royauté : l'empereur, le roi de Pologne, &c. le portent dans leurs armes. Oui, mais des bourgeois annoblis l'y portent auffi ; elle ne devroit pourfuivent-ils, être donnée qu'en récompenfe d'une action extraordinaire de bravoure ou de générofité. Cela fe peut, mais on la prend tous les jours à propos de rien.

» Dans ces occafions, on peut permettre ou » une *aigle* entière, ou une *aigle* naiffante, ou » feulement une tête d'*aigle* ».

Apparemment felon le mérite de l'action, mais encore un coup on prend l'*aigle* toute entière fans avoir rien fait pour la mériter.

On repréfente l'*aigle* quelquefois avec une tête, quelquefois avec deux, quoiqu'elle n'ait jamais qu'un corps & deux jambes ; quand elle a les deux ailes ouvertes & étendues, on l'appelle *éployée* ; telle eft l'*aigle* de l'Empire qu'on blafonne ainfi : *une* AIGLE ÉPLOYÉE *de fable, couronnée, languée, becquée & membrée de gueules.*

Le royaume de Pologne porte *de gueules, à* UNE AIGLE *d'argent, couronnée & membrée d'or.* (*Voyez pl. VI. fig. 300, pl. XV. fig. 1 & 6.*)

Couronnée ou *diadémée* fe dit de l'*aigle*, lorfqu'elle a un petit cercle fur la tête ou fur chacune de fes têtes ; *languée* fe dit de fa langue, *becquée* de fon bec, *membrée* de fes jambes, *armée* de fes griffes, lorfque ces parties font d'un autre émail que fon corps.

L'attitude la plus ordinaire de l'*aigle* dans le Blafon, eft d'avoir les ailes ouvertes & étendues, de manière que les pointes des ailes foient élevées en haut. Il y a cependant des *aigles* dont les ailes font repliées, en forte que les bouts tendent vers le bas de l'écu ; on dit alors qu'elles *font au vol abaiffé.*

Fourcy, d'azur, à une *aigle*, le vol *abaiffé* d'or, au chef d'argent, chargé de trois befans de gueules. (*Pl. VI. fig. 301.*)

On voit auffi quelquefois des *aigles* dans d'autres attitudes ; il y en a de monftrueufes, à tête d'homme, de loup, &c.

L'*aigle* a fervi d'étendart à plufieurs nations. Les premiers peuples qui l'ont portée dans leurs enfeignes, font les Perfes, felon Xénophon ; les Romains après avoir porté diverfes autres enfeignes, s'arrêtèrent enfin à l'*aigle* fous le fecond confulat de Marius : avant cette époque, ils portoient indifféremment des loups, des léopards & des aigles, au gré de leurs généraux.

Les *aigles romaines* n'étoient point peintes fur des drapeaux ; c'étoient des figures en relief, d'or ou d'argent, au haut d'une pique ; elles avoient les ailes étendues & tenoient quelquefois un foudre dans leurs ferres ; au-deffous de l'*aigle* on attachoit à la pique des boucliers, & quelquefois des couronnes.

Les uns difent que ce fut Conftantin qui introduifit l'*aigle* à deux têtes, pour montrer que l'Empire, quoiqu'il parût divisé, n'étoit cependant qu'un même corps ; mais l'Empire n'étoit pas divisé sous Constantin, il l'avoit été sous ses prédécesseurs, & Constantin l'avoit réuni. Les autres disent que ce fut Charlemagne qui reprit l'*aigle*, comme étant l'enseigne des Romains & qu'il y ajouta une seconde tête, apparemment pour égaler les droits du nouvel empire d'Occident à ceux de l'empire d'Orient. Mais ces deux opinions sont détruites par deux observations, l'une qu'on voit une *aigle* à deux têtes dans la colonne Antonine, l'autre qu'on n'en trouve plus jusqu'au quatorzième siècle, & qu'on ne voit qu'une *aigle* à une seule tête dans le sceau de l'empereur Charles IV, apposé à la bulle d'or.

Le P. Ménétrier croit que l'usage de l'*aigle* à deux têtes vient d'un temps où l'empire étoit divisé, & où deux empereurs occupoient en même temps le trône ; le P. Papebroch incline à penser que l'usage des deux têtes étoit purement arbitraire, & en effet il y a bien de l'arbitraire dans tous ces usages.

Les princes de l'antiquité, sur les médailles desquelles l'*aigle* se trouve le plus souvent, sont les Ptolomées & les Séleucides de Syrie : une *aigle* avec le mot *consecratio* désigne l'apothéose d'un empereur.

AIGLE BLANC. (l'ordre de l') Ordre de chevalerie en Pologne, fut institué en 1325, par Vladislas ou Ladislas V, lorsqu'il maria son fils Casimir avec la princesse Anne, fille du Grand Duc de Lithuanie.

Les chevaliers de cet ordre portoient une chaîne d'or, d'où pendoit sur l'estomach un *aigle* d'argent couronné.

Frédéric-Auguste, roi de Pologne, électeur de Saxe, renouvella en 1705 l'ordre de l'*aigle* blanc, pour s'attacher par cette distinction, les principaux seigneurs Polonois, qui paroissoient pencher pour son rival Staniflas.

La marque actuelle de cet ordre est une croix d'argent à huit pointes émaillée de gueules, avec quatre flammes de même aux angles ; au centre de cette croix est un *aigle* couronné d'argent, ayant sur l'estomach une croix environnée des trophées de l'électorat de Saxe.

Le collier est une chaîne ornée d'*aigles* couronnés, le tout d'argent ; la croix y est attachée par un chaînon qui joint une couronne royale enrichie de diamans.

Les chevaliers portent un ruban bleu sur l'épaule gauche. (*Voyez pl. XXV. fig. 46.*)

Il faut observer que l'*aigle* toujours féminin dans le Blason, en ce qui concerne l'intérieur de l'écu, est toujours du genre masculin, lorsqu'il s'agit des ornemens extérieurs ; on le voit dans l'ordre de l'*aigle* blanc, & dans celui de l'*aigle* noir.

AIGLE NOIR. (l'ordre de l') Ordre de chevalerie de Prusse, institué le 18 Janvier 1701, par Frédéric, électeur de Brandebourg, trois jours après qu'il eût été couronné roi de Prusse.

La marque de l'ordre est une croix d'or à huit pointes, émaillée d'azur, ayant dans les angles quatre *aigles* de sable ; au centre de cette croix sont les lettres F. R. en chiffre, qui signifient *Fridericus rex.*

Le collier est une chaîne d'or, soutenant des cercles de même, chacun écartelé, avec une F & une R en chaque écartelure ; des couronnes électorales placées sur les cercles extérieurement : entre ces cercles des *aigles* de sable ; le tout enrichi de diamans.

Les chevaliers portent un ruban orangé, qui de l'épaule gauche passe sous le bras droit, & d'où pend une croix bleue entourée d'*aigles noirs.* (*Voyez pl. XXV. fig. 45.*)

AIGLETTE, s. f. terme dont on se sert, lorsqu'il y a plusieurs aigles dans un écu. Elles y paroissent avec bec & jambes, & sont fort souvent becquées & membrées d'une autre couleur ou d'un autre métal que le gros du corps. L'aigle, même seule, est quelquefois nommée *aiglette*, lorsqu'elle est posée sur une pièce honorable, & qu'elle n'occupe point la partie la plus apparente de l'écu.

Marescot, de gueules, à trois fasces d'or, au léopard lionné d'hermines, brochant sur le tout, au chef d'or chargé d'une *aiglette* de sable, couronnée de gueules.

De la Trémoille, d'or, au chevron de gueules, accompagné de trois *aiglettes* d'azur, becquées & membrées de gueules. (*Pl. VI. fig. 304.*)

AIGLON, s. m. même chose qu'AIGLETTE.

AIGUISÉ, ÉE, adj. se dit d'une croix, d'une fasce, d'un pal, dont les bouts sont taillés en pointe, de sorte néanmoins que ces pointes ne forment que des angles obtus.

L'*aiguisé* différe du *fiché*, en ce que la pointe de l'*aiguisé* ne prend que tout en bas ; au lieu que le fiché va en s'appetissant depuis le haut, & se termine par le bas en une pointe aigue.

Chandos, d'argent, au pal *aiguisé* de gueules. Maney, d'or, à la croix *aiguisée* de sable. (*Planche XII. fig. 643.*)

AILE DE S. MICHEL, s. f. Ordre de chevalerie qui ne subsiste plus, & qui avoit été institué par le premier roi de Portugal, Alphonse I, en 1165, suivant le P. Mendo Jésuite ; ou en 1171, suivant D. Micheli dans son *Tesoro militar de Cavalleria*, en mémoire d'une victoire remportée sur le roi de Séville & les Sarrasins, & dont il crut être redevable aux secours de Saint Michel.

Les Chevaliers suivoient la règle de S. Benoît ; ils faisoient vœu de défendre la religion Chrétienne, de protéger les veuves & les orphelins ; c'étoit le véritable esprit de chevalerie, avec son association ordinaire à l'esprit religieux ; c'étoit auffi l'efprit de citoyens, car ces chevaliers veil-loient particulièrement fur la frontière, pour ne pas fouffrir qu'elle fût entamée & pour chercher tous les moyens d'en reculer les bornes.

La marque de l'ordre étoit une *aile* ou *demi-vol de pourpre*, le bout en bas, fur un cercle à huit pointes, quatre droites en croix, quatre ondées & aiguifées en fautoir ; le tout d'or en forme d'é-toile rayonnante.

Les chevaliers portoient cette marque fur l'efto-mach, & avoient pour devife *quis ut Deus*, c'eft en latin la fignification du nom hébreu *Michel*. (*Voyez pl. XXVII. fig. 85.*)

AILES, f. f. plur. fe portent quelquefois fimples & quelquefois doubles ; on appelle ces dernières, *ailes conjointes*. Quand les pointes font tournées vers le bas de l'écuffon, on les nomme *ailes renverfées* ; on les nomme *ailes élevées*, quand les pointes font en haut. *Voyez* VOL.

AILÉ, ÉE, adj. Il fe dit des animaux, ou au-tres pièces, auxquels on donne des ailes contre leur nature ; d'un lion, d'un léopard, &c. Il fe dit encore des volatiles dont les ailes font d'un autre émail ou couleur que le refte de leur corps. D'azur, au taureau *ailé* & élancé d'or. De gueu-les au griffon d'or *ailé* d'argent.

Manuel, en Efpagne, de gueules à une main de carnation *ailée* d'or, tenant une épée d'argent, la garde d'or.

AJOURÉ, adj. fe dit du chef dont le haut eft ouvert & échancré, en forte qu'on voit le fond de l'écu. Il fe dit encore à propos des jours d'une tour & d'une maifon, quand ils font d'une autre couleur que la tour ou la maifon.

Il fe dit auffi de toute pièce qui s'ouvre pour laiffer voir le fond de l'écu.

Winterbecher, au Rhin, de fable, à la fafce cré-nelée de trois pièces *ajourées* d'or, accompagnées de dix croifettes pofées 3. 2. en chef, & 3. 2. en pointe, de même. (*Pl. XII. fig. 624.*)

AJUSTÉ, ÉE, adj. fe dit d'un trait ou d'une flèche prête à être lancée ; une flèche d'argent *ajuftée.*

On doit dire en blafonnant, de quel côté la flèche eft *ajuftée.*

ALCANTARA, (ordre d') ordre militaire, ainfi appellé du nom d'une ville d'Efpagne de même nom dans l'Eftramadoure. Il exiftoit dès l'an 1170 fous le nom de l'ordre de S. Julien du Poirier, il avoit été inftitué par Gomez Fernand, & confirmé en 1177 par le pape Alexandre III, fous la règle de S. Benoît. Alphonfe IX, roi de Léon & de Caf-tille, ayant conquis en 1212 la ville d'*Alcantara* fur les Maures, en confia la garde & la défenfe à Dom Martin Fernandès de Quintana, douzième Grand-Maître de l'ordre de Calatrava ; celui-ci re-mit cette place peu de temps après aux chevaliers de S. Julien du Poirier, qui prirent alors le nom d'*Alcantara.*

Après la prife de Grenade & l'expulfion des Maures, la grande-maîtrife de l'ordre d'*Alcantara* fut réunie à la couronne de Caftille, par Ferdi-nand & Ifabelle en 1489.

Les chevaliers d'*Alcantara* demandèrent alors la permiffion de fe marier, & le pape Innocent VIII la leur accorda.

La croix de cet ordre eft de finople fleurdelifée ; un écuffon ovale d'or, au centre de la croix, chargé d'un poirier du premier émail. (*Voyez pl. XXIII. fig. 14.*)

Cet ordre a en Efpagne plufieurs riches com-manderies dont le roi difpofe en qualité de grand-maître.

ALCYON, f. m. oifeau qu'on a peine à recon-noître d'après la defcription des anciens, on dit qu'il vit fur la mer & dans les marécages, qu'il couve fur l'eau & parmi les rofeaux au commen-cement de l'hiver. On en a fait un meuble d'ar-moiries ; on le repréfente fur fon nid au milieu des flots de la mer.

Les naturaliftes & les poëtes difent que la mer eft calme quand les *alcyons* font leur nid.

L'alcyon fuit devant Eole ,
Eole le fuit à fon tour.

Il y a plufieurs devifes prifes de l'*alcyon*. Un *alcyon* dans fon nid au milieu des flots, *alcedinis dies*, repréfente les jours heureux du règne d'un bon prince ; avec la devife, *filentibus auftris*, un favant qui travaille dans le filence ; *agnofcit tem-pus*, un homme prudent ; un *alcyon* au milieu d'une tempête, *nec quicquam terreor æftu*, un guerrier intrépide au milieu des hafards.

De Martin, à Paris ; de gueules à l'*alcyon* d'ar-gent, fur une mer d'azur.

ALÉRIONS, f. m. pl. c'eft le nom qu'on donne aux aigles ou aiglettes repréfentées fans bec ni jambes. On en peut mettre jufqu'à feize dans l'écu ; il y en a feize dans l'écu de Montmorenci. (*Voyez pl. VI. fig. 307.*) L'*alérion* eft ordinaire-ment repréfenté les ailes étendues, en quoi il diffère des merlettes, qui ont les ailes ferrées, & font repréfentées comme paffantes ; la merlette d'ailleurs a un bec, & l'*alérion* n'en a pas.

L'*alérion* eft fouvent feul & occupant le milieu de l'écu.

Mirçon, d'argent à l'*alérion* d'azur.

La maifon de Lorraine, d'or à la bande de gueu-les, chargée de trois *alérions* d'argent. Les uns difent que les ducs de Lorraine ont pris pour ar-mes des *alérions*, parce que le mot *alérion* eft à-peu-près l'anagramme de Lorraine, les autres parce qu'un prince de cette maifon, perça un jour d'un feul coup de flèche trois oifeaux, au fiége de Jérufalem, & prit à ce fujet pour devife ces mots : *cafus ne Deus ne ?* (*Voyez pl. XVIII. à la troifième fig. les armes de Lorraine fur le tout.*)

ALÉSÉ ou ALAISÉ, ÉE, adj. fe dit de toutes les pièces honorables, chef, fafce, bande, barre, pal, croix, fautoir, &c. qui ne touchent pas les deux

bords ni les deux flancs de l'écu & qui font comme fufpendues.

L'Aubefpine, d'azur au fautoir aléfé d'or, accompagné de quatre billettes de même.

Rofe, d'argent, au fautoir aléfé de gueules.

Saint Gélais, d'azur à la croix aléfée d'argent.
(Pl. III. fig. 155.)

Broglie, d'or au fautoir aléfé & ancré de
gueules.

ALIX, (l'ordre du chapitre d') paroiffe de
Marfy-fur-Anfe, en Lyonnois, a pour marque
diftinctive une croix à huit pointes émaillée de
blanc, bordée d'or, ornée de quatre fleurs de
lys dans les angles ; au centre eft l'image de
S. Denis, portant fa tête mitrée, ayant une fou-
tane violette, un furplis blanc, & une étoile de
pourpre fur un fond rouge, fymbole du martyre,
avec cette légende : aufpice Galliarum patrono ;
cette croix eft attachée par une chaine de trois
chainons à un ruban couleur de feu. Au revers eft
une Vierge avec l'enfant Jéfus, émaillé en bleu,
fur une terraffe de finople ; la légende qui l'environne, eft : Nobilis infignia voti.

Ce Chapitre eft compofé de vingt-fix chanoi-
neffes, en comptant la fupérieure : S. Denis en
eft le patron. Pour y être admife, il faut faire
preuve par titres originaux, de fix dégrés paternels, la mère conftatée demoifelle ; ce qui a été
confirmé par des Lettres-Patentes du roi, du mois de
janvier 1755, qui permettent aux dames chanoi-
neffes d'Alix de porter la croix attachée à un ruban rouge. (Voyez pl. XXVII. fig. 83.)

ALLUMÉ, ÉE, adj. fe dit d'un bucher ardent,
d'un flambeau qui femble brûler & dont la flamme
n'eft point de même couleur que le flambeau ;
des yeux des animaux, lorfqu'ils font d'un autre
émail que leur corps ; on excepte le cheval, dont
l'œil, en pareil cas, s'appelle animé.

La Fare, de la Salle, de la Cofte, de la Tour,
en Languedoc ; d'azur, à trois flambeaux d'or,
rangez en trois pals, allumés de gueules : devife
lux noftris, hoftibus ignis ; » nous éclairons nos
» amis, nous brûlons nos ennemis. »

Baynaguet de Saint Pardoux, de Penautier,
dans la même province, mais originaire d'Auvergne ; d'argent à la canette de fable, becquée &
allumée de gueules, efforante & flottante fur des
ondes de finople ; au chef coufu d'or, chargé de
trois lofanges du troifième émail.

Romecourt, en Bourgogne ; d'or, à l'ours paffant de fable, allumé d'argent.

ALTERNÉ, ÉE, adj. On dit que deux quartiers
font alternés, lorfque leur fituation eft telle qu'ils
fe répondent en alternative comme dans l'écartelé
où le premier quartier & le quatrième font ordinairement de même nature.

ALTESSE, f. f. titre d'honneur qu'on donne aux
princes.

Les rois d'Angleterre & d'Efpagne n'avoient
point autrefois d'autre titre que celui d'alteffe. Les
premiers l'ont confervé jufqu'au temps de Jacques I, & les feconds jufqu'à Charles-Quint.

Les princes d'Italie commencèrent à prendre le
titre d'alteffe en 1630 ; le duc d'Orléans prit le
titre d'alteffe royale en 1631, pour fe diftinguer
des autres princes de France. Voyez ALTESSE
ROYALE.

Le duc de Savoie, aujourd'hui roi de Sardaigne,
prend le titre d'alteffe royale, en vertu de fes prétentions fur le royaume de Chypre. On prétend
qu'il n'a pris ce titre que pour fe mettre au-deffus
du duc de Florence, qui fe faifoit appeller Grand-
Duc ; mais celui-ci a pris depuis le titre d'alteffe
royale, pour fe mettre au niveau du duc de Savoie.

Le prince de Condé eft le premier qui ait pris
le titre d'alteffe féréniffime, & qui ait laiffé celui
de fimple alteffe aux princes légitimés.

On donne en Allemagne aux électeurs tant
eccléfiaftiques que féculiers, le titre d'alteffe électorale ; & les plénipotentiaires de France à Munfter,
donnèrent par ordre du roi le titre d'alteffe à tous
les princes fouverains de l'Allemagne.

ALTESSE ROYALE, titre d'honneur qu'on donne
à quelques princes legitimes defcendus des Rois.

L'ufage de ce titre a commencé en 1633, lorfque le cardinal Infant paffa par l'Italie pour aller
aux Pays-Bas ; car fe voyant fur le point d'être
environné d'une multitude de petits princes d'Italie, qui tous affectoient le titre d'alteffe & avec lefquels il étoit fâché d'être confondu, il fit en?
forte que le duc de Savoie convint de le traiter
d'alteffe royale, & de n'en recevoir que l'alteffe.
Gafton de France, duc d'Orléans, & frère de
Louis XIII. étant alors à Bruxelles, & ne voulant
pas fouffrir qu'il y eût de diftinction entre le cardinal & lui, puifqu'ils étoient tous deux fils &
frères de rois, prit auffi-tôt la même qualité ; &
à leur exemple, les fils & petits-fils de rois en
France, en Angleterre, & dans le Nord, ont
auffi pris ce titre. C'eft ainfi que l'ont porté monfieur Philippe de France, frère unique du roi
Louis XIV. & fon fils Philippe, régent du royaume, fous la minorité du roi ; & l'on donna auffi
le titre d'alteffe royale à la princeffe fa douairière :
au lieu qu'on ne donne que le titre d'alteffe féréniffime, aux princes des maifons de Condé & de
Conti.

On ne donne point le titre d'alteffe royale à
monfeigneur le Dauphin, à caufe du grand nombre de princes qui le prennent ; cependant
Louis XIV. agréa que les cardinaux en écrivant
à Monfeigneur le Dauphin, le traitaffent de féréniffime alteffe royale ; parce que le tour de la
phrafe italienne veut que l'on donne quelque titre en cette langue, & qu'après celui de majefté,
il n'y en a point de plus relevé que celui d'alteffe royale.

La Czarine aujourd'hui régnante, en défignant
pour fon fucceffeur au throne de Ruffie, le prince
de Holftein, lui a donné le titre d'alteffe impériale.

Les princes de la maison de Rohan ont aussi le titre d'*altesse* ; & ceux d'entr'eux qui sont cardinaux, tel que M. le cardinal de Soubise, évêque de Strasbourg, prennent le titre d'*altesse éminentissime*.

Cet article est resté tel qu'il étoit dans l'Encyclopédie, mais presque tous ces titres d'honneur & de dignité seront renvoyés à l'histoire, où est leur véritable place.

AMADES, s. f. pl. on appelle ainsi trois listes plates parallèles, dont chacune a la largeur du tiers de la fasce, & qui traversent l'écu dans la même situation, sans toucher aux bords d'aucun côté.

§ AMARANTE, (l'ordre de l') ordre de chevalerie institué en Suède par la reine *Christine* en 1653.

Ce qui en occasionna l'origine, fut une fête qui se faisoit chaque année en Suède, nommée *Wirtschaft*, c'est-à-dire *divertissement de l'hôtellerie* ; il consistoit en repas, bal & mascarades, qui duroient toute la nuit. Ce nom déplut à la reine qui le trouvoit trop commun, elle le changea en celui de *fête des Dieux*, & prit le nom d'*amarante*, qui signifie *immortelle* : elle invita seize seigneurs & autant de dames qui se déguisèrent en pâtres & en nymphes.

La reine, sous le nom d'*amarante*, étoit vêtue d'une riche étoffe couverte de diamans ; il y eut des illuminations, un souper somptueux, la princesse étoit servie par les nymphes & les pâtres ; les danses suivirent le repas. À la fin de la fête, elle quitta tout-à-coup sa robe & ordonna que les diamans fussent distribués aux trente-deux masques.

En mémoire d'une fête si galante, elle institua l'ordre de la chevalerie d'amarante, pour en conserver le souvenir.

La marque étoit une médaille ovale d'or émaillée de rouge au milieu, où se trouvoit un *A* & un *V* en chiffre avec une couronne de laurier dessus, le tout en diamans : & pour devise à l'entour *dolce nella memoria* ; le souvenir en est agréable.

Cette médaille étoit attachée à un ruban couleur de feu & se portoit au col.

L'ordre de l'*amarante* fut éteint avant la mort de la reine *Christine* ; cette princesse mourut à Rome en 1689, âgée de 63 ans. (*Planche XXV. fig. 42. G. D. L. T.* (Ces lettres désignent le nom de l'auteur du Blason dans le supplément à l'Encyclopédie.)

§ AMOUR du prochain, (l'ordre de l') institué par l'impératrice *Elisabeth-Christine* en 1708.

Les chevaliers portent à la boutonnière une croix à huit pointes, pommetées d'or, émaillées, les quatre angles rayonnans, au centre ces mots: *amor proximi* ; le ruban est rouge. (*Pl. XXIV. fig. 26. G. D. L. T.*)

AMPOULE *, (l'ordre de la sainte) ou de Saint-Remy, fut institué, ainsi que le rapportent Aimoin, Gaguin, Hincmar, & quelques autres auteurs, par Clovis ; mais ils ne marquent point en quel temps : on croit que ce fut le jour de son baptême, l'an 496 **. Ce prince voulut que les chevaliers prissent le nom de *chevaliers de Saint-Remy* ; qu'ils ne fussent que quatre, & régla leurs statuts : leur fonction principale étoit d'assister l'évêque, lorsqu'il portoit la *sainte ampoule*.

Suivant Favin, ces quatre chevaliers étoient les barrons de Terrier, de Belestre, de Sonatre & de Louvercy.

Les chevaliers portoient au col un ruban de soie noire, où étoit attachée une croix à surfaces chanfrénées, & bordée d'or émaillé de blanc, ayant quatre fleurs de lys dans les angles ; au centre de cette croix étoit une colombe, tenant de son bec la sainte *ampoule*, reçue par une main. Au revers, on voyoit l'image de Saint-Remy avec ses vêtemens pontificaux, tenant de sa main droite la sainte *ampoule*, & de la gauche sa crosse. (*Pl. XXIII. fig. 1, 2. G. D. L. T.*)

ANANAS, s. m. meuble de l'écu, représentation de ce fruit.

Dionis du séjour, d'azur, à trois *ananas* d'or ; au chef de même, chargé d'une croix potencée de gueules. (*Pl. VIII. fig. 435.*)

ANCHÉ, adj. se dit seulement d'un cimeterre courbé.

Tournier S. Victoret, à Marseille, de gueules à l'écusson d'or, chargé d'une aigle de sable, l'écusson embrassé de deux sabres badelaires ou braquemars *anchés* d'or, les poignées vers le chef.

ANCOLIE, s. f. meuble de l'écu, représentant la plante dont il porte le nom, ou la fleur de cette plante.

Versoris, d'argent, à la fasce de gueules, accompagnée de trois fleurs d'*ancolie*, d'azur. (*Pl. VIII. fig. 419.*)

ANCRE, s. f. meuble d'armoiries qui représente l'*ancre* d'un navire ; la tige se nomme *stangue*, la traverse en haut *trabe*, & le cable *gumène* ; mais on n'exprime ces différentes parties en blasonnant, que lorsqu'elles sont d'un autre émail que l'*ancre*.

Lancry des bains, diocèse de Beauvais, d'or à trois *ancres* de sable.

Du Fossé de la Mottevatteville, à Paris ; d'azur, à l'*ancre* accompagnée de quatre étoiles, le tout d'or. (*Pl. X. fig. 528.*)

Péricard, d'or, au chevron d'azur, accompagné en pointe d'une *ancre* de sable, au chef d'azur, chargé de trois molettes d'or. (*fig. 529.*)

---

* *Ampoule* vient du latin *ampulla*, æ, qui signifie un vase à col long & étroit ; c'étoit du temps de la primitive église un flacon où l'on gardoit le vin qui servoit à l'autel ; c'étoit aussi un ciboire où l'on conservoit l'huile & le saint-chrême pour les malades & les cathéchumenes.

** Selon le président Hénault, dans son *Abrégé de l'histoire de France*, Clovis fut baptisé en 496, après la bataille de Tolbiac.

ANCRÉ,

ANCRÉ, ÉE, adj. se dit des croix & des sautoirs, lorsque leurs extrémités sont terminées en doubles pointes recourbées en façon d'ancre.

D'Aubusson de la Feuillade, d'or à la croix ancrée de gueules. (Voyez pl. III. fig. 158.)

Joulles, d'or à la croix ancrée & anilée de sable.

De Broglio, d'or, au sautoir ancré & aléfé de gueules.

§ ANDRÉ (l'ordre de saint) en Russie, institué par le czar Pierre le grand, au retour de ses voyages en Angleterre, en Allemagne & dans les Pays-Bas.

La marque de cet ordre est une croix de saint André ; au centre sur un espace ovale se trouvent sur trois lignes L. C. P. C. D. L. R. qui signifient le czar Pierre conservateur de la Russie. Sur l'angle supérieur de la croix, une couronne impériale ; aux autres angles, trois aigles, deux couchés sur le côté aux flancs ; celui qui est en pointe renversé, ayant sur l'estomac un petit écusson de gueules à un cavalier d'argent, tenant une lance dont il tue un dragon au naturel, qui sont les armes de l'empire de Russie : le tout enrichi de diamans.

Le cordon est une chaine d'or ornée de roses, à chacune quatre flammes émaillées couleur de feu, pour les jours de cérémonies.

Les chevaliers portent les autres jours un ruban. (Voyez la pl. XXV. fig. 43. G. D. L. T.)

§ ANDRÉ (l'ordre de saint) du Chardon & de la Rue, ordre militaire en Écosse.

On est incertain sur l'institution de cet ordre, les uns l'attribuent à Hungus, roi des Pictes, & rapportent qu'après la victoire qu'il remporta sur Athelstadam, il lui étoit apparu une croix de saint André ; il voulut, en mémoire de ce patron de l'Écosse, que l'on mit sur ses étendarts la croix de ce saint, & institua en même temps cet ordre, dont le collier est d'or avec des chainons faits en forme de chardons, ornés de feuillages où est suspendue une médaille qui représente saint André tenant sa croix de la main droite, avec une légende circulaire, où sont ces mots latins nemo me impunè lacesset ; personne ne m'attaquera impunément.

D'autres prétendent que cet ordre fut institué par Jacques, roi d'Écosse, en 1452, après qu'il eût conclu la paix avec Charles VII, roi de France, surnommé le victorieux.

Le roi d'Angleterre est grand-maître de l'ordre & chef de douze chevaliers, qui portent sur le juste-au-corps & sur leur manteau au côté gauche, une croix de saint André, cantonnée de feuilles de rue avec le chardon & la devise au milieu. Ils portent aussi sur l'épaule un ruban verd en écharpe. (Voyez la pl. XXIV. fig. 37. G. D. L. T.)

ANGE, s. m. Les anges s'employent de deux manières dans le Blason.

Ou comme meubles de l'écu.

Langelerie, d'azur, à l'ange d'argent, tenant de

Histoire. Tom. I.

fa main dextre une couronne d'épine de même, au chef cousu de gueules, chargé de trois étoiles d'or. (Pl. XI. fig. 582.)

Ou comme ornemens extérieurs & comme supports ou plutôt tenans de l'écu.

Les armes de France ont pour supports ou pour tenans deux anges vêtus chacun d'un côté d'azur, l'un à droite, de France, & l'autre à gauche, de Navarre, tenant chacun une bannière aux mêmes armes. (Voyez pl. XV. fig. 2.)

Plusieurs auteurs héraldiques distinguent les supports & les tenans. Les supports sont tous les animaux privés de raison.

Les tenans sont les anges & les hommes.

Les ANGES sont attribués aux princes & aux rois ; les particuliers n'en peuvent avoir que par concession.

Les figures humaines se varient en sauvages, maures, sirènes, &c. au gré de ceux qui les employent.

ANGÉLIQUES, s. m. plur. ancien ordre de chevaliers institué en 1191 par Isaac Ange Flavius Comnene, empereur de Constantinople.

On les divisoit en trois classes, mais toutes sous la direction d'un grand-maître. Les premiers étoient appellés torquati, à cause d'un collier qu'ils portoient ; ils étoient au nombre de 50 : les seconds s'appelloient Champions de Justice, & c'étoient des ecclésiastiques ; le reste étoit appellé chevaliers servans. (G (Cette lettre désigne l'auteur de divers articles du Blason dans la première édition de l'Encyclopédie.)

ANGEMME, fleur imaginaire, à laquelle on donne six feuilles semblables à celles de la quintefeuille, si ce n'est qu'elles sont arrondies, & non pas pointues. Plusieurs auteurs héraldiques croient que ce sont originairement des roses d'ornement, faites de rubans, de broderies, ou de perles. Ce mot paroit venir du verbe Italien, ingemmare, orner de pierreries : on dit aussi angene & angenin.

ANGLÉ, ÉE, adj. se dit de la croix & du sautoir, quand ces pièces ont des figures longues à pointes, qui sont mouvantes de leurs angles. La croix de Malte des chevaliers François, est anglée de quatre fleurs de lys ; celle de la maison de Lambert, en Savoie est anglée de rayons.

ANILLE, s. f. est une figure en forme de crochets adossés & liés ensemble par le milieu, de sorte cependant qu'il se trouve un vuide quarré au centre.

Vauclerois de Gourmas, de la Ville-au-bois, en Champagne, porte d'argent à l'anille de sable.

D'Artigorty, dans la même province, d'azur à l'anille d'argent.

De Moulins de Dainiette, de Baulieu, de Villeneuve en Poitou, d'argent à trois anilles de sable.

Habert, d'azur au chevron d'or, accompagné de trois anilles de même. (Voir la pl. X. fig. 543.)

B

ANILÉ, ÉE, adj. ou ANILLÉ, se dit des croix & des sautoirs dont le milieu est percé & laisse un vuide quarré.

Joulles, d'or à la croix ancrée & *anilée* de sable.

ANIMAL, ANIMAUX, s. m. On comprend sous ce mot, dans le Blason, comme dans l'Histoire Naturelle, les quadrupèdes, les volatiles, les poissons & les reptiles ; on en voit de toutes les espéces dans les armoiries ; ils ont chacun leur position & des termes qui leur sont propres ; mais comme on ne chercheroit pas ces termes ici, on les trouvera chacun à sa lettre.

ANIMÉ, se dit d'un cheval en action & qui montre le desir de combattre. Il se dit aussi de cet animal, lorsque son œil est d'un émail différent du reste du corps.

Il porte d'or au cheval de sable *animé* de gueules.

ANNELET, s. m. petit anneau ; les *annelets* sont souvent en nombre dans l'écu ; *l'anneau de Gigés dit gravement un auteur héraldique moderne, est le plus fameux de l'antiquité.* On veut que les *anneaux* ou *annelets* dans le Blason, représentent les anneaux des anciens chevaliers, & même peut-être ceux des chevaliers Romains; on conclud de là, que les maisons qui portent des *anneaux* dans leurs armes, sans les avoir usurpés, doivent être regardées comme très-anciennes. A la bonne heure, pourvu qu'on s'abstienne de toute comparaison.

Longperier de Corval, diocèse de Rouen ; d'azur, à trois *annelets* d'or.

Vieux-Pont de Fatouville, diocèse de Séez ; d'argent à dix *annelets* de gueules.

De Coetmen, en Bretagne ; de gueules à neuf *annelets* d'argent.

Caillebot, d'or, à six *annelets* de gueules, posés 3, 2 & 1. (*Pl. X. fig. 517.*)

ANNONCIADE, non commun à plusieurs ordres ; les uns religieux, les autres militaires, institués dans une vûe, qui a rapport à l'annonciation.

Le premier ordre religieux de cette espèce fut établi en 1232, par sept marchands Florentins, & c'est l'ordre des servites ou serviteurs de la Vierge.

Le second fut fondé à Bourges par Jeanne, reine de France, fille de Louis XI. & femme de Louis XII. qui la répudia de son consentement, & avec dispense du pape Alexandre VI. La règle de ces religieuses est établie sur douze articles, qui regardent douze vertus de la sainte Vierge, & approuvée par Jules II. & Léon X.

Le troisième, qu'on appelle des *annonciades célestes*, fut fondé vers l'an 1600, par une pieuse veuve de Gènes, nommée *Marie-Victoire Fornaro*, qui mourut en 1617. Cet ordre a été approuvé par le saint Siége, & il y en a quelques

maisons en France. Leur règle est beaucoup plus austère que celles des *annonciades* fondées par la reine Jeanne. (*G*)

ANNONCIADE, s. f. société fondée à Rome dans l'église de Notre-Dame de la Minerve, l'an 1460, par le cardinal Jean de Turrecremata, pour marier de pauvres filles. Elle a été depuis érigée en archi-confraternité, & devenue riche par les aumônes & les legs qu'on y a faits, elle donne tous les ans le 25 Mars, fête de l'Annonciation de la sainte Vierge, des dots de 60 écus Romains chacune à plus de 400 filles, une robe de serge blanche, & un florin pour des pantoufles. Les papes vont en cavalcade, accompagnés des cardinaux & de la noblesse de Rome, distribuer des cédules de ces dots à celles qui doivent les recevoir. Celles qui veulent être religieuses ont le double des autres, & sont distinguées par une couronne de fleurs qu'elles portent sur la tête. L'abbé Piazza, *Ritratto di Roma moderna*. (*G*)

§ ANNONCIADE, s. f. (l'ordre militaire de l') fut institué en 1355 par Amédée VI, comte de Savoie, dit *le Verd*, au sentiment de quelques auteurs, entr'autres de Guichenon. Une dame avoit présenté à ce prince un bracelet de ses cheveux, tressés en lacs-d'amour. De-là, dit-on, vient le nom de l'ordre du *lac-d'amour*, autrement de *l'annonciade*.

La première cérémonie de cet ordre fut faite le 22 septembre 1355, jour de la fête de S. Maurice, patron de Savoie.

Le collier étoit composé de lacs-d'amour, sur lesquels étoient entrelacées ces quatre lettres, F. E. R. T. qui signifient *frappez, entrez, rompez tout.*

D'autres historiens prétendent que l'ordre de *l'annonciade* n'a point été établi sous le nom d'ordre du *lac-d'amour* ; mais qu'Amédée VI, comte de Savoie, l'institua pour honorer les quinze mystères de Jésus-Christ & de la Vierge, & aussi en ressouvenir des actions glorieuses de son ayeul Amédée V. Il créa quinze chevaliers, & ordonna que les comtes de Savoie seroient les grands-maîtres de l'ordre.

Les lettres F. E. R. T., dont le collier de l'ordre de *l'annonciade* est chargé, signifient, selon ces auteurs, *fortitudo ejus Rhodum tenuit,* c'est-à-dire, par son courage il a conquis l'île de Rhodes. Cette devise a été mise sur ce collier, en mémoire de l'action éclatante d'Amédée V, qui fit lever aux Sarrasins le siége de Rhodes en 1310.

Ce fut-là l'époque des armes actuelles de la maison de Savoie qui, descendue de la maison de Saxe, en portoit les armes, *fascé d'or & de sable au crancelin de sinople*, & qui prit alors celles de l'ordre de S. Jean de Jérusalem, dit depuis *de Rhodes*, & à présent *de Malte*, qui sont *de gueules à la croix d'argent*.

Amédée VIII, premier duc de Savoie, élu pape

fous le nom de *Félix V*, au concile de Bâle, voulut en 1434 que cet ordre fût dorénavant nommé l'*ordre de l'annonciade*, & fit mettre au bout du collier une Vierge, au lieu de S. Maurice, qui jufqu'alors y avoit toujours été comme patron de la Savoie, quoiqu'il ne paroifle pas que cet ordre ait jamais porté fon nom.

Charles III, duc de Savoie, ajouta, en 1518, au colier, autant de rofes d'or, émaillées de rouge & de blanc, que de lacs-d'amour.

Le grand collier, que les chevaliers portent les jours de fêtes folemnelles, eft du poids de deux cens cinquante écus d'or ; c'eft une chaine faite de lacs-d'amour, chargée des quatre lettres F. E. R. T. entremêlées de rofes ; au bas eft attachée une médaille, fur laquelle fe trouve l'image de la Vierge, & autour font les paroles de la falutation angélique.

Le petit collier à deux doigts de large, & eft du poids de cent écus.

Charles-Emmanuel, duc de Savoie, a établi la chapelle de l'ordre de l'*annonciade* dans l'hermitage de Camaldoli, fur la montagne de Turin.

Victor-Amédée-Marie, duc de Savoie, roi de Sardaigne, actuellement régnant, eft le dix-neuvième grand-maitre de l'ordre de l'*annonciade*. (*Pl. XXV. fig. 48. G. D. L. T.*)

ANTIQUE, adj. fe dit des couronnes à pointes de rayons, des vafes, édifices, vêtemens des anciens, coëffures anciennes, &c. des niches gothiques, &c.

Les armoiries de la ville de Montpellier font une image de Notre-Dame fur fon fiège à l'*antique* en forme de niche.

L'Evêché de Freyfingue, en Bavière, d'argent au bufte de maure de fable, couronnée d'or à l'*antique* & vêtu de gueules.

Les lions & les léopards couronnés dans les armoiries, ont prefque toujours fur la tête une couronne à pointes, & comme c'eft en quelque forte leur *coftume*, on ne dit point en blafonnant, un lion ou un léopard couronné à l'*antique* ; on dit fimplement *couronné*, en fpécifiant les émaux.

Mais pour les autres animaux, quand ils ont une couronne, il faut exprimer fi elle eft *antique* ou moderne.

Morel de Putanges, en Normandie, d'or au lion de finople *couronné d'argent*.

Gartoule de Caftres, en Languedoc ; d'azur au dauphin d'or, couronné d'une *couronne antique*, ou couronné à l'*antique*.

De Waffervas, en Artois, d'azur à trois aiguières *antiques* d'or.

§ ANTOINE, (l'ordre militaire de faint) fut établi en 1381, par Albert de Bavière comte de Hainault, de Hollande & de Zélande, dans le deffein où il étoit de faire la guerre aux Turcs.

Les chevaliers font eccléfiaftiques, ils portoient autrefois deux *T* (nommés *taux*) l'un fur l'autre, une ceinture d'hermine bleue en cercle bordée d'or

avec un fermail à feneftre en fa partie inférieure ; & à dextre au même niveau étoit attachée une béquille avec une clochette auffi d'or ; cette béquille étoit pofée en bande fur le premier *tau*, (*pl. XXV. fig. 59. G. D. L. T.*)

§ ANTOINE (l'ordre militaire de faint), en Ethiopie, fut inftitué en 370 par Jean dit le *faint*, Empereur d'Ethiopie, fils de Caïus, auffi furnommé le *faint* ; il voulut que les chevaliers euffent fur un habit noir une croix bleue bordée d'or, dont le haut & la traverfe fe termineroient en fleurons & le bas feroit patté.

Leur étendart eft noir chargé, d'un lion tenant dans fes pates de devant un crucifix avec ces mots, *vicit leo de tribu Juda*, c'eft-à-dire *le lion de la tribu de Juda a vaincu*.

On doute de l'inftitution de cet ordre, il n'en eft fait aucune mention dans l'hiftoire d'Ethiopie par Ludolf. (*G. D. L. T.*)

APPAUMÉE, adj. f. fe dit de la main ouverte dont on voit le dedans, qu'on appelle la *paume*.

Baudri de Piancourt, en Normandie, de fable à trois mains droites, levées & *appaumées* d'argent.

Goulard d'Invillier, dans l'Orléanois, d'azur à une main *appaumée* d'argent.

APPENDICES, f. f. pl. extrémités des animaux, telles que leurs queues, leurs cornes, leurs griffes, &c. Les *appendices* d'un animal font prefque toujours d'un autre émail que celui de leurs corps, & cet émail eft de la nature de celui de l'écu fans rendre les armes fauffes.

APPOINTÉ, ÉE, adj. fe dit des chofes qui fe touchent par leurs pointes ; ainfi deux chevrons peuvent-être *appointés* : trois épées mifes en pairle peuvent être *appointées* en cœur ; trois flèches de même.

Armes, en Nivernois, de gueules à deux épées d'argent, *appointées* en pile vers la pointe de l'écu, les gardes en bande & en barre, à une rofe d'or en chef entre les gardes, & une englure de même autour de l'écu. (*Voyez la pl. IX. fig. 494.*)

ARBALÈTE, f. f. s'emploie comme meuble d'écu.

Zmodz, en Pologne, de gueules, à l'*arbalête* d'argent.

Arbaleftes, d'or, au fautoir engrêlé de fable, cantonné de quatre *arbalétes* de gueules. (*Pl. X. fig. 508-9.*)

ARBRE, f. m. meuble d'armoiries. Il a pour émail particulier le finople ; il y a cependant des *arbres* de différens émaux, lorfqu'on peut diftinguer l'efpece par les fruits, on nomme l'*arbre* de fon nom particulier, chêne, pin, olivier, poirier, pommier, prunier, &c.

On dit de l'*arbre* qu'il eft *fufté*, ou *fûté*, quand le fût eft d'un autre émail ; *arraché*, quand on en voit les racines ; *écoté*, quand les branches paroiffent coupées ; *effeuillé*, quand l'*arbre* n'a point de feuilles.

Baudean de Parabere, en Bigorre ; d'or à l'*arbre* de finople.

Olivier, d'or, à l'olivier arraché de finople ; au

lion contourné & couronné de gueules, grimpant à l'*arbre*.

Loménie, d'or à l'*arbre* arraché de finople, pofé fur un tourteau de fable, au chef d'azur, chargé de ~ois lozanges d'argent.

De la Live, d'argent, au pin de finople, le fût accôté de deux étoiles de gueules.

Pour ces trois derniers exemples, *voir pl. VIII. fig.* 395--6--7.

ARBRE GÉNÉALOGIQUE (l') eft formé de plufieurs rangs d'écuffons pofés fur des branches d'*arbres* qui partent du tronc.

L'*arbre généalogique* eft néceffaire, lorfqu'il s'agit de faire des preuves pour entrer dans un chapitre noble, ou pour être reçu dans quelque ordre qui exige des preuves de nobleffe.

Sur le tronc de l'*arbre* fe trouve l'écuffon de celui qui fait fes preuves, & qu'on nomme le *préfenté.*

Au premier rang au deffus, il y a deux écuffons ; celui du père à droite, celui de la mère à gauche.

Au fecond rang, quatre écuffons ; l'aïeul paternel & fa femme à droite, l'aïeul maternel & fa femme à gauche.

Au troifième rang, huit écuffons ; les bifaïeuls paternels à droite, les maternels à gauche.

Au quatrième rang, feize écuffons ; les trifaïeuls paternels à droite, les maternels à gauche, & ainfi de fuite, en doublant toujours le nombre des écuffons, à mefure qu'on monte de rang en rang. (*Voyez la planche XXI.* où fe trouve l'*Arbre généalogique* de M. le Dauphin.

ARC-EN-CIEL, f. m. meuble d'écu. (*Voyez* les armes de Lafcher, *pl. VII. fig.* 382.)

ARCHE DE NOÉ, f. f. pièce d'armoiries qui repréfente ce que le mot défigne.

L'*arche de Noé* eft ordinairement accompagnée d'une colombe en chef, portant dans fon bec un rameau d'olivier.

Plantavit, diocèfe de Béziers, d'azur, à l'*arche de Noé* d'or, fur des ondes d'argent, accompagnée en chef d'une colombe volante de même, tenant en fon bec un rameau d'olivier d'or.

ARCHIÈRES, f. f. pl. ouvertures oblongues qu'on pratiquoit autrefois dans les murs des châteaux, & par lefquelles les *archers* tiroient des flèches. On ne nomme les *archières* d'un château, que quand elles font d'un émail différent. Un château d'argent aux fenêtres & *archières* de fable.

ARDENT, adj. fe dit d'un charbon qui paroît allumé.

Sandras du Metz, à Rheims, d'argent à trois charbons de fable, *ardens* de gueules.

Carbonnières de la Barthe, en Auvergne, d'argent à quatre cotices d'azur, accôtées de quatorze charbons de fable *ardens* de gueules, un en chef, un en pointe, les douze autres quatre à quatre, en trois rangs.

ARGATA, (CHEVALIERS DE L') ou *Chevaliers du Dévidoir;* compagnie de quelques gentilshommes

du quartier de la porte neuve à Naples, qui s'unirent en 1388 pour défendre le port de cette ville en faveur de Louis d'Anjou, contre les vaiffeaux & les galères de la reine Marguerite. Ils portoient fur le bras, ou fur le côté gauche, un devidoir d'or en champ de gueules. Cette efpèce d'ordre finit avec le règne de Louis d'Anjou. On n'a que des conjectures futiles fur le choix qu'ils avoient fait du devidoir pour la marque de leur union ; & peut-être ce choix n'en mérite-t-il pas d'autres.(Article refté.)

ARGENT, f. m. l'un des deux métaux qui entrent dans les armoiries, & qu'on repréfente par la couleur blanche, & fans aucunes hachures ; on l'appelle en Angleterre *blanche-perle.*

Boquet, en Normandie porte d'*argent* pur. (*Voyez planche I. fig.* 12.)

Soleure, coupé d'*argent* & de gueules, (*fig.* 26.)

Aglion, tranché d'*argent* & de gueules, (*fig.* 27.)

Béthune, d'*argent*, à la fafce de gueules. (*Plan. II. fig.* 100.)

Schomberg, d'*argent*, au lion coupé de gueules & de finople.

ARGUS ; c'eft l'*Argus* de la Fable. Sa tête fe trouve fur quelques écus ; elle eft diftinguée par une multitude d'yeux ouverts.

Santeuil, d'azur, à une *tête d'Argus* d'or. (*Pl. VIII. fig.* 443.)

ARMÉ, ÉE, adj. fe dit d'un foldat ou cavalier couvert d'un cafque, d'une cuiraffe, &c.

Il fe dit fur-tout du lion, du léopard, de l'aigle & autres animaux, tant quadrupèdes, qu'oifeaux, qui ont des ongles ou des griffes, lorfque ces ongles ou griffes font d'un autre émail que le corps.

Luxembourg, d'argent, au lion de gueules, *armé,* lampaffé & couronné d'azur, la queue fourchée, nouée & paffée en double fautoir. (*Voyez pl. V. fig.* 241.)

Beauvau, d'argent, à quatre lionceaux de gueules, *armés,* lampaffés & couronés d'or. (*fig.* 250.)

Aubaud du Perron, en Artois ; d'argent, à l'aigle de fable becquée & *armée* d'or.

ARMÉES ne fe dit point des flèches dont le fer eft d'un émail différent, mais on exprime d'abord l'émail du fer, & on ajoute pour le bois, *fûtées de tel* émail.

ARMES ou ARMOIRIES, f. f. qui n'a point de fingulier ; marques d'honneur qu'on porte fur les enfeignes & drapeaux pour diftinguer les nations, & fur les écus, pour diftinguer les familles nobles.

Les *armes* les plus fimples font, dit-on, les plus nobles, c'eft-à-dire, que moins il y a de pièces dans l'écu, plus les *armes* font diftinguées : maxime héraldique qui reçoit beaucoup d'exceptions ; quel écuffon eft plus chargé que ceux de Lorraine & de Montmorenci ?

Les *armoiries* tirent leur origine, felon les uns, des tournois & carroufels; felon les autres, des expéditions militaires, particuliérement des croifades : il y a environ fept fiècles qu'elles font héréditaires & d'un ufage général.

Les *armes* ou *armoiries* ont pour essence les émaux & les meubles de l'écu, auquel on ajoute quelques ornemens extérieurs.

On distingue différentes sortes d'*armes*.

ARMES de domaine, ce sont celles que les empereurs, les rois & autres souverains portent en vertu des terres & des royaumes qu'ils possèdent, & auxquels ces *armes* sont annexées. (*Voyez toutes les armes des planches XV. & XVI.*)

Les *armes* de dignité font connoître la charge qu'on exerce, la dignité, l'emploi dont on est revêtu: cette distinction consiste principalement dans les ornemens extérieurs qu'on ajoute aux *armes* de la famille. (*Voy. les pl. XVII. XVIII, XIX.*)

ARMES D'ALLIANCE; ce sont celles que les familles ajoutent aux leurs pour faire connoître les alliances qu'elles ont contractées par mariage.

ARMES DE COMMUNAUTÉ; celles des républiques, provinces, villes, églises, académies, chapitres, &c. (*Voyez pl. XII.* les *fig.* du dernier rang.)

ARMES DE SUCCESSION; celles que des héritiers ou légataires, étrangers à la famille, prennent en vertu des clauses testamentaires, avec les fiefs & les biens de leurs auteurs & prédécesseurs.

ARMES DE PRÉTENTION: celles des domaines sur lesquels un souverain ou un seigneur quelconque a des droits ou des prétentions, quoique ces domaines soient entre les mains d'un prince étranger, ou d'un autre seigneur.

ARMES DE CONCESSION, sont formées de quelques pièces des *armoiries* des souverains; quelquefois même ce sont les *armes* pures & pleines de ces souverains qu'ils accordent à certaines personnes, à certaines familles, pour les récompenser de quelque service important.

ARMES DE FAMILLE: ce mot n'a pas besoin de définition.

Ces *armes* se subdivisent encore en *armes pures & pleines*, c'est-à-dire, où il n'entre aucun mélange, & que les aînés des maisons & familles portent telles que leurs ancêtres les ont toujours portées.

On peut encore appeler *armes pures & pleines*, celles dont l'écu est d'un seul émail, sans être chargé d'aucune pièce. Ces *armes* sont rares, sur-tout en France. La maison de Bandinelli, en Italie, dont étoit le pape Alexandre III, porte d'or plein. Celle de Rubei, aussi en Italie, porte de gueules tout pur. (*Voyez pl. I. fig.* 11, 12, 13, 14, 15, 16, 17.)

ARMES BRISÉES; celles que les cadets augmentent, & sont même obligés d'augmenter de quelques pièces, pour se distinguer de leur aîné.

ARMES PARLANTES; celles où il y a quelques figures, pièces ou meubles qui font allusion au nom de celui qui les porte.

ARMES CHARGÉES; celles où on ajoute d'autres *armes*, en vertu de quelque substitution, ou en mémoire de quelque action glorieuse.

ARMES SUBSTITUÉES; *armes* qu'on prend avec un nom étranger, & qu'on substitue aux siennes, en vertu d'un contrat de mariage ou de tel autre titre qui l'ordonne ainsi.

ARMES A ENQUÉRIR: pour entendre ce mot, il faut se rappeller que les émaux qui entrent dans les *armoiries* sont de deux sortes, métaux & couleurs: les métaux sont l'or & l'argent; les couleurs, de gueules, d'azur, de sable, de sinople, de pourpre: or c'est un principe dans le Blason, qu'on ne doit point mettre métal sur métal, ni couleur sur couleur; il y a cependant des exceptions à cette règle, mais ces exceptions ont toujours un motif particulier; & c'est ce motif qu'il faut savoir: ces *armes* sont donc nommées *à enquérir*, parce qu'elles donnent lieu de s'informer pourquoi elles sont ainsi contre la règle.

ARMES DIFFAMÉES, DÉCHARGÉES ou ABAISSÉES. Quelques Héraldistes admettent cette espèce d'*armes*. (*Voyez* ci-dessus l'article ABAISSEMENT.)

Les *armes* ou *armoiries* sont ainsi nommées, parce que les marques qu'on prenoit pour se distinguer, du temps, soit des tournois, soit des croisades, furent d'abord portées sur les boucliers, sur les cottes-d'armes & autres *armes* offensives & défensives, & qu'elles tirent leur origine des *armes*.

Il n'y avoit originairement que les nobles qui eussent le droit d'avoir des *armoiries*: mais Charles V, par sa charte de l'an 1371, ayant annobli les Parisiens, il leur permit de porter des *armoiries*; sur cet exemple, les bourgeois notables des autres villes en prirent aussi.

Ménage disoit que les *armoiries* des nouvelles familles étoient, pour la plupart, les enseignes de leurs anciennes boutiques.

ARMET, s. m. chapeau de fer dont les chevaliers se couvroient la tête, quand ils ôtoient leur heaume pour se rafraîchir. C'étoit un casque léger, sans visière ni gorgerin; on l'a depuis nommé *bacinet*.

ARMORIAL, s. m. livre ou régître où sont consignées les armoiries, ou de tous les nobles d'un royaume, d'une province, & alors c'est un *armorial général*, ou d'une famille avec ses alliances, & alors c'est un *armorial particulier*, ou une généalogie.

ARRACHÉ, ÉE, adj. se dit des arbres & des plantes dont les racines paroissent: il se dit aussi des têtes & autres membres d'animaux, qui n'étant pas coupés net, ont divers lambeaux sanglans ou non sanglans, lesquels annoncent que ces membres ont été *arrachés* par force.

Machault, d'argent, à trois têtes de corbeau de sable, *arrachées*, de gueules (*Voyez pl. VI. fig.* 319.)

ARRÊT, ARRÊTS DE LANCE, s. m. meuble de l'écu.

Esterno, de pourpre, à une fasce d'azur, chargée d'une coquille d'argent, accompagnée de trois *arrêts de lance* de même. (*Pl. XI. fig.* 603.)

ARRÊTÉ, ÉE, adj. se dit du lion, du léopard & de tout autre animal posé sur ses quatre pattes, sans qu'aucune soit levée & fasse aucun mouvement.

Chastaignier de la Rochepofay, en Poitou, d'or au lion *arrêté* de sinople.

» ARRONDI, IE, adj. Il se dit des boules & autres

» chofes qui font rondes naturellement, & qui pa-
» roiffent derechef par le moyen de certains traits en
» armoiries, qui en font voir l'arrondiffement.

» Médicis, grands-ducs de Florence, d'or à cinq
» *boules* de gueules en orle, en chef un tourteau d'azur
» chargé de trois fleurs de lis d'or.

» Je nomme *boules* les pièces de gueules de ces armoiries, parce que dans tous les anciens monumens
» de Florence & de Rome, on les voit *arrondies* en
» boules. »

. C'eft ainfi que cet article eft rédigé dans l'ancienne
édition de l'Encyclopédie; mais 1°. la plupart des
héraldiftes blafonnent autrement les armes de Médicis, & appellent *tourteaux* ce qu'on appelle ici
boules: en effet, on ne voit, quant à l'arrondiffement, aucune différence entre les cinq tourteaux de
gueules & le grand tourteau d'azur du chef. (*Voyez*
pl. XVI. fig. 1.)

2°. Dans cette manière de blafonner, on n'emploie pas plus que dans l'autre, le mot *arrondi*, qui eft
celui dont il s'agit; il falloit donc dire, *à cinq tour-*
teaux de gueules, ARRONDIS *en boules & rangés en orle.*

ASSIS, SE, adj. fe dit de tous les animaux également, domeftiques ou fauvages, qui font dans cette
fituation.

Harling, d'argent, à la licorne *affife* ou acculée
de fable. (*Pl. VI. fig. 281.*)

AVANT-MUR, pan de muraille joint à une tour.
Langins, d'azur, à une tour feneftrée d'un *avant-*
mur d'or. (*Pl. XII. fig. 628.*)

AUGMENTATIONS, f. f. pl. additions faites aux
armoiries; nouvelles marques d'honneur ajoutées à
l'écuffon.

AVIS, (ordre d') ordre militaire, dont on fait remonter l'origine à l'an 1147, fous Alfonfe I, roi de
Portugal, & dont on ne date l'érection que de 1162.
On dit qu'en 1147, quelques gentilshommes fe liguè-
rent contre les Infidèles fous le nom de *nouvelle mi-*
lice; qu'ils furent érigés en ordre en 1162; que Jean
Zirita, abbé de Touraca, leur donna des conftitutions; qu'ils eurent pour premier grand-maître,
Pierre, parent du roi; qu'ils embraffèrent la règle
de Cîteaux; qu'en 1162 Girard l'Intrépide ayant

furpris Evora, le roi Alfonfe donna cette ville aux
chevaliers, qui en portèrent le nom; que Sanche I
leur ayant accordé en 1181 une terre fur la frontière
pour y conftruire un château, ils apperçurent deux
oifeaux au moment qu'on pofoit la première pierre,
& qu'ils en prirent le nom d'*Avis*; qu'Innocent III
approuva cet établiffement en 1204; que l'ordre d'*A-*
vis fervit bien la religion contre les Maures; qu'en
1213 il obtint de l'ordre de Calatrava plufieurs places
dans le Portugal; qu'en reconnoiffance il fe foumit à
cet ordre, dont il ne fe fépara qu'en 1385, pendant
les guerres des Portugais & des Caftillans; que le
concile de Bâle tenta inutilement de le rapprocher;
qu'il ceffa alors d'avoir des grands-maîtres, les papes
n'ayant voulu lui donner que des adminiftrateurs, &
que la grande-maîtrife fut réunie à la couronne de
Portugal par le pape Paul III. L'ordre d'*Avis* portoit
l'habit blanc de Cîteaux, & pour armes, d'or à la
croix fleurdelifée de finople, accompagnée en pointe
de deux oifeaux affrontés de fable.

AU NATUREL fe dit des animaux, & même des
objets inanimés, repréfentés avec la couleur que la
nature leur a donnée, ou des fleurs & fruits imités de
ceux qui naiffent dans les jardins ou dans la campagne, enfin des objets véritablement repréfentés *au*
naturel.

Sequière, à Touloufe, d'azur, à une fyrène fe
peignant & fe mirant, d'argent, nageant fur des ondes *au naturel*. (*Voyez la pl. VII. fig. 345.*)

Quand il s'agit de l'homme, on dit, *de carnation*.

Curel, originaire de Baffigny, d'azur, au lion
d'or, lampaffé de gueules, adextré d'un bras *de carna-*
tion, tenant une balance d'argent, & fortant d'une
nue *au naturel*, chargée d'une étoile auffi d'argent.

AUTRUCHE, f. f. meuble de l'écu repréfentant
cet oifeau.

De Songy, fieur du Clos, de finople, à une *autru-*
che d'argent, la tête contournée. (*Pl. VI. fig. 314.*)

AZUR, f. m. couleur bleue, l'un des neuf émaux,
l'une des cinq couleurs des armoiries.

Dans les armoiries gravées & non coloriées, l'*a-*
zur eft repréfenté par des lignes horizontales. (*Voyez*
pl. I, la fig. 14.)

BACHELIER , f. m. simple chevalier. Les chevaliers *bacheliers* servoient sous les chevaliers bannerets , parce qu'ils n'avoient pas comme eux le droit de bannière.

Il y avoit aussi des écuyers *bacheliers*.

BADELAIRE , s. f. vieux mot conservé dans le Blason , & qui signifie une épée faite en sabre , c'est-à-dire courte , large & recourbée : on croit que ce mot vient de *baltearis* , à cause qu'un baudrier s'appelloit autrefois *baudel* ; en effet, quelques-uns disent *baudelaire*.

De Courtejambe , échiqueté d'argent & de sable , à deux sabres ou *badelaires* rangés en fasce dans leurs fourreaux de gueules , enchés , virolés & rivés d'or. (*Voyez pl. IX. fig. 496.*)

BAILLI , nom d'un grade ou dignité dans l'ordre de Malte. On en distingue de deux sortes , les *baillis conventuels* & les *baillis capitulaires.* Les premiers font les huit chefs ou piliers de chaque langue. (*Voyez* PILIER & LANGUE.) On les appelle *conventuels* , parce qu'ordinairement ils résident dans le couvent de la religion à Malte.

Les *baillis capitulaires* , ainsi nommés , parce que dans les chapitres provinciaux , ils ont séance immédiatement après les grands-prieurs , font des chevaliers qui possèdent des bailliages de l'ordre. La langue de France a deux bailliages , dont les titulaires font le *bailli de la Morée* ou commandeur de S. Jean de Latran à Paris , & le *grand-trésorier* ou commandeur de S. Jean en l'île près de Corbeil. La langue de Provence a le bailliage de Manosque , & celle d'Auvergne , le bailliage de Lyon. Il y a de même des bailliages & des *baillis capitulaires* dans les autres langues. *Voyez* MALTE.

BAILLONNÉ , ÉE , adj. se dit des lions , des ours , des chiens & autres animaux qui ont un bâton entre les dents.

Burneus , au pays de Vaud , d'argent , au lion de sable *baillonné* de gueules , à la bordure componnée d'argent & de sable.

BAIN , (chevaliers du) ordre militaire institué par Richard II , roi d'Angleterre , qui en fixa le nombre à quatre , ce qui n'empêcha pas Henri IV , son successeur , de l'augmenter de quarante-deux ; leur devise étoit , *tres in una* , ou plutôt , suivant l'inscription , *tria in unum* , trois en un seul , pour signifier les trois vertus théologales. Leur coutume étoit de se baigner avant que de recevoir les éperons d'or : mais cela ne s'observa que dans le commencement , & s'abolit ensuite peu à peu , quoique le bain fût l'origine du nom de ces chevaliers , & que leurs statuts portassent que c'étoit *pour acquérir une pureté de cœur & avoir l'ame monde* , c'est-à-dire pure. L'ordre de chevalier du *bain* ne se confère presque jamais qu'au couronnement des rois , ou à l'installation d'un prince de Galles ou d'un duc d'Yorc. Ils portent un ruban rouge en baudrier. Cambden & d'autres écrivains disent que Henri IV en fut l'instituteur en 1399 , à cette occasion : ce prince étant dans le *bain* , un chevalier lui dit que deux veuves étoient venues lui demander justice ; & dans ce moment il sauta hors du *bain* , en s'écriant , *que la justice envers ses sujets étoit un devoir préférable au plaisir de se baigner* , & ensuite il créa un ordre des chevaliers du *bain* : cependant quelques auteurs soutiennent que cet ordre existoit long-temps avant Henri IV , & le font remonter jusqu'au temps des Saxons. Ce qu'il y a de certain , c'est que le *bain* , dans la création des chevaliers , avoit été long-temps auparavant en usage dans le royaume de France , quoiqu'il n'y eût point d'ordre de chevaliers du *bain.*

L'ordre des chevaliers du *bain* , après avoir été comme enseveli pendant bien des années , commença de renaître sous le règne de Georges premier , qui en créa solemnellement un grand nombre. (*G*)

BALANCE , f. f. meuble d'écu.

Montpezat , écartelé au premier & quatrième d'azur , à deux *balances* d'or , posées l'une sur l'autre , au deux & trois d'azur , à trois étoiles d'or. (*Pl. X. fig. 546.*)

BALLE de Paumier , *V.* RAQUETTE.

BALON , f. m. meuble d'écu.

Du Pille , d'azur , au chevron d'or , accompagné de trois *balons* d'argent.

BAN & ARRIERE-BAN , f. m. convocation extraordinaire de la noblesse contre les ennemis dans les besoins ou les dangers pressans de l'état ; nous n'en mettons ici que le nom avec cette courte définition , seulement pour qu'on ne le croie pas oublié dans une science qui intéresse si particuliérement la noblesse , & nous le renvoyons à l'Histoire moderne , où est sa véritable place , & où il sera traité avec l'étendue convenable.

BANDE , (ordre militaire des chevaliers de la) en Espagne , fut institué en 1332 , par le roi Alfonse XI , sous le pontificat de Jean XXII , pour récompenser les belles actions des gens de guerre.

On n'y recevoit que des personnes nobles ; il falloit avoir servi , au moins dix ans , dans les armées ou à la cour. Leurs statuts portoient qu'ils prendroient les armes , pour la foi catholique , contre les infideles.

Les rois d'Espagne en étoient grands-maîtres.

Philippe V a relevé cet ordre , qui étoit tombé en discrédit.

La marque est un ruban rouge , que les chevaliers portent sur l'épaule , en écharpe. (*Pl. XXIII. fig. 17.* G. D. L. T.)

BANDE , f. f. une des pièces honorables de l'écu ;

elle occupe les deux septièmes de la largeur de l'écu, c'est-à-dire un peu moins du tiers, lorsqu'elle est seule; elle est posée diagonalement de droite à gauche, allant de l'angle droit de l'écu en chef, à l'angle gauche de la pointe.

La *bande* est la représentation du baudrier ou de l'écharpe des anciens chevaliers, posée sur l'épaule.

Quelques auteurs l'appellent *bande dextre*, & l'op-posent à la *bande* senestre qui est la *barre*. (*Voyez* BARRE. *Voyez pl. II. fig. 101 & 102.*)

Deux *bandes* se posent de même; elles ont cha-cune deux septièmes de la largeur de l'écu, & laissent entre elles un vuide égal à leur largeur. (*Pl. III. fig. 139.*)

Trois *bandes* ont chacune une partie & demie de sept, de la largeur de l'écu, & leurs vuides ont cha-cun la même largeur (*Pl. III. fig. 140.*)

Lorsqu'il y a plus de trois *bandes* dans un écu, elles prennent le nom de *cotices*. (*Pl. III. fig. 145. Voir aussi pl. XXVIII. fig. 6, & pl. XXIX. fig. 14 & 15.*)

Il faut observer que les proportions de la *bande* & de quelques autres pièces honorables ne sont pas les mêmes dans la première édition de l'Ency-clopédie & dans le Supplément : les auteurs héraldiques varient sur ce point. Nous suivons ici le Supplément, dont les planches contiennent les proportions géométriques des pièces ou figures hé-raldiques. D'autres auteurs donnent à la *bande* la troi-sième partie du champ, lorsqu'il est chargé, & la cinquième, lorsqu'il est uni. Ils divisent une *bande* en *bandelette*, qui est la sixième partie du champ; en *jarretière*, qui est la moitié d'une *bande*; en *valeur*, qui est le quart de la *bande* : mais cette division nous paroît peu usitée dans le Blason.

De Torcy, de sable, à la *bande* d'or. (*Pl. II. fig. 101.*)

Launay, d'argent, à deux *bandes* d'azur. (*fig. 139.*)

Budos, d'azur, à trois *bandes* d'or. (*fig. 140.*)

Il y a des *bandes* chargées, accompagnées, échi-quetées, denchées, engrêlées, resarcelées, &c. (*Voyez* ces divers mots.)

La maison de Felix, à Aix en Provence, origi-naire de Savoie, porte de gueules à la *bande* d'ar-gent, chargée de trois FFF de sable, qui signifient *Felices fuerunt fideles.* C'est une concession faite par un Comte de Savoie à cette famille, qui l'avoit bien servi dans les guerres civiles.

BANDÉ, ÉE, adj. se dit d'un écu divisé également entre deux émaux en six parties par des lignes dia-gonales dans le sens de la bande; les première, troisième & cinquième parties étant d'un émail; les deuxième, quatrième & sixième d'un autre émail.

Quand on dit *bandé* de tels & tels émaux, on entend qu'il n'y a que six parties; s'il y en avoit huit, il faudroit l'exprimer. Au-delà, on ne dit plus *bandé*, mais *cotice*.

BANDÉ, ÉE, se dit aussi du chef, de la fasce,

du pal, divisé en six ou huit parties, par des lignes diagonales, & en général, de toutes les pièces cou-vertes de bandes émaillées de métal & de couleur alternativement.

De Fiesque, *bandé* d'azur & d'argent. (*Voyez pl. III. fig. 142.*)

Pothein, *bandé* d'argent & de gueules, de huit pièces. (*fig. 143.*)

Chauveron, d'argent, au pal *bandé*, de six piè-ces. (*V. pl. III. fig. 121.*)

BANNERETS ou CHEVALIERS BANNE-RETS, s. m. pl. étoient autrefois des gentilshom-mes puissans en terres, & en vassaux avec lesquels ils formoient des espèces de compagnies à la guerre. On les appelloit *bannerets*, parce qu'ils avoient le droit de porter bannière.

Il falloit, pour avoir cette prérogative, être non seulement gentilhomme de nom & d'armes, mais avoir pour vassaux des gentilshommes qui suivissent la bannière à l'armée sous le comman-dement du *banneret*. Ducange cite un ancien céré-monial manuscrit qui marque la manière dont se faisoit le chevalier *banneret*, & le nombre d'hom-mes qu'il devoit avoir à sa suite.

« Quand un bachelier, dit ce cérémonial, a » grandement servi & suivi la guerre, & que il a » terre assez, & qu'il puisse avoir gentilshommes » ses hommes & pour accompagner sa bannière, » il peut licitement lever bannière, & non autre-» ment; car nul homme ne doit lever bannière en » bataille, s'il n'a du moins cinquante hommes » d'armes, tous ses hommes & les archiers & les » arbelestriers qui y appartiennent; & s'il les a, » il doit, à la première bataille où il se trouvera, » apporter un pennon de ses armes, & doit venir » au connétable ou aux maréchaux, ou à celui qui » sera lieutenant de l'ost, pour lui le prince requérir » qu'il porte bannière, & s'ils lui octroyent, doit » sommer les hérauts pour témoignage, & doivent » couper la queue du pennon, &c. » *Voyez* PENNON. Du temps des chevaliers *bannerets*, le nombre de la cavalerie dans les armées s'exprimoit par ce-lui des bannières, comme il s'exprime aujourd'hui par celui des escadrons.

Les chevaliers *bannerets*, suivant le P. Daniel, ne paroissent dans notre histoire que sous Philippe-Auguste. Ils subsistèrent jusqu'à la création des com-pagnies d'ordonnance par Charles VII : alors il n'y eut plus de bannières, ni de chevaliers *bannerets*; toute la gendarmerie fut mise en compagnies ré-glées. (Ç Cette marque est encore celle d'un des auteurs du Blason dans la première Encyclopédie.)

BAR, s. m. barbeau, poisson qui entre dans les armoiries; il paroît de profil & un peu courbé en portion de cercle.

On en voit souvent deux ensemble; alors ils sont adossés.

Poisson de Marigny, de gueules, à deux *bars* adossés d'or. (*Voyez pl. VII. fig. 337.*)

La

La maiſon de Lorraine porte dans le dernier quartier de ſes armes deux bars d'or adoſſés en pal, par alluſion au duché de Bar. (*Voyez* pl. *XV. fig. 1, & pl. XVIII. fig. 3.*)

BARBÉ, ÉE, BARBETÉ, ou BARBILLÉ, adj. ſe dit des coqs & des dauphins, dont la barbe eſt d'un autre émail que leur corps.

Le Chancelier Boucherat, portoit d'azur, au coq d'or becqué, membré, & *barbé* de gueules, avec cette deviſe : *Sol reperit vigilem.*

On déſigne auſſi par cet adjectif la roſe dont les barbes ſont d'un émail différent. Les *barbes* de la roſe ſont les cinq feuilles vertes qui enveloppent les pétales de cette fleur, avant qu'elle ſoit épa-nouïe, & dont on repréſente toujours le bout dans les armoiries. Une roſe de gueules, *barbée* de ſinople. On dit auſſi *pointée.*

BARDÉ, adj. ſe dit d'un cheval caparaçonné.

Riperda, près de Groningue, de ſable, au cavalier d'or, le cheval *bardé* & caparaçonné d'argent.

BARON & BARONNET, noms de dignité; nous ne les plaçons ici que pour qu'on ne les croie pas oubliés, & nous les renvoyons à l'hiſtoire.

BARRE, ſ. f. La *barre* eſt préciſément le contraire de la bande, étant dirigée diagonalement de l'angle gauche en chef à l'angle droit en pointe. Elle a la même proportion que la bande.

Courcy, d'argent, à la *barre* engrêlée d'azur. (*Voyez* pl. *III. fig.* 153.)

Von-Huten, de gueules, à deux *barres* d'or. (*Voyez* pl. *III. fig.* 151.)

Souvent les *barres* ſervent de briſure aux enfans naturels & à leurs deſcendans : alors elles ſont raccourcies, & on les appelle *bâtons péris en barre* ou *barres en abime.*

BARRÉ, adj. Comme de bande on fait *bandé*, de barre on fait *barré* dans le même cas; c'eſt-à-dire, quand l'écu eſt diviſé également entre deux émaux en ſix parties par des lignes diagonales dans le ſens de la *barre.*

Ray, à Tournay, *barré* d'azur & d'argent, de ſix pièces; la première, la troiſième & la cinquième d'azur ; la ſeconde, la quatrième & la ſixième d'argent ; la troiſième & la cinquième chargées d'une étoile à ſix rais d'or. (*Voyez* pl. *III. fig.* 152.)

Obſervons la *barré* comme pour le *bandé*, il faut que l'écu ſoit diviſé en un nombre pair de partitions, & que les deux émaux dont il eſt compoſé ſoient alternatifs : ſi les diviſions ſont en nombre impair, & que par conſéquent un des émaux domine, il faut en revenir à la manière de blaſonner ordinaire, c'eſt-à-dire nommer d'abord l'émail qui domine, comme formant le champ de l'écu, & exprimer le nombre des barres.

Il faut exprimer ce nombre, dans le *barré*, avec une exactitude encore plus ſcrupuleuſe que dans le *bandé.*

BARRÉ-BANDÉ, adj. eſt un terme d'uſage lorſque l'écuſſon eſt également diviſé en barres & en

bandes, avec mélange égal des émaux : on dit : Il porte *barré-bandé*, or & ſable.

BASTILLÉ, ÉE, adj. c'eſt-à-dire garni de tours ; ce mot vient de *baſtille*, qui ſignifie *fortereſſe.*

BASTILLÉ ſe dit auſſi des chefs, faſces & bandes qui ont des créneaux dans leurs parties inférieures.

Belot, en Franche-Comté, d'argent, à la bande d'azur, au *chef* couſu d'or, *baſtillé* de trois pièces.

Bracié de Bercins, du Montet en Breſſe, d'argent, à la *faſce* d'azur, *baſtillé* de trois pièces.

De Juglat, en Auvergne, d'azur à la *bande baſtillée* de trois pieces d'argent, accompagnée de cinq étoiles de même, en orle, trois en chef, deux en pointe.

BASTOGNE, ſ. f. bande aléſée en chef.

Pertoy, en Lorraine, porte parti d'or & de gueules à une *baſtogne* d'azur, chargée de trois molettes d'argent & accompagnée de deux têtes de lion de l'un en l'autre.

BATAILLÉE, ou BATELÉE, adj. f. ſe dit d'une cloche, dont le battant eſt d'un autre émail que la cloche.

Belle-garde, d'azur, à une cloche d'argent *bataillée* de ſable. (*Voyez la* pl. *IX. fig.* 492.)

Quelques-uns diſent : au *batail* de ſable. *Batail* eſt un vieux mot François, dérivé, ſelon Ducange, de *batallum*, qui dans la baſſe latinité, ſignifioit ce que nous entendons aujourd'hui par *battant.*

BATON, ſ. m. eſpèce de cotice aléſée qu'on met dans quelques écus, pour ſervir de briſure & diſtinguer les branches cadettes d'avec la branche aînée, ou les branches bâtardes d'avec les branches légitimes ; le *bâton* en bande déſigne ordinairement une branche cadette, le *bâton* en barre une branche bâtarde.

La maiſon de Condé porte : de France au *bâton* péri en bande de gueules. On peut dire de même : au *bâton* en bande de gueules en abime. (*Voyez* les mots : PÉRI & ABIME :) voyez auſſi la pl. *XVIII.* pour les armes de Condé & le *bâton* péri en bande, & la pl. *XVII.* pour des *bâtons* péris en barre.

BATON DE MARÉCHAL, marque de commandement. Ce *bâton* eſt d'azur, ſemé de fleurs-delis d'or.

Les maréchaux de France en mettent deux, paſſés en ſautoirs derrière l'écu de leurs armes. (*Voyez* pl. *XVII.* les armes du maréchal de Biron.)

BATONS noueux ou BATONS écôtés, meubles de quelques écus.

Parent, d'azur, à deux *bâtons noueux* ou écôtés & aléſés d'or, paſſés en ſautoir, accompagnés d'un croiſſant d'argent en chef, & de trois étoiles d'or, deux en flanc & une en pointe. (*Pl. VIII. fig.* 401.)

BEC, ſ. m. on appelle *becs* les pendans du lambel. Le lambel d'Orléans eſt à trois *becs* ou pendans. (*Voyez* pl. *XVII.* les armes d'Orléans.)

BÉCASSE, ſ. f. têtes de *bécaſſes*, meuble qui ſe trouve dans quelques écus,

C

BECASSONS ou Bécassous , d'azur , à trois têtes de bécasses , arrachées d'or. (*Pl. VI. fig. 324.*)

BECQUÉ , ÉE , adj. se dit des oiseaux dont le bec est d'un autre émail que le corps.

De la Trémoille, d'or , au chevron de gueules, accompagné de trois aiglettes d'azur , *becquées* & *membrées* de gueules. (*Voyez pl. VI. fig. 304.*)

BELETTE , s. f. meuble de l'ecu.

Cartigny , d'or , à trois *belettes* d'azur , l'une sur l'autre. (*Pl. VI. fig. 291.*)

BELIER , subf. m. mâle de la brebis ; il se distingue par ses cornes en forme de volutes , il est de profil & presque toujours *passant* ; quand le *belier* est debout, on l'appelle *sautant* ; quand il a une sonnette au col, *clariné.*

Balbi , en Provence , d'or au *belier* de sable, accolé & *clariné* d'argent.

Le *belier* est aussi un meuble de l'écu , représentant une de ces machines dont les anciens se servoient dans les sièges pour renverser les murailles d'une ville. C'est une poutre posée en fasce, avec deux chaînes , & dont le bout à gauche imite la tête d'un *belier.* On l'appelle *belier militaire.*

Berty , en Angleterre , d'argent à trois *beliers militaires* d'azur , enchaînés & liés d'or , & rangés en fasce posés l'un sur l'autre. (*Pl. XI. fig. 591.*)

BESAN , BEZANT ou BIZANT , s. m. *Byzantii nummus* , c'est une monnoie qui fut frappée à Byfance ou Constantinople, du temps de l'empire des Latins. Dans le Blason, c'est une pièce d'or ou d'argent, sans marque, ronde & platte. Les anciens Chevaliers en chargèrent leurs écus, pour montrer qu'ils avoient été de la quatrième croifade qui donna naissance à l'empire des Latins, & dans la suite pour annoncer en général qu'ils avoient été d'une croifade , ou plus généralement encore, qu'ils avoient fait le voyage de la Terre-Sainte.

De Rieux , en Bretagne , d'azur , à dix *besans* d'or , trois, trois, trois & un.

De Villeneuve, en Franche-Comté , de sable à cinq *befans* d'argent , en fautoir.

Boula , d'azur à trois *befans* d'or. (*Pl. V. fig. 235.*)

Le *befan* est toujours de métal , en quoi il diffère du *tourteau* , qui a la même forme & qui est toujours de couleur. Quelquefois le *befan* & le *tourteau* font mêlés dans la même pièce , & on l'appelle *befan-tourteau* ou *tourteau-befan* , suivant que la pièce commence par le métal ou par la couleur. (*Voyez pl. V. fig. 235.--6.--7.--8.*)

BÉSANTÉ ou BEZANTE , ÉE , adject. se dit d'une pièce chargée de *befans* ; par exemple , une bordure *befantée* de tant de pièces.

Rochefort , en Angleterre , écartelé d'or & de gueules , à la bordure *befantée* d'or.

BETHLÉEM , (Notre-Dame de) ordre militaire institué par Pie II. le 18 Janvier 1459. Mahomet II. ayant pris Lemnos, Calixte III. la fit reprendre par le cardinal d'Aquilée ; & son successeur Pie II. pour la conserver , créa l'ordre de *Notre-Dame de Bethléem.* Les chevaliers devoient

demeurer à Lemnos , & s'opposer aux courses que les Turcs faifoient dans l'Archipel & le détroit de Gallipoli : mais peu de temps après l'inftitution , Lemnos fut reprife par les Turcs , & ce grand deffein s'évanouit.

BIGARRÉ , ÉE , adj. se dit du papillon & de tout ce qui a diverses couleurs.

Ranerolles , en Picardie , de gueules , à un papillon d'argent , miraillé & *bigarré* de sable.

BILLETTES , s. f. meuble d'armoiries fait en forme de quarré long , dont on charge souvent l'écu ; il y a des *billettes* de métal , d'autres de couleur.

Lorsque les *billettes* font posées horifontalement , ce qui est rare , on les appelle *couchées.*

Les *billettes* étoient , dit-on , anciennement des pièces d'étoffes d'or , d'argent ou de couleur, plus longues que larges , qu'on mettoit sur les habits par intervalles égaux , & qui servoient d'ornemens : on les a depuis transférés sur les écus , au moins quant à la forme. D'autres veulent que la *billette* réprésente un billet cacheté , & qu'elle en tire son nom. Toutes ces origines font très-incertaines ; on compte ordinairement les *billettes* employées dans l'écu , & on en indique l'ordre & la position, quand elle n'est pas verticale.

Beaumanoir , d'azur , à onze *billettes* d'argent , posées 4. 3. & 4. (*Voyez la pl. V. fig. 233.*)

Choifeul , d'azur à la croix d'or cantonnée en chaque canton de cinq *billettes* de même, en sautoir.

Châtelus , d'azur à la bande d'or , accompagnée de sept *billettes* de même.

BILLETÉ , ÉE , adj. peut se dire du champ femé de *billettes* ou d'une pièce qui en feroit chargée.

Conflans , d'Auchy & Brenne , d'azur au lion d'or , l'écu *billeté* de même.

BISSE , s. f. ferpent , couleuvre , guivre , tous ces mots paraissent synonymes ; le nom de *biffe,* ainsi que l'Italien *bifcia* , qui signifie aussi ferpent, paroit exprimer le fifflement de cet animal , & cette étymologie paroit plus naturelle que celle qui dérive ce nom du mot françois *bis* , lequel signifie *couleur grife* ou *couleur cendrée* , parce que les ferpens font tout-à-la-plupart d'un gris cendré.

Le ferpent paroit ordinairement dans les armoiries , formant plusieurs finuosités en ondes , la tête posée en fasce , s'élévant au haut de l'écu , la queue s'étendant en bas vers la pointe.

Quelquefois le ferpent paroit dévorer un enfant , & on ajoute alors en blafonnant: *à l'enfant iffant.*

Colbert , d'or , à la *biffe* ou couleuvre d'azur , posée en pal.

Reffuge , d'argent à deux fafces de gueules , & deux *biffes* affrontées d'azur , armées de gueules , brochantes fur le tout.

Milan , ville , d'argent , à une *givre* ou *guivre* d'azur , couronnée d'or , *à l'enfant iffant* de gueules. (*Pl. VII. fig. 353. - 4. - 5.*)

BLAISE (l'ordre de faint) , a été inftitué par les rois d'Arménie de la maifon de Lufignan ; ils l'établirent à l'honneur de ce faint, comme étant le patron de leur royaume.

Les chevaliers avoient des robes bleues, & portoient fur leur poitrine une croix d'or. (*Voyez la pl. XXV. fig. 58. G. D. L. T.*)

BLAISE , (l'ordre militaire de faint) & *de la fainte Vierge Marie* , eft des plus anciens ; on ignore la date de fon inftitution.

La marque de cette chevalerie eft une croix pattée de gueules, chargée d'une médaille de même, bordée d'or, où fe trouve l'image de faint Blaife, évêque, la mitre fur la tête avec fes ornemens pontificaux, la main droite étendue , & tenant de la main gauche fa croffe : au revers eft repréfentée la Vierge. (*V. la pl. XXVI. fig. 61. G.D.L.T.*)

BLASON , f. m. fcience ou art Héraldique, qui enfeigne à déchiffrer les armes ou armoiries des nobles , & à nommer , dans les termes propres les pièces & meubles qui les compofent.

Le mot *blafon* fe prend auffi pour les pièces & meubles qui entrent dans l'écu.

Origine du Blafon & fon étymologie.

La plupart des auteurs , dit M. de Foncemagne, (*Mém. de Littérat. tome XX. pag. 579. & fuiv.*) qui ont écrit fur les armoiries , n'en ont fait remonter l'origine jufqu'à l'antiquité la plus reculée, que parce qu'ils les ont confondues avec les images fymboliques, qui, dès les premiers temps, furent employées dans les enfeignes militaires des nations & dans l'armure des guerriers. On convient aujourd'hui qu'à les confidérer comme des marques héréditaires de nobleffe & de dignité, l'ufage n'en fauroit être plus ancien que le onzième fiècle.

Deux fentimens partagent les critiques fur l'origine des armoiries ; les uns l'attribuent aux tournois, les autres aux croifades. Il paroît qu'il faut admettre les deux opinions. L'ufage des armoiries s'introduifit par les tournois , dont l'établiffement a précédé, au moins de quelques années, la première croifade. On trouve dès l'an 1072. un écu chargé d'un lion, or la première croifade eft de 1095 ; mais les armoiries ne commencèrent pas dès-lors à être fixées, le droit d'ailleurs en fut reftreint, dans les commencemens, aux feuls Gentilshommes qui avoient affifté à quelque tournoi ; il étoit réfervé aux croifades d'en rendre l'ufage plus général, la pratique plus invariable, & le droit conftamment héréditaire. Les fils de ceux qui s'étoient approprié des fymboles pour ces expéditions, fe firent un point de religion & d'honneur de tranfmettre à leurs defcendans l'écu de leurs pères, comme un monument de leur valeur & de leur piété.

C'eft par les croifades que font entrées dans le *Blafon* plufieurs de fes principales pièces ; entr'autres, les croix de tant de formes différentes , & les merlettes , forte d'oifeaux qui paffent la mer tous les ans , & qui font repréfentés fans pieds & fans bec, peut-être en mémoire des bleffures qu'avoit

reçu dans la guerre fainte le chevalier qui les portoit. C'eft aux croifades que le *Blafon* doit les noms de fes émaux, *azur, gueule, finople* & *fable*, s'il eft vrai que les deux premiers foient tirés de l'arabe ou du perfan, que le troifième foit emprunté de celui d'une ville de la Cappadoce, & le quatrième, une altération de *fabellina pellis*, martre zibeline , animal commun dans les pays que les croifés traverfèrent. C'eft probablement par les croifades, que les fourrures d'hermine & de vair, qui fervirent d'abord à doubler les habits, puis à garnir les écus, ont paffé dans le *Blafon*. Le nom même de *Blafon*, dérivé de l'allemand *blafen*, *fonner du cor*, nous eft peut-être venu par le commerce que les François eurent avec les Allemands, pendant les voyages d'outremer.

Emaux.

Les armes ou armoiries des chevaliers qui venoient aux tournois, ou qui alloient à la guerre, étoient repréfentées en or ou en argent, avec diverfes couleurs fur leurs écus ; on y employoit l'émail pour réfifter aux injures du temps, ce qui a fait donner le nom d'*émaux* aux métaux, couleurs & fourrures qui entroient dans ces armoiries.

Il y a neuf émaux, dont deux métaux, cinq couleurs & deux fourrures.

Les métaux font le jaune, qu'on nomme *or* ; le blanc, qu'on nomme *argent*. (*Pl. I. fig. 11. & 12.*)

Les couleurs font le bleu, qu'on nomme *azur* ; le rouge, *gueules* ; le verd, *finople* ; le noir, *fable* ; le violet, *pourpre*. (*Fig. 13.--17.*)

Les fourrures font l'*hermine* & le *vair*. (*Fig. 18 & 20.*)

Depuis environ deux fiècles on a imaginé de repréfenter ces émaux en gravure, par des points, traits ou hachures.

L'or, par un grand nombre de petits points. (*Fig. 11.*)

L'argent, tout blanc & fans aucune hachure. (*Fig. 12.*)

L'azur, par des lignes horizontales. (*Fig. 14.*)

Le gueules, par des lignes perpendiculaires. (*Fig. 13.*)

Le fable, par des lignes horifontales & perpendiculaires croifées les unes fur les autres. (*Fig. 15.*)

Le finople, par des lignes diagonales à droite. (*16.*)

Le pourpre, par des lignes diagonales à gauche. (*17.*)

L'hermine, par l'argent chargé de moucheture de fable. (*18.*)

Le vair, par l'azur, chargé de petites pièces d'argent en forme de clochettes renverfées. (*19. 20.*)

A ces neuf émaux on en ajoute deux autres.

La couleur de *carnation*, pour le corps humain & fes parties, lorfqu'ils font de couleur de chair. (*Pl. VIII. fig. 437.--8--440.*)

La couleur *naturelle*, pour les animaux & les plantes, lorfqu'on les repréfente tels qu'ils font dans la nature. (*Pl. VIII. fig. 412. 420.*)

Pièces honorables.

Les pièces honorables ont été ainſi nommées, parce que ce ſont les premières pièces qui aient été miſes en uſage dans l'art du *Blaſon*, & parce que pluſieurs maiſons anciennes en portent depuis l'invention des armoiries.

Ces pièces (lorſqu'elles ne ſont point accompagnées d'autres pièces ou meubles) occupent, ſelon l'auteur du ſupplément, que nous ſuivons principalement ici, deux parties de ſept de la largeur de l'écu, c'eſt-à-dire, un peu moins du tiers, leurs extrémités en touchent ordinairement les bords ; elle ſont, ſelon le même auteur, qui diffère en ce point de pluſieurs autres, elles ſont au nombre de ſept ſeulement.

Le chef.
La faſce.
Le pal.
La croix.
La bande.
Le chevron.
Le ſautoir.
(*Pl. II. fig. 98. 99. 100.--1.2.--3.--4.--5.*)

Quelques auteurs mettent au rang des pièces honorables, le franc-canton, la barre, la bordure, la champagne, l'orle, le pairle, le trécheur ; mais, dit l'auteur du Supplément, le franc-canton eſt aſſez rare en armoiries.

La barre eſt une bande, qui, au lieu d'être poſée à droite, ſe trouve à gauche ; par exemple, une maiſon a une bande dans ſes armes, un fils naturel de la même maiſon porte cette bande en barre, doit-on mettre une marque de bâtardiſe au rang des pièces honorables ?

La bordure, la champagne, l'orle, le pairle & le trécheur, ſont trop rares encore dans les armoiries pour être diſtingués par le titre de *pièces honorables*.

Poſition des Pièces honorables.

Le chef occupe la plus haute partie de l'écu, il repréſente le caſque du guerrier. (*Pl. II. fig. 98.*)

La faſce eſt placée horiſontalement, au milieu, elle repréſente l'écharpe des anciens chevaliers. (*Fig. 100.*)

Le pal occupe le milieu perpendiculairement, c'eſt, dit-on, une marque de juriſdiction. (*Fig. 99.*)

La croix s'étend par ſes branches juſqu'aux bords de l'écu, & laiſſe quatre cantons vuides. Il y a quantité de croix de diverſes eſpèces, elles furent priſes pour armes dans le temps des croiſades. (*Fig. 103.*)

La bande eſt poſée diagonalement de la droite du haut de l'écu vers la gauche du bas, & repréſente le baudrier, ou écharpe du chevalier poſée ſur l'épaule. (*Pl. II. fig. 101.*)

Le chevron eſt formé de deux pièces qui ſe terminent en pointe au milieu du haut de l'écu, & s'étendent vers les angles du bas ; ſelon quel-

ques auteurs, il repréſente l'éperon du chevalier ? ſelon d'autres, c'eſt la repréſentation d'une barrière de lice des anciens tournois. Il y a loin d'un éperon à une barrière de lice, & il eſt difficile qu'un même objet reſſemble à tous les deux ; on peut juger par-là de l'arbitraire qui règne dans tous ces ſymboles forcés ; mais il faut ſe prêter juſqu'à un certain point à ces idées des héraldiſtes, qui ont quelquefois du fondement. (*Fig. 105.*)

Le ſautoir a la forme d'une croix de ſaint André ; c'étoit, dit-on, anciennement un cordon couvert d'une riche étoffe, qui étoit attaché à la ſelle du cheval, & qui ſervoit d'étrier. (*Fig. 104.*)

Partitions ou diviſions de l'écu.

Les partitions ſe forment d'une ſeule ligne qui diviſe l'écu en deux parties égales. Il y en a de quatre ſortes, le parti, le coupé, le tranché, le taillé.

Le parti diviſe l'écu par une ligne perpendiculaire. (*Pl. 1, fig. 25.*)

Le coupé, par une ligne horizontale. (26.)

Le tranché, par une ligne diagonale à droite. (27.)

Le taillé, par une ligne diagonale à gauche. (28.)

Répartitions.

Les répartitions ſont des figures compoſées de pluſieurs partitions réunies.

L'écartelé eſt formé du parti & du coupé. (*Fig. 29.*)

L'écartelé en ſautoir du tranché & du taillé. (30.)

Le gironné, qui eſt ordinairement de huit girons, eſt formé du parti, du coupé, du tranché & du taillé. (31.)

Les points équipolés de neuf carreaux, ſont formés de deux partis & de deux coupés. (*Pl. 4, fig. 221.*)

Le bandé, le burelé, le coticé, l'échiqueté, le faſcé, le fuſelé, le loſangé, le palé, &c. ſont auſſi des répartitions. (*Voyez* chacun de ces termes dans l'ordre alphabétique. *Pl. III. fig. 142--3, 130, 145-6. Pl. II. fig. 106, 111. Pl. III. fig. 128. Pl. V. fig. 230, 228. Pl. III. fig. 114.*)

Parties du corps humain.

Les figures humaines entières ſont rares dans le *Blaſon*; mais différentes parties du corps de l'homme, des têtes, des cœurs, des mains, des bras, s'y trouvent ſouvent. (*Pl. VIII. fig. 437--8, 440, 441--2--3--4. Pl. IX. fig. 448--9, 450--1--2--3--4--5.*)

Deux mains jointes enſemble ſont nommées *foi* ; un bras droit eſt nommé *dextrochère*, un bras gauche *ſéneſtrochère* (*Pl. VIII. fig. 445--6--7.*)

Châteaux & tours.

Les châteaux, demeures des anciens, ſont repréſentés dans l'écu par un corps de logis joint à deux tours rondes avec des créneaux.

Les tours, bien plus fréquentés, ſont ordinairement de forme ronde, & ont auſſi des créneaux. (*Pl. IX. fig. 462--3--4, 470.*)

On dit des châteaux & des tours, *ouverts* pour les portes ; *ajourés* pour les fenêtres, *maçonnés*, pour les joints des pierres, quand ils sont d'émaux différens.

Lorsque les châteaux, tours, maisons, ont un toit d'un autre émail, on les appelle *essorés* ; s'ils ont des girouettes, *girouettés*.

Animaux & leurs parties.

Parmi les animaux, les lions sont ceux qu'on voit le plus souvent dans les écus, ensuite les léopards, cerfs, lévriers, chevaux, bêtes à cornes. (*Pl. V*, passim.)

Parmi les oiseaux, l'aigle tient le même rang que le lion parmi les quadrupèdes, ensuite les alérions, merlettes, canettes, coqs ; les oiseaux de proie, parmi lesquels on distingue l'épervier, qui est chaperonné, & qui a aux pieds des grelots, nommés *grillets*, attachés par des courroies nommés *longes*. (*Pl. VI*. passim.)

Le paon paroit, ou de profil, ou de front, se mirant dans sa queue étalée en roue, alors on dit, *paon rouant*. (*Pl. XI. fig. 596.*)

Le pélican aussi de profil, est représenté sur son aire, avec ses petits, se béquetant la poitrine. (*Pl. VI. fig. 316.*)

Le phœnix, oiseau fabuleux, est de profil sur son bucher, & semble, avec ses ailes, l'allumer pour s'y consumer. (*Fig. 315.*)

Les attributs de l'épervier, du paon, du pélican & du phœnix ne s'expriment point dans le *Blason*, à moins qu'ils ne soient d'un autre émail que le corps de ces oiseaux.

Les têtes des animaux paroissent souvent dans l'écu, de profil ; quand elles sont de front, principalement celles des cerfs ou des bœufs, on les nomme *rencontres* ; on excepte celles des léopards, parce qu'elles sont toujours de front. (*Pl. V. fig. 259, 260.--1, 265, 272, 276.*)

Têtes arrachées, se dit de celles où il y a des filamens ou des plumes qui forment dessous des inégalités. (*Pl. V. fig. 261. Pl. VI. fig. 305, 319, 323.--4.*)

Les jambes des quadrupèdes sont nommées *pattes*, celles des volatiles, *membres*. (*Pl. V. fig. 256. Pl. VI. fig. 306.*)

Les reptiles ou serpens sont nommés *bisses* ou *guivres* ; les léopards ne changent point de nom, & sont représentés montans ; c'est-à-dire qu'ils ont la tête en haut & la queue en bas. Le limaçon paroit avec sa coquille, la tête dehors, montrant les cornes. (*Pl. VII. fig. 349, 350, 353.--4.--5.--6.*)

Parmi les poissons, on distingue le dauphin, qui est représenté de profil, & courbé en demi-cercle. (*Pl. VI. fig. 335.*)

Les barbeaux, moins courbés que les dauphins, sont nommés *Bars*. (*Pl. VII. fig. 337.*)

Instrumens de guerre.

Une épée seule peut-être posée en bande, en fasce, sur-tout en pal, la pointe en haut, deux sont posées en sautoir, les pointes en haut ou en bas indifféremment (*Pl. IX. fig. 493, 495.*)

Les sabres sont nommés *badelaires* (*Ibid.*, fig. 496.)

Les flèches s'appellent *empennées*, quand leurs plumes ou ailerons sont d'un émail différent ; *encochées*, si elles sont posées sur un arc. (*Ibid.*, fig. 503.)

Les molettes d'éperons ont six rais, & sont percées au centre ; si elles avoient plus ou moins de rais, on l'exprimeroit en blasonnant. (*Pl. X. fig. 513.*)

Arbres, fleurs & fruits.

Les arbres ont pour émail particulier le sinople ; il y en a cependant de différens émaux, même d'or ou d'argent ; lorsqu'on peut distinguer l'espece de l'arbre par les fruits, on le nomme de son nom. (*Pl. VIII. fig. 395.--6.--7.*)

Les roses sont souvent de gueules ; il y en a aussi quelquefois d'or, d'argent, ou d'autres émaux. (*Ibid. fig. 414.*)

Les otelles peuvent être mises au rang des fruits, étant des amandes pelées ; celles de l'écu de Comminges, au nombre de quatre, sont adossées & posées en sautoir. (*Pl. X. fig. 537.*)

Les coquerelles sont des bouquets, chacun de trois gousses, semblables à celles qui renferment les noisettes ; on en voit peu dans les armoiries. (*Pl. VIII. fig. 427.*)

Astres.

Soleil, croissans, étoiles, comètes.

Le soleil paroit dans l'écu avec une face humaine, autour de laquelle il a huit rayons droits & autant d'ondoyans, entremêlés alternativement ; derrière chacun, trois traits droits pour le rendre plus lumineux ; son émail particulier est l'or ; il s'en trouve pourtant de différens émaux. (*Pl. VII. fig. 365.*)

Ombre de soleil, soleil qui n'a point de face humaine. (*Fig. 366.*)

Les croissans & les étoiles se trouvent en nombre dans plusieurs écus. Les étoiles sont ordinairement à cinq rais, ce qu'on n'exprime point ; quand il y en a davantage, on l'exprime. (*Fig. 367, 370, 373, 356, 375, 386.*)

Dans les armoiries des Italiens, les étoiles ont toujours six rais.

Les Comètes sont représentées par des étoiles dont un des rais est alongé en forme de queue ondoyante. (*Ibid. 378.*)

Meubles d'armoiries.

Ce mot de *meubles* a deux significations, l'une générale, l'autre particulière ; la première comprend toutes les pièces qui entrent dans l'écu, de quelque nature qu'elles soient, par opposition avec les pièces qui servent seulement d'ornemens extérieurs de l'écu, telles que les tenans, les supports, les manteaux, les casques, les couronnes, les mortiers, les volets & lambrequins, les cimiers, &c. Dans ce sens, les anges, les hommes, les animaux, les plantes, les astres, les édifices, tout enfin est ce qui peut être meuble d'écu, & lorsqu'un même objet peut indifféremment entrer dans l'écu ou l'accompagner à l'extérieur, on dit qu'il est employé dans le Blason, & comme meuble de l'écu, & comme ornement extérieur. Nous nous servirons souvent du mot *meuble* dans ce premier sens général. La seconde signification du mot *meuble* est particulière & restreinte à de certaines pièces qui accompagnent ou chargent ordinairement les pièces honorables: ces *meubles* sont les besans, tourteaux, billettes, alérions, merlettes, canettes, étoiles, croissans, croisettes, molettes d'éperons, & généralement toutes les pièces qui paroissent ordinairement en nombre pour remplir & meubler l'écu.

Position des pièces & meubles.

Les pièces & meubles se posent ainsi:
Un, au centre de l'écu.
Deux, l'un sur l'autre.
Trois, deux en chef, un en pointe.
Quatre, deux en chef, deux en pointe.
Cinq, en sautoir.
Six, trois, deux & un.
Sept, trois, trois & un.
Huit, en orle.
Neuf, trois, trois, & trois.

Ces positions peuvent indifféremment s'exprimer ou ne pas s'exprimer, parce qu'elles ont été ainsi réglées par les hérauts d'armes; mais si ces pièces ou meubles étoient posés autrement, il faudroit en désigner la position en blasonnant.

BLASONNER, verbe actif. Peindre des armoiries avec les émaux qui leur conviennent; représenter un blason en gravure avec des points & hachures, qui en marquent les émaux; dessiner des armoiries dans le goût de la gravure.

· BLASONNER est aussi expliquer les pièces & meubles de l'écu en termes propres & convenables.

Manière de blasonner par principes.

1°. On nomme l'émail du champ de l'écu, ensuite la pièce ou meuble qui se trouve au centre & son émail; si cette pièce ou meuble est accompagnée de quelques autres, on les nomme, & on nomme ensuite leurs émaux.

2°. Une famille porte d'azur au lion d'or.

3°. Une autre, à la fasce d'azur, accompagnée de trois étoiles de gueules.

4°. S'il y a trois pièces ou meubles semblables dans un écu, ce qui arrive souvent, après avoir nommé l'émail du champ, on nomme les trois pièces & leur émail. Exemple: telle famille porte d'or à trois annelets d'azur.

5°. S'il se trouve dans un écu plusieurs pièces

l'une sur l'autre, la première est la plus proche du haut de l'écu, la dernière celle qui approche le plus de la pointe.

6°. S'il y a plusieurs pièces longues & debout à côté l'une de l'autre, la première est à la droite de l'écu, la dernière à la gauche.

7°. On doit éviter de nommer un émail déjà nommé; une famille porte d'azur, à la fasce d'or, accompagnée de trois losanges d'or : on dit, *accompagnée de trois losanges DE MÊME*: ce mot de *même* signifie l'émail que l'on vient de nommer.

8°. Une autre famille porte d'argent, à l'aigle d'azur, accompagnée en chef de trois besans d'azur, & en pointe de trois molettes d'éperons aussi d'azur : on blasonne, *d'argent, à l'aigle accompagnée en chef de trois besans, & en pointe de trois molettes d'éperons, le tout D'AZUR.*

9°. Une famille porte d'or, à la fasce d'azur, chargée de trois croissans d'or; il faut dire : *chargée de trois croissans DE L'ÉMAIL DU CHAMP.*

Cet article *blasonner*, qui est tout entier de l'Auteur du Supplément, contient à peu près les principales règles générales de l'art de *blasonner*, c'est-à-dire de nommer les pièces & meubles de l'écu dans les termes & dans l'ordre convenables. Quant au mot *blasonner*, pris dans le sens de dresser des armoiries & de composer un écu, quoique la nécessité d'inventer des distinctions particulières n'ait pas dû s'accorder avec l'établissement d'une règle générale, il s'en est établi une dans le Blason, c'est de ne point mettre métal sur métal ni couleur sur couleur; ce n'est pas que cette règle n'ait été plusieurs fois violée, mais on suppose qu'il y a eu chaque fois des raisons particulières; on cherche ces raisons, & ces sortes d'armes s'appellent *à enquerre ou à enquérir*. De même, quoique dans la position des pièces & meubles qui se trouvent en nombre dans l'écu, le plus grand nombre doive se trouver en chef, & le moindre nombre en pointe, il arrive souvent que cet ordre est interverti, & alors ces pièces s'appellent *mal ordonnées*, car le Blason a des termes même pour les dérogeances & les exceptions au peu de loix qu'il a pu admettre, & ces exceptions mêmes rentrent dans l'objet général de l'art, qui est de distinguer, & dont l'unique règle auroit dû être de n'admettre point de règles.

Nous avons observé dans le discours préliminaire, que le Blason a non-seulement une langue, mais une syntaxe particulière; cette syntaxe paroît avec raison à quelques personnes un peu barbare. L'Auteur d'un traité manuscrit de Blason qui nous a été communiqué, propose quelques changemens pour rapprocher cette syntaxe de la syntaxe ordinaire, & ses idées paroissent mériter qu'on y fasse attention.

1°. Il propose des doutes sur l'usage & sur la règle de nommer le champ de l'écu avant la pièce principale. C'est la méthode Françoise; mais elle ne lui paroît conforme ni à la raison ni aux règles du langage. La figure représentée est, selon lui, la chose principale, l'émail n'eft qu'un acceffoire employé pour lui donner du relief; & que veut dire cette expreffion : *De gueules au lion d'argent, d'azur à une haméide d'or*? Quand on demande quelles font les armes d'une famille, la réponfe la plus fimple & qui fe préfente le plus naturellement, eft celle-ci : *C'eft un lion d'argent en champ de gueules, c'eft une haméide d'or en champ d'azur*. Les Etrangers nous donnent l'exemple de cette manière de blafonner. *Albero d'oro in campo nero*, difent les Italiens; *leon de plata en campo azul*, difent les Efpagnols. Ne pourroit-on pas dire cependant que cette correction ne peut guères avoir lieu que pour les armes très-fimples, & ne fauroit s'appliquer à celles qui font un peu chargées de pièces, ce qui exige que ces pièces foient nommées dans un certain ordre lequel feroit interverti, fi le champ n'étoit nommé le premier & à part.

2°. Le même Auteur propofe la correction fuivante. L'ufage de prefque tous les Armoriftes, comme il l'obferve, eft de nommer l'émail d'une pièce après l'adjectif qui la qualifie; d'où il fuit que cet émail peut fe rapporter à l'adjectif, quand il doit fe rapporter à la pièce. Par exemple, dans cette phrafe, *un ciboire couvert d'or*, l'idée qui fe préfente d'abord eft que le ciboire eft couvert d'or, mais l'idée héraldique eft que le ciboire eft d'or, & qu'il eft couvert : pourquoi donc ne pas l'exprimer dans cet ordre? De même : Trois épées appointées en abime d'or; une fleur de lis au pied coupé d'argent : on doit dire, felon l'Auteur, *trois épées d'or appointées en abime; une fleur de lis d'argent au pied coupé*. Il en eft de même de beaucoup d'autres phrafes, dont la conftruction préfente un fens différent de celui qu'on doit y attacher.

3°. Enfin l'Auteur dont nous parlons ne voudroit point qu'on défignât par un adjectif les pièces qui peuvent être conçues plus facilement par le nom même de la chofe que l'adjectif défigne. Par exemple, *un écu chappé d'or*, au lieu d'*un écu à la chappe d'or*; *billeté, befanté d'or*, pour dire, *femé* ou *chargé de billettes, de befans*. N'eft-il pas plus fimple de dire qu'une bordure eft chargée de huit befans que de dire qu'elle eft befantée d'or de huit pièces, & la première expreffion n'eft-elle pas plus claire que la feconde? Sans adopter ni rejetter ces corrections, & fans prétendre avoir le droit de changer en conféquence l'ufage de prefque tous les héraldiftes, nous avons cru devoir mettre fous les yeux du lecteur des idées raifonnables, propofées par un homme fort inftruit & fort éclairé.

BOCQUET, f. m. mot qui, dans quelques auteurs, fignifie *un fer de pique*.

BŒUF, f. m. Cet animal eft repréfenté de profil & paffant.

Bouhier, à Dijon, d'azur au *bœuf* paffant.

Bouvet, dans le Barrois, d'azur au *bœuf* d'or paffant, furmonté de trois étoiles de même, mifes en rang.

BONNETS A L'ANTIQUE, f. m. pl. s'employent comme meubles dans quelques écus.

Hyltmair, en Franconie, de gueules, à trois *bonnets à l'antique* d'argent. (*Pl. IX. fig. 459.*)

BORDÉ, ÉE, adj. fe dit du chef, de la bande, du chevron, de la croix & autres pièces, qui ont un filet ou une bordure, d'un autre émail que la pièce.

Il fe dit auffi de l'écu qui a une bordure.

Hodefpan, d'or, à la croix d'azur, *bordée* & dentelée de fable. (*Pl. III. fig. 159.*)

BORDURE, f. f. efpèce de brifure en forme de paffement plat, qui eft placé au bord de l'écu, & qui l'environne comme une ceinture; elle fert à diftinguer différentes branches d'une même famille.

La largeur de la *bordure* doit être d'environ la fixième partie de l'écu.

La *bordure* fimple & unie eft celle qui eft toute d'une même couleur ou d'un même métal; c'eft, dans de certaines maifons, la première brifure des puinés. Il y a des *bordures* componées, cantonnées, engrelées, endentées, crenelées, écartelées & chargées d'autres pièces; ce font autant de brifures différentes pour les branches cadettes de différens degrés.

Si la ligne qui conftitue la *bordure*, eft droite, & la *bordure* unie, on ne nomme que la couleur ou le métal de la *bordure*. Si la *bordure* eft chargée de plantes ou de fleurs, on dit qu'elle eft *verdoyée de tréfles*; fi elle eft d'hermine, de vair, ou d'autre pelleterie, on dit *bordée d'hermine*.

Holland, de gueules, à la *bordure* d'argent.

Brunet, d'or, au levrier de gueules, colleté d'or, à la *bordure* crenelée de fable.

Aubert, écartelé d'or & d'azur, à la *bordure* écartelée de l'une en l'autre. (*Pl. IV. fig. 211-2-3.*)

BOUC, f. m. meuble de l'écu. (*Pl. XII. fig. 616.*)

BOUCLÉ, adj. fe dit du collier du levrier ou d'un autre animal qui a une boucle.

BOUCLÉ fe dit auffi d'un anneau qui pend de la gueule du buffle ou bœuf fauvage, lorfque cet anneau eft d'un émail différent du refte du corps.

Nicolaï, d'azur, au levrier courant d'argent, accolé de gueules, *bouclé* d'or. (*Pl. VI. fig. 283.*)

La Veſve de Metiercelin de Sompſois, en Champagne, d'argent, au rencontre de buffle de gueules, *bouclé* de fable, chacune des cornes furmontée d'une étoile du fecond émail.

BOUCLIER, f. m. (*Voyez* ÉCU.)

BOURBON (l'ordre de), dit *de Notre-Dame du Chardon*, fut inftitué par Louis II, duc de Bourbon, furnommé *le Bon*, qui donna le collier de l'ordre à plufieurs feigneurs de fa cour dans l'églife de Moulins en Bourbonnois, le jour de la purification de la fainte Vierge, l'an 1370.

Il falloit, pour être reçu dans cet ordre, faire preuves de nobleffe, de chevalerie, & être fans reproche.

Le nombre des chevaliers fut fixé à vingt-fix,

en comptant le prince qui en étoit le chef & grand-maitre.

Les jours de cérémonies, les chevaliers portoient une robe de damas incarnat à larges manches, & avoient une ceinture de velours bleu, doublé de satin rouge, & dessous cette ceinture le mot *espérance* en broderie d'or ; les boucles & ardillons de fin or figurés en losanges, avec l'émail verd comme la tête d'un chardon ; sur leur robe un grand manteau de satin bleu céleste, doublé de satin rouge.

Dessus étoit le collier en forme circulaire entre une double chaîne, les intervalles sur un semé de France, une lettre du mot *espérance* de chaque côté du collier dans les vuides des losanges ; une fleur de lis au haut, une autre fleur de lis en bas, d'où pendoit une médaille ornée de la Vierge au milieu d'une gloire rayonnante, un croissant à ses pieds, & dessous la médaille une tête de chardon ; le tout d'or, émaillé de diverses couleurs. (*Voyez la pl. XXV. fig. 71. G. D. L. T.*)

BOURDON, s. m. meuble d'armoiries qui représente un bâton de pélerin.

De la Bourdonnaye, de gueules, à trois *bourdons* de pélerins d'argent, 2 & 1. (*Pl. X. fig. 547.*)

BOURDONNÉ, ÉE, adj. se dit d'un bâton arrondi à son extrémité supérieure, ou d'une croix pommetée dans la forme d'un bourdon de pélerin.

Rascas du Cannet, à Aix en Provence, d'or, à la croix *bourdonnée* de gueules, au pied fiché, au chef d'azur, chargé d'une étoile à huit rais d'argent.

Les Prieurs mettent un bâton *bourdonné* en pal derrière l'écu de leurs armes. (*Pl. XIV. fig. 5.*)

BOURSE, s. f. meuble d'écu.

Bourfier, d'or, à trois *bourses* de gueules. (*Pl. XII. fig. 638.*)

BOUSE, s. f. C'est une espèce de chantepleure avec laquelle on puise l'eau en Angleterre. Cette pièce se trouve sur quelques écus.

Roos, en Ecosse, d'or, au chevron échiqueté d'argent & de sable, de trois traits, accompagné de trois *bouses* du dernier émail. (*Pl. XII. fig. 636.*)

BOUTEROLLE, s. f. meuble d'armoiries qui représente la garniture qu'on met au bout du fourreau d'une épée.

Angrie, d'argent, à trois *bouterolles* de gueules. (*Pl. XII. fig. 637.*)

BOUTOI ou BOUTOIR, bout du groin du sanglier que l'on nomme lorsqu'il est d'un autre émail que le l'écu, ou lorsqu'il est tourné vers le haut de l'écu ; car ordinairement la hure du sanglier est posée en fasce, & le *boutoir* tourné vers le côté droit de l'écu.

Pulnhofen, en Bavière, d'or, à une hure de sanglier de sable, le *boutoir* vers le chef défendu d'argent. (*Pl. XI. fig. 589.*)

BRANCHE, en Généalogie ; se prend quelquefois pour un rejetton, ou pour une famille issue d'une autre ; ce que les généalogistes appellent aujourd'hui seconde ou troisieme branche.

BRAQUE, s. m. meuble de l'écu.

Brachet, d'azur, à deux chiens *braques* d'argent passans l'un sur l'autre. (*Pl. VI. fig. 284*)

BRETESSES, s. f. pl. rangées de creneaux ; il est moins d'usage que l'adjectif suivant.

BRETESSÉ, ÉE, adj. se dit du sautoir, du pal, de la fasce, de la croix, de la bande, du chevron, qui ont des creneaux des deux côtés, lesquels répondent les uns aux autres.

Sublet, d'azur, au pal *bretessé* d'or, maçonné de sable, chargé d'une vergette de même.

De la Pierre de Saint-Hilaire, de sinople, à la bande *bretessée* d'argent, accompagnée de deux lions de même, lampassés & couronnés de gueules.

Saliceta, à Gênes, d'or, à la croix *bretessée* de sinople.

Frizot de Blamont, d'azur, au sautoir *bretessé* d'or. (*Voyez pl. III. fig. 122, 148, 160, & pl. IV. fig. 194.*)

BRICIEN, s. m. l'ordre militaire des *Briciens* fut institué en 1366 par sainte Brigitte, reine de Suede, sous le pontificat d'Urbain V, qui l'approuva, & lui donna la regle de S. Augustin. Cet ordre avoit pour arme une croix d'azur, semblable à celle de Malte, & posée sur une langue de feu, symbole de foi & de charité. On y faisoit vœu de combattre contre les hérétiques, & pour la sépulture des morts, & l'assistance des veuves, des orphelins & des hôpitaux. Toutes ces institutions sont plus recommandables par la pureté d'intention des personnes qui les ont instituées, les riches commanderies dont elles ont été dotées, la naissance & la piété de plusieurs de leurs membres, que par leur conformité avec l'esprit pacifique de l'Eglise, & de celui qui dit de lui-même, *qu'il est si doux qu'il ne sauroit éteindre la lampe qui fume encore. Voyez* Fleuri, *Discours sur les Religieux.* (*Article resté.*)

BRIOUDE (*Comte de*). Le chapitre de Saint-Julien de *Brioude* en Auvergne, est composé de chanoines, qui prennent le titre de *comtes.* L'origine de son établissement se trouve insérée dans Baluse, entre les notes capitulaires de nos rois.

Louis I, dit *le Débonnaire*, empereur & roi de France, donna à Bérenger le comté de *Brioude* à titre de fief. Ce comte voulant rétablir l'église de Saint-Julien de *Brioude*, qui avoit été incendiée par les Sarrasins, fonda trente-quatre places de chanoines, leur donna des biens considérables pour leur entretien & pour celui d'un abbé, dont ils laissa l'élection.

Berenger, comte de *Brioude*, supplia Louis le Débonnaire d'accorder à ce chapitre une indépendance de tout seigneur particulier. Cet empereur, roi de France, y consentit, à condition que chaque année le chapitre lui présenteroit, & à ses successeurs, pour hommage, un cheval, un écu & une lance. L'acte de concession de l'an 825, est conçu en ces termes :

In nomine Domini & Salvatoris nostri Jesu Christi. Ludovicus, divinâ ordinante providentiâ imperator augustus ; notum esse volumus custis fidelibus sanctæ Dei Ecclesiæ,

Ecclefiæ, & noftris feu etiam Deo difpenfante fuccef-
foribus, quia poftquam comitatum Brivatenfem fideli
noftro Berengario illuftri comiti conceffimus, ille in-
genio quo voluit quamdam Ecclefiam ubi S. Julianus
Martyr requiefcit, quæ eft conftructa in agro Briva-
tenfi non procul à caftro Victoriano, quæ à Sarracenis
deftructa & igne combufta erat ad priftinum ftatum re-
duxit & in eadem Ecclefia conftituit triginta quatuor
canonicos, ut juxtà canonicum ordinem Domino mi-
litarent, & canonicè viverent, quibus dedit res ex Be-
neficio fuo, fcilicet de rebus prædictæ Ecclefiæ S. Ju-
liani manfos centum undè eorum neceffitates fulcirent &
fuftentationem habere potuiffent, &c .... Idem,
Berengarius fidelis comes noftram exoravit clementiam,
ut per noftrum authoritatis præceptum conftitueremus
qualiter .... Ipfe abbas vel congregatio ejus fub
nullius ditione fuiffent & nomini cuilibet obfequium
feciffent, nifi tantùm ad partem regis annuatim cabalum
unum, cum fcuto & lancea præfentaffent & in poftmo-
dùm ab omni exactione vel defunctione publicâ aut
privatâ immunes & liberi effent.

Sur ce qui a été repréfenté au roi, que le chapitre de faint Julien de *Brioude* eft de fondation
royale, que les places de chanoines-comtes font
données à des nobles de race, qu'ils font des
preuves auffi rigides que celles des comtes de
Lyon, depuis l'inftitution dudit chapitre de *Brio-*
de; qu'entre autres prérogatives, il jouit de celle
d'avoir Sa Majefté pour premier chanoine, qu'il a
eu l'honneur de donner des fouverains pontifes à
l'Eglife, des cardinaux au facré College, & un grand
nombre d'évèques au Clergé de France; que ce chapitre s'eft d'ailleurs toujours maintenu dans la pureté de la foi, & dans une difcipline conforme aux
décifions des conciles : le roi a confidéré qu'il étoit
autant de fa juftice que de fes bontés, d'ajouter aux
graces & diftinctions qu'il a déja accordées, ainfi
que les rois fes prédéceffeurs, aux chanoines-comtes de ladite églife; defirant auffi donner à ce
pitre de nouveaux témoignages de fon affection particuliere, en les décorant par une marque exté-
rieure qui réponde à la dignité du chapitre & au
titre de *comte*, qui appartient à chacun des membres qui le compofent : fa majefté a accordé, par brevet du 9 Juin 1772, aux prévôt, doyen, & à chacun des chanoines-comtes de ladite églife de faint
Julien de *Brioude*, préfens & à venir, le droit de
porter par-tout une croix d'or émaillée à deux faces,
fur l'une defquelles fera repréfentée l'image de faint
Julien, patron de ladite églife, avec la légende :
Ecclefia Comitum Brivatenfium; & fur l'autre face,
l'image de faint Louis, protecteur & bienfaiteur de
ladite églife, avec la légende : *Ludovicus decimus*
quintus inftituit, laquelle croix fera fufpendue au
col par un ruban moiré, bleu célefte, de quatre
pouces de large, liferé de chaque côté en couleur
rouge moiré, de deux lignes de largeur.

En vertu de ce brevet du mois de Juin 1772, les
chanoines-comtes de *Brioude* ont été décorés publi-
quement de ce nouvel ordre, & en ont fait la céré-

monie dans leur églife le 12 Août fuivant, en préfence de la nobleffe du pays qui y avoit été invitée.
Ils ont chanté un *Te Deum* en mufique, ainfi que la
priere pour le roi.

Le chapitre, en reconnoiffance de cette faveur, a
fondé à perpétuité une meffe chaque femaine pour
fa majefté. (*G. D. L. T.*)

BRISÉ, ÉE, adj. fe dit des armoiries des puînés,
où il y a quelque changement par addition, diminution ou altération de quelque piece, pour diftinguer les différentes branches de la même maifon.

Il fe dit encore des chevrons dont la pointe eft
déjointe.

Baugier, d'azur, au chevron *brifé*, furmonté en
chef d'une croix de Lorraine, accompagnée de trois
étoiles, deux en chef & une en pointe, le tout d'or.
(*Pl. IV. fig. 204.*)

BRISER, verbe, fignifie charger un écu de brifures, comme lambel, bordure, &c. C'eft ce que
font les cadets pour fe diftinguer des aînés qui portent les armes pleines.

BRISURE, f. f. addition, diminution ou altération dans quelques pieces des armes de famille
pour diftinguer les cadets des aînés.

Le roi porte feul les armes de France pleines.

Le dauphin, comme héritier du trône, ne porte
point de *brifure*; l'écartelure de Dauphiné qu'il
porte, n'eft pas une *brifure*.

La Maifon d'Orléans a pour *brifure* un lambel
d'argent à trois pendans.

C'étoit auffi la *brifure* du duc d'Orléans Gafton,
frère de Louis XIII, & Monfieur, frère de Louis XIV,
portoit pour *brifure* une bordure de gueules. Ce
n'a été qu'après la mort de Gafton que Monfieur a
quitté la bordure pour prendre le lambel, trouvant
cette *brifure* vacante & la jugeant la plus noble.

Quand une fois un prince de la Maifon de France
a pris une *brifure*, il ne la quitte plus, quoiqu'il
naiffe des princes cadets dans la branche aînée;
tous fes enfans & defcendans en ligne mafculine
gardent cette *brifure*, quelque éloignés qu'ils foient
de la Couronne.

La Maifon de Condé a pour *brifure* un bâton péri
en bande de gueules.

BROCHANT, ANTE, adj. fe dit des pieces qui
paffent fur d'autres, & qui les couvrent en partie.

La Maifon de la Rochefoucault porte burelé d'argent & d'azur, à trois chevrons de gueules, *bro-*
chant fur le tout. (*Voyez* auffi dans la *planche III.*
les fig. 116, & 118.)

Le verbe BROCHER s'emploie dans le même fens.

BROCHET, f. m. meuble de l'écu repréfentant
ce poiffon.

Gardereau, d'azur, au *brochet* mis en fafce, furmonté en chef d'une étoile, & en pointe d'un croiffant, le tout d'argent. (*Pl. VII. fig. 340.*)

BROSSE, BROSSES, f. f. meuble d'écu.

De Broffes, en Picardie, d'azur, à trois *broffes*
d'or, à la bordure componnée d'argent & de gueules. (*Pl. X. fig. 549.*)

D

BROYE. Mot de peu d'ufage, fe dit de certains feftons qu'on trouve dans quelques armoiries, pofés en différentes fituations. Le P. Meneftrier dit que les Anglois les nomment *Bernacles* ; que la Maifon de *Broye* les a portés par allufion à fon nom ; & que celle de Joinville y ajouta un chef avec un lion naiffant. (*Voyez pl. XI. fig. 600.*)

BURELLES, f. f. pl. fafces diminuées & réduites à la moitié ou au tiers.

Les *burelles* s'emploient toujours en nombre pair, ordinairement de fix, quelquefois de huit : quand elles font en nombre impair, par exemple, de cinq ou de fept, on les nomme *trangles*.

Voilà ce que difent plufieurs auteurs héraldiques, nommément l'auteur de la partie du Blafon, dans le Supplément de l'Encyclopédie ; cependant il n'eft pas rare de rencontrer des armes blafonnées à cinq *burelles*, par où il paroît que ces pieces ne changent point de nom pour être employées en nombre impair.

BURELÉ, adj. lorfque l'écu eft également rem-pli de *burelles*, ou fafces diminuées de métal & de couleur, rangées alternativement, on l'appelle *burelé*, & on fpécifie le nombre de pieces, en nom-mant d'abord le métal ou la couleur du haut.

Lezignem ou Lufignan, *burelé* d'azur & d'argent de dix pieces (*Pl. III. fig. 130.*)

BUSTE, f. m. le *bufte* eft dans le Blafon ce qu'il eft dans la peinture & dans la fculpture, l'image d'une tête avec la poitrine & les épaules, mais fans bras. *Voyez* un *bufte* de vieillard dans le quatrieme quartier des armes de Virtemberg ; écartelées. (*Pl. XI. fig. 585.*)

BUTE, f. f. fer dont les maréchaux fe fervent pour couper la corne des chevaux. Le P. Meneftrier dit que la Maifon de Butet en Savoie, en porte trois en poignée.

BUTOR, f. m. meuble de l'écu, repréfentant cet oifeau.

Bevereau, d'azur au *Butor* d'or. (*Pl. XI. fig. 598.*)

CABLÉ, ÉE, adj. se dit d'une fasce, d'une croix ou autre pièce faite de *cables* tortillés, ou simplement couverte & entortillée de cordes ou *cables*.

Daldart de Mignières, en Gâtinois, d'argent à la fasce *cablée* de gueules & de sinople, accompagnée en chef de deux étoiles du second émail, & en pointe d'un croissant de même ; sur la fasce, un écusson du champ, chargé d'une main senestre appaumée de gueules.

CABOCHÉ, ÉE, adj. se dit d'une tête d'animal, coupée dans la partie supérieure ou perpendiculairement ; car si la section étoit faite par en bas & horisontalement, on diroit *coupé*.

CABRÉ, adj. se dit d'un cheval *acculé*. (*Voyez* ACCULÉ.)

La chevalerie, dans le Maine, de gueules au cheval *cabré* d'argent. (*Pl. V. fig. 278.*)

CADRANS, s. m. est quelquefois un meuble de l'écu.

De Cadran, en Bretagne, d'azur, à trois *cadrans* d'or. (*Pl. XI. fig. 614.*)

CADUCÉE, s. m. ce mot n'a pas dans le Blason d'autre signification que dans la fable ; mais on emploie pour le définir des termes propres à cet art. C'est un meuble de l'écu, qui représente une baguette entrelacée de deux serpens affrontés ; de maniere que la partie supérieure de leur corps forme un arc : cette baguette est terminée par deux ailes d'oiseau.

Courtois d'Issus de Minut, à Toulouse ; d'azur, au *caducée* d'or.

CAILLOU, s. m. meuble de l'écu.

Peirenc de Moras, de gueules, semé de pierres ou cailloux d'or, à la bande d'argent, brochante sur le tout. (*Pl. XII. fig. 631.*)

§ CALATRAVA (*l'ordre Militaire de*), en Espagne. Cet ordre fut institué en 1158 par Sanche, roi de Castille. Les historiens en rapportent l'origine au bruit qui s'étoit répandu, que les Arabes venoient attaquer, avec une armée formidable, la ville & le fort de *Calatrava*. Les Templiers, qui craignoient de ne pouvoir défendre cette place, la remirent au roi dom Sanche. Ces auteurs ajoutent, qu'à la sollicitation de Diego Velasquez (moine de Citeaux, homme de qualité, qui avoit du crédit à la cour), Raimond, abbé de Fitero, l'un des monastères du même ordre, supplia le roi de lui confier *Calatrava* : il l'obtint de ce monarque. Jean, archevêque de Tolède, ami de l'abbé de Fitero, fit exciter les peuples dans les prédications à aller défendre cette place. Raimond & dom Velasquez s'y rendirent : grand nombre de personnes se joignirent à eux. Les Arabes, perdant l'espérance de forcer *Calatrava*, ou occu-

pés d'ailleurs, abandonnerent leur entreprise & ne parurent point.

Plusieurs de ceux qui étoient venus au secours de la ville, entrerent dans l'ordre de Citeaux, sous un habit plus militaire que monastique.

C'est ainsi, dit-on, que s'établit l'ordre de *Calatrava*. Il s'accrut beaucoup sous le regne d'Alphonse le Noble ; il eut pour premier grand maître, dom Garcias de Redon, sous le gouvernement duquel, le Pape Alexandre III, confirma l'ordre en 1164, six ans après son établissement.

Le pape Innocent III l'approuva, le 28 Avril 1199.

Ferdinand, du consentement du pape Innocent VIII, réunit, en 1489, à la couronne la grande maîtrise de l'ordre de *Calatrava*, dont les rois d'Espagne se qualifient *administrateurs perpétuels*.

Cet ordre a quatre-vingt commanderies en Espagne, dont la plupart sont données à des gens mariés.

Les armes de *Calatrava* sont d'or à la croix de gueules, fleurdelisées de sinople ; aux angles inférieurs de cette croix, sont deux menottes d'azur, l'une à dextre en barre, l'autre à senestre en bande, pour marquer la fonction des chevaliers, qui est de délivrer les esclaves chrétiens des mains des infideles. *Planche XXIII. fig. 12*, (*G. D. L. T.*)

CALICE, s. m. meuble de l'écu.

Gerbonville, de gueules, à trois *calices* d'argent. (*Pl. IX. fig. 482.*)

* CALZA (l'ordre de la) ou *de la Botte*. C'est le nom d'un ancien ordre militaire qui commença en Italie en l'année 1400 ; il étoit composé de gentilshommes qui choisissoient un chef entr'eux. Leur but étoit d'élever & d'instruire la jeunesse dans les exercices convenables à l'art militaire. La marque distinctive de cet ordre, qui ne subsiste plus aujourd'hui, étoit de porter à une des jambes une botte, qui étoit souvent brodée en or ou, au même plus riche.

CAMAIL, s. m. espèce de lambrequin qui couvroit les casques & les écus des anciens chevaliers. Ce mot pourroit bien venir, comme le pensent quelques héraldistes, de *cap de maille*, mot usité dans les temps de notre ancienne chevalerie, où il y avoit des couvertures de tête faites de maille. Notre ancienne histoire fait mention de chevaliers armés de *camails*.

CANELÉ, ÉE, ou CANNELÉ, ÉE, adj. la différence entre le *canelé* & l'engrêlé, la *canelure* & l'engrêlure, est que l'engrêlure a ses pointes en-dehors, & la *canelure* en-dedans.

La Fontaine Rufier, porte d'azur, à la croix *canelée* d'or.

Le *canelé* est rare. Le P. Menestrier n'en a trouvé

d'exemples que chez les Allemands : il cite deux familles qui portent des partitions *canelées*.

Heinfpach, tranché d'or & d'azur, *canclé* de quatre *canelures* fur or.

Die Hochfteter, en Autriche, taillé d'or & d'azur, *cannelé* de quatre *cannelures* fur or.

CANETTE, f. f. petite canne. La différence des *canettes* aux merlettes, eft que les premières ont un bec & des jambes, & que les fecondes n'en ont point.

Poyane, d'azur, à trois *canettes* d'argent. (*Pl. VI. fig. 310.*)

CANON, f. m. meuble d'armoiries qui entre en quelques écus, & repréfente un *canon* d'artillerie.

On dit *affûté* de fon affût, lorfqu'il eft d'émail différent.

Bombarde de Beaulieu, à Paris ; d'azur au *canon* d'or, *affûté* de fon affût de gueules, accompagné en chef d'une fleur-de-lys d'argent. (*Pl. X. fig. 514.*)

CANTON, f. m. portion quarrée de l'écu, intervalle quarré qui joint un des angles ; il peut être placé à droite ou à gauche. On varie fur la proportion qu'il doit avoir avec le refte de l'écu.

Cependant cette proportion, quoique vaguement déterminée, l'eft affez pour qu'une des différences du *franc-canton* avec le *canton* fimple, foit, que le premier eft conftamment plus grand ; une autre différence, eft qu'il occupe toujours la partie droite de l'écu.

Le *franc-canton* eft plus petit que le *franc-quartier*, & le *franc-quartier*, felon quelques héraldiftes, eft un peu plus petit qu'un *quartier-d'écartelage* ; mais cette différence, fi elle eft réelle, eft peu fenfible.

Le *franc-canton*, felon des auteurs inftruits, diffère du *franc-quartier*, en ce que le premier eft une portion de l'écu écartelé par une croix, & que l'autre eft un des quarrés de l'écu écartelé par de fimples traits. Cette diftinction a le mérite d'être fimple & fenfible.

L'objet du *franc-canton*, du *franc-quartier* & du *quartier-d'écartelage*, nous paroît être de mettre en évidence les alliances les plus avantageufes.

Thouars ; d'or, femé de fleurs-de-lys d'azur, au *canton* de gueules. *Pl. II. fig. 97.* Voy. à côté, *fig. 96*, un *franc-quartier*. *Voy.* auffi *Pl. XXII.* figure pénultième, les armes de Lamoignon, lozangées d'argent & de fable au *franc-canton* ou *franc-quartier* d'hermines, & les *fig.* 42--3--4, *Pl. XXXII.*

CANTONS au pluriel, s'entend des quatre vuides quarrés que laiffe une croix fur l'écu, & même des efpaces triangulaires vuides que laiffe un fautoir.

Ces *cantons* font fouvent chargés de quelques pièces ou meubles.

Les *cantons* de la croix fe diftinguent par les deux en chef, les deux en pointe.

Les *Cantons* du fautoir fe diftinguent par celui du chef, celui du flanc droit ou dextre, celui du flanc gauche ou feneftre, celui de la pointe.

CANTONNÉ, ÉE, adj. fe dit lorfque les efpaces que les croix & les fautoirs laiffent vuides, font remplis de quelques meubles ou figures.

Meliand, d'azur, à la croix *cantonnée* au premier & quatrième d'une aigle, au deuxième & troifième d'une ruche à miel, le tout d'or.

Bertin, d'argent, au fautoir dentelé de finople, *cantonné* de quatre moucheutures d'hermine de fable.

Montmorenci, d'or, à la croix de gueules, *cantonnée* de feize alérions d'azur, quatre dans chaque *canton* ; fur le tout, un écuffon d'argent, chargé d'un lion de gueules, armé, lampaffé & couronné d'azur, la queue fourchée, nouée & paffée en fautoir.

La branche de Laval, charge la croix de cinq coquilles d'argent.

La Colombière, dans fon livre de la *Science Héroïque*, rapporte que Bouchard I, feigneur de Montmorenci, plaça quatre alérions d'azur dans les *cantons* de la croix de fes armes, en mémoire de quatre enfeignes Impériales qu'il avoit prifes fur l'armée de l'empereur Othon II, lorfqu'elle fut défaite au paffage de la rivière d'Aifne en 978, par le roi Lothaire & par Hugues Capet, alors comte de Paris, & qui fut depuis, le premier roi de la troifième race. Ce nombre de quatre fut augmenté jufqu'à feize par Mathieu II de Montmorenci, depuis Connétable, en mémoire de douze autres enfeignes Impériales enlevées par lui à l'armée de l'empereur Othon IV, à la journée de Bovines, en 1214. (*Voyez la Pl. III. fig. 161 ; Pl. IV. fig. 191 ; Pl. VI. fig. 307.*)

CANTONNÉ, ÉE, fe dit encore d'un lion, d'une aigle, ou d'un autre animal occupant le milieu de l'écu, & accompagné de pièces ou meubles pofés aux angles.

CARNATION, f. f. couleur de chair, parties nues du corps de l'homme repréfentées au naturel.

La *carnation* ne peut être repréfentée que dans les armes peintes ou enluminées ; la gravure n'a point de traits ou hachures qui diftinguent les chairs humaines.

Grammont, d'azur, à trois buftes de reines de *carnation*, couronnées d'or à l'antique.

Wolefkeel, en Franconie, d'or, à un homme paffant de *carnation*, habillé de fable, tenant de la main droite une branche de rofier de trois rofes de gueules, & la main gauche pofée fur fon côté. (*Pl. VIII. fi. 441. 438. Voyez* auffi *437, 440.*)

CARREAUX, f. m. pl. petits quarrés dont les pièces honorables font quelquefois chargées.

Chomel, d'or, à la fafce d'azur, chargée de trois *carreaux* d'argent. (*Pl. V. fig. 234.*)

CARREAUX ou OREILLERS, f. m. pl. meubles d'écu.

Kerpatrix, d'argent, au fautoir d'azur, au chef de même, chargé de trois *carreaux* ou oreillers d'argent, houppés d'or, les houppes en fautoir. (*Pl. X. fig. 558.*)

CARROUSEL, f. m. courfe de chariots & de chevaux, ou fête que donnent des princes ou des grands feigneurs dans quelque réjouiffance publique ; elle confifte en une cavalcade de plufieurs feigneurs fuperbement vêtus & équipés à la manière des anciens chevaliers ; on fe divife en quadrilles ; on fe rend à quelque place publique : là fe font des joûtes , des tournois , & d'autres exercices convenables à la nobleffe.

Ce mot vient de l'italien *carofello* , diminutif de *carro* , chariot.

Tertullien attribue à Circé l'invention des *carroufels* ; il prétend qu'elle les inftitua en l'honneur du foleil , dont les poëtes l'ont fait fille ; de forte que quelques-uns croient que ce mot vient de *carrus folis*.

Les Maures y introduifirent les chiffres & les livrées dont ils ornèrent leurs armes & les houffes de leurs chevaux , &c. Les Goths y ajoutèrent l'ufage des aigrettes & des cimiers, &c.

On diftinguoit dans les *carroufels* plufieurs parties ; 1°. la lice ou le lien où devoit fe donner le combat , terminé par des barrières à fes deux bouts , & garni dans toute fa longueur, de chaque côté, d'amphithéâtres pour placer les dames & les principaux fpectateurs ; 2°. le fujet qui eft une repréfentation allégorique de quelque évènement pris dans la fable ou dans l'hiftoire, & relatif au prince en l'honneur de qui fe fait le *carroufel* ; 3°. les quadrilles ou la divifion des combattans en plufieurs troupes qui fe diftinguent par la forme des habits & par la diverfité des couleurs, & prennent quelquefois chacune le nom d'un peuple fameux : ainfi dans un *carroufel* donné fous Louis XIV , il y avoit les quadrilles des Romains, des Perfes, des Turcs, & des Mofcovites ; 4°. l'harmonie foit militaire , foit douce, ufitée dans ces fortes de fêtes ; 5°. outre les chevaliers qui compofent les quadrilles , tous les officiers qui ont part au *carroufel*, comme le meftre-de-camp & fes aides, les hérauts , les pages, les eftafiers, les parrains & les juges ; 6°. la comparfe ou l'entrée des quadrilles dans la carrière , dont elles font le tour en ordre pour fe faire voir aux fpectateurs ; 7°. enfin les différentes efpèces de combats, qui font de rompre des lances les unes contre les autres , de les rompre contre la quintaine ou figure de bois, de courre la bague , les têtes, & de combattre à cheval l'épée à la main , & de faire la foule , c'eft-à-dire , de courir les uns après les autres fans interruption. Ces combats qui tenoient à l'ancienne chevalerie, furent introduits en France à la place des joûtes & tournois fous le règne de Henri IV : il y en a eu quelques-uns fous Louis XIV ; mais ces divertiffemens ont ceffé d'être de mode. (*G*)

CARTOUCHE, f. m. efpèce de boëte de carton, de bois, de parchemin ou d'autres matières, fur laquelle certaines nations , par exemple, les Italiens, pofent l'écu de leurs armes.

CASQUE, f. m. Le *cafque* s'employe de deux manières dans les armoiries , ou dans l'écu même, comme meuble d'armoiries, & alors il paroît, ou de front, ou de profil.

Titon de Villegenou, à Paris, de gueules, au

chevron d'or, accompagné de trois *cafques* d'argent, deux en chef de profil , celui de la gauche contourné, un en pointe de front.

Bretin, de fable, à trois roues perlées d'argent, au chef coufu d'azur, chargé de trois heaumes ou *cafques* de profil d'argent. (*Pl. X. fig. 525.*)

Ou comme ornement extérieur de l'écu.

Le *cafque* du roi eft d'or, taré de front, tout ouvert & fans grille.

Les princes & les ducs portent leurs *cafques* d'or , pofés de front, la vifière prefque ouverte fans grille.

Les marquis ont un *cafque* d'argent, taré de front , à onze grilles, les bords de même.

Les comtes & les vicomtes ont un *cafque* d'argent, à neuf grilles d'or, les bords de même & pofé en tiers.

Les barons ont un *cafque* d'argent , les bords d'or, à fept grilles, taré à demi-profil.

Le gentilhomme de trois races a un *cafque* d'acier, taré de profil, la vifière ouverte , le nafal relevé, montrant trois grilles à fa vifière.

Les nouveaux annoblis ont un *cafque* d'acier , pofé de profil , dont le nafal eft tant foit peu ouvert.

Les enfans naturels ont un *cafque* femblable à celui des annoblis , mais contourné.

On repréfente le *cafque* fur l'écu avec fes lambrequins , qui doivent toujours être des mêmes émaux que ceux des armoiries.

Le mot *cafque* paroît venir du mot latin *caffis*.

Les *cafques* font peu en ufage aujourd'hui fur les écus ; on y met des couronnes , & fouvent celles qu'on n'a aucun droit de porter. (*Voyez pl. XIV. les 10 figures de* cafques.)

CASTOR, f. m. meuble d'écu repréfentant cet animal.

Schencken, d'or, à deux *caftors* de gueules, l'un fur l'autre. (*Pl. XI. fig. 588.*)

CATHERINE, (l'ordre de fainte) c'eft un ordre de Ruffie , qui ne fe donne qu'à des dames de la première qualité : il fut fondé en 1714, par la czarine *Catherine*, époufe de Pierre le Grand , en mémoire du bonheur fignalé qu'eut ce prince d'échapper aux Turs en 1711 , fur les bords du Pruth. Cette princeffe , pleine de tendreffe pour fon époux, eut le courage de le fuivre dans cette expédition, où toute l'armée ruffienne fe trouva dans un péril imminent ; dans une conjoncture fi fâcheufe , la czarine prit le parti d'envoyer un courier au grand-vifir qui commandoit l'armée ottomane, lui promettant une fomme très-confidérable , s'il vouloit entrer en négociation avec le czar ; le vifir y confentit : en conféquence il envoya des députés dans le camp des ruffiens, leur recommandant fur-tout de ne pas manquer de voir la czarine, parce qu'il ne pouvoit fe perfuader qu'une femme eût eu affez de courage & de tendreffe conjugale, pour s'expofer à un danger auffi grand. Ce fut afin de conferver le fouvenir d'un évènement fi remarquable , que le czar voulut que cette princeffe fondât un ordre qui portât son nom , & dont elle fût grande-maîtresse. Les marques de cet ordre sont une croix rouge, tenue par une figure de *sainte Catherine* ; on la porte attachée à un cordon ponceau, bordé des deux côtés d'un petit liseré d'argent, sur lequel on voit le nom de *sainte Catherine* , & la devise *PRO FIDE ET PATRIA.*

. Dans la fondation il ne doit y avoir que sept dames aggrégées à cet ordre : mais la czarine en augmente le nombre suivant sa volonté. (—) (*Article resté.*)

CATHERINE, (chevaliers de sainte Catherine du mont Sinaï), ancien ordre militaire, formé pour assister & protéger les pèlerins qui alloient visiter par dévotion le corps de *sainte Catherine* , vierge d'Alexandrie, distinguée par son savoir, & qu'on dit avoir souffert le martyre sous Maximien.

Le corps de cette vierge ayant été trouvé sur le mont Sinaï, il s'y fit un si grand concours de pèlerins ; & ce pèlerinage étant devenu dangereux par les courses des Arabes, on établit en 1063 un ordre de chevalerie, à l'imitation de celui du saint Sépulcre & sous la protection de *sainte Catherine*. Les chevaliers s'engageoient par serment à garder le corps de cette sainte, à pourvoir à la sûreté des chemins en faveur des pèlerins, à suivre la règle de saint Basile, & à obéir à leur grand-maître. Ils portoient un habit blanc, sur lequel étoient représentés les instrumens du martyre de leur patrone, c'est-à-dire, une demi-roue armée de pointes tranchantes, & traversée par une épée teinte de sang. (*G. Voyez la figure 44 de la planche XXV.*)

CAUDÉ, ÉE, adj. se dit des comètes à queue. Meliorati, à Rome, porte d'azur, à une étoile *caudée* d'or.)

CEINTRÉ, adj. se dit du globe impérial, entouré d'un cercle & d'un demi-cercle en forme de ceintre.

Courten, en Suisse, de gueules, au globe *ceintré* & croisé d'or.

CEP de vigne, s. m. meuble de l'écu représentant ce que le nom exprime.

Le Besgue de Majainville, d'azur, au *cep* de vigne d'or, soutenu d'un échalas de même ; un oiseau d'argent perché au haut, & accoté de deux croissans de même. (*Pl. VIII. fig. 432.*)

CERCLÉ, ÉE, adj. se dit des tonneaux reliés de cercles.

Barillon, en Anjou, de gueules, à trois barillets couchés d'or, *cerclés* de sable.

CERCLÉE se dit aussi d'une sorte de croix dont nous ne pouvons donner une idée plus exacte qu'en renvoyant à la *planche III. fig. 164.* aux armes d'Auzanet, de gueules, à la croix *cerclée* d'or, formant un tau au milieu.

CERF, s. f. Le *cerf* est toujours de profil dans les armoiries ; il y paroit passant, quelquefois courant : quand il est debout, on le nomme *élancé* ; s'il est couché sur ses jambes, le ventre à terre, on dit qu'il est *en repos.*

Ramé se dit du bois du *cerf* lorsqu'il est d'émail différent.

Rencontre , de la tête, lorsqu'elle est détachée du corps.

Massacre est une ramure entière du *cerf* , attachée à une partie du crâne.

Ainsi s'exprime l'Auteur du Blason dans le Supplément de l'Encyclopédie ; d'autres disent, & plusieurs exemples sont pour eux, que le massacre contient la tête entière du *cerf* tué & abbatu, & que le mot *rencontre* qui signifie la même chose, s'applique aux têtes de tous les animaux, excepté celles du *cerf*, du lion & du léopard, qui s'expriment par d'autres mots, nommément celle du *cerf*, par le mot *massacre.*

Cornulier, d'argent, au massacre de *cerf* d'azur, surmonté d'une moucheture d'hermine. (*Pl. V. fig. 265.*)

Les *cerfs* sont quelquefois employés pour support. Des *cerfs* ailés sont les supports de l'écu de Lamoignon. (*Pl. XXII. fig. pénultième.*)

CHABOT, s. m. meuble d'armoiries représentant un petit poisson de rivière ; il paroit en pal, la tête en haut, montrant son dos.

La maison de Chabot, porte d'or, à trois *chabots* de gueules. (*Pl. VII. fig. 336.*)

CHAINE, s. f. meuble d'écu.

Cadenet, d'azur, à trois *chaines* d'or, posées en trois bandes.

Feret, d'azur, à une *chaine* d'or, posée en bande. (*Pl. X. fig. 521-22.*)

CHAISES A L'ANTIQUE, meubles quelquefois employés dans l'écu.

Montfort, d'argent, à trois *chaises à l'antique* de gueules. (*Pl. X. fig. 551.*)

CHAMEAU, s. m. meuble d'armoiries représentant l'animal de ce nom.

Le *chameau* étant une bête de somme chez les Orientaux, désigne, dit-on, dans les armoiries, les voyages en Orient.

Emmuselé se dit du *chameau* à qui on a mis une muselière pour l'empêcher de mordre ou de paitre.

Krocher, dans la province de la Marche, d'azur, à un *chameau* d'argent. (*Pl. XI. fig. 586.*)

CHAMP, s. m. fond de l'écu, partie sur laquelle on pose les pièces & meubles qui composent les armoiries.

En blasonnant un écu, l'usage est de nommer d'abord l'émail du *champ*, ensuite les pièces & meubles qui s'y trouvent.

On dit *du champ, de la couleur du champ*, pour éviter de répéter un émail semblable à celui du fond de l'écu.

Le nom de *champ* a, dit-on, été donné au fond de l'écu, parce qu'on le suppose chargé des armes prises autrefois sur quelque ennemi dans un *champ* de bataille.

Lourdet, d'argent, à la ruche de sable, accôtée de deux mouches de chaque côté, de même, au chef d'azur, chargé de trois étoiles du *champ*, c'est-à-dire *d'argent*. (*Pl. XI. fig. 597.*)

CHAMPAGNE ou PLAINE, f. f. pièce qui occupe au bas de l'écu une certaine étendue, que quelques héraldistes évaluent à deux parties de sept de sa largeur.

Brochant, d'or, à l'olivier de sinople, accolé de deux croissans de gueules, à la *champagne* d'azur, chargée d'un brochet d'argent. (*Pl. II. fig. 73.*)

CHAMPIGNON, f. m. meuble de l'écu, représentation du *champignon*.

Giot, d'azur, au chevron d'argent, accompagné de trois *champignons* d'or. (*Pl. VIII. fig. 431.*)

CHANCELIER DANS LES ORDRES DE CHE-VALERIE, est celui qui a la garde du sceau de l'ordre, dont il scelle en cire blanche les lettres des chevaliers & officiers de l'ordre, & les commissions & mandemens émanés du chapitre ou assemblée de l'ordre : c'est lui qui tient registre des délibérations, & qui en ôte été tous marchands ou évêques jusqu'en 1574. de l'ordre : c'est le premier des grands officiers de chaque ordre.

Celui de saint Michel avoit autrefois son *chancelier* particulier, suivant l'article 12 des statuts faits en 1469. Lors de l'institution de cet ordre, le *chancelier* devoit être archevêque, évêque, ou en dignité notable dans l'église ; & l'article 81 portoit que la messe haute seroit célébrée par le *chancelier*, s'il étoit présent, ou par un autre ordonné par le roi. Le prieuré de Vincennes, ordre de Grammont, étoit affecté aux *chanceliers* de l'ordre de saint Michel, qui ont été tous archevêques ou évêques jusqu'en 1574. Trois cardinaux ont rempli cette place : savoir, Georges d'Amboise, archevêque de Rouen ; Antoine du Prat, *chancelier* de France ; mais on croit qu'alors il n'étoit plus *chancelier de l'ordre* : & le cardinal de Créqui. Louis D'Amboise, évêque d'Albi, Georges d'Amboise cardinal, & le cardinal du Prat se qualifioient de *chanceliers de l'ordre du roi*. Philippe Huraut, seigneur de Chiverny, maître ès requêtes, *chancelier* du duc d'Anjou, roi de Pologne, fut *chancelier* de l'ordre de saint Michel, après la mort du cardinal de Créqui en 1574 : c'est le premier séculier qui ait eu cette charge. Il reçut le serment du roi Henri III pour la dignité de chef & souverain de l'ordre, à son retour de Pologne. Au mois de Décembre 1578, il fut fait *chancelier*, commandeur & surintendant des deniers de l'ordre du saint Esprit, que Henri III venoit d'instituer. Quelques-uns de ses successeurs prirent des provisions séparées pour les deux charges de *chanceliers* : les appointemens de chacune de ces charges étoient aussi distingués dans les comptes ; mais dans la suite les deux charges & tous les droits qui y sont attachés, ont été réunis en une seule provision : c'est pourquoi le *chancelier de l'ordre du saint Esprit* prend le titre de *chancelier des ordres du roi*.

Il a aussi le titre de commandeur des ordres du roi ; il doit faire preuve de noblesse paternelle, y compris le bisaïeul pour le moins, & porte le collier comme les chevaliers. Guillaume de l'Aubespine, *chancelier des ordres*, obtint en 1611 une pension de 3000 liv. pour le dédommager du prieuré de Vincennes, qui avoit été affecté aux *chanceliers* de saint Michel, & dont ils cessèrent de jouir lorsque Philippe Huraut de Chiverny fut pourvu de cette charge en 1574. Cette pension a passé aux *chanceliers des ordres* sur le pié de 4000 liv. par an, depuis 1663.

L'office de garde des sceaux des ordres du roi a été plusieurs fois désuni de celui de *chancelier* ; savoir en 1633 jusqu'en 1645, depuis 1650 jusqu'en 1654, depuis 1656 jusqu'en 1661, & enfin depuis le 25 août 1691 jusqu'au 16 août suivant.

Le *chancelier des ordres* est aussi ordinairement surintendant des deniers ou finances des ordres ; mais cette charge de surintendant a été quelquefois séparée de celle de *chancelier*.

Pour ce qui est du *chancelier* de l'ordre royal & militaire de saint Louis, il n'y en avoit point d'abord. Depuis l'institution de l'ordre faite en 1693 jusqu'en 1719, le sceau de l'ordre étoit entre les mains du garde des sceaux de France ; ce ne fut que par édit du mois d'avril 1719, que le Roi érigea en titre d'office héréditaire un grand-croix *chancelier* & garde des sceaux de cet ordre : c'est le premier des officiers grands-croix. L'édit porte, que le *chancelier* & autres grands officiers du même ordre jouiront des mêmes privilèges que les grands officiers de l'ordre du saint Esprit ; que dans les cérémonies & pour la séance, ils se conformeront à ce qui se pratique dans le même ordre du saint Esprit ; que le *chancelier* garde des sceaux de l'ordre de saint Louis portera le grand cordon rouge & la broderie sur l'habit ; que les lettres ou provisions de chevaliers seront scellées du sceau de l'ordre, qui demeurera entre les mains du *chancelier* garde des sceaux de cet ordre ; que le *chancelier* & autres grands officiers prêteront serment entre les mains du roi ; que les autres officiers prêteront serment entre les mains du *chancelier* de l'ordre ; que le *chancelier* aura en garde le sceau de l'ordre, & fera sceller en sa présence les lettres de provisions & autres expéditions, & qu'en toutes occasions il fera telles & semblables fonctions que celles qui sont exercées dans l'ordre du saint Esprit par le *chancelier* de cet ordre ; que le garde des archives scellera, en présence du *chancelier*, les provisions des grands-croix, commandeurs, chevaliers & officiers, & autres expéditions ; que les hérauts d'armes recevront les ordres du *chancelier* & du grand-prevôt. M. d'Argenson, garde des sceaux de France, fut le premier *chancelier* de cet ordre ; & depuis, cette dignité est toujours demeurée dans sa maison. (*Voyez* l'édit de création de l'ordre de saint Louis, du mois d'avril 1693, & celui du mois d'avril 1719.)

L'ordre royal, militaire & hospitalier de Notre-Dame du Mont-Carmel & de saint Lazare de Jérusalem a aussi son *chancelier* garde des sceaux.

Dans l'ordre de Malte, outre le *chancelier* qui

est auprès du grand-maître, il y a encore un *chancelier* particulier dans chaque grand-prieuré : ainsi, comme il y en a cinq en France, il y a autant de *chanceliers*. Les commissions & mandemens du chapitre ou assemblée des chevaliers sont scellés par le *chancelier ; c'est lui qui tient le registre des délibérations, & qui en délivre les extraits sous le sceau de l'ordre. Ceux qui se présentent pour être reçus chevaliers de l'ordre, prennent de lui la commission qui leur est nécessaire pour faire les preuves de leur noblesse ; & après qu'elles ont été admises dans le chapitre, il les clôt & y applique le sceau, pour être ainsi envoyées à Malte.

Ce morceau est extrait du grand & savant article CHANCELIER & CHANCELLERIE dans l'Encyclopédie.

CHANDELIER, s. m. meuble d'armoiries. On en distingue de deux sortes : les *chandeliers* d'église, qui ont sur leur coupe ou partie supérieure, une fiche pointue, & les *chandeliers* de ménage qui diffèrent des premiers, en ce que sur leur coupe il y a une bobèche.

Dieuxyvoye, à Paris, d'azur, au *chandelier* d'église à trois branches d'argent, accompagné en chef d'un soleil d'or. (*Pl. IX. fig.* 487.)

CHAPEAU, s. m. meuble d'armoiries & ornement extérieur de l'écu ; on le représente toujours à bords rabatus.

Les anciens ont pris le *chapeau* pour le symbole de la liberté ; on en voit sur plusieurs médailles avec cette légende : *Libertas publica ;* lorsqu'ils affranchissoient leurs esclaves, ils leur donnoient le *chapeau.*

Chez tous les Levantins tu perdis ton *chapeau.*

dit M. de Voltaire, en s'adressant à la Liberté.

La République des Suisses, au lieu de couronne, porte un *chapeau.* (*Pl. XVII. fig.* 2.)

La communauté des chapeliers porte d'or, au chevron d'azur, accompagné de trois *chapeaux* de cardinaux, de gueules. (*Pl. IX. fig.* 458.)

Le *chapeau* est un des ornemens extérieurs de l'écu des prélats,

Le *chapeau* des cardinaux est de gueules, garni de deux longs cordons d'où pendent des houppes ou glands de même ; ces cordons sont entrelacés, & ont cinq rangs de houppes de chaque côté dans cet ordre : 1, 2, 3, 4, 5 ; ce qui fait quinze houppes de chaque côté.

Le *chapeau* des archevêques & des évêques est de sinople, à dix houppes de chaque côté en quatre rangs, 1, 2, 3 & 4.

Les évêques n'en portoient autrefois que six, & c'est le nombre qu'on leur avoit donné dans les planches de l'Encyclopédie, d'après les anciennes règles héraldiques ; aujourd'hui presque tous en mettent dix de chaque côté, & les archevêques ne se distinguent des évêques que par la croix treflée d'or qu'ils posent en pal au-dessus de leurs armes entre la couronne & le *chapeau,*

En France, les abbés n'ont point de *chapeau* quoique la Colombière prétende qu'ils doivent mettre au-dessus de leur écu un *chapeau* de sable, à trois houppes de chaque côté.

C'est l'usage des protonotaires du saint-siége mais cette dignité ecclésiastique n'est pas reconnue & n'a pas de rang en France.

Les cardinaux portoient autrefois de simples mitres. Ce ne fut qu'en 1245, au concile de Lyon, que le pape, Innocent IV, leur donna le *chapeau rouge* & quand ils commencèrent à le porter, ils ne l'accompagnoient pas du nombre de houppes qu'ils portent aujourd'hui ; ils n'en portoient pas des deux côtés de leurs armes ; mais seulement sept ou huit liées ensemble au-dessous de la pointe de leur écu, comme on en voit encore des exemples dans des peintures anciennes. Dans la suite ils commencèrent à en mettre des deux côtés, puis, ils en augmentèrent peu-à-peu le nombre jusqu'à quinze. On voit même dans quelques peintures, des armes de cardinaux où il y a jusqu'à vingt houppes de chaque côté, non pas que cet usage ait jamais eu lieu ; cette exagération étoit une flatterie ou venoit de l'ignorance des peintres.

Le *chapeau* rouge des cardinaux, pendant un demi siècle depuis son institution, ne servit que dans les cérémonies ; on ne le met sur les armoiries que depuis l'an 1300.

L'usage de mettre les *chapeaux* sur les écus des prélats, n'a commencé en France, que vers l'an 1500. Le P. Ménestrier dans son livre *de l'origine des armoiries,* dit que ce fut Tristan de Salazar, archevêque de Sens, qui introduisit cet usage ; il fit sculpter ses armes en plusieurs endroits de sa métropole, & à Paris, sur l'hôtel qu'il fit bâtir dans le quartier Saint-Paul, & on y voit un *chapeau* sur l'écu de ses armes. Ce prélat mourut en 1518.

Quelques auteurs héraldiques modernes, au nombre desquels est le P. Ménestrier, donnent treize houppes aux archevêques, & onze aux evêques ; d'autres n'en donnent que dix aux evêques, & douze aux archevêques ; la vérité est que l'usage actuel en donne dix de chaque côté, tant aux archevêques, qu'aux evêques.

CHAPEAU se prend quelquefois pour le bonnet ou la couronne qui est entre l'écu & le cimier. Le cimier se porte sur le *chapeau,* & le *chapeau* porte le cimier de l'écu, car c'est une règle du Blason que le cimier ne touche jamais immédiatement l'écu.

CHAPELET, s. m. meuble d'écu, selon quelques-uns. (*Voyez Pl. IX. fig.* 491.) Mais ce mot ne s'emploie le plus ordinairement que dans les ornemens extérieurs de l'écu ; tel est le *chapelet* qui accole les armes d'un chevalier de Malte, d'un chevalier de l'ordre de Saint-Lazare, d'une abbesse, &c. Le terme héraldique, pour exprimer le *chapelet,* qui est dans l'écu même, est *patenôtre. Voyez* ce mot.

CHAPELET ;

CHAPELLE, f. m. eſt quelquefois un meuble de l'écu.

De la Chapelle, écartelé au premier quartier d'argent, à la bande de gueules, chargée d'une étoile & de deux roues d'or; au deuxième, d'argent, au lion couronné de ſable; au troiſième, d'or, à trois lionceaux de ſable; au quatrième, d'azur, à trois faſces d'or & une bande de même brochante ſur les deux faſces, ſur le tout d'azur, au portail d'une chapelle d'or. (Pl. IX. fig. 467.)

CHAPERONNÉ, adj. ſe dit des éperviers dont on couvre la tête d'un morceau de cuir pour les dreſſer à voler & revenir ſur le poing ou au leurre.

Mangot, d'azur, à trois éperviers d'or, membrés, longés & becqués de gueules, chaperonnés d'argent. (Pl. XII. fig. 623.)

CHAPPÉ, adj. ſe dit de l'écu qui s'ouvre en chappe ou en pavillon depuis le milieu du chef juſqu'au milieu des flancs, ou même juſqu'à leur extrémité; donnant au champ la forme d'un angle dont le ſommet eſt en haut, & donnant au ſecond émail la forme d'une chappe qui environne cet angle.

Hautin, d'argent, chappé de pourpre, (Pl. II. fig. 77. Voyez auſſi pour différentes formes de chappé les fig. ſuiv., 78, 79, 80, 81.)

CHAUSSÉ, eſt le contraire de chappé; c'eſt lorſque le ſommet de l'angle eſt à la pointe d'en bas & au milieu de l'écu, & que la ligne d'en haut forme la meſure de cet angle, de manière que le ſecond émail garnit d'en bas, comme dans le chappé il garnit d'en haut; en un mot le chauſſé n'eſt que le chappé renverſé.

Lickenſtein, d'argent, chauſſé de gueules.

Pulcher - Von - Rigers, d'argent, chauſſé, arrondi de ſable, à deux fleurs de lys du champ. Pl. II. fig. 82-3.

On appelle chappé - chauſſé la réunion des deux figures contraires dans un même écu. C'eſt ce que l'inſpection de la figure 84 rendra plus ſenſible que les deſcriptions les plus détaillées.

CHARDON, f. m. plante qui ſe diſtingue dans l'écu par ſa tige & ſes feuilles armées de piquans, & dont le calice eſt arrondi & terminé par une eſpèce de couronne.

Baillet de Vaulgrenant, de Saint - Germain en Bourgogne; d'argent, à trois chardons de ſinople.

Menon de Curbilly, dans la province du Maine; d'or, au chardon de ſinople, dont la tige eſt mouvante d'un croiſſant de gueules poſé au bas de l'écu.

CHARDON, ou NOTRE - DAME DU CHARDON, (Hiſt. mod.) ordre militaire, inſtitué en 1369 par Louis II. dit le bon, troiſième duc de Bourbon. Il étoit compoſé de vingt-ſix chevaliers ſans reproche, renommés en nobleſſe & en valeur, dont le prince & ſes ſucceſſeurs devoient être chefs, pour la défenſe du pays. Mais il n'eſt parlé de cet ordre qui s'eſt anéanti, que dans quelques - unes de nos hiſtoires: c'eſt ſur quoi on doit voir Favin dans ſon Hiſtoire. Tom. I.

théatre d'honneur & de chevalerie, auſſi bien que La Colombière dans un grand ouvrage ſous le même titre.

CHARDON, ou SAINT - ANDRÉ DU CHARDON, ordre de chevalerie en Ecoſſe, qui a ces mots pour deviſe: Nemo me impunè laceſſet, perſonne ne m'attaquera impunément. On l'attribue à un roi d'Ecoſſe nommé Anchaius, qui vivoit ſur la fin du huitième ſiècle. Mais l'origine de ces ſortes d'ordres eſt apocryphe, dès qu'on la fait remonter à ces anciens temps. Il vaut bien mieux la rapporter au règne de Jacques I. roi d'Ecoſſe, qui commença l'an 1423. Mais ſi on en fait honneur à Jacques IV, en ſuivant l'opinion de quelques auteurs, elle ſera de la fin du quinzième ſiècle; car Jacques IV. ne commença ſon règne qu'en 1488. L'infortuné Jacques VII. d'Ecoſſe, ou II. d'Angleterre, le voulut remettre en vigueur; mais ſon éclat dura peu, & il ſubſiſte foiblement. Ce qui en reſte de plus conſidérable, eſt la dévotion des Ecoſſois catholiques qui ſont en petit nombre, pour l'apôtre ſaint André, qui eſt peu fêté par les prétendus réformés, dont la religion eſt la dominante d'Ecoſſe, qui de royaume eſt devenue province d'Angleterre en 1707. (Article reſté.)

CHARGÉ, ÉE, adj. ſe dit de toute ſorte de pièces ſur leſquelles il y en a d'autres. Ainſi le chef, la faſce, le pal, la bande, les chevrons, les croix, les lions, les aigles, les poiſſons, &c. peuvent être chargés de coquilles, de croiſſans, de roſes, &c.

Bonvarlet, d'argent, à la croix de ſable, chargée de cinq annelets, d'or. (Voyez Pl. III. fig. 163. & Pl. II. fig. 107.)

CHARGEURE, f. f. on s'en ſert quelquefois pour exprimer des pièces qui ſont placées ſur d'autres. La chargeure de telle pièce eſt telle autre pièce.

CHAT, f. m. meuble de l'écu repréſentant cet animal.

La Chetardie, d'azur, à deux chats paſſans, d'argent, l'un ſur l'autre. (Pl. VI. fig. 287.)

CHATEAU, f. m. meuble de l'écu qui repréſente ce que le mot exprime; il eſt formé d'un corps de logis joint à deux tours avec des creneaux qui cachent le toit.

On dit, d'un château, ouvert, pour la porte; herſé, s'il y a une herſe ſarraſine, ajouré, pour les fenêtres; maçonné, pour les joints de pierres, quand ils ſont d'émaux différens.

Si le château a un toit, il s'appelle eſſoré; s'il y a des girouettes, girouetté.

Lopis, de gueules, au château de deux tours d'argent, rondes & crénélées, au loup paſſant, de ſable, appuyé au pied du château. (Pl. IX. fig. 462.)

CHATELÉ, ÉE, adj. ſe dit d'une bordure ou d'un lambel chargé de huit ou neuf châteaux. La bordure des armes de Portugal eſt châtelée. Voyez les armes de Portugal. (Pl. XV. fig. 5.)

CHAUDIÈRE, f. f. meuble d'armoiries qu'on trouve ſur beaucoup d'écus en Eſpagne & en Portugal: c'eſt, dit - on, une marque de grandeur &

E

de puissance, parce qu'anciennement les seigneurs Espagnols & Portugais nommés *Ricos Hombres*, hommes puissans, en allant à la guerre faisoient porter de ces *chaudières* pour nourrir leurs soldats.

Ces *chaudières* sont représentées dans leurs armes, fascées, échiquetées, &c. avec des serpens.

De Lara, en Espagne; d'azur à deux *chaudières* fascées d'or & de sable, huit bisses de sinople naissantes, quatre de chaque côté à chaque *chaudière*. (*Pl. XI. fig. 560.*)

De Gusman, aussi en Espagne; d'azur à deux *chaudières* échiquetées d'or & de gueules, douze bisses de sinople naissantes, six aux côtés de chaque *chaudière*.

CHAUSSE, (l'ordre de la) *ou* DE LA CALZA à Venise, ordre militaire institué de temps immémorial; on dit qu'il est aussi ancien que la fondation de la république.

Cet ordre, qui se nomme de la *Chausse de Saint-Marc*, n'a ni statuts, ni constitutions, & les chevaliers ne font aucun vœu : de jeunes nobles Vénitiens le composent; ils se vouent volontairement à combattre pour la foi & la république.

L'ordre de la *Chausse de Saint-Marc* fut renouvellé en 1562.

La marque de cette chevalerie est une espèce de *botine* d'or émaillée de diverses couleurs, & ornée de pierreries, le talon émaillé de sable. *Pl. XXVII fig. 87.* (G. D. L. T.)

CHAUSSÉ, ÉE, adj. *Voyez* (CHAPPÉ.)

CHAUSSE-TRAPE, s. f. meuble d'armoiries qui représente un instrument de fer garni de quatre pointes disposées en triangle, de manière que, quand on le jette à terre, une pointe se trouve toujours en haut.

On sait quel est l'usage des *chausse-trapes* à la guerre, pour blesser les chevaux des ennemis, ou pour ralentir leur marche, & il est très-vraisemblable qu'elles ont passé delà dans le Blason, soit en mémoire de quelque usage heureux & remarquable qu'on en avoit fait, soit seulement à l'imitation d'un usage guerrier.

D'Estrapes, d'argent, au chevron de gueules, accompagné de trois *chausse-trapes* de sable (*Pl. X. fig. 520.*)

CHAUVE-SOURIS, s. f. meuble d'écu représentant cet animal.

Cor, d'azur, à une *chauve-souris* de gueules, la tête & les ailes d'or. (*Pl. XI. fig. 594.*)

CHEF, s. m. pièce honorable qui occupe la partie supérieure de l'écu, & dont la hauteur est du tiers ou des deux septièmes de celle de l'écu. (*Pl. II. fig. 98.* de l'Encyclopédie, & *Pl. XXVIII. fig. 2.*)

Il y a des *chefs* unis, il y en a qui sont chargés de diverses pièces.

CHEF ABAISSÉ, est celui qui se trouve sous un autre *chef*, soit comme nous l'avons dit à l'article *abaissé*, de la manière dont les chevaliers de Malte abaissent le *chef* particulier de leurs armes sous celui de la religion, soit quand la couleur du champ dé-

tache le *chef* du bord supérieur de l'écu, le surmonte & le rétrécit.

Moncoquier, de sable, à trois fleurs de lys d'or; au *chef* ondé & abaissé de même. (*Pl. II. fig. 109.*)

CHEF BANDÉ, est celui qui est divisé en six parties par cinq lignes diagonales, dans le sens des bandes, de deux émaux alternativement.

CHEF CHARGÉ, celui sur lequel on voit un ou plusieurs meubles.

Schulemberg, d'azur, au *chef* de sable, chargé de quatre poignards d'argent, garnis d'or, les pointes en haut. (*Pl. II. fig. 107.*)

CHEF COUSU, est celui qui se rencontre métal sur métal, ou couleur sur couleur, ce qui est contraire à la règle générale du Blason ; c'est pourquoi ces sortes de *chefs* sont regardés comme une pièce étrangère, ajoutée & *cousue* à l'écu des armes de la famille. Les armes de Schulemberg qui viennent d'être citées, en offrent un exemple, puisque le fond est d'azur & le *chef* de sable.

CHEF DENCHÉ, celui dont le bord inférieur est coupé par des dents, comme celles d'une scie.

Persil, de sable, au *chef denché* d'or. (*Pl. II. fig. 108.*)

CHEF ÉCHIQUETÉ, celui qui est divisé en deux ou trois rangs de carreaux.

D'Ailly, de gueules, à deux branches d'alizier d'argent, passées en double sautoir, au *chef échiqueté* d'argent & d'azur, de trois traits. (*Pl. II. fig. 106.*)

CHEF ÉMANCHÉ OU EMMANCHÉ, celui qui a dans sa partie inférieure de grandes dents en pointe qui entrent les unes dans les autres, ou dont la partie inférieure se termine en plusieurs angles très-aigus.

De Gantes, d'azur, au *chef emmanché* de quatre pièces *emmanchées* d'or. (*Pl. II. fig. 89.*)

CHEF ENGRÊLÉ, celui qui a en haut & en bas de petites dents plus fines que celles du *danché* ou *denché*, & dont les entre-deux ou cavités sont arrondies. Les planches de l'Encyclopédie n'offrent point de *chef engrêlé* ; mais on peut se faire une idée de l'engrêlure en général par l'inspection de la barre *engrêlée* de la *fig. 153*, *Pl. III*, & de la croix *engrêlée* de la *fig. 172* de la *pl. IV*.

CHEF LOSANGÉ, celui qui est divisé en losanges. Ce qui n'a pas besoin d'exemples.

CHEF RETRAIT, celui qui n'a en hauteur que la moitié de sa proportion ordinaire.

CHEF SOUTENU, le *chef soutenu* ressemble assez à un *chef* abaissé sous un autre ; il n'a que la moitié ou les deux tiers de sa proportion ordinaire, & il est coupé par une espèce de second *chef* qui semble soutenir le premier, & qu'on appelle une *divise*.

Des Ursins, d'argent, bandé de gueules au *chef* du premier, chargée d'une rose de gueules, pointée d'or *soutenu* de même, chargé d'une givre ou guivre d'azur. (*Pl. II. fig. 110.*)

CHEF SURMONTÉ, ne nous paroît différer du *chef soutenu* que dans la manière de considérer dans le *chef* coupé en deux parties, la partie supérieure comme *surmontant* la partie inférieure, ou la partie inférieure comme *soutenant* la partie supérieure. (*Voyez ibid. fig. III*, les armes de la maison Cibo.)

Le *chef* prend encore divers autres noms suivant sa forme; il s'appelle *chevroné*, quand il a un chevron; *palé*, quand il a un pal; *herminé*, quand il est composé d'hermine, &c.

On appelle *chef-pal*, un *chef* qui est du même émail que le pal, & qui semble ne faire qu'un avec le pal abaissé qui en sort. Le tout ressemble à une croix potencée.

Munsingen, en Allemagne, de gueules, au *chef-pal* d'argent. (*Pl. XII. fig. 626.*)

On appelle *chef-barre*, un *chef* qui est du même émail que la *barre* abaissée qui en sort; le tout a la forme d'un sept de chiffre 7.

Wisbecken, en Bavière, d'argent au *chef-barre* de gueules. (*fig. 627.*)

Il peut y avoir aussi des *chef-bandes*, &c.

CHEMISE, s. f. meuble de l'écu, représentant ce que le mot exprime.

Avandaenos, de sinople, à une *chemise* ensanglantée de gueules, percée en flanc de trois flèches, une en pal, une en bande, & l'autre en barre; le tout d'argent. (*Pl. IX. fig. 461.*)

CHÊNE, s. m. meuble de l'écu, représentant cet arbre. Il se distingue des autres arbres par les glands dont il est chargé. On appelle le *chêne-fruité*, lorsque les glands sont d'un émail différent.

On fait que chez les Anciens la couronne civique étoit de *chêne*, & qu'elle étoit la récompense d'avoir sauvé la vie à un citoyen.

On donnoit aussi des couronnes de feuilles de *chêne* aux soldats, pour prix des actions éclatantes qu'ils faisoient à la guerre. (*Voyez* les armes de Lomenie, *planche VIII. fig. 396* pour le *chêne*, & *planche XIV*. dernière *figure* pour la couronne civique.)

CHÉRUBIN, ordre militaire de Suède, dit autrement de *Jésus* ou *collier des Séraphins*, établi par Magnus III, roi de Suède, l'an 1134; mais il ne subsiste plus que dans quelques histoires, depuis que Charles IX, roi de Suède, & père de Gustave Adolphe, introduisit dans ses états la confession d'Augsbourg, au commencement du dix-septième siècle. Et comme cet ordre n'est plus d'une curiosité actuelle, on peut consulter sur son établissement André Favin & La Colombière, dans leur *Théâtre d'Honneur*. (*Article resté.*)

CHÉRUBIN, s. m. meuble de l'écu. Il se distingue de l'ange, en ce qu'on ne voit du *chérubin* que la tête & les ailes, comme sur l'arche d'alliance, & que les *chérubins* ne servent point de *tenans* comme les anges.

De Cailly, d'argent, à trois *chérubins* de gueules. (*Pl. XI. fig. 583.*)

CHEVAL, s. m. cet animal paroît toujours de profil dans l'écu. On nomme *gai* le *cheval* en liberté sans bride & sans licol.

Tantôt le *cheval* paroît tout entier, comme dans les armes de Dugué & de la chevalerie, *planche V*, figures 277 & 278, tantôt on n'en voit que la tête & le col, comme dans les armes de la croix de Chevrières, *fig. 279.*

On appelle *cheval cabré*, celui qui est levé sur ses pieds de derrière.

Courant, celui dont les quatre jambes sont étendues en l'air.

Animé, celui qui a l'œil d'un autre émail que le corps.

Effaré, celui qui est levé sur ses jambes de derrière, & presque droit.

Bardé, houssé & caparaçonné, celui qui a tous ses harnois.

CHEVALERIE, s. f. ce terme a bien des significations; c'est un ordre, un honneur militaire, une marque de degré d'ancienne noblesse, la récompense de quelque mérite personnel.

Il y a quatre sortes de *chevalerie*; la militaire, la régulière, l'honoraire & la sociale.

La *chevalerie* militaire est celle des anciens chevaliers, qui s'acquéroit par des hauts faits d'armes. Ces chevaliers sont nommés *milites* dans les anciens titres: on leur ceignoit l'épée & on leur chaussoit les éperons dorés, d'où leur vient le nom de *equites aurati*, chevaliers dorés.

La *chevalerie* n'est point héréditaire: elle s'obtient. On ne l'apporte pas en naissant, comme la simple noblesse; & elle ne peut point être révoquée. Les fils des rois, & les rois même, avec tous les autres souverains, ont reçu autrefois la *chevalerie* comme une marque d'honneur. On la leur conféroit d'ordinaire avec beaucoup de cérémonies à leur baptême, à leur mariage, à leur couronnement, avant ou après une bataille, &c.

La *chevalerie* régulière est celle des ordres militaires où on fait profession de prendre un certain habit, de porter les armes contre les infidèles, de favoriser les pèlerins allant aux lieux saints, & de servir aux hôpitaux où ils doivent être reçus. Tels étoient jadis les Templiers, & tels sont encore les chevaliers de Malte, &c. *Voyez* TEMPLIER, MALTE, &c.

La *chevalerie* honoraire est celle que les princes confèrent aux autres princes, aux premières personnes de leurs cours, & à leurs favoris. Tels sont les chevaliers de la Jarretière, du S. Esprit, de la Toison d'Or, de S. Michel, &c. Mais cette *chevalerie* est aussi une association à un ordre qui a ses statuts & ses règlemens.

La *chevalerie* sociale est celle qui n'est pas fixe, ni confirmée par aucune institution formelle, ni réglée par des statuts durables. Plusieurs *chevaleries* de cette espèce, ont été faites pour des factions, des tournois, des mascarades, &c.

L'abbé Bernardo Justiniani, a donné, au commencement de son *Histoire des Ordres de Chevalerie*, un catalogue complet de tous les différens ordres, qui, felon lui, font au nombre de 92. Favin en a donné deux volumes, fous le titre de *Théâtre d'Honneur & de Chevalerie*. Ménénius publia les *Deliciæ Equeftrium Ordinum*; & André Mendo a écrit : *De Ordinibus Militaribus*. Beloy a traité de leur origine ; & Gelyot, dans fon *Indice Armorial*, nous en a donné les inftitutions. A ceux-là, on peut ajoûter le P. Méneftrier, *fur la Chevalerie ancienne & moderne*; le *Tréfor Militaire* de Michièli ; la *Theologia Regolare* de Caramuel; *Origines Equeftrium five Militarium Ordinum* de Miræus; & fur-tout, l'*Hiftorie Chronologiche dell'origine de gl'Ordini Militari, & di tutte le Relligioni Cavalerefche* de Juftiniani. L'édition la plus ample eft celle de Venife en 1692, 2 vol. *in-folio*. On peut voir auffi le P. Honoré de Sainte-Marie, carme déchauffé, dans fes *Differtations Hiftoriques & Critiques fur la Chevalerie ancienne & moderne*; ouvrage qu'il a fait à la follicitation de l'envoyé du duc de Parme, dont le fouverain, François, duc de Parme & de Plaifance, cherchoit à refufciter l'ordre de Conftantin, dont il fe difoit le chef. (*G*)

C'eft dans les loix du combat judiciaire, que l'illuftre auteur de l'efprit des Loix cherche l'origine de la *chevalerie*. Le défir naturel de plaire aux femmes, dit cet écrivain, produit la galanterie, qui n'eft point l'amour, mais le délicat, le leger, le perpétuel menfonge de l'amour. Cet efprit de galanterie dut prendre des forces, dit-il, dans le temps de nos combats judiciaires. La loi des Lombards ordonne aux juges de ces combats, de faire ôter aux champions les armes enchantées qu'ils pouvoient avoir. Cette opinion des armes enchantées étoit alors fort enracinée, & dut tourner la tête à bien des gens. De-là, le fyftème merveilleux de la *chevalerie* ; dont les romans fe remplirent de magiciens, d'enchantemens, de héros enchantés. On faifoit courir le monde à ces hommes extraordinaires pour défendre la vertu & la beauté opprimée; car ils n'avoient en effet rien de plus glorieux à faire. De-là naquit la galanterie, dont la lecture des romans avoit rempli toutes les têtes ; & cet efprit fe perpétua encore par l'ufage des tournois. (*O*)

CHEVALIER. Signifie proprement une perfonne élevée ou par dignité ou par attribution au-deffus du rang de gentilhomme.

La chevalerie étoit autrefois le premier degré d'honneur dans les armées; on la donnoit avec beaucoup de cérémonies à ceux qui s'étoient diftingués par quelqu'exploit fignalé. On difoit autrefois, *adouber un chevalier*, pour dire, *adopter un chevalier*, parce qu'il étoit réputé adopté, en quelque façon, fils de celui qui le faifoit *chevalier*.

On pratiquoit plufieurs cérémonies différentes pour la création d'un *chevalier* : les principales, étoient le foufflet, & l'application d'une épée fur l'épaule; enfuite on lui ceignoit le baudrier, l'épée & les éperons dorés, & les autres ornemens militaires; après quoi, étant armé *chevalier*, on le conduifoit en cérémonie à l'églife.

Les *chevaliers* portoient des manteaux d'honneur, fendus par la droite, rattachés d'une agraffe fur l'épaule, afin d'avoir le bras libre pour combattre. Vers le quinzième fiècle, il s'introduifit en France des *chevaliers* ès loix, comme il y en avoit en armes; leurs manteaux & leurs qualités étoient très différentes. On appelloit un *chevalier d'armes*, *meffire* ou *monfeigneur*; & le *chevalier de loi*, n'avoit que le titre de *maître un tel*. Les premiers portoient la cotte d'armes armoriée de leur blafon, & les autres, une robe fourrée de vaire, & le bonnet de même.

Il falloit être *chevalier* pour armer un *chevalier* : ainfi, François I fut armé *chevalier* avant la bataille de Marignan par le *chevalier* Bayard, qu'on appelloit le *chevalier fans peur & fans reproche*.

Cambden a décrit en peu de mots la façon dont on fait un *chevalier* en Angleterre : *Qui equeftrem dignitatem fufcipit*, dit-il, *flexis genibus leviter in humero percutitur ; princeps his verbis affatur. Sus vel*, dis chevalier au nom de Dieu, *furge vel fis eques in nomine Dei* ; cela doit s'entendre des *chevaliers-bacheliers*, qui font en Angleterre l'ordre de chevalerie le plus bas, quoiqu'il foit le plus ancien.

Souvent la création des *chevaliers* exigeoit plus de cérémonies, & en leur donnant chaque pièce de leur armure, on leur faifoit entendre que tout y étoit myftérieux, & par-là on les avertiffoit de leur devoir. Chamberlain dit qu'en Angleterre, lorfqu'un *chevalier* eft condamné à mort, on lui ôte fa ceinture & fon épée, on lui coupe fes éperons avec une petite hache, on lui arrache fon gantelet, & l'on biffe fes armes. Pierre de Beloy dit que l'ancienne coutume en France pour la dégradation d'un *chevalier*, étoit de l'armer de pié-en-cap, comme s'il eût dû combattre, & de le faire monter fur un échafaud, où le héraut le déclaroit *traître, vilain & déloyal*. Après que le roi ou le grand-maître de l'ordre avoit prononcé la condamnation, on jettoit le *chevalier*, attaché à une corde, fur le carreau, & on le conduifoit à l'églife en chantant le pfeaume 108, qui eft plein de malédictions; puis on le mettoit en prifon, pour être puni felon les lois. La manière de révoquer l'ordre de chevalerie aujourd'hui en ufage, eft de retirer à l'accufé, le collier ou la marque de l'ordre, que l'on remet enfuite entre les mains du tréforier de cet ordre.

La qualité de *chevalier* s'avilit avec le temps par le grand nombre qu'on en fit. On prétend que Charles V, ou, felon d'autres, Charles VI, en créa cinq cents en un feul jour ; ce fut pour cette raifon qu'on inftitua de nouveaux ordres de chevalerie, pour diftinguer les gens felon leur mérite.

CHEVALIER, s'entend auffi d'une perfonne admife dans quelqu'ordre, foit purement militaire, foit militaire & religieux tout enfemble, inftitué par quelque roi ou prince, avec certaines marques d'honneur & de diftinction. Tels font les *chevaliers de la*

Jarretière, *de l'Eléphant*, *du Saint-Esprit*, *de Malte*, &c.

CHEVALIER ERRANT, prétendu ordre de chevalerie, dont tous les vieux romans parlent amplement.

C'étoient des braves qui couroient le monde pour chercher des avantures, redresser les torts, délivrer des princesses, & qui saisissoient toutes les occasions de signaler leur valeur.

Cette bravoure romanesque des anciens *chevaliers* étoit autrefois la chimère des Espagnols, chez qui il n'y avoit point de cavalier qui n'eût sa dame, dont il devoit mériter l'estime par quelqu'action héroïque. Le duc d'Albe lui-même, tout grave & tout sévère qu'il étoit, avoir, dit-on, voué la conquête du Portugal à une jeune beauté. L'admirable roman de *dom Quichotte* est une critique fine & de cette manie, & de celle des auteurs espagnols à décrire les avantures incroyables des *chevaliers errans*.

Il ne faut pas croire cependant que les *chevaliers errans* se vouassent simplement à une dame qu'ils respectoient ou qu'ils affectionnoient : dans leur première origine, c'étoit des gentilshommes distingués qui s'étoient proposé la sûreté & la tranquillité publique ; ce qui a rapport à l'état de la noblesse sous la troisième race. Comme les anciens gouverneurs de provinces avoient usurpé leurs gouvernemens en titre de duché pour les grandes provinces, & de comté pour de moindres, ce qui a formé les grands vassaux de la couronne ; de même les gentilshommes des provinces voulurent usurper, à titre d'indépendance, les domaines dont ils étoient pourvus, ou qu'ils avoient reçus de leurs pères. Alors ils firent fortifier des châteaux dans l'étendue de leurs terres, & là ils s'occupoient, comme des brigands, à voler & enlever les voyageurs dans les grands chemins ; & quand ils trouvoient des dames, ils regardoient leur prise comme un double avantage. Ce désordre donna lieu à d'autres gentilshommes de détruire ces brigandages : ils couroient donc les campagnes pour procurer aux voyageurs la sûreté des chemins. Ils prenoient même les châteaux de ces brigands, où on prétendoit que les dames qu'on y avoit étoient enchantées, parce qu'elles n'en pouvoient sortir. Depuis on a fait, par galanterie, ce qui d'abord s'étoit fait par nécessité. Voilà qu'elle fut l'origine des *chevaliers errans*, sur lesquels nous avons tant de romans.

CHEVALIER-MARÉCHAL, est un officier du palais des rois d'Angleterre, qui prend connoissance des délits qui se commettent dans l'enceinte du palais ou de la maison royale, & des actes ou contrats qu'on y passe, lorsque quelqu'un de la maison y est intéressé.

CHEVALIERS DE LA PROVINCE, ou CHEVALIERS DU PARLEMENT, ce sont en Angleterre deux gentilshommes riches & de réputation, qui sont élus en vertu d'un ordre du roi, *in pleno comitatu*, par ceux des bourgeois de chaque province qui paient qua-

rante schelins par an de taxe sur la valeur de leurs terres, pour être les représentans de cette province dans le parlement.

Il étoit nécessaire autrefois, que ces *chevaliers des provinces* fussent *milites gladio cincti*, & même l'ordre du roi, pour les élire, est encore conçu en ces termes ; mais aujourd'hui l'usage autorise l'élection de simples écuyers pour remplir cette charge.

Chaque *chevalier de province*, ou membre de la chambre des communes, doit avoir au moins cinq cent livres sterlings de rente : à la rigueur, c'est à la province qu'ils représentent à payer tous leurs frais, mais aujourd'hui il arrive rarement qu'on l'exige. *Voyez* PARLEMENT. (*G*)

CHEVELÉ, ÉE, adj. se dit d'une tête dont les cheveux sont d'un autre émail que la tête.

Le Gendre, à Paris, d'azur, à la fasce d'argent, accompagnée de trois têtes de femmes, *chevelées* d'or.

CHEVILLÉ, adj. se dit du cerf relativement à ses ramures, ou cors dont on spécifie le nombre, *chevillé* de tant de cors.

Vogt, en Suabe, d'or au demi-bois de cerf, *chevillé* de cinq dagues ou cors de sable, tournés en cercle.

CHEVRON, s. m. une des pièces honorables de l'écu composée de deux bandes plattes, assemblées en-haut par la tête, & s'ouvrant en en-bas en forme d'angle ou de compas à demi-ouvert.

Quand il y a plusieurs *chevrons* dans un écu, ils se posent toujours l'un au-dessus de l'autre, & on exprime le nombre.

Quand il n'y en a qu'un, on dit seulement *au chevron*, &c.

Vaubecourt, de gueules, au *chevron* d'or (*Pl. II. fig. 105.*)

Giot, d'azur, au *chevron* d'argent, accompagné de trois champignons d'or. (*Pl. VIII. fig. 431.*)

Pour plusieurs :
Du Plessis Richelieu, d'argent, à trois *chevrons* de gueules posés l'un sur l'autre. (*Pl. IV. fig. 196.*)

CHEVRON ABAISSÉ, est celui dont la tête ou la pointe se termine au centre de l'écu.

CHEVRON ALAISÉ, ou ALÉSÉ, celui dont l'extrémité des branches ne touche point les bords de l'écu.

Kerven, en Bretagne, d'azur, au *chevron alaisé* d'or, la pointe surmontée d'une croisette de même, & accompagnée de trois coquilles d'argent. (*Planche IV. fig. 207.*)

CHEVRON BRISÉ ou ÉCLATÉ, celui dont la pointe paroît fendue par en-haut, sans que les branches soient entièrement détachées. *Voyez* les armes de Baugier, *ibid. fig. 204.*

CHEVRON CHARGÉ D'UN AUTRE, celui qui est composé de deux émaux, la bordure des branches étant d'un émail & l'entre-deux d'un autre émail, de manière qu'on croit voir trois chevrons. *Ibid.* *figures 203 & 208.*

CHEVRON COUCHÉ, celui dont la pointe eſt tournée vers un des flancs de l'écu, de manière que le flanc oppoſé ſoit la meſure de l'angle, comme la ligne d'en-bas l'eſt du *chevron* poſé dans ſa ſituation ordinaire.

On ne dit guères *chevron couché*, que de celui dont la pointe eſt tournée ou appuyée au flanc droit & l'ouverture au flanc gauche ; celui dont la pointe eſt au flanc gauche & l'ouverture au flanc droit, s'appelle *contourné*. (*Voyez* les armes de Marſchalk, en Bavière, *ibid. fig. 201.*)

CHEVRON ÉCIMÉ, celui dont la pointe eſt coupée.

CHEVRON FAILLI ou ROMPU, celui dont une branche eſt ſéparée en deux. En blaſonnant, on doit dire ſi c'eſt à *dextre* ou à *ſeneſtre* que le *chevron* eſt *failli* ou *rompu.*

Meynier d'Oppède, en Provence, d'azur à deux *chevrons faillis* ou *rompus*, le premier à dextre, le ſecond à ſeneſtre. (*Ibid. fig. 205.*)

CHEVRON ONDÉ, celui dont les branches ſont en ondes. (*Voyez* les armes de Puget, *ibid. fig. 199.*)

CHEVRON PARTI, celui qui a ſes branches de deux émaux différens.

Saligdon, d'azur, au *chevron parti* d'or & d'argent. (*Ibid. fig. 209.*)

CHEVRON PLOYÉ, celui dont les branches ont leurs ſuperficies creuſées en portion de cercle.

Saumoiſe de Chaſans, d'azur, au *chevron ployé* d'or, accompagné de trois glands de même, à la bordure de gueules. (*Ibid. fig. 200.*)

CHEVRON RENVERSÉ, celui qui a ſa pointe ou au bas ou au cœur de l'écu, & ſes branches vers les angles du chef ; & on appelle *renverſé entrelaſſé*, deux chevrons réellement entrelaſſés, dont l'un eſt *renverſé*, & l'autre dans ſa ſituation ordinaire.

De Beauſobre, d'azur, à deux *chevrons* d'or, dont l'un *renverſé* & entrelaſſés au chef couſu de gueules, chargé d'un ſoleil d'or. (*Ibid. fig. 206.*)

Prévôt Saint-Cyr, d'or, au *chevron renverſé* d'azur, accompagné en chef d'une molette de gueules, & en pointe d'une aiglette de ſable. (*Planche IV*, *fig. 202.*)

Il y a des *chevrons componnés, dentelés, échiquetés, loſangés*, ſelon la différente forme de leurs branches. (*Voyez* tous ces mots dans leur ordre alphabétique.)

Suivant les auteurs qui veulent rapporter à l'art militaire, non-ſeulement le Blaſon en général, mais encore chaque pièce du Blaſon, le *chevron* repréſente l'éperon d'un chevalier. Suivant ceux qui rapportent le Blaſon aux tournois, c'eſt la repréſentation d'une lice fermée de barrières.

Il faut voir, pour les proportions du *chevron*, la *Planche XXVIII*, *fig. 7*, & la *Planche XXX. figures 16 & 17.*

CHEVRONNÉ, ÉE, adj. on appelle *écu chevronné*, celui qui eſt rempli de chevrons alternatifs de métal & de couleur en nombre égal.

Quand le *chevronné* n'eſt que de ſix pièces, on peut indifféremment exprimer, ou ne pas exprimer ce nombre ; mais quand il eſt de huit, de dix ou davantage, il faut toujours l'exprimer.

D'Affry, en Suiſſe, *chevronné* d'argent & de ſable, de ſix pièces. *Pl. IV. fig. 198. Voyez* auſſi *Planche XXX. figure 24.* pour les proportions du *chevronné.*

Des pals, & d'autres pièces de l'écu, s'appellent *chevronnées*, quand elles ſont chargées de chevrons.

CHIEN, ſ. m. on n'en voit guères dans les écus que de deux eſpèces, levriers & braques, & on ne les voit guères que courans & paſſans.

Brachet, d'azur, à deux *chiens* braques d'argent paſſans l'un ſur l'autre. (*Pl. VI. fig. 284.*)

(*Voyez* auſſi, pour les levriers, les armes de Nicolaï, *ibid. fig. 283.*)

CHOU, ſ. m. meuble de l'écu, repréſentation d'un *chou.*

Chauvelin, d'argent, au *chou* pommé de cinq branches, & arraché de ſinople, & entouré par la tige d'une biſſe d'or, la tête en haut. (*Pl. VIII. fig. 429.*)

CHOUETTE, ſ. f. meuble d'écu. (*Voyez pl. VI. fig. 325.*)

CHRIST, (ordre de) ordre militaire fondé l'an 1318 par Denis I, roi de Portugal, pour animer ſa nobleſſe contre les Mores. Le pape Jean XXII le confirma en 1320, & donna aux chevaliers la règle de ſaint Benoît. Alexandre VI leur permit de ſe marier.

La grande-maîtriſe de cet ordre a été depuis inſéparablement réunie à la couronne, & les rois de Portugal en ont pris le titre d'adminiſtrateurs perpétuels.

Les armes de l'ordre ſont une croix patriarchale de gueules, chargée d'une croix d'argent. Ils faiſoient autrefois leur réſidence à Caſtromarin ; ils la transférèrent depuis dans la ville de Thomar, comme étant plus voiſine des Mores d'Andalouſie & de l'Eſtremadure.

CHRIST eſt auſſi le nom d'un ordre militaire en Livonie, qui fut inſtitué en 1205 par Albert, évêque de Riga. La fin de leur inſtitut fut de défendre les nouveaux convertis de Livonie que les païens perſécutoient. Ces chevaliers portoient ſur leur manteau une épée & une croix par-deſſus ; ce qui les fit auſſi nommer les *frères de l'épée*. (*Article reſté.*)

§ CIGNE ou CYGNE, (l'ordre du) ordre de chevalerie inſtitué dans le huitième ſiècle au duché de Clèves.

On attribue l'origine de cet ordre à Béatrix, unique héritière du duc de Clèves, qui lui avoit laiſſé en mourant ſes états.

Cette ducheſſe ſe voyant injuſtement perſécutée

par fes voifins qui vouloient envahir fes domaines, fe retira dans le château de Nieubourg, où elle fut fecourue par un chevalier nommé *Trelie* qui l'époufa.

Ce chevalier portoit un *cigne* fur fon bouclier ; lui & fa femme inftituèrent alors l'ordre du *cigne*.

Le collier eft une chaîne d'or à trois rangs, où eft attaché un *cigne* émaillé de blanc fur une terraffe de finople. (*Voyez la pl. XXVI. fig. 72. G. D. L. T.*)

CIGNE, f. m. meuble d'écu. (*Voyez pl. VI fig. 311.*)

On dit *becqué* de fon bec, *membré* de fes jambes, quand ces parties font d'un autre émail que le corps.

CIGOGNE, f. f. meuble d'écu. (*Voyez pl. VI. fig. 313.*)

CIMIER, f. m. la partie la plus élevée dans les ornemens de l'écu, & qui eft au-deffus du cafque à fa cime.

Le *cimier* eft l'ornement du timbre, comme le timbre eft celui de l'écu. L'ufage en eft de l'antiquité la plus reculée ; prefque tous les peuples guerriers, pour fe rendre plus redoutables à leurs ennemis par les figures effrayantes dont ils chargeoient le *cimier* de leur cafque, ou pour paroître d'une taille plus avantageufe, & leurs chefs, pour fe diftinguer parmi leurs peuples, pour fe faire reconnoître dans la mêlée & donner à leurs foldats la facilité de fe rallier autour d'eux, ont fait ufage du *cimier*, & cet ufage appartient même aux temps fabuleux. Geryon n'avoit trois têtes que parce qu'il portoit un triple *cimier*, felon Suidas. Hérodote attribue aux Cariens l'invention du *cimier*. Diodore de Sicile parlant des Egyptiens, dit que leur roi portoit pour *cimier* des têtes de lion, de taureau ou de dragon. Plutarque a décrit le *cimier* de Pyrrhus. Homère, Virgile, Ariofte, le Taffe, tous les poëtes font pleins de defcriptions de *cimiers*. On trouve par-tout dans Virgile

Comantem

'*Androgei galeam.*

Galeam Meffapi habilem criftifque decoram
Criftafque rubentes.

C'étoit autrefois en Europe, dit M. le Chevalier de Jaucourt, une plus grande marque de nobleffe que l'armoirie, parce qu'on la portoit aux tournois où l'on ne pouvoit être admis fans avoir fait preuve de nobleffe. Le gentilhomme qui avoit affifté deux fois au tournoi folemnel, étoit fuffifamment blafonné & publié, c'eft-à-dire reconnu pour noble, & il portoit deux trompes en *cimier* fur fon cafque de tournoi ; de-là viennent tant de *cimiers* à deux cornets, que plufieurs auteurs ont pris mal-à-propos pour des trompes d'éléphant.

Le *cimier* de plumes ou de crins de cheval a été le plus en ufage chez les différens peuples ; l'ufage du dernier a été renouvellé dans la guerre de 1741 par le maréchal de Saxe pour fes dragons volontaires ; ceux-ci portoient fur le fommet de leurs cafques des aigrettes flottantes de crin de cheval.

Le *cimier* n'eft aujourd'hui qu'un ornement de blafon de quelques particuliers.

CLAIRON, f. m. meuble de l'écu, dont la forme eft affez mal déterminée. Les uns le prennent pour une efpèce de trompette ancienne ; les autres pour le gouvernail d'un navire ; d'autres pour un arrêt de lance.

CLARINÉ, ÉE, adj. fe dit des animaux domeftiques, vaches, brebis, &c. qui ont des fonnettes ou clochettes au col ; la clarine étant une clochette qui a un fon fort aigu & fort clair, & qu'on met au cou des beftiaux qui paiffent dans les forêts, pour les reconnoître au bruit, fi on les perd de vue. (*Voyez* les armes de Portail, *pl. V. fig. 273.*)

Des têtes de ces animaux, même détachées de leur corps, s'appellent auffi *clarinées* quand elles ont des fonnettes.

Grimaud de Béefques, en Dauphiné, d'azur, à trois têtes de chameaux d'or, *clarinées* d'argent.

CLÉ ou CLEF, f. f. meuble de l'écu. Une feule *clef* fe met en pal ; fi elle étoit dans une autre pofition, il faudroit l'exprimer.

Deux *clefs* font ordinairement en fautoir.

Clermont-Tonnerre, de gueules, à deux *clefs* d'argent paffées en fautoir. (*Pl. XI. fig. 568.*)

Elles peuvent être encore, ou affrontées, ou adoffées.

Trois *clefs*, deux & une.

Chevalier de la Coindardière du Tais, de Saulx en Poitou, de gueules, à trois *clefs* d'or. De cette famille étoit le premier évèque qui ait occupé le fiège d'Alais, érigé par une bulle du Pape Innocent XII, du 16 mai 1694.

Les *clefs* font encore des ornemens extérieurs de l'écu du Pape. Derrière l'écu font deux *clefs* adoffées & paffées en fautoir, l'une d'or & l'autre d'argent, liées d'une ceinture de même. (*Voyez pl. XIII. fig. 1.*)

CLÉCHÉ, ÉE, adj. fe dit d'une croix vuide dont chaque branche s'élargit à l'extrémité, & fait paroître trois angles rentrans intérieurement & autant d'angles faillans au dehors, lefquels font terminés par de petits boutons.

Cette croix eft ainfi nommée, dit-on, parce que ces branches figurées de cette forte, imitent les anneaux des clefs des anciens.

Touloufe, de gueules, à la croix vuidée, *cléchée*, pommetée & alaifée d'or. (*Pl. IV. fig. 188.*)

CLÉCHÉ fe dit auffi d'autres pièces de l'écu.

Stahler, en Suède, de gueules, à deux triangles *cléchés* & enlacés d'or, les pointes aux flancs. (*Pl. XI. fig. 581.*)

CLOCHE, f. f. meuble d'armoirie repréfentant ce que le nom exprime.

On nomme le battant, *batail*, d'où on a fait *bataillée*. *Voyez* bataillé. *Voyez* auffi les armes de Bellegarde (*Pl. IX. fig. 492.*)

CLOU, f. m. eft quelquefois un meuble de l'écu.

De Creil, d'azur, au chevron d'or accompagné de trois *clous*, de même. (*Pl. X. fig. 541.*)

Machiavel, à Florence, d'argent, à la croix d'azur, accompagnée de quatre *clous* appointés au cœur de même. (*fig. 542.*)

CLOUÉ, ÉE, adj. se dit du collier d'un chien, de fers à cheval, & de toute autre pièce où il y a des *clous* d'un autre émail que la pièce.

Bardonnenche, d'argent, treillissé de gueules, *cloué* d'or. (*Pl. V. fig. 224.*)

CŒUR, f. m. meuble de l'écu représentant ce que le nom exprime.

Amelot, d'azur, à trois *cœurs* d'or, surmontés d'un soleil de même.

Perrotin de Barmont, d'argent, à trois *cœurs* de gueules. (*Voyez Pl. IX. fig. 454--5.*)

EN CŒUR, est aussi relatif à la partition de l'écu, & se dit des meubles ou pièces qui sont au centre, c'est la même chose qu'en *abime*. *Voyez* abime.

COLLETÉ, ÉE, adj. ce mot n'a pas toutes les significations du mot *accolé*, mais il en a une, il se dit des animaux qui ont un collier. (*Voyez* les armes de Nicolaï. *Pl. VI. fig. 283.*)

COLLIER, cet ornement, dans le sens que nous lui donnons ici, ne sert que pour les ordres militaires, auxquels on l'accorde comme une marque de distinction & de l'honneur qu'ils ont d'être admis dans leur ordre. C'est souvent une chaîne d'or émaillée avec plusieurs chiffres, au bout de laquelle pend une croix ou une autre marque de leur ordre.

Le *collier de l'ordre de la Jarretière*, consiste en plusieurs SS entremêlées de roses émaillées de rouge, sur une jarretière bleue, au bout de laquelle pend un S. Georges.

Le *collier du saint-Esprit*, est composé de trophées d'armes espacées de fleurs de lys d'or cantonnées de flammes & de la lettre *H* couronnée, parce que c'est la lettre initiale du nom de Henri III. instituteur de cet ordre; & au bas une croix à huit pointes, sur laquelle est une colombe ou saint-Esprit.

Le *collier de l'ordre de S. Michel*, est formé par des coquilles d'or, liées d'aiguillettes de soie à bouts ferrés d'or. Le roi François I. changea ces aiguillettes en cordelieres ou chaînettes d'or : au bas de ce *collier* est représenté l'archange S. Michel.

Maximilien a été le premier empereur qui ait mis un *collier d'ordre* autour de ses armes, étant devenu chef de celui de la *toison* : usage que pratiquent maintenant ceux qui sont décorés de quelqu'ordre de chevalerie, à l'exception des prélats commandeurs dans l'ordre du S. Esprit, qui ne mettent autour de leurs armes qu'un cordon bleu d'où pend la croix de l'ordre, & n'arborent pas la marque de l'ordre de S. Michel; aussi ne prennent-ils pas le titre de *commandeurs des ordres du roi*, au lieu que les chevaliers se qualifient du titre de *chevaliers des ordres du roi*.

Ordre du collier; Chevaliers du collier ou *de S. Marc*, ou *de la médaille;* ordre de chevalerie dans la république de Venise. Mais ces chevaliers n'ont point d'habit particulier; & comme c'est le doge & le sénat qui le conferent, ils portent seulement par distinction la chaîne que le doge leur a donnée : elle leur pend au col, & se trouve terminée par une médaille où est représenté le lion volant de la république, qu'ils ont tiré du symbole de l'évangéliste S. Marc, qu'ils ont pris pour patron. (G)

§ COLOMBE (l'ordre de la), ou DU SAINT-ESPRIT, fut institué par Jean premier, roi de Ségovie, en 1379.

Cet ordre s'éteignit peu de temps après la mort de l'instituteur.

Le collier étoit composé des rayons du soleil, droits & ondoyés, les pointes en bas, & posés sur une double chaîne où étoit attachée une *colombe* volante & descendante, le tout d'or; la *colombe* étoit émaillée de blanc, les yeux & le bec de gueules. *Voyez Pl. XXVI. fig. 70.* (*G. D. L. T.*)

COLOMBE, f. f. meuble de l'écu, représentant cet oiseau.

Le Breton, d'azur, à un écu en flanc de même, chargé d'une fleur de lys d'or, à l'écu accompagné de trois *colombes* d'argent, celles du chef affrontées, au chef d'or chargé d'un lion naissant de gueules. (*Pl. VI. fig. 321.*)

COLONNE, f. f. meuble qui représente une *colonne* d'architecture. Cette *colonne* est toujours de proportion Toscane dans les armoiries, c'est-à-dire qu'elle a sept diametres de hauteur, on la pose sur un socle ou soubassement d'un diametre, ce qui lui donne en total huit diametres de haut.

On nomme le chapiteau, la base & le socle, quand ils sont d'un autre émail que le fût.

De Lionne, d'azur, à une *colonne* Toscane d'argent, la base & le chapiteau d'or, au chef d'azur, chargé d'un lion léopardé d'or. (*Pl. IX. fig. 471.*)

COMBATTANS, f. m. pl. se dit de deux animaux, comme lions ou sangliers qui sont dans l'attitude de *combattans*, c'est-à-dire dressés sur les pieds de derriere & affrontés, ou les faces tournées l'un contre l'autre.

COMÉTE, f. f. représentation d'une *comète* céleste.

La *comète* paroît dans l'écu en forme d'étoile à huit rais, dont un inférieur s'étend en ondoyant, & se terminant en pointe, forme une espèce de queue, qui, pour être dans une proportion convenable, doit avoir trois fois la longueur des autres rais.

Ronvisy, à Douay, d'azur, à la *comète* d'or, ondoyante de la pointe. (*Pl. VII. fig. 378.*)

COMÉTÉ, ÉE, adj. on dit fasce *cométée*, pour dire qu'une fasce a un rayon ondoyant, tel que celui de la *comète* caudée. Le pal *comété* differe du pal flamboyant, en ce que le *comété* est mouvant du chef, & le flamboyant de la pointe en haut.

De Termes, d'azur, à trois pals *cométés* ou ondoyés d'argent, (*Pl. VII. fig. 381.*)

COMMANDERIE

COMMANDERIE, f. f. efpece de bénéfice deftiné pour récompenfer les fervices de quelque membre d'un ordre militaire.

Il y a des *commanderies* régulieres obtenues par l'ancienneté & par le mérite ; il y en a d'autres de grace accordées par la volonté du grand-maitre. *Voyez* COMMANDERIE (*Jurifprud.*)

Il y en a auffi pour les religieux des ordres de S. Bernard & de S. Antoine. Les rois de France ont converti plufieurs hôpitaux de lépreux en *commanderies* de l'ordre de S. Lazare.

Je ne compare point les *commanderies* avec les prieurés, parce que ces derniers fe peuvent réfigner, à moins que ce ne foient des prieurés de nomination royale ; mais de quelque nature que foit une *commanderie*, elle ne fauroit être réfignée. Ce font donc des biens affectés pour l'entretien du chevalier & pour le fervice de l'ordre.

Il y a dans l'ordre de Malte des *commanderies* de différentes efpeces ; les unes pour les chevaliers, les autres pour les chapelains, d'autres enfin pour les frères fervans.

Le nom de *commandeur* donné à ceux qui poffédent les bénéfices appellés *commanderies*, répond affez bien au nom de *præpofitus*, donné à ceux qui avoient infpection fur les moines des lieux éloignés du monaftère principal, & dont l'adminiftration étoit appellée *obedientia*, parce qu'elles dépendoient entièrement de l'abbé qui leur avoit donné la commiffion. Les *commanderies* fimples de Malte font de même plutôt des fermes de l'ordre que des bénéfices. Ils payent une rente ou tribut appellée *refponfion*, au tréfor commun de l'ordre. Dans l'ordre du S. Efprit, les prélats qui en font revêtus, font nommés *commandeurs de l'ordre du S. Efprit*, & les grands officiers font qualifiés de *commandeurs des ordres du roi*, comme les chevaliers font nommés fimplement *chevaliers des ordres du roi* : mais ce titre de *commandeur* n'emporte avec foi nul bénéfice. Henri III. avoit deffein d'affigner un titre de bénéfice ou *commanderie* à chaque chevalier ; mais les affaires dont il fut accablé après l'inftitution de cet ordre, & fa mort fatale arrivée en 1589, empêchérent la réuffite de ce deffein. Par provifion il affecta une fomme pour chaque chevalier ou commandeur, & aujourd'hui l'on taxe auffi à quelque fomme la plûpart des charges du royaume pour le même fujet, & ces fommes particulières fe portent chez les tréforiers du marc d'or, qui font les fonctions de tréforiers pour les ordres du roi. Il n'en eft pas de même dans les ordres militaires en Efpagne, où les commandeurs jouiffent réellement d'un revenu plus ou moins fort, attaché aux *commanderies* dont le roi en qualité de grand-maitre les a gratifiés.

Les *commanderies* des trois ordres d'Efpagne font des conquêtes que les chevaliers de ces ordres ont faites fur les infideles, & ces *commanderies* font différentes felon la nature & la valeur du terrein qui fut conquis par les chevaliers. (*G*)

COMPAS, f. m. meuble qui entre dans quelques écus.

Pelklain, d'argent, au *compas* de proportion de gueules, la tête en bas. (*Pl. X. fig. 559.*)

COMPONÉ, ÉE, adj. fe dit des pièces de deux émaux différens rangés par plufieurs pièces égales, quarrées & alternatives, à-peu-près comme une ligne d'échiquier.

Briçonnet, d'azur, à la bande *componée* d'or & de gueules de fix pièces, chargé fur le premier *compon* de gueules d'une étoile d'or & accompagné d'une autre étoile de même en chef.

Teutry, d'argent, à la barre *componée* de gueules & d'or, à fix pièces, accompagnée de trois étoiles de fable, deux en chef, & une en pointe.

Bailly d'Ozereaux, de gueules, à la croix *componée* d'or & d'azur, cantonnée de quatre buftes de femme d'argent. (*Voyez pl. III. fig. 147, 154, 166.*)

On appelle *compon*, comme on l'a vu dans le premier exemple chacune des parties égales, quarrées & alternatives qui forment le *componé*.

On dit *contre-componné* dans de certains cas, l'Encyclopédie en cite un feul exemple, fans l'accompagner de figure ; la bordure de fève, dit-elle, eft *contre-componée*, parce que l'écu étant fafcé d'or & de fable, & la bordure *componée* de même, les *compons* d'or répondent aux fafces de fable, & ceux de fable aux fafces d'or.

COMTES DE LYON, DE BRIOUDE, DE SAINT-PIERRE DE MÂCON, &c. ce font des chanoines décorés de ce titre ; parce qu'anciennement ils étoient feigneurs temporels des villes où leurs chapitres font fitués. Nos rois ont retiré la plûpart de ces feigneuries, & n'ont laiffé que le nom de *comtes* aux chapitres. Il n'y a plus en général que quelques prélats, comme les *comtes & pairs*, à qui il refte, avec le titre, des droits feigneuriaux, mais fubordonnés à ceux de la fouveraineté.

COMTES DE LYON (l'ordre des), inftitué par le roi en vertu des lettres-patentes de fa majefté données à Verfailles au mois de mars 1745, regiftrées au parlement le 7 avril fuivant.

La marque de cet ordre eft une croix à huit pointes, émaillée de blanc, bordée d'or ; quatre fleurs de lys d'or dans les angles aigus ; quatre couronnes de *comtes*, d'or, à neuf perles d'argent fur les angles obtus ; au centre eft l'image de faint Jean-Baptifte, pofée fur une terraffe de finople, avec cette legende, *Prima fedes Galliarum* ; au revers de la croix eft la repréfentation du martyr faint Etienne, avec la legende *Ecclefiæ comitum Lugduni. Voyez la pl. XXIII. figure 7.* (*G. D. L. T.*)

CONCOMBRE, f. m. meuble de l'écu repréfentant ce légume.

Favier du Boulay, de gueules, à trois *concombres* d'argent, les queues en haut. (*Pl. VIII. fig. 428.*)

§ **CONCORDE** (l'ordre de la), fut inftitué par Erneft, margrave de Brandebourg en 1660.

F

Les chevaliers ont une croix d'or à huit pointes pommetées & émaillées de blanc ; à chaque angle il y a deux C, entrelacés en fautoir ; au centre de cette croix eft une médaille d'or, émaillée, & deux rameaux d'olivier adoffés, dont les extrêmités fupérieures & inférieures paffent dans deux couronnes auffi d'olivier, avec ce mot à l'entour *concordant* ; une couronne électorale fur les deux pointes d'en haut, & un ruban orangé ; au revers de la croix eft le nom du margrave de Brandebourg, & la date de l'inftitution. *Voyez la pl. XXIV. fig.* 21. (G. D. L. T.)

CONTOURNÉ, ÉE, adj. La règle eft que les animaux repréfentés de profil dans le Blafon, ayent la tête tournée vers le côté droit de l'écu ; quand ils l'ont tournée vers le côté gauche, c'eft ce qui s'appelle *contourné*.

Les armes des anciens comtes de Charolois étoient de gueules, au lion d'or, la tête *contournée*. (*Voyez pl. V. fig.* 242.)

CONTOURNÉ, fe dit auffi du chevron, dont la pointe eft appuyée ou tournée au côté feneftre de l'écu.

Marfchalck, en Bavière ; de gueules, au chevron *contourné* d'argent. (*Pl. IV. fig.* 201.)

CONTRE-BANDÉ, ÉE, adj. *bandé*, comme nous l'avons dit, s'étend d'un écu, également divifé en deux également le fens de la *bande*.

CONTRE-BANDÉ fe dit d'un écu ainfi divifé, mais de plus taillé, de manière que les portions de *bandes* qui fe répondent foient d'émaux différens.

Horbler, *contre-bandé* d'or & de gueules. (*Pl. III. fig.* 144.)

CONTRE-BARRÉ eft précifément le contraire, parce que la *barre* eft le contraire de la *bande*, c'eft lorfque l'écu étant tranché, les portions de *barres* qui fe répondent font d'émaux différens. (*Voyez* BANDÉ & BARRÉ.)

CONTRE-BRETESSÉ, ÉE, adj. (*Voyez* BRETESSÉ.) Ce dernier mot fe dit des pièces honorables, qui ont des créneaux des deux côtés.

CONTRE-BRETESSÉ fe dit dans le même fens que *contre-bandé* & *contre-barré*, lorfque les bretteffes ou creneaux font oppofés. (*Pl. IX. fig.* 481.)

CONTRE-CHANGÉ, ÉE, adj. fe dit de l'écu, lorfque la couleur du champ & des pièces eft interrompue & variée par des lignes de partition.

Tel eft, dit-on dans l'Encyclopédie, l'écu du fameux Chaucer, poëte Anglois du quatorzième fiècle. Il portoit parti par pal, d'argent & de gueules, une bande *contre-changée*, c'eft-à-dire que la partie de la bande regnante fur la partie du champ qui eft d'argent, eft de gueules, & qu'elle eft d'argent fur la partie qui eft de gueules.

CONTRE-CHEVRONNÉ, ÉE, adj. nous avons dit. (*Voyez* CHEVRONNÉ) qu'un écu *chevronné* eft rempli de *chevrons* alternatifs de métal & de couleur en nombre égal ; lorfque des deux branches de chacun de ces chevrons, l'une eft de métal &

l'autre de couleur, c'eft ce qui s'appelle *contre-chevronné*.

CONTRE-COMPONÉ, ÉE, adj. (*Voyez* COMPONÉ) fe dit d'un écu dont le champ étant parti de deux émaux, la bordure l'eft auffi des mêmes émaux, mais de manière que fes *compons* ne tombent pas fur la couleur du champ femblable à la leur.

Séve, à Lyon & à Paris ; originaire du Piémont, fafcé d'or & de fable, à la bordure *contre-componée* de même. Cela veut dire que les *compons* d'or de la bordure répondent aux fafces de fable, & les *compons* de fable aux fafces d'or.

CONTRE-COSTÉ, ÉE, adj. l'Encyclopédie fur ce mot ne donne point de définition, & fe contente de citer pour exemple, vers la rivière de Gênes & à Lyon : coupé de gueules & de fable, au tronc *contre-cofté* d'or, péri en fafce fur le tout.

CONTRE-ÉCART, f. m. partition en quatre quartiers d'un quartier d'écu. C'eft moins le contraire de l'*écart* que fon extenfion ; c'eft la fubdivifion d'un écu déjà divifé en quatre quartiers, & dont on multiplie les écuffons pour joindre dans un même champ les armes de plufieurs familles, à raifon de mariages & d'alliances.

Selon la Colombière, le plus grand nombre de *contre-écarts* ufité en France, eft trente-deux ; mais il obferve qu'en Angleterre & en Allemagne ils vont quelquefois jufqu'à quarante : il en cite pour exemple l'écu du comte de Leicefter, ambaffadeur extraordinaire en France en 1639, qui avoit quarante *contre-écarts*, il ajoute même que quelques-uns en ont jufqu'à foixante-quatre.

Ce grand nombre de quartiers ne peut que caufer de la confufion, & tous les auteurs d'armoriaux en parlent comme d'un abus ; ils les renvoient aux cartes généalogiques, où ces quartiers fervent à conftater les alliances & les titres des familles.

On peut voir, *Planche XX.* le Pennon de 32 quartiers, & *Planche XXI.* la Généalogie de M. le Dauphin.

CONTRE-ÉCARTELÉ, ÉE, adj. on appelle écu *contre-écartelé*, celui qui eft *écartelé* de rechef dans un des quartiers de la première *écartelure*.

CONTRE-ÉCARTELER, verbe actif, c'eft divifer en quatre quartiers un des quartiers de l'écu déjà écartelé, en forte que l'écu ait feize quartiers.

CONTRE-ÉCHIQUETÉ, ÉE, adj. l'Encyclopédie ne définit point ce mot ; elle fe contente de citer pour exemple, mais fans figure, les armes de Die Tangel, en Thuringe, qu'elle Blafonne ainfi : fafcé d'argent & de gueules, à la bordure *contre-échiquetée* de gueules & d'argent de deux traits ; faut-il fous-entendre que le métal répond à la couleur, & la couleur au métal ?

CONTRE-EMANCHÉ, ÉE, adj. fe dit lorfque les *emanches* ou *emmanches* d'émail différent, au lieu d'entrer, les unes dans les autres, font oppofées par la pointe. (*Voyez* EMANCHE & EMANCHÉ.)

CONTRE-FASCÉ, ÉE, adj. se dit d'un écu parti dont les demi-fasces correspondantes sont d'un émail opposé. (*Voyez* FASCÉ.)

CONTRE-FLEURÉ, ÉE, adj. se dit d'un écu dont les fleurons sont alternés & opposés, en sorte que la couleur répond au métal, & le métal à la couleur.

Boßut, au pays de Liège ; d'or, au double Trescheur, *fleuré*, *contre-fleuré* de sinople au sautoir de gueules brochant sur le tout.

CONTRE-HERMINE, f. f. est le contraire de *l'hermine*, c'est-à-dire, un champ de sable moucheté d'argent, au lieu que *l'hermine* est un champ d'argent moucheté de sable. (*Voyez* HERMINE.) *Voyez aussi* pl. I. *fig. 19.*

CONTRE-ISSANT, TE, adj. se dit des animaux adossés, dont la tête & les pieds de devant sortent d'une des pièces de l'écu. (*Voyez* ISSANT.)

Becuti, au royaume de Naples ; d'azur au chevron d'or, à deux lions adossés & *contre-issans* des flancs du chevron de même.

CONTRE-PALÉ, ÉE, adj. (*Voyez* PAL & PALÉ) se dit de l'écu où les pals opposés l'un à l'autre & alternés ; en sorte que la couleur des pals opposés réponde au métal, & le métal à la couleur.

Joinville, *contre-palé* d'argent & de gueules de six pièces. (*Pl. III. fig. 115.*)

CONTRE-PASSANT, TE, adj. se dit de deux ou de plusieurs animaux, dont l'un ou les uns paroissent avancer & passer dans un sens opposé à l'autre ou aux autres.

Testu de Balincourt, d'or, à trois lions léopardés de sable, armés & lampassés de gueules, l'un sur l'autre, celui du milieu *contre-passant*. (*Pl. V. fig. 254. Voyez* PASSANT.)

CONTRE-POINTÉ, adj. se dit des chevrons placés les deux pointes l'une contre l'autre, l'un étant en bas la pointe en haut, l'autre en haut la pointe en bas, de sorte que les deux pointes se regardent.

Lorsque les chevrons sont couchés sur le côté dans le champ de l'écu, les deux pointes tournées l'une contre l'autre, c'est ce qu'on appelle *contre-pointé* en fasce. Ainsi dans les armes de la *Pl. IV. fig. 201.* où il y a un chevron couché & contourné ; il n'y a qu'à supposer le chevron plus petit & un autre chevron couché & opposé à celui-là par la pointe.

CONTREPOSÉ, ÉE, adj. se dit des pièces posées l'une sur l'autre de haut en bas d'un sens différent, comme de deux dards dont l'un a la pointe en haut & l'autre en bas.

Wolloviez, en Lithuanie, de gueules, à deux fers de dard triangulaires *contre-posés* en pal d'or.

CONTRE-POTENCÉ, ÉE, adj. se dit d'un écu chargé de plusieurs potences posées en différens sens, de manière que les unes aient la traverse en haut, & que les autres l'aient en bas.

Le Hardy, d'azur, au chevron d'or, *contre-potencé* de même, rempli de sable, au chef d'or, chargé d'un lion léopardé de gueules. (*Pl. IV, fig. 197. Voyez* POTENCE & POTENCÉ.)

CONTRE-RAMPANT, TE, adj. se dit des animaux qui rampent tournés l'un contre l'autre.

Merea, à Gênes ; d'azur, à deux griffons d'or, *contre-rampans* à un arbre de sinople. (*Voyez* RAMPANT.)

CONRE-SAILLANT, TE, adj. se dit de deux animaux qui semblent sauter en s'écartant l'un de l'autre directement en sens contraire. (*Voyez* SAILLANT.)

CONTRE-VAIR, f. m. Le *vair* ressemble aux cloches de verre dont se servent les jardiniers ; ses émaux propres sont l'argent & l'azur dont l'un est alternatif à l'autre, & la pointe d'une cloche opposée à la pointe de l'autre & la base à la base, de manière que le métal est opposé à la couleur & la couleur au métal. (*Pl. I. fig. 20.*)

Lorsqu'au contraire le métal est opposé au métal & la couleur à la couleur, c'est ce qui s'appelle *contre-vair*. (*Ibid. fig. 21.*) *Voyez* VAIR.

CONTRE-VAIRÉ, ÉE, adj. Quand le vair a d'autres émaux que l'argent & l'azur, par exemple, l'or & le gueules, il s'appelle *vairé* ; &, lorsque dans ces autres émaux, le métal est opposé au métal & la couleur à la couleur, comme dans le contre-vair, c'est ce qui s'appelle *contre-vairé*.

Brotin, *contre-vairé* d'or & d'azur.

COQ (l'ordre du). Claude Polier, gentilhomme Languedocien, délivra le dauphin d'un grand danger dans une bataille contre les Anglois, où Louis XI, comte de Toulouse, commandoit. En reconnoissance de ce service, le dauphin institua l'ordre qu'il appela *du coq*, oiseau que Polier avoit dans ses armes, & l'en fit premier chevalier. On place la date de cette institution sous le règne de Philippe le Hardi. (*Article resté.*)

COQ, f. m. meuble qui entre dans plusieurs écus. On dit de cet oiseau, *crété, becqué, barbé, membré*, lorsque sa crête, son bec, sa barbe, ses jambes sont d'un autre émail que son corps.

On appelle *coq chantant*, celui qui a le bec ouvert & qui semble chanter.

Le *coq* est le symbole de la vigilance, & le chancelier Boucherat qui portoit un *coq* dans ses armes, avoit pour devise : *Sol reperit vigilem.*

Les Gaulois avoient un *coq* dans leurs enseignes & drapeaux.

Lattaignant, d'azur, à trois *coqs* d'or. (*Pl. VI. fig. 312.*)

Rouxel de Medavy, de Grancey en Normandie ; d'argent, à trois *coqs* de gueules, crêtés, becqués, barbés & membrés d'or.

Vogué de Montlaur, d'Aubenas, de Gourdan en Vivarais ; d'azur, au *coq* d'or, chantant, crêté, barbé & membré de gueules, avec cette devise :

Solâ vel voce leones Terreo.

COQUERELLES, f. f. pl. représentation de noisettes dans leurs gousses, jointes ensemble au nombre de trois, telles qu'on les trouve souvent sur les noisettiers ; elles sont le plus souvent de sinople.

F 2

Le mot *coquerelles* vient, dit-on, du vieux mot gaulois *coquerées*, qui a signifié des *noisettes toutes vertes*.

Noiset, sieur de Bara, d'argent, à la croix de gueules, chargée d'une épée d'argent garnie d'or, la pointe en haut, cantonnée de quatre *coquerelles* de sinople, au chef d'azur, chargé d'un soleil d'or. (*Pl. VIII. fig. 427.*)

COQUILLE, f. f. meuble qui entre souvent dans l'écu, & qui accompagne quelquefois les pièces honorables ou qui les charge.

On nomme *coquilles de saint Jacques* les plus grandes, & *coquilles de faint Michel* les plus petites.

Les moyennes, qui font le plus en usage, sont nommées simplement *coquilles*.

Les *coquilles* peuvent, si l'on veut, désigner les pèlerinages & les voyages maritimes.

Feydeau, d'azur, au chevron d'or, accompagné de trois *coquilles* de même. (*Pl. VII. fig. 351.*)

COR DE CHASSE, f. m. meuble de l'écu.

Nesmond, d'or, à trois *cors de chasse* de sable, liés & virolés de gueules. (*Pl. X. fig. 534.*)

Les *cors de chasse* paroissent ordinairement dans l'écu, courbés en demi-cercle, le bocal à droite, le pavillon à gauche.

On dit *enguiché* du bocal ou embouchure, *virolé* de l'extrémité opposée, & *lié* de l'attache, lorsque ces parties sont d'un autre émail que le *cor de chasse*.

Un *cor de chasse* sans attache se nomme *huchet*.

Dieu préserve, en chassant tout honnête personne ,
D'un donneur de *huchet* , qui mal-à-propos sonne.

CORBEAU , f. m. meuble de l'écu.

De la Broüe, d'or, à trois *corbeaux* de sable.

Machault , d'argent, à trois têtes de *corbeaux* de sable, arrachées de gueules. (*Pl. VI. fig. 318--9.*)

CORBEILLE, f. f. meuble de quelques écus.

Corbigny , d'azur, à trois *corbeilles* ou paniers d'or, posés 2 & 1. (*Pl. XI. fig. 565.*)

CORDÉ , ÉE , adj. se dit d'une croix ou formée ou entortillée de cordes. Ce mot se dit aussi des instrumens de musique à cordes, luths , harpes, violons, &c. aussi bien que des arcs à tirer , lorsque les cordes ou de ces instrumens ou de ces arcs font de différent émail.

Arpajon, en Rouergue ; d'azur, à une harpe *cordée* d'or.

CORDELIÈRE, f. f. espèce de cordon plein de nœuds entrelacés de lacs d'amour, que les veuves portent autour de leur écu.

Les *cordeliéres* font rarement des meubles de l'écu. Il y en a cependant un exemple dans les armes de la maison de Roquefeuil ; elle porte écartelé de gueules, & de gueules par deux filets d'or en croix, à douze *cordeliéres* de même, trois dans chaque quartier d'écartelure.

Suivant la tradition, l'origine de ces armes vient de ce que la maison de Roquefeuil étant prête à s'éteindre par les pertes qu'elle avoit faites à la guerre , un seul mâle qui restoit de cette maison & qui étoit cordelier, obtint de la cour de Rome d'être relevé de ses vœux. Le pape ne put refuser cette grace à l'ancienneté de la maison qu'il s'agissoit de perpétuer , à ses services, au desir qu'on avoit de la conserver. Ce religieux, devenu le chef & l'unique espérance de la maison de Roquefeuil, voulut, en perpétuant cette maison , y perpétuer aussi le souvenir de l'état où il avoit embrassé ; il prit pour armes des *cordeliéres*.

CORDON , f. m. marque de chevalerie. Chaque ordre a le sien : c'est un ruban plus ou moins large , de telle ou telle couleur, travaillé de telle ou telle façon, que les membres de l'ordre portent, ainsi qu'il leur est enjoint par les statuts.

CORDON BLEU , (*Voyez* à l'article ESPRIT , ORDRE DU S. ESPRIT.)

CORDON JAUNE , (ordre du) compagnie de chevaliers instituée par le duc de Nevers sous Henri IV. La réception s'en faisoit dans l'église, où tous les chevaliers catholiques ou protestans s'assembloient au son de la cloche. On disoit la messe ; les chevaliers s'approchoient de l'autel ; on haranguoit celui qui demandoit le *cordon* ; on lui lisoit les statuts. Le prêtre prenoit le livre des évangiles, le chevalier sans épée mettant un genou en terre & la main sur le livre , juroit d'observer les statuts. Le général lui ceignoit l'épée , lui passoit le *cordon* sur le col, & l'embrassoit. Le duc de Nevers en étoit général. Un des articles des statuts enjoignoit aux chevaliers de savoir le jeu de la Mourre ; il y en avoit de plus ridicules. Henri IV abolit cet ordre en 1606.

CORDON ROUGE. (*Voy.* ORDRE DE S. LOUIS.)

CORNES DE CERF , meubles de l'écu.

Passart, d'azur , à trois *cornes de cerf* d'or, rangées en fasce. (*Pl. V. fig. 267.*)

CORNIÈRE , f. f. signifie en Blason une *anse de pot*. Ce mot vient des cornes ou anses qu'on mettoit anciennement aux angles des autels , des tables , des coffres & autres choses portatives, mais pesantes , pour pouvoir les porter plus aisément.

Labenschker, en Silésie , d'azur , à une *corniére* d'argent. (*Pl. XII. fig. 632.*)

* COSME , (chevaliers de l'ordre de saint *Cosme* & de saint Damien.) Ils n'ont point existé réellement , selon quelques-uns , selon d'autres circonstanciel tellement leur institution, qu'il est difficile d'en douter. Ils commencèrent, dit-on , en 1030. C'étoient des hospitaliers qui recevoient à Jérusalem & dans d'autres lieux de la Palestine , tous les chrétiens qui tomboient malades en suivant la croisade ; ils les rachetoient aussi quand ils étoient pris. Ils suivoient la règle de saint Basile. Jean XX leur donna pour marque de dignité , sur un manteau blanc une croix rouge , au milieu de laquelle un cercle renfermoit les images de *saint Cosme* & de saint Damien.

COSSE DE GENESTE , (l'ordre de la) fut institué par le roi saint Louis , en 1234, lors de son mariage avec Marguerite , fille aînée de Raimond II , comte de Provence.

L'ordre se soutint jusqu'à la fin du règne de Charles VI ; ce prince mourut à Paris le 20 octobre 1422,

Le collier étoit composé de losanges & de *cosses de genesle* alternativement sur une chaîne, une fleur de lis au centre de chaque losange; au bas pendoit une croix fleurdelisée.

La devise étoit, *exaltat humiles*. (*G. D. L. T.*)

COSTE ou COTE, s. f. Des *costes* ou d'hommes ou d'animaux sont quelquefois employées comme meubles dans le Blason.

Tellés, écartelé au premier & quatrième, d'azur, à six *côtes* d'hommes en bandes & en barres en forme de trois chevrons d'argent l'un sur l'autre; au deuxième & troisième, d'argent, au grillon de sable. (*Pl. IX. fig.* 452.)

COTICE, s. f. bande diminuée, qui n'a, selon les uns, que les deux tiers, selon les autres, que la moitié de la largeur de la bande.

Il ne peut, selon quelques auteurs, y avoir plus de trois bandes dans un écu; il peut y avoir jusqu'à cinq *cotices*; il peut aussi n'y en avoir qu'une.

La *cotice* se pose naturellement dans le sens de la bande, tirant de l'angle droit du haut à l'angle gauche du bas; mais elle se met aussi en barre, c'est-à-dire tirant de l'angle gauche du haut à l'angle droit du bas, & alors on l'appelle ou on peut l'appeler *contre-cotice*. Le filet de bâtardise est une petite *cotice* en barre ou *contre-cotice*.

Quand la *cotice* tient lieu de brisure, on la nomme *bâton*.

Soulire, d'azur, à cinq *cotices* d'or. (*Pl. III. fig.* 145. *Voyez* aussi *la planche XXXI. fig.* 33--4--5.)

COTICÉ, ée, adj. se dit de l'écu, lorsqu'il est également rempli de dix bandes ou cotices alternées de métal & de couleur.

La Noüe, *coticé* de dix pièces d'argent & de sable. (*Pl. III. fig.* 146. *Voyez* aussi *la planche XXXII. fig.* 38.)

COTTE D'ARMES, s. f. habillement des anciens chevaliers tant à la guerre que dans les tournois; c'étoit un petit manteau descendant jusqu'à la ceinture, ouvert par les côtés avec des manches courtes: il y en avoit de fourrés d'hermine & de vair; on mettoit dessus les armoiries du chevalier en broderie d'or ou d'argent, sur un fond de couleur. Les armoiries se mettoient pareillement sur les boucliers, sur les lances & autres armures: vers le même temps on les a émaillées. C'est de-là, dit-on, que les hérauts d'armes ont tiré la règle de Blason, de ne point mettre métal sur métal ni couleur sur couleur; c'est de-là aussi qu'ils ont donné le nom d'*émaux* aux métaux & aux couleurs.

L'usage de la *cotte d'armes* n'est resté qu'aux hérauts d'armes; mais on a fait quelquefois de la *cotte d'armes* un meuble de l'écu.

Auberjon de Murinais, en Dauphiné; porte d'or, à la bande d'azur, chargée de trois *cottes d'armes* dans le sens de la bande.

COUARD, adj. pris substantivement dans le Blason, se dit d'un lion qui porte sa queue retroussée en dessous entre les jambes.

COUCHÉ, ée, adj. se dit du lion, du cerf, du chien, &c. de tous les animaux qui sont dans cette attitude.

Caminga, dans la Frise; au cerf *couché* de gueules, accompagné de trois peignes.

COUCHÉ se dit aussi du chevron qui a sa pointe appuyée au côté dextre de l'écu; c'est le contraire de contourné.

Doublet, d'or, au chevron *couché* d'azur.

COULEUR, s. f. un des trois émaux du Blason. Cet art emploie les métaux, les *couleurs* & les fourrures. Il y a cinq *couleurs* en armoiries; le bleu qu'on nomme *azur*; le rouge, *de gueules*; le noir, *sable*; le verd, *sinople*; le violet, *pourpre*.

L'azur se représente en gravure par des lignes horizontales.

Le gueules, par des lignes perpendiculaires.

Le sable, par des lignes horizontales & perpendiculaires, croisées les unes sur les autres.

Le sinople, par des lignes diagonales de droite à gauche.

Le pourpre, par des lignes diagonales de gauche à droite. (*Voyez* planche I. *fig.* 13--4--5--6--7.)

COULEUVRE, s. f. meuble de l'écu représentant cet animal.

Colbert, d'or, à la *couleuvre* d'azur, posée en pal. (*Pl. VII. fig.* 353.)

Les *couleuvres* sont quelquefois nommées *bisses*, & quelquefois *givre* ou *guivre*. (*Voyez* BISSE, & les *fig.* 354-5. *pl. VII.*)

COULISSE, s. f. *Coulisse* & herse signifient à peu près la même chose, quoiqu'il y ait quelque légère différence dans leurs formes.

Vieille-Maison, d'azur, à la *coulisse* d'or. (*Pl. V. fig.* 225. *Voyez* aussi la *figure suivante* 226.)

COULISSÉ, ée, adj. se dit d'un château & d'une tour qui ont une herse ou une coulisse à la porte.

Vieux-Châtel, de gueules, au château à trois tours d'argent, *coulissé* de sable.

COUPÉ, s. f. meuble ou pièce de l'écu.

Godet, de gueules, à trois *coupes* d'argent. (*Pl. IX. fig.* 483.)

COUPÉ, s. m. l'une des quatre partitions de l'écu. Elle se forme d'une seule ligne horizontale, qui divise l'écu en deux parties égales, l'une supérieure, l'autre inférieure. (*Pl. I. fig.* 26.)

Soleur, *coupé* d'argent & de gueules.

COUPÉ, ée, adj. se dit des différens membres des animaux, comme la tête, la cuisse, les pattes, &c. qui sont *coupés* net & séparés du tronc; au lieu qu'on les appelle *arrachés*, lorsqu'il sont divers lambeaux & filamens sanglans ou non sanglans, qui annoncent qu'ils ont été arrachés avec force.

Aubert de la Ferrière, en Bourgogne; d'or, à trois têtes de chiens braques de sable, *coupées*.

COUPÉ se dit encore quelquefois des pièces honorables de l'écu, bandes, barres, chevrons, croix, pal, &c. qui ne touchent point les bords de l'écu, & qui semblent en avoir été séparées.

COUPLE, f. f. meuble de l'écu qui repréfente un petit bâton, avec des liens un peu ondés à chaque bout, dont on fe fert pour coupler les chiens de chaffe.

On n'exprime les liens en blafonnant, que lorf-qu'ils font d'un autre émail que la couple.

Beaupoil de Saint-Aulaire, de Lanmary en Bretagne; de gueules, à trois couples de chiens de chaffe d'argent, pofées en pal 2 & 1, les liens d'azur, tournés en fafce à dextre. (Pl. X. fig. 511.)

COUPLÉ, ÉE, adj. fe dit des levriers & autres chiens de chaffe, qui paroiffent dans l'écu, attachés deux à deux.

COUPLÉ fe dit auffi des fruits & des fleurs, même d'efpèce différente, lorfqu'ils font attachés ou liés enfemble deux à deux.

Philippe de Billy, à Paris; d'argent, au chevron de gueules, accompagné de trois glands & de trois olives, tigés de finople, un gland & une olive paf-fés en fautoir, couplés & liés de gueules, les liens ondés & étendus en fafce.

COURANT, TE, adj. fe dit de tout animal qui court. Dans les armes de Nicolaï, Pl. VI. fig. 283, le levrier eft courant.

COURBÉ, ÉE, adj. C'eft la fituation naturelle des dauphins & des bars ou barbeaux employés pour meubles dans l'écu. (Voyez planche VI. fig. 335. les armes du Dauphiné, & planche VII. fig. 337. celles de Mancini.)

COURONNE, f. f. La couronne s'employe dans le Blafon de deux manières.

Ou comme meuble de l'écu.

Bazin de Bezons, d'azur, à trois couronnes ducales d'or.

De Meaux, d'argent, à cinq couronnes d'épines de fable, pofées 2, 2 & 1. (Voyez pl. X. fig. 535-536.)

Ou comme ornement extérieur de l'écu & marque de dignité; alors la couronne diffère felon la dignité.

La couronne du roi eft un cercle de huit fleurs de lis, fermé d'autant de quarts de cercle, qui foutiennent une double fleur de lis, cimier de France. (Pl. XV. fig. 2.)

La couronne du dauphin eft auffi un cercle de huit fleurs de lis, mais fur lequel fe trouvent, au lieu de huit quarts de cercle, quatre dauphins, dont les queues foutiennent la double fleur de lis du cimier.

Les dauphins de France ne portent leur couronne ainfi fermée par des dauphins que depuis l'année 1662, que le roi l'ordonna ainfi : auparavant ils la portoient ouverte.

Les enfans de France & les princes du fang portent la même couronne que le roi & le dauphin, c'eft-à-dire un cercle de huit fleurs de lis, excepté qu'elle eft toute ouverte. (Voyez pl. XVII. fig. 3. les armes d'Orléans, & planche XVIII. fig. 1. celles de Condé.)

La couronne ducale eft un cercle à huit grands fleurons refendus. Plufieurs maifons y joignent un bonnet de gueules, terminé par une perle, foit comme titre de principauté, foit comme monument de la prétention de defcendre de maifons fouveraines. (Voyez planche XVII. fig. 6, les armes du duc d'Uzès, premier pair héréditaire de France.)

La couronne de marquis eft de quatre fleurons & de trois perles entre chaque fleuron. (Voyez pl. XVIII. fig. 8, 9, 10 & 11, les armes du marquis de Flamarens, du marquis de la Suze, du marquis de Sourches, du marquis de Croiffy, & pl. XIX. fig. 8, celles du marquis de Puyfieulx.)

La couronne de comte eft un cercle furmonté de feize groffes perles. (Pl. XIX. fig. 9.)

La couronne de vicomte, un cercle avec quatre groffes perles. (Ibid. fig. 12.)

Celle de baron, un cercle autour duquel fe trouvent, à égales diftances, des petites perles, trois à trois, en bande ou en barre. (Ibid. fig. 10.)

De vidame, cercle furmonté de quatre croix pattées. (Ibid. fig. 11.)

Au refte, il y a beaucoup d'arbitraire & de variations dans l'ufage des couronnes, foit pour la forme des fleurons, foit pour le nombre des perles, & il n'y a guères que la couronne ducale que l'on n'ofe pas ufurper.

Quant aux couronnes des princes étrangers.

La couronne du pape eft nommée tiare : c'eft une efpèce de mitre environnée de trois couronnes à fleurons l'une fur l'autre; fur la troifième fe trouve un globe terminé par une croix; au bas de la tiare, il y a deux pendans ou fanons frangés & femés de croifettes d'or. (Voyez pl. XIII. fig. 1.)

Boniface VIII, mort en 1303, eft le premier pape qui ait porté trois couronnes fur fa tiare.

Comme on n'eft pas d'accord fur rien parce qu'on ne fait rien, des auteurs, du nombre défquels eft l'abbé de Choify, difent que Boniface VIII n'ajouta que la feconde couronne, à l'occafion de fes démélés avec Philippe le Bel, & pour montrer la réunion des deux pouvoirs dans fa perfonne; & que le pape Jean XXII ajouta la troifième, à l'occafion de fes démélés avec l'empereur Louis de Bavière. D'autres nomment Benoît XII, au lieu de Jean XXII.

La couronne de l'empereur eft un bonnet en forme de tiare, avec un demi-cercle qui porte un globe ceintré & fommé d'une croix; ce bonnet eft entr'ouvert fur les côtés. Il y a en bas deux pendans ou fanons. (Pl. XV. fig. 1.)

La couronne du roi d'Efpagne eft un cercle furmonté de huit fleurons, fermé d'autant de quarts de cercle qui foutiennent un petit globe terminé par une croix. (Ibid. fig. 3.)

Obfervons, à cet égard, qu'on a long-temps regardé la couronne fermée comme la marque de l'empire; on a dit que, parmi les rois de France, Charles VIII avoit été le premier qui eût pris la couronne fermée, & qu'il l'avoit prife en même temps que le titre d'empereur d'Orient : mais on a des écus d'or & d'autres monnoies de Louis XII, fucceffeur de Charles VIII, & la couronne n'y eft pas fermée. D'autres croyent qu'on peut rapporter cet ufage à François I, qui, pour ne céder en rien à Charles-Quint fon rival, auquel il avoit difputé la couronne impériale, & à Henri VIII, roi d'Angleterre, qui, peut-être par la même raifon, portoit la *couronne* fermée, introduifit l'ufage de fermer la *couronne* royale de France.

Philippe II eft le premier roi d'Efpagne qui ait porté la *couronne* fermée ; ce fut à titre de fils d'empereur.

La *couronne* du roi d'Angleterre a fur fon cercle quatre croix pattées, & quatre fleurs de lis alternativement ; derrière ces croix naiffent quatre quarts de cercle, qui foutiennent un petit globe furmonté d'une croix. (*Ibid. fig.* 10.)

Les *couronnes* des autres rois de l'Europe font affez femblables à celle du roi d'Efpagne. (*Voyez la même planche.*)

La *couronne* du duc de Florence ou grand-duc de Tofcane eft un cercle fur lequel fe trouve à chaque face une fleur de lis épanouie ; leurs intervalles font remplis par des rayons aigus. (*Pl. XVI. fig.* 1.)

La *couronne* des archiducs eft un cercle à huit fleurons autour d'un bonnet d'écarlate, fermé d'un feul demi-cercle garni de perles, & fommé d'un petit globe furmonté d'une croix. (*Ibid. fig.* 3.)

La *couronne* des électeurs de l'empire eft une efpèce de bonnet d'écarlate, rebraffé & retrouffé d'hermine, fermé & diadémé d'un demi-cercle d'or, couvert de perles, furmonté d'un globe terminé par une croix. On dit que le globe & la *couronne* fermée font relatifs au droit d'élire l'empereur. (*Ibid. fig.* 4 & 5.)

Les républiques de Venife & de Gênes ont auffi des *couronnes* fermées, à caufe de leurs prétentions fur les royaumes de Chypre & de Corfe, car aujourd'hui toutes les *couronnes* royales font fermées.

Le doge de Venife porte fur fes armes & dans les cérémonies un bonnet ducal d'étoffe d'or, avec quelques rangs de perles, que l'on nomme *le corne* ; nom qui rappelle que, fuivant quelques étymologiftes, *couronne* vient de *corne*. (*Ibid. fig.* 6.) On peut voir dans la même *planche XVI*, les armes de quelques fouverains d'Afie, du fultan des Turcs, du roi de Perfe, de l'empereur de la Chine, de l'empereur du Japon.

Selon le P. Ménestrier, dans fon *Origine des ornemens des armoiries*, ce fut fous le règne de Charles VII qu'on commença en France à mettre une *couronne* fur les fleurs de lis des monnoies, & de-là fur les armes peintes ; puis, par imitation, les ducs, les marquis, les comtes, les fimples gentilshommes n'ont pas tardé à en charger & orner leurs armoiries.

Les anciens, fur-tout les Romains, avoient différentes efpèces de *couronnes* pour récompenfer la valeur & la vertu ; on en peut voir quatre principales dans le dernier tableau de la *planche XIV*. favoir, 1°. la *couronne* navale, prix d'une victoire remportée fur mer. C'eft un cercle d'or, orné de proues & de pouppes de navire.

Cui belli infigne decorum
Tempora navali fulgent roftrata coronâ.

2°. La *couronne* vallaire, dont le cercle d'or, relevé de pals, repréfente une paliffade ; c'étoit la récompenfe de celui qui fautoit le premier dans le camp ennemi, ou qui franchiffoit & forçoit le premier leurs retranchemens. On l'appelle auffi *couronne caftrenfe* ou *paliffée*.

3°. La *couronne* murale, cercle d'or, furmonté de créneaux de muraille, ou d'efpèces de tours crénelées ; on la donnoit à celui qui le premier avoit monté à l'affaut, & avoit fauté dans la place.

4°. La *couronne* civique, la plus glorieufe de toutes, étoit de chêne ; & c'étoit le prix d'avoir fauvé la vie à un citoyen romain.

COURONNÉ, ÉE, adj. fe dit des animaux, lions, aigles, &c. qui ont une couronne fur la tête. Cette couronne eft ordinairement à pointes, à la manière des couronnes antiques. (*Voyez pl. V. fig.* 241. le lion *couronné* des armes de Luxembourg, & *fig.* 262. *ibid.* le griffon *couronné* des armes de Doujat.)

COURTI, f. m. tête de More avec un collier d'argent.

COURTINES, f. f. pl. Les *courtines* font la partie du pavillon royal qui forme le manteau, comme le comble fert de chapeau. (*Voyez* le pavillon de France, *planche XV. fig.* 2.)

COUSU, UE, adj. fe dit d'un chef de métal fur un champ de métal, ou d'un chef de couleur fur un champ de couleur.

Les chefs *coufus* de couleur fur couleur font affez fréquens ; ceux de métal fur métal font plus rares.

La règle étant de ne point mettre métal fur métal ni couleur fur couleur, on fe fert du terme *coufu*, parce qu'on feint qu'on a rogné l'écu dans fa partie fupérieure, & qu'on y a *coufu* un chef. (*Voyez pl. II. fig.* 107. les armes de Schulemberg, & *pl. V. fig.* 249. les armes de Servien. *Voyez* CHEF COUSU.)

COUTEAU, f. m. meuble d'écu. (*Voyez pl. XI. fig.* 577.)

COUVERT, TE, adj. fe dit d'un château ou d'une tour qui a un comble.

Leydet Fombefton, de gueules, à la tour *couverte* d'or.

CRABE ou SCORPION, f. m. meuble de l'écu repréfentant cet animal.

Tarteron, d'or, au *crabe* ou fcorpion de fable, au chef d'azur, chargé de trois étoiles d'argent. (*Pl. VII. fig.* 347.)

CRAMPON, f. m. morceau de fer dont on armoit les extrémités des échelles qu'on employoit à l'efcalade des villes ; quelques Allemands en ont orné leur écu fous la figure d'un Z pointu par les deux bouts.

Sortern, au Rhin ; de gueules, au *crampon* d'argent. (*Pl. XII. fig. 633.*)

CRAMPONÉ, ÉE, adj. se dit des croix & autres pièces dont les extrémités sont recourbées comme celles d'un fer *cramponé*, ou qui ont une demipotence.

CRANCELIN, s. m. portion de couronne à fleurons, posée en bande, qui s'étend de l'angle droit du haut de l'écu à l'angle gauche du bas.

Saxe moderne, fascé d'or & de sable de huit pièces, au *crancelin* de sinople, posé en bande. (*Pl. XI. fig. 612.*)

Le mot *crancelin* paroît dérivé de l'allemand *kreslin*, qui signifie une *couronne de fleurs*.

L'origine du *crancelin*, selon Albert Krants, vient de ce que l'empereur Frédéric barberousse, investissant en 1180 du duché de Saxe, Bernard, comte d'Anhalt, lui mit sur la tête un chapeau de rue dont il étoit couronné; en mémoire de quoi, Bernard qui portoit pour armes, fascé d'or & de sable, y ajouta le *crancelin* de sinople.

CRÉNEAU, s. m. les *créneaux* sont dans le Blason la même chose que dans l'architecture & dans les fortifications.

D'Azur, à la tour d'argent, senestrée d'un avantmur de même, chacun crénelé de trois *créneaux*. (*Pl. XII. fig. 628.*)

Ces armes que nous avons déja rapportées au mot *avant-mur*, sont attribuées dans l'Encyclopédie à une famille nommée *Longins*, & dans le Supplément, à une famille nommée. *Loriol de Digoine*, en Bourgogne & en Bresse.

CRÉNELÉ, ÉE, adj. se dit, comme dans l'exemple qu'on vient de voir, d'un château, d'une tour, qui a des créneaux, & on exprime le nombre des *créneaux*.

Il se dit aussi d'une fasce, d'une bande, de plusieurs autres pièces de l'écu, lorsqu'elles ont des créneaux dans leur partie supérieure.

De Murard, d'or, à la fasce *crénelé* & maçonnée d'azur, surmontée de trois têtes de corbeaux de sable. (*Pl. III. fig. 135.*)

Bartholi, tranché, *crénelé* de gueules & d'argent, à deux étoiles de l'une en l'autre. (*Pl. I. fig. 49.*)

Brunet, d'or, au levrier de gueules, colleté d'or, à la bordure *crénelée* de sable. (*Pl. IV. fig. 212.*)

Créneau vient, selon Ménage, de *crenellum*, diminutif de *crena*, qui signifie *fente* ; selon Fauchet, de *cran*, dans le sens d'une entaille ; selon Ducange, de *quarnellus*, d'où vient le vieux mot *carneaux*, puis *créneaux*, sorte de fenêtres carrées, d'où les soldats tirent sur l'ennemi.

Le créneau diffère de l'embrasure, en ce que celle-ci est une ouverture pour le canon, & que le créneau n'est que pour le fusil. On appelle aussi le créneau, *meurtrière*.

CRÉQUIER, s. m. arbre peut-être imaginaire. Le P. Ménestrier croit que c'est un cerisier sauvage, qui ayant été originairement mal représenté par des peintres & des graveurs mal habiles, a retenu

depuis, la même figure dans les armoiries. D'autres le prennent pour une sorte de prunier sauvage, qui croit en Picardie dans les haies, & qui porte un fruit qu'on appelle *crèque*.

La maison de Créquy porte d'or, au *créquier* de gueules, & ce *créquier* est représenté sous la forme d'un chandelier à six branches, & il paroît avoir au bout de chaque branche de petits fruits semblables à des câpres. (*Voyez pl. VIII. fig. 400.*)

CRÊTÉ, adj. se dit des coqs à cause de leur crête. *Voyez* COQ, & l'exemple des armes de Vogué. Il se dit en général de tous les oiseaux & poissons qui ont des crêtes.

CRI, s. m. *cri* de guerre. Le *cri* a du rapport avec la devise ; il se met, comme la devise, sur le timbre, & parmi les ornemens de l'écu, il en est cependant distingué, soit par la brièveté, soit par le défaut d'allusion. La devise de France est, *lilia non laborant neque nent*, par allusion à notre loi salique, & le *cri* de guerre des François est, *Montjoye S. Denis*. Le *cri* de guerre de la maison de Beaumanoir, *Beaumanoir, bois ton sang*, vient de ce qu'au fameux combat dit *des trente* en 1350, entre trente chevaliers Bretons & trente chevaliers Anglois, Beaumanoir, accablé de chaleur & de fatigue, & perdant beaucoup de sang par ses blessures, se plaignit d'une soif brûlante, & demanda si on ne pouvoit pas lui procurer un peu d'eau; le combat n'étoit pas entièrement achevé; les Anglois résistoient encore; un chevalier du parti françois cria : *Beaumanoir, bois ton sang.* Beaumanoir fit de ce mot son cri de guerre.

CROISADE, CROISADES, s. f. ce sont les *croisades* qui ont rendu fixe & héréditaire l'usage des armoiries, introduit peu de temps auparavant par les tournois, c'est tout ce que nous nous permettrons d'en dire ici, en réservant le reste de l'article pour l'Histoire moderne, où est sa place véritable. Quant au rapport des *croisades* avec les armoiries, *voyez* le mot BLASON.

CROISÉ, ÉE, adj. se dit du globe impérial, des bannières où il y a une croix, & de tous les meubles de l'écu où il y en a.

Gabriel, en Italie ; d'azur, à trois bezans d'argent, *croisés* de gueules, un croissant d'argent en abime, & une bordure endentée d'argent & de gueules.

CROISETTE, s. f. petite croix.

Boivin, d'azur, à trois *croisettes* d'or. (*Pl. IV. fig. 189.*)

Il y a des écus semés de *croisettes*, des fasces & autres pièces honorables qui en sont chargées ou accompagnées.

CROISSANT, est le nom d'un ordre militaire, institué par René d'Anjou, roi de Sicile, &c. En 1448, les chevaliers portoient sur le bras droit un *croissant* d'or émaillé, duquel pendoient autant de petits bâtons travaillés en forme de colonnes, que le chevalier s'étoit trouvé de fois en bataille ou autres occasions périlleuses.

Ce qui donna occasion à l'établissement de cet
ordre,

ordre, c'eſt que René avoit pris pour deviſe un *croiſſant*, ſur lequel étoit écrit le mot *los*, ce qui, en ſtyle de *rébus*, vouloit dire *los-en-croiſſant*, c'eſt-à-dire qu'*en avançant en vertus*, *on mérite des louanges*.

Les chevaliers portoient un manteau de velours cramoiſi, un mantelet de velours blanc, avec la doublure & la ſoutane de même. L'ordre étoit compoſé de cinquante chevaliers, y compris le ſénateur ou préſident, c'eſt-à-dire le chef, & nul n'y pouvoit être reçu ni porter le *croiſſant*, s'il n'étoit *duc, prince, marquis, comte, vicomte* ou *iſſu d'ancienne chevalerie, & gentilhomme de ſes quatre lignées, & que ſa perſonne fût ſans vilain cas de reproche.* D'anciens manuſcrits de la bibliothèque de ſaint Victor nous ont conſervé la formule du ſerment qu'ils prêtoient en vers de ce temps-là.

La meſſe ouïr, ou pour Dieu tout donner
Dire de Notre-Dame, ou manger droit le jour
Que pour le ſouverain, ou maître, ou ſa cour,
Armer ſes frères ou garder ſon honneur,
Fête & dimanche doit le *croiſſant* porter,
Obéir ſans contredit toujours au ſénateur.

Cet ordre étoit ſous la protection de ſaint Maurice, & s'aſſembloit dans l'égliſe de ſaint Maurice d'Angers. Favin, *théat. d'honn.* (G.)

Le nombre des chevaliers étoit fixé à cinquante. (*Voyez planche XXVI. fig. 65.*)

§ CROISSANT, en Turquie, (l'ordre du) fut inſtitué par Mahomet II, empereur des Turcs, qui en fut le grand-maître & premier chef; ce prince étoit ſur le trône Ottoman en 1481.

La marque de l'ordre eſt un collier en chaîne d'or, où eſt attaché un *croiſſant*, orné de pierreries. (*Planche XXVII, fig. 88. G. D. L. T.*)

CROISSANT, ſ. m. demi-lune.

Les Ottomans ou Turcs portent de ſinople, au *croiſſant* montant d'argent. (*Voyez pl. XVI. fig. 9.*)

Avant que les Turcs ſe fuſſent rendus maîtres de Conſtantinople, & de toute antiquité, la ville de Byſance avoit pris un *croiſſant* pour ſymbole, comme il paroît par les médailles des Byſantins, frappées en l'honneur d'Auguſte, de Trajan, de Julia Domna, de Caracalla.

La poſition ordinaire du *croiſſant* dans l'écu eſt d'être montant, c'eſt-à-dire d'avoir les pointes en haut, telle eſt ſa poſition dans les armes des Turcs.

On appelle *croiſſant verſé* ou *renverſé*, celui qui a les pointes en bas. (*Voyez* dans les armes de Périchon, *pl. VII. fig. 370.* le *croiſſant* d'en bas.)

CROISSANT TOURNÉ, celui dont les pointes ſont tournées vers la droite de l'écu.

CROISSANT CONTOURNÉ, celui dont les pointes ſont tournées vers la gauche.

CROISSANS AFFRONTÉS, ceux dont les pointes ſe regardent, comme les deux *croiſſans* du chef des armes de Lunati. (*Pl. VII. fig. 373.*)

CROISSANS ADOSSÉS, ceux qui en effet ſe tournent le dos, comme les deux *croiſſans* du chef des armes de Périchon. (*Ibid. fig. 370.*)

On appelle *croiſſans en cœur*, trois *croiſſans*, deux en chef & un en pointe, qui tous trois ſe tournent le dos. (*Voyez* les mêmes armes de Périchon.)

CROISSANTÉ, ÉE, adj. on dit d'une croix qu'elle eſt *croiſſantée*, lorſqu'elle a un croiſſant attaché à chacune de ſes extrémités.

CROIX, (ordre de la) ou CROISADE. Ordre de chevalerie compoſé ſeulement de dames, & inſtitué en 1668 par l'impératrice Eléonore de Gonzague, femme de l'empereur Léopold, en reconnoiſſance de ce qu'elle avoit recouvré une petite *croix* d'or, dans laquelle étoient renfermés deux morceaux du bois de la vraie *croix*. Cette croix d'or avoit échappé à l'embraſement d'une partie du palais impérial, & fut retrouvée dans les cendres. Le feu, dit-on, avoit brûlé la boîte où croix étoit renfermée, & fondu le cryſtal, ſans toucher au bois de la vraie *croix*. (G)

§ CROIX ÉTOILÉE, (l'ordre des dames de la) l'impératrice Marie-Théréſe-Walpurge-Amélie-Chriſtine d'Autriche a inſtitué cet ordre, le 18 juin 1757, à l'occaſion de la victoire de Choremitz.

La marque de l'ordre eſt une *croix* patée, émaillée de blanc, bordée d'or, au centre un écuſſon de gueules, chargé d'une faſce d'argent, entouré de la légende *fortitudo*, les lettres en ordre, & au revers un chiffre, compoſé des lettres *M T F*, doublées, entourées d'un émail verd. (*Voyez* la *pl. XXIV. fig. 29. G. D. L. T.*)

CROIX, ſ. f. ce mot n'a pas beſoin de définition : c'eſt une des pièces honorables de l'écu. Les auteurs héraldiques ne s'accordent pas plus ſur ſa largeur que ſur celle des autres pièces honorables. (On peut en voir les proportions, *planche XXVIII. fig. 5.*)

Quand la *croix* n'eſt ni chargée, ni cantonnée, elle ne doit occuper qu'environ un cinquième de l'écu : dans le cas contraire, elle peut en occuper environ le tiers.

C'eſt de toutes les pièces honorables celle dont il y a le plus de différentes eſpèces. Le P. Méneſtrier en compte quarante; la Colombière, ſoixante-douze. Upton dit qu'il n'oſe entreprendre de les détailler toutes, parce qu'elles ſont innombrables. Les croiſades paroiſſent avoir donné lieu à cette multiplication & à cette variété.

On dit que, dans ces expéditions, les François portoient une croix d'argent ; les Anglois, une croix d'or ; les Ecoſſois, une croix de ſaint André ; les Allemands, une croix de ſable ; les Italiens, une d'azur ; les Eſpagnols, une de gueules.

Les principales ſont les *croix* aléſées, ancrées, anilées, danchées, échiquetées, engrêlées, fleurdeliſées, frettées, gringolées, hautes, de Lorraine, patées, potencées, recroiſettées, de Toulouſe, treflées, vairées, vuidées.

On trouvera ces *croix* & quelques autres encore dans leur ordre alphabétique.

G.

Les petites *croix* se nomment *croisettes* ; elles sont souvent en nombre ; il y en a qui chargent ou accompagnent les pièces honorables & autres meubles de l'écu.

La *croix* sert aussi d'ornement extérieur à l'écu dans les armes des archevêques, qui portent derrière leur écu une *croix* treflée d'or posée en pal ; les primats & légats la portent à double traverse ; les simples évêques ne portent que la crosse & la mitre, & point de *croix*. (*Voyez* pl. *XIII*. *fig. 6*. *8. 11. 13. 14.*)

CROSSE, f. f. marque d'autorité pastorale & de jurisdiction ; c'est un bâton d'or ou d'argent, recourbé & fleuronné par le haut & dans la partie courbe. C'est un des ornemens extérieurs de l'écu d'un évêque, d'un abbé ou d'une abbesse.

Les évêques portent la mitre sur leurs armoiries, à droite, & la *crosse* à gauche, tournée en dehors. (*Voyez* pl. *XIII*. *fig. 11 & 13.*)

Les abbés & les abbesses portent leurs *crosses* tournées en dedans. (*Voyez* les premières *figures* de la *planche XIV*.) Cette position de la *crosse* fait voir que leur jurisdiction ne s'étend pas hors de leur cloître.

La *crosse* est quelquefois aussi un meuble de l'écu.

L'église de Laon, porte d'azur, semé de France, à la *crosse* d'argent posée en pal. (*Pl. IX*. *fig. 484*.)

CUIRASSE, f. f. s'employe comme meuble dans l'écu.

Harnisch, à Brisach ; de gueules, au corps de *cuirasse* d'argent, auquel sont joints les cuissards de même. (*Pl. X*. *fig. 507*.)

CYCLAMOR, f. m. espèce de bordure, que d'autres appellent *orle rond*.

Barbaro, de Venise ; porte d'argent, à un cercle ou *cyclamor* de gueules.

CYGNE, *voyez* CIGNE.

DAIM, f. m. animal affez femblable au cerf, mais plus petit.

Trudaine, d'or, à trois *daims* de fable. (*Pl. V. fig. 264.*)

On exprime ordinairement fi les *daims* font *paffans, rempans* ou *courans* : ceux de Trudaine font *paffans.*

DANCHÉ ou DENCHÉ, ÉE, adj. convient aux figures, telles que le chef, la fafce, la bande, la barre, &c. qui font taillées en dents de fcie fur l'un des bords.

Perfil, de fable, au chef *danché* d'or. (*Planche II. fig. 108.*) *Voye*z auffi les armes de Coffé-Briffac, (*Pl. XVIII. fig. 4*), & celles d'Aich, en Suabe; (*Pl. I. fig. 50.*)

DANEBROG ou DANENBURG, ordre de chevalerie en Danemark, inftitué le jour de la fête de S. Laurent en 1219 par Waldemar II, roi de Danemark, à l'occafion d'un drapeau qui tomba, dit-on, miraculeufement du ciel, dans une bataille que ce prince donnoit contre les Livoniens, & qui ranima le courage de fes troupes. Ce drapeau, fur lequel on voyoit une croix blanche, fut nommé en langue du pays, *Danebrog* ou *Danenburg*, c'eft-à-dire, *la force* ou *le fort des Danois.* On le portoit à la tête des troupes, comme autrefois l'oriflamme en France; mais ce drapeau ayant été perdu vers l'an 1500, & l'ordre de chevalerie qu'avoit inftitué Waldemar, s'étant infenfiblement éteint, Chriftian V, roi de Danemark, le renouvella à la naiffance de fon premier fils en 1671. Les chevaliers, dans les folemnités, outre l'habit de l'ordre, portent une chaîne compofée des lettres W & C, entrelacées l'une dans l'autre, dont la premiere défigne le nom de l'inftituteur, & la feconde celui du reftaurateur de cet ordre. La marque ordinaire qui les diftingue, eft une croix blanche émaillée & bordée de rouge, garnie d'onze diamans : ils la portent à un ruban blanc auffi bordé de rouge, paffé en baudrier de la droite à la gauche; & fur le côté droit du jufte-au-corps, les chevaliers portent une étoile à huit rayons brodée en argent, furmontée d'une croix d'argent bordée de rouge & de ces paroles, C. V. *reftitutor.* Quoiqu'on ait attention à la naiffance dans le choix des chevaliers, il fuffit d'avoir rendu des fervices importans au royaume pour être honoré de l'ordre de *Danebrog. Chambers.* (G)

DANS LE SENS DE LA BANDE, ou EN BANDE, mot qui s'entend affez par lui-même, quand on fait ce que c'eft qu'une *bande* dans le Blafon, fe dit des quintefeuilles, étoiles, croiffans, & autres meubles qui accôtent diagonalement les *bandes*, ou qui font placés en diagonale fur les *bandes* même, ou qui occupent la place de la *bande*, comme dans les deux exemples fuivans.

Morelli, fieur de Choify, d'azur, à une nuée d'argent *en bande*, laquelle eft traverfée de trois foudres d'or pofés *en barre.* (*Pl. VII. fig. 380.*)

Ebra, en Thuringe, d'azur, à une échelle à cinq échelons, pofée *en bande* d'argent. (*Planche XI. fig. 604.*)

DANS LE SENS DE LA BARRE ou EN BARRE, s'explique par l'article précédent, & s'applique en particulier aux lofanges, aux étoiles, & autres meubles qui accôtent une *barre* ou qui font pofés dans le même fens.

Verteuil, à Bordeaux; tiercé en *barre* d'argent, de gueules & d'azur, l'argent chargé de trois lofanges, & l'azur de trois étoiles d'argent; le tout, *dans le fens de la barre.*

DARD, DARDS, f. m. pièce de l'écu.

Grandin de Mancigny, en Normandie; d'azur, à trois *dards* d'argent. (*Pl. IX. fig. 499.*)

DAUPHIN, f. m. meuble d'armoiries; poiffon dont la tête eft fort groffe par rapport au refte du corps. Il paroit ordinairement, dans l'écu, de profil & courbé en demi-cercle, le mufeau & le bout de la queue tournés vers le côté droit de l'écu.

On dit du *Dauphin : allumé*, en parlant de fon œil; *lorré*, de fes nageoires; *peautré*, de fa queue, quand ces parties font d'un autre émail que fon corps.

Le *Dauphin pâmé*, eft celui qui a la gueule ouverte fans dents ni langue, & qui femble expirer. Il eft oppofé au *Dauphin vif* ; celui-ci a la gueule fermée, & affez ordinairement, l'œil, les dents, les barbes, crêtes & oreilles d'un émail différent. Lorfque les *Dauphins* ont la queue & la tête tournées vers la pointe de l'écu; on les appelle couchés. (*Voye*z les armes du Dauphiné, *pl. VI. fig. 335.*)

DEBOUT, fe dit des animaux qu'on repréfente droits & pofés fur les deux pieds de derriere.

DÉCOUPÉ, ÉE, adj. s'applique à divers meubles de l'écu, entr'autres à une croix dont les lignes extérieures font *découpées.* Elle differe de la croix *dentelée* & de la croix *édentée* ou *endentée*, en ce que le *dentelé* ou l'*édenté* eft régulier & que le *découpé* no l'eft pas.

DÉCOUPÉ, fe dit auffi pour *tronqué* & *coupé*, & s'applique à une branche d'arbre fciée & féparée du tronc, ou à une tige coupée & féparée de la racine.

Ronqueroles, de gueules *découpé* d'argent.

DÉCOUPLÉ, ÉE, adj. fynonyme de *partagé* ou *divifé.*

Un *chevron découplé* eft un chevron dont on a ôté la pointe & dont les deux branches ne tiennent plus ou prefque plus l'une à l'autre. *Voye*z le chevron brifé de Baugier. (*Pl. IV. fig. 204.*)

G 2

DÉFAIT, AITE, ou DÉCAPITÉ, ÉE, adj. terme dont fe fervent quelques auteurs pour défigner un animal dont la tête eft coupée net, & pour le diftinguer de celui dont la tête eft comme arrachée & comme frangée à l'endroit de la coupure.

DÉFENDU, DUE, adj. fe dit du fanglier dont la *défenfe* ou la dent eft d'un autre émail que fon corps.

DÉFENDUE, fe dit auffi de la hure feule du fanglier, dont la *défenfe* eft d'un émail différent.

De Saint Mauris, dans l'Ifle de France ; d'argent, à trois hures de fangliers, de fable, *défendues* de gueules.

DÉFENSE, f. f. meuble qui fe trouve fur quelques écuffons, & qui repréfente la dent du fanglier. Desfriches de Braffeufe, à Paris ; d'azur, à la bande d'argent, chargée de trois *défenfes* de fanglier de fable, & accompagnée de deux annelets du fecond émail ; une croifette de même enclofe dans chaque annelet.

DE L'UN A L'AUTRE, fe dit lorfque des pièces étendues de l'écu font pofées fur les partitions dans un écu parti de deux émaux, de manière que la pièce pofée fur la partition participe aux deux émaux en les croifant fur les émaux du fond. Ceci ne peut guère être entendu que par des exemples. (*Pl. I. fig. 37.*)

Graff, parti de fable & d'argent, à l'aigle éployée *de l'un à l'autre.*

L'aigle eft pofée fur la partition ; elle participe des deux émaux du fond, fable & argent, mais elle porte fa moitié de fable fur l'argent du fond & fa moitié d'argent fur le fable du fond.

Il en eft de même du lion de la figure fuivante: armes de Châtillon, parties d'argent & de gueules ; au lion *de l'un à l'autre*, & de la rencontre de buffle de la *figure* 40.

Armes de Zettritz, parties d'argent & de gueules, à une rencontre de buffle *de l'un à l'autre.*

DE L'UN EN L'AUTRE diffère de *de l'un à l'autre*, en ce que les pièces font plus petites, qu'elles font en nombre & qu'elles ne font pas pofées fur les partitions de l'écu, mais dans les divifions. Dans *de l'un à l'autre*, c'eft une feule pièce qui *s'étend de l'un à l'autre* en couvrant les deux émaux de l'écu & en les croifant ; dans *de l'un en l'autre*, ce font différentes pièces *tranfportées de l'un dans l'autre*, en croifant de même les émaux.

De Bouillon, tranché d'argent & d'azur, à fix tourteaux, & befans mis en orle *de l'un en l'autre.* (*Pl. I. fig.* 46.) Les trois befans d'argent font fur l'azur & les trois tourteaux d'azur fur l'argent du fond. (*Voyez* auffi les planches XLVIII. XLIX. L. LI. LII. LV. LVII.)

DE MÊME, fe dit pour éviter la répétition de l'émail qu'on vient de nommer ; ce qui eft fort recommandé dans le Blazon.

D'Aumont, d'argent, au chevron de gueules, accompagné de fept merlettes *de même*, quatre en chef deux deux, & trois en pointe, 1 & 2. (*Planche XII, fig.* 642.)

De Villeroi, d'azur, au chevron d'or, accompagné de trois croifettes ancrées *de même.*

DEMI-VOL, f. m. fe dit d'une aîle feule d'un oifeau, fans qu'il foit befoin de marquer l'efpèce d'oifeau ; il faut feulement que les bouts des plumes foient tournés vers le flanc gauche de l'écu.

Bevard, de gueules, au *demi-vol* d'argent. (*Planche VI. fig.* 332.)

DENCHÉ, *voyez* DANCHÉ.

DENTÉ, ÉE, adj. fe dit des dents des animaux qui font d'un autre émail que le corps.

DENTELÉ, ÉE, adj. s'applique aux croix, chevrons, fautoirs & autres pièces honorables de l'écu. Il diffère du danché en ce que les dents de fcie font fur les deux bords.

Plufieurs auteurs confondent *danché*, *endenté* & *dentelé*, & appellent *engrêlé* ce que nous venons d'appeler *dentelé*, c'eft-à-dire, les pièces qui ont des dents fur chaque bord. Ainfi, les armes de Perfil (*pl. II. fig.* 108.) feroient *danchées*, *endentées* & *dentelées* ; & les croix des *figures* 170--1--2, *planche IV.* feroient *engrêlées.* D'autres diftinguent ces quatre mots par la forme des dents plus ou moins ferrées, plus ou moins aigues : diftinction moins fenfible.

DÉPLOYÉ, ÉE, adj. défigne la pofition d'une aigle ou d'un autre oifeau, lorfqu'il eft tout droit, ayant les aîles étendues & développées. On dit plus, communément *éployée*, fur-tout de l'aigle. (*Voyez* ÉPLOYÉ.)

DÉPOUILLE, f. f. c'eft la peau & la couverture entière de l'animal, qui paroîtroit l'animal même fi on rempliffoit cette *dépouille* de bourre, de paille ou d'autres matières femblables.

DÉS, f. f. pl. *des dés*, meubles de quelques écus. Mathias, de gueules, à trois *dés* d'argent, marquant chacun fur le devant (*Pl. XI. fig.* 573.)

DÉS-ARMÉ, ÉE, adj. fe dit d'un aigle qui n'a point d'ongles.

DÉTRANCHÉ, ÉE, adj. fe dit de l'écu dans lequel eft une ligne en bande, qui ne part pas précifément de l'angle dextre, mais de quelque partie du bord fupérieur, ou qui part de quelque point du côté dextre.

On dit *tranché*, *détranché* & *retranché*, pour fignifier qu'il y a deux lignes diagonales, qui font des partitions dans l'écu, partant des angles, & une troifième partant de quelqu'autre point.

Voilà ce que dit l'Encyclopédie, fans expliquer cette définition par aucun exemple.

DÉVELOPPÉ, ÉE, adj. fynonyme de *déployé.*

DEVISE, f. f. les *devifes* pourroient être regardées comme étrangères à l'art héraldique, en ce qu'elles ne font comprifes ni parmi les meubles de l'écu, ni parmi fes ornemens extérieurs ordinaires, qu'elles ne font point effentiellement héréditaires & qu'elles font d'ufage hors des armoiries. Cependant elles deviennent un ornement affez naturel de l'écu lorfqu'elles expriment ou un droit ou une qualité de la perfonne qui prend la *devife*, ou lorf-

DÉV

qu'elles font une double allusion à la personne &
à ses armoiries.

Supposons, par exemple, que le fameux comte
de Dunois eût eu dans ses armes la comète qu'il
avoit prise pour *devise*, avec ces mots : *Visus nulli
impune* ; cette *devise* se seroit adaptée naturellement
& ingénieusement à l'art héraldique.

Une belle *devise* héraldique, est celle du croissant
des Ottomans, avec ces mots : *Donec totum impleat
orbem*. Et une plus belle encore, parce qu'elle est
la réponse à celle-là, est celle de l'ordre de Malte,
la croix entre les cornes du croissant, avec ces mots :
Ne totum impleat orbem.

On connoît la *devise* respectable de l'infortunée
maison de Stuart : *Dieu & mon droit.*

La *devise* héraldique se pose hors de l'écu &
parmi ses ornemens, sur une espèce de ruban qu'on
appelle *liston.*

DÉVORANT , ANTE, adj. se dit des poissons qui
ont la gueule ouverte comme pour avaler.

DEUX-UN, se dit de la disposition ordinaire de
trois pièces en armoiries, dont deux sont vers le
chef & une vers la pointe, comme les trois fleurs-
de-lys de France ; mais par la raison même que c'est
leur position ordinaire, ordinairement on ne l'exprime pas, on la suppose.

DEXTRE , adj. on dit en blasonnant le côté
dextre & le côté *senextre* ou *senestre* de l'écu, pour
le côté droit & le côté gauche, que nous avons
employés jusqu'à présent pour plus de clarté, &
que nous n'emploirons plus, à présent que les autres
sont expliqués.

DEXTROCHÈRE , s. m. bras droit peint dans
un écu, tantôt tout nud, tantôt habillé ou garni
d'un brasselet ou d'un sanon, quelquefois armé ou
tenant quelqu'autre meuble ou pièce d'armoiries.

Desmarets , d'azur, au *dextrochère* d'argent , tenant une plante de trois lys de même.

De Masol, coupé d'or & de gueules, l'or chargé
d'une aigle éployée de sable, membrée & languée
de gueules, le gueule chargé d'un *dextrochère* armé
d'or, tenant un marteau de même, & mouvant
d'une nuée d'argent. (*Pl. VIII. fig. 445. & 447.*)

Selon quelques auteurs, le *dextrochère* paroît toujours mouvant du flanc ou côté gauche de l'écu,
& ils donnent le nom de *senestrochère* à un bras
gauche qui seroit mouvant du côté droit de l'écu,
& dirigé vers le côté gauche, comme le bras droit
l'est vers le côté droit.

On met quelquefois le *dextrochère* en cimier.

DIADÈME , s. m. se voit souvent sur les têtes
de l'aigle éployée. On appelle aussi quelquefois
diadême un bandeau dont les têtes de mores sont
ceintes sur les écus, mais il s'appelle plus ordinairement *tortil*, & la tête *tortillée*. (*Voyez pl. VIII.
fig. 442.*)

Enfin *diadême* se dit des ceintres ou cercles d'or
qui servent à fermer les couronnes des souverains,
& à porter la fleur de lis double, ou le globe croisé

DIA 53

qui leur tient lieu de cimier. (*Voyez pl. XV. &
XVI.* les couronnes des souverains.)

DIADÉMÉ , ÉE, adj. se dit de l'aigle qui a sur
la tête un petit cercle rond.

DIAMANT , s. m. s'emploie quelquefois dans
l'écu.

Duret, d'azur, à trois *diamans* taillés en lozanges, d'argent, sertis d'or, & au cœur de l'écu, un
souci d'or feuillé de sinople.

Avice , en Poitou ; d'azur, à trois *diamans* taillés
en triangle posés sur leurs pointes, chaque triangle
à trois facettes. (*Pl. X. fig. 539. & 540.*)

DIAPRÉ , ÉE, adj. se dit de diverses broderies
figurées sur le champ de l'écu, ou sur une pièce honorable, telle que le pal, la bande, la croix, ou enfin
sur une des quatre partitions.

Selon Ducange, ce mot vient du latin *diasprum*,
qui étoit une pièce d'étoffe précieuse & en broderie,
dont le nom s'est étendu depuis dans le Blason aux
dessins brodés de toute espece.

Houdetot, d'argent, à la bande d'azur, *diaprée*
d'or, le cercle du milieu chargé d'un lion, & les
autres d'une aigle éployée d'or. (*Pl. XI. fig. 606.*)

DIFFAMÉ , ÉE adj. se dit d'un lion dont la queue
est coupée.

D'Avesnes, d'argent, au lion *diffamé* de sable.
(*Pl. V. fig. 244.*)

DIMINUTIONS ; c'est ce que les Anglois appellent *différence*, & les François plus communément *brisures*. (*Voyez* BRISURES.)

DIVISE , s. f. fasce qui ne doit avoir que la moitié, selon les uns, le quart, selon les autres, de sa
largeur ordinaire ; mais cette définition pourroit
faire confondre la *divise* avec la *burelle* si on n'ajoutoit que les burelles ont plus de largeur & qu'elles
se trouvent toujours en nombre. Le plus grand
usage de la *divise* est lorsqu'elle soutient un chef,
ou qu'un chef la surmonte.

Voyez CHEF SOUTENU & CHEF SURMONTÉ, &
voyez les armes de Puysieulx, *Pl. II. fig. 66.* de la
maison des Ursins & de la maison Cibo. *Pl. II.
fig. 110 & 111. Voyez* aussi la *Pl. XXXI. fig. 25.
& 26.*

DOLOIRE ou DOULOIR, s. f. meuble d'armoirie en forme d'une hache sans manche.

Ce mot vient du latin *dolabra*, qui signifioit un
couteau dont les anciens se servoient pour couper
& démembrer les victimes.

De Renty, en Artois ; d'argent à trois *doloires*
de gueules, les deux en chef adossés. (*Pl. X. fig.
557.*)

DONJONNÉ , ÉE, adj. se dit des châteaux & des
tours qui ont des tourelles.

De la Poterie, de gueules, au portail antique *donjonné* de trois *donjons*, deux lions affrontés, posés
sur les perrons, & appuyés contre le portail, le
tout d'argent, au chef de même, chargé de trois
étoiles d'azur.

Castellane, en Provence, de gueules, à la tour d'or, *donjonnée* de trois pièces de même. (*Pl IX. fig. 469. & 463.*)

DORÉS *ou* CHEVALIERS DORÉS, en latin *equites aurati*, chevaliers en Angleterre, & même dans les autres royaumes. On les a ainsi nommés, parce qu'on leur donne des éperons *dorés* pour marque de chevalerie. Autrefois on n'accordoit cette distinction qu'à des gens d'épée qui l'avoient méritée par leurs services militaires; mais depuis on l'a conférée aussi à des gens de robe, de même que dans les universités on accorde quelquefois certains degrés à des gens d'épée : toutefois entre les personnes de robe on ne confère cet honneur qu'à des avocats ou des médecins, & non à des théologiens. Chamberlaine, *état de l'Angleterre.* (G)

DORMANT, ANTE, adj. se dit d'un lion ou d'une autre bête dans l'attitude d'un animal qui dort.

DOUBLET, f. m. papillon, meuble d'écu.

Doublet de Persan, d'azur, à trois *doublets* ou papillons d'or, volans en bandé, 2 & 1. (*Pl. VI. fig. 327.*)

DRAGON RENVERSÉ, ordre de chevalerie, institué, selon plusieurs auteurs, par l'empereur Sigismond vers l'an 1418, après la célébration du concile de Constance, en mémoire de la condamnation des erreurs de Jean Hus & de Jérôme de Prague, à laquelle le prince contribua beaucoup par ses soins, son autorité, & son zèle. Cet ordre qui ne subsiste plus, a fleuri en Allemagne & en Italie. Les chevaliers portoient aux jours solemnels un manteau d'écarlate; & sur un mantelet de soie verte, ils avoient une double chaîne d'or, de laquelle pendoit un *dragon renversé*, aux ailes abattues, émaillées de diverses couleurs. Favin, *théâtre d'honn. & de chev. Chambers.* Ils portoient journellement une *croix de sinople fleurée* sur leur habit. (*Voyez pl. XXVII. fig. 67. G. D. L. T.*)

* L'abbé Justiniani a prouvé que cet ordre fut institué en 1397, long-temps avant le concile de Constance. *Lettres sur l'Encyclopédie.*

DRAGON, f. m. animal qui paroît dans l'écu avec la tête, la poitrine & les deux pattes de devant semblables à celles du griffon, (à l'exception de la langue qui est en pointe de dard ;) des ailes de chauve - souris, & le reste du corps terminé en queue de poisson tournée en volute, la pointe élevée. (*Voyez pl. VII. fig. 359. armes d'Ancezune.*)

Caritat de Condorcet, d'azur, au *dragon* volant, d'or, lampassé & armé de sable, à la bordure de même. (*Pl. VII. fig. 360.*)

DRAGONNÉ, ÉE, adj. un lion *dragoné* est celui dont la moitié supérieure est d'un lion, & dont l'autre se termine en queue de *dragon*. *Dragoné* se dit de tout autre animal qui est dans le même cas.

De Bretigny, en Bourgogne, d'or; au lion *dragoné* de gueules, armé, lampassé & couronné d'argent. (*Pl. V. fig. 252.*)

DU PREMIER EMAIL, *ou* DU CHAMP, se dit pour éviter la répétition d'*un émail* déjà nommé.

Des Ursins, d'argent, bandé de gueules, au chef *du premier émail* ou *du champ*, chargé d'une rose de gueules, pointée d'or, soutenue de même, chargé d'une givre ou guivre d'azur. (*Pl. II. fig. 110.*)

DU SECOND ÉMAIL & DU TROISIEME ÉMAIL, se disent de même pour éviter la répétition d'*un second & d'un troisième* émail déjà nommés, car c'est une règle dans le Blason d'éviter la répétition des mêmes émaux.

De Franquetot, duc de Coigny, de gueules, à la fasce d'or, chargée de trois étoiles d'azur, la fasce accompagnée de trois croissans *du second émail*, dix étendarts derrière l'écu, (comme colonel général des dragons,) cinq de chaque côté, sémés de France. (*Pl. XIX. fig. 2.*)

Vernon de Villerembert, en Languedoc; d'azur au chevron, accompagné en chef d'une étoile, le tout d'or; l'étoile accôtée de deux roses d'argent; sous le chevron deux roses *du troisième émail*, surmontées d'une étoile *du second*.

EBRANCHÉ, adj. fe dit d'un arbre dont on a coupé les *branches*.

Dorgello, en Weftphalie ; d'or, à deux troncs d'arbres *ebranchés*, arrachés & écotés de fable en deux pals.

ECAILLÉ, adj. fe dit des poiffons.

ÉCART, f. m. fe dit de chaque quartier d'un écu divifé en quatre : on met au premier & au quatrième *écart* les armes principales de la maifon, au fecond & au troifième celles des alliances.

ECARTELÉ, ÉE, adj. fe dit de l'écu divifé en quatre parties égales par un *parti* & un *coupé*, c'eft-à-dire, par une ligne perpendiculaire & une ligne horifontale qui forment une croix.

Il y a deux principales efpèces d'*écartelés* ; l'un en croix, c'eft celui dont on vient de parler qui partage l'écu en quatre *quartiers* égaux. (*Voyez pl. II. fig. 58. les armes d'Argouges.*)

L'autre, en fautoir ; c'eft une autre répartition formée du *tranché* & du *taillé* par deux lignes diagonales, l'une à dextre, l'autre à feneftre qui fe terminent aux angles de l'écu, & le divifent en quatre triangles égaux, nommés auffi *quartiers*. (*Voyez pl. II. fig. 59 & 60. les armes de Keroufer & celles de Mendoce.*)

Voyez auffi pour ces deux efpèces d'*écartelés*, les armes de Crevant & celles de Bertrand, (*Pl. I. fig. 29 & 30.*)

Il y a des *écartelés* fimples & d'autres chargés de diverfes pièces ou meubles. *Voyez* pour les *écartelés* fimples les mêmes *fig. 29 & 30. pl. I.* Pour les *écartelés* chargés, les *fig. 58 & 59. pl. II.*

La croix qui fert à *écarteler* un écu, peut auffi elle-même être *écartelée* dans l'écu, mais c'eft dans un fens un peu différent qui tient au mélange des émaux & des couleurs.

De Tigny, d'argent, à la croix palée, alefée & *écartelée* de gueules & de fable. (*Pl. IV. fig. 174.*)

ECARTELER, v. n. & act. dans le Blafon, c'eft divifer l'écu en quatre quartiers par une des deux manières qui viennent d'être expliquées dans l'article précédent.

Quand l'*écartelé* eft en croix, les deux quartiers du chef s'appellent *premier* & *fecond* ; & ceux de la pointe *troifième* & *quatrième*, en commençant par la droite.

Quand il eft en fautoir ; on nomme le chef & la pointe, *premier* & *fecond quartiers* ; le côté droit eft le *troifième*, le gauche eft le *quatrième*.

L'ufage d'*écarteler* vient, dit-on, de René, roi de Sicile, qui, pour fe dédommager de n'être poffeffeur réel d'aucun des royaumes où il prétendoit avoir droit, & pour annoncer ces prétentions & ces droits, *écartela* de Naples-Sicile, d'Aragon,

de Jérufalem, &c. vers le milieu du quinzième fiècle.

La Colombière, compte douze façons d'*écarteler* ; d'autres en comptent davantage, mais ce font plutôt des partitions quelconques de l'écu que des manières proprement dites d'*écarteler*, c'eft-à-dire, de divifer un écu en quatre quartiers, ou de *contre-écarteler*, c'eft-à-dire, de fubdivifer en quatre le quartier d'un écu déjà *écartelé*. Voici celles de ces partitions qui font rapportées dans l'Encyclopédie.

Parti en pal, quand l'écu eft divifé du chef à la pointe.

Parti en croix, quand la ligne perpendiculaire eft traverfée d'une ligne horifontale d'un côté de l'écu à l'autre. (C'eft la réunion de ces deux lignes qui forme la première des deux manières générales d'*écarteler* expliquées ci-deffus.)

Parti de fix pièces, quand l'écu eft divifé en fix parts ou quartiers.

Parti de dix, de douze, de feize, de vingt, & de trente-deux, quand il eft divifé en autant de parties ou quartiers.

ECARTELURE, f. f. divifion de l'écu écartelé ; même chofe qu'écart ou quartier. Nous venons de dire dans l'article précédent, dans quel ordre ces quartiers font nommés, quand on écartèle en croix, & quand on écartèle en fautoir.

ECHARPE, f. f. bande ou fafce qui repréfente une efpèce de ceinture ou de baudrier militaire ; c'eft quelquefois un meuble de l'écu : c'en eft quelquefois un ornement extérieur, comme les deux driers ou *écharpes* qui accompagnent de part & d'autre l'épée royale dans les armes du grand-écuyer. (*Pl. XVIII. fig. 3.*)

ECHEC, ÉCHECS, f. m. on donne ce nom à quelques pièces du jeu d'*échecs*, qui fervent quelquefois de meubles dans l'écu.

Bernard de Rezé, d'argent, à deux fafces ondées d'azur, au chef de fable, chargé de trois *échecs* ou cavaliers d'or. (*Pl. XI. fig. 574.*)

ECHELLE, f. f. meuble employé quelquefois dans l'écu.

Ebra, en Thuringe ; d'azur, à une *échelle* à fix échelons, pofée en bande, d'argent. (*Pl. XI. fig. 604.*)

ECHIQUETÉ, ÉE, adj. fe dit d'un écu divifé en échiquier par un parti de cinq traits & un coupé d'autant de traits, ce qui forme trente-fix carreaux ; s'il y en avoit moins, ce ne feroit plus un écu *échiqueté*, ce feroit des points équipollés. (*Voyez* ces mots.)

Le Nain, *échiqueté* d'or & d'azur. (*Pl. IV. fig. 220 ; voyez* auffi pl. XXXII. fig. 40.)

ECHIQUETÉ fe dit auffi du chef, du pal, de la

fasce, du chevron, de la croix & autres pièces honorables, divisées en deux ou trois rangs ou tires de carreaux.

Pl. II. fig. 96, le franc-quartier des armes de Potier est *échiqueté* d'argent & d'azur.

Fig. 106, le chef des armes de Dailly, est *échiqueté* d'argent & d'azur de trois traits.

Fig. 111, dans les armes de Cibo, la bande abaissée est *échiquetée* de trois traits d'argent & d'azur.

Pl. III. fig. 131, dans les armes de la Marck, la fasce est *échiquetée* d'argent & de gueules de trois traits.

Pl. IV. fig. 175, la croix des armes de du Bosc, est *échiquetée* d'argent & de sable.

ECHIQUETÉ se dit encore du lion, de l'aigle & autres animaux, dont le corps est pareillement divisé en plusieurs tires de carreaux.

Le mot *échiqueté* vient de l'échiquier sur lequel on joue aux échecs, & que l'*échiqueté* représente parfaitement.

ECIMÉ, adj. se dit du chevron dont la pointe est coupée. (*Voyez* CHEVRON.)

De la Rochefoucault, burelé d'argent & d'azur, à trois chevrons de gueules brochans sur les burelles, le premier *écimé*.

ECLATÉ, ÉE, adj. se dit des lances & des chevrons brisés. (*Voyez* CHEVRON; *voyez* aussi les armes de Baugier, *pl. IV. fig. 204.*)

ECLOPÉ, ÉE, adj. se dit d'une partition, dont une pièce paroît comme rompue.

ECORCHÉ, ÉE, adj. se dit des loups, des ours & autres animaux, qui dans l'écu sont de gueules ou de couleur rouge.

Aubes Roquemartine, à Arles; d'or, à un ours *écorché* de gueules. (*Pl. XII. fig. 621.*)

ECOT ou ESCOT, s. m. on appelle ainsi dans le Blason, comme en langage d'eaux & forêts, de grosses branches qui n'ont pas été dépouillées de leurs petits rameaux assez raz; en sorte qu'il reste des bouts excédens de ces rameaux qui donnent à ces grosses branches une forme hérissée & épineuse.

ECOTÉ, ÉE, adj. se dit des troncs & des branches d'arbres dont on a coupé de cette manière les petits rameaux. On appelle *croix écotée*, celle dont le montant & les branches ont plusieurs chicots ou nœuds.

Thomassin, d'azur, à la croix *écotée* d'or. (*Pl. III. fig. 165.*)

ECREVISSE, s. f. poisson crustacé, meuble d'armoiries.

L'*écrevisse* est toujours posée en pal, la tête vers le haut de l'écu.

Thiard de Bissy, d'or, à trois *écrevisses* de gueules. (*Pl. VII. fig. 346.*)

ECU, s. m. champ sur lequel on pose les pièces & meubles des armoiries.

Le mot *écu* vient du latin *scutum*, qui vient du grec σκῦτος, *cuir*, parce que les premiers *écus* ou boucliers étoient de cuir.

Pour les proportions géométriques de l'écu, dont on divise la largeur en sept parties égales, & la hauteur en huit, *voyez* la *planche XXVIII. fig. 1.*

Le bouclier ou *écu* antique étoit arrondi, & avoit une pointe au milieu. (*Pl. I. fig. 28.*)

Le bouclier couché ne marquoit rien par sa position; c'est ainsi seulement qu'il se plaçoit, lorsqu'il étoit suspendu par sa courroie. (*fig. 2.*)

L'*écu* en bannière ou en quarré est celui des seigneurs qui avoient droit de faire prendre les armes à leurs vassaux, & de les mener à la guerre sous leurs bannières: on les nommoit *chevaliers bannerets*. Il y a encore quelques maisons qui portent l'écu en bannière ou quarré. (*fig. 3.*)

Plusieurs *écus* anciens étoient échancrés; l'échancrure servoit à poser la lance & à la mettre en arrêt. (*fig. 4.*)

Les Allemands & les peuples du nord ont leur *écu* en cartouche. (*fig. 5.*)

L'*écu* espagnol & portugais est arrondi par le bas, échancré par le haut, & en forme de cartouche des deux côtés. (*fig. 8.*)

En France, l'*écu* est de forme quarrée, excepté que le côté d'en bas est un peu arrondi, & qu'il a une petite pointe au milieu. (*fig. 6.*)

L'*écu* des filles est en losange. (*fig. 10.*)

L'*écu* des Italiens est ovale, & il est posé sur un cartouche. (*fig. 7.*)

Les *écus* des femmes mariées sont accolés. Le premier écusson, à dextre, contient les armes du mari; le second, à senestre, celles de la femme. (*fig. 9.*)

L'*écu* reçoit divers noms suivant ses partitions & divisions.

Il y en a quatre principales dont toutes les autres sont composées, savoir parti, coupé, tranché, taillé.

L'*écu* parti est celui qui est divisé en deux portions égales par une ligne perpendiculaire.

Bailleul, parti d'hermine & de sable. (*fig. 25.*)

L'*écu* coupé, par une ligne horizontale.

Soleur, coupé d'argent & de gueules. (*fig. 26.*)

L'*écu* tranché, par une ligne diagonale à droite.

Aglion, tranché d'argent & de gueules. (*fig. 27.*)

L'*écu* taillé, par une ligne diagonale à gauche.

D'Esclope, taillé d'or & d'azur. (*fig. 28.*)

Mais ces partitions & toutes celles qui en dérivent se trouveront aux mots qui les expriment. Cependant, pour réunir, autant qu'il est possible, ces notions primordiales qui sont la base de l'art héraldique, nous désignerons encore ici les principales sous-divisions que forment ces quatre lignes.

Du parti ou de la ligne perpendiculaire se forme l'*écu* adextré, lorsque la ligne perpendiculaire qui le divise est sur la droite & au tiers de l'écu. (*Pl. II. fig. 68.*)

Et l'*écu* sinistré, quand elle est sur la gauche. (*fig. 69.*)

La même ligne forme le tiercé en pal , quand elle eſt double , & qu'elle diviſe l'écu en trois parties égales.

Le Roi, tiercé en pal, d'azur , d'argent & de gueules. (*Pl. I. fig. 33.*)

La même ligne, un peu plus multipliée, forme le palé. (*Voyez* les armes de Harlay, d'Eſtiſſac & de Briqueville, *pl. III. fig. 112--3--4.*)

Et le vergetté, quand elle eſt multipliée, à diſtance égale, au nombre de ſix, de huit ou de dix pièces, la vergette étant un pal diminué de moitié, ſelon les uns, des deux tiers , ſelon les autres.

Du coupé ou de la ligne horizontale ſe forme le chef, lorſqu'elle occupe la tierce partie d'en haut. (*Voyez* les armes de La Garde, *pl. II. fig. 98.*)

La faſce (*fig. 100.*) & le tiercé en faſce, lorſque cette même ligne horiſontale eſt double ſur le milieu, à diſtance égale des extrémités.

Le faſcé, quand elle eſt multipliée. (*Voyez pl. III. fig. 126--7--8.*)

Le burelé, quand il y a huit ou dix eſpaces égaux ou plus, (*fig. 129. 130.*) la burelle étant un diminutif de la faſce.

De-là auſſi les trangles qui ſe mettent en nombre impair, au lieu que les burelles ſe mettent toujours en nombre pair.

De-là encore la diviſe, *voyez* Divise ; mais la diviſe eſt une dépendance du chef, & les trangles auſſi ne paroiſſent point ſeules ; elles accompagnent ſeulement des pièces honorables.

Du tranché ou de la diagonale à droite ſe forme la bande, (*Pl. II. fig. 101.*) & le tiercé en bande. La même ligne multipliée forme le bandé. (*Pl, III. fig. 139--140--1--2--3.*)

Et le coticé, (*fig. 145--6.*) la cotice étant le diminutif de la bande.

Du taillé ou de la diagonale à gauche ſe forme la barre, (*Pl. II. fig. 102.*) & le tiercé en barre. La même ligne multipliée forme le barré. (*Pl. III. fig. 151--2.*)

Et le traverſé, la traverſe étant le diminutif de la barre.

Les autres diviſions de l'écu ſont écartelé, contre-écartelé. *Voyez* ces mots.

ECUREUIL, ſ. m. meuble de l'écu repréſentant cet animal.

Fouquet, d'argent, à l'écureuil de gueules. (*Pl. VI. fig. 297.*)

On ſe rappelle ſon ambitieuſe deviſe : *Quò non aſcendam?* Où ne monterai-je pas ?

ECUSSON, ſ. m. petit écu, eſt auſſi un meuble d'armoiries.

Coëtlogon, de gueules, à trois *écuſſons* d'hermine. (*Pl. IV. fig. 210.*)

Amance, en Lorraine ; d'argent, à l'écuſſon d'azur.

EFFARÉ ou EFFRAYÉ, adj. ſe dit de pluſieurs animaux, mais ſur-tout du cheval, levé ſur ſes jambes de derrière preſque perpendiculairement.

Gleiſpach, en Allemagne ; d'azur, au cheval *effaré* d'argent , mouvant d'un monticule de ſinople.

Quelques auteurs ſe ſervent, en pareil cas, du mot *forcené.*

EFFAROUCHÉ, ÉE, adj. ſe dit ſur-tout du chat qui eſt droit ſur ſes pattes de derrière.

De Katzen, d'azur, au chat *effarouché* d'argent, tenant en ſa gueule une ſouris de ſable.

EFFEUILLÉ, ÉE, adj. ſe dit d'un arbre, d'un arbriſſeau, d'un arbuſte ou d'un rameau de quelque plante que ce ſoit, qui eſt dépouillé de ſes feuilles.

Du Bourg de Rochemontels, de Belbèze à Touuſe ; d'azur, à trois tiges. d'épine *effeuillées* d'argent, chacune de cinq rameaux.

EFFRAYÉ, ÉE, adj. *Voyez* Effaré.

ELANCÉ, ÉE, adj. ſe dit d'un cerf courant.

Seguiran, en Provence ; d'azur, au cerf *élancé* d'or.

ELÉPHANT, nom donné à un ordre militaire ancien & fort honorable que confèrent les rois de Danemark, & qu'ils ſont cenſés n'accorder qu'aux perſonnes de la plus haute qualité, & d'un mérite extraordinaire.

On l'appelle l'*ordre de l'éléphant*, parce qu'il a pour arme un *éléphant* d'or émaillé de blanc, chargé d'une tour d'argent maçonnée de ſable, ſur une terraſſe de ſinople émaillée de fleurs. Cette marque de l'ordre eſt ornée de diamans, & pend à un ruban bleu, ondé comme le cordon bleu en France. *Chambers.* (*G. Pl. XXIV. fig. 39.*)

ELÉPHANT, ſ. m. meuble qui entre dans quelques écus.

Le Fortuné, de gueules, à un *éléphant* d'or, armé (c'eſt ſa dent) & onglé d'azur. (*Pl. VI. fig. 292.*)

EMAIL, ſ. m. EMAUX au pluriel. Il y en a de trois ſortes ; les métaux, les couleurs & les fourures.

Les métaux ſont l'or & l'argent.

L'or dans la gravure eſt pointillé. (*Voyez pl. I. fig. 11.*)

L'argent eſt tout blanc. (*fig. 12.*)

Nous avons dit ce qui concerne les couleurs au mot *couleur*, & nous ne pouvons qu'y renvoyer.

Quant aux fourures ou pannes, c'eſt l'*hermine* & le *vair*.

L'hermine eſt repréſentée dans les armoiries par pluſieurs mouchetures de ſable, ou noires, ſur un champ, ou fond d'argent. (*Voyez pl. I. fig. 18.*)

Si au contraire, les mouchetures ſont d'argent ſur un fond de ſable, c'eſt ce qu'on appelle contre-hermine. (*Fig. 20.* Voyez au mot Contre l'article Contre-hermine.)

Lorſque les mouchetures ne ſont pas ſemées, on en exprime le nombre & la ſituation ; elles deviennent alors un meuble ordinaire de l'écu.

De la Porte de Vexins, de gueules, au croiſſant montant d'argent, chargé de cinq mouchetures de ſable ou d'hermine.

Le *vair* eſt, ſi l'on veut, la peau d'un animal nommé *genette* qui ſe trouve en Afrique, comme l'hermine eſt, ſi l'on veut, la peau de l'animal de ce nom, qui ſe trouve en Aſie au royaume du Pont ;

mais c'est à des clochettes ou sonnettes alternativement grises & blanches, ou aux cloches de verre dont se servent les jardiniers, que le *vair* ressemble le plus. (*Voyez pl. I. fig. 19.*)

Le *vair* a pour ses émaux particuliers, l'argent & l'azur, dont l'un est toujours alternatif à l'autre ; la pointe & la base de l'argent toujours opposées à la pointe & à la base de l'azur.

Lorsqu'au contraire, le métal est opposé au métal & la couleur à la couleur, alors les deux cloches opposées de même émail semblent se réunir pour former une espèce de boîte d'une même couleur, élargie par le milieu, pointue par les deux bouts ; c'est ce qu'on appelle *contre-vair*. *Voyez* au mot CONTRE l'article CONTRE-VAIR ; (& *voyez pl. I. fig. 21.*

Quand le *vair* a d'autres émaux que l'argent & l'azur, par exemple, l'or & le gueules, il s'appelle *vairé*. (*fig. 22.*) Et lorsque dans le *vairé* le métal est opposé au métal & la couleur à la couleur, ce qui est une double contradiction qu'éprouve le *vair*, c'est ce qui s'appelle *contre-vairé*. *Voyez* toujours au mot CONTRE.

Les *émaux* du Blason sont venus, dit-on, des anciens jeux du cirque ; ils ont passé aux tournois & aux carrousels. Le blanc, le bleu, le rouge & le verd, y distinguoient les différens quadrilles. Domitien, au rapport de Suétone, avoit ajouté aux quatre *factions* du cirque, la faction *dorée* & la faction de *pourpre. Aurati purpureique panni.* (Suét. Domit. c. 7.) Cette partie du Blason remontera, si l'on veut, jusqu'à Domitien.

Le Sable étoit la couleur des chevaliers en deuil.

Que mes armes sans faste, emblème des douleurs.....
Ce simple bouclier ; ce casque sans couleurs,
Soient attachés sans pompe à ces tristes murailles.

EMANCHE, s. f. C'est, à ce qu'on croit, la représentation d'une dépouille enlevée à l'ennemi (*manjca hostilis dissuta*). C'est, dit-on, une manche antique, large d'un côté, finissant en pointe de l'autre, qu'on suppose avoir été décousue & déployée, lorsqu'elle a été enlevée. Quoiqu'il en soit, l'*émanche* est représentée par de longues pointes de deux émaux différens, pénétrant d'un émail dans l'autre, On spécifie si l'*émanche* est posée en chef, en pointe, en bande, en barre, &c. On spécifie aussi le nombre de pièces, c'est-à-dire de dents ou pointes.

De Gantès, en Provence & en Flandres ; d'azur, à l'*émanche* d'or, de quatre pièces en chef. (*Pl. II. fig. 89.*)

Thomasseau, de Cursay, de sable, à l'*émanche* d'argent, de cinq pièces à la pointe de l'écu. (*Planche II. fig. 92.*)

. . . . . . d'or, à l'*émanche* d'azur de quatre pièces en bande. *Ibid. fig. 91.*

De Persil, de gueules, à l'*émanche* d'argent de quatre pièces en barre, *fig. 90.*

EMANCHÉ, ÉE, adj. se forme d'*émanche* suivant les mêmes principes que le palé du pal, le fascé de la fasce, le bandé de la bande, le barré de la barre,

le coticé des cottices, &c. c'est-à-dire, que l'écu s'appelle *émanché*, lorsqu'il est également couvert d'*émanches* de métal & de couleur, sans qu'il y ait plus de pièces d'un côté que de l'autre. On dit, *émanché* en fasce, en pal, suivant la direction des *émanches*.

La Bellière de Dace, *émanché* en fasce d'argent & de sable.

Il faut bien se garder de confondre *émanché* avec *emmanché*, qui ne peut convenir qu'aux outils qui ont un manche.

D'habiles héraldistes rejettent la distinction de l'*émanche* & de l'*émanché* ; les *émanches*, selon eux, n'étant que les dents ou pièces de l'*émanché* ne peuvent être considérées comme isolées, elles font partie des partitions de l'écu.

EMBATONNÉ, ÉE, adj. On dit qu'une colonne est cannelée & *embâtonnée*, pour dire que ses cannelures ont la forme d'un bâton ou de baguettes jusqu'à une certaine partie de son fust.

EMBOUCHÉ, ÉE, adj. se dit du bout d'un cornet, d'une trompette, &c. qu'on met dans la bouche pour en sonner, lorsque ce bout est d'un émail différent de celui du corps.

EMBOUCLÉ, ÉE, se dit des pièces garnies d'une boucle, comme les colliers des levriers.

EMBOUTÉ, ÉE, adj. se dit des pièces qui ont à leur extrémité un cercle ou une virole d'argent, & des manches de marteaux, quand les bouts sont garnis d'un autre émail que les marteaux.

EMBRASSÉ, ÉE, adj. se dit d'un écu partagé en trois triangles, dont deux de métal en *embrassent* de deux côtés un de couleur, ou deux de couleur, un de métal.

On dit *embrassé à dextre*, quand les deux triangles *embrassans* font du côté droit ; & *embrassé à senestre*, quand ils sont du côté gauche.

. . . . d'argent, *embrassé à dextre* de sable.

Domants, d'argent, *embrassé à senestre* de gueules. (*Pl. II. figures 86 & 87.*)

EMINENCE, s. f. titre qu'on donne aux cardinaux, aux trois électeurs ecclésiastiques, & au grand-maître de Malte, selon une bulle d'Urbain VIII, qui ne dispense que les rois & les papes de le leur accorder, & qui défend à tous autres de le prendre. Le pape leur dit *vostra signoria* ; le roi de France, *cousin* ; l'empereur, *reverenda paternitas* ; les rois de Pologne & de Portugal, à la république de Vénise, *signoria illustrissima*. Au reste, cette épithète honorifique *éminence*, avoit été donnée par Grégoire-le-Grand à des évêques, long-temps avant qu'Urbain l'attachât spécialement au cardinalat. La bulle d'Urbain VIII qui *émixentifie* les cardinaux, est de 1620. (*Article resté.*)

EMMANCHÉ, ÉE, adj. se dit des haches, des faulx, des marteaux & autres choses qui ont un manche d'un émail particulier.

Faouc, en Normandie ; d'azur à trois faulx d'argent, *emmanchées* d'or.

EMMUSELÉ, ÉE, adj. se dit des ours, chameaux,

mulets & autres animaux auxquels on lie le museau ou la gueule pour les empêcher de mordre ou de manger.

Morlot de Museau, d'argent, à une tête d'ours de sable *emmufelée* de gueules. (*Pl. VI. fig. 295.*)

EMOUSSÉ, ÉE, adj. se dit d'un fer de lance, d'une flèche, d'une bayonnette qui n'a pas de pointe.

Bauvaulier des Malardières, de Marigny en Touraine ; de gueules, à deux fers de lance *emouffés* l'un sur l'autre en pal, le premier renversé.

EMPENNÉ, ÉE, adj. se dit d'un dard, trait, javelot ou flèche, qui a ses ailerons ou *pennes* marquées d'un émail particulier.

Arc, d'azur, à un arc d'argent, chargé de trois flèches de même *empennées* d'or ; celle du milieu encochée, & les deux autres passées en sautoir.

EMPIÉTANT, TE, adj. se dit de l'oiseau de proie, lorsqu'il est sur sa proie & qu'il la tient dans ses serres.

Implicuitque pedes atque unguibus hæsit.

Tarlet, en Bourgogne ; d'azur, au faucon d'or, grilleté d'argent, *empietant* une perdrix d'or, béquée & onglée de gueules.

EMPOIGNÉ, ÉE, adj. se dit des javelots, flèches & autres pièces de longueur, quand il y en a trois & davantage, dont un ou plusieurs en pal & d'autres en sautoir, de manière qu'elles paroissent pressées au milieu étant attachées d'un lien.

De Suramont, à Paris ; d'azur, à trois flèches *empoignées* d'or.

EMPOIGNÉE, se dit aussi d'une bande ou autre pièce tenue par une main ou par la patte d'un animal.

Bons d'Entremont, en Provence ; d'or, à la bande d'azur, chargée de deux étoiles d'argent, & *empoignée* d'une patte de lion de sable.

Suivant une tradition ancienne, Pierre-André Bons, né à Marseille en 1354, ayant accompagné, en 1393, aux guerres de Naples le roi Louis d'Anjou, second du nom, vit dans un combat ce prince près d'être fait prisonnier, & abbatit d'un coup de sabre le poignet à un chevalier nommé Léon qui saisissoit déja le roi. Louis resté libre par cet exploit, ajouta *une patte de lion à la bande des* armes de Bons, en mémoire du service que Pierre-André lui avoit rendu en cette occasion.

ENCENSOIR, s. m. est quelquefois un meuble de l'écu.

Le Sens de Folleville, de gueules, au chevron d'argent, accompagné de trois encensoirs d'or. (*Pl. IX. fig. 486.*)

ENCHAUSSÉ, ÉE, adj. se dit de l'écu qui est taillé depuis le milieu d'un de ses côtés, en tirant vers la pointe du côté opposé. Il y a des écus *enchaussés* à dextre, & d'autres à sénestre, suivant le côté où la taille commence.

Liechtestain, d'argent, *enchaussé* d'azur.

ENCLAVÉ, ÉE, adj. se dit d'un écu parti, dont l'une des portions entre dans l'autre, en forme quarrée, comme des panneaux de menuiserie.

Pelekhosen, en Allemagne ; parti *enclavé* d'argent en gueules à senestre.

Dachaw, en Bavière ; d'or, coupé, *enclavé* de gueules. (*Pl. XII. fig. 635.*)

ENCLOS, SE, adj. se dit du lion ou d'un autre animal enfermé dans un trécheur, dans une palissade, &c. ou autre pièce de l'écu.

Les armes d'Ecosse sont d'or, au lion de gueules, *enclos* dans un double trécheur, fleuré & contrefleuré de même. *Voyez* pl. *XV. fig.* 10, dans les armes d'Angleterre, le quartier d'Ecosse.

Dandrie, d'argent, à trois aigles de sable, *enclofes* dans un double trécheur de gueules. (*Planche IV. fig. 217.*)

ENCLOS, se dit aussi de quelques pièces ou meubles de l'écu qui se trouvent au centre d'une pièce évuidée ou d'un animal tourné en cercle.

Caumels de la Garde, à Toulouse ; d'azur, à une colombe d'argent, becquée & membrée de sable, *enclose* dans une bisse d'or posée en cercle, qui semble mordre sa queue ; au chef cousu de gueules, chargé de trois étoiles du quatrième émail.

ENCOCHÉ, ÉE, adj. se dit du trait qui est placé sur un arc tendu.

Arcourt de Tenemare, en Normandie ; de gueules, à un arc d'argent, garni d'une flèche de même, *encoché* en bande, à la bordure aussi d'argent.

ENDENTÉ, ÉE, adj. *Voyez* DENTELÉ, & consentez à rester dans quelque incertitude sur la signification précise de ce mot ; car les auteurs ne s'accordent pas sur cette signification. (*Voyez* aussi *pl. IV. fig.* 170--1--2.)

ENFANT, s. m. meuble de l'écu représentant ce que le nom exprime.

Gemmel, en Bavière ; de gueules, au pal d'argent, accolé de deux *enfans* de carnation, tenans un cœur du champ posé sur le pal. (*Pl. VIII. fig. 437.*)

ENFILÉ, ÉE, adj. se dit des couronnes, annelets & autres pièces rondes & ouvertes, qui sont passées dans des fasces, bandes, lances, &c. On dit aussi *enfilant* de la pièce qui *enfile.*

Du Faur, en Dauphiné ; d'azur, à trois couronnes d'or antiques *enfilées* par une bande d'azur.

ENFLAMMÉ, ÉE, adj. se dit d'un cœur dont il sort une flamme.

De Saint-Hilaire, en Languedoc ; d'azur, au cœur d'or *enflammé* de gueules.

De Curfay de Saint-Maixent, en Saintonge ; d'argent, au cœur *enflammé* de gueules, accompagné en pointe d'un croissant de même.

EN FORME se dit du lièvre qui paroit arrêté & en repos.

De Perrin, à Paris ; d'azur, à un arbre au naturel, au lièvre d'argent *en forme* au pied de l'arbre.

ENGAGEMENT, s. m. nom donné aux vœux des anciens chevaliers dans leurs entreprises d'armes. Je n'en dirai qu'un mot d'après M. de Sainte-Palaye , & feulement pour crayonner une des plus fingulières extravagances dont l'homme foit capable.

Les chevaliers qui formoient des entreprifes d'armes , foit courtoifes, foit à outrance, c'eft-à-dire meurtrières, chargeoient leurs armes de chaines, ou d'autres marques attachées par la main des dames , qui leur accordoient fouvent un baifer , moitié oui, moitié non, comme celui que Saintré obtint de la fienne.

Cette chaîne ou ce figne , quel qu'il fût , qu'ils ne quittoient plus , étoit le gage de l'entreprife dont ils juroient l'exécution , quelquefois même à genoux , fur les évangiles. Ils fe préparoient enfuite à cette exécution par des abftinences & par des actes de piété , qui fe faifoient dans une églife où ils fe confeffoient , & dans laquelle ils devoient envoyer au retour, tantôt les armes qui les avoient fait triompher , tantôt celles qu'ils avoient remportées fur leurs ennemis.

On pourroit faire remonter l'origine de ces efpèces d'enchaînemens jufqu'au temps de Tacite, qui rapporte quelque chofe de femblable des Cattes dans fes *Mœurs des Germains.* Je crois pourtant qu'il vaut mieux la borner à des fiècles poftérieurs, où les débiteurs infolvables, devenant efclaves de leurs créanciers , & proprement efclaves de leur parole, comme nous nous exprimons, portoient des chaînes de même que les autres ferfs, avec cette feule diftinction , qu'au lieu de fers ils n'avoient qu'un anneau de fer au bras. Les pénitens , dans les pèlerinages auxquels ils fe vouoient, également débiteurs envers l'églife, portèrent auffi des chaînes pour marque de leur efclavage ; & c'eft de-là fans doute que nos chevaliers en avoient pris de pareilles , pour acquitter ce vœu qu'ils faifoient d'accomplir leurs entreprifes d'armes.

Ces entreprifes une fois attachées fur l'armure d'un chevalier , il ne pouvoit plus fe décharger de ce poids qu'au bout d'une ou de plufieurs années, fuivant les conditions du vœu, à moins qu'il n'eût trouvé quelque chevalier qui , s'offrant de faire arme contre lui , le délivrât en lui levant fon emprife , c'eft-à-dire en lui ôtant les chaînes ou autres marques qui en tenoient lieu, telles que des pièces différentes d'une armure , des vifières de heaumes, des gardes-bras, des rondelles, &c.

Vous trouverez dans Olivier de la Marche les formalités qui s'obfervoient pour lever ces emprifes, & les *engagemens* des chevaliers. On croit lire des contes arabes en lifant l'hiftoire de cet étrange fanatifme des nobles, qui régna fi long-temps dans le midi de l'Europe , & qui n'a ceffé dans un royaume voifin que par le ridicule dont le couvrit un homme de lettres , Miguel Cervantes Saavedra, lorfqu'il mit au jour, en 1605 , fon incomparable roman de dom Quichote. *Voyez les Mémoires de* M. *de Sainte-Palaye, dans le Recueil de l'académie des Belles-Lettres.* (*Article de M. le Chevalier* DE JAUCOURT.)

ENGLANTÉ , ÉE, adj. fe dit d'un chêne dont le gland eft d'un autre émail que l'arbre.

Miffirmen , en Bretagne ; d'argent, au chêne de finople, *englanté* d'or , au canton dextre de gueules , chargé de deux haches d'armes adoffées , d'argent.

ENGOULÉ , ÉE, adj. fe dit des bandes , croix , fautoirs , &c. dont les extrémités entrent dans la gueule d'un lion , d'un léopard, d'un dragon , &c.

Guichenon , de gueules , au fautoir *engoulé* de quatre têtes de léopard d'or mouvans des angles , chargé en cœur d'une autre tête de léopard du champ. (*Pl. IV. fig. 193.*)

Il y a auffi quelquefois des mufles de lions qui *engoulent* le cafque , comme dans les anciennes armoiries des ducs de Savoie.

ENGRÊLÉ , ÉE, adj. fe dit du chef, du pal , de la bande , de la croix, du fautoir , &c. bordés des deux côtés de petites dents à intervalles creux & arrondis.

Ce mot *engrêlé* vient du latin *gracilis* , délié , mince , délicat , & il paroît que l'*engrêlé* fe diftingue du chargé de , de l'endenté , du dentelé par la fineffe & la ténuité de fes dents. (*Voyez pl. IV. fig. 170-1-2.*)

Courcy , d'argent , à la barre *engrêlée* d'azur. (*Pl. III. fig. 153.*)

Lenoncourt, d'argent, à la croix de gueules *engrêlée.*

ENGRÊLURE, f. f. petit liftel ou filet engrêlé , pofé le long du bord fupérieur de l'écu.

De Saint-Chamans du Pecher, en Limofin ; de finople, à trois fafces d'argent, en chef une *engrêlure* de même. (*Pl. III. fig. 127.*)

ENGUICHÉ , ÉE, adj. fe dit des cors & des trompettes dont l'embouchure eft d'un autre émail que le corps de l'inftrument.

Bafe, en Danemarck ; d'azur , à la fafce d'argent, chargée d'un cor de chaffe de finople, lié , virolé & *enguiché* d'or.

ENHENDÉ , ÉE, adj. on appelle croix *enhendée* celle dont le pied eft refendu , *enhendido* , mot efpagnol. Ces croix à refente font communes en Efpagne & en Allemagne. C'eft une croix ancrée , où il y a une pointe de plus qui fort du milieu de chacune de fes ancres. (*Voyez pl. III. fig. 158.*)

ENLEVÉ , ÉE , adj. fe dit des pièces qui paroiffent enlevées.

Anglure, en Champagne ; d'or , à pièces *enlevées* à angles ou croiffans de gueules , foutenant des grelots d'argent, dont tout l'écu eft femé.

ENQUERRE, même chofe qu'*enquérir.* Armes à *enquerre,* (*Voyez* au mot ARMES , ARMES A ENQUÉRIR.)

EN REPOS fe dit du lion , du cerf & de quelques autres animaux fauvages qui fe repofent couchés fur le ventre. On dit du lièvre qui eft dans une pareille fituation, qu'il eft *en forme.* (*Voyez* ci-deffus EN FORME.)

De Bertrand de Molleville, de Montefquiou en Languedoc; d'or, au cerf *en repos* de gueules , au pied d'un arbre de finople ; au chef d'azur, chargé d'une étoile d'argent, à côté de deux befans du champ de l'écu.

ENSANGLANTÉ, ÉE, adj. fe dit du pélican & autres animaux qui paroiffent fanglans.

Le Camus, de gueules, au pélican d'argent, *enfanglanté* de gueules dans fon aire, au chef coufu d'azur, chargé d'une fleur de lis d'or. (*Pl. VI. fig. 316.*)

ENTÉ, ÉE, adj. fe dit de quelques parties ou pièces de l'écu qui entrent les unes dans les autres fous des formes rondes, comme l'émanche avec des pointes.

Frégofe, à Gènes ; coupé, *enté* de fable & d'argent. (*Pl. II. fig. 65.*).

ENTÉ EN POINTE fe dit d'une entaille qui fe fait à la pointe de l'écu par deux émaux arrondis.

Pouffemothe de l'Etoile, de Thierfanville de Montbrifeuil, à Paris ; d'azur, à trois lis au naturel, *enté en pointe* de fable, à une étoile d'or.

Quelques-uns appellent *fafce-enté-ondé* un écu compofé de fafces échancrées en rond, entrant les unes dans les autres, comme dans les armes de Roche-chouart : (*Pl. III. fig. 132.*) mais on l'appelle plus communément *nébulé*, parce que ces fafces paroiffent prendre la forme des nuages.

ENTRAVAILLÉ, ÉE, adj. fe dit des oifeaux éployés, qui ont un bâton ou quelqu'autre pièce paffée entre les ailes ou entre les pieds.

Il fe dit auffi du dauphin, de la biffe, de l'aigle, du lion & des autres animaux qui fe trouvent entrelacés dans des cotices, des burelles & autres pièces de longueur.

De Quenazret, en Bretagne ; burelé d'argent & de gueules, à deux biffes d'azur, affrontées, *entravaillées* dans les burelles, de manière que la deuxieme & la quatrième du fecond émail brochent fur les biffes.

ENTRELACÉ, ÉE, adj. fe dit de trois croiffans, de trois anneaux & autres chofes femblables, paffées les unes dans les autres.

Bourgeois, en Bourgogne ; d'azur, à trois annelets *entrelacés* l'un dans l'autre en triangle d'or.

ENTRETENU, E, adj. fe dit de plufieurs clefs & autres chofes femblables liées enfemble par leurs anneaux.

Clugny, en Bourgogne ; d'azur, à deux clefs d'or, adoffées en pal & *entretenues* par le bas.

EPANOUI, E, adj. fe dit des lis, des rofes, des tulipes & autres fleurs fur leurs tiges, lefquelles paroiffent entièrement ouvertes & dans une parfaite croiffance.

Le Fèvre, d'azur, à trois lis *épanouis* d'argent, feuillés & tigés de finople. (*Pl. VIII. fig. 413.*)

EPANOUIE fe dit auffi d'une fleur de lis, dont le fleuron fupérieur eft ouvert, & qui a des boutons entre les fleurons des côtés, telle que la fleur de lis de Florence, qui eft de gueules en un champ d'argent.

EPÉE, ordre de chevalerie, autrefois en honneur dans l'île de Chypre, où il fut inftitué par Guy de Lufignan. Les chevaliers de cet ordre portoient un collier compofé de cordons ronds de foie blanche, liés en lacs d'amour, entremêlés de lettres S formées d'or. Au bout du collier pendoit un ovale où étoit une *épée* ayant la lame émaillée d'argent, la garde croifetée & fleurdelifée d'or, & pour devife ces mots, *fecuritas regni.* La première cérémonie s'en fit en 1195, le roi Guy de Lufignan conféra cet ordre à fon frère Amaury, connétable de Chypre, & à trois cents barons qu'il établit dans fon nouveau royaume. Favin, *théat. d'honn. & de chevalerie.* (G)

* EPÉES, l'ordre des deux *épées* de J. C. ou les chevaliers du Chrift des deux *épées* ; ordre militaire de Livonie & de Pologne en 1197. Dans ces temps où l'on croyoit fuivre l'efprit de l'Evangile & fe fanctifier, en forçant les hommes d'embraffer le chriftianifme, Bertold, fecond évêque de Riga, engagea quelques gentilshommes qui revenoient de la croifade, de paffer en Livonie, & d'employer leurs armes à l'avancement de la religion ; mais ce projet ne fut exécuté que par Albert fon frère, chanoine de Reims, & fon fucceffeur. La troupe de nos foldats convertiffeurs fut érigée en ordre militaire. Vinnus en fut le premier grand-maître en 1203. Ils portoient dans leurs bannières deux *épées* en fautoir. Ils s'oppoferent avec fuccès aux entreprifes des idolâtres. (*Article refté.*)

EPÉE, f. f. meuble qui fe trouve dans beaucoup d'armoiries.

L'*épée* paroit dans l'écu avec une lame, une garde, une poignée & un pommeau, & n'a point ordinairement de branche à la poignée.

L'*épée*, lorfqu'elle eft feule, eft le plus fouvent la pointe en haut.

Une *épée* peut être pofée en pal, en fafce, en bande, &c.

Deux *épées* fe pofent en fautoir, les pointes tantôt en haut, tantôt en bas.

L'*épée* dont la lame eft d'un émail, la garde, la poignée & le pommeau d'un autre émail, s'appelle *garnie.*

Marbeuf, d'azur, à deux *épées* d'argent, garnies d'or, paffées en fautoir, les pointes en bas.

Palet, en Angleterre ; de fable, à trois *épées* d'argent, appointées, les gardes en haut, garnies d'or.

Ferrand, d'azur, à trois *épées* d'argent, garnies d'or, celle du milieu la pointe en haut, les deux autres les pointes en bas, une fafce d'or brochante fur le tout. (*Pl. IX. fig. 493-4-5.*)

L'*épée* s'emploie auffi parmi les ornemens extérieurs de l'écu.

EPERON, nom d'un ordre de chevalerie établi par le pape Pie IV l'an 1560. Les chevaliers portent une croix tiffue de filets d'or. Le pape Innocent XI le conféra à l'ambaffadeur de Venife, le 3 mai 1677.

Autrefois, lorfqu'on dégradoit un chevalier de l'*éperon*, ou autre, on le faifoit botter, on lui faifoit prendre fes *éperons* dorés, & on les lui brifoit

fur les talons à coups de hache. *Voyez le roman de*
Garin, *manuscrit.*

> Li éperon li foit copé parmi
> Près del talon , au franc acier forbi.

Un autre ordre du même nom avoit été inftitué par
Charles d'Anjou, Roi de Sicile, après fa victoire
fur Mainfroy.

EPERON, f. m. meuble qui repréfente l'*éperon*
des anciens chevaliers.

Gautier, d'azur, à deux *éperons* d'or, pofés en
pal, liés de même, au chef d'argent , chargé de
trois molettes de gueules. (*Pl. X. fig. 513.*)

EPERVIER, f. m. oifeau de proie affez commun
dans les armoiries par fon rapport avec la chaffe
au vol.

Chaperonné fe dit du chaperon qu'il a fouvent fur
la tête ; *longé*, des liens qu'on lui met aux jambes ; *grilleté*, des grillets qui y font attachés, lorfqu'ils font d'émail différent du refte du corps.

Perché fe dit de l'*épervier* pofé fur un bâton.

Le Tonnelier de Breteuil , d'azur, à l'*épervier* efforant d'or, longé & grilleté de même. (*Voyez pl.*
VI. fig. 320 ; Voyez auffi pour les *éperviers* chaperonnés , les armes de Mangot , *pl. XII. fig. 623.*)

EPI DE BLÉ, f. m. meuble de l'écu.

Talon , d'azur, au chevron accompagné de trois
épis fortans chacun d'un croiffant , le tout d'or. (*Pl.*
VIII. fig. 434.)

EPINE, f. f. meuble de l'écu.

Du Bourg, d'azur, à trois branches d'*épine* d'or.
(*Pl. VIII. fig. 399.*)

EPLOYÉ, ÉE, adj. fe dit des oifeaux qui ont
les ailes étendues , & particuliérement de l'aigle.
Voyez dans les armes de l'empire, l'aigle à deux
têtes *éployées* de fable fur un fond d'or. (*Pl. VI. fig.*
300.) *Voyez* auffi dans les armes de Gironde, (*Pl.*
XVIII. fig. 4.) l'hirondelle de la pointe ; elle eft
éployée ou au vol étendu , ce qui fignifie la même
chofe.

EQUIPÉ, ÉE, adj. fe dit d'un homme à cheval
armé de toutes pièces , qui eft fouvent un meuble
d'écu.

Voyez, *pl. VIII. fig. 439.* les armes de la famille S. Georges, qui font de gueules, à un S.
Georges tout armé d'argent , combattant un dragon auffi d'argent.

ÉQUIPPÉ fe dit auffi d'un vaiffeau & même d'un
mâts qui a fes voiles & fes cordages.

Dumas, d'azur, au mats d'or *équippé* d'argent ,
mouvant de la pointe de l'écu.

Auvelliers, de gueules, au navire *équippé* d'argent , fur une mer de même, au chef d'or , chargé
d'une aiglette d'azur. (*Pl. X. fig. 526 & 527.*)

EQUIPOLLÉ, adj. *point équipollé* ou *points équi-*
pollés , fe dit de neuf quarrés mis en forme d'échiquier , dont cinq , favoir ceux des quatre coins &
du milieu , font d'un métal différent de celui des
quatre autres.

Buffy-Rabutin, cinq points d'or *équipollés* à quatre

d'azur. (*Pl. IV. fig. 22.*) *Voyez auffi la planche*
XXXII. fig. 39.

ESCARBOUCLE , f. f. meuble d'écu.

Giry , d'azur, à l'*efcarboucle* d'or fleurdelifée.
(*Pl. X. fig. 538.*)

ESCARRE , f. f. efpèce de bordure qui ferme &
termine un quartier des deux côtés intérieurs de
l'écu , en forme d'équerre.

Hanefy, en Flandre ; de gueules , à une *efcarre*
d'argent pofée au quartier droit mouvant du chef
& du flanc. (*Pl. XII. fig. 641.*)

ESPRIT ,(*Saint -*) ORDRE DU SAINT-ESPRIT,
eft un ordre militaire établi en France fous le nom
d'*ordre & milice du Saint - Efprit*, le 31 Décembre
1578, par Henri III. en mémoire de trois grands
événemens arrivés le jour de la Pentecôte & qui
le touchoient perfonnellement ; favoir fa naiffance,
fon élection à la couronne de Pologne, & fon avè-
nement à celle de France. L'*ordre du Saint - Efprit*
doit n'être compofé que de cent chevaliers , qui
font obligés pour y être admis de faire preuve de
trois races.

Le roi eft grand-maître de cet ordre, & prête en
cette qualité ferment le jour de fon facre , de maintenir toujours l'*ordre du Saint-Efprit* ; de ne point
fouffrir , autant qu'il fera en fon pouvoir , qu'il
tombe ou diminue , ou qu'il reçoive la moindre
altération dans aucun de fes principaux ftatuts.

Tous les chevaliers portoient autrefois une croix
d'or au col, pendant à un ruban de couleur bleu
célefte : maintenant elle eft attachée fur la hanche
au bas d'un large cordon bleu en baudrier. Tous les
officiers & commandeurs portent toujours la croix
coufue fur le côté gauche de leurs manteaux, robes , & autres habillemens de deffus.

Avant que de recevoir l'*ordre du Saint - Efprit* ,
ils reçoivent celui de S. Michel ; ce qui fait que leurs
armes font entourées de deux colliers ; l'un de S. Michel , compofé d'*SS* & de coquilles entrelacées ;
l'autre du *Saint - Efprit* , qui eft formé de fleurs de
lis d'or , d'où naiffent des flammes & des bouillons
de feu , & d'*HH* couronnées avec des feftons &
des trophées d'armes.

Parmi les chevaliers font compris neuf prélats ,
qui font cardinaux, archevêques , évêques , ou
abbés, du nombre defquels eft toujours le grand-
aumônier, & ils font nommés *commandeurs de l'ordre*
du Saint - Efprit. Henri III. avoit auffi projetté d'at-
tribuer à chacun des chevaliers des commanderies ;
mais fon deffein n'ayant pas eu d'exécution , il
affigna à chacun d'eux une penfion de mille écus
d'or , réduite depuis à 3000 liv. qui font payées fur
le produit du droit du marc d'or affecté à l'ordre.
(*G*).

La croix du *Saint - Efprit* , eft une croix d'or à huit
rayons émaillés , chaque rayon pommeté d'or ,
une fleur de lys dans chacun des angles de la croix,
& dans le milieu un *Saint-Efprit* ou colombe d'argent d'un côté , & de l'autre un faint-Michel. (*Voyez*
Planche XXIII. fig. 3 & 4.)

La croix des prélats - commandeurs a la colombe des deux côtés , parce qu'ils n'ont que l'ordre du *Saint - Esprit* , & non celui de saint - Michel.

ESPRIT , (*Saint* -) ORDRE DU SAINT - ESPRIT DU DROIT DESIR , ordre de chevalerie inftitué à Naples dans le château de l'Œuf en 1352 , par Louis d'Anjou dit de *Tarente* , Prince du fang de France, roi de Jérufalem & de Sicile , & époux de Jeanne prem. reine de Naples. Les conftitutions de cet ordre étoient en vingt-cinq chapitres , dont voici le préambule dans le ftyle de ces temps - là : « Nous Loys , » par la grace de Dieu , roi de Jérufalem & de Si- » cile , allonneur du *Saint - Efprit* ; lequel jour par » la grace nous fumes couronnés de nos royaumes , » en effaucement de chevalerie & accroiffement » d'honneur , avons ordonné de faire une compa- » gnie de chevaliers qui feront appellés les *cheva-* » *liers du Saint - Efprit du droit defir* , & lefdits che- » valiers feront au nombre de trois cents , defquels » nous , comme trouveur & fondeur de cette com- » pagnie , ferons *princeps* , & auffi doivent être » tous nos fucceffeurs , rois de Jérufalem & de Si- » cile , &c. »

Mais à la mort de ce Prince qui ne laiffa point d'en-fans , & les révolutions dont elle fut fuivie, firent périr cet ordre prefque dès fa naiffance. On ne fait comment les conftitutions en tombèrent entre les mains de la république de Venife , qui en fit préfent à Henri III. lorfqu'il s'en retournoit de Pologne en France. On dit que ce prince en tira l'idée & les ftatuts de l'ordre , qu'il inftitua enfuite fous le nom du *Saint - Efprit* ; & que pour ne pas perdre le mé-rite de l'invention , il remit ces conftitutions du roi Louis d'Anjou au fieur de Chiverny , avec ordre de les brûler ; ce que celui - ci ayant cru pouvoir négliger fans préjudice de l'obéiffance due à fon fou-verain, elles fe font confervées dans fa famille , d'où elles avoient paffé dans le cabinet du préfident de Maifons , & M. le Laboureur les a données au pu-blic dans fes additions aux mémoires de Caftelnau. Mais en comparant ces ftatuts avec ceux qu'Henri III. fit dreffer pour fon nouvel ordre du *Saint - Efprit*, on n'y trouve aucune conformité qui prouve que ceux - ci foient une copie des premiers. (G)

ESSONNIER , f. m. double orle qui couvre l'écu dans le fens de la bordure. C'étoit autrefois une ei. ceinte où l'on plaçoit les chevaux des chevaliers , en attendant qu'ils en euffent befoin pour le tour-noi , & avant que le tournoi fût ouvert. Il y avoit dans cette enceinte des barres & des traverfes pour les féparer les uns des autres.

ESSORANT , TE , adj. fe dit des oifeaux , & particulièrement de l'aigle pofée de profil en pre-nant fon *effor*.

Gon de Vaffigny , d'azur , à une aigle de profil & *efforante* d'or. (*Pl. VI. fig. 302.*)

ESSORÉ , ÉE , adj. fe dit de la couverture d'une maifon ou d'une tour , quand elle eft d'un autre émail que celui du corps du bâtiment.

Cafanova , en Efpagne ; d'azur , à une maifon d'argent , maçonnée de fable , *efforée* de gueules. (*Pl. IX. fig. 466.*)

ÉTAYE , f. f. petit chevron employé pour fou-tenir quelque chofe , il ne doit , dit - on , avoir que le tiers de la largeur ordinaire du chevron ; mais il y a toujours un peu d'arbitraire dans ces propor-tions.

ÉTENDARD , f. m. meuble d'écu.

Vaffelot , d'azur , à trois *étendards* d'argent , fûtés d'or , couchés dans le fens des bandes 2 & 1. (*Pl. X. fig. 550.*)

ÉTÊTÉ , ÉE , adj. mot dont quelques auteurs fe fervent pour défigner un animal dont la tête a été arrachée de force & dont le cou , par conféquent , eft raboteux & inégal ; ils oppofent ce mot à *dé-capité* , auquel cas la tête eft coupée net & le cou tout uni.

ETIENNE (*l'Ordre de faint*) , de Tofcane , fut inftitué , le 2 août 1554 , par le grand duc Côme de Médicis , à l'occafion d'une victoire qu'il venoit de remporter à Marciano.

Le Pape Pie IV confirma cet ordre par une bulle du premier février 1561.

Les chevaliers s'obligèrent de défendre les côtes de Tofcane des defcentes & des incurfions des Turcs & des Maures de barbarie.

La croix de cet ordre eft à huit pointes émaillée de gueules, attachée par trois chainons à une chaîne, le tout d'or. (*Voyez planche XXV , fig. 47.*) (*G. D. L. T.*)

ÉTINCELANT , TE , adj. fe dit des charbons & des flammes d'où il paroit fortir des étincelles. On appelle écu *étincelant* celui qui en paroit femé.

Bellegarde des Marches , en Savoie ; d'où eft forti le grand chancelier de Savoie , Janus de Bellegarde , porte d'azur à la fphère de feu en fafce , courbée d'un angle du chef à l'autre , rayonnante & *étincelante* vers la pointe de l'écu d'or , au chef de même , chargé d'une aiglette de fable. (*Pl. VII. fig. 384.*)

ÉTOILE , marque qui caractérife les ordres de la jarretière & du bain.

L'ordre de l'ÉTOILE , ou de Notre-Dame de l'*étoile*, eft un ordre de chevalerie inftitué ou renouvellé par Jean , roi de France , en l'année 1352 ; ainfi nommé , à caufe d'une étoile qu'il portoit fur l'eftomac.

D'abord il n'y eut que trente chevaliers , & de la nobleffe la plus diftinguée ; mais peu à peu cet ordre tomba dans le mépris , à caufe de la quantité de gens qu'on y admit fans aucune diftinction : c'eft pourquoi Charles VII , qui en étoit grand-maitre , le quitta & le donna au chevalier du guet de Paris & à fes archers. Mais d'autres traitent tout cela d'erreur , & prétendent que cet ordre fut inf-titué par le roi Robert en 1022 , en l'honneur de la fainte Vierge , durant les guerres de Philippe-de-Valois , & que le roi Jean fon fils le rétablit.

Le collier de l'ordre de l'*étoile* étoit d'or à trois chaines , entrelacées de rofes d'or émaillées alter-nativement de blanc & de rouge , & au bout pendoit une *étoile* d'or à cinq rayons. Les chevaliers portoient le manteau de damas blanc, & les doublures de damas incarnat ; la gonnelle ou cotte d'armes de même, fur le devant de laquelle, au côté gauche, étoit une *étoile* brodée en or. Les chevaliers étoient obligés de dire tous les jours une couronne ou cinq dixaines d'*Ave Maria*, & cinq *Pater*, & quelques prières pour le roi & pour fon état. Ce qui prouve que cet ordre a été inftitué par Robert, & non par le roi Jean, c'est qu'on trouve une promotion de chevaliers de l'*étoile* fous le premier, fous Philippe-Augufte, & fous faint Louis. 2°. Il ne paroît pas que Charles VII ait avili, comme on prétend, l'ordre de l'*étoile*; puifque trois ans avant fa mort il le conféra au prince de Navarre, Gafton de Foix, fon gendre. Il eft bien plus probable que Louis XI ayant inftitué l'ordre de faint Michel, les grands, comme il arrive ordinairement, afpirèrent à en être décorés, & que celui de l'*étoile* tomba peu à peu dans l'oubli.

Juftiniani fait mention d'un autre ordre de l'*étoile* à Meffine en Sicile, qu'on nommoit auffi l'*ordre du croiffant*. Il fut inftitué en l'année 1268 par Charles d'Anjou, frère de faint Louis, roi des deux Siciles.

D'autres foutiennent qu'il fut inftitué en 1464 par René, duc d'Anjou, qui prit le titre de *roi de Sicile*; du moins il paroît par les armes de ce prince, qu'il fit quelque changement dans le collier de cet ordre : car au lieu de fleurs de lumière ou *étoiles*, il ne portoit que deux chaînes, d'où pendoit un croiffant, avec le vieux mot françois *Loz*, qui, en langage de rébus, fignifioit *Los en croiffant*; c'eft-à-dire, *honneur en croiffant* ou s'augmentant.

Cet ordre étant tombé dans l'obfcurité, fut relevé de nouveau par le peuple de Meffine, fous le nom de *noble académie des chevaliers de l'étoile*, dont ils réduifirent l'ancien collier à une fimple *étoile* placée fur une croix fourchue, & le nombre des chevaliers à foixante-deux. Ils prirent pour devife : *monftrant regibus aftra viam*, qu'ils exprimèrent par les quatre lettres initiales, avec une

étoile au milieu
```
    M  R
       *
    A  V
```
Voyez CROISSANT.

ÉTOILE, f. f. meuble de l'écu, repréfentation d'une *étoile* dont on charge fouvent les pièces honorables : elle diffère de la molette ou roue d'un éperon, en ce qu'elle n'eft point percée comme la molette.

L'*étoile* eft ordinairement compofée de cinq rayons ou pointes ; quand il y en a fix ou huit, comme parmi les Italiens & les Allemands, il faut l'exprimer en blafonnant.

Sur les médailles, les *étoiles*, comme fymboles d'éternité, font une marque de confécration & de déification. Le père Jobert, dans fa *Science des médailles*, dit qu'elles fignifient quelquefois les

enfans des princes régnans, & quelquefois les enfans morts & mis au rang des dieux.

Tarteron, d'or, au crabe ou fcorpion de fable, au chef d'azur, chargé de trois *étoiles* d'argent. (*Pl. VII. fig. 347.*)

Morien, en Weftphalie ; d'argent, à la bande baftillée de trois pièces à plomb de fable, & en chef d'une *étoile* à fix raies de gueules. (*Pl. III. fig. 149.*)

Affas, dans les Cevennes ; dont étoit le chevalier d'Affas fi connu par fon généreux dévouement à l'affaire de Cloftercamp en 1760 ; d'or, au chevron d'azur, accompagné en chef de deux pins de finople, & en pointe d'un croiffant de l'émail du chevron, au chef auffi d'azur, chargé de trois *étoiles* du champ.

Geliot, d'azur, à trois *étoiles* d'or pofées en pal. (*Pl. VII. fig. 375.*)

Châteauneuf, d'or, à une *étoile* à huit rais de gueules. (*Fig. 376.*)

Des Baux, de gueules, à une *étoile* à feize rais d'argent. (*Fig. 377.*)

ÉTOILÉ, ÉE, adj. La croix *étoilée* ou en étoile eft celle qui eft formée par des étoiles difpofées en croix.

ÉTOLE, ordre de chevalerie inftitué par les rois d'Arragon. On ignore le nom du prince qui en fut l'inftituteur, le temps de fa création, auffi bien que le motif de fon origine, & fes marques de diftinction : on conjecture feulement qu'elles confiftoient principalement en une *étole* ou manteau fort riche, & que c'eft de là que cet ordre a tiré fon nom ; les plus anciennes traces qu'on en trouve ne remontent pas plus haut qu'Alphonfe V, qui commença à régner en 1416. Juftiniani prétend que cet ordre a commencé vers l'an 1332.

ÉTOLE D'OR, (ordre militaire à Venife) ainfi nommé, à caufe d'une *étole d'or* que les chevaliers portent fur l'épaule gauche, & qui tombe jufqu'aux genoux par-devant & par-derrière, & qui eft large d'une palme & demie. Perfonne n'eft élevé à cet ordre, s'il n'eft patricien ou noble Vénitien. Juftiniani remarque qu'on ignore l'époque de fon inftitution.

ÉTRIER, f. m. meuble d'armoiries repréfentant l'*étrier* qui fert à monter à cheval.

L'ufage des *étriers* n'étoit point connu du temps des anciens tournois ni des croifades ; on fe fervoit alors de fautoirs qui étoient des cordons couverts d'une riche étoffe.

Bourdelet de Montalet, d'azur, au chevron d'or, accompagné de trois *étriers* de même. (*Pl. X. fig. 512.*)

EUCINA, ordre de chevalerie qui fut établi, felon quelques-uns, l'an 722, par Garcias Ximenés, roi de Navarre. Sa marque de diftinction étoit, à ce que l'on dit, une croix rouge fur une chaîne ; & s'il étoit vrai qu'il eût exifté, ce feroit le plus ancien de tous les ordres de chevalerie ; mais on en doute avec fondement.

ÉVIRÉ, adj. fe dit d'un lion ou autre animal dont rien n'indique le fexe.

EXCELLENCE,

EXCELLENCE, f. f. eſt un titre d'honneur qu'on donne aux ambaſſadeurs & à d'autres perſonnes qu'on ne qualifie pas de celui d'alteſſe, parce qu'ils ne ſont pas princes, mais qu'ils ſont au deſſus de toutes les autres dignités inférieures.

En Angleterre & en France on ne donne ce titre qu'aux ambaſſadeurs : mais il eſt fort commun en Allemagne & en Italie. Autrefois ce titre étoit réſervé pour les princes du ſang des différentes maiſons royales ; mais ils l'ont abandonné pour prendre celui d'alteſſe, parce que pluſieurs grands ſeigneurs prenoient celui d'*excellence*.

Les ambaſſadeurs ne ſont en poſſeſſion de ce titre que depuis 1593, quand Henri IV, roi de France, envoya le duc de Nevers en ambaſſade auprés du pape, où il fut d'abord complimenté du titre d'*excellence*. Dans la ſuite on donna le même nom à tous les ambaſſadeurs réſidens dans cette cour, d'où cet uſage s'eſt répandu dans les autres.

Les ambaſſadeurs de Veniſe ne jouiſſent de ce titre que depuis 1636, temps auquel l'empereur & le roi d'Eſpagne conſentirent à le leur donner.

Les ambaſſadeurs des têtes couronnées ne veulent point donner ce titre aux ambaſſadeurs des princes d'Italie, où cet uſage n'eſt point établi.

La cour de Rome n'accorde jamais la qualité d'*excellence* à aucun ambaſſadeur quand il eſt eccléfiaſtique, parce qu'elle la regarde comme un titre ſéculier. Les règles ordinaires & l'uſage du mot *excellence* ont varié un peu par rapport à la cour de Rome. Autrefois les ambaſſadeurs de France à Rome, donnoient le titre d'*excellence* à toute la famille du pape alors régnant, au connétable Colonne, au duc de Bracciano, & au fils aîné de tous ces ſeigneurs, de même qu'aux ducs Savelli, Ceſarini, &c.... mais à préſent ils ſont plus réſervés à cet égard ; cependant ils traitent toujours d'*excellence* toutes les princeſſes romaines.

La cour de Rome de ſon côté, & les princes romains donnent ce même titre au chancelier, aux miniſtres & ſécrétaires d'état, & aux préſidens des cours ſouveraines en France, aux préſidens des conſeils d'Eſpagne, au chancelier de Portugal, & à ceux qui rempliſſent les premières places dans les autres états, pourvû qu'ils ne ſoient point eccléfiaſtiques.

Le mot *excellence* étoit autrefois le titre que portoient les rois & les empereurs : c'eſt pourquoi Anaſtaſe le bibliothécaire appelle Charlemagne *ſon excellence*. On donne encore ce titre au ſénat de Veniſe, où après avoir ſalué le doge ſous le titre de *ſéréniſſime*, on qualifie les ſénateurs de *vos excellences*.

Le *liber diurnus pontif. rom.* traite d'*excellence* les exarques & les patriciens.

Les François & les Italiens ont renchéri ſur la ſimple *excellence*, & en ont fait le mot *excellentiſſime* & *excellentiſſimo*, qui a été donné par pluſieurs papes, rois, &c. mais le mot *excellentiſſime* n'eſt plus d'uſage en France. *Wiquefort & Chambers.* (G)

EXTRACTION, f. f. *deſcendance, généalogie*, (*Voyez* GÉNÉALOGIE.) Il faut prouver la nobleſſe de ſon extraction pour être admis dans quelques ordres de chevalerie, dans de certains chapitres, &c.

FAILLI, IE, adj. fynonime de *rompu*, & qui fe dit des chevrons *faillis* ou *rompus* dans leurs montans. (*Voyez* au mot CHEVRON, l'article CHEVRON ROMPU, & *voyez* les armes de Meynier d'Oppède, *pl.* 4, *fig.* 205.)

FANON, f. m. meuble de l'écu repréfentant un large braffelet reffemblant au *fanon* ou manipule des prêtres & des diacres; c'étoit anciennement une manche pendante qu'on portoit près du poignet droit pour ornement.

Le *fanon* étoit fort en ufage en Allemagne, & c'eft de là que le terme de *fanon* eft venu; il fignifie chez les Allemands une pièce d'étoffe.

De Clinchamp de Caudecofte de Bellegarde, à Lizieux & à Evreux en Normandie; d'argent à trois *fanons* de gueules.

FASCE, f. f. une des pièces honorables de l'écu qui fe pofe au milieu horifontalement, & qui fépare le chef d'avec la pointe.

Béthune, d'argent à la *fafce* de gueules. (*Pl. II. fig. 100.*)

La *fafce* occupe, felon les uns, le tiers, felon les autres les deux feptièmes de l'écu; on en peut voir les proportions *pl. XXVIII. fig.* 3.

Il y a quelquefois deux, trois ou quatre *fafces* dans l'écu, alors les diftances font égales aux *fafces.* (*Voyez* les armes des maifons d'Harcourt & de Saint-Chamans, *pl. III*, *fig.* 126 & 127. *Voyez* auffi *pl. XXIX. fig.* 10 & 11.)

Lorfqu'au deffus du nombre de trois les *fafces* font en nombre impair, elles s'appellent *trangles* en nombre pair *burelles;* mais on varie fur ce point, & les auteurs héraldiques ne conviennent pas abfolument entre eux fi la différence des trangles & des burelles tient au nombre pair ou impair, ou à la largeur plus grande ou moindre de la pièce.

La *fafce* repréfente, dit-on, l'écharpe que les chevaliers portoient autrefois en forme de ceinture.

FASCÉ, ÉE, adj. fe dit d'un écu divifé en fix ou huit parties égales de deux émaux alternés dans le fens de la *fafce.*

De Cruffol, *fafcé* d'or & de finople de fix pièces. (*Pl. III. fig.* 128. *Voyez* auffi *pl. XXX. fig.* 18 & 19.)

Si l'écu étoit divifé en dix *fafces*, de deux émaux alternés, il s'appelleroit *burelé.* (*Voyez* les armes de Luzignem ou Luzignan, *pl. III. fig.* 130.)

Les mots *fafce* & *fafcé* viennent du latin *fafcia*, qui fignifie une bande ou bandelette de toile, mais qui n'a aucun rapport, quant à la pofition, avec ce qu'on appelle en Blafon une *bande;* mais on appelle *fafcés* une bande, un chevron, un pal divifés en *fafces.*

Quelques-uns écrivent face & facé, & dérivent ces mots de *facies*, parce qu'en effet cette pièce fe préfente en *face* dans l'écu.

FAUCILLE, f. f. meuble qui entre dans quelques écus.

Haudt, d'argent, à trois *faucilles* de- gueules, rangées en fafces. (*Pl. X. fig.* 555.)

FAUCON, f. m. oifeau de proie qui fe trouve fur plufieurs écus.

On dit du *faucon*, *chaperonné*, *longé*, *grilleté*, *perché*, dans le même fens que de l'épervier. (*Voyez* ces mots, & *voyez* EPERVIER.)

Selon plufieurs auteurs, le *faucon* a été ainfi nommé, *quafi falcatus*, parce que fes ongles courbés & pointus imitent la courbure & la pointe de la faulx.

Falcos de la Blache, en Dauphiné; d'azur, au *faucon* d'argent.

Claviere de Saint-Roman, de Saint-Barthelemi-le-Fhin, en Vivarais; de gueules, au dextrochère d'argent, portant deux *faucons*, l'un à dextre, de finople, l'autre à feneftre de pourpre, longé d'azur, les têtes affrontées.

FAULX, f. f. meuble d'armoirie repréfentant une *faulx.*

On dit *emmanché* du manche de la *faulx*, quand il eft d'un émail particulier.

On nomme *ranchier* le fer d'une *faulx.*

Voyez pour les *faulx pl. X. fig.* 553, & pour les *ranchiers* ou *fers de faulx* pofés l'un fur l'autre en fafce la *fig.* 554.

FAUX, FAUSSE, adj. fe dit des armoiries qui ont couleur fur couleur ou métal fur métal. On les appelle plus communément *armes à enquérir* ou *à enquerre.* (*Voyez* au mot ARMES l'article ARMES A ENQUÉRIR. *Voyez* auffi le mot ENQUERRE.)

FEMME, f. f. Les figures humaines étant admifes dans le Blafon, les figures entières de femmes, ou feulement des têtes de femmes fe trouvent quelquefois fur les écus.

Andelberg, en Suède; d'argent, parti de gueules à une *femme* de carnation, habillée à l'allemande, les manches retrouffées, les mains pofées fur le ventre, partie de l'une en l'autre. (*Pl. VIII. fig.* 440.)

Grammont, d'azur, à trois buftes de reines de carnation, couronnées d'or à l'antique. (*Fig.* 441.)

FENDU EN PAL, DUE, adj. fe dit d'une croix *fendue* de haut en bas, & dont les parties font placées à quelque diftance l'une de l'autre.

FER, f. m. fe dit de plufieurs fortes de *fers* qui fe trouvent dans les écus, tels que les *fers* de lance, de javelot, de pique, de flèche; il fe dit auffi des *fers* à cheval. Ceux-ci font ordinairement repréfentés la pointe en-haut; & lorfque les clous font d'un émail différent, on dit des *fers* qu'ils font cloués de tel émail.

Ferrier, d'argent, à trois *fers* de pique d'azur. (*Pl. IX. fig.* 501.)

Millet, d'or, à trois *fers* de flèche, de fable.

Fresnay, d'hermine, à la fasce de gueules, accompagnée de trois *fers* de cheval d'or, trois en chef & un en pointe. (*Pl. X. fig. 504 & 519.*)

FER DE FOURCHETTE , croix *à fer de fourchette* ou *fourchetée* , eſt une croix qui , à chacune de ſes extrêmités , a un *fer* recourbé tel que celui dont les ſoldats ſe ſervent ou ſe ſervoient pour attacher leurs mouſquets. On peut voir la différence de la *croix fourchée* à la *croix fourchetée* , ou *croix à fer de fourchette* , en comparant , *pl. IV.* les *figures 179 & 180.*

FER DE MOULIN , f. m. eſt une pièce de l'écu , qu'on ſuppoſe repréſenter l'ancre de *fer* qui ſoutient la meule d'un moulin.

FER D'OR (*Chevalier du*). Les chevaliers du *fer d'or* , & écuyers du fer d'argent (car ils réuniſſoient ces deux titres), étoient une ſociété de ſeize gentilshommes , en partie chevaliers , & en partie écuyers.

Cette ſociété fut établie dans l'égliſe de Notre-Dame de Paris en 1414 , par Jean, duc de Bourbon , qui s'y propoſa , comme il le dit lui-même , d'acquérir de la gloire & les bonnes graces d'une dame qu'il ſervoit. Ceux qui entrèrent dans cette ſociété, ſe propoſèrent auſſi de ſe rendre par-là recommandables à leurs maitreſſes. On ne ſauroit concevoir un plan plus extravagant d'actions de piété & de fureur romaneſque , que celui qui fut imaginé par le duc de Bourbon.

Les chevaliers de ſa ſociété devoient porter , auſſi bien que lui, à la jambe gauche , un *fer d'or* de priſonnier pendant à une chaine. Les écuyers en devoient porter un ſemblable d'argent. Le duc de Bourbon eut ſoin d'unir étroitement tous les membres de ſon ordre ; & pour cet effet , il leur fit promettre de l'accompagner , dans deux ans au plus tard , en Angleterre, pour s'y battre en l'honneur de leurs dames, armés de haches , de lances , d'épées , de poignards, ou même de bâtons , au choix des adverſaires. Ils s'obligèrent pareillement de faire peindre leurs armes dans la chapelle où ils firent ce vœu, qui eſt la chapelle de Notre-Dame de Grace , & d'y mettre un *fer d'or* ſemblable à celui qu'ils portoient , avec la ſeule différence qu'il ſeroit fait en chandelier , pour y brûler continuellement un cierge allumé juſqu'au jour du combat.

Ils reglèrent encore qu'il y auroit tous les jours une meſſe en l'honneur de la Vierge , & que s'ils revenoient victorieux, chacun d'eux fonderoit une ſeconde meſſe , feroit brûler un cierge à perpétuité, & de plus , ſe feroit repréſenter revêtu de ſa cotte d'armes, avec toutes ſes armes de combattant ; que ſi par malheur quelqu'un d'eux étoit tué, chacun des ſurvivans , outre un ſervice digne du mort , lui feroit dire dix-ſept meſſes, où il aſſiſteroit en habit de deuil.

Cette ſociété , pour comble d'extravagance , fut inſtituée au nom de la ſainte Trinité & de ſaint Michel , & elle eut le ſuccès qu'elle mérita. Le duc de Bourbon alla véritablement en Angleterre , à peu près dans le même-temps qu'il avoit marqué ;

mais il y alla en qualité de priſonnier de guerre , & il y mourut au bout de dix-neuf ans , ſans avoir pû obtenir ſa liberté. *Voyez* , ſi vous êtes curieux , de plus grands détails , l'*Hiſtoire des ordres de chevalerie* du P. Héliot , *tom. VIII* , *chap. v* , c'eſt-à-dire , le recueil des folies de l'eſprit humain en ce genre biſarre , depuis l'origine du Chriſtianiſme juſqu'au commencement de notre ſiècle. *Article de M. le chevalier DE JAUCOURT.*

FERMAIL , f. m. & FERMAUX au pl. Ce vieux mot ſignifie les agraffes , crochets , boucles garnies de leurs ardillons , & autres fermoirs de ce genre dont on s'eſt ſervi anciennement pour fermer des livres, & dont l'uſage a été tranſporté aux manteaux , aux chapes , aux baudriers ou ceintures , pour les attacher. On les a auſſi nommés *fermalets* ou *fermaillets* , & ils faiſoient alors une eſpèce de parure, tant pour les hommes que pour les femmes.

Les *fermaux* ſont ordinairement repréſentés ronds & quelquefois en loſange , ce qu'alors il faut ſpécifier en blaſonnant. Quelques-uns appellent un écu *fermaillé* , quand il eſt chargé de pluſieurs *fermaux.*

Stuart, comte de Buchan, portoit de France à la bordure de gueules *fermaillée* d'or ; on dit maintenant *ſemée de boucles d'or.*

J'ai avancé tout à l'heure que le *FERMAIL* étoit autrefois une eſpèce de parure. Joinville , décrivant une grande fête , qu'il appelle une *grand'court* & *maiſon ouverte* , dit : » Et à une autre table mangeoit le roi de Navarre , qui moult eſtoit paré » de drap d'or , en cotte & mantel , la ceinture , » *fermail* , & chapel d'or fin , devant lequel je » tranchoie «. Selon Borel , le *fermail* étoit un crochet, une boucle , un carquant , & *autre atifet de femme.* Mais on voit par cet endroit de l'hiſtoire de Joinville , que les hommes & les femmes ſe ſervoient de cette parure, que les hommes mettoient tantôt ſur le devant du chapeau , & tantôt ſur l'épaule en l'aſſemblage du manteau. Auſſi liſons-nous ces paroles dans Amadis , liv, 2 : » Et laiſſant » pendre ſes cheveux, qui étoient les plus beaux que » nature produit onc , n'avoit ſur ſon chef qu'un *fer-* » *maillet* d'or , enrichi de maintes pierres pré- » cieuſes «. Surquoi Nicod ajoute : » Et il a ce » nom , parce qu'il ferme avec une petite bande, » laquelle eſt appellée *fermeille* ou *fermaille* ; & » quant aux femmes , elles plaçoient leur *fermail* » ſur le ſein «.

Il eſt dit dans Froiſſard, c. 154 : » Et ſi eut pour » le prix un *fermail* à pierres précieuſes , que ma- » dame de Bourgogne prit en ſa poitrine «. *Voyez* Ducange.

(Cet article eſt de M. le chevalier de Jaucourt , & il eſt reſté entièrement tel qu'il étoit.)

Nous y ajoutons pour exemple les armes de la maiſon de Mallet de Graville , de gueules , à trois boucles ou *fermaux* d'or , poſés deux & un. (*Pl. X. fig. 516.*)

L'auteur de la partie du Blaſon , dans le ſupplé-

I 2

ment de l'Encyclopédie, avertit qu'il est nécessaire de dire *deux & un*, parce qu'on pourroit croire qu'ils seroient tous les trois en pal l'un pour l'autre, au lieu qu'ils sont dans le sens de la fasce, & c'est ordinairement dans ce sens qu'ils sont posés.

FÉVE, s. f. meuble de l'écu représentant ce légume.

De Faverolles, d'azur, à la tige de *féves*, de trois gousses naissantes, mouvant d'un croissant posé près de la pointe de l'écu & accompagnée en chef de deux étoiles d'or. (*Pl. VIII. fig. 430.*)

FEUILLE, s. f. meuble de l'écu qui représente une *feuille* d'arbre ou d'arbrisseau.

De Quelen, de la Vauguion, de Saint-Mesgrin, d'argent à trois *feuilles* de chêne de sinople.

La Vieuville, d'argent à six *feuilles* de houx d'azur, posées trois, deux & une. (*Pl. VIII. fig. 403.*)

(*Voyez* TREFFLE, TIERCE-FEUILLES, QUATRE-FEUILLES, QUINTE-FEUILLES; & *voyez* pour toutes ces pièces les *fig. 405 -- 6 --7 & 421, pl. VIII.*)

FEUILLÉ, ÉE, adj. se dit d'une plante qui a des *feuilles* d'un émail particulier.

Caradas, d'argent, au chevron d'azur, accompagné de trois roses de gueules, *feuillées* & tigées de sinople. (*Pl. VIII. fig. 415.*)

Thumery, à Paris; d'or, à la croix de gueules, cantonnée de quatre tulipes *feuillées* & tigées de sinople. (*Pl. VIII. fig. 418.*)

FICHÉ, ÉE, adj. se dit d'un pal, d'une croix, d'une croisette, ou autre pièce de longueur qui paroît aigue dans sa partie inférieure & propre à être enfoncée en terre.

On dit *pal au pied fiché*, croix *au pied fiché*, croisette *au pied fiché*, &c.

Saligny, d'or, à trois pals aléfés, *au pied fiché* de sable. (*Pl. III. fig. 123.*)

Rousset, de gueules, à une croix *fichée* d'argent. (*Pl. IV. fig. 176.*)

Bec de lièvre, en Normandie; de sable, à deux croix tresflées *au pied fiché* d'argent, accompagnées en pointe d'une coquille de même. (*Pl. IV. fig. 183.*)

FIER, FIÈRE, adj. se dit d'un lion dont le poil est hérissé.

FIERTÉ, ÉE, adj. se dit des baleines dont on voit les dents.

FIDÉLITÉ (l'ordre de la), institué par Christian VI, roi de Dannemarck, le 7 août 1732, pour l'anniversaire de son mariage.

La marque de l'ordre est une croix d'or émaillée d'argent, les quatre angles rayonnans, au centre un écusson de gueules en ovale, chargé d'un lion & d'un aigle en chef, & d'un aigle & d'un lion en pointe, le tout d'argent; un petit écusson d'azur aux chiffres du roi & de la reine, brochant sur les lions & les aigles. Au revers on lit ces mots: *In felicissimæ unionis memoriam.*

Cette croix est attachée à un cordon de soie

bleue turquin, tissu d'argent aux extrémités. (*Pl. XXIV. fig. 40. G. D. L. T.*)

FIGURÉ, ÉE, adj. se dit du soleil qu'on représente avec un visage humain, & en général de toutes les choses sur lesquelles paroît la *figure* humaine, comme les tourteaux, les besans, &c qu'on *figure* quelquefois ainsi.

FIL, s. m. Plusieurs auteurs font le mot *fil* synonime de lambel, auquel cas c'est une brisure faite pour distinguer une branche cadette de la branche ainée de la même maison.

D'autres auteurs distinguent dans le lambel, la ligne supérieure & horisontale qu'ils appellent *fil*, & les points ou pendans qui en sortent, & qu'ils appellent plus particulièrement *lambel*. Ils disent, *fil de trois lambels ou plus.*

FILET, s. m. est, selon quelques auteurs, une pièce posée dans le sens de la bande, & qui n'a de largeur que le tiers de la cotice.

D'Hallencourt de Dromesnil, en Picardie; d'argent à la bande de sable, accôtée de deux *filets* de même.

Quatre - Barres, de sable, à la bande d'argent, accôtée de deux *filets* de même. (*Pl. II. fig. 67.*)

D'autres le confondent avec la filière, dont nous allons parler.

D'autres le regardent comme un diminutif de la barre & non pas de la bande; mais on en voit dans toute sorte de positions, comme de la bande, de la fasce, de la croix, &c.

Un auteur, nommé Guillem, dit que le *filet* est la quatrième partie du chef; il le confond peut-être avec la divise.

FILIÈRE, s. f. bordure étroite qui n'a, selon quelques auteurs, que le tiers de la bordure ordinaire : cette dernière n'ayant, selon eux, que la septième partie de la largeur de l'écu, la *filière* n'en doit avoir que la vingt-unième partie.

Beaucoup d'auteurs confondent la *filière* avec l'orle; d'autres les distinguent de cette manière : la *filière* touche le bord de l'écu; l'orle en est détaché par un vuide égale à sa largeur.

Palatin de Dio, de Montpeirous, de Montmore, en Bourgogne; fascé d'or & d'azur, à la *filière* de gueules.

FLAMBANT ou FLAMBOYANT, adj. se dit des pals aiguisés & ondés qui imitent les flammes; ils sont mouvans du bas de l'écu, & leurs pointes ondoyantes s'élèvent en haut.

Bataille, en Bourgogne; d'argent, à trois pals *flambans* ou *flamboyans*, de gueules, mouvans de la pointe. (*Pl. III. fig. 125.*)

FLAMBEAU, s. m. meuble de l'écu, représentation d'un *flambeau.*

Béral de Forges, d'azur, à deux *flambeaux* d'or allumés de gueules, passés en sautoir, surmontés d'une fleur-de-lis. (*Pl. VII. fig. 387.*)

FLAMME, s. f. meuble d'armoirie, dont la partie inférieure est ronde, & dont le haut se termine en trois pointes ondoyantes; son émail particulier est le gueules.

Pollart, d'argent, à un sanglier de sable, surmonté de deux *flammes* de gueules. (*Pl. VII. fig. 385.*)

Il y a cependant des *flammes* de différens émaux.

De Vendes de Saint-Pierrefy, en Normandie; d'azur, à l'étoile d'or, accompagnée de trois *flammes* de même.

FLANCHIS, f. m. petit fautoir aléfé, qui meuble l'écu, ou qui charge une pièce honorable.

Les *flanchis*, au nombre de trois, fe pofent deux & un, fur un chef, ils font rangés horifontalement, ils pourroient auffi être en bande, en pal ou d'une autre manière.

Mornieu de Grandmont, en Breffe; d'azur à trois *flanchis* d'or.

De Balzac d'Entragues, d'azur, à trois *flanchis* d'argent, au chef d'or, chargé de trois *flanchis* du champ.

Le Veneur de Tillières, d'argent, à la bande d'azur, chargée de trois *flanchis* d'or.

FLANQUE, f. f. fe dit d'une pièce formée par une ligne en voute qui part des angles du chef, & fe termine à la bafe de l'écuffon: il porte d'hermine à deux *flanques* vertes.

Les *flanques* fe portent toujours par paires ou par couples.

Leigh fait deux différentes pièces de la *flanque* & de la flafque, la première plus courbée que la feconde; mais Gibbon n'en fait qu'une qu'il appelle *flanque*.

FLANQUÉ, ÉE, adj. fe dit de l'écu dont les côtés ou flancs font divifés par deux portions de cercles rentrantes, qui faillent, dit-on, d'une partie deux cinquièmes de fa largeur à dextre & à feneftre, & fe terminent aux angles du haut & du bas.

Payen de Courcelles, en Champagne; d'or à cinq trangles de gueules, *flanquées* d'azur.

FLANQUÉ fe dit d'une manière plus générale, des pals, arbres & autres figures qui en ont d'autres à leurs côtés. Aux armoiries de Sicile, les pals d'Arragon font *flanqués* de deux aigles.

Pingon, en Savoie; d'azur à une fafce d'or, *flanquée* de deux pointes d'argent appointées vers la fafce.

FLASQUE. *Voyez* FLANQUE.

FLÈCHE, f. f. pièce de l'écu.

After, de gueules, à trois *flèches* d'or, les pointes en bas, pofées en trois pals. (*Pl. IX. fig. 503.*)

FLEURS DE LIS, f. f. pl. armes des rois de France: perfonne n'ignore qu'ils portent d'azur à trois *fleurs de lis* d'or.

Les *fleurs de lis* étoient déjà employées pour ornement à la couronne des rois de France, du temps de la feconde race, & même de la première: on en voit la preuve dans l'abbaye de faint Germaindes-Prés, au tombeau de la reine Frédégonde, dont la couronne eft terminée par de véritables *fleurs de lis*, & le fceptre par un lis champètre. Ce tombeau, qui eft de marqueterie, parfemé de filigranes

de laiton, paroît original: outre qu'il n'y a point d'apparence qu'on eût penfé à orner de la forte le tombeau de cette reine long-temps après fa mort, puifqu'elle a fi peu mérité cet honneur pendant fa vie.

Pour ce qui eft de la feconde race, on trouve plufieurs portraits de Charles le Chauve dans les livres écrits de fon vivant, avec de vraies *fleurs de lis* à fa couronne; quelques-uns de ces manufcrits fe gardent dans la bibliothèque du roi, comme auffi dans celle de M. Colbert qui y eft jointe; & l'on en peut voir les figures dans le fecond tome des Capitulaires de M. Baluze.

Mais comme les rois de France n'ont point eu d'armes avant le douzième fiècle, les *fleurs de lis* n'ont pu y être employées qu'après ce temps-là. Philippe-Augufte eft le premier qui s'eft fervi d'une *fleur de lis* feule au contre-fcel de fes chartes; enfuite Louis VIII & faint Louis imitèrent fon exemple: après eux, on mit dans l'écu des armes des rois de France des *fleurs de lis* fans nombre; & enfin elles ont été réduites à trois fous le règne de Charles VII.

Voilà le fentiment le plus vraifemblable fur l'époque à laquelle nos rois prirent les *fleurs de lis* dans leurs armes; & c'eft l'opinion du P. Mabillon. M. de Sainte-Marthe, fils & neveu des frères de Sainte-Marthe, qui ont travaillé avec beaucoup de foin à recueillir nos hiftoriens, & à éclaircir plufieurs points obfcurs de notre hiftoire, penfent que la *fleur de lis* a commencé d'être l'unique fymbole de nos rois fous Louis VII, furnommé *le jeune*. L'on voit que fon epoque n'eft pas bien éloignée de celle du P. Mabillon. Quant à l'opinion de ceux qui veulent que nos lis aient été dans leur origine le bout d'une efpèce de hache d'armes appelée *francifque*, à caufe de quelque rapport qui fe trouve entre ces deux chofes; cette opinion n'eft étayée d'aucune preuve folide. Nous pourrions citer plufieurs autres conjectures qui ne font pas mieux établies; mais nous nous arrêterons feulement à celle de Jean-Jacques Chifflet, à caufe des partifans qu'elle s'eft acquis.

Dans la découverte faite à Tournay, en 1653, du tombeau de Childeric I, on y trouva l'anneau de ce prince, environ cent médailles d'or des premiers empereurs romains, deux cents autres médailles d'argent toutes rouillées, un javelot, un *graphium* avec fon ftylet & des tablettes, le tout garni d'or; une figure en or d'une tête de bœuf avec un globe de criftal, & des abeilles auffi toutes d'or, au nombre de trois cents & plus. Cette riche dépouille fut donnée à l'archiduc Léopold, qui étoit pour lors gouverneur des Pays-Bas; & après fa mort, Jean-Philippe de Schonborn, électeur de Cologne, fit préfent à Louis XIV, en 1665, de ces précieux reftes du tombeau d'un de fes prédéceffeurs: on les garde à la bibliothèque du roi.

M. Chifflet prétend donc prouver par ce monument, que les premières armes de nos rois étoient des abeilles, & que des peintres & des sculpteurs mal-habiles ayant voulu les représenter, y avoient si mal réussi, qu'elles devinrent nos *fleurs de lis*, lorsque dans le douzième siècle, la France & les autres états de la chrétienté prirent des armes blasonnées : mais cette conjecture nous paroit plus imaginaire que fondée ; parce que, suivant toute apparence, les abeilles de grandeur naturelle & d'or massif, trouvées dans le tombeau de Childeric I, n'étoient qu'un symbole de ce prince, & non pas ses armes. Ainsi, dans la découverte qu'on a faite, en 1646, du tombeau de Childeric II, en travaillant à l'église de S. Germain-des-Prés, on trouva quantité de figures du serpent à deux têtes, appelé par les Grecs *amphisbène*, lesquelles figures étoient sans doute le symbole de Childeric II, comme les abeilles l'étoient de Childeric I.

Au surplus, Chifflet, dans son ouvrage à ce sujet, intitulé : *Lilium Francicum*, a eu raison de se moquer des contes ridicules qu'il avoit lus dans quelques-uns de nos historiens sur les *fleurs de lis*. En effet, les trois couronnes, les trois crapauds changés en trois *fleurs de lis* par l'ange qui vint apporter à Clovis l'écusson chargé de ces trois *fleurs*; ce qui a engagé les uns à imaginer que les rois de France portoient au commencement, de sable, à trois crapauds d'or, les autres, d'or, à trois crapauds de sable ; & d'autres enfin, comme Trithème, d'azur, à trois grenouilles de sinople ; tout cela, dis-je, ne peut passer que pour des fables puériles qui ne méritent pas d'être réfutées sérieusement.

Cet article, qui porte le nom de M. le chevalier de Jaucourt, est tiré tout entier du discours sur les anciennes sépultures de nos rois par dom Mabillon, (*Mém. de Littérat. t. II. p. 633 & suiv.*) & il est resté tel qu'il étoit.

L'Auteur du Supplément y reprend une faute : « Charles VI, dit-il, & non Charles VII, réduisit les *fleurs de lis* à trois. »

Nous ajouterons : « *Charles V, & non pas Charles VI* », & peut-être aucun des trois, car tout ce qu'on sait, c'est que la réduction étoit faite du temps de Charles V. Les termes que Raoul de Presles adresse à Charles V dans le prologue de sa Traduction de la *Cité de Dieu*, sont formels :

« Et si portez les armes de trois *fleurs de lis*, en signe de la benoîte Trinité. » Les termes latins du préambule des lettres de fondation des célestins de Mantes, du mois de février 1376, ne le sont pas moins.

« *Lilia quidem signum regni Franciæ, in quo florent flores quasi lilium, imò flores lilii non tantùm duo, sed tres ut in se typum gererent Trinitatis.* »

On trouve même des exemples de cette réduction, antérieurs au règne de Charles V, mais on ne les trouve que dans des sceaux ; or, il paroit que, dans le temps même où on employoit les *fleurs de lis* sans nombre, quelques princes réduisoient ce nombre à trois pour le scel secret, qui, par sa petitesse, n'en admettoit pas davantage. En-

fin la coutume de n'en graver que trois sur les sceaux prévalut pendant le règne de Charles V, & cela, selon l'esprit du temps, par le motif de la dévotion de ce prince à la Trinité ; on continua cependant, & même assez avant sous le règne suivant, à se servir quelquefois du sceau semé de *fleurs de lis* sans nombre ; de sorte qu'on ne sait précisément l'époque ni de l'introduction de l'usage du sceau à trois *fleurs de lis*, ni de la cessation entière de l'usage du sceau semé de *fleurs de lis* sans nombre : car, comme l'observe un historien moderne, « il est peu d'usages ou de chan-» gemens dont l'origine soit certaine : une succes-» sion lente & presque imperceptible en dérobe » presque toujours la connoissance. »

Au reste, M. le chevalier de Jaucourt avoit lui-même reconnu & corrigé sa faute, à l'article Lis, long-temps avant qu'elle eût été relevée dans le Supplément, & il avoit averti de lire *Charles V*, au lieu de *Charles VII*.

L'opinion de l'Auteur du Supplément sur l'origine des armes de France, est que Louis VII, dit *le jeune*, est le premier de nos rois qui ait pris des *fleurs de lis*, & qu'il en sema son écu, lorsqu'il se croisa pour la terre sainte en 1147. On a, dit-il, appelé ces fleurs, (réelles ou imaginaires) *fleurs de lis*, par allusion au nom de *Louis* ou *Loys*, comme on disoit alors, *fleurs de Loys*, puis par corruption, *fleurs de lis*. Cette étymologie peut être vraie ; mais les *fleurs de lis* ayant été en usage dès la première race, sinon sur l'écu, du moins sur les couronnes & autres ornemens, & le nom de *Clovis* étant le même que celui de *Louis*, dont on a insensiblement adouci la prononciation, ce nom pourroit aussi bien venir d'un des *Clovis* de la première race, ou d'un des *Louis* de la seconde, que d'un *Louis* de la troisième. La plupart des étymologies sont bien incertaines.

Par-tout où l'on trouve des *fleurs de lis* dans les armoiries particulières, c'est une marque de concession. (*Voyez* au mot *armes*, l'article ARMES DE CONCESSION. *Voyez planche XII. les figures* de la dernière rangée, & *planche VIII. fig. 411.* les armes de Foucault.)

On sait que Déodat ou Dieu-Donné d'Estaing, l'un des vingt-quatre chevaliers commis à la garde de la personne du roi Philippe-Auguste, à la bataille de Bovines en 1214, releva le roi qui avoit été renversé de cheval, le tira de péril, & sauva en même temps l'écu du roi, où les armes de France étoient peintes. Philippe, vainqueur, lui permit de porter les armes de France, qu'il avoit conservées, & les brisa seulement d'un chef d'or. Elles étoient alors semées de *fleurs de lis* sans nombre. Quand nos rois eurent réduit les *fleurs de lis* à trois, la maison d'Estaing fit la même réduction.

La maison de Salvaing, en Dauphiné, portoit d'or, à l'aigle à deux têtes de sable, diadémée, béquée & membrée de gueules ; Philippe de Valois y joignit une bordure de France, c'est-à-dire

d'azur, fémée de *fleurs de lis* d'or, pour des fervices fignalés rendus à la couronne, principalement
pour avoir contribué à procurer le Dauphiné aux
fils aînés de France.

Un auteur héraldique de ce fiècle, nommé *Playne*, dit que les Déageant portoient d'argent, à
l'aigle à deux têtes de fable, & que Louis XIII
chargea cetre aigle fur l'eftomach d'un écuffon d'a-
zur, à une *fleur de lis* d'or.

On nomme *fleur de lis au pied nourri*, celle dont
la queue eft coupée.

Vignacourt, d'argent, à trois *fleurs de lis* d'or,
aux pieds nourris de gueules. (*Pl. VIII. fig.* 410.)

FLEURDELISÉ, ÉE, adj. fe dit d'un rai d'efcarboucle, d'une croix ou autre pièce de longueur
dont les extrémités fe terminent en *fleur de lis.*

Giry, d'azur, à l'efcarboucle d'or, à rais *fleurdeli-
fes.* (*Voye*z auffi *pl. IV. fig.*177. la croix fleurdelifée.)

Cette croix, lorfqu'elle eft *fleurdelifée* par les
quatre bouts, comme dans cet exemple, s'appelle
auffi *croix florencée.*

FLEURÉ, ÉE, adj. fe dit des fafces, bandes,
trècheurs & autres pièces, dont les bords font
terminés en fleurs.

Gaudais du Pont, en Bourgogne; d'argent, à la
fafce *fleurée* de gueules, de trois fleurons de chaque côté.

De Moyenville, en Picardie; d'argent, à deux
lions affrontés de fable, au trècheur *fleuré* de gueules.

FLEURI, IE, adj. fe dit d'un rofier ou autre
plante, chargée de fleurs.

Deshayes des Orgeries, à Lifieux, en Normandie; d'argent, au rofier de trois rofes de gueules,
fleuri, tigé & feuillé de finople.

FLORENCÉ, ÉE, adj. croix *florencée. Voye*z
FLEURDELISÉE.

FLOTTANT, TE, adj. fe dit des vaiffeaux,
des cignes & des canettes qui femblent flotter fur
des ondes.

La ville de Paris, de gueules, au navire équipé
d'argent, *flottant* & voguant fur des ondes de même,
au chef de France, conceffion de nos rois. (*Voye*z
pl. XII. la troifième figure du dernier rang.)

Auvelliers, d'azur, au navire d'argent, équipé
de gueules, *flottant* fur une mer d'argent, au chef
d'or, chargé d'une aiglette d'azur. (*Pl. X. fig.* 527.)

Lavechef du Parc, à Paris; d'azur, au cigne d'argent, *flottant* fur une rivière de finople, fon bec
plongé dans l'eau & fon vol étendu, accompagné
en chef de trois étoiles d'or.

FOI, f. f. on appelle ainfi deux mains jointes
enfemble en figne d'alliance & d'amitié : ces mains
font ordinairement pofées en fafce.

Le Royer, écartelé au premier & au quatrième;
d'azur, à la *foi* couronnée d'une couronne à l'antique d'or, au deuxième & troifième, d'azur, au
chevron d'argent, accompagné en chef de deux rofes
d'argent, & en pointe d'une aiglette au vol abaiffé
de même. (*Pl. VIII. fig.* 446.)

On appelle *foi parée* celle qui eft habillée d'un
émail différent.

FONTAINE, f. f. meuble de quelques écus,
repréfentation d'une *fontaine.*

On nomme *fontaines jailliffantes*, celles qui ont
des tuyaux, gerbes & chûtes d'eau.

Guynet, de fable, à trois *fontaines* d'argent. (*Pl.
VII. fig.* 391.)

FORCÉNÉ, ÉE, adj. fe dit d'un cheval qui
paroît emporté & furieux. *Voye*z EFFARÉ.

FORCES ou TENAILLES, f. f. pl.

Hautefort, d'or, à trois *forces* de fable. (*Pl. X.
fig.* 556.)

FORMÉ, ÉE, adj. Quelques auteurs appellent
croix formée, celle que tous les autres appellent *croix
patée*, c'eft-à-dire une croix étroite au centre &
large aux extrémités. (*Voye*z PATÉE, & *voye*z les
croix des armes de Dorat, *pl. III. fig.* 156.)

FOUDRE, f. m. & f. meuble de l'écu fait en
faifceau de flammes montantes & defcendantes,
mouvantes d'un vol abaiffé en fafce avec quatre
dards en fautoir, dont les manches ou fûts à finuofités angulaires imitent les bandes vivrées.

Helliez de Crechelins, en Bretagne; d'azur, au
foudre d'argent.

Les flammes ou les dards du *foudre* peuvent auffi
être mouvans d'une bande ou barre ou d'un autre
meuble pofé dans le même fens.

Morelly, fieur de Choify, d'azur, à une nuée
d'argent en bande, laquelle eft traverfée de trois
foudres d'or, pofés en barre & qui femblent partir
de la nuée, à droite & à gauche. (*Pl. VII. fig.* 380.)

FOUINE, f, f. forte de martre, animal fauvage,
approchant de la taille & de la figure du renard,
ayant de même une queue longue & bien garnie.
Elle paroît dans l'écu paffante, rampante, ou fur
quelques pièces.

Fay de Coëffe de la Tour-Maubourg, de gueules, à la bande d'or, chargée d'une *fouine* d'azur.

FOURCHÉ, ÉE, ou FOURCHU, UE, fe dit
de la queue du lion, quand elle eft divifée en
deux.

Luxembourg, d'argent, au lion de gueules, armé, lampaffé & couronné d'azur, la queue *fourchée*, nouée & paffée en double fautoir. (*Pl. V.
fig.* 241.)

FOURCHÉE fe dit auffi d'une croix, dont chaque
branche eft terminée en trois pointes qui forment
deux angles rentrans, & qui imitent une fourche.

La Roche de Chemerault, d'azur, à la croix
fourchée d'argent. (*Pl. IV. fig.* 179.)

FOURCHETÉ, ÉE, adj. on appelle *croix fourchetée* celle dont les branches fe terminent en four-
chettes femblables à celles qui fervoient anciennement à porter les moufquets.

Truchfes Kalenthal, en Suiffe; à la croix *fourchetée* de fable. (*Pl. IV. fig.* 180.) Cette croix reffemble beaucoup à la croix ancrée ou encrée, (*Voye*z
les armes d'Aubuffon, *figure* 158. *pl. III*,) à la croix
recercellée, (*ibid. fig.* 162.) & à la croix nilée,

(*pl. IV. fig. 185.*) mais obfervons que fi par la croix nilée, on a entendu la croix anilée, la figure n'eft pas exacte ; la croix anilée devant avoir le milieu percé, de manière qu'on voie le fond de l'écu former au centre un petit quarré.

FOURMI, f. f. c'eft l'infecte de ce nom qu'on voit fur quelques écus.

Bigot, d'argent, au chevron de gueules, accompagné de trois *fourmis* de fable. (*Pl. VII. fig. 361.*)

FOURURE, f. f. un des trois émaux. Il y a deux *fourures* en armoiries ; l'hermine, qui emporte la contre-hermine. (*Voyez pl. I. fig. 18--9.*)

Et le vair, qui emporte le contre-vair, le vairé & le contre vairé. (*Voyez ibid. fig. 20--1--2. Voyez* fur-tout le mot EMAIL, EMAUX.)

Les *fourures* s'employent auffi dans les ornemens extérieurs de l'écu, dans les manteaux & autres marques de dignité. C'eft l'hermine qui eft ordinairement employée dans ces ornemens. (*Voyez pl. XIII. fig. 3. 7. 8. 12. 13. Pl. XV. fig. 2. 8. 11. Pl. XVI. fig. 4. 5. 6. Pl. XVII. fig. 56.*)

FRAISE, f. f. meuble de l'écu repréfentant ce fruit.

Frezon, d'or, à trois *fraifes* de gueules, feuillées de finople. (*Pl. VIII. fig. 426.*)

FRANC-CANTON, f. m. pièce qui occupe à dextre en chef un intervalle quarré. Sa proportion, felon quelques-uns, eft d'avoir en largeur trois parties des fept de celle de l'écu, & en hauteur trois parties & demie. (*Voyez pl. XXXII. fig. 42.*) Mais, comme nous l'avons plufieurs fois obfervé, on varie beaucoup fur ces proportions.

De Lamoignon, lofangé d'argent & de fable, au *franc-canton* d'hermine. (*Pl. XXII. fig. 11.*) *Voyez* CANTON.

FRANC-QUARTIER, f. m. Le *franc-quartier* occupe, comme le franc-canton, à dextre en chef un intervalle quarré, où l'on place, comme dans le franc-canton, des armes différentes de celles du refte de l'écu. Le *franc-quartier* eft, dit-on, un peu moindre qu'un vrai quartier d'écartelage.

Voyez pl. II. fig. 96. le *franc-quartier* des armes de Potier, & *pl. VIII. fig. 421.* le franc-canton des armes de Phelypeaux ; comparez-les avec les quartiers des armes de Crevant (écartelées), *Pl. I. fig. 29.* vous aurez de la peine à faifir la différence des proportions. *Voyez* CANTON.

Si, felon l'opinion affez plaufible de divers héraldiftes ; la différence entre le *franc-canton* & le *franc-quartier* confifte en ce que le *franc-canton* eft formé par une croix, & le *franc-quartier* par de fimples traits, les armes de Lamoignon appartiennent au *franc-quartier* & non pas au *franc-canton.*

FRANGÉ, ÉE, adj. fe dit des gonfanons & bannières qui ont des franges, dont on fpécifie l'émail lorfqu'il eft différent.

Auvergne, d'or, au gonfanon de gueules, *frangé* de finople. *Pl. IX. fig. 489.* *Voyez* les mêmes armes dans l'écuffon parti d'Auvergne & de Bouil-

lon, qui eft fur le tout des armes de M. le duc de Bouillon. (*Pl. XVIII. fig. 2.*)

FRANGÉ s'applique auffi à quelques ornemens extérieurs de l'écu. La tiare du pape eft ornée de deux pendans *frangés* & femés de croifettes d'or. (*Pl. XIII. fig. 1.*)

FRÈTE, f. f. meuble d'armoiries, fait de quatre petits bâtons entrelacés, deux en bandes & deux en barres.

Selon les uns, ce mot vient de *fractus*, rompu, en confidérant la *frète* comme un feul bâton, brifé & plié en quatre, pour former une efpèce de quarré ou de lofange.

Selon les autres, le mot *frète* a fignifié anciennement le comble d'un toit fait de perches croifées, & rien en effet ne reffemble plus aux *frètes* que les lattes que les couvreurs employent dans la couverture des toits.

Cette opinion au refte ne changeroit rien à la première étymologie ; ce feroit toujours originairement *fractus.*

Ducange dit que les *frètes* étoient une efpèce de flèche. Peu importe : elles forment des barreaux, & fe rendent en latin par *clathri.*

> *Objectos cavea valuit fi frangere clathros.*

Pidoux de Montangloft, de Francheville, à Coulomiers en Brie ; d'argent, à trois *frètes* de fable.

Lattier d'Ourcières, en Dauphiné ; d'azur, à trois *frètes* d'argent, au chef de même.

FRETÉ, ÉE, adj. comme bandé fe forme de bande, barré de barre, palé de pal, fafcé de fafce, lofangé de lofange, lorfque l'écu eft également & entièrement rempli de ces pièces, de même *freté* fe forme de frète ; il fe dit d'un écu chargé de fix cotices entrelacées en diagonale, trois à dextre, trois à feneftre, & coupées les unes par les autres en une multitude de *frètes.*

Montejan, d'or, *freté* de gueules. (*Pl. IV. fig. 223.*)

FRETÉ fe dit auffi d'une croix, d'un pal ou autre pièce de l'écu, chargée de frètes.

Rignier, en Touraine, d'or, à la croix de gueules, *fretée* d'argent. (*Pl. IV. fig. 181.*)

Miremont, d'azur, au pal d'argent, *freté* de fable, accôté de deux lances, coupé d'argent. (*Pl. III. fig. 120.*)

FRUITÉ, ÉE, adj. fe dit du chêne, du pin, du poirier & autres arbres, chargés de fruits, lorfque ces fruits font d'un autre émail que l'arbre.

Moucy d'Inteville, d'or, au pin de finople, *fruité* d'or, au chef d'azur, chargé de trois étoiles d'or.

Chalton de Vaux, en Bretagne ; d'argent, au chêne de finople, *fruité* d'or.

D'Alboy de Montrofier, en Rouergue ; d'azur, au chêne d'argent, *fruité* de finople, adextré d'une main de carnation, tenant une épée du fecond émail, garnie d'or.

FUMÉE, f. f. meuble de l'écu repréfentant une
fumée ;

fumée, laquelle femble s'élever en haut, & dont la partie fupérieure imite par fon contour une volute.

Chaumont, d'argent, à un mont de fable, dont le fommet eft flambant d'une flamme de gueules, d'où fort de la *fumée* de chaque côté roulée en forme de volute. (*Pl. VII. fig. 383.*)

Héricard de Thury, à Paris, d'or, au mont de finople, mouvant du bas de l'écu, chargé de fix flammes d'argent, trois, deux & une; à trois *fumées* d'azur iffantes du fommet du mont, celle du milieu un peu plus haute que les deux autres; au chef de gueules, chargé de trois étoiles du troifième émail. (*Pl. VII. fig. 386.*)

Dans cette figure il y a fept flammes, & elles font mal rangées.

FURIEUX, adj. m. fe dit du taureau, lorfqu'il eft élevé fur fes pieds.

Berthier, d'or, au taureau *furieux* de gueules, chargé de cinq étoiles d'argent, une fur l'œil, une fur le cou, les trois autres pofées en bande fur le flanc & fur la cuiffe, toutes cinq à égale diftance. (*Pl. V. fig. 271.*)

FUSEAU, f. m. meuble de l'écu, pièce longue, arrondie, pointue par les deux bouts, qui imitent le *fufeau* à filer.

Fuzelier, d'or, à trois *fufeaux* de gueules. (*Pl. XI. fig. 611.*)

Il eft certain qu'à propos de *fufeau*, on peut parler du *fufeau* des parques & des parques elles-mêmes, comme font la plupart des héraldiftes, mais il eft certain auffi que cela n'eft pas néceffaire.

Ces auteurs n'ont pas manqué de trouver des allégories honorables pour le *fufeau*; c'eft la marque de la droiture & de l'équité, apparemment parce que le *fufeau* eft droit. Mais il y a auffi une tradition peu favorable au *fufeau*, c'eft que, dans le temps de la grande ferveur des croifades, les gentilshommes qui fe difpenfèrent de ces expéditions alors facrées, furent obligés de changer leurs armes & de les charger de *fufeaux*, parce que, dans l'opinion publique, ils étoient devenus des femmes.

FUSÉE, f. f. meuble de l'écu en forme de lofange allongée, dont les côtés font un peu arrondis.

Les *fufées* fe trouvent fouvent accolées & pofées en fafce, en bande ou d'une autre manière.

De la Jaille des Blonniéres, de Marfilly, en Touraine; d'or, à cinq *fufées* de gueules, accolées en bande.

De Senneterre, d'azur, à cinq *fufées* d'argent, pofées en fafce. (*Pl. V. fig. 229.*)

FUSELÉ, ÉE, adj. fe forme de fufée, comme lofangé de lofange, & fe dit d'un champ tout compofé de *fufées*, ou d'une pièce qui en eft chargée.

De Grimaldi de Monaco, *fufelé* d'argent & de gueules. (*Pl. V. fig. 230.*)

De Virtemberg, écartelé, au premier, *fufelé* d'or & de fable en barre, au deuxième, d'azur, à la bannière d'or pofée en bande, chargée d'une aigle de l'empire; au troifième, de gueules, à deux truites d'or adoffées; au quatrième, d'or, au bufte de vieillard au naturel couvert d'un bonnet de gueules, & fur le tout, d'or à trois cornes de cerf, rangées en trois fafces l'une fur l'autre, chevillées chacune de cinq pièces de fable, ce qui eft de Virtemberg. (*Pl. XI. fig. 585.*)

FUSIL, f. m. meuble de l'écu repréfentant un *fufil*.

Valette, de gueules, à un *fufil* d'argent, garni d'or, pofé en fafce. (*Pl. X. fig. 515.*)

FUTÉ, ou FUSTÉ, ÉE, adj. fe dit d'un arbre dont les feuilles font d'un émail, & le fût ou le tronc d'un autre émail.

De Maréchal, en Dauphiné; d'or, à trois pins de finople, *fûtés* de fable, pofés chacun fur une motte de terre du deuxième émail, mouvantes du bas de l'écu.

FUTÉE fe dit auffi d'une flèche, d'une lance, d'une pique, dont le manche ou le fût eft d'un émail autre que celui du dard, des plumes & du fer.

Fouret de Campigny, près Falaife en Normandie; d'azur, à deux flèches d'argent, *fûtées* d'or, paffées en fautoir, les pointes en haut, au chef du fecond émail.

Le mot *fût*, d'où fe forme l'adjectif *fûté*, vient évidemment de *fuftis*, un bâton.

GALOIS, f. m. pl. (*Hift. de la chevalerie*) nom que les hiftoriens donnent aux membres d'une ef- pèce de confrairie qui parut en Poitou dans le quin- zième fiècle , & qu'on pouvoit appeler la *confrai- rie des pénitens d'amour.* Les femmes , auffi bien que les hommes , entrèrent dans cette confrairie , & fe difputèrent à qui foutiendroit le plus dignement l'honneur de ce fanatifme d'imagination , dont l'ob- jet étoit de prouver l'excès de fon amour par une opiniâtreté invincible à braver les rigueurs des fai- fons. Voici ce qu'ajoute M. de Saint-Palaye , dans fon curieux *traité de la chevalerie.*

Les chevaliers , les écuyers , les dames & demoi- felles qui embrafsèrent cette réforme , devoient , fuivant leur inftitut , pendant les plus ardentes cha- leurs de l'été , fe couvrir chaudement de bons man- teaux & chaperons doublés , & avoir de grands feux auxquels ils fe chauffoient , comme s'ils en euffent eu grand befoin : enfin ils faifoient en été tout ce qu'on fait en hiver ; peut-être pour faire alluffion au pouvoir de l'amour, qui , fuivant nos anciens poëtes , opère les plus étranges métamor- phofes. L'hiver répandoit-il fes glaces & fes frimats fur toute la nature ? L'amour alors changeoit l'or- dre des faifons ; il brûloit de fes feux les plus ar- dens les amans qui s'étoient rangés fous fes loix ; une petite cotte fimple avec une cornette longue & mince , compofoit tout leur vêtement : c'eût été un crime d'avoir fourure , manteau , houffe , ou chaperon double , & de porter un chapeau , des gants & des mouffles ; c'eût été une honte de trouver du feu dans leurs maifons ; la cheminée de leurs appartemens étoit garnie de feuillages ou autres verdures , fi l'on pouvoit en avoir ; & l'on en jonchoit auffi les chambres. Une ferge légère étoit toute la couverture qu'on voyoit fur le lit.

A l'entrée d'un *galois* dans une maifon , le mari foigneux de donner au cheval de fon hôte tout ce qu'il lui falloit , le laiffoit lui-même maitre abfolu dans la maifon, où il ne rentroit point que le *ga- lois* n'en fût forti : il éprouvoit à fon tour, s'il étoit de la confrairie des *galois* , la même compla- fance de la part du mari , dont la femme affociée à l'ordre fous le nom de *galoife* étoit l'objet de fes foins & de fes vifites. *Si dura cette vie & ces amou- rettes grant pièce* (long-temps) , dit l'auteur (le chevalier de la Tour) en terminant ce récit, *juf- ques à tant que le plus de ceux en furent morts & périlz de froit : car plufieurs tranffiffoient de pur froit , & mouroient tout roydes de lez leurs amyes , & auffi leurs amyes de lez eulz , en parlant de leurs amouret- tes , & en eulx mocquant & bourdant de ceux qui étoient bien veftus : & aux autres , il convenoit def- ferrer les dents de coufteaulx , & les chauffer & frot-*

ter au feu comme roydes & engellez .... Si ne doubte point que ces galois & galoifes , qui moururent en cet état , ne foyent martyrs d'amour , &c. (*D. J.*)

GARNI , IE , adj. fe dit d'une épée dont la garde ou la poignée eft d'autre émail.

Marbeuf , d'azur , à deux épées d'argent , *garnies* d'or , paffées en fautoir , les pointes en bas.

Poulet, en Angleterre ; de fable , à trois épées d'argent , appointées , les gardes en haut , *garnies* d'or.

Ferrand , d'azur , à trois épées d'argent , *garnies* d'or , celle du milieu la pointe en haut , les deux autres pointes en bas , une fafce d'or brochante fur le tout. (*Pl. IX. fig. 493--4-5.*)

GEMELLES , f. f. pl. fe dit des barres que l'on porte par paires ou par couples pour un écu d'ar- moiries. Il porte de gueules , au chevron d'argent , trois barres *gemelles* de fable.

§ GÉNÉALOGIE, f. f. dénombrement d'aïeux, hiftoire fommaire des parens & alliés d'une famille noble , ou d'une maifon ancienne , tant en ligne directe que collatérale.

On prouve fa nobleffe par fa *généalogie* , avant que d'être reçu chevalier des ordres du roi.

On fait encore des preuves de nobleffe par gé- néalogie , pour jouir des honneurs de la cour.

On fait auffi des preuves de nobleffe par fa gé- néalogie , lorfque l'on defire entrer dans les chapi- tres nobles , tels que ceux de Lyon , Brioude & Mâcon. On en fait pareillement pour l'ordre de faint Lazare , & pour l'école royale militaire.

Les demoifelles font des preuves de nobleffe pour entrer à Saint-Cyr , & dans les chapitres de Neu- ville , en Breffe ; d'Alix , en Lyonnois ; de Metz , &c.

Lorfque l'on fait une *généalogie* avec les forma- lités requifes , le préfenté doit mettre en évidence un extrait baptiftaire , qui prouve qu'il eft fils de fon père ; fa filiation doit remonter de lui au père , du père à l'aïeul , de l'aïeul au bifaïeul , du bifaïeul au trifaïeul , du trifaïeul au quatrième aïeul , du quatrième aïeul au cinquième aïeul , &c. felon l'exi- gence des cas.

Le préfenté doit mettre en évidence un arbre généalogique , où fe trouvent fes armoiries deffi- nées à chaque degré , & à côté , les armoiries des mères.

A chaque degré , il faut au moins deux actes ori- ginaux , contrat de mariage & teftament ; & s'il manque un contrat de mariage ou un teftament , il faut deux autres actes pour fuppléer à chacun , foit extrait mortuaire , tranfaction , hommage , dé- nombrement de terre , acte d'acquifition de biens , &c.

Quand on fait une *généalogi* entière d'une mai- fon ou famille noble , on y met toutes les branches & rameaux qui en font fortis ; on fuit, à chaque degré, ce qui fe pratique pour entrer dans les ordres de chevalerie & chapitres nobles : on y ajoute les dates des contrats de mariages & teftamens de tous les collatéraux mâles & femelles, tant ceux qui ont eu poftérité, que ceux qui n'en ont point eu. On y doit mettre encore les dates des commiffions, lettres & brevets des fervices militaires, les dates des morts des officiers tués dans les armées & des détails de leurs actions d'éclat ; ce qui rend les *généalogies* hiftoriques. On y met même les dates des mariages des filles, tant de celles qui ont eu poftérité, que de celles qui n'en point eu, afin de connoître toutes les alliances. On y ajoute les noms de leurs maris & des père & mère de ces maris.

On prétend que les *généalogies* par titres n'ont commencé à être en ufage que vers l'an 1600. Auparavant on faifoit les preuves de nobleffe par enquêtes. Les commiffaires prépofés pour les informations fe transportoient fur les lieux où la famille réfidoit, interrogeoient des vieillards, & en dreffoient leur rapport : ce qui fe pratique encore dans l'ordre de Malte. Il eft vrai que les commandeurs-commiffaires y font ajouter des titres originaux, qui établiffent la filiation.

Le terme *généalogie* vient du latin *genealogia*, dérivé du grec γινεαλογια, qui a été fait de γινος, *genus*, race, lignée, & de λόγος, *fermo*, difcours ; ainfi ce terme veut dire un *difcours fait fur une lignée*, fur une defcendance de père en fils.

GÉNÉALOGIQUE, (arbre) *ftemma* dans Sérèque & dans Juvénal, *ftemmata quid faciunt ?* Grande ligne au milieu de la table *généalogique*, qu'elle divife en d'autres petites lignes, qu'on nomme *branches*, & qui marquent tous les defcendans d'une famille ou d'une maifon ; les degrés *généalogiques* fe tracent dans les ronds rangés au-deffus, au deffous, & aux côtés les uns des autres, ce que nous avons imité des Romains, qui les appeloient *ftemmata*, d'un mot grec qui veut dire *une couronne de branches de fleurs*. (*Voyez* au mot ARBRE, l'*arbre* généalogique ; *Voyez* auffi *la planche XXI.*)

Table généalogique, eft la table des ancêtres de quelqu'un. On difpofe ces tables en colonnes ou en arbres. (*Voyez* ARBRE GÉNÉALOGIQUE.)

GÉNÉALOGISTE, f. m. faifeur de généalogies, qui décrit l'hiftoire fommaire des parentés & des alliances d'une perfonne ou d'une maifon illuftre, qui en établit l'origine, les branches, les emplois, les décorations. C'eft une fcience toute moderne, faite par M. d'Hozier en France ; c'eft lui qui a débrouillé le premier les généalogies du royaume, & qui les a tirées des plus profondes ténèbres.

D'Hozier (Pierre) dont il s'agit ici, étoit fils d'un avocat, & naquit à Marfeille en 1592. Le pur hafard le jeta dans le goût des recherches généalogiques, lorfqu'il y penfoit le moins, & uniquement pour rendre fervice à M. de Créqui de Bernieulle, qui vouloit être au fait de fa généalogie.

M. d'Hozier, après y avoir travaillé long-temps, publia pour fon coup d'effai, la généalogie de la maifon de Créqui-Bernieulle ; le fuccès qu'il eut, fit fa réputation & fa fortune. Louis XIII lui conféra en 1641 la charge de juge d'armes de France, vacante par la mort de François de Chevrier de Saint-Mauris, qui exerça le premier cette fonction en 1614 ; mais M. d'Hozier laiffa fon prédéceffeur bien loin derrière lui, en réduifant la connoiffance de tous les titres des nobles, en principes & en art. Alors la nobleffe du royaume defira d'avoir une généalogie dreffée de fa main ; on lui remit les armes, les noms, les furnoms, & les contrats de chaque famille : à fon travail prodigieux il joignoit une mémoire étonnante en ce genre. M. d'Ablancourt difoit qu'il falloit qu'il eût affifté à tous les mariages & à tous les baptêmes du royaume. Louis XIV, à fon avénement à la couronne, avoit créé en fa faveur la charge de *généalogifte* de France, & lui donna en 1651 un brevet de confeiller d'état. Il mourut comblé de faveurs le premier décembre 1660, & laiffa trois fils qui marchèrent fur fes traces.

Louis-Roger d'Hozier, fon fils aîné, fut non feulement pourvu en 1666 de l'emploi de *généalogifte* & de juge d'armes de France, mais encore d'une charge de gentilhomme ordinaire de la chambre du roi, & du collier de l'ordre de faint Michel.

Louis-Pierre d'Hozier, fon fecond fils, eut les mêmes titres & les mêmes graces.

Enfin Charles d'Hozier, autre fils de Pierre d'Hozier, trouva dans les mémoires de fon pere, quantité de matériaux pour augmenter le nobiliaire de France, & dreffa toutes les généalogies des maifons anciennes & illuftres, fous le titre de GRAND NOBILIAIRE, qu'il publia à Châlons. Il réduifit dans une forme nouvelle les preuves de nobleffe pour les pages du roi, ceux de fes écuries, & les demoifelles de faint Cyr. Sa majefté le gratifia des mêmes titres qu'avoient eu fes frères, & d'une penfion de deux mille livres. M. le duc de Savoie l'honora de la croix de la religion, & des ordres militaires de faint Maurice & de faint Lazare.

Parmi les *généalogiftes* les plus accrédités, l'on peut mettre au premier rang, M. de Clérambault, fpécialement chargé des généalogies & preuves des perfonnes nommées chevaliers des ordres du roi.

Ainfi s'exprimoit M. le chevalier de Jaucourt. Il n'eût pas affoibli ces éloges, s'il avoit pu parler de M. Cherin, aujourd'hui chargé de l'emploi de M. de Clérambault, & qui s'eft fait dans ce genre une fi haute réputation par fes connoiffances immenfes & par une intégrité redoutable à tous les ufurpateurs.

GÉNÉROSITÉ, (l'ordre de la) fut établi en 1665 par Charles-Emile, prince électoral de Brandebourg, dont il fit grand-maître fon frère l'électeur Frédéric III de Brandebourg, qui devint roi de Pruffe, en janvier 1701, & mourut en 1713.

La croix de cet ordre eft d'or, à huit pointes pommetées, émaillée d'azur, rayonnante aux angles, avec un médaillon au centre, chargé du mot *géné rofité.* Cette croix eſt attachée à un ruban bleu. (*Planche XXIV. fig.* 24. *G. D. L. T.*)

GENETTE, (l'ordre de la) fut inſtitué par Charles Martel, duc des François & maire du palais, l'an 732, en mémoire de la victoire qu'il remporta ſur Aldérame, roi des Sarraſins, dans un combat entre Tours & Poitiers, parce qu'entre les dépouilles priſes ſur les ennemis, on trouva une grande quantité de fourrures de *genettes.*

Le collier, ſemblable à celui de l'ordre de l'Etoile, ſoutient, par trois petits chaînons, une *genette* aſſiſe ſur une terraſſe émaillée de fleurs. (*G. D. L. T.*)

GENTILHOMME, ſ. m. *nobilis, ſcutifer.* Un gentilhomme eſt un homme noble d'extraction, qui n'a pas été annobli par lettres du roi, ni par aucune charge.

Ce mot vient de *gentilis homo,* qui ſe diſoit chez les Romains d'une race de gens nobles, nés de parens libres, & dont les aïeux n'avoient point été eſclaves, ni repris de juſtice.

Quelques auteurs rapportent que ſur le déclin de l'empire, il y eut deux compagnies de gens de guerre, l'une appellée *gentilium,* l'autre *ſcutarium,* & que de-là ſont venus les noms de *gentilhomme* & d'*écuyer.*

D'autres font venir ce mot de *gentil,* parce qu'une action gentile ſignifioit une *action noble* & *mémorable.*

Paſquier croit que ces noms de *gentil* & d'écuyer nous ſont venus de la milice romaine. Ces *gentils* & *écuyers* étoient des ſoldats vaillans, auxquels on donnoit, en récompenſe de leurs actions, les dépouilles des ennemis. (*G. D. L. T.*)

GEORGE, (ſaint) dit d'*Alga,* ordre de chanoines-réguliers, qui fut fondé à Veniſe par l'autorité du pape Boniface IX en 1404. Barthelemi Colonna, romain, qui prêcha l'an 1396 à Padoue & dans quelques autres villes de l'état de Veniſe, jetta les fondemens de cette congrégation. Les chanoines de ſaint *Georges* portent une ſoutane blanche, & par-deſſus une robe ou chape de couleur bleue ou azur, avec le capuchon ſur les épaules. Le pape Pie V les obliga en 1570 de faire profeſſion, & leur permit de précéder les autres religieux. Le monaſtère chef d'ordre eſt à Veniſe. Le Mire, *hiſt. ordin. monaſtic. lib. I. cap. v.* (*G*)

GEORGE (ſaint), c'eſt un nom donné à pluſieurs ordres tant militaires que religieux ; il a pris ſon origine d'un ſaint fameux dans tout l'orient.

Saint *George* eſt particulièrement uſité pour déſigner un ordre de chevaliers anglois ; mais on l'appelle à préſent plus communément *l'ordre de la Jarretière.*

Le roi Edouard VI, par un eſprit de réforme, fit quelque changement dans le cérémonial, les loix & l'habit de l'ordre ; c'eſt lui qui a le premier ordonné qu'on n'appellât plus cet ordre *l'ordre de ſaint George,* mais *l'ordre de la Jarretière. Chambers.*

GEORGE, (l'ordre de ſaint) défenſeur de l'im-

maculée conception de la Vierge, inſtitué à Munich par Charles Albert, électeur de Bavière, le jour de la fête de ſaint *Georges,* de l'an 1729. Le pape Benoît XIII l'approuva.

Les chevaliers de cet ordre portent une croix à huit pointes, chargée au centre d'un ſaint *Georges* terraſſant le dragon ; cette croix anglée de quatre diamans taillés en loſanges.

GEORGES (l'ordre de ſaint), ordre militaire inſtitué en 1470 par Frédéric III, empereur & premier archiduc d'Autriche, pour veiller aux frontières de Hongrie & de Bohême, contre les incurſions des Turcs.

Les chevaliers, avant leur réception, prouvoient quatre degrés de nobleſſe, tant paternels que maternels.

Le collier eſt une chaîne d'or, chargée du mot *labarum* en lettres détachées qui ſe ſuivent, commençant à dextre, *L, A, B, A, R, U, M ;* & à ſéneſtre, *M, U, R, A, B, A, L ;* un ſaint *Georges* monté ſur un cheval, armé de toutes pièces, & terraſſant le dragon de ſa lance, eſt attaché au jambage du milieu de la lettre *M,* le tout d'or. (*Voyez pl. XXV. fig.* 52. *G. D. L. T.*)

GEORGES, dit DE GENES. (l'ordre de ſaint) On ignore la date de ſon inſtitution, & le nom du fondateur.

La marque de l'ordre eſt une croix trefflée, une couronne ducale au milieu du croiſon ſupérieur. Cette croix eſt attachée par trois chaînons à une triple chaîne, le tout d'or. (*Voyez pl. XXV. fig.* 54. *G. D. L. T.*)

GERBE, ſ. f. (*terme de Blaſon.*) meuble d'armoiries, qui repréſente une *gerbe* de bled ou d'autres grains.

Lice, ſe dit d'une *gerbe,* lorſque le lien ou l'attache ſe trouve d'émail différent.

Beaurepaire de Cauvigny, proche Séez en Normandie ; d'azur, à trois *gerbes* de bled d'or.

Sevin, d'azur, à une *gerbe* d'or. (*Pl. IX. fig.* 456.)

GIBECIÈRE, ſ. f. eſt quelquefois un meuble d'armoiries.

Mouton, écartelé au premier & quatrième, d'azur, à la *gibecière* d'or, au ſecond & troiſième de gueules à trois oignons d'argent. (*Pl. X. fig.* 548.)

§ **GIRON**, ſ. m. *gremium, ii,* figure en forme de triangle iſocele, c'eſt-à-dire, dont les deux côtés longs ſont égaux. (*Voyez pl. IV. fig.* 219.)

D'Eſtampes de Valençay, à Paris ; d'azur, à deux *girons* d'or, appointés en chevron ; au chef d'argent, chargé de trois couronnes ducales de gueules.

GIRONNÉ, adj. ſe dit de l'écu diviſé en ſix, huit, dix, ou douze parties triangulaires égales entr'elles, & de deux émaux alternés. (*Voyez pl. II. fig.* 61—2—3—4, & *pl. XXXII. fig.* 45—6—7.)

Le *gironné* de huit pièces eſt formé du parti, du coupé, du tranché & du taillé.

On ne nomme le nombre des *girons* que lorſqu'il y en a fix, dix ou douze, parce que le véritable *gironné* eft celui de huit, attendu qu'il réunit feul les quatre partitions de l'écu qu'on vient d'exprimer : en effet le *gironné* de fix n'a qu'une partition vraie, qui eft le parti; les trois autres partitions y font fauffes; vous n'y trouverez, ni un vrai coupé, ni un vrai tranché, ni un vrai taillé. (*Voyez pl. II. fig. 61.*) Le *gironné* de dix n'offre point de coupé (*Fig. 62.*) Le *gironné* de douze (*fig. 63.*), n'a proprement ni tranché, ni taillé. Le *gironné* de feize n'a que de fauffes partitions (*fig. 64.*) Auffi plufieurs auteurs difent-ils *mal gironné de tant de pièces*, pour exprimer tout autre *gironné* que celui de huit. On prétend que la maifon de Maugiron, qui porte *gironné* de fix pièces d'argent & de fable (*fig. 61*), tire fon nom de cette partition défectueufe, *maugiron* fignifiant *mal gironné.*

Il y a cependant une autre efpece de *gironné*, même de huit, qui femble contrarier toutes ces idées; aucune partition n'y eft vraie, toutes font inclinées : elle offre aux yeux une forte de croix pattée, coupée d'une croix de faint André, rétrécie vers le centre, arrondie vers les extrémités. Tel eft le *gironné* d'or & de gueules de la maifon de Bérenger; on pourroit appeler cette efpèce de *gironné*, *gironné* oblique ou diagonal.

Le terme *gironné*, felon quelques auteurs héraldiques, vient du mot *giron*, qui eft le deffus du tablier d'une femme, depuis le deffus des genoux, jufqu'à la ceinture; lorfqu'elle eft affife, ou des robes longues des anciens, qui étoient larges par en bas & étroites vers la ceinture, & repréfentoient une efpèce de triangle à l'endroit que les Latins nommoient *gremium.*

Ce dernier fentiment eft l'avis de Ducange, qui dit que les habits longs de nos aïeux étroits en haut & larges en bas, étoient ainfi nommés *ex eo quod veftis giret & circuli formam efficiat.*

Pour nous, le *gironné* nous paroit reffembler à une roue de carroffe qu'on croit voir en mouvement, *quæ gyrat*, & dont les différens *girons* femblent être les rayons. Cette étymologie vaut peut-être bien les autres.

De Cugnac de Dampierre, en Périgord; *gironné* d'argent & de gueules.

De Berenger de Gua, en Dauphiné; *gironné* d'or & de gueules.

De Maugiron de la Roche, dans la même province; *gironné* de fix pièces d'argent & de fable. (*Pl. II. fig. 61.*)

Du Pugnos, *gironné* de dix pièces de gueules & d'or. (*Fig. 62.*)

Stuch, *gironné* de douze pièces de gueules & d'or. (*Fig. 63.*)

Bécourt, *gironné* de feize pièces d'argent & de gueules, à l'écu d'or en cœur. (*Fig. 64.*)

GIROUETTÉ, ÉE, adj. fe dit d'un château, d'une tour, lorfqu'il y a une girouette fur leur toit.

Quand les girouettes ont des armoiries peintes ou évuidées à jour, on les nomme *panonceaux;* c'étoit anciennement des marques d'ancienne nobleffe.

Les feigneurs qui permettent à leurs vaffaux de mettre des girouettes fur le faîte de leurs fiefs ou maifons, font en droit d'exiger d'eux des droits feigneuriaux & l'hommage.

De Vieuxchaftel de Kergrift, en Bretagne; d'azur au château d'argent *girouetté* d'or. (*G. D. L. T.*)

GIVRE, f. f. groffe couleuvre à la queue tortillée; il ne fe dit guère qu'en terme de Blafon : on dit *givre rampante*, lorfqu'elle eft en fafce. On dit auffi *guivre.* (*Voyez pl. VII. fig. 355*, les armes de la ville de Milan; ou plutôt *voyez* les trois figures 353-4-5, & appellés indifféremment l'animal que vous y verrez *couleuvre*, *biffe*, *givre* ou *guivre*, car tous ces mots font fynonymes.

GIVRÉ, ÉE, adj. On appelle, en terme de Blafon, *croix givrée*, celle qui eft terminée en tête de givre; mais on l'appelle plus communément *gringolée.* (*Voyez pl. IV. fig. 182.*)

Quelques-uns dérivent ce mot d'*anguis*, ferpent; & d'autres de *vivra*, en changeant la lettre *v* en *g*, & *vivre* de *vipera.* Ce font des étymologies.

GLAND, f. m. meuble de l'écu qui repréfente un *gland* de chêne, il paroit toujours avec fon gobelet ou fa calotte, & un petit bout de fa tige qui eft en haut.

Tigé & feuillé, fe dit du *gland*, lorfque la tige eft un peu alongée & garnie de feuilles.

Gaulmin de Montgeorge, en Bourbonnois; d'azur à trois *glands* d'or.

Bocaud de Teyrand, de Jacou à Montpellier; d'azur à trois *glands* tigés & feuillés d'or, accompagnés en chef d'une étoile de meme.

Quand le *gland* paroit la tige en bas, & le fruit en haut, on l'appelle *renverfé.*

Du chefne, d'or à trois *glands* renverfés de finople, furmontés d'une étoile de gueules. (*Pl. XII. fig. 629.*)

GLOBE, f. m. meuble d'armoiries, qui repréfente le corps fphérique du monde; il paroit dans l'écu avec un cintre qui l'environne en manière de fafce : du milieu de ce cintre, s'élève une autre portion de cintre jufqu'à la fuperficie fphérique, elle eft terminée par une croifette.

On dit *cintré*, du cintre, & *croifé*, de la croifette, lorfqu'il font d'un autre émail que le *globe.* Le *globe* eft auffi un des ornemens extérieurs de l'écu.

La tiare papale eft terminée par un *globe*, ainfi que les couronnes des autres fouverains. (*Voyez pl. XIII. fig. 1, & pl. XV. fig. 15-6.*)

Un *globe* à la main d'un prince fur les médailles, fignifie qu'il gouverne le monde, & par conféquent il ne fignifie rien.

De Montpefat de Carbon, en Gafcogne; écartelé aux premier & quatrième de gueules à deux balances d'or, aux deuxième & troifième de gueules au lion d'argent; fur le tout, d'azur au *globe* d'or.

Courtenen, en Suiſſe ; de gueules au *globe* cin-tré & croiſé d'or. (*Pl. VII. fig. 371.*)

GONFANON, ſ. m. *vexillum, i,* meuble de l'écu qui imite une bannière d'égliſe ; il y a en bas trois pendans arrondis en demi-cercles.

Le *gonfanon* repréſente, dit-on, la bannière de l'armée chrétienne, qui fut envoyée par le pape Urbain II, vers l'an 1095, dans le temps de la première croiſade, à Baudouin, comte de Boulo-gne & d'Auvergne, frère de Godefroi de Bouillon, comme à un défenſeur zélé de l'égliſe contre les infidèles. (*Voyez pl. XVIII. grand - chambellan, Charles - Godefroi de la Tour - d'Auvergne, duc de Bouillon.*) parti ſur le tout au premier des armes d'Auvergne, d'or au *gonfanon* de gueules, frangé de ſinople. (*Voyez auſſi pl. IX. fig. 489.*)

Le *gonfanon* eſt ordinairement frangé d'un émail différent.

Ce mot peut venir de ce que le *gonfanon* eſt com-poſé de pluſieurs pièces pendantes, dont chacune ſe nomme *fanon*, de l'allemand *fanen*, une pièce d'étoffe.

De Dacqueville, ſeigneur de Dacqueville, en Normandie ; d'argent, au *gonfanon* d'azur. (*G. D. L. T.*)

GORGÉ, ÉE, ſe dit d'un lion, d'un cygne, ou autre animal dont le cou eſt ceint d'une couronne ; auquel cas l'on dit que le lion eſt *gorgé* d'une cou-ronne ducale, &c.

GOUJON, ſ. m. poiſſon employé comme meu-ble dans quelques écus.

Goujon, d'azur, à deux *goujons* d'argent, paſſés en ſautoir, & en pointe une rivière de même. (*Pl. VII. fig. 343.*)

GOUSSET, ſ. m. pièce en forme de pupitre, tiré de l'angle dextre ou feneſtre du chef, deſcen-dant diagonalement ſur le point du milieu de l'écu d'une autre pièce ſemblable, & tombant perpen-diculairement ſur la baſe, pièce rare dans le Blaſon & qui fut autrefois, dit-on, une flétriſſure.

GOUTTÉ, ÉE, adj. ſemé de gouttes, en terme de Blaſon anglois, ſignifie un champ chargé ou arroſé de gouttes.

En blaſonnant, il faut exprimer la couleur des gouttes, c'eſt-à-dire *goutté* de ſable, de gueules, &c. Quelques auteurs veulent que les gouttes rouges ſoient appellées *gouttes de ſang* ; les noires, *gouttes de poix* ; les blanches, *gouttes d'eau*. *Chambers.*

GRAND-CROIX, dans l'ordre de Malte, on donne ce nom aux piliers ou chefs des langues qui ſont baillifs conventuels, aux grands-prieurs, aux baillifs capitulaires, à l'évêque de Malte, au prieur de l'égliſe, & aux ambaſſadeurs du grand - maître auprès des ſouverains. (*Voyez* MALTE *ou* ORDRE DE MALTE. (*G*)

GRAPPE DE RAISIN, ſ. f. meuble de l'écu qui repréſente une *grappe de raiſin* : elle paroît avec un peu de ſa tige & pendante, de même qu'on la voit à la vigne.

On dit *tigé* d'une *grappe de raiſin* dont la tige eſt d'un émail différent.

De Brun, en Franche - Comté ; d'or, à trois *grappes de raiſin* de pourpre, tigées de ſinople.

Courtois, d'azur, à trois *grappes de raiſin* d'ar-gent. (*Pl. VIII. fig. 433.*)

GRÊLÉ, adj. On appelle couronnes *grêlées*, cel-les qui ſont chargées d'un rang de perles groſſes & rondes, comme les couronnes des comtes & des marquis.

GRELOT, ſ. m. meuble d'armoiries.

Guichard, en Normandie ; de ſable, à trois *gre-lots* d'or, bouclés & bordés d'argent. (*Pl. XI. fig. 601.*)

GRENADE, ſ. f. repréſentation du fruit du gre-nadier ; ce fruit paroit dans l'écu comme une pomme ronde, avec une eſpèce de couronne à pointes en haut : au milieu eſt une ouverture oblongue où l'on apperçoit ſes grains ; la tige ſe trouve en bas avec quelques feuilles.

Ouverte ſe dit de l'ouverture de la *grenade*, quand elle eſt d'émail différent.

De la Pommeraye de Kerembert, en Bretagne ; de gueules, à trois *grenades* d'or.

De Guiſchard de Tilliers, en Normandie ; de gueules, à trois *grenades* d'or, tigées & feuillées de ſinople. (*G. D. L. T.*)

Bonneau, d'azur, à trois *grenades* feuillées & tigées de même, *ouvertes* de gueules. (*Pl. VIII. fig. 425.*)

De Segent, d'argent, à trois *grenades* flamboyan-tes de gueules, poſées 2 & 1. (*Pl. X. fig. 533.*)

GRENOUILLE, ſ. f. inſecte qui nait dans les marais, les rivières & la mer. On en voit la re-préſentation dans quelques écus.

Gaſet du Fief du Fron, en Bretagne ; d'argent, à trois *grenouilles* de ſinople.

Andelin, d'or, à trois *grenouilles* de ſinople. (*Pl. VII. fig. 348.*)

GRIFFON, ſ. m. animal fabuleux, ayant la par-tie ſupérieure de l'aigle, & l'inférieure du lion ; il paroit toujours rampant & de profil ; ce qui ne s'ex-prime point, parce que c'eſt ſa poſition ordinaire.

De Sarron des Forges, en Beaujolois ; d'argent, au *griffon* de gueules. (*G. D. L. T.*)

Doujat, d'azur, au *griffon* couronné d'or. (*Pl. V. fig. 262.*)

Les pattes ſeules du *griffon* forment quelquefois les meubles d'un écu ; & lorſque les ongles ſont d'un émail particulier, on dit *onglé* de tel émail.

De Bourdeilles, d'or, à deux *pattes de griffon* de gueules, onglées d'azur, & poſées l'une ſur l'autre. (*Pl. V. fig. 263.*)

Le *griffon* s'employe de deux manières dans le Blaſon ; ou comme meuble de l'écu ; nous venons d'en donner des exemples ; ou comme ornement extérieur de l'écu : en effet, les *griffons* ſervent ſou-vent de ſupports aux armoiries. (*Voyez pl. XXII. fig. 6.* les armes de Melun, qui ont pour ſupports des *griffons*.

GRILLE, f. f. fe dit de certains barreaux qui font à la vifière d'un heaume, & qui empêchent les yeux du chevalier d'être offenfés.

Comme le heaume ou cafque s'employe de deux manieres; dans l'ecu, à titre de meuble, & hors de l'ecu, à titre d'ornement extérieur, il en eft de même de la *grille*.

Meuble d'écu.

Bretin, de fable, à trois roues perlées d'argent, au chef coufu d'azur, chargé de trois heaumes ou cafques d'argent, pofés de profil, mais de maniere qu'on voit diftinctement la *grille*. (*Pl. X. fig. 525.*)

Ornement extérieur. (*Voyez pl. XII.* dans le tableau d'en bas, le cafque du duc de Bretagne, & *pl. XIV.* les cafques numérotés 3. 4. 5. 6. 7 & 8. & dont on voit les *grilles*.

On appelle auffi *grille*, une porte à couliffe & grillée, qu'on peint quelquefois fur les écus. Les *fig. 225-6*, *pl. V.* peuvent en donner quelque idée.

GRILLET, f. m. ou GRILLET, f. f. meuble qui repréfente un grelot ou une fonnette ronde.

On voit des *grillets* en quelques écus, fur-tout aux colliers des levriers, & aux jambes des oifeaux de proie. On les appelle auffi *grillots*.

De Kermaffement, en Bretagne; de finople, à trois *grillets* d'or.

Guichard, en Normandie; de fable, à trois grelots ou *grillets* d'or, bouclés & bordés d'argent. (*Pl. XI. fig. 601.*)

L'épervier de la *figure 320. pl. VI.* a aux jambes des *grillets* ou grelots.

GRILLETÉ, ÉE, adj. fe dit d'un épervier, d'un faucon, ou d'autres oifeaux de proie, lorfque leurs grillets font d'un autre émail que l'oifeau.

Leaulmont Puy-Gaillard, d'azur, au faucon d'argent, perché, lié & grilleté de même.

Terfon de Paleville, à Revel, proche Lavaur; d'azur, au dextrochère d'argent, tenant un faucon de même, becqué & membré de gueules, chaperonné & grilleté d'or.

Le Tonnelier de Breteuil, d'azur, à l'épervier efforant d'or, longé & grilleté de même. (*Pl. VI. fig. 320.*)

GRINGOLÉ, ÉE, adj. fe dit d'une croix ou autre piece, dont les extrémités finiffent en têtes de ferpens.

Ce terme vient du mot *gringole*, dérivé de *gargouille*, qui fignifie une *goutiere*, par où l'eau s'écoule, parce qu'autrefois les gargouilles étoient fculptées en têtes de ferpens.

Pigeault de la Maliciere, en Bretagne; d'azur, à la croix d'argent, *gringolée* d'or en maniere d'ancres. (*Pl. IV. fig. 182.*)

Kaër de Montfort, en Bretagne; de gueules, à la croix d'hermine, ancrée & *gringolée* d'or.

GRUE, f. f. *grus, gruis*, oifeau que l'on repréfente dans l'écu de profil, la pate dextre levée, tenant un caillou que l'on nomme *vigilance*, & qui ne s'exprime que lorfqu'il eft d'un émail différent.

On a prétendu que ces oifeaux, lorfqu'ils font arrivés en un lieu, y établiffent un guet; que chacun d'eux y monte la garde à fon tour; que celui qui eft en faction pour éviter d'être furpris par le fommeil, fe foutient fur un feul pied, & tient un caillou de l'autre, afin d'éveiller fes compagnons à la moindre apparence de danger, & même au moindre bruit.

C'eft en effet dans cette fituation que les *grues* font repréfentées, (*Pl. VI. fig. 309.*) dans les armes de Grieu qu'on blafonne ainfi : De fable, à trois *grues* d'argent, tenant chacune leur vigilance d'or. Les fables, foit hiftoriques, foit phyfiques, fe confervent encore mieux dans le Blafon que partout ailleurs; &, d'après cette idée fur les *grues* qu'on fuit dans le Blafon, les héraldiftes fe croient bien autorifés à donner la *grue* pour un fymbole de vigilance.

De Gruel du Villars, en Dauphiné; de gueules, à la *grue* d'argent.

GUELLES, qu'on a dit autrefois pour *gueules*; couleur rouge, appellée ainfi de la gueule des animaux.

GUFULES, c'eft la couleur rouge.

Le P. Monet dit que le mot de *gueules* dérive de l'hébreu *gulud* ou *gulidit*, petite peau rougeâtre qui paroit fur une plaie quand elle commence à fe guérir : le P. Méneftrier dit que ces mots ne fe trouvent point dans la langue hébraïque : mais cela n'eft pas exactement vrai; car dans les langues orientales, comme l'hébreu, le chaldéen, le fyriaque & l'arabe, on dit *gheld*, pour *cutis*, *pellis*, peau, d'où eft venu le mot arabe *gulud* : & en général le mot de *gueules* fignifie la *couleur rouge* chez la plupart des orientaux. Les Arabes & les Perfans donnent ce nom à la rofe.

D'autres, avec Nicod, dérivent le mot de *gueules* de *gula*, la gueule des animaux qui l'ont ordinairement rouge, ou du latin *cufculium*, qui eft le *coccos* des Grecs ou la graine d'écarlate.

Dans la gravure, la couleur de *gueules* s'exprime par des hachures perpendiculaires, tirées du chef de l'écuffon à la pointe. On la marque auffi par la lettre G.

Cette couleur repréfente la couleur du fang, le cinnabre & la vraie écarlate : c'eft la premiere des couleurs qu'on employe dans les armoiries; & elle marque une fi grande diftinction, que les anciennes loix défendoient à tout le monde de la porter dans les armoiries, à moins qu'on ne fût prince, ou qu'on n'en eût la permiffion du fouverain.

Spelman, dans fon *Affilologia*, dit que cette couleur étoit dans une eftime particuliere chez les Romains, comme elle avoit été auparavant chez les Troyens; qu'ils peignoient en vermillon les corps de leurs dieux, auffi bien que de leurs généraux, le jour de leur triomphe. Sous le gouvernement des confuls, les foldats étoient habillés de rouge, d'où étoit venu le nom de *ruffati*. Jean de Bado Aureo ajoute que la teinture rouge, appellée par les Grecs *phénicienne*, & par nous *écarlate*, fut adoptée d'abord par les Romains ; pour empêcher que l'on ne s'effrayât du fang qui découloit des plaies des bleffés dans la bataille.

En effet, le rouge a toujours paffé pour une couleur impériale, & les empereurs étoient toujours vêtus, chauffés & meublés de rouge. Leurs édits, dépêches, fignatures & fceaux étoient d'encre & de cire rouges ; & c'eft de-là qu'eft venu le nom de *rubrique*. *Dictionn. étymol. de Trév. & Chambers.*

Cet article, à quelques mots près, eft refté tel qu'il étoit dans l'Encyclopédie.

De la Marche, feigneur du Baudrier, en Bretagne ; de *gueules*, au chef d'argent. (*Voyez pl. I. fig. 13.*) Il y a plufieurs maifons qui portent de *gueules* tout pur, fans aucun meuble fur ce champ.

GUIDON, f. m. meuble de l'écu qui repréfente une forte d'enfeigne étroite, longue & fendue, ayant deux pointes ; elle eft attachée à un manche en forme de lance.

Baronat de Polienas, en Dauphiné ; d'or, à trois *guidons* d'azur, au chef de gueules, chargé d'un lion léopardé d'argent.

Vaffelot, d'azur, à trois étendards ou *guidons* d'argent, fûtés d'or, couchés dans le fens des bandes, 2 & 1.

GUIVRE, f. f. ferpent ou biffe qui paroit dans l'écu avec un enfant à mi-corps, les bras étendus, iffant de fa gueule.

Le duché de Milan, porte d'argent, à une *guivre* d'azur, couronnée d'or, iffante de gueules. (*Voyez pl. VII. fig. 355.*)

Origine de fes armes.

On dit qu'Othon, vicomte de Milan, étant à la guerre de la Terre-Sainte (fous Godefroy de Bouillon), combattit pendant le fiége de Jérufalem, Volux, amiral des Sarrafins, qui défioit le plus vaillant des chevaliers chrétiens ; & l'ayant tué, il prit en figne de trophées, & pour marque de fa victoire, le cafque d'or de cet amiral, fur lequel étoit repréfenté un ferpent qui dévoroit un enfant ; il fit de ce cimier l'écu de fes armes.

GULPE, f. m. tourteau de pourpre qui tient le milieu entre le befan qui eft toujours de métal, & le tourteau qui eft toujours de couleur. On le nomme *gulpe*, pour ne le nommer ni *tourteau* ni *befan*, & le pourpre, qui eft fon émail propre, eft pris par quelques perfonnes, tantôt pour couleur, & tantôt pour métal. *Dict. de Trév. & Chambers.*

GUMÈNE fe dit de la corde d'une ancre, foit qu'elle foit d'un même émail que l'autre, ou d'un émail différent : d'azur, à l'ancre d'or, la *gumène* de gueules. On dit auffi *gume*.

GUSE, f. f. fe dit des tourteaux de couleur fanguine ou de laque. (*Voyez* TOURTEAU.)

HABILLÉ , ÉE , adj. se dit d'une figure humaine qui a ses vêtemens ; on doit éviter de dire *vétu* en pareil cas, parce que *vétu* est un terme particulier de l'art héraldique , employé pour signifier un espace en forme de losange qui remplit le champ de l'écu , & où les quatre parties triangulaires des angles sont d'un autre émail.

Parée se dit d'une foi dont le vêtement est de différent émail.

Quelques auteurs se sont servis mal-à-propos du mot *habillé* , en parlant d'un navire qui a ses voiles ; il faut dire *équippé*.

Asselaincourt de Gorse , en Lorraine ; d'or , à l'homme de carnation de profil , *habillé* d'une veste de gueules & d'un surtout d'azur , les bas d'argent , les souliers de sable , arrêté sur une terrasse de sinople ; un sanglier contourné de sable , se présentant devant l'homme qui lui enfonce dans le gosier son épée de pourpre, garnie d'argent.

Wolefkeel , en Franconie ; d'or , à un homme passant de carnation , *habillé* de sable, tenant de la main droite une branche de rosier , de trois roses de gueules , & la main gauche posée sur son côté. (*Pl. VIII. fig. 438.*)

Andelberg , en Suède ; d'argent , parti de gueules , à une femme de carnation *habillée* à l'allemande , les manches rebroussées , les mains posées sur le ventre, partie de l'une en l'autre. (*fig. 440.*)

Lorsque les figures humaines , employées comme tenans ou supports dans les ornemens extérieurs de l'écu , ont des vêtemens , on les appelle indifféremment *habillées* ou *vétues*.

HACHE , (ordre de la) Raymond Bérenger , quatrième du nom , comte de Barcelone , & qui forma la seconde race des rois d'Aragon par son mariage avec l'héritière de ce royaume, institua cet ordre en Catalogne vers l'an 1149, en mémoire du courage avec lequel les femmes avoient défendu, la *hache* à la main , la ville de Tortose ; & comme en cette occasion , elles avoient surpassé les hommes en valeur , ce prince voulut qu'à l'avenir elles précédassent les hommes dans les cérémonies publiques , & il leur accorda divers privilèges attachés exclusivement à leur sexe.

HACHE , s. f. meuble de l'écu qui représente une coignée.

On nomme *doloire* une *hache* sans manche.

Hache confulaire est une petite *hache* à long manche , environnée de faisceaux, le tout ensemble.

Hache-d'armes , celle qui est large à dextre & pointue à senestre , & dont le manche est arrondi. Les anciens s'en servoient quand ils avoient brisé leurs lances.

Brie de Champrond , en Champagne ; d'azur, à deux *haches* adossées d'argent.

La Porte, Mazarin , de la Meilleraye , à Paris ; d'azur , à la *hache confulaire* d'argent , issante d'un faisceau d'or, lié du second émail ; une fasce de gueules , chargée de trois étoiles du troisième émail , brochante sur le faisceau. (*Pl. IX. fig. 498.*)

Jocet de la Charquetière , en Bretagne ; d'argent , à deux *haches-d'armes* de gueules , adossées ; cinq moucheures d'hermine de sable entre les *haches-d'armes* , trois en chef, deux en pointe.

Varennes , d'argent , à deux *haches* d'azur, posées en sautoir , les têtes en haut. (*Pl. IX. fig. 497.*)

Renty , d'argent , à trois fers de *hache* , nommés *doloires* ou *douloirs* , de gueules , les deux du chef affrontés. (*Pl. X. fig. 557.*)

HACHEMENS , s. m. pl. se dit des liens des pannaches à divers nœuds & lacets, & à longs bouts voltigeans en l'air. Les Allemands en lient leurs lambrequins , qui doivent être des mêmes émaux. On dit aussi *hanchemens* , & on y met une *h* par corruption : car *achemens* étoient autrefois synonymes à *ornemens* ; & l'on entendoit par ce mot des lambrequins ou chaperons d'étoffe découpés , qui enveloppent le casque & l'écu , & qui sont ordinairement des mêmes émaux que les armoiries.

HACHURE, s. f. les *hachures* sont d'un grand usage dans le Blason , pour faire distinguer les différens émaux des écussons , sans qu'ils soient enluminés. (*Voyez* EMAIL & COULEUR.) Toutes les figures ombrées de ce livre sont gravées en *hachures*. (*Voyez les planches* , sur-tout la première , *fig.* 13-4-5--6--7.)

HAIE , s. f. meuble de l'écu.

La Haye , d'argent , à une *haie* de sinople , posée en fasce. (*Pl. XII. fig. 625.*)

HALLEBARDE , s. f. meuble d'écu.

Crenan , en Bretagne ; d'argent , à deux *hallebardes* rangées en pal, de gueules. (*Pl. X. fig. 505.*)

HAMÉIDE , s. f. pièce faite en forme de trois fasces aléfées , c'est-à-dire qui ne touchent point les bords de l'écu ; elle est rare en armoiries.

Les auteurs sont partagés sur l'étymologie de ce mot ; les uns croient que *haméide* vient de la maison de ce nom en Angleterre , qui porte pour armes une fasce aléfée de trois pièces , laquelle , selon Upton , représente une pièce d'étoffe découpée.

D'autres disent que c'est une barrière à jour de trois pièces , semblable à celles qui traversent les grands chemins pour avertir les passans de payer des droits de péage.

D'autres enfin sont dans l'opinion que les *haméides* représentent des chantiers propres à soutenir des tonneaux dans les caves, lesquels chantiers font nommés *hames* en Flandre, mot emprunté de *hama* ou *hamula*, qu'on a dit dans la basse latinité, pour signifier une bouteille ou vase à mettre du vin,

Le P. Ménétrier dit que dans le même pays les maisons bâties de bois s'appellent *hames*, à cause des pièces de bois qui les traversent, & que de ce mot *hames* vient celui de *haméides*, à cause que les maisons qui les composent sont ordinairement bâties de cette sorte.

Quoi qu'il en soit, on peut prendre une idée fort exacte de ce qui s'appelle *haméide* en Blason, en jettant les yeux sur la *figure 605. pl. XI.* armes de Halney, du Hainaut; d'or, à une *haméide* de gueules.

D'Auberticourt, en Hainaut; d'hermine, à une *haméide* de gueules.

Baudin de Salonne, en Lorraine & en Barrois; d'azur, à une *haméide* d'or, accompagnée de trois macles de même.

HARPE, s. f. instrument de musique, est quelquefois un meuble d'armoiries.

Davy, d'azur, au chevron d'or, accompagné de trois *harpes* de même. (*Pl. X. fig. 532.*)

Herpont, en Lorraine; d'azur, à trois *harpes* d'argent.

Touchard, dans l'Orléanois; d'azur, à la *harpe* d'argent.

Du Perron, d'azur, au chevron d'argent, accompagné de trois *harpes* d'or.

HARPIE, s. f. animal fabuleux ayant le buste d'une jeune fille & le reste du corps semblable à l'aigle.

Calois de Mesville, à Paris; de gueules, semé de fleurs de lys d'argent, à une *harpie* de même.

Boudrac, d'or, à une *harpie* de gueules. (*Pl. XI. fig. 592.*)

HAUSSÉ, ÉE, adj. se dit d'une fasce, ou d'une autre piece, quand elle est plus haute que sa position ordinaire.

De Rostaing, en Forez; d'azur, à une fasce *haussée* d'or, accompagnée en pointe d'une roue de même.

HAUTE, adj. se dit d'une croix qui paroît longue, le croisillon ou sa traverse étant élevé.

Bignon de Blansy de l'Islebelle d'Hadricourt, à Paris; d'azur, à la croix *haute* d'argent, accolée d'un pampre de vigne de sinople, posée sur une terrasse de même, & cantonnée de quatre flammes d'or. (*G. D. L. T.*)

Bec-de-lièvre, en Normandie; de sable, à deux croix *hautes*, tréflées, au pied fiché d'argent, accompagnées en pointe d'une coquille de même. (*Pl. IV. fig. 183.*)

HAUTE se dit encore de l'épée droite.

HAUTES-PUISSANCES, titre donné par toutes les cours de l'Europe aux états-généraux des Provinces-Unies des Pays-Bas. On les appelle, en s'adressant à eux, *Hauts & Puissans Seigneurs*; &

en parlant d'eux, on dit *Leurs Hautes-Puissances*.

HAUTESSE, s. f. titre d'honneur qu'on donne au grand-seigneur. Nos rois l'ont reçu; mais il n'a guère été d'usage que sous la seconde race.

HEAUME ou CASQUE, s. m. meuble d'armoiries.

Bretin, de sable, à trois roues perlées d'argent, au chef cousu d'azur, chargé de trois *heaumes* de profil d'argent. (*Pl. X. fig. 525.*)

HÉRAUT, un *héraut*, ou *héraut d'armes*, étoit anciennement un officier de guerre & de cérémonies, qui avoit plusieurs belles fonctions, droits & privilèges.

Ducange tire ce mot de l'allemand *heere-ald*, qui signifie *gendarme*, sergent d'armes ou de camp; d'autres le dérivent de *heer-houd*, fidèle à son seigneur: ce sont là les deux étymologies les plus vraisemblables.

On divisoit ces officiers de guerre & de cérémonies en roi d'armes, *hérauts*, & poursuivans. Le premier & le plus ancien s'appelloit *roi d'armes*. Les autres étoient simplement *hérauts*, & l'on donnoit le nom de *poursuivans* aux surnuméraires.

Les *hérauts*, y compris le roi d'armes, étoient au nombre de trente, qui avoient tous des noms particuliers qui les distinguoient. Montjoie Saint-Denis étoit le titre affecté au roi d'armes; les autres portoient le nom de provinces de France, comme de Guienne, Bourgogne, Normandie, Dauphiné, Bretagne, &c.

Ils étoient revêtus aux cérémonies, de leurs cottes-d'armes de velours violet cramoisi, chargées devant & derrière de trois fleurs de lys d'or, de brodequins pour les cérémonies de paix, & de bottes pour celles de la guerre. Aux pompes funèbres, ils portoient une longue robe de deuil traînante, & tenoient à la main un bâton, qu'on appelloit *caducée*, couvert de velours violet, & semé de fleurs de lys d'or en broderie.

Plusieurs auteurs ont décrit fort au long les fonctions, droits & privilèges de nos anciens *hérauts d'armes*, en paix & en guerre; mais nous ne rapporterons ici que quelques-unes des particularités sur lesquelles ils s'accordent.

Le principal emploi des *hérauts* étoit de dresser des armoiries, des généalogies, des preuves de noblesse, de corriger les abus & usurpations des couronnes, casques, timbres & supports; de faire dans leurs provinces les enquêtes nécessaires sur la noblesse, & d'avoir la communication de tous les vieux titres qui pouvoient leur servir à cet égard.

Il étoit de leur charge de publier les joûtes & tournois, de convier à y venir, de signifier les cartels, de marquer le champ, les lices, ou le lieu du duel, d'appeller tant l'assaillant que le tenant, & de partager également le soleil aux combattans à outrance. Ils publioient aussi la fête de la célébration des ordres de chevalerie, & s'y trouvoient en habit de leur corps.

Ils assistoient aux mariages des rois, & aux festins royaux qui fe faifoient aux grandes fêtes de l'année, quand le roi tenoit cour plenière, où ils appelloient le grand-maitre, le grand pannetier, le grand bouteillier, pour venir remplir leur charge. Aux cérémonies des obsèques des rois, ils enfermoient dans le tombeau les marques d'honneur, comme fceptre, couronne, main de juftice, &c.

Ils étoient chargés d'annoncer dans les cours des princes étrangers, la guerre ou la paix, en faifant connoitre leurs qualités & leurs pouvoirs; leurs perfonnes étoient facrées, comme celles des ambaffadeurs.

Le jour d'une bataille, ils affiftoient devant l'étendard, faifoient le dénombrement des morts, redemandoient les prifonniers, fommoient les places de fe rendre, & marchoient dans les capitulations devant le gouverneur de la ville. Ils publioient les victoires, & en portoient les nouvelles dans les cours étrangères alliées.

Les premiers commencemens des hérauts d'armes ne furent pas brillans. Nous voyons par les anciens livres de romancerie, & par l'hiftoire des rois qui ont précédé faint Louis, qu'on ne regardoit les hérauts que comme de vils meffagers, dont on fe fervoit en toutes fortes d'occafions. Ils eurent un démêlé avec les trouvères & chanterres fur la préféance. Pour établir contre eux leur dignité, ils produifirent un titre par lequel Charlemagne leur accordoit des droits exceffifs, & c'étoit un faux titre : cependant ils parvinrent infenfiblement à s'accréditer, à obtenir des privilèges, & à compofer leur corps de gens nobles; mais, dit Fauchet, « ce » corps s'eft abâtardi par aucuns qui y font entrés, » indignes de telle charge, & par le peu de compte » que les rois & princes en ont fait, principale- » ment depuis la mort d'Henri II; quant à l'occa- » fion des troubles, ces cérémonies anciennes fu- » rent méprifées, faute d'en entendre les origines. » Depuis il n'a plus été queftion du corps des hérauts.

Il arriva feulement que lorfque Louis XIII vint en 1621 dans les provinces méridionales de ce royaume, pour contenir les chefs de parti, il fit renouveller l'ancienne formalité fuivante, qui eft aujourd'hui entièrement abolie.

Lorfqu'on s'approchoit d'une ville où commandoit un homme fufpect, un héraut d'armes fe préfentoit aux portes; le commandant de la ville l'écoutoit chapeau bas, & le héraut crioit : « A toi » Ifaac ou Jacob tel, le roi, ton fouverain feigneur » & le mien, t'ordonne de lui ouvrir, & de le » recevoir comme tu le dois, lui & fon armée; » à faute de quoi, je te déclare criminel de lèfe- » majefté au premier chef, & roturier, toi & ta » poftérité; tes biens feront confifqués, tes mai- » fons rafées, & celles de tes affiftans. »

Le même Louis XIII, en 1634, envoya déclarer la guerre à Bruxelles par un héraut d'armes; ce héraut devoit préfenter un cartel au cardinal infant, fils de Philippe III, gouverneur des Pays-Bas. C'eft là la dernière déclaration de guerre qui fe foit faite par un héraut d'armes; depuis ce temps on s'eft contenté de publier la guerre chez foi, fans l'aller fignifier à fes ennemis. Et pour ce qui regarde les fonctions des hérauts à l'armée, c'eft en partie les trompettes & les tambours qui les rempliffent aujourd'hui.

Si quelqu'un eft curieux de plus grands détails, il peut confulter Ducange, au mot Heraldus; le Gloffar. Archæolog. de Spelman; Jacob. Spencer de Art. heraldicâ, Francof. 2. vol. in-fol. la Science héraldique de Vulfon de la Colombière; Fauchet, Traité des Chevaliers; André Favin, Théâtre d'honneur; & finalement le livre intitulé, Traité du héraut d'armes, Paris, 1610, in-12. (D. J.)

HÉRAUTS D'ARMES. Leur collège, qu'on appelle en anglois thé herald's-office, dépend du grand maréchal d'Angleterre.

Les hérauts d'armes anglois font affez inftruits des généalogies du royaume; ils tiennent regiftre des armoiries des familles, règlent les formalités des couronnemens, des mariages, des baptêmes, des funérailles, &c. On les diftingue en trois claffes, les kings of arms, les heralds & les purfevants at arms.

Il y a trois kings of arms; le premier qui s'appelle le Garter fut inftitué par Henri V, pour affifter aux folemnités des chevaliers de la Jarretière, pour leur donner avis de leur élection, pour les inviter de fe rendre à Windfor afin d'y être inftalés, & pour pofer les armes au-deffus de la place où ils s'affeyent dans la chapelle : c'eft encore lui qui a le droit de porter la jarretière aux rois &c princes étrangers, qui font choifis membres de cet ordre; enfin c'eft lui qui règle les funérailles folennelles de la grande nobleffe : fa création étoit autrefois une efpèce de couronnement accompagné des formalités du règne de la chevalerie : il eft obligé, par fon ferment, d'obéir au fouverain de l'ordre de la Jarretière en tout ce qui regarde fa charge; il doit informer le roi & les chevaliers de la mort des membres de l'ordre, avoir une connoiffance exacte de la nobleffe, & inftruire les hérauts de tous les points douteux qui regardent le Blafon; mais il doit être toujours plutôt prêt à excufer qu'à blâmer aucun noble, à moins qu'il ne foit contraint en juftice à dépofer contre lui.

Clarencieux & Norroy, les deux autres hérauts d'armes font appellés hérauts provinciaux, parce que la jurifdiction de l'un eft bornée aux provinces qui font au nord de la Trent, & l'autre a dans fon diftrict celles qui fe trouvent au midi; ils ordonnent des funérailles de la petite nobleffe, favoir, des baronnets, chevaliers & écuyers : ils font tous deux créés à peu-près comme le Garter, avec le pouvoir, par patentes, de blafonner les armes des nobles.

Ceux qu'on nomme fimplement heralds font au nombre de fix, diftingués par les noms de Richemont, de Lancafter, de Chefter, de Windfor, de Sommerfet & d'Yorck. Leur office eft d'aller à la cour du grand maréchal pour y recevoir ſes ordres, d'aſſiſter aux ſolemnités publiques, de proclamer la paix & la guerre.

Les pourſuivans, au nombre de quatre, s'appellent *blue mantles* ou *manteaux bleus*, *rouge-croix*, *rouge-dragon* & *port-cullice*, en françois, *porte-couliſſe*; probablement des marques de décoration, dont chacun d'eux jouiſſoit autrefois. Outre ces quatre pourſuivans, il y en a deux autres qu'on appelle *pourſuivans extraordinaires.*

Le collège des *hérauts* a pour objet tout ce qui regarde les honneurs, parce qu'ils ſont conſidérés *tanquam ſacrorum cuſtodes*, *& templi honoris æditui.* Ils aſſiſtent le grand maréchal dans ſa cour de chevalerie, qui ſe tient ordinairement dans la ſalle des *hérauts*, où ils prenoient place autrefois vêtus de leur cotte-d'armes. Il faut qu'ils ſoient, à l'exception des pourſuivans, *gentlemen* de naiſſance; & les ſix *hérauts* ſont faits écuyers, *ſquiers*, lors de leur création. Ils ont tous des gages du roi; mais le Garter a double ſalaire, outre certains droits à l'inſtallation des chevaliers de l'ordre, & quelques émolumens annuels de chacun d'eux. (*D. J.*)

HÉRISSON, ſ. m. petit animal qui a la tête, le dos & les flancs couverts d'aiguillons ou de pointes aſſez ſemblables aux épines.

Il paroît dans l'écu, marchant, & diffère du porcépic, en ce que ce dernier eſt plus haut ſur ſes jambes, & en ce qu'il a ſes piquans beaucoup plus longs.

Le *hériſſon* a la faculté de ſe mettre en boule, ce qu'il fait quand il ne peut ſe ſauver à la courſe; alors il paroît, comme une châtaigne, armé de ſes piquans, & ſes ennemis ne peuvent l'attaquer.

Hericy de Montbray, de Fierville, en Normandie; d'argent, à trois *hériſſons* de ſable.

HÉRISSONNÉ, adj. ne ſe dit que d'un chat ramaſſé & accroupi.

HERMINE, (ordre de l') *ordo velleris Pontici*, nommé auſſi l'*ordre de Bretagne*, parce qu'il fut inſtitué ou renouvellé par Jean IV, duc de Bretagne, dit *le vaillant* & *le conquérant*. Les uns placent cette inſtitution vers l'an 1365, les autres en 1381.

Le collier de l'ordre étoit formé de deux chaînes, ſur leſquelles il y avoit des épis deux à deux, paſſés en ſautoirs : au milieu de cette chaîne double étoit ſuſpendue, par trois petits chaînons, une *hermine* courante ſur une terraſſe émaillée de fleurs, le tout d'or, & au-deſſous, ſur un liſtel, étoit en émail la deviſe : *A ma vie*; deviſe de laquelle, ainſi que de beaucoup d'autres, on ne ſait ni le vrai ſens ni l'à-propos. (*Voyez la planche XXVI. fig. 66.*)

HERMINE, (ordre de l') nom d'un ordre de chevalerie, inſtitué en 1464 par Ferdinand, roi de Naples. Du collier qui étoit d'or, pendoit une *hermine*, avec cette deviſe : *Malo mori quàm fœdari*. J'aime mieux mourir que d'être ſouillée. Pontanus en parle au livre premier de la *Guerre de Naples*.

HERMINE, ſ. m. fourrure blanche, chargée de mouchetures de ſable.

On nomme *contre-hermine* un champ de ſable ſemé de mouchetures d'argent.

On donnoit autrefois le nom d'*Hermins* aux Arméniens, parce que l'Arménie eſt un pays abondant en *hermines*, & que l'on y faiſoit un grand trafic de ces peaux.

Quinſon de Verchières, en Breſſe; plein d'*hermine*.

Le duché de Bretagne & la maiſon de Sainte-Hermine portent auſſi tout *hermine*.

La maiſon de Bailleul, parti d'*hermine* & de gueules. (*Pl. I. fig. 25.*)

Plomet, tiercé en chevrons, d'argent, de ſable & d'*hermine*. (*fig. 36.*)

Carbonel, en Normandie; coupé, couſu de gueules & d'azur, à trois tourteaux d'*hermine*. (*fig. 42.*)

Catel, coupé de gueules & d'*hermine*, au lion de l'un en l'autre. (*fig. 43.*)

Kerouſer, en ſautoir de gueules & d'*hermine*, le gueules chargé d'un lion d'argent. (*Pl. II. fig. 59.*)

Chambray, en Normandie; d'*hermine*, à trois tourteaux de gueules.

HERMINE, ſ. f. animal différent de la fourrure. Mutel, de gueules, à trois *hermines* d'argent. (*Pl. XII. fig. 618.*)

HERMINÉ, ÉE, adj. une croix *herminée* eſt une croix compoſée de quatre mouchetures d'hermine.

Il faut remarquer que dans de telles armes, les couleurs ne doivent point être exprimées, par la raiſon que ni la croix ni les armes ne peuvent être que de couleur blanche ou de couleur noire.

La Colombière, dans ſon *Blaſon*, appelle ces ſortes d'armes *quatre queues d'hermine en croix*. L'éditeur de Guillem les appelle une *croix de quatre hermines*, ou plus proprement, *quatre mouchetures d'hermine en croix*. Les quatre mouchetures d'hermine, dont le ſautoir dentelé eſt cantonné dans les armes de Bertin, (*Pl. IV. fig. 191.*) peuvent être conſidérées comme formant une croix *herminée*.

Bourg de Saint-Albans d'azur à trois fleurs de lys, *herminées*.

HERMINITE. Ce mot paroît un diminutif d'hermine, & devroit naturellement ſignifier *petite hermine*; mais il ſignifie un fond blanc tacheté de noir, & dans lequel chaque tache noire eſt ſeulement mêlée d'un peu de rouge.

Quelques auteurs ſe ſervent du mot *herminite*, pour marquer un fond jaune tacheté de noir; mais les François lui donnent un nom plus juſte, en l'appelant *or ſemé d'hermines de ſable*.

HÉRON, ſ. m. oiſeau aquatique & ſauvage, ayant le col long, un grand bec & les jambes hautes; il paroît arrêté dans l'écu.

De la Mare du Theil, en Normandie; d'azur, au *héron* d'argent.

Bouquart, en Lorraine; à un *héron* d'argent, becqué & membré d'or, accompagné de trois annelets auſſi d'argent, deux en chef, un en pointe.

§ HERSE, f. f. meuble de l'écu qui repréfente un inftrument propre à renverfer les terres fur les grains, pour les couvrir après qu'ils ont été femés.

Des Hayes de Gaffard, en Normandie; d'azur, à trois *herfes* d'or.

Morienville, d'azur, à la *herfe* d'or. (*Pl. V. fig.* 226.)

HERSE-SARRASINE, f. f. meuble d'armoiries fait de cinq ou fix pals aléfés & aiguifés en bas, avec cinq traverfes pofées horifontalement, jointes avec des cloux aux interfections, & un anneau au milieu de la traverfe fupérieure.

La *herfe-farrafine* repréfente une porte faite en treillis, fufpendue en haut avec une corde, & qu'on fait tomber par deux couliffes dans les cas de fur prife; & lorfque la porte d'une ville de guerre eft rompue, elle fert à fermer le paffage aux ennemis.

D'Apelvoifin, vicomte de Ferré, feigneur de la fouvinière, en Bretagne; de gueules, à la *herfe-farrafine* d'or.

On donne auffi quelquefois à la *herfe-farrafine* le nom de *couliffe*, ou du moins ces deux meubles de l'écu fe reffemblent beaucoup.

Vieille-Maifon, d'azur, à la *couliffe* ou à la *herfe* d'or. (*Pl. V. fig.* 225.)

HERSÉ, ÉE, adj. fe dit d'un château, d'une tour, d'une porte, dont la herfe-farrafine eft abattue.

De Tourteville, en Lorraine; d'azur, à la tour d'argent, *herfée* de fable.

HEURTES, f. m. pl. ce font deux tourteaux d'azur que quelques armoriftes ont ainfi appellés pour les diftinguer des tourteaux des autres couleurs.

Les armoriftes anglois diftinguent les couleurs des tourteaux, & leur donnent en conféquence des noms qui leur conviennent; ceux des autres nations fe contentent d'appeller ceux-ci fimplement *tourteaux d'azur*; & dans d'autres cas, il ne faut qu'ajouter au mot de *tourteaux* la couleur dont ils font.

HIE, f. f. *fiftuca, æ.* meuble de l'écu en forme de fufée alongée, terminée par deux lignes courbes, dont les bouts finiffent en pointe, avec deux ennelets faillans vers le quart de la longueur, l'un à dextre en haut, l'autre à feneftre en bas.

La *hie* eft rare dans les armoiries.

Damas, d'argent, à la *hie* de fable, accompagnée de fix rofes de gueules en orle. (*Pl. XI. fig.* 78.)

HIRONDELLE, f. f. meuble de l'écu qui repréfente cet oifeau.

Les *hirondelles* peuvent être de différens émaux dans l'écu.

De Gironde de Monclara, en Guienne; d'or, à trois *hirondelles* de fable, deux affrontées en chef, l'autre éployée en pointe.

Arondel, en Angleterre; d'argent à fept *hirondelles* de fable, pofées trois, trois & un.

HOMME, f. m. les figures humaines font employées de deux manières dans les armoiries.

Ou comme meubles de l'écu.

Wolefkeel, en Franconie; d'or, à un *homme* paffant de carnation, habillé de fable, tenant de la main droite une branche de rofier, de trois rofes de gueules, & la main gauche pofée fur fon côté. (*Pl. VIII. fig.* 438.) Voyez auffi fig. 437-9. 440-1-2-3. des *hommes* à cheval, des femmes, des enfans, enfin des figures humaines fous toutes les formes.

Ou comme ornemens extérieurs de l'écu.

Des figures humaines de toutes les formes font employées comme tenans ou fupports. (*Voyez planche XV. fig.* 2. 8. 11. & *planche XXII. fig.* 1--2.)

HOUSEAUX, f. m. pl. HOUSETTES, f. f. pl. efpèce de guêtres ou de bottines, font quelquefois employées comme meuble d'armoiries.

Artier, d'azur, au chevron accompagné de trois *houfeaux* ou *houfettes*, le tout d'or. (*Pl. IX. fig.* 457.)

HOUSSÉ, ÉE, adj. fe dit d'un cheval qui a fa houffe.

HOUSSETTE, f. f. même chofe que *houfeaux* & *houfettes*, efpèce de bottine en ufage autrefois parmi les militaires. On en voit dans quelques écus.

Houffette eft un vieux mot gaulois, d'où l'on a fait *houfeau*, *heufe*, dérivé de *hofellum*, diminutif de *hofa*, qui vient de l'allemand *hofe*, bottine.

De la Heufe de Baudran, en Anjou; d'or, à trois *houffettes* de fable.

HOUSSILLES, f. f. pl. brodequins ou bas de chauffes. Il n'eft d'ufage que dans l'art héraldique. (*Voyez* HOUSEAUX.)

HOUX, f. m. arbufte, dont la feuille toujours verte eft armée fur les bords, de longues pointes.

La Villeléon, en Bretagne; d'argent, à un *houx* de finople, au chef de fable, fretté d'or.

HUBERT, (l'ordre de faint) ordre de chevalerie, inftitué par Girard V, duc de Juliers, en 1473, pour rendre graces à Dieu des victoires qu'il avoit remportées fur fes ennemis; il le mit fous l'invocation de *faint Hubert*, évèque de Liège.

On croit que cet ordre s'éteignit en 1487.

La croix de l'ordre étoit patée, émaillée d'azur, ornée de douze diamans & de huit perles, & anglée de vingt rayons d'or ondoyans & droits alternativement, cinq à chaque angle; au centre étoit une médaille d'or en ovale couché, où étoit repréfenté *faint Hubert* à genoux devant une croix entre les bois d'un cerf.

La devife, *in fide fta firmiter*, étoit autour de la médaille.

Les chevaliers portoient un ruban rouge en écharpe, où pendoit cette croix. (*Planche XXIII. fig.* 19. (*G. D. L. T.*)

HUCHET, f. m. petit cor-de-chaffe qui fert à appeller les chiens. Il paroît dans l'écu fans attache.

Huchet vient du vieux verbe *hucher*, qui a fignifié *appeller*, lequel étoit dérivé, felon Ducange, de *hucciare*, mot de la baffe latinité qui avoit la même fignification.

Dieu préferve , en chaffant , tout honnête perfonne ,
D'un donneur de *huchet* , qui mal-à-propos fonne.

De Bernard de Javerfac, d'Aftruge, de Monfan-
fon, à Paris ; d'or , à trois *huchets* de gueules.

Dans la *figure 534. planche X.* il n'y a qu'à fuppofer les trois cors-de-chaffe fans leurs attaches ,
on aura trois *huchets.*

HURE, f. f. tête du fanglier : elle paroît de profil dans l'écu ; elle eft fouvent de fable , & quelquefois d'un autre émail.

Rofnivinen, d'argent, à la *hure* de fanglier de
fable, flamboyante de gueules. (*Pl. V. fig. 269.*)

Défendue fe dit de la défenfe ou dent du fanglier ; *allumé* , de fon œil , lorfqu'ils font de différent émail : *hure* fe dit encore de la tête du faumon & de celle du brochet.

Pulhofen, en Bavière ; d'or, à une *hure* de fanglier de fable, le boutoir vers le chef *défendu* d'argent. (*Pl. XI. fig. 589.*)

De Gueyton de la Duchère, de Châteauvieux,
de Fromentes, en Bourgogne & en Breffe ; de gueules, à une *hure* de fanglier d'or.

Dumouchet de la Moucheterie, au Perche ; d'argent, à trois *hures* de fanglier de fable.

Aubry de Caftelnau de Lazenay , en Berry ;
d'argent, à une *hure* de fanglier de fable, allumée
& défendue du champ de l'écu ; au chef denché d'a-
zur , chargé de trois rofes d'or.

Bernier de Racecourt, en Lorraine ; d'azur , à
la fafce d'argent, accompagnée en chef d'une *hure*
de faumon d'or , & en pointe d'une clef du fecond
émail.

De Tourtenoutre de Penaurin , de Kermarchan,
en Bretagne ; d'argent , à trois *hures* de brochet
d'azur.

HYDRE , f. f. efpèce de dragon qui paroît dans
l'écu avec fept têtes, la plus baffe pendante à un
feul filament.

Les poëtes ont feint que l'*hydre* avoit fept têtes,
& qu'à mefure qu'on en coupoit une , il en croiffoit
une autre.

Joyeufe, palé d'or & de gueules, au chef d'azur ,
chargé de trois *hydres* d'or.

De Belfunce de Caftelmoron, en Bifcaye ; d'argent, à une *hydre* à fept têtes de finople.

JACQUES DE L'EPÉE, (faint) nom d'un ordre militaire & hofpitalier établi en Efpagne , fous le règne de Ferdinand II, roi de Léon & de Galice.

L'époque de cette inftitution n'eft pas parfaitement connue. Les uns la rapportent à l'an 1161 ; d'autres à 1170 ; d'autres enfin à 1175. En conféquence de cette incertitude, l'ordre de Calatrava & l'ordre de *faint-Jacques* difputent entr'eux d'ancienneté. Le plus grand nombre des auteurs eft favorable fur ce point à l'ordre de Calatrava , dont on rapporte affez communément l'inftitution à l'année 1158.

L'objet de l'établiffement de l'ordre de *faint-Jacques* fut d'arrêter les courfes des Maures qui troubloient les pélerins de *faint Jacques* de Compoftelle. D'abord treize chevaliers s'engagèrent par un vœu folemnel à garder les chemins & à les rendre libres & fûrs. Des chanoines de faint Eloi avoient un hôpital fur la route ; ces gentilshommes leur propefèrent de s'unir à eux, l'union fe fit, l'ordre fe forma , & il fut confirmé en 1172 , felon les uns ; en 1175 , felon les autres.

En 1493 , Ferdinand & Ifabelle réunirent à leur couronne la dignité de grand-maître, ce qui fut confirmé en 1523 par le pape Adrien VI. Les rois d'Efpagne confervent avec foin ce titre de grand maître de l'ordre de *faint-Jacques*, comme un des plus beaux droits de leur couronne, à caufe des revenus qu'il leur procure , & des riches commanderies dont il leur donne la difpofition. Le nombre des chevaliers eft beaucoup plus grand aujourd'hui qu'il ne l'étoit autrefois , & les grands s'empreffant d'y être reçus à caufe des commanderies auxquelles ils efpèrent parvenir, & des privilèges confidérables dont cet ordre jouit dans tout le royaume, mais particuliérement en Catalogne.

Les chevaliers font preuve de quatre races, tant du côté paternel que du côté maternel. Il faut de plus qu'ils n'aient eu parmi leurs ancêtres, ni juifs, ni farrafins, ni hérétiques, ni aucune perfonne reprife par l'inquifition.

Les novices font obligés de faire le fervice de la marine pendant fix mois fur les galères, & de demeurer un mois dans un monaftère. Autrefois ils étoient véritablement religieux ; ils faifoient vœu de chafteté ; ils ne font plus que les vœux de pauvreté, d'obéiffance & de fidélité conjugale ; ils y joignent, depuis l'an 1652 , le vœu de défendre l'immaculée conception de la Vierge. Leur habit de cérémonie eft un manteau blanc avec une croix rouge fur la poitrine. Cet ordre eft le plus confidérable des trois grands ordres d'Efpagne.

Ses anciennes armes étoient d'or, à une épée de gueules, chargée en abime d'une coquille de même, & portoient ces mots pour devife : *Rubet enfis fanguine Arabum.* Aujourd'hui c'eft une croix en forme d'épée, dont le pommeau eft fait en cœur, & les bouts de la garde en fleurs de lys. On croit que ces fleurs de lys qui fe rencontrent dans les armes des ordres militaires d'Efpagne, font un monument de reconnoiffance des fecours que les François donnèrent fouvent aux Efpagnols contre les Maures.

La marque de cet ordre eft différente en Efpagne & en Portugal ; en Efpagne, c'eft un collier à trois chaînes d'or, jointes à un chaînon, d'où pend une épée de gueules à poignée & garde fleuronnées, la pointe en bas, l'épée chargée en haut de la lame d'une coquille d'argent. (*Voyez la planche XXIII. fig. 13.*)

La marque de ce même ordre en Portugal, eft une croix de gueules fleurdelifée à l'antique au pied fiché ; elle eft fufpendue à une chaîne d'or. (*Voyez la planche XXVI. fig. 80. G. D. L. T.*)

JACQUES, (faint) *hôpital faint-Jacques.* Il a été fondé par des bourgeois de Paris vers la fin du douzième fiècle, mais n'a commencé à former un corps politique qu'en 1315, en vertu de lettres-patentes de Louis X. En 1321 , le pape Jean XXII reconnoiffant le droit de patronage & d'adminiftration laïque que les fondateurs de cette maifon s'étcient réfervé à eux & à leurs fucceffeurs, voulut, par une bulle donnée en faveur de cet établiffement, qu'on conftruisît une chapelle dans cet hôpital,& que cette chapelle fût defférvie par quatre chapelains ; il décida que l'un d'eux , fous le nom de *tréforier* , ordonneroit de toutes les chofes eccléfiaftiques & autres qui concerneroient l'office divin feulement ; qu'il auroit charge d'ames des chapelains, des hôtes & des malades de l'hôpital , & qu'il leur adminiftreroit les facremens ; que ce tréforier rendroit compte tous les ans aux adminiftrateurs ; que ceux-ci préfenteroient au tréforier des perfonnes capables de remplir les chapellenies , & que la tréforerie venant à vaquer , un des chapelains feroit préfenté par les adminiftrateurs à l'évêque de Paris , pour être revêtu de l'office de tréforier. Une bulle de Clément VI confirme celle de Jean XXII ; le nombre des chapelains n'étoit dans les commencemens que de quatre. Il a été augmenté dans la fuite ; mais quatre feulement des nouveaux ont été égalés aux anciens. Le but de l'inftitution étoit l'hofpitalité envers les pélerins de *faint Jacques* ; mais elle y a toujours été exercée envers les malades de l'un & de l'autre sèxe. En 1676 , on tenta de réunir cette maifon à l'ordre hofpitalier de faint Lazare : mais en 1698, le roi anéantit l'union faite : depuis ce temps, l'adminiftration & l'état de l'hôpital *faint Jacques* ont été un fujet de conteftations qui ne font pas encore terminées. Un citoyen honnête avoit proposé de ramener cet établissement à sa première institution ; mais il ne paroît pas qu'on ait goûté son projet. *Voyez*, parmi les différens mémoires qu'il a publiés sous le titre de *Vûes d'un citoyen*, celui qui concerne l'hôpital dont il s'agit. (*Article reflé.*)

JAMBE, f. f. meuble d'écu. (*Voyez* les armes de Coffa & de Courtin. *Pl. IX. fig.* 449--50.)

JANVIER, (l'ordre de faint) fut inftitué le 2 juillet 1738, par Charles, infant d'Efpagne, roi de Jérufalem & des deux Siciles.

La croix de cet ordre a huit pointes pommetées, & quatre fleurs de lys dans les angles, le tout d'or, émaillé de blanc ; au centre eft l'image de *faint Janvier*, évêque, avec fes ornemens pontificaux, la mitre fur la tête, la main dextre levée comme pour donner fa bénédiction, tenant de la main feneftre fa croffe ; il paroît à mi-corps, naiffant ou mouvant de plufieurs nuées : fur le revers eft une médaille émaillée d'azur ; au centre on voit un livre d'or, chargé de deux burettes de gueules, & accompagné de deux palmes de finople.

Le collier eft une chaîne, & des trophées de croffes & de croix longues paffées en fautoirs, entremêlées de fleurs de lys, le tout d'or.

Les chevaliers portent fur leurs habits un large ruban bleu célefte, où eft attachée cette croix. (*Voyez* la planche XXV. fig. 55. *G. D. L. T.*)

JARRETIÈRE, f. f. lien avec lequel on attache fes bas.

L'ordre de la *jarretière* eft un ordre militaire inftitué par Edouard III en 1350, fous le titre des *suprêmes chevaliers de l'ordre le plus noble de la* jarretière.

Cet ordre eft compofé de vingt-fix chevaliers ou compagnons, tous pairs ou princes, dont le roi d'Angleterre eft ou le chef, ou le grand-maitre.

Ils portent à la jambe gauche une *jarretière* garnie de perles & de pierres précieufes, avec cette devife, *honni foit qui mal y penfe*.

Cet ordre de chevalerie forme un corps ou une fociété qui a fon grand & fon petit fceau, & pour officiers un prélat, un chancelier, un greffier, un roi d'armes & un huiffier.

Il entretient de plus un doyen & douze chanoines, des fous-chanoines, des porte-verges, & vingtfix penfionnaires ou pauvres chevaliers.

L'ordre de la *jarretière* eft fous la protection de faint Georges de Cappadoce, qui eft le patron tutélaire d'Angleterre.

L'affemblée ou chapitre des chevaliers fe tient au château de Windfor, dans la chapelle de faint Georges, dont on voit le tableau peint par Rubens, fous le règne de Charles I, & dans la chambre du chapitre, que le fondateur a fait conftruire pour cet effet.

Leurs habits de cérémonie font la *jarretière* enrichie d'or & de pierres précieufes, avec une boucle d'or qu'ils doivent porter tous les jours ; aux fêtes & folemnités, ils ont un furtout, un manteau, un grand bonnet de velours, un collier de GGG, compofé de rofes émaillées, &c.

Quand ils ne portent pas leurs robes, ils doivent avoir une étoile d'argent au côté gauche, & communément ils portent le portrait de faint Georges émaillé d'or & entouré de diamans au bout d'un cordon bleu placé en baudrier, qui part de l'épaule gauche. Ces chevaliers ne doivent point paroître en public fans la *jarretière*, fous peine de dix fols, huit deniers qu'ils font obligés de payer au greffier de l'ordre.

Il paroît que l'ordre de la *jarretière* eft de tous les ordres féculiers le plus ancien, & le plus illuftre qu'il y ait au monde. Il a été inftitué 50 ans avant l'ordre de faint Michel de France, 83 ans avant celui de la toifon d'or, 190 ans avant celui de faint André, & 209 ans avant celui de l'éléphant.

Depuis fon inftitution, il y a eu huit empereurs & vingt-fept ou vingt-huit rois étrangers, outre un très-grand nombre de princes fouverains étrangers, qui ont été de cet ordre en qualité de chevaliers compagnons.

Les auteurs varient fur fon origine : on raconte communément qu'il fut inftitué en l'honneur d'une *jarretière* de la comteffe de Salisbury, qu'elle avoit laiffé tomber en danfant, & que le roi Edouard ramaffa : mais les antiquaires d'Angleterre les plus eftimés traitent ce récit d'hiftoriette & de fable.

Cambden, Fern, &c. difent qu'il fut inftitué à l'occafion de la victoire que les Anglois remportèrent fur les François à la bataille de Crécy : felon quelques hiftoriens, Edouard fit déployer fa *jarretière* comme le fignal du combat ; & pour conferver la mémoire d'une journée fi heureufe, il inftitua un ordre dont il voulut qu'une *jarretière* fût le principal ornement, & le fymbole de l'union indiffoluble des chevaliers. Mais cette origine s'accorde mal avec ce qu'on va lire ci-deffous.

Le P. Papebroke, dans fes *Analectes* fur faint Georges, au troifième tome des *Actes des faints* publiés par les Bollandiftes, nous a donné une differtation fur l'ordre de la *jarretière*. Il obferve que cet ordre n'eft pas moins connu fous le nom de *faint Georges* que fous celui de la *jarretière* ; & quoiqu'il n'ait été inftitué que par le roi Edouard III, néanmoins, avant lui, Richard I s'en étoit propofé l'inftitution du temps de fon expédition à la terre - fainte (fi l'on en croit un auteur qui a écrit fous le règne d'Henri VIII) ; cependant Papebroke ajoute qu'il ne voit pas fur quoi cet auteur fonde fon opinion, & que, malgré prefque tous les écrivains qui fixent l'époque de cette inftitution en 1350, il aime mieux la rapporter avec Froiffard, à l'an 1344 ; ce qui s'accorde

corde beaucoup mieux avec l'histoire de ce prince, dans laquelle on voit qu'il convoqua une assemblée extraordinaire de chevaliers cette même année 1344.

Si par cette assemblée extraordinaire de chevaliers, il faut entendre les chevaliers de la *jarretière*, il s'ensuivra que cet ordre subsistoit dès l'an 1344 ; par conséquent l'origine que lui ont donnée Cambden, Fern & d'autres, est une pure supposition, car il est constant que la bataille de Crécy ne fut donnée qu'en 1346 le 26 d'août. Comment donc Edouard auroit-il pu instituer un ordre de chevalerie en mémoire d'un événement qui n'étoit encore que dans la classe des choses possibles ? Ou s'il a retardé jusqu'en 1350 à l'instituer en mémoire de la victoire de Créci, il faut avouer qu'il s'écartoit fort de l'usage commun de ces sortes d'établissemens, qui suivent toujours immédiatement les grands événemens qui y donnent lieu. Ne seroit-il pas permis de conjecturer que les écrivains anglois ont voulu par-là sauver la gloire d'Edouard, & tourner du côté de l'honneur une action qui n'eut pour principe que la galanterie ? Ce prince fut un héros, & nous le fit bien sentir ; mais comme beaucoup d'autres héros, il eut ses foiblesses. En tout cas, si la *jarretière* de la comtesse de Salisbury est une fable, la *jarretière* déployée à la bataille de Crécy pour signal du combat, est une nouvelle historique.

En 1551, Edouard VI fit quelques changemens au cérémonial de cet ordre. Ce prince le composa en latin, & l'on en conserve encore aujourd'hui l'original écrit de sa main ; il y ordonna que l'ordre ne seroit plus appellé *l'ordre de saint-Georges*, mais celui de la *jarretière ;* & au lieu du portrait de saint Georges suspendu ou attaché au collier, il substitua l'image d'un cavalier portant un livre sur la pointe de son épée, le mot *protectio* gravé sur l'épée, *verbum Dei* gravé sur le livre ; & dans la main gauche une boucle sur laquelle est gravé le mot *fides. Larrey.*

On trouvera une histoire plus détaillée de l'ordre de la *jarretière* dans Cambden, Dawson, Heland, Polydore Virgile, Heylin, Legar, Glover & Favyn.

Erhard, Cellius & le prince d'Orange, ajoute Papebroke, ont donné des descriptions des cérémonies usitées à l'installation ou à la réception des chevaliers. Un moine de Citeaux, nommé *Mendocius Valetus*, a composé un traité intitulé *la jarretière*, ou *speculum anglicanum*, qui a été imprimé depuis sous le titre de *Catéchisme de l'ordre de la jarretière*, où il explique toutes les allégories réelles ou prétendues de ces cérémonies avec leur sens moral. (*Article resté.*)

JAVELOT, s. m. (*Voyez* le deuxième & le troisième quartier des armes de la maison O-Brien. (*Pl. XI. fig. 599.*)

JEAN ET DE SAINT THOMAS, (l'ordre de saint) en Portugal, institué en l'année 1254. Les chevaliers peuvent se marier ; leur croix est pattée

Histoire. Tom. I.

de gueules & chargée au centre sur un médaillon des images de *saint Jean* & de *saint Thomas*, à côté l'un de l'autre. (*Voyez la planche XXIV. fig. 33. G. D. L. T.*)

JEAN DE LATRAN, (l'ordre de saint) dit de *l'Eperon*, à Rome, fut institué par le pape Pie IV, en l'année 1560. Ceux qui sont reçus dans cet ordre, de même que les chevaliers de Notre-Dame de Lorette, ne font aucune preuve de noblesse ni de service militaire. La croix est à huit pointes ; entre les deux pointes d'en-bas est attaché un éperon : au centre de cette croix, sur un médaillon, est l'image de *saint Jean-Baptiste*, sur une terrasse de sinople, & entouré de la légende, *Ordinis institutio M. D. L. X.* Sur le revers se trouvent deux clefs passées en sautoir, surmontées d'une tiare, & par légende, *Præmium virtuti & pietati.* (*Voyez la planche XXVII. fig. 82. G. D. L. T.*)

JESUS-CHRIST, (ordre de) nom d'un ordre de chevalerie, institué en 1320 à Avignon par le pape Jean XXII. Les chevaliers de cet ordre portoient une croix d'or pleine, émaillée de rouge, enfermée dans une autre croix pattée d'or de même façon ; les émaux étoient différens de ceux de la croix de l'ordre de Christ en Portugal. (*Voyez* CHRIST. Favin, *théat. d'honn. & de chevalerie.*)

JESUS ET MARIE, ordre de chevalerie connu à Rome du temps du pape Paul V, qu'on croit en avoir été l'instituteur vers le commencement du dix-septième siècle. Par les loix de cet ordre, que l'on a encore, il est ordonné que chacun des chevaliers portera un habit blanc dans les solemnités, & qu'il entretiendra un cheval & un homme armé contre les ennemis de l'état ecclésiastique. Ces chevaliers portoient une croix bleu-céleste, sur laquelle étoient écrits les noms de *Jesus & Marie*. Le grand-maître étoit choisi par le chapitre, parmi trois chevaliers que le pape proposoit. On pouvoit entrer dans l'ordre sans faire de preuves, mais à condition de fonder une commanderie de deux cents écus de rente, dont le fondateur pouvoit jouir lui-même pendant sa vie, & qui, après sa mort, appartenoit à l'ordre. Bonami, *catalog. ordin. equestr.* (*Articles restés.*)

IMMORTALITÉ, s. f. bûcher du phénix, nommé ainsi du mot *immortel*, parce que, selon la fable, il se dresse lui-même son bûcher, bat des ailes dessus pour l'allumer, s'y consume, & il naît de sa cendre un ver d'où se forme un autre phénix.

On n'exprime, ou du moins on n'est obligé d'exprimer l'*immortalité*, en blasonnant, que lorsqu'elle est d'un autre émail que cet oiseau.

Feyne de Lavanne, à Paris ; d'argent, au phénix de sable, sur son *immortalité* de gueules.

Malet de Lusart, d'azur, à un phénix sur son *immortalité*, regardant le soleil, le tout d'or. (*Pl. VI. fig. 315.*)

ISALGUE, s. f. fleur en forme de cinq trèfles, à queues alongées, dont les bouts traversent une portion de cercle qui imite un croissant renversé.

M

Ifalguier de Mouſſens, à Touloufe ; de gueules, à la fleur d'*iſalgue* d'argent.

ISSANT , TE , adj. ſe dit d'un lion , d'une aigle , ou d'un autre animal qui paroit ſur un chef, ſur une faſce , &c. & qui ne montre que la tête & une petite partie du corps.

Servient ; d'azur, à trois bandes d'or , au chef couſu du champ, chargé d'un lion *iſſant* du ſecond. (Pl. V. fig. 249.)

Pour connoitre la différence , ou du moins une des principales différences du lion *iſſant* au lion naiſ-ſant, il ne faut que jetter les yeux ſur la *figure 248*.

Varnier ; d'azur , au lion *naiſſant* d'or , au chef d'argent , chargé de trois croiſſans de gueules.

Cette différence conſiſte en ce que le lion *iſſant* ſort du chef, ou du moins de la partie ſupérieure de l'écu, au lieu que le lion *naiſſant* prend ſa naiſ-ſance vers le milieu du champ de l'écu.

De Monteynard de Montfrin, de la Pierre de Chaſtelard, en Languedoc & en Dauphiné ; de vair, au chef de gueules, chargé d'un lion *iſſant* d'or. *Iſſant* peut ſe dire encore d'un lion , ou d'un autre animal ſortant d'une maiſon, d'un bois, &c.

Il ſe dit auſſi d'un enfant qu'une guivre ſemble dévorer ; mais on ne ſe ſert de ce terme que lorſ-que l'enfant eſt d'un autre émail que la guivre.

De Colas de Tenax , de Couyères , de Gaſſé , en Normandie ; d'argent, à la guivre de ſable , *iſ-ſante* de gueules, au chef de même , chargé de trois roſes du champ.

La ville de Milan , à une givre ou guivre d'a-zur , couronnée d'or , à l'enfant *iſſant* de gueules.

§ JUMELLE, ſ. f. faſce formée de deux burel-les. (*Voyez fig. 137. pl. III.*)

La *jumelle* occupe dans l'écu un eſpace égal à la faſce ; cet eſpace ſe diviſe en trois parties éga-les poſées horizontalement : la partie du milieu eſt le fond de l'écu qui marque le vuide entre les deux burelles, dont la *jumelle* eſt formée.

Ainſi on n'appelle point *jumelles* au pluriel les deux burelles égales & ſéparées par un intervalle égal à leur largeur, mais ces deux burelles, join-tes avec cet intervalle, ne forment qu'une ſeule *jumelle*.

Il peut n'y avoir qu'une ſeule *jumelle* dans l'é-cu ; en ce cas, on la place au milieu de l'écu, comme une ſeule faſce ; mais le plus ordinairement les *jumelles* ſe trouvent au nombre de deux ou trois dans l'écu, & alors elles ſont placées à la mê-me diſtance les unes des autres que le ſeroit un pareil nombre de faſces ; c'eſt ce qu'on peut voir en comparant la *figure 137*. avec la *figure 127. pl. III*.

Les *jumelles* ſe placent non-ſeulement en faſce, mais auſſi en bande , en ſautoir, &c. Quand elles ſont autrement qu'en faſce , on en exprime la po-ſition en blaſonnant.

Landois , ſieur d'Hérouville , en Normandie ; de gueules, à deux *jumelles* d'or.

De Gouffier de Thois, en Picardie ; d'or, à trois *jumelles* de ſable. (Pl. III. fig. 137.)

JUMELÉ , adj. De même que de faſce (fig. 126-7. pl. III.) on fait faſcé , (fig. 128.) & de burelles (fig. 129.) on fait burelé, de même auſſi de *jumel-les* , (fig. 137.) on fait *jumelé*, & il ſe dit d'un ſau-toir, d'une bande, d'une faſce, & d'un chevron de deux jumelles.

Gaëtan ou Gaëtani , maiſon catalane d'origine, dont étoit le pape Boniface VIII, & qui prit ce nom de Gaëtan ou Cajetan, parce que les premiers de cette famille qui s'établirent en Italie, demeu-rèrent d'abord à Gaëte ou Cajète , porte d'argent, à deux ondes *jumellées* ou une jumelle ondée d'a-zur en bande.

LACS-D'AMOUR, f. m. on prononce *las-d'a-mour*, meuble de l'écu qui repréfente un cordon entrelacé circulairement, dont les bouts traverfent les centres, l'un à dextre, l'autre à fenestre; ce meuble eft ordinairement pofé en fafce.

Damours de Saint-Martin, de Liffon en Normandie; d'argent, à trois *lacs-d'amour* de fable.

Courdemanche, en Normandie; de gueules, à trois *lacs-d'amour* d'or, pofés en pal deux & un.

Les *lacs-d'amour* font auffi des ornemens extérieurs de l'écu & fervent de lambrequins. On en trouve auffi dans les colliers des ordres. Les lambrequins de l'écu des veuves font un cordon en *lacs-d'amour*. (*Voyez pl. XXVII. fig. dernière.*) L'ordre de Chypre ou de Lufignan, dit de l'*épée*, a pour collier un cordon rond de foie blanche noué en *lacs-d'amour*. (*Voyez pl. XXVI. fig. 76.*)

LAMBEL, f. m. pièce d'armoiries formée d'un filet ordinairement à trois pendans, quoiqu'on en voie quelquefois jufqu'à fix dans quelques écus: dans ce cas, il eft néceffaire d'en exprimer le nombre; quand il n'y en a que trois, on peut indifféremment en exprimer ou n'en pas exprimer le nombre; car il ne faut pas croire qu'un excès d'exactitude en blafonnant, foit un défaut. Le lambel fe pofe horifontalement en chef, fans toucher les extrémités de l'écu.

Ses proportions font une demi-partie des fept pour la hauteur du *lambel*, dont le tiers de cette demie partie pour la tringle, les deux autres tiers pour la faillie des pendans qui finiffent en queue d'aronde. Sa longueur horifontale eft de trois parties des fept en la fuperficie fupérieure. (*Voyez planche XXXIII. fig. 5.*)

Ce meuble d'armoiries eft quelquefois de face; on en exprime alors la pofition.

Le *lambel* eft le plus fouvent une brifure, il fert à diftinguer les cadets des grandes maifons.

Le mot *lambel* vient du vieux françois *label*, qui fignifioit un *nœud de rubans*, lequel s'attachoit au cafque, couvroit l'écu & pofoit fur fa partie fupérieure; il fervoit à diftinguer les enfans de leur père, parce qu'il n'y avoit que ceux qui n'étoient point mariés qui en portaffent; ce qui a donné occafion d'en faire les brifures des armoiries des premiers cadets.

De la Saudrays de Keroman, en Bretagne; d'argent, au chef de fable, chargé d'un *lambel* d'or.

Dufos de Mery, de la Taulle, de la Chambellane, d'Ullé, à Paris; d'or, à trois pals de gueules, au *lambel* d'argent brochant.

De Mauffabré des Genets, à Loches en Touraine; d'azur, au *lambel* d'or en fafce.

Monfrain de Fouárnez; d'azur, au *lambel* d'or pofé en fafce. (*Pl. VIII. fig. 392.*)

On peut voir auffi le *lambel* d'argent d'Orléans, pofé en chef, qui eft la place la plus ordinaire du *lambel*. (*Pl. XVII. fig. 3.*)

LAMBREQUINS, LAMBEQUINS ou LAMEQUINS, f. m. pl. les *lambrequins* repréfentent des morceaux d'étoffe découpés qui defcendent du cafque & accompagnent l'écu pour lui fervir d'ornemens; ils doivent être des mêmes émaux que le champ de l'écu & des pièces qui s'y trouvent.

On ne voit plus guère de *lambrequins* ni de cafques fur les armoiries depuis environ un fiècle; on y a fubftitué des couronnes.

Quelques hérauts les ont nommé *volets* les *lambrequins*, parce qu'ils voltigeoient au gré du vent, lorfque les anciens chevaliers combattoient dans les joûtes & tournois. D'autres les ont nommés *feuillards*, parce qu'ils leur paroiffoient reffembler à des feuilles d'acanthe; on les a même nommés *acanthes & feuillages*; & dans la fuite, lorfque les plumes ont remplacé les feuillages, on les a nommés *panaches* ou *pennaches*, *plumages*, *hachemens*, &c.

Le P. Méneftrier, en fon livre intitulé: *Origine des ornemens des armoiries*, édition de 1680, *pag.* 41. dit que le mot *lambrequins* vient du latin *lemnifcus*, qui fignifie en terme propre ces rubans volans, dont les couronnes de feuilles de laurier & de chêne des anciens étoient liées.

On peut voir les volets ou *lambrequins* du duc de Bourbon & du duc de Bretagne. (*Pl. XII.* dans le tableau d'en-bas) Ceux du cafque ou timbre des armes de France, (*Pl. XV. fig. 2.*) & la manière de pofer les *lambrequins* fur les écus, 1°. des chevaliers créés par lettres; 2°. des nobles & gentilshommes; 3°. des annoblis. (*Pl. XXVII. fig. 12—3—4.*)

LAMPASSÉ, ée, adj. fe dit de la langue des lions & des autres animaux.

On n'exprime ordinairement le *lampaffé* que quand il eft d'un émail différent de celui du corps de l'animal.

Daubigné; de gueules, au lion d'hermine, armé, *lampaffé* & couronné d'or.

Luxembourg; d'argent, au lion de gueules, armé, *lampaffé* & couronné d'azur, la queue fourchée, nouée & paffée en double fautoir. (*Pl. V. fig. 241.*)

Charolois; de gueules, au lion la tête contournée d'or, armé & *lampaffé* d'azur. (*fig. 242.*)

De Beauvau; d'argent, à quatre lionceaux de gueules, armés, *lampaffés* & couronnés d'or. (*Ibid. fig. 250.*)

De Bretigny, en Bourgogne; d'or, au lion dragonné de gueules, armé, *lampaffé* & couronné d'argent. (*fig. 252.*)

Teftu de Balincourt; d'or, à trois lions léopar-

M 2

dés de fable, armés & *lampaffés* de gueules, l'un fur l'autre ; celui du milieu contre-paffant. (*fig.* 254. *Voyez* auffi le lion de gueules, armé, *lampaffé* & couronné d'azur, la queue fourchée, nouée & paffée en fautoir, dont est chargé l'écuffon d'argent pofé fur le tout dans les armes de Montmorenci. *Pl. VI. fig. 307.*)

LANCE, (*Hift. de la Chevalerie*) du temps de l'ancienne chevalerie, le combat de la *lance* à courfe de cheval étoit fort en ufage, & paffoit même pour la plus noble des joûtes. Un chevalier tient ce propos à fon adverfaire dans le roman de *Florès de Grèce* : « Pendant que nous fommes à cheval, & » que les *lances* ne nous peuvent manquer, éprou-» vons-nous encore quelque temps, étant, comme » il m'eft avis, le plaifir de la courfe à *lance*, trop » plus beau que le combat à l'épée. » C'est pour cette raifon que la *lance* affranchiffoit l'épée, & que l'épée n'affranchiffoit pas la *lance*. On ne parloit dans les récits de joûtes que de *lances* à outrance, *lances* à fer émoulu, *lances* courtoifes, *lances* mouffes, *lances* frettées & mornées ; ces dernières étoient des *lances* non pointues, qui avoient une frette, morne ou anneau au bout.

De cette paffion qui régnoit alors, de montrer à la *lance* fa force & fon adreffe, vinrent ces expreffions fi fréquentes dans les livres de chevalerie, faire un coup de *lance*, rompre des *lances*, brifer la *lance*, baiffer la *lance*. Cette dernière expreffion fignifioit, *céder la victoire*, & nous le difons encore en ce fens au figuré.

Cependant tous les combats d'exercices & d'amufemens à la *lance* cefsèrent dans ce royaume par l'accident d'un éclat de *lance* qu'Henri II reçut dans l'œil le 29 juin 1559, en joûtant contre le comte de Montgommery. On fait que ce prince en mourut onze jours après.

Enfin l'ufage de la *lance* qui continuoit à la guerre, perdit toute fa gloire à la journée de Pont-Charra, où Amédée, duc de Savoie, fut défait par Lefdiguières l'an 1591. Voyez-en les raifons dans Mézeray, tome *III.* p. 900. Et fi vous voulez connoître les avantages & les défauts de cette ancienne arme de cavalerie, Georges Bafta, Walhaufen, & furtout Montecuculli, vous en inftruiront. (*D. J.*)

LANCE, f. f. meuble d'armoiries qui repréfente la *lance* dont on fe fervoit autrefois à la guerre & aux joûtes des anciens tournois.

De Villeneuve de Trans, de Vence en Provence ; de gueules, fretté de fix *lances* d'or, les clairevoies remplies chacune d'un écuffon de même ; fur le tout un d'azur, chargé d'une fleur de lys du deuxième émail. Cet écuffon, chargé d'une fleur de lys, eft une conceffion de Louis XII. (*Pl. IX. fig. 502.*)

LANGUE, dans l'ordre de Malte ; c'est le nom général qu'on donne aux huit divifions des différens pays ou nations qui compofent l'ordre des chevaliers de Malte. Voici leurs noms & le rang qu'on leur donne : la *langue* de Provence, la langue d'Auvergne, la *langue* de France, celles d'Italie, d'Arragon, d'Angleterre, d'Allemagne & de Caftille. Ainfi il y a trois *langues* pour le royaume de France, deux pour l'Efpagne, une pour l'Italie, autant pour l'Angleterre & pour l'Allemagne. Chaque *langue* a fon chef, qu'on nomme *pilier*.

LANGUÉ, ÉE, adj. fe dit de la langue de l'aigle & de celle des autres oifeaux, lorfqu'elles fe trouvent d'un émail différent de celui de leur corps.

LANGUÉ fe dit auffi du griffon quand fa langue eft d'émail différent, parce qu'il a la partie fupérieure de l'aigle.

LANGUÉ fe dit encore de la biffe & de quelques autres reptiles, lorfque leur langue eft de différent émail.

De Contades, à Paris, originaire d'Anjou ; d'argent, à l'aigle d'azur, au vol abaiffé, *linguée* & membrée de gueules.

Binot de Touteville, à Paris ; d'azur, à la biffe d'argent, *languée* de gueules.

C'est ce qui s'appelle *lampaffé* pour les lions, lionceaux, léopards & autres quadrupèdes.

LAPIN, f. m. animal qui paroit courant.

Ménage fait venir ce mot de *lepinus*, diminutif de *lepus, leporis*, lièvre.

Dufrefche de la Villeorien, en Bretagne ; d'argent, à trois *lapins* courans de fable.

D'Aydie, de gueules, à quatre *lapins* d'argent, courans l'un fur l'autre. (*Pl. VI. fig. 298.*)

LARME, f. f. meuble dont la partie fupérieure, en pointe & ondoyante, s'élargit & fe termine en forme ronde en bas.

Les *larmes* repréfentent les gouttes d'eau qui coulent des yeux lorfque l'on pleure ; elles défignent l'affliction & la douleur. On en met fur les ornemens d'églife deftinés pour les fervices des morts, dans les pompes funèbres, fur les catafalques, tombeaux & maufolées.

D'Amproux de la Meffaye, en Bretagne ; de finople, à trois *larmes* d'argent.

Turmenies de Nointel, d'azur, à trois *larmes* d'argent, furmontées d'une étoile d'or. (*Pl. XII. fig. 630.*)

LAURIER, f. m. arbriffeau à feuilles longues & pointues, dont la tige paroit unie & fans nœuds.

Le *laurier* eft le fymbole de la victoire ; les Romains en couronnoient ceux qui recevoient les honneurs du triomphe.

Apollon & les divinités qui préfident aux arts libéraux, ont des couronnes de *laurier* pour fignifier que les ouvrages de génie font confacrés à l'immortalité, dont le *laurier* eft le fymbole, parce qu'il conferve fa verdure malgré les rigueurs de l'hiver.

De Launay, feigneur de Launay-Ravilly, en Bretagne ; d'argent, au *laurier* de cinq rameaux de finople.

Meffemé, de gueules, à fix feuilles de *laurier* d'or, pofées en rofe. (*Pl. VIII. fig. 404.*)

LAZARE, (prêtres de saint) nommés aussi *Lazaristes*, clercs séculiers d'une congrégation instituée en France dans le dix-septieme siècle, par M. Vincent de Paule. Ils prennent leur nom d'une maison qu'ils ont dans le fauxbourg saint Denis à Paris, qui étoit autrefois un prieuré sous le titre de *saint Lazare*. Ils ne font que des vœux simples, & ils peuvent en être entiérement dispensés au besoin. Leur institut est de former des missionnaires & des directeurs capables de conduire les jeunes ecclésiastiques dans les séminaires, dont plusieurs en France sont confiés à leurs soins. Leur maison de *saint Lazare* où réside le général, est aussi une maison de force pour renfermer les jeunes gens dont les débauches & la mauvaise conduite obligent leurs parens de sévir contr'eux. Ces prêtres dirigent aussi quelques cures en France, entr'autres celles de Versailles & des Invalides, de Fontainebleau, &c.

LAZARE, (les ordres royaux, hospitaliers & militaires de saint) *& de Notre-Dame de Mont-Carmel.*

L'ordre de *saint Lazare* est le plus ancien; on prétend qu'il fut institué à Jérusalem, par les chrétiens d'occident, en l'année 1119, pour recevoir les pélerins qui venoient visiter les saints lieux, les secourir & les protéger.

Ces chevaliers s'établirent en France, sous le règne de Louis VII, dit *le jeune*. Ce prince leur donna la terre de Boigny à une lieue au midi d'Orléans; ils y firent leur résidence, & y tinrent leurs chapitres.

Le pape Alexandre IV confirma l'ordre des chevaliers de *saint Lazare* sous la règle de saint Augustin, par une bulle donnée à Naples le 11 avril 1255.

Philippe IV, dit *le Bel*, accorda des lettres de sauve-garde & de protection à cet ordre, au mois de juillet 1308.

Philippe V, dit *le Long*, maintint le grand-maître & les chevaliers dans la possession de la haute & basse-justice de Boigny, par arrêt du 14 août 1317.

Il y eut une bulle du pape Pie V, qui commence par les mots *Sicuti bonus agricola*, en faveur de ces chevaliers: elle fut donnée à Rome le 7 des calendes de février 1567.

L'ordre de *Notre-Dame de Mont-Carmel* fut institué par Henri IV; ce monarque écrivit au pape Paul V à sujet; le pontife lui envoya une bulle datée du 16 février 1607, par laquelle il approuvoit l'intention du roi, qui fit expédier à Philibert de Nereftang, chevalier de son ordre, capitaine de ses gardes, le 4 avril 1608, des lettres-patentes pour la grande-maîtrise; il prêta serment de fidélité à Fontainebleau, le 30 octobre suivant.

Les ordres de *saint Lazare* & de *Notre-Dame de Mont-Carmel* furent unis ensemble le lendemain 31 octobre de ladite année 1608.

Ces ordres furent confirmés par lettres-patentes de Louis XIV, du mois d'avril 1664.

Un arrêt du grand-conseil du même roi, daté du premier mars 1698, maintient les chevaliers royaux, hospitaliers & militaires de *saint Lazare & de Notre-Dame de Mont-Carmel*, dans les priviléges qui leur ont été acordés par les papes, & particuliérement Pie V & Paul V, de posséder & de jouir des pensions sur toutes sortes de bénéfices.

Louis XV donna un édit au mois d'avril 1722, portant confirmation desdits ordres dans leurs biens, droits & priviléges; un autre édit le 15 juin 1767, pour l'administration desdits ordres, & sa majesté les confirma au mois de septembre 1770.

La marque distinctive des ordres de *saint-Lazare & de Notre-Dame de Mont-Carmel* est une croix à huit pointes, émaillée de pourpre & de verd alternativement, bordée d'or, anglée de quatre fleurs de lys de même.

Le ruban est de pourpre moiré, passé à la boutonnière de leur habit.

Les commandeurs portent une semblable croix attachée à un large ruban de même couleur passé au col, laquelle pend sur la poitrine.

Ils mettent les uns & les autres une grande croix à huit pointes, pourpre & verte, derrière l'écu de leurs armoiries.

Monseigneur le comte de Provence, grand-maître & chef général, (actuellement Monsieur) tint chapitre le mardi 19 avril 1774, dans la maison des pères missionnaires qui desservent l'église paroissiale de S. Louis de Versailles, & ordonna avec l'agrément du feu roi son aïeul, à tous les chevaliers & commandeurs profès, de porter journellement une croix verte à huit pointes, cousue sur leurs habits, & dans les cérémonies sur leurs manteaux.

Devise de ces ordres, *dieu & mon roi.*
Souverain chef & protecteur, le Roi.
Grand-maître & chef général, Monsieur.
Un gérant & administrateur de l'ordre.

Grands officiers commandeurs.

Un chancelier, garde des sceaux.
Un prévôt, maître des cérémonies.
Un procureur-général.
Un greffier, secrétaire-général.

Autres officiers.

Un intendant.
Un généalogiste.
Un héraut, roi d'armes & garde armorial.
Deux huissiers.
Un agent, principal commis du greffe & préposé à la garde des archives.
Un historiographe.

Histoire des ordres royaux, hospitaliers & militaires de saint Lazare de Jérusalem & de Notre-Dame de Mont-Carmel, impression du Louvre, 1 vol. *in-4°.* édition de 1772, par M. Gautier de Sibert, de l'académie des belles-lettres, historiographe desdits ordres. On trouve dans cet ouvrage tous les réglemens, édits & déclarations qui concernent l'ordre de *saint Lazare* & celui de *Notre-Dame de Mont-Carmel.*

Il y a une édition de cette histoire en deux volumes in-12. imprimée la même année. (*Voyez* planche *XXIII. fig. 6.*)

LÉOPARD, f. m. cet animal quadrupède est un peu plus rare que le lion dans les armoiries.

Le *léopard* est passant & a toujours la tête de front, c'est-à-dire qu'il montre les deux yeux & les deux oreilles; sa queue doit être retournée sur le dos, le bout en dehors.

De Brehan de Plelo, en Bretagne; de gueules, au *léopard* d'argent.

De Jaucourt de Vaux, de Villarnoue en Bourgogne; de sable, à deux *léopards* d'or.

Croismare, d'azur, au *léopard* passant d'or. (*Pl. V. fig. 258.*)

De Voyer de Paulmy d'Argenson, d'azur, à deux *léopards* couronnés d'or. (*fig. 259.*)

On nomme *léopard lionné* celui qui est rampant, mais *rampant* dans le Blason signifie à peu près tout le contraire de ce qu'il indique dans l'usage ordinaire. (*Voyez* ce mot), & *voyez* pl. *V. fig. 260.* les armes de la maison de la Valière, (la Baume le Blanc) coupé de gueules & d'or, au *léopard lionné* d'argent sur gueules, couronné d'or & de sable sur or.

LÉOPARDÉ, adj. m. se dit du lion passant & qui semble marcher; en ce cas, il a la queue tournée en dehors comme celle du léopard.

Le lion posé de la sorte est dit *léopardé*, parce que sa situation ordinaire est d'être rampant.

De la Villette de la Motte-Chemilly, en Bourgogne; de gueules, au lion *léopardé* d'argent.

Testu de Balincourt, à Paris; d'or, à trois lions *léopardés* de sable, l'un sur l'autre, celui du milieu contrepassant. (*Pl. V. fig. 254.*)

Quelquefois des têtes seules de *léopards* remplissent l'écu.

Fremont d'Auneuil; d'azur, à trois têtes de *léopards* d'or. (*Pl. V. fig. 261.*)

LE TOUT. On se sert de ce terme en blasonnant, pour éviter la répétition de plusieurs pièces ou meubles de l'écu qui se trouvent du même émail.

Auvray de la Gondonnière, en Normandie; de gueules, à la fasce accompagnée en chef de deux roses, & en pointe de deux lionceaux affrontés, *le tout* d'or.

Bautru, d'azur, au chevron accompagné en chef de deux roses, & en pointe d'une tête de loup arrachée, *le tout* d'argent. (*Pl. VI. fig. 296.*)

Dans les écus écartelés & dans les pennons généalogiques, il se trouve souvent au centre de l'écu ou du pennon, un écusson placé sur le milieu de la croisure des quartiers : cet écusson est ce qu'on appelle *posé sur le tout.* (*Voyez* pl. *XIV. fig. 1,* *Pl. XV.* les armes de l'empereur, *fig. 1.* celles du roi de Naples, *fig. 4.* en roi de Pologne, *fig. 5,*

&c. *Voyez* sur-tout pl. *20.* le pennon généalogique des 32 quartiers.)

Quelquefois l'écusson posé ainsi sur *le tout* est écartelé, & au milieu de l'écartelure il se trouve encore un autre écusson, qu'on nomme alors *sur le tout du tout.* (*Voyez* pl. *XV.* les armes du roi d'Espagne, *fig. 3. Sur le tout,* écartelé au premier & quatre, de gueules, au château d'or, sommé de trois tours de même, qui est *Castille*; au deux & trois, d'argent, au lion de gueules, armé, lampassé & couronné de gueules, qui est *Léon*, chappé ou arrondi à la pointe de l'écu, d'or, à une grenade de sinople, ouverte de gueules, qui est *grenade*; *sur le tout du tout*, de France, à la bordure de gueules, qui est *Anjou. Voyez* encore, idib. *fig. 7.* les armes du roi de Sardaigne; *sur le tout*, de Sardaigne, & *sur le tout du tout*, de Savoye. *Voyez* encore *fig. 8.* les armes du roi de Danemarck; *fig. 9.* celles du roi de Suède.)

LEVÉ, ÉE. adj. se dit de l'ours qui paroit dans l'écu, droit sur ses pattes de derrière.

Borne d'Altier, du Champ aux Cevennes; d'or, à l'ours *levé* de sable, allumé & armé de gueules.

LEVRETTE, s. f. têtes de *levrette*, meuble d'armoiries.

Sordet, de gueules, à trois têtes de *levrette* d'argent. (*Pl. VI. fig. 285.*)

LEVRIER, s. m. chien de chasse qui paroit dans les armoiries, passant, courant ou rampant, ayant un collier au col. (*Voyez* planche *VI. fig. 283.* les armes de Nicolaï.)

Le *levrier* qui n'a point de collier, est nommé *levron.*

Deux *levriers* dans un écu sont ordinairement affrontés & rampans, & semblent se regarder; quand il y en a trois ou quatre, ils sont l'un sur l'autre, passans ou courans à distances égales.

D'Anglas de Boisfray, en Champagne; d'or, au *levrier* passant de sable, accolé d'argent.

De la Roque, en Auvergne; d'azur, à deux *levriers* affrontés & rampans d'argent, au chef d'or, chargé de deux roc-d'échiquiers de sable.

LEVRON, s. m. jeune levrier qui se distingue dans l'écu, parce qu'il n'a point de collier au col.

De Poudenx, en Guyenne; d'or, à trois *levrons* de gueules, courans l'un sur l'autre.

LÉZARD, s. m. reptile à quatre pieds, ayant la queue longue proportionnément à son corps; il paroit ordinairement montant, c'est-à-dire la tête en chef & la queue vers la pointe de l'écu; s'il est posé d'une autre manière, il faut spécifier sa situation en blasonnant.

On dit le *lézard* ami de l'homme & ennemi du serpent.

Le mot *lézard* vient du latin *lacertus*, le bras; parce que cet animal a les pattes semblables aux bras de l'homme.

Sortembofc de Sainte-Marguerite, en Normandie; d'argent, à trois *lézards* de sinople.

Le Tellier, d'azur, à trois *lézards* d'argent, rangés en trois pals, au chef cousu de gueules, chargé de trois étoiles d'or. (*Pl. VII. fig. 356.*)

LICORNE, f. f. la *licorne* paroît dans l'écu de profil, & est ordinairement paffante ; on la repréfente d'une figure qui imite le cheval, à l'exception d'une corne droite qu'elle a au milieu du front, d'une petite barbe fous le menton, & de ce que fes pieds font fourchus.

Licorne faillante est celle qui est repréfentée rampante.

De Bernard de Montebife, en Touraine ; d'azur, à la *licorne* d'argent.

De la Villeloays de la Villejan, Dubois-Boyer, en Bretagne ; d'azur, à la *licorne faillante* d'argent.

Chabanne, de gueules, à la *licorne* d'argent.

Harling, d'argent, à la *licorne* affife ou acculée de fable.

Chevalier, d'azur, à la tête & corne de *licorne* d'argent, au chef de même, chargé de trois demivols de gueules. (*Pl. VI. fig. 280--1--2.*)

Les *licornes* font quelquefois des ornemens extérieurs de l'écu ; alors elles font employées comme fupports. (*Voyez pl. XV. fig. 10.* les armes du roi d'Angleterre, qui ont pour fupport à fenêtre une *licorne.*)

LIÉ, ÉE, adj. fe dit des pièces & meubles de l'écu qui font joints, refferrés & attachés par un lien, cordon ou ruban, tels que les cor-de-chaffes, les gerbes. &c.

Goubert de Ferrière, de Saint-Cheron, en Normandie ; de gueules, au cor-de-chaffe d'or, *lié* d'azur, accompagné en pointe d'une molette d'épéron du fecond émail.

Sevin, d'azur, à une gerbe d'or, *liée* de gueules.

LIÉ fe dit auffi des cercles, barils, tonneaux, cuves, quand ils font d'un autre émail que les douves.

LIÈVRE, f. m. animal connu, ordinairement repréfenté de profil & courant. Il est quelquefois arrêté & paroît affis fur fes jambes, alors on le dit *en-forme.* (*Voyez* EN-FORME.)

D'Hebrail de Canaft, en Lauraguais, près Caftelnaudary ; d'azur, à deux *lièvres* courans d'or.

Perrin, d'azur, à un arbre au naturel, ayant au pied un *lièvre* d'argent *en-forme.*

LIMACE, f. f. LIMAÇON, f. m. meubles de l'écu.

Aleffan, d'azur, au fautoir d'or, cantonné de quatre *limaçons* de même.

Le Maçon, de Trèves ; d'azur, à la fafce d'or, accompagnée de trois *limaces* d'argent. (*Pl. VII. fig. 349--50.*)

LION, f. m. cet animal paroît rampant (*Voyez* ce mot) & de profil, ne montrant qu'une oreille & un œil ; fa langue fort de fa gueule, & est courbée & arrondie à l'extrémité fupérieure ; fa queue levée droite un peu en onde, a le bout retourné vers le dos.

On voit grand nombre de *lions* dans les armoiries, (*fig. 240--8--51--2. pl. V.*)

Le *lion* qui femble marcher est nommé *lion* léo-

pardé ; alors fa queue, tournée fur le dos, a le bout retourné en dehors comme celle du léopard. (*Voyez pl. V. fig. 253.* armes de Guemadeuc.)

Couronné fe dit du lion qui a une couronne fur la tête. (*fig. 241--50--2.*)

Lampaffé & *armé* fe dit de fa langue & de fes griffes, lorfqu'elles font d'un autre émail que fon corps. (*Fig. 241--2--50--1--2--4.*)

LION MORNÉ est celui qui n'a ni dents ni langue. Léon, d'or, au *lion morné* de fable.

LION DIFFAMÉ, celui qui n'a point de queue. (*Fig. 244.*)

LION DRAGONNÉ, celui dont la partie inférieure du corps est terminée en queue de dragon. (*Fig. 252.*)

Il y a auffi des *lions* à double queue, fourchée, nouée & paffée en fautoir. (*Fig. 241.*)

LION ISSANT, est celui qui, étant fur un chef ou fur une fafce, ne montre que la tête, le col, les bouts de fes pattes de devant & l'extrémité de fa queue. (*Fig. 249.*)

LION NAISSANT, celui qui ne paroît qu'à moitié fur le champ de l'écu, la partie inférieure de cet animal ne paroiffant point. (*Fig. 248.*)

On appelle *lion brochant fur le tout*, celui qui, étant pofé fur le champ de l'écu, chargé déja d'un autre blafon, en couvre une partie. (*Pl. III. fig. 150.*) il n'y a qu'à fuppofer le *lion brochant* fur la bande & fur les rofes dont elle est chargée, au lieu que c'est la bande qui est *brochante fur le lion*, & qui en couvre une partie.

De Sabran de Beaudinar, d'Aiguine, en Provence ; de gueules, au *lion* d'argent ; Palliot dit, au *lion* d'or. La devife de cette maifon : *Noli irritare leonem.*

Biencourt de Potrincourt, près d'Amiens ; de fable, au *lion* d'argent, couronné, lampaffé & armé d'or.

Ligonier de Montcuquet, à Caftres, en Albigeois ; de gueules, au *lion* d'or, au chef de même, chargé d'un croiffant à côté de deux étoiles ; le tout d'argent.

LIONCEAU, f. m. petit lion qui charge ou accompagne une pièce honorable.

Bouchu de Leffart de Loify, en Bourgogne ; d'azur, au chevron accompagné en chef de deux croiffans, & en pointe d'un *lionceau* ; le tout d'or.

Augier de Cavoy, à Paris ; d'or, à la bande de fable, chargée de trois *lionceaux* d'argent.

Le plus fouvent les *lionceaux* font en nombre dans l'écu, comme dans l'exemple précédent & comme dans les deux fuivans.

De Beauvau, d'argent, à quatre *lionceaux* de gueules, armés, lampaffés & couronnés d'or. (*Pl. V. fig. 250.*)

De Taleyrand, de Périgord ; de gueules, à trois *lionceaux* d'or, couronnés & armés d'azur.

On n'employe guères le nom de *lionceaux* au lieu de celui de *lions*, que lorfqu'il y en a au moins trois dans l'écu. Deux lions ou affrontés, comme dans la *figure 245.* ou adoſſés comme dans la *figure 246.* ou en ſautoir, comme dans la *figure 247. pl. V.* ou l'un ſur l'autre, conſervent le nom de *lions*, & même les trois lions léopardés des armes de Balincourt, (*fig.* 254.) ne s'appellent point *lionceaux.*

LIONNÉ, adj. ſe dit du léopard rampant : il eſt ainſi nommé, parce qu'alors il ſe trouve dans l'attitude du lion.

Guiteau de la Touche, en Poitou ; de gueules, au léopard *lionné* d'argent.

La Baume Le Blanc de la Valière. (*Voyez* les armes de cette maiſon, *pl. V. fig.* 260. & *voyez* le mot LÉOPARD, où elles ſont déja citées.)

LIS ou NOTRE-DAME DU LIS , ordre militaire inſtitué par Garcias IV, roi de Navarre, à l'occaſion d'une image de la ſainte Vierge, trouvée miraculeuſement dans un *lis*, & qui guérit, dit-on, ce prince d'une maladie dangereuſe. En reconnoiſſance de ces deux événemens, il fonda en 1048 l'ordre de *Notre-Dame du Lis*, qu'il compoſa de trente-huit chevaliers nobles, qui faiſoient vœu de s'oppoſer aux Mores, & s'en réſerva la grande-maitrie à lui & à ſes ſucceſſeurs. Ceux qui étoient honorés du collier portoient ſur la poitrine un *lis* d'argent en broderie, & aux fêtes ou cérémonies de l'ordre une chaîne d'or ou entrelacée de pluſieurs MM gothiques, d'où pendoit un *lis* d'or émaillé de blanc, ſortant d'une terraſſe de ſinople, & ſurmonté d'une grande M, qui eſt la lettre initiale du nom de *Marie.* Favin, *Hiſt. de Navarre.*

LIS, (l'ordre du) inſtitué par le pape Paul III, de la maiſon de Farnèſe, en 1546, pour défendre le patrimoine de ſaint Pierre contre les entrepriſes des ennemis de l'Egliſe.

Paul IV confirma cet ordre en 1556, & lui donna le pas ſur les autres ordres de ſa dépendance.

Les chevaliers du *lis* portent le dais ſous lequel marche le pape dans les cérémonies, lorſqu'il n'y a point d'ambaſſadeurs de princes pour cette fonction.

Le collier de l'ordre eſt une double chaîne d'or, entrelacée des lettres M à l'antique, où eſt attachée une médaille ovale qui repréſente un *lis* émaillé d'azur, mouvant d'une terraſſe de ſinople. A l'entour il y a une légende d'argent avec ces mots : *Paul. III, pontif. maxim. munus* ; & au revers eſt l'image de Notre-Dame aſſiſe ſur un chêne. (*Pl. XXIV. fig.* 3. G. D. L. T.)

LIS, ſ. m. fleur qui paroit avec ſa tige. Quoique les *lis* ſoient le plus ſouvent d'argent dans les armoiries, on en voit cependant de divers émaux.

On les nomme *au naturel*, lorſqu'ils ſont ſemblables à ceux des jardins.

Lefèvre d'Ormeſſon, à Paris ; d'azur, à trois *lis* d'argent, (*Voyez fig.* 413. *pl.* VIII.)

Dupuy de la Lagade, en Languedoc ; d'azur, au *lis* d'or.

Enjorran de la Villatte, en Berri ; d'azur, à trois *lis* au naturel.

LISTON, ſ. m. petite bande en forme de ruban, qu'on mêle ordinairement avec les ornemens de l'écu, & ſur laquelle on place quelquefois la deviſe.

LIVONIE, (l'ordre de) dit des *frères de Chriſt*, *de l'épée*, ou *frères porte-glaives.*

Engilbert & Thierry de Tiſſench, nés à Brême, en furent les inſtituteurs en 1203, dans le deſſein de combattre contre les infidèles de Livonie.

Il fut approuvé & confirmé en l'année 1233, par le pape Innocent III. Cet ordre fut aboli en 1241.

Les frères de Chriſt, de l'épée ou porte-glaives, avoient pour marque de leur ordre deux épées d'or paſſées en ſautoir les pointes en bas, attachées à une chaîne d'or, en forme de chevron, par leurs pommeaux. (*Voyez planche* XXV. *fig.* 56. *G. D. L. T.*)

LIVRE, ſ. m. meuble d'écu. (*Voyez pl.* IX. *fig.* 490. les armes de l'univerſité de Paris.)

LIVRÉE, couleur ou couleurs qu'on choiſit pour diſtinguer ſes domeſtiques de ceux des autres, & par-là ſe diſtinguer ſoi-même des autres.

Dion rapporte qu'Œnomaüs fut le premier qui imagina de faire porter des couleurs vertes & bleues aux troupes qui repréſentoient divers combats ſoit de terre, ſoit de mer ; ce ſera de-là, ſi l'on veut, que ſera venu l'uſage des livrées ; mais nos anciens chevaliers portoient dans les tournois les livrées ou les couleurs de leurs maitreſſes ; il eſt plus vraiſemblable que de cet uſage eſt né, par imitation, celui de faire porter aux domeſtiques les livrées de leurs maitres ; il eſt probable auſſi que la différence des émaux & des métaux dans le Blaſon, a introduit dans les livrées la diverſité des couleurs, & que certaines figures relatives aux pièces des armoiries, comme on peut le remarquer dans les livrées de la maiſon de Rohan, dont les galons ſont ſemés de macles qui ſont une des pièces de l'écuſſon de cette maiſon. Le P. Méneſtrier, dans ſon traité des *Carrouſels*, a beaucoup parlé du mélange des couleurs dans les livrées.

Par un abus aſſez commun & très-funeſte, les grands ſeigneurs & les hommes puiſſans, ſur-tout en Angleterre, donnoient leurs livrées à des gens qui n'étoient point leurs domeſtiques ; ce qui étoit, pour ceux-ci un engagement de les ſervir dans leurs querelles, & ce qui animoit & perpétuoit ces mêmes querelles ; cet abus fut réformé en Angleterre par les premiers ſtatuts du règne de Henri IV, & il ne fut plus permis de donner des livrées qu'à ſes domeſtiques.

Long-temps après, ſous le règne de Henri VII, le comte d'Oxford, qui avoit beaucoup contribué à placer ce prince ſur le trône, le recevoit un jour dans une de ſes maiſons avec une magnificence convenable ; le roi qui remarquoit tout, apperçut un plus grand nombre de gens de livrée que la loi ne permettoit d'en avoir. « Tous ces domeſti-

» ques

» ques font-ils à vous, dit Henri VII au comte. » Sire, répondit le comte, ils ne me servent que » dans des occasions telles que celles-ci. Milord, » repliqua Henri, je suis très-reconnoissant de la » magnifique réception que vous me faites; mais » que penseriez-vous de moi, si je laissois violer » les loix en ma présence? Mon procureur-géné- » ral vous parlera. » Le procureur-général parla, & pour le faire taire, il fallut, par composition, payer quinze mille marcs. La foule des historiens cite ce fait comme un trait de rapacité de la part de Henri VII. M. Hume, au contraire, y voit une attention louable à extirper un abus dangereux. Ces domestiques ou cliens étrangers étoient, pour les seigneurs auxquels ils s'attachoient, des ministres de débauches & de violences, des complices dans les révoltes, des agens dans les intrigues & les cabales, des témoins prêts à déposer en leur faveur dans les tribunaux; ils servoient leurs patrons au préjudice des loix, d'autant plus impunément, que ne portant leurs livrées que dans des occasions rares, ils n'étoient pas connus pour leur appartenir. On avoit fait contre cet abus une multitude de réglemens, toujours inefficaces; Henri VII crut nécessaire de faire un exemple.

Les livrées, dans l'origine, sont une affaire de choix; chacun prend la livrée qui lui convient; mais elles se perpétuent dans les familles par succession comme les armoiries.

LIVRÉE se dit de tout galon soit uni, soit façonné ou à figures, qui sert à border les habits de domestique.

LONGÉ, ÉE, adj. se dit d'un épervier ou autre oiseau de proie qui a des longes aux pieds, lorsqu'elles se trouvent d'un autre émail que leur corps. (*Voyez fig. 623. pl. XII.* les armes des Mangot de Villarceau; d'azur, à trois éperviers d'or, chaperonnés de gueules, *longés* & grilletés d'argent.)

Fréval, d'azur, au dextrochère d'argent ganté & habillé, portant un épervier de même *longé* d'or.

LORRAINE, croix de *Lorraine* ou croix patriarchale s'employe,

Et comme meuble de l'écu.

Le Fèvre, d'argent, à la croix de *Lorraine* de sable, au chef d'azur, chargé d'un soleil d'or. (*Pl. IV. fig. 173.*)

Artin, en Lorraine; de gueules, à trois coquilles d'argent, mises en bande & accompagnées de deux croix de *Lorraine* d'or, une en chef, l'autre en pointe.

Larcher, à Paris; d'azur, au chevron d'or accompagné de deux roses d'argent en chef, & d'une croix de *Lorraine* de même en pointe.

Et comme ornement extérieur de l'écu.

Comme dans les armes des primats, légats, patriarches, d'où cette croix est nommée *patriarchale*; elle se pose en pal derrière l'écu. (*Voyez les armes de M. l'archevêque de Lyon, primat des Gaules, pl. XIII. fig. 6.*)

LORRÉ, ÉE, adj. se dit des nageoires d'un poisson, lorsqu'elles sont d'un émail différent.

Histoire. Tom. I.

De Bardon de Segonsac, en Périgord; d'or, à l'aigle de profil de sable, becquée & armée de gueules, empiétant un poisson du deuxième émail, *lorré* du troisième, posé en fasce, & lui béquetant la tête, une rivière d'azur mouvante du bas de l'écu; en chef à dextre une croisette de gueules.

LOSANGE, s. f. meuble de l'écu qui représente une figure de quatre côtés posée sur un de ses angles aigus.

La *losange* se trouvant seule, doit avoir en largeur deux parties un tiers des sept de la largeur de l'écu, & une huitième partie de plus des deux parties, un troisième en hauteur.

Trois *losanges*, soit qu'elles se trouvent posées deux & une, ou accolées en fasce, ne doivent avoir chacune en largeur que deux parties des sept de la largeur de l'écu, & une huitième partie de plus des deux parties en hauteur.

Par ces proportions, les trois *losanges* accolées en fasce ne touchent point les flancs de l'écu.

Un plus grand nombre de *losanges* a des proportions équivalentes à celles qu'on vient d'expliquer, toujours en diminuant proportionnément à leur plus grand nombre.

Dumoncel de Martinvast, en Normandie; de gueules, à trois *losanges* d'argent.

Cadoene de Gabriac, en Gévaudan & à Paris; de gueules, à sept *losanges* d'argent.

Mollan, de gueules, à trois *losanges* d'or. (*Pl. V. fig. 227.*)

Sérocourt, d'argent à la bande de sable, accompagnée parallèlement de sept *losanges* de même, quatre en chef, trois en pointe.

Bélot, en Franche-Comté; d'argent, à trois *losanges* d'azur, au chef d'or, cousu & bastillé.

Arnault, en Périgord; d'azur, à la bande d'or chargée de trois *losanges* de gueules, cotoyée en chef de trois étoiles d'argent.

LOSANGÉ, ÉE, adj. se dit de l'écu rempli de losanges de deux émaux alternés.

Pour avoir les proportions du *losangé*, on trace une ligne diagonale de l'angle dextre du haut de l'écu à l'angle senestre du bas, ce qui fait le tranché; de cette ligne ou de ce tranché, on trace trois parallèles de chaque côté à égale distance; on fait la même opération en traçant une diagonale des angles opposés qui forme le taillé, & trois autres parallèles de chaque côté de ce taillé, qui croisent les premières lignes obliquement; ces quatorze diagonales, sept à dextre, sept à senestre, font le *losangé*. (*Voyez fig. 41. planche XXXII.*)

LOSANGÉ se dit aussi de la croix, de la fasce & autres pièces remplies de losanges.

Losange & *losangé* viennent de l'italien *losa*, qui signifie une pierre taillée en angles aigus.

De Talhouet de Keraveon, de Kerio, en Bretagne; *losangé* d'argent & de sable.

Loras de Campagnieu, de Montplaisant, du Saix, en Dauphiné; de gueules, à la fasce *losangée* d'or & d'azur.

N

Craon, en Anjou ; *losangé* d'or & de gueules.

Noë, en Languedoc ; de même, avec cette seule distinction que l'écu est quarré.

Ligniville, en Lorraine ; *losangé* d'or & de sable.

Bonlieu, *losangé* d'or & d'azur.

Turpin de Crissé, *losangé* d'argent & de gueules. (*Pl. V. fig. 228.*)

LOUIS, (l'ordre de saint) ordre militaire créé en avril 1693 par Louis XIV, pour récompenser les officiers de ses troupes qui ont donné des preuves de leur valeur.

Pour y être admis, il faut avoir servi au moins dix ans en qualité d'officier, & faire profession de la religion catholique, apostolique & romaine.

Le temps du service n'est pas toujours limité ; quelquefois le roi accorde la croix à un jeune officier qui, dans un siége ou une bataille, se sera distingué par une action d'éclat.

L'ordre a 300000 liv. de rente annuelle, qui sont distribuées en pensions de 6000 liv. à chacun des grand'croix, & de 3000 liv. à chacun des commandeurs, & ensuite des pensions depuis 200 jusqu'à 800 liv. à un grand nombre de simples chevaliers & aux officiers de l'ordre, ou par rang d'ancienneté, ou à titre de mérite, & sous le bon plaisir de sa majesté.

Les fonds sont assignés sur l'excédent du revenu de l'hôtel royal des invalides.

Les grand'croix ont le grand ruban rouge & la croix en broderie d'or sur le juste-au-corps & sur leurs manteaux.

Les commandeurs ont le grand ruban rouge qu'ils portent en écharpe comme les grand'croix ; mais ils n'ont point de croix en broderie.

Les chevaliers portent la croix attachée à un petit ruban rouge à la boutonnière de leur habit.

La marque de l'ordre est une croix émaillée de blanc, bordée d'or, anglée de quatre fleurs-de-lis de même, chargée au centre de l'image de *saint Louis*, cuirassé d'or & couvert de son manteau royal, tenant de sa main droite une couronne de laurier, & de la gauche une couronne d'épine & les clous de la passion, en champ de gueules. L'image du saint est environnée d'un petit cercle d'azur sur lequel sont ces mots : *Ludovicus magnus instituit 1693.* Au revers est un médaillon de gueules à une épée flamboyante, la pointe passée dans une couronne de laurier, liée de l'écharpe blanche ; sur un petit cercle d'azur qui l'environne, est la devise en lettres d'or : *Bellicæ virtutis præmium.*

Suivant l'édit du mois de mars 1694, il est statué que : « Tous ceux qui sont admis dans cet ordre, pourront faire peindre ou graver dans leurs armoiries ces ornemens ; savoir, les grand'croix, l'écusson accolé d'une croix d'or à huit pointes boutonnées par les bouts, & un ruban large couleur de feu autour dudit écusson, avec ces mots : *Bellicæ virtutis præmium*, écrits sur le ruban auquel sera attachée la croix dudit ordre. Les commandeurs de même, à la réserve de la croix sous leur écusson; & quant aux simples chevaliers, il leur est permis de faire peindre ou graver au bas de l'écusson une croix dudit ordre, attachée d'un petit ruban noué, aussi de couleur rouge. » Le roi est grand-maître de l'ordre.

Les maréchaux de France & l'amiral sont chevaliers-nés de cet ordre.

Il y a cette année 1772,
28 grand'croix, dont 4 sont du service de mer.
63 commandeurs, dont 12 du service de mer,
Et un grand nombre de simples chevaliers,

Officiers grand'croix.

Un chancelier-garde-des-sceaux.
Un prévôt-maître des cérémonies.
Un secrétaire-greffier.

Autres officiers.

Un intendant.
Trois trésoriers.
Trois contrôleurs.
Un garde des archives.
Deux hérauts.
Un scelleur.
Un avertisseur.
(*Planche XXIII. fig. 5. G. D. L. T.*)

LOUP, s. m. cet animal paroit ordinairement passant, & quelquefois courant.

Lampassé se dit de sa langue, *armé* de ses griffes, lorsqu'elles sont d'un autre émail que son corps.

On nomme *loup ravissant*, celui qui est dans l'attitude du lion.

Dubosque, en Bretagne ; d'argent au *loup* passant de sable, lampassé & armé de gueules.

Albertas de Jonques, de Roquefort en Provence; de gueules au *loup* ravissant d'or.

Bérand de Lahaye, en Bretagne ; de gueules, au *loup* courant d'argent, accompagné de trois coquilles de même.

D'Agoult, d'or, au *loup* ravissant d'azur, armé & lampassé de gueules. (*Pl. VI. fig. 288.*)

Baillet, en Lorraine ; d'argent, à un *loup* cervier au naturel, au chef d'azur, chargé de deux molettes d'or.

Fiquelmont, aussi en Lorraine & dans le Barrois ; d'azur, à trois paux de gueules, abaissés & surmontés d'un *loup* de sable passant.

LOUTRE, s. f. animal qui a quelque ressemblance avec le castor, excepté qu'il est moins gros, & qu'il a la queue menue & alongée, dont le bout finit en pointe.

Ce mot vient du latin *lutra*, dérivé du grec λῦτρυ, qui signifie *lavoir*, parce que la *loutre* ne se plonge jamais que dans l'eau douce, propre à faire un bain ; au lieu que le castor va non-seulement dans les rivières, mais aussi dans la mer.

Lefèvre d'Argencé, à Paris ; d'argent, à une *loutre* de sable, passant sur une terrasse de sinople, au chef d'azur, chargé de deux roses du champ. (*Pl. VI. fig. 289.*)

LUNE, s. f. meuble d'écu, soit pleine, soit en croissant ou en décours.

Zily, en Suisse; d'azur, à deux *lunes* en croissant & en décours, adossées d'or. (*Pl. VII. fig. 374.*)

LUNEL, on appelle ainsi dans le Blason quatre croissans appointés en forme de rose à quatre feuilles; ils ne sont d'usage qu'en Espagne.

L'UN SUR L'AUTRE se dit des animaux & autres choses, dont l'une est posée & étendue au-dessus d'une autre.

Caumont, en Agenois; d'azur, à trois léopards d'or, armés, lampassés & couronnés, *l'un sur l'autre.*

De Monsaulmin de Montal, en Dauphiné; de gueules, à trois léopards d'or, *l'un sur l'autre.*

De Chanaleilles de la Saumès, du Villar en Vivarais; d'or, à trois levriers de sable, accolés d'argent, courans *l'un sur l'autre.*

L'UN SUR L'AUTRE se dit de deux, trois, quatre, ou d'un plus grand nombre de lions, léopards, levriers ou autres animaux, posés l'un au-dessus de l'autre. (*Voyez pl. VI. fig. 284-291, & pl. V. fig. 250-4.*)

Les pièces de longueur, comme flèches, piques & autres, posées horisontalement, sont dites *en fasces.*

LUTH, s. m. instrument de musique, est quelquefois un meuble d'armoiries.

Luzy, de gueules, à deux *luths* d'argent, rangés en fasce. (*Pl. X. fig. 531.*)

MACLE, f. f. espèce de petite figure faite comme une maille de cuirasse, & percée en losange. La *macle* a la même dimension que la losange, à laquelle elle est tout-à-fait semblable, excepté qu'elle est aussi percée au milieu en forme de losange ; en quoi elle diffère des rustres qui font percées en rond.

Rohan, de gueules, à neuf *macles* d'or, posées 3, 3 & 3. (*Pl. V. fig. 231.*) & pour la comparaison des *macles* avec les losanges & les rustres, rapprochez de cette *figure 231.* les *figures 227--32.* même *planche V.*

MAÇONNÉ, ÉE, adj. se dit des ponts, des tours, pans de murs, châteaux, & autres bâtimens, lorsque les lignes qui marquent la séparation des pierres font d'un émail particulier.

Pontevez, en Provence ; de gueules, au pont de deux arches d'or, *maçonné* de sable.

Casanova, en Espagne ; d'azur, à une maison d'argent, *maçonnée* de sable, essorée de gueules.

De Marillac, d'argent, *maçonné* de sable, carrelé de sept pièces remplies de sept merlettes de sable.

Klamenstein, en Bavière ; de sable, tranché, *maçonné*, pignoné de deux montans d'argent. (*Pl. IX. fig. 466--74-5.*)

MADELEINE, (l'ordre de sainte) fut projetté par Jean Chesnel, seigneur de la Chappronaye, gentilhomme Breton, qui le présenta à Louis XIII & à la chambre de la noblesse pendant la tenue des états-généraux (qui s'étoient assemblés à Paris, le 27 octobre 1614.) Le roi en vit les statuts, & dit, peu de jours après, qu'il agréoit le dessein de ce gentilhomme ; cependant cet ordre ne fut point institué.

La fin qu'il se proposoit, étoit d'empêcher les duels & les querelles parmi la noblesse ; &, à l'exemple de *sainte Madeleine*, parfait modèle de pénitence, de faire revenir les jeunes gentilshommes de leurs égaremens, & les conduire à la vertu.

Les statuts de l'ordre de *sainte Madeleine*, dressés per Jean Chesnel, se trouvent en vingt articles dans Favin, en son livre intitulé : *Théatre d'honneur, page 872 & suivantes.*

La marque de l'ordre étoit une croix grecque naissante d'un croissant, dont la branche d'en-haut, ainsi que les deux des côtés, se terminoient en fleurs-de-lis ; elle étoit accompagnée de huit palmes, deux entre chaque branche posées en cercle, les feuillages pendans intérieurement : au centre de cette croix, on voyoit l'image de la *Madeleine* prosternée devant une croix.

Le collier étoit composé de lacs-d'amour divins, représentés par des flèches à têtes en forme de croix pattées ; des chiffres faits des lettres *L A M*,

étoient placés entre les lacs-d'amour, & représentoient les noms de *sainte Madeleine*, du roi Louis XIII & d'Anne d'Autriche, sa femme ; le tout d'or, émaillé d'incarnat, de blanc & de bleu.

La devise de cet ordre étoit : *L'amour de Dieu est pacifique.* (*Voyez pl. XXVI. fig. 62.*)

MAILLET, f. m. meuble de l'écu qui représente un instrument de guerre de bois, propre à rompre & à briser ; on s'en sert pour enclouer les pièces de canon des ennemis, pour enfoncer les portes après l'escalade des villes & à divers autres usages. On les appelle *mailloches* quand ils font de fer & plus petits que les *maillets* ordinaires.

De Mailly de Nesle, à Paris ; d'or, à trois *maillets* de sinople. (*Pl. XI. fig. 569.*)

De Monchy de Hoquincourt, en Picardie ; de gueules, à trois *maillets* d'or.

MAIN, f. f. est quelquefois un meuble d'armoiries.

Rouillé, de gueules, à trois *mains* dextres à paumes ou appaumées d'or, au chef de même, chargé de trois molettes de gueules. (*Pl. IX. fig. 448.*)

MAISON, f. f. meuble de l'écu qui représente le domicile d'un citoyen. *Ouverte, ajourée & maçonnée*, se dit de la porte, des fenêtres & des joints des pierres, lorsqu'ils font d'un autre émail que l'édifice.

On nomme *maison essorée*, celle dont le toit est de différent émail.

Le mot *maison* vient du latin *mansio*, demeure, séjour.

De Saismaisons de la Saulcinière de Tréambert, à Nantes ; de gueules, à trois *maisons* d'or, ouvertes, ajourées & maçonnées de sable.

Casanova, cité ci-dessus ; d'azur, à une *maison* d'argent, &c. essorée de gueules. (*Voyez pl. IX. fig. 466.*)

MAISON, f. f. famille d'une ancienne noblesse, ou élevée par de grandes dignités.

MAL-ORDONNÉ, ÉE, adj. se dit de trois pièces ou meubles de l'écu, qui, au lieu d'être posés deux & un, comme il se pratique ordinairement, font au contraire un en chef & deux en pointe.

De l'Estrange de Garoson, en Vivarais ; de gueules, au léopard d'argent, & deux lions d'or adossés *mal-ordonnés*.

De Bisien de la Salle, en Bretagne ; d'argent, à la fasce de sable, accompagnée d'une étoile & de deux croissans de gueules *mal-ordonnés*.

MAL-TAILLÉE, adj. f. se dit d'une manche d'habit taillée d'une manière capricieuse & bizarre.

Le P. Ménestrier s'est trompé dans sa *Méthode du*

Blafon, quand il dit qu'il n'y en a des exemples qu'en Angleterre. (*Voyez pl. IX. fig. 460.*)

Condé de Coenry, élection de Reims; d'or, à trois manches *mal-taillées* de gueules.

Herpin du Coudrey, en Berry; d'argent, à deux manches *mal-taillées* de gueules, chacune rayée en trois endroits en fautoir du champ, au chef emmanché de trois pièces de fable.

De Levemont de Moufflaines, en Normandie; fafcé d'argent & d'azur, à la manche *mal-taillée* de gueules, brochante fur le tout.

MALTE, (l'ordre de) cet ordre de religieux militaires commença vers l'an 1048; des marchands de la ville de Melfi au royaume de Naples, eurent permiffion du calife d'Egypte, moyennant un tribut annuel, de bâtir à Jérufalem une églife du rit latin, qui fut nommée *Sainte-Marie la Latine*; ils fondèrent à côté un monaftère pour y foigner les malades, fous la direction d'un recteur, qui devoit être à la nomination de l'abbé de Sainte-Marie la Latine: on y fonda de plus une chapelle fous l'invocation de faint Jean-Baptifte, dont Gérard, provençal, de la ville de Martigues, fut le premier recteur en l'année 1099.

Godefroy de Bouillon, généraliffime de l'armée des croifés, ayant été élu roi de Jérufalem le 22 juin de la même année, enrichit cet hôpital de quelques domaines qu'il avoit en France; d'autres feigneurs imitèrent cette libéralité. Les revenus de l'hôpital ayant augmenté confidérablement, Gérard, de concert avec les hofpitaliers, réfolut de fe féparer de l'abbé & des religieux de Sainte-Marie la Latine, & faire un ordre à part, fous le nom de *faint Jean-Baptifte*, ce qui donna lieu de les nommer *hofpitaliers* ou *frères de l'hôpital de S. Jean de Jérufalem*.

Le pape Pafcal II, par une bulle de l'an 1113, confirma les donations faites à cet hôpital, qu'il mit fous la protection du faint fiège, ordonnant qu'après la mort de Gérard, les recteurs feroient élus par les hofpitaliers.

Raimond Dupuy, fucceffeur de Gérard en 1118, donna une règle aux frères; elle fut approuvée par Calixte II l'an 1120; ce premier maître voyant que les revenus de l'hôpital furpaffoient de beaucoup la dépenfe néceffaire à l'entretien des pélerins & des malades, crut devoir employer le furplus à la guerre contre les infidèles: il s'offrit dans cette vue à Baudouin II, alors roi de Jérufalem: il fépara fes hofpitaliers en trois claffes; les nobles qu'il deftina à la profeffion des armes pour la défenfe de la foi & la protection des pélerins; les prêtres & chapelains pour faire l'office divin; les frères fervans qui n'étoient pas nobles, furent auffi deftinés à la guerre: il régla la manière de recevoir les chevaliers; le tout fut confirmé par Innocent II, élu fouverain pontife le 17 février 1130, qui cette même année ordonna que l'étendard de l'ordre feroit une croix blanche fur un fond rouge, laquelle fait encore actuellement les armoiries de l'ordre de ces chevaliers, qui font de gueules, à la croix d'argent.

Après la pefte de Jérufalem, ils fe retirèrent à Margat, enfuite à Acre, qu'ils défendirent avec beaucoup de valeur en 1230.

Après la perte entière de la terre fainte en 1291, les hofpitaliers, avec Jean de Villiers de l'Isle-Adam, leur grand-maître, fe retirèrent dans l'île de Chypre, où le roi Guy de Lufignan qu'ils avoient fuivi, leur donna la ville de Limiffo, qu'ils habitèrent environ 18 ans.

En 1309, ils prirent l'île de Rhodes fur les Sarrafins & s'y établirent; ce n'eft qu'alors qu'on commença à leur donner le nom de *chevaliers*: on les nomma *chevaliers de Rhodes, equites Rhodii*.

Andronic II, empereur de Conftantinople, accorda au grand-maître, Foulques de Villaret, l'inveftiture de cette île en 1310.

L'année fuivante, fecourus par Amédée IV, comte de Savoie, ils fe défendirent contre une armée de Sarrafins, & fe maintinrent dans leur île.

Le grand-maître, Pierre d'Aubuffon, la défendit contre Mahomet II, & la conferva malgré une armée formidable de Turcs, qui l'affiégea pendant trois mois. Soliman l'attaqua le 21 juin 1522, avec une armée de trois cent mille combattans, & la prit le 24 décembre fuivant, après que l'ordre l'eût poffédé 213 ans.

Le grand-maître, Philippe de Villiers de l'Isle-Adam, & les chevaliers allèrent en l'île de Candie; puis le pape Adrien VI en 1523, & fon fucceffeur Clément VII, élu le 29 novembre de la même année, leur donnèrent Viterbe: enfin Charles-Quint leur donna l'île de *Malte* au mois de mars 1539; le grand-maître & les chevaliers y arrivèrent le 26 octobre fuivant: ils prirent alors le nom de *chevaliers de Malte*; mais leur véritable nom eft celui de *chevaliers de l'ordre de faint Jean de Jérufalem*, & le grand-maître fe qualifie dans fes titres, *frater N. N. Dei gratiâ facræ domûs hofpitalis fancti Joannis Hierofolimitani & militaris ordinis fancti Sepulcri Dominici, magifter humilis pauperumque Jefu-Chrifti cuftos*.

Frère Marie-des-Neiges-Jean-Emmanuel de Rohan, né le 19 avril 1725, a été élu grand-maître de *Malte* le 12 novembre 1775.

Les chevaliers donnent au grand-maître le titre *d'éminence*, & les fujets de l'île, celui *d'alteffe*.

Ceux qui fe préfentent pour être admis dans l'ordre, doivent faire des preuves de nobleffe de quatre degrés, tant du côté paternel que du maternel.

La croix que portent les chevaliers de *Malte* eft d'or, émaillée de blanc à huit pointes, attachée à la boutonnière de leur habit, avec un ruban noir.

Les chevaliers françois ont quatre fleurs-de-lis aux angles de leur croix: ils y mettent fouvent une couronne royale entre les deux pointes d'en-haut, fous l'attache.

Les chevaliers profés portent avec cette croix

une autre croix de toile blanche, aussi à huit pointes, cousue sur leur habit au côté gauche.

Lorsque les chevaliers profès sont grand-croix, ils ajoutent sur leur poitrine un plastron noir, où se trouve une troisième croix, semblable à celle qui est cousue sur leur habit, mais beaucoup plus grande ; ils la portent les jours de cérémonies avec l'habit de l'ordre. (*Voyez pl. XXIII. fig. 10. G. D. L. T.*)

MANCHE est la représentation d'une manche de pourpoint à l'antique, telle qu'on en voit dans quelques armoiries.

MANIPULE, f. m. ornement ecclésiastique que portent à l'autel les prêtres, diacres & soudiacres. Dans le Blason c'est quelquefois un meuble d'écu.

De Villiers, d'or, au chef d'azur, chargé d'un dextrochère révêtu d'un *manipule* d'hermine, pendant sur le champ d'or.

MANTEAU D'HONNEUR, (*Hist. de la Chevalerie*) *manteau* long & traînant, enveloppant toute la personne, & qui étoit particuliérement réservé au chevalier, comme la plus auguste & la plus noble décoration qu'il pût avoir, lorsqu'il n'étoit point paré de ses armes. La couleur militaire de l'écarlate que les guerriers avoient eue chez les Romains, fut pareillement affectée à ce noble *manteau*, qui étoit doublé d'hermine, ou d'autre fourure précieuse. Nos rois le distribuoient aux nouveaux chevaliers qu'ils avoient faits. Les pièces de velours ou d'autres étoffes qui se donnent encore à présent à des magistrats, en sont la représentation : tel est encore l'ancien droit d'avoir le *manteau* d'hermine, & figuré dans les armoiries des ducs & présidens à mortier, qui l'ont eux-mêmes emprunté de l'usage des tapis & pavillons armoriés, sous lesquels les chevaliers se mettoient à couvert avant que le tournois fût commencé. (*Voyez* Monstrelet *sur l'origine des manteaux*, le Laboureur & M. de Sainte-Palaye. D. J.

Voyez les manteaux de la *planche XVI. fig. 4, 5, 6. Planche XVII. fig. 5, 6. Pl. XIX. fig. 5, 6.*)

MANTELÉ, ÉE, adj. se dit du lion & des autres animaux qui ont un mantelet, aussi bien que de l'écu ouvert en chappe, comme dans les armes de Sarate, en Espagne ; d'argent, *mantelé* de sable. (*Pl. II. fig. 75.*) En comparant cette *figure* avec la soixante-dix-septième & la quatre-vingt-deuxième, on verra en quoi le *mantelé* diffère du chappé & du chaussé.

MANTELET, f. f. il se dit des courtines du pavillon des armoiries, quand elles ne sont pas couvertes de leurs chapeaux. C'étoit autrefois une espèce de lambrequin large & court, qui couvroit les casques & les écus des chevaliers. (*Voyez* LAMBREQUINS.)

MARC, MARC D'OR, f. m. meuble qui se trouve dans quelques écus.

Marc La Ferté, d'azur, à trois *marcs d'or*. (*Pl. XI. fig. 571.*)

MARCHE, . f. Le P. Ménestrier dit qu'il est employé dans les anciens manuscrits pour la corne du pié des vaches.

MARÉCHAL, (*Hist. de Malte*) Le *maréchal*, dit M. de Vertot, est la seconde dignité de l'ordre de Malte, car il n'y a que le grand-commandeur avant lui. Cette dignité est attachée à la langue d'Auvergne dont il est le chef ou le pilier. Il commande militairement à tous les religieux, à la réserve des grand-croix, de leurs lieutenans, & des chapelains. En temps de guerre, il confie le grand étendard de la religion au chevalier qu'il en juge le plus digne. Il a droit de nommer le maître-écuyer ; & quand il se trouve sur mer, il commande non-seulement le général des galères, mais même le grand-amiral. (*D. J.*)

MARIE, (chevaliers de sainte) c'est le nom de plusieurs ordres de chevalerie, comme *Sainte Marie* du Chardon, *Sainte Marie* de la Conception, *Sainte Marie* de l'Eléphant, *Sainte Marie* & Jésus, *Sainte Marie* de Lorette, *Sainte Marie* de Mont-Carmel, *Sainte Marie* de l'ordre Teutonique, &c.

MARINÉ, ÉE, adj. se dit des lions & des autres animaux auxquels on donne une queue de poisson, comme aux sirènes.

Imhof, en Allemagne ; de gueules, au lion *mariné* d'or. (*Pl. XI. fig. 587.*)

MARMITE, f. f. instrument de ménage, est quelquefois un meuble d'armoiries.

Du Bordage, d'or, à trois *marmites* de gueules. (*Pl. XI. fig. 562.*)

MARQUÉ, ÉE, adj. se dit des points qui se trouvent sur diverses pièces de l'écu, & particuliérement de ceux qui paroissent sur les dés à jouer.

De Morant de la Resle de Bordes, en Bourgogne ; de gueules, à l'aigle d'argent, accompagnée en pointe de deux dés à jouer de même, *marqués* de sable, celui à dextre de quatre points, celui à senestre de cinq points.

Le Peintre, sieur des Rufflets, en Normandie ; d'azur, à l'ancre d'argent, le trabs d'or, accotée de deux dés à jouer du second émail, *marqués* de sable, le premier de cinq points, l'autre de six.

On dit quelquefois de ces dés, *marquant* tant de points.

Matthias, de gueules, à trois dés d'argent, *marquant* chacun sur le devant 5. (*Pl. XI. fig. 573.*)

MARTEAU, f. m. meuble d'armoiries. Martel, d'or, à trois *marteaux* de gueules. (*Pl. XI. fig. 570.*)

MASQUÉ, adj. se dit d'un lion qui a un masque.

MASSACRE, f. m. ramure d'un cerf avec une partie du crâne décharnée.

La plupart des auteurs nomment *massacre*, un rencontre de cerf ; ce qu'il ne faut pas confondre, dit l'auteur du Supplément ; mais *voyez*, sur cette distinction, l'article CERF, & l'exemple cité à cet article.

De Mefchatain de la Faye , en Bourbonnois ; d'azur , au *maffacre* d'or, au chef d'argent.

De Villemor de Crané , de la Denifière , proche Troyes en Champagne ; d'azur , au *maffacre* d'or, accompagné en chef d'une molette d'éperon de même.

MASSE , f. f. figure d'un bâton orné en haut , garni d'or ou d'argent, qu'on porte devant le roi en quelques cérémonies & devant le chancelier.

On porte auffi des *maffes* devant le recteur de l'univerfité de Paris , quand il va avec les quatre facultés aux proceffions & autres cérémonies.

De Nay de Richecourt , en Lorraine ; d'azur , à deux *maffes* d'argent, emmanchées d'or , paffées en fautoir.

MASSUE , f. f. meuble d'armoiries.

Maffiac , d'azur , à la main d'or , habillée d'argent , tenant une *maffue* d'or en pal. (*Pl. X. fig. 506.*)

MAT , f. m. meuble de l'écu qui repréfente un *mât* de navire avec une voile & des cordages des deux côtés; le haut eft terminé par une girouette.

MAT DÉSARMÉ eft celui qui n'a point de voile. Le *mât* fignifie les voyages fur mer.

Dumas , à Paris ; d'azur , au *mât* d'or mouvant du bas de l'écu, la voile & la girouette d'argent. (*Pl. X. fig. 526.*)

MAURICE , (l'ordre de faint) ordre militaire de Savoie.

Amédée VIII, premier duc de Savoie , s'étant retiré à Ripaille avec quelques feigneurs de fa cour, inftitua cet ordre de chevalerie pour honorer la mémoire de ce faint martyr ; il voulut que les chevaliers portaffent une robe longue & un chaperon de couleur grife avec la ceinture d'or , le bonnet & les manches de camelot rouge, & fur le manteau une croix pommetée de taffetas blanc, à l'exception de celle du grand-maître qui devoit être en broderie d'or.

Les chevaliers de *faint Maurice* , fuivant leur inftitut, doivent combattre pour la foi & la défenfe du faint-fiége.

Philibert-Emmanuel, duc de Savoie , obtint du pape Grégoire XIII en 1572 , que l'ordre de faint Lazare feroit réuni à celui de *faint Maurice*.

La marque de l'ordre eft une croix à huit pointes de finople ; la croix de *faint Maurice* pommetée & bordée d'or , émaillée de blanc par-deffus.

Les chevaliers peuvent porter le ruban de telle couleur qu'ils veulent. (*Pl. XXV. fig. 49. G. D. L. T.*)

MELLUSINE , f. f. on donne le nom de *melluffine* à une figure mi-échevelée, demi-femme & demi-ferpent, qui fe baigne dans une cuve , où elle fe mire & fe coëffe ; on ne fe fert de ce terme que pour les cimiers. Les maifons de Lufignan & de S. Gelais portoient pour cimier une *melluffine*. (*D. J.*)

MELON , f. m. eft quelquefois employé comme meuble d'armoiries.

Rayyenau , d'azur , à trois *melons* d'or. (*Pl. VIII. fig. 436.*)

MEMBRE , f. m. patte de devant d'un griffon, ou patte d'un autre oifeau, détachée du corps de l'animal ; elle fe pofe en barre. (*Voyez planche V. fig. 263.*) On fe fert du terme *patte* pour les lions, ours & autres animaux quadrupèdes, mais on nomme *membres* les pattes des oifeaux détachées de leur corps , & *membrées* les mêmes pattes jointes au corps des oifeaux , lorfqu'elles fe trouvent d'émail différent. Les griffons étant moitié aigle, moitié lion , les pattes de devant font nommées *membres*, & celles de derrière , *pattes*.

Armé fe dit des griffes , lorfqu'elles font d'un autre émail que le *membre*.

Gaufreteau de Puynormand, en Guyenne; d'azur , à trois *membres* de griffons d'or.

Bourdeille d'Archiac , de Matha , en Périgord ; d'or , à deux *membres* de griffon de gueules , armés d'azur , pofés en barre l'un fur l'autre. (*Pl. V. fig. 263.* où ils font mal appellés *pattes*.)

MEMBRÉ , ÉE , adj. fe dit des pattes ou membres d'aigles , de cygnes , & autres oifeaux , quand ils fe trouvent d'un émail différent de celui de leur corps.

Dubois d'Efpinay , de Pirou , en Normandie ; d'or , à une aigle de fable , *membrée* de gueules.

Foiffy de Crenay , de Villemareuil , de Moteux , en Champagne ; d'azur , au cygne d'argent, becqué & *membré* d'or.

De la Trémoille , d'or , au chevron de gueules , accompagné de trois aiglettes d'azur , becquées & *membrées* de gueules.

Segoing, d'azur , à la cigogne d'argent, becquée & *membrée* de gueules , portant au bec un lézard de finople. (*Pl. VI. fig. 304—13.*)

MENU-VAIR. Le *menu-vair* étoit une efpèce de panne blanche & bleue , d'un grand ufage parmi nos pères. Les rois de France s'en fervoient autrefois au lieu de fourrures ; les grands feigneurs du royaume en faifoient des doublures d'habit, des couvertures de lit, & les mettoient au rang de leurs meubles les plus précieux. Joinville raconte , qu'étant allé voir le feigneur d'Entrache qui avoit été bleffé , il le trouva enveloppé dans fon couvertoir de *menu-vair*. Les manteaux des préfidens à mortier, les robes des confeillers de la cour , & les habits de cérémonie des hérauts d'armes en ont été doublés jufqu'au quinzième fiècle. Les femmes de qualité s'en habilloient pareillement ; il fut défendu aux ribauds d'en porter, auffi bien que des ceintures dorées , des robes à collets renverfés , des queues & boutonnières à leurs chaperons, par un arrêt de l'an 1420.

Cette fourrure étoit faite de la peau d'un petit écureuil du nord, qui a le dos gris & le ventre blanc. C'eft le *fciuro vario* d'Aldrovandi, & peut-être le *mus ponticus* de Pline. Quelques naturaliftes latins le nomment *varius*, foit à caufe de la diverfité des deux couleurs grife & blanche, ou par quelque fantaifie de ceux qui ont commencé à blafonner. Les pelletiers nomment à préfent cette fourure *petit-gris*.

On la diverfifioit en grands ou petits carreaux, qu'on appelloit *grand-vair* ou *petit-vair*. Le nom de *panne* impofé à ces fortes de fourures, leur vint de ce qu'on les compofa de peaux coufues enfemble, comme autant de pans ou de panneaux d'un habit. On conçoit de-là que le *vair* paffa dans le Blafon, & en fit la feconde panne, qui eft prefque toujours d'argent ou d'azur, comme l'hermine eft prefque toujours d'argent ou de fable. Le *menu-vair*, en terme d'armoiries, fe dit de l'écu chargé de *vair*, lorfqu'il eft compofé de fix rangées; parce que le *vair* ordinaire n'en a que quatre. S'il s'en trouve cinq, il le faut fpécifier en blafonnant, auffi bien que d'argent, quand il eft d'autre que d'argent & d'azur. (*D. J.*)

Le *menu-vair* eft donc dans le Blafon une fourure faite de pièces d'argent, en forme de cloches renverfées fur un fond d'azur; elle diffère de la fourure de vair, en ce qu'elle eft plus ferrée, ayant fix tires; les première, troifième & cinquième ont fix cloches; les deuxième, quatrième & fixième en ont cinq, & deux demies aux extrémités.

D'Auvans, à Lille en Flandre; *menu-vair*.

MENU-VAIRÉ, terme qu'on employe, lorfque le menu-vair eft compofé d'autres émaux que l'argent & l'azur, & alors on exprime ces autres émaux.

De Guines, de Bonières, de Souatres, en Artois; *menu-vairé* d'or & d'azur.

MER, f. f. la mer, dans les armoiries, fe repréfente par des traits ou lignes courbes qui figurent les ondes; elle remplit le quart de la hauteur de l'écu vers le bas; fon émail particulier eft l'argent; elle peut cependant être d'un autre émail.

Durand, à Paris; d'azur, au rocher d'or, pofé au milieu d'une *mer* d'argent, accompagné en chef de deux bouquets de trois rofes chacun du fecond émail, les tiges & les feuilles de même.

Tranchemer, en Bretagne; de gueules, coupé d'une *mer* ondée d'argent, ombrée d'azur, au couteau d'or plongé dans la *mer*. (*Pl. VII. fig. 390.*)

Auvelliers, d'azur, au navire d'argent, équipé de gueules, fur une *mer* d'argent, au chef d'or, chargé d'une aiglette d'azur. (*Pl. X. fig. 527.*)

MERCURE, *dans l'Art héraldique*, marque la couleur *pourpre* dans les armoiries des princes fouverains. *Voyez* POURPRE.

MÉRITE MILITAIRE, (l'ordre du) a été inftitué par Louis XV, le 10 mars 1759, en faveur des officiers de la religion proteftante, qui fervent en France.

Il y a trois grand-croix, quatre commandeurs & les chevaliers.

La marque diftinctive de cet ordre eft un ruban gros-bleu avec une croix d'or à huit pointes pommetées, & anglées de quatre fleurs de lis de mê-

me; au centre eft une épée en pal, la pointe en haut; & pour légende ces mots: *Pro virtute bellica*. Au revers eft une couronne de laurier & cette légende: *Ludovicus XV, inftituit 1759*. (*Planche XXIII. fig. 9.*)

MERLETTE, f. f. petit oifeau repréfenté de profil, fans bec ni pied. Les *merlettes* font le plus fouvent en nombre dans l'écu.

Du Bouchet de Villeflix, à Paris; d'argent à la merlette de fable, au chef d'azur chargé de trois befans d'or.

Guierna de Berenger, en Orléanois; d'argent à trois *merlettes* de fable.

Bongard d'Arfilly, à Bourges; de gueules à trois *merlettes* d'argent.

Malon de Bercy, d'azur à trois *merlettes* d'or. (*Planche VI. fig. 308.*)

MERLUSINE, f. f. firène qui paroît dans une cuve; elle fert de cimier à la maifon de la Rochefoucaud & à quelques autres maifons.

L'origine de cimier vient d'une comteffe de Lufignem nommée *Merlufine*, laquelle étoit fort abfolue & commandoit à tous fes vaffaux avec une telle autorité, que lorfqu'elle leur envoyoit des lettres ou patentes fcellées de fon fceau ou cachet, fur lequel étoit gravée une firène, il falloit obéir dans l'inftant; & de-là fes vaffaux la nommèrent *magicienne*.

Il y a un vieux Roman, intitulé *Merlufine*, qui eut beaucoup de vogue en fon temps. (*G. D. L. T.*)

Nous laiffons cet article, ainfi que celui de *Mellufine* tel que nous le trouvons. Nous obferverons feulement, quant à la prononciation, que la feule bonne, à ce que nous croyons eft *Mellufine*, dont on a fait par corruption *Merlufine*. On peut s'en faire une idée, en voyant la firène de la *Pl. VII. fig. 345.*

MÉTAUX, f. m. pl. Il y en a deux, l'or & l'argent.

La couleur jaune fe nomme *or*.

La couleur blanche *argent*.

L'or, premier émail, fe marque en gravure par nombre de petits points.

L'argent, fecond émail, eft tout blanc, c'eft-à-dire, fans aucune hachure.

C'eft une règle du Blafon, de ne point mettre *métal* fur *métal*.

Châteaugiron de Launay, en Bretagne; d'or au chef d'azur.

Avaugour du Bois, de Kergroais, en la même province; d'argent au chef de gueules.

Voyez d'ailleurs, *Pl. première*, les fig. 11 & 12.

MEUBLES, f. m. pl. Befans, tourteaux, quintefeuilles, annelets, molettes d'éperons, billettes, croiffans, étoiles; animaux pédeftres, volatiles, reptiles; tours, châteaux, arbres, arbriffeaux, fleurs, fruits, & généralement tout ce qui peut fe trouver dans les armoiries, foit qu'il y ait des pièces honorables ou non.

Toutes

Toutes ces choses font nommées *meubles*, parce qu'elles garniffent le champ de l'écu.

Positions des meubles d'armoiries.

Un feul ; fe pofe au centre du champ.
Deux ; l'un fur l'autre.
Trois ; deux & un.
Quatre ; aux quatre cantons.
Cinq ; en fautoir.
Six ; trois, deux & un.
Sept ; trois, trois & un.
Huit ; en orle.
Neuf ; trois, trois, trois.

Si les *meubles* de l'écu fe trouvent pofés d'une autre manière, il faut nommer la pofition en blafonnant.

Renouard de Villayer, en Bretagne ; d'argent à une quintefeuille de gueules.

Montefquiou d'Artagnan, en Bigorre ; d'or à deux tourteaux de gueules.

Carruel de Mercy, diocèfe d'Evreux ; d'argent à trois merlettes de fable.

De Lahaye de Bonneville, près d'Amiens ; d'argent à quatre croiffans de gueules.

Chappel de Curby, en Bourgogne ; d'or à cinq merlettes de fable.

Regnier de Guerchy, de Nangis, à Paris ; d'azur à fix befans d'argent.

Bruneau de la Rabaftelliere, en Poitou ; d'argent à fept poules de fable crêtées & membrées d'or.

De Chemilly, en Anjou ; d'or à huit merlettes de gueules.

Du Boisvilly de la Villehervé, en Bretagne ; de gueules à neuf étoiles d'or.

De Gournay, de Marcheville, de Sécourt, en Lorraine ; de gueules à trois tours d'argent en bande.

De Vigneulles de Maixé, du Mefnil en la même province ; d'azur à cinq annelets d'argent, 2, 2 & 1.

De Pattau, de Laborie, en Rouergue & en Languedoc ; d'azur à trois croiffans d'argent en pal. (*G. D. L. T.*)

MICHEL (l'ordre de Saint-) inftitué par Louis XI à Amboife, le premier août 1469.

Suivant la chronique de Sigebert en 709 fous le règne de Childebert III, furnommé le *jufte*, *Saint Michel* parut en fonge devant Aubert, évêque d'Avranches, homme d'une grande piété, & l'avertit de lui faire bâtir une chapelle fur un rocher, qui depuis a été nommé le *Mont-Saint-Michel*. La tradition rapporte que chaque fois que les ennemis de la France fe font approchés de ce mont, on y a vu un archange exciter des orages fur la mer, & de-là eft venue l'origine de la devife de l'ordre de *Saint Michel*, *immenfi tremor oceani*.

Lorfque Louis XI inftitua cet ordre, les chevaliers portoient une chaîne d'or, chargée de co-

Hiftoire. Tom. I.

quilles d'argent, d'où pendoit une médaille où étoit l'image de *Saint Michel*, foulant aux pieds le dragon, & ils l'ont ainfi portée jufqu'au 31 décembre 1578, jour de la première promotion de l'ordre du Saint-Efprit. Actuellement ceux qui font nommés chevaliers du Saint-Efprit, prennent la veille de leur réception l'ordre de *Saint Michel*, c'eft pourquoi ils ont le titre de *chevaliers des ordres du roi*.

Louis XIV, par une déclaration du 12 janvier 1665, ordonna que de tous ceux qui avoient reçu l'ordre de *Saint Michel*, fans avoir celui du Saint-Efprit, on en choific un certain nombre, à condition qu'ils feroient preuve de leur nobleffe & de leurs fervices militaires.

Le roi commet chaque année deux chevaliers de fes ordres, un duc & un gentilhomme, pour préfider en fon nom, l'un en l'abfence de l'autre, aux cérémonies & chapitres de l'ordre de *Saint Michel*, & pour recevoir les nouveaux chevaliers que fa majefté a nommés.

Les cérémonies & réceptions fe font deux fois l'année, le 8 de mai & le premier lundi de l'avent dans le couvent des cordeliers de Paris.

Le grand fceau de cet ordre repréfente *Saint Michel* ayant au bras gauche un bouclier aux armes de France, tenant de la main droite l'épée haute, précipitant dans les flammes l'ange rebelle, avec cette légende autour du fceau, *Louis XI, roi de France, inftituteur de l'ordre de Saint Michel, en 1469 ; Louis XIV, roi de France & de Navarre, reftaurateur en 1664.*

Hardouin Manfard & André Lenoftre furent les premiers artiftes faits chevaliers de *Saint Michel* en 1693. Depuis ce temps cet ordre eft donné à des gens de lettres, des financiers & des artiftes célèbres pour les récompenfer de leurs mérites & de leurs talens. On leur envoie des lettres de nobleffe quelques jours avant leur réception.

Ces chevaliers portent fur leur vefte un grand ruban de foie noire, moiré, paffé en écharpe de l'épaule droite au côté gauche, d'où pend la croix à huit pointes où eft repréfenté *Saint Michel*.

Le premier Janvier 1772, il y avoit 77 chevaliers de l'ordre de *Saint Michel*, dont 13 admis & non reçus, étant alors dans les provinces éloignées du royaume ou dans des cours étrangères. (*Voyez Planche XIII. fig. 3.*) (*Article refté.*)

MÉZAIL, f. m. On appelle ainfi dans le Blafon, le devant ou le milieu du heaume. Borel, qui rapporte ce mot comme un terme d'armoiries, le fait venir du grec *μεσος*, *milieu*.

MI-PARTIS, adj. pl. il fe dit de deux écus coupés par la moitié, & joints enfemble par un feul écu ; deforte qu'on ne voit que la moitié de chacun. Ceux qui veulent joindre les armoiries de leurs femmes à celles de leurs maifons, en ufent ainfi. L'écu coupé & *parti* feulement en une de fes parties, s'appelle auffi écu mi-parti.

Salignon en Dauphiné, que bien des gens ap-

Q

pellent mal à propos , *faligdon* , d'azur , au chevron *mi-parti* d'or & d'argent.

MIRAILLÉ , ÉE , adj. se dit du papillon dont les aîles sont des marques rondes d'un émail différent , & aussi de certains oiseaux dont les plumes paroissent de diverses couleurs qui ne leur sont pas naturelles.

Ces marques sont ainsi nommées de ce que les couleurs des papillons & de quelques oiseaux imitent par leur luisant les miroirs.

Barin de la Galissoniere à Paris ; d'azur à trois papillons d'or , *miraillés* de sable. (*Planche VI. figure 330.*)

MIROIR , s. m. est quelquefois un meuble d'armoiries.

Miron ; de gueules , au *miroir* à l'antique d'argent , cerclé de perles de même.

MITRE , s. f. ornement pontifical en forme de bonnet élevé , dont le haut finit en pointe , ayant deux pendans derrière.

Les évêques & les abbés réguliers portent la *mitre* sur l'écu de leurs armes ; ils y ajoutent la crosse.

La *mitre* des évêques se pose de front à dextre , & la crosse à senestre , tournée en-dehors.

Les abbés doivent porter la *mitre* de profil à dextre , & la crosse à senestre , tournée en-dedans , pour montrer que leur jurisdiction n'est que dans leur cloître.

Le mot *mitre* vient du latin *mitra* , dérivé du grec μίτρα qui a la même signification.

Voir *Pl. XIII. fig.* 11. 12. 13. 14. *Pl. XIV. fig.* 1. 2 & 3.

MOLETTE - D'ÉPERON , s. f. meuble de l'écu en forme d'étoile à six rais , avec une ouverture ronde au centre.

On voit beaucoup de *molettes-d'éperons* , dans les armoiries , elles représentent celles des anciens chevaliers ; l'usage en est venu de ce que les rois faisoient mettre des *éperons* aux gentilshommes & écuyers , qu'ils créoient chevaliers.

Guido de Kermaigny en Bretagne ; d'azur à la *molette-d'éperon* d'or.

Raoulin de Reacamps , de Gueudeville en Normandie ; d'argent à trois *molettes-d'éperons* de sable.

De Neufcheze en Bretagne ; de gueules à neuf *molettes-d'éperons* d'argent.

De Vimeur de Rochambeau en Touraine ; d'azur au chevron d'or , accompagné de trois *molettes-d'éperons* de même.

Gautier , d'azur , à deux éperons d'or , posés en pal , liés de même , au chef d'argent chargé de trois *molettes* de gueules. (*Pl. X. fig. 513.*)

MONDE , est un globe sur lequel il y a une croix. On le trouve dans les armes des empereurs & des électeurs de l'Empire. Christophe Colomb , après avoir découvert le nouveau monde , porta un pareil globe dans ses armes , avec la permission du roi d'Espagne.

MONSTRUEUX , EUSE , adj. se dit d'un lion ou d'un autre animal quadrupède , même des volatiles qui ont quelques parties de leur corps qui ne sont point de leur nature.

Des Reaux de Coclois en Champagne ; d'or , au lion *monstrueux* de sable , à tête humaine de carnation , tournée de front. (*Pl. V. fig. 243.*)

MONTAGNE , s. f. meuble d'armoiries représentant ce que le mot exprime.

Durey , de sable , à une *montagne* ou rocher d'argent , surmontée d'une croisette de même. (*Pl. VIII. fig. 393.*) *Voyez* ROCHER.

MONTANT , TE , adj. il se dit non-seulement du croissant représenté les pointes en-haut vers le chef , mais encore des écrevisses , des épis & autres choses dressées vers le chef de l'écu.

Perrot , à Paris ; d'azur à deux croissans aculés d'argent , l'un *montant* , l'autre versé , au chef d'or , chargé de trois aiglettes de sable.

Le Clerc de Lesseville ; d'azur , à trois croissans *montans* , surmontés d'un lambel , le tout d'or. (*Planche VII. fig. 367.*)

Bochart ; d'azur , au croissant *montant* d'or , abaissé sous une étoile de même. (*Planche VII. fig. 368.*)

Lunati ; d'azur , à trois croissans d'argent , les deux du chef affrontés , celui de la pointe *montant*. (*Fig. 373.*)

MONT-CARMEL , nom d'un ordre de chevalerie , auquel est joint celui de S. Lazare de Jérusalem. *Voyez* S. LAZARE. Les chevaliers de cet ordre portent sur le côté gauche de leur manteau une croix de velours ou de satin tanné , à l'orle ou bordure d'argent ; le milieu de la croix est rond , chargé d'une image de la Vierge environnée de rayons d'or , le tout en broderie. Ils portent aussi devant l'estomac une croix d'or avec l'image de la Vierge émaillée au milieu , attachée à un ruban de soie. Cet ordre fut rétabli sous Henri IV , par les soins de Philibert de Nereftang , puis confirmé par Louis XIV , en 1664 ; mais en 1691 , le roi en sépara plusieurs biens , & se contenta du titre de souverain protecteur. Les chevaliers jouissent de quelques commanderies & privilèges. *Voyez* LAZARE.

MONT JOYE SAINT-DENIS , mot fameux dans l'histoire de France , qui a été long-temps le cri de guerre de la nation , & qui est encore aujourd'hui le nom du roi d'armes.

Divers auteurs ont débité bien des fables & des conjectures puériles sur l'origine & l'étymologie de ce nom. Ce qu'on a de plus sensé sur cette matière , se réduit à remarquer qu'on appelloit autrefois mont jo:e un monceau de pierres entassées , pour marquer les chemins. Sur quoi le cardinal Huguet de S. Cher rapporte la coutume des pélerins , qui faisoient des mont joyes de monceaux de pierres sur lesquels ils plantoient des croix aussi-tôt qu'ils découvroient le lieu de dévotion où ils alloient en pélerinage : *constituunt* , dit-il , *acervum lapidum & ponunt cruces, & dicitur* MONS GAUDII. Del - Rio attefte la même chofe des pélerins de S. Jacques en Galice : *lapidum congeries.... Galli* mont joyes *vocant.* Les croix que l'on voit fur le chemin de Paris à Saint-Denis étoient de ces *mont joyes.* Or , comme ces *mont joyes* étoient deftinés à marquer les chemins , de même quand nos rois eurent pris S. Denis pour protecteur du royaume , & fa bannière ou l'oriflamme pour bannière de dévotion dans les armées , cette bannière devint le *mont joye* qui régloit la marche de l'armée ; & crier *mont joye Saint - Denis* , c'étoit crier , *fuivez* , ou *marchez* , ou *ralliez-vous à la bannière de Saint-Denis.* De même que les ducs de Bourgogne avoient pour cri *mont joye Saint André* ; & quand le duc fe trouvoit en perfonne à la guerre , *mont joye au noble Duc* : ceux de Bourbon crioient , *mont joye Notre-Dame* , pour raffembler leurs troupes autour d'eux , ou de leurs bannières qui portoient l'image de la Vierge. Quoique dans la fuite on ne portât plus dans les armées la bannière de Saint - Denis , le cri de guerre auquel on étoit accoutumé , comme à un cri de joie & de victoire , ne laiffa pas que de fubfifter jufqu'au temps où l'introduction de l'artillerie exigea des fignaux d'une autre efpèce dans les combats.

Cette opinion paroît plus probable que celle qu'a avancée M. Beneton dans fes commentaires fur les enfeignes militaires, où il remarque qu'on élevoit fur les tombeaux des perfonnes confidérables, des faints , des martyrs, &c. de ces fortes de monceaux , & qu'on les nommoit *mont joye* ; que *mont joye faint - Denis* fignifioit le tombeau de S. Denis , dont nos monarques fe glorifioient d'être poffeffeurs ; comme s'ils euffent voulu dire, *nous avons la garde du tombeau de S. Denis,* mont joye faint-Denis *eft un témoignage de la joie que nous reffentons de cet avantage ; nous efpérons que ces paroles ferviront à ranimer la piété & la valeur de nos foldats.* Mais les ducs de Bourgogne poffédoient-ils dans leurs états le corps de faint André ? & ceux de Bourbon étoient-ils poffeffeurs du fépulchre de la Vierge ? Que fignifioit donc *mont joye* dans leur bouche , finon *à la bannière de S. André* , & à celle *de Notre-Dame* ; ainfi *mont joye faint - Denis* n'a non plus fignifié autre chofe qu'*à la bannière de S. Denis* , parce que cette bannière fervoit , fous les rois de la troifième race, à régler les marches & les campemens de l'armée.

Il eft bon auffi d'obferver que ce cri de guerre n'a été introduit dans nos armées que vers le règne de Louis le Gros , qui ayant réuni en fa perfonne le comté de Vexin à la couronne, devint advoué de l'églife de S. Denis , en prit la bannière , de laquelle eft venu le cri d'armes. Ainfi , ceux qui l'ont attribué à Clovis , ont débité une pure fiction , puifque la bannière de faint-Martin-de-Tours fut portée dans les armées,

depuis le règne de ce prince , comme l'étendart de la nation.

MONT JOYE , nom d'un ordre de chevalerie établi à Jérufalem par le pape Alexandre III, qui le confirma en 1180 ; & lui prefcrivit la règle de S. Bafile. Ces chevaliers portoient une croix rouge & devoient combattre contre les infidèles. Le roi Alphonfe le fage les introduifit en Efpagne, s'en fervit utilement contre les Maures ; & leur ayant donné des revenus , il leur fit prendre le nom de *chevaliers de Mofrat* ; mais fous le règne de Ferdinand ils furent unis à l'ordre de Calatrava. (*Articles reftés.*)

MORAILLES , f. f. plur. meuble d'armoiries repréfentant deux tenailles qui fervent à ferrer le nez du cheval , pour empêcher qu'il ne fe tourmente lorfqu'on le travail : ce font deux branches de fer jointes par une charnière à l'un des bouts , & que l'on ferre ou lâche du côté oppofé tant que l'on veut.

Ce meuble eft ordinairement ouvert, tendu en fafce ; s'il y a plufieurs *morailles* , on les met l'une fur l'autre ; leur émail eft l'or ou l'argent ; elles font rares dans l'écu.

De Moreilles, à Paris ; d'azur à trois *morailles* d'argent en fafces. (*Pl. X. fig. 518.*)

De Girard , à Bourges ; de gueules à deux *morailles* d'or , liées d'argent , pofées en chevrons l'une fur l'autre.

MORNE , ÉE, adj. il fe dit des lions & autres animaux qui n'ont ni dents , ni bec , ni langues , ni griffes , ni queue.

Du Halgoet , en Bretagne ; d'azur , au lion *morné* d'or.

MORTS , (tête de *morts*) meuble employé dans quelques écus ; ce font, fi l'on veut, les têtes des ennemis qu'on a tués.

Durant; parti de fable & d'or , au chevron de l'un en l'autre, au chef d'argent, chargé de trois têtes de *morts* de fable (*Pl. IX. fig. 451.*)

MOT, f. m. fe dit des armoiries & des devifes Ce qu'on appelle le *mot* dans les armoiries, eft une courte fentence ou phrafe écrite fur un rouleau qu'on place ordinairement au-deffus de l'écuffon, & quelquefois au-deffous. Tantôt ce *mot* fait allufion au nom ou à quelques pièces des armes de la perfonne à qui appartiennent les armes , & tantôt il n'a rapport ni au nom ni au blafon.

Le *mot* , dit Guillin , eft un ornement extérieur attaché à la cotte d'armes ; il préfente , ajoute-t-il , une idée de celui à qui les armes appartiennent , mais exprimée fuccinctement & avec force en trois ou quatre paroles au plus , écrites fur une bande ou compartiment qu'on place au pied de l'écuffon ; & comme ce *mot* tient la dernière place dans les armes, on le blafonne auffi le dernier. A la rigueur, il devroit exprimer quelque chofe de relatif à ces armes ;

mais l'ufage a fait admettre toute forte de fenten-ces, expreffives ou non.

Cette coutume d'employer un mot ou fymbo-lique, ou comme cri de guerre pour s'animer, fe reconnoître, & fe rallier dans les combats, eft très-ancienne : l'Hiftoire facrée & profane nous en fourniffent également des exemples. Nos an-cêtres faifoient choix du mot le plus propre à exprimer leur paffion dominante, comme la piété, l'amour, la valeur, &c. ou quelqu'évene-ment extraordinaire qui leur fût arrivé. On trouve plufieurs mots de cette dernière forte qui fe font perpétués dans les familles, quoiqu'ils ne con-vinffent proprement qu'à la première perfonne qui fe l'étoit attribué.

Le mot de la maifon royale de France eft efpé-rance ; & dans quelques écuffons lilia non labo-rant neque nent, par allufion à la loi falique, qui exclut les femmes de la couronne : celui de la maifon de Stuart eft Dieu & mon droit. L'ordre de la jarretière a pour mot, honni foit qui mal y penfe ; & le duc de Nortfolck ces paroles, fola virtus invicta : le duc de Bedfort celles-ci, che fara fara : celui de Devonshire, cavendo tutus, par allufion au nom de fa maifon, qui eft Ca-vendish. Le duc de Kinfton, dont le nom eft Pierrepont, a pour mot, Pie reponet : le comte de Radnor, quæ fupra, parce qu'il porte trois étoiles dans fes armes : le lord Klinton, dont le nom eft Fortefcue, prend celui-ci, Forte fcutum, falus ducum.

On peut voir fous l'article cri de guerre, les mots que prennent ou prenoient plufieurs des premières maifons de France. Le mot d'une de-vife s'appelle auffi l'ame de la devife. Voyez DEVISE.

MOUCHETÉ, ÉE, adj. fe dit du papeloné, lorfqu'il eft rempli de treffles, de mouchetures d'hermine, &c. il fe dit auffi des taches ou mar-ques qui paroiffent fur quelques poiffons.

De Fouilleufe de Flavacourt en Picardie ; d'ar-gent, papeloné, de gueules, moucheté de treffles verfés de même. (Pl. V. fig. 239.)

D'Helie de Vilarfel, de Montgranier, de Ro-quetaillade, de S. André, au pays Narbonnois ; d'azur à trois lamproies d'argent, mouchetées de fable, en fafces l'une fur l'autre, celle du milieu contre-paffante.

MOUCHETURE, f. f. meuble de l'écu qui repréfente une queue d'hermine ; fon émail parti-culier eft le fable.

Druais de Francleu en Bourgogne ; d'argent, à la moucheture de fable.

Dubois d'Efcordal, de Momby en Champagne ; d'argent à cinq mouchetures de fable, 3 & 2.

Roux de Puivert de Sainte-Colombe à Tou-loufe ; de gueules, à fix mouchetures d'argent.

Boullé, d'argent, à la fafce de gueules, à trois pals brochans d'azur, accompagnés de fix

mouchetures de fable, quatre en chef, & deux en pointe. (Pl. III. fig. 118.)

MOUTON, f. m. cet animal paroît dans l'écu de profil & paffant.

De Barjac de Caftelbouc, en Vivarais ; de gueu-les, au mouton paffant d'or, accompagné en chef d'un croiffant d'argent.

Duchilau, en Poitou ; de fable, à trois moutons paffans d'argent.

Montholon, d'azur, à un mouton paffant d'or, furmonté de trois rofes de même. (Pl. V. fig. 275.)

MOUVANT, TE, adj. fe dit d'une pièce ou meuble qui faille de l'un des flancs, ou de l'un des angles de l'écu.

Il fe dit auffi des pieces ou meubles qui tou-chent à quelques autres.

Dapougny de Jambeville, de Sericourt, à Paris ; d'azur, au dextrochère mouvant du flanc feneftre de l'écu ; & tenant un vafe de trois lis, le tout d'argent.

Laverne d'Athée, du Magny, en Bourgogne ; d'azur, au vol & au demi-vol d'or, mouvans d'une rofe de gueules pofée au centre de l'écu.

Alberti, à Florence ; d'azur à quatre chaînes d'or, mouvantes des quatre angles de l'écu, & liées au cœur à un anneau de même.

De Bellegarde ; d'azur, aux rayons droits & ondés d'or alternativement mouvans d'une portion de cercle du chef vers la pointe de l'écu, chaque intervalle de rayons rempli d'une flamme de mê-me, au chef d'or, chargé d'une aiglette de fable. (Pl. VII. fig. 384.)

Durand ; d'azur, au rocher d'or, mouvant d'une mer d'argent, qui occupe le bas de l'écu, accom-pagné en chef de fix rofes trois à trois, en forme de bouquets, un de chaque côté, feuillé & tigé du fecond. (Pl. VIII. fig. 394.)

MURAILLE, f. f. meuble d'armoirie, repré-fentant ce que le nom exprime.

Le Févre ; d'azur, à un pan de muraille d'ar-gent, maçonné de fable, furmonté d'une étoile d'or. (Pl. IX. fig. 473.)

Lorfque dans une muraille, ainfi que dans les tours, châteaux, maifons & autres meubles de conftruction & relatifs à des édifices, les lignes qui marquent la féparation des pierres font d'un autre émail que le corps du bâtiment, on l'ex-prime en difant : maçonné de tel émail, comme on peut le voir dans l'exemple précédent. Si, dans le même cas, il y a des crénaux aux murs, on dit, crénelé. S'il y a des girouettes aux tours, on dit, girouetté. Quelques auteurs difent : ajouré pour les fenêtres, d'autres fe contentent de fpécifier de quel émail font les fenêtres ainfi que les portes. On appelle meurtrières les petites fenêtres qu'on voit à côté des tours & qui fervent à les dé-fendre. Il faut fpécifier & l'émail & le nombre des meurtrières.

NAGEANT, TE, adj. terme dont on se sert pour représenter dans les armoiries un poisson couché horisontalement, ou en-travers de l'écusson. Voyez POISSON.

Gardereau, d'azur, au brochet *nageant* ou mis en fasce, surmonté en chef d'une étoile, & en pointe d'un croissant, le tout d'argent.

Raoul ; de sable, au rouget d'argent, *nageant* ou posé en fasce, accompagné de quatre annelets, trois en chef & un en pointe. (*Pl. VII.* fig. 340. 341.)

NAISSANT, TE, adj. se dit d'un lion, ou autre animal, qui ne montre que la tête, les épaules, les pieds, & les jambes de devant avec la pointe de la queue, le reste du corps demeurant caché sous l'écu, sous la fasce, ou sous le second du coupé, d'où il semble naître ou sortir.

Naissant diffère d'*issant*, en ce que dans le premier cas, l'animal sort du milieu de l'écu, & que dans le second, il sort du haut de l'écu. Voyez ISSANT.

Le père Ménestrier veut que *naissant* se dise des animaux qui ne montrent que la tête, comme sortant de l'extrémité du chef ou du dessus de la fasce, ou du second du coupé.

La baume de Suze, en Dauphiné ; d'or, à trois chevrons de sable, au chef d'azur, chargé d'un lion *naissant* d'argent,

Frenelle, ancienne maison de Lorraine, portoit d'azur à trois bandes d'or, au chef de gueules cousu & chargé d'un lion *naissant*, aussi d'or.

Assignes de Tournay, d'Oisy, en Artois : d'or à trois lions *naissans* de gueules.

Hyongue de Sepvret, en Poitou ; d'argent à trois cerfs *naissans* de sable.

La Treille de Fosieres de l'Héras, à Lodeve en Languedoc ; coupé de gueules & d'azur, au lion d'or sur gueules, *naissant* du coupé.

Varnier ; d'azur, au lion *naissant* d'or, au chef d'argent, chargé de trois croissans de gueules. (*Pl. V.* fig. 248.) Voyez aussi la fig. 249. pour la différence d'*issant* à *naissant*.

NASAL, s. m. Il se dit de la partie supérieure de l'ouverture d'un casque ou d'un heaume, qui tomboit sur le nez d'un chevalier lorsqu'il le baissoit, du latin *nasus*, nez.

NATUREL, AU NATUREL, est en usage *dans le Blason*, pour signifier *des animaux, des fruits, des fleurs*, qui sont peints dans un écu avec leurs couleurs naturelles, quoique différentes des couleurs ordinaires du Blason ; ce mot sert à empêcher qu'on n'accuse des armoiries d'être fausses, quand elles portent des couleurs inconnues dans le blason.

Berthelas, en Forêt ; d'azur à un tigre au *naturel*,

Joly de Fleury ; d'azur, à un lis *au naturel*, au chef d'or, chargé d'une croisette pattée de sable. (*Pl. VIII.* fig. 412.)

NAVETTE, s. f. meuble d'armoiries.

De Tilly, en Normandie ; de gueules, à trois *navettes* d'or, posées 2. & 1. (*Pl. XI.* fig. 610.)

NAVIRE, ou **DU CROISSANT** (l'ordre du) fut institué par saint Louis, lors de son départ pour la dernière croisade en 1269, afin d'encourager les seigneurs de sa cour à le suivre à cette expédition.

Le *navire* étoit le symbole du trajet de mer qu'il falloit faire pour la croisade ; & le *double croissant* signifioit qu'on alloit combattre contre les Infidèles.

Le collier étoit fait de coquilles & de *croissans* tournés & contournés, le tout entrelassé & attaché à une chaîne, d'où pendoit une médaille ovale, où étoit représenté un *navire* avec tous ses agrêts, flottant sur des ondes.

Cet ordre ne subsista pas long-temps en France après la mort de saint Louis (arrivée devant Tunis le 25 août 1270) : mais Charles de France, comte d'Anjou, roi de Naples & de Sicile, frere de saint Louis, le conserva pour ses successeurs ; & René d'Anjou, roi de Jérusalem, de Sicile & d'Aragon, le rétablit en 1248, sous le nom de *l'ordre du croissant* (*Pl. XXVI.* fig. 73. G. D. L. T.)

NÉBULÉ, ÉE, adj. se dit de l'écu, rempli de parties rondes, saillantes & creuses alternativement, qui imitent les nues.

Nébulé se dit aussi de quelques pièces honorables & autres pièces d'armoiries, figurées de pareilles sinuosités.

Rochechouart-Faudoas, d'Aureville, de Clermont, & Rochechouart de Mortemart, de Tonnay-Charente, à Paris ; *nébulé* fascé d'argent & de gueules. (*Voyez Pl. III.* fig. 132. les armes de cette maison.

La Fraise, en Lorraine ; de gueules, à la fasce d'or *nébulée*, accompagnée à dextre en chef d'une étoile de même, & en pointe d'un croissant d'argent.

Marin de la Malgue, en Provence ; d'argent à trois bandes, *nébulées* de sable.

NERVÉ, ÉE, adj. Il se dit de la fougère & autres feuilles dont les fibres & les nerfs paroissent d'un autre émail.

Les anciens princes d'Antioche ; d'argent, à la branche ou feuille de fougère de sinople, *nervée* d'or.

NILLE, s. f. se dit d'une espèce de croix ancrée beaucoup plus étroite & menue qu'à l'ordinaire.

NILLÉ, ÉE, adj. On dit, croix *nillée*, pour dire une *croix* faite de deux bandes séparées & crochues par le bout. Cette croix est ancrée & fort déliée, comme est la *nille* ou le fer d'un moulin, ce qui la fait auſſi appeller *croix de moulin*.

De Barres ; d'argent à la croix *nillée* ou *niſlée* de ſable. (*Pl. IV. fig. 185.*)

NOBLESSE, ſ. f. On en diſtingue de différentes eſpeces.

NOBLESSE (HAUTE) il n'eſt pas aiſé de définir aujourd'hui ſi ce titre dont tant de gens ſe parent, conſiſte dans une *nobleſſe* ſi ancienne que l'origine en ſoit inconnue, ou dans des dignités actuelles qui ſuppoſent, mais qui ne prouvent pas toujours une véritable *nobleſſe*.

Le point le plus intéreſſant n'eſt pas cependant de diſcuter l'objet de la *nobleſſe* d'ancienneté ou de dignité, mais les premières cauſes qui formèrent la *nobleſſe* & la multiplièrent.

Il ſemble qu'on trouvera l'origine de la *nobleſſe* dans le ſervice militaire. Les peuples du nord avoient une eſtime toute particulière pour la valeur militaire : comme par leurs conquêtes ils cherchoient la poſſeſſion d'un pays meilleur que celui de leur naiſſance ; qu'ils s'eſtimoient conſidérables à proportion du nombre des combattans qu'ils pouvoient mettre ſur pié , & que pour les diſtinguer des payſans ou roturiers, ils appelloient *nobles* ceux qui avoient défendu leur patrie avec courage, & qui avoient accru leur domination par les guerres : pour récompenſe de leurs ſervices, dans le partage des terres conquiſes, ils leur donnèrent des francs-fiefs, à condition de continuer à rendre à leur patrie les mêmes ſervices qu'ils lui avoient déja rendus.

C'eſt ainſi que le corps de la *nobleſſe* ſe forma en Europe & devint très-nombreux ; mais ce même corps diminua prodigieuſement par les guerres des croiſades , & par l'extinction de pluſieurs familles : il fallut alors de néceſſité créer de nouveaux nobles. Philippe-le-Hardi, imitant l'exemple de Philippe-le-Bel ſon prédéceſſeur , qui le premier donna des lettres de *nobleſſe* en 1270 en faveur de Raoul l'orſèvre, c'eſt-à-dire, l'argentier ou payeur de ſa maiſon, prit le parti d'annoblir pluſieurs roturiers. On employa la même reſſource en Angleterre. Enfin en Allemagne même, ſi les empereurs n'euſſent pas fait de nouveaux gentilshommes, s'il n'y avoit de nobles que ceux qui prouveroient la poſſeſſion de leurs châteaux & de leurs fiefs, ou du ſervice militaire de leurs ayeux, du temps de Fréderic Barberouſſe, ſans doute qu'on n'en trouveroit pas beaucoup. (*D. J.*)

NOBLESSE DE HAUT PARAGE, eſt celle qui ſe tire d'une famille illuſtre & ancienne. *Voyez le roman* de Garin & Guillaume Guyart. La Roque, *chap. ij.* (*A*)

NOBLESSE HÉRÉDITAIRE , eſt celle qui paſſe du père aux enfans & autres deſcendans. La *nobleſſe* provenant des grands offices étoit héréditaire chez les Romains, mais elle ne s'étendoit pas au-delà des petits-enfans.

En France toute *nobleſſe* n'eſt pas héréditaire ; il y a des offices qui ne donnent qu'une *nobleſſe* perſonnelle, d'autres qui donnent commencement à la *nobleſſe* pour les deſcendans ; mais il faut que le père & l'ayeul aient rempli un de ces offices pour donner la *nobleſſe* au petit-fils ſans qu'il ſoit pourvu d'un office ſemblable ; enfin il y a des offices qui tranſmettent la *nobleſſe* au premier degré.

NOBLESSE HONORAIRE, eſt celle qui ne conſiſte qu'à prendre le titre de noble, & à être conſidéré comme vivant noblement ſans avoir la *nobleſſe* héréditaire : ce n'eſt qu'une *nobleſſe* perſonnelle, elle n'a même que les privilèges des nobles , comme la *nobleſſe* perſonnelle de certains officiers. *Voyez* la Roque , *chap. xciv.*

NOBLESSE ILLUSTRE, eſt celle qui tient le premier rang ou degré d'honneur , comme ſont les princes du ſang ; elle eſt encore au-deſſus de ce que l'on appelle *la haute-nobleſſe. Voyez* Loyſeau, *traité des Ordres* , *ch. vj. n. 9.*

NOBLESSE IMMÉDIATE, en Allemagne, eſt celle des ſeigneurs qui ont des fiefs mouvans directement de l'empire, & qui jouiſſent des mêmes prérogatives que les villes libres : ils prennent l'inveſtiture en la même forme; mais ils n'ont pas, comme ces villes, le droit d'archives.

Le corps de la *nobleſſe* immédiate eſt diviſé en quatre provinces & en quinze cantons ; ſavoir, la Souabe, qui contient cinq cantons ; la Franconie, qui en contient ſix ; la province du Rhin, qui en contient trois , & l'Alſace , qui ne fait qu'un canton.

Cette *nobleſſe* immédiate eſt la principale *nobleſſe* d'Allemagne , parce que c'eſt l'empereur qui la confere immédiatement. Ceux qui les électeurs annobliſſent , ne ſont nobles que dans leurs états, à moins que leur *nobleſſe* ne ſoit confirmée par l'empereur. *Voyez* la Roque, *c. clxxij.*

NOBLESSE IMMÉMORIALE, *ou* IRRÉPROCHABLE, eſt celle dont on ne connoît point le commencement, & qui remonte juſqu'au temps de l'établiſſement des fiefs ; c'eſt pourquoi on l'appelle auſſi *féodale* ; on l'appelle *irréprochable* parce qu'elle eſt à couvert de tout reproche ou ſoupçon d'annobliſſement. *Voyez* la Roque, *préface.*

NOBLESSE INFÉODÉE *ou* FÉODALE, eſt celle qui tire ſon origine de la poſſeſſion ancienne de quelque fief.

NOBLESSE DE LAINE, eſt la ſeconde claſſe de la *nobleſſe*. Dans la ville de Florence on diſtingue deux ſortes de *nobleſſe* pour le gouvernement ; ſavoir la *nobleſſe* de ſoie & la *nobleſſe* de laine. La première eſt plus relevée & plus qualifiée que la ſeconde. Il y a apparence que ces différentes dénominations viennent de la différence des habits. Cette diſtinction de deux ſortes de *nobleſſe* ſe fait à l'égard du gouvernement de la ville. *Voyez le traité de la Nobleſſe par* la Roque , *chap. cxij. & clxvj.*

NOBLESSE LIBÉRALE, eft celle que l'on a accordée à ceux qui pouffés d'un beau zèle ont dépenfé leur bien pour la défenfe de la patrie. *Voyez la préface* de la Roque.

NOBLESSE DE LETTRES, eft celle qui eft accordée aux gens de lettres, & aux gradués & officiers de judicature. On l'appelle auffi *nobleffe littéraire.* Voyez ci-après NOBLESSE LITTÉRAIRE.

NOBLESSE PAR LETTRES, eft celle qui provient de lettres d'annobliffement accordées par le prince.

M. d'Hozier dans l'hiftoire d'Amanzé, rapporte une charte d'annobliffement du 24 Juin 1008, mais cette charte eft fufpecte.

D'autres prétendent que les premières lettres d'annobliffement furent données en 1095 par Philippe I. à Eudes le Maire, dit Chalo S. Mars.

On fait encore mention de quelques autres lettres de *nobleffe* données par Philippe Augufte.

Mais il eft plus certain qu'elles commencèrent fous Philippe III. car il fe voit un annobliffement de ce temps qu'il accorda à Raoul l'orfèvre.

Ses fucceffeurs en accordèrent auffi quelques-uns ; mais ils devinrent plus fréquens fous Philippe de Valois, & il en accorda dès-lors moyennant finance & fans finance ; car la charte de *nobleffe* de Guillaume de Dormans en 1339, fait mention qu'elle fut donnée fans finance, & en 1354, Jean de Rheims paya trente écus d'or ; un autre en 1355 en paya quatre-vingt.

Dans la fuite il y a eu des annobliffemens créés par édit, & dont la finance a été réglée ; mais ils ont toujours été fuivis de lettres particulières pour chaque perfonne qui devoit profiter de la grace portée par l'édit.

Charles IX créa douze nobles en 1564 ; il en créa encore trente par édit de 1568.

Henri III en créa mille par édit du mois de Juin 1576, par des déclarations des 20 Janvier & 10 Septembre 1577.

Il y eut une autre création de nobles par édit de Juin 1588, vérifiée au parlement de Rouen.

On en créa vingt par édit du 20 Octobre 1592, & vingt autres par édit du 23 Novembre fuivant pour des perfonnes tant taillables que non taillables ; dix par édit d'Octobre 1594, & encore en Mars 1610.

En 1643 on en créa deux en chaque généralité pour l'avénement de Louis XIV à la couronne.

Le 4 décembre 1645, il fut créé cinquante nobles en Normandie, avec permiffion de trafiquer leur vie durant, à condition que leurs enfans demeureroient dans des villes franches, & ferviroient le roi au premier arrière ban.

En 1660 Louis XIV créa deux nobles dans chaque généralité.

En 1696 il créa cinq cent nobles dans le royaume. On obtenoit des lettres de *nobleffe* pour deux mille écus. Il créa encore deux cens nobles par édit du mois de mai 1702, & cent autres par édit de décembre 1711.

On a fouvent donné des lettres de *nobleffe* pour récompenfe de fervices ; mais à moins qu'ils ne foient fpécifiés, on y a peu d'égard, vû qu'il y a eu de ces lettres où cette énonciation étoit devenue de ftyle ; on laiffoit même le nom de la perfonne en blanc, de forte que c'étoit une *nobleffe* au porteur.

Les divers befoins de l'état ont ainfi réduit les miniftres à chercher des reffources dans l'avidité que les hommes ont pour les honneurs.

Il y a même eu des édits qui ont obligé des gens riches & aifés de prendre des lettres de *nobleffe*, moyennant finance ; de ce nombre fut Richard Graindorge, fameux marchand de bœufs, du pays d'Auge en Normandie, qui fut obligé en 1577 d'accepter des lettres de *nobleffe*, pour lefquelles on lui fit payer trente mille livres. La Roque en fon *traité de la Nobleffe, ch. xxj.* dit en avoir vu les contraintes entre les mains de Charles Graindorge fieur du Rocher, fon petit-fils.

Ce n'eft pas feulement en France que la *nobleffe* eft ainfi devenue vénale. Au mois d'octobre 1750, on publia à Milan, par ordre de la cour de Vienne, une efpèce de tarif qui fixe le prix auquel on pourra fe procurer les titres de prince, duc, marquis, comte, & les fimples lettres de *nobleffe* ou de naturalifation. *Voyez* le Mercure de France, décembre 1750, *pag. 184.*

Les annobliffemens accordés à prix d'argent, ont été fujets à plufieurs révolutions. Les annoblis ont été obligés en divers temps de prendre des lettres de confirmation, moyennant une finance.

On voit auffi dès 1588 des lettres de rétabliffement de *nobleffe* enfuite d'une révocation qui avoit été faite.

Henri IV par l'édit du mois de janvier 1598, révoqua tous les annobliffemens qui avoient été faits à prix d'argent.

Il les rétablit enfuite par édit du mois de mars 1606.

Louis XIII par édit du mois de novembre 1640, révoqua tous ceux qui avoient été faits depuis trente ans.

Les lettres de *nobleffe* accordées depuis 1630, furent auffi révoquées par édit du mois d'août 1664.

Enfin par édit du mois d'août 1715, Louis XIV fupprima tous les annobliffemens par lettres & privilèges de *nobleffe* attribués depuis le premier janvier 1689, aux offices, foit militaires, foit de juftice ou finance.

Pour jouir pleinement des privilèges de la *nobleffe*, il faut faire enregiftrer fes lettres au parlement, en la chambre des comptes & en la cour des aides. *Voyez* la Roque, *ch. xxj.* Brillon, au mot *Annobliffement.*

NOBLESSE LITTÉRAIRE *ou* SPIRITUELLE, eft une qualification que l'on donne à la *nobleffe* accordée aux gens de lettres pour récompenfe de leurs talens. *Voyez la préface* de la Roque.

On peut auffi entendre par-là une certaine *no-bleffe* honoraire, qui eft attachée à la profeffion des gens de lettres, mais qui ne confifte en France que dans une certaine confidération que donnent le mérite & la vertu. A la Chine on ne reconnoît pour vrais nobles que les gens de lettres ; mais cette *nobleffe* n'y eft point héréditaire : le fils du premier officier de l'état refte dans la foule, s'il n'a lui-même un mérite perfonnel qui le foutienne.

Quelques auteurs par *nobleffe littéraire*, entendent auffi la *nobleffe* de robe, comme Nicolas Upton anglois, qui n'en diftingue que deux fortes ; l'une militaire, l'autre littéraire, qui vient des fciences & de la robe, *togata five litteraria*.

NOBLESSE LOCALE, eft celle qui s'acquiert par la naiffance dans un lieu privilégié, telle que celle des habitans de Bifcaye. *Voye₂* la Roque, chap. *xxvij.*

On pourroit auffi entendre par *nobleffe locale*, celle qui n'eft reconnue que dans un certain lieu, telle qu'étoit celle des villes romaines dont les nobles étoient appellés *domi nobiles*.

Les auteurs qui ont traité des patrices d'Allemagne, difent que la plûpart des communautés qui font dans les limites de l'Empire, font gouvernées par certaines familles qui ufent de toutes les marques extérieures d'une *nobleffe*, qui n'eft pourtant reconnue que dans leur ville ; aucun des nobles de cette efpèce n'étant reçu dans les chapitres nobles : enforte qu'il y a en Allemagne comme deux fortes de *nobleffe*, une parfaite & une autre *locale* qui eft imparfaite ; & ces mêmes auteurs difent que la plûpart de ces familles ne tenant point du prince le commencement de leur *nobleffe*, & ne portant point les armes, elles fe font contentées de l'état de bourgeoifie & des charges de leur communauté, en vivant noblement. *Voye₂* la Roque, ch. *xxxix.*

Il en eft de même des nobles de Chiary en Piémont, & des nobles de certains lieux dans l'état de Venife. La Roque, ch. *clxvij.*

NOBLESSE CIVILE, POLITIQUE *ou* ACCIDENTELLE, eft celle qui provient de l'exercice de quelque office ou emploi qui annoblit celui qui en eft revêtu : elle eft oppofée à la *nobleffe* d'origine. *Voye₂* la Roque & Thomas Miles, *in traft. de nobilitate.*

On peut auffi entendre par *nobleffe civile*, toute *nobleffe* foit de race ou d'office, ou par lettres, reconnue par les lois du pays, à la différence de la *nobleffe* honoraire qui n'eft qu'un titre d'honneur attaché à certains états honorables, lefquels ne jouiffent pas pour cela de tous les privilèges de la *nobleffe.*

NOBLESSE CLÉRICALE, ou attachée à la cléricature, confifte en ce que les clercs vivant cléricalement, participent à quelques privilèges des nobles, tels que l'exemption des tailles ; mais cela ne produit pas en eux une *nobleffe* proprement dite : ils font feulement confidérés comme gens vivant noblement.

Les eccléfiaftiques des diocéfes d'Autun & de Langres ont prétendu avoir par état la *nobleffe*, mais tout leur droit fe borne comme ailleurs, à l'exemption des tailles & corvées perfonnelles. *Voye₂* la Roque, ch. *xlix.* (*A*)

NOBLESSE DE CLOCHE, ou de la *cloche*, eft celle qui provient de la mairie & autres charges municipales auxquelles la *nobleffe* eft attribuée. On l'appelle *nobleffe de cloche*, parce que les affemblées pour l'élection des officiers municipaux fe font ordinairement au fon du beffroi ou groffe cloche de l'hôtel-de-ville.

Les commiffaires du roi en Languedoc, faifant la recherche de la *nobleffe*, appellent ainfi la *nobleffe* des capitouls de Touloufe, *nobleffe de la cloche Voye₂* la Roque, ch. *xxxvj.*

NOBLESSE COMITIVE, eft celle que les docteurs régens en Droit acquièrent au bout de 20 ans d'exercice. On l'appelle *comitive*, parce qu'ils peuvent prendre la qualité de *comes*, qui fignifient *comte* ; ce qui eft fondé fur la loi unique au code *de profefforibus in urbe Conftantin.*

Il eft conftant que les profeffeurs en Droit ont toujours été décorés de plufieurs beaux privilèges, qu'en diverfes occafions ils ont été traités comme les nobles, par rapport à certaines exemptions. C'eft pourquoi plufieurs auteurs ont penfé qu'ils étoient réellement nobles : ils ont même prétendu que cela s'étendoit à tous les docteurs en Droit. Tel eft le fentiment de Guy pape, de Tiraqueau, de François Marc, de Cymus Bartolus, de Balde Dangelus, de Paul de Caftre, de Jean Raynuce, d'Ulpien, de Cromerus, de Lucas de Penna.

La qualité de profeffeur en Droit eft fi confidérable à Milan, qu'il faut même être déja noble pour remplir cette place, & faire preuve de la *nobleffe* requife par les ftatuts avant fa profeffion, comme le rapporte Paul de Morigia, docteur Milanois, dans fon *hift. ch. xlix. & l.*

Mais en France, les docteurs en Droit ni les profeffeurs ne jouiffent de la *nobleffe* que comme les Avocats & Médecins, c'eft-à-dire que leur *nobleffe* n'eft qu'un titre d'honneur, qui ne les autorife pas à prendre la qualité d'écuyer, & ne leur donne pas les privilèges de la *nobleffe. Voye₂* la Roque, ch. *xlij.*

NOBLESSE COMMENCÉE, eft celle dont le temps ou les degrés néceffaires ne font pas encore remplis, comme ils doivent l'être pour former une *nobleffe* acquife irrévocablement. *Voye₂* NOBLESSE ACTUELLE.

NOBLESSE COMMENSALE, eft celle qui vient du fervice domeftique & des tables des maifons royales, telle qu'étoit autrefois celle des chambellans ordinaires. *Voye₂* la préf. de la Roque.

NOBLESSE COUTUMIERE *ou* utérine, eft celle qui prend fa fource du côté de la mere, en vertu

vertu de quelque coutume ou ufage. *Voyez la préf.* de la Roque, & *ci-après* NOBLESSE UTÉRINE.

NOBLESSE DÉBARQUÉE *ou de tranfmigration*, eft celle d'un étranger qui paffe de fon pays dans un autre état, où il s'annonce fous un nom emprunté, ou qui eft équivoque à quelque grand nom. *Voyez la préf.* de la Roque.

DEMI-NOBLESSE, eft une qualification que l'on donne quelquefois à la *nobleffe* perfonnelle de certains officiers, qui ne paffe point aux enfans. *Voyez* M. le Bret dans fon *feptième plaidoyer*.

NOBLESSE A DEUX VISAGES, eft celle qui eft accordée tant pour le paffé que pour l'avenir, orfqu'on obtient des lettres de confirmation ou de réhabilitation, ou même en tant que befoin feroit l'annobliffement. *Voyez* la Roque, *ch. xxj*. (*A*)

NOBLESSE DE DIGNITÉ, eft celle qui provient de quelque haute dignité, foit féodale ou perfonnelle, comme des grands offices de la couronne, des offices des cours fouveraines.

NOBLESSE DES DOCTEURS EN DROIT. *Voyez qui eft dit ci-devant à l'article* NOBLESSE CO-ITIVE.

NOBLESSE QUI DORT, c'eft celle dont la jouiffance eft fufpendue à caufe de quelqu'acte contraire. C'eft un privilège particulier aux nobles de la province de Bretagne. Suivant l'article 561, les nobles qui font trafic de marchandifes & ufent de bourfe commune, contribuent pendant ce temps aux tailles, aides & fubventions roturières ; & biens acquis pendant ce même temps, fe partagent également pour la première fois, encore que ce fuffent des biens nobles. Mais il leur eft libre de reprendre leur *nobleffe* & privilèges d'icelle, toutes fois & quantes que bon leur femblera, en laiffant leur trafic & ufage de bourfe commune, en faifant de ce leur déclaration devant le plus prochain juge royal de leur domicile. Cette déclaration doit être infinuée au greffe, & notifiée aux marguilliers de la paroiffe, moyennant quoi le noble reprend fa *nobleffe*, pourvû qu'il vive noblement ; & les acquêts nobles, faits par lui depuis cette déclaration, fe partagent noblement.

M. d'Argentré obferve que cet article eft de la nouvelle réformation ; mais que l'ufage étoit déjà le même auparavant.

La *nobleffe* qui dort eft en fufpens, *dormit fed non extinguitur*. (*A*)

NOBLESSE D'ÉCHEVINAGE, eft celle qui vient de la fonction d'échevin, que celui qui fe prétend noble, ou quelqu'un de fes ancêtres paternels, a remplie dans une ville où l'échevinage donne la *nobleffe*, comme à Paris, à Lyon, &c.

Ce privilège eft établi à l'inftar de ceux des décurions des villes romaines, qui fe prétendoient nobles & privilégiés, *cod. de decur.* Charles V, en 1371, donna la *nobleffe* aux bourgeois de Paris. Henri III, par des lettres de janvier 1577, réduifit ce privilège au prévôt des marchands & aux *Hiftoire. Tom. I.*

quatre échevins qui avoient été en charge depuis l'avénement d'Henri II à la couronne, & à leurs fucceffeurs, & à leurs enfans nés & à naître, pourvû qu'ils ne dérogent point.

Quelques autres villes ont le même privilège.

NOBLESSE EMPRUNTÉE, eft lorfqu'un parent annobli prête fa charte à un autre non annobli, pour mettre toute fa race en honneur & à couvert de la recherche de la taxe des francs-fiefs & de la taille. *Préf.* de la Roque.

NOBLESSE ENTIERE, eft celle qui eft héréditaire, & qui paffe à la poftérité, à la différence de la *nobleffe* perfonnelle attachée à certains offices, qui ne paffe point aux enfans de l'officier, & qu'on appelle *demi-nobleffe*. La Roque, *ch. 54. Voyez ci-deffus* DEMI-NOBLESSE.

NOBLESSE D'ÉPÉE, eft celle qui vient de la profeffion des armes. *Voyez* NOBLESSE PAR LES ARMES.

NOBLESSE ÉTRANGERE ; on entend par-là celle qui a été accordée ou acquife dans un autre état que celui où l'on demeure actuellement.

Chaque fouverain n'ayant de puiffance que fur fes fujets, un prince ne peut régulièrement annoblir un fujet d'un autre prince. L'empereur Sigifmond étant venu à Paris en 1415, pendant la maladie de Charles VI, vint au parlement où il fut reçu par la faction de la maifon de Bourgogne ; on plaida devant lui une caufe au fujet de l'office de fénéchal de Beaucaire, qui avoit toujours été rempli par des gentils-hommes ; l'un des contendans qui étoit chevalier, fe prévaloit de fa nobleffe contre fon adverfaire nommé *Guillaume Signet*, qui étoit roturier. Sigifmond pour trancher la queftion, voulut annoblir Guillaume Signet ; Pafquier, & quelques autres fuppofent même qu'il le fit, & que pour cet effet, l'ayant fait mettre à genoux près du greffier, il fit apporter une épée & des éperons dorés, & lui donna l'accolade ; qu'en conféquence, le premier préfident dit à l'avocat de l'autre partie, de ne plus infifter fur le défaut de *nobleffe*, puifque ce moyen tomboit. Pafquier n'a pu cependant s'empêcher de dire que plufieurs trouvèrent mauvais que l'empereur entreprît ainfi fur les droits du roi, & même qu'il eût pris féance au parlement.

Quelques-uns difent que le chancelier, qui étoit aux pieds de Sigifmond, s'oppofa à ce qu'il vouloit faire, lui obfervant qu'il n'avoit pas le droit de faire un gentilhomme en france ; & que Sigifmond voyant cela, dit à cet homme de le fuivre jufqu'au pont de Beauvoifin, où il le déclara gentilhomme : enfin, que le roi confirma cet annobliffement. *Tableau de l'empire germanique, page 27.*

Tiraqueau a prétendu qu'un prince ne pouvoit conférer la *nobleffe* hors les limites de fes états, par la raifon que le prince n'eft là que perfonne privée ; mais Bartole, *fur la loi 1. ff. 3. off. pro conful. coll. 9.* Barbarus, *in caput novit. coll. 11.* & Jean Raynuce, en fon *Traité de la nobleffe*, tiennent le contraire, parce que l'annobliffement eft un acte de jurifdiction volontaire ; c'eft même plutôt une grace qu'un acte de jurifdiction. Et en effet, il y en a un exemple récent pour la chevalerie, dont on peut également argumenter pour la fimple *nobleffe*. Le 9 octobre 1750, dom François Pignatelli, ambaffadeur d'Efpagne, chargé d'une commiffion particulière de S. M. catholique, fit dans l'églife de l'abbaye royale de faint Germain-des-Prés, la cérémonie d'armer chevalier de l'ordre de Calatrava le marquis de Maenza, feigneur efpagnol, auquel le prieur de l'abbaye donna l'habit du même ordre. *Voyez* le Mercure de France de décembre 1750, *pag. 188.*

Mais, quoiqu'un prince fouverain qui fe trouve dans une autre fouveraineté que la fienne, puiffe y donner des lettres de *nobleffe*, ce n'eft toujours qu'à fes propres fujets ; s'il en accorde à des fujets d'un autre prince, cet annobliffement ne peut avoir d'effet que dans les états de celui qui l'a accordé, & ne peut préjudicier aux droits du prince, dont l'annobli eft né fujet, à moins que ce prince n'accorde lui-même des lettres par lefquelles il confente que l'impétrant jouiffe auffi du privilège de *nobleffe* dans fes états ; auquel cas, l'annobli ne tire plus à cet égard fon droit de la conceffion d'un prince étranger, mais de celle de fon prince.

Cependant, comme la *nobleffe* eft une qualité inhérente à la perfonne, & qui la fuit par-tout, les étrangers qui font *nobles* dans leur pays, font auffi tenus pour *nobles* en France. Ils y font en conféquence exempts des francs fiefs, ainfi que l'obferve Bacquet. Loyfeau prétend même que ces *nobles* étrangers font pareillement exempts de tous fubfides roturiers, fur-tout, dit-il, lorfque ces *nobles* font nés fujets d'états, amis & alliés de la France, & que leur *nobleffe* eft établie en la forme prefcrite. Defranco, *Traité des ordres, chap. v.*

Mais dans l'ufage préfent, les étrangers qui font *nobles* dans leur pays, n'ont en France qu'une *nobleffe* perfonnelle, qui ne leur donne pas le droit de jouir de tous les autres privilèges attribués aux *nobles*, tels que l'exemption des tailles & autres fubfides, fur-tout des privilèges qui touchent les droits du roi, parce qu'un fouverain étranger ne peut accorder des droits au préjudice d'un autre fouverain ; mais la Roque, *ch. xxj.* dit que des étrangers ont été maintenus dans leur *nobleffe* en fe faifant naturalifer.

Il faut néanmoins excepter ceux qui tiennent leur *nobleffe* d'un prince allié de la France, & dont les fujets y font réputés regnicoles, tels que les fujets du duc de Lorraine, & ceux du prince de Dombes ; car les fujets de ces princes qui font *nobles* dans leur pays, jouiffent en France des privilèges de *nobleffe*, de même que les fujets du

roi ; ce qui eft fondé fur la qualité de regnicoles, & fur la réciprocité des privilèges qu'il y a entre les deux nations ; les François qui font *nobles* jouiffant pareillement des privilèges de *nobleffe* dans les états de ces princes. *Voyez* la Roque, *Traité de la nobleffe, ch. lxxvj.* (*A*)

NOBLESSE FÉMININE *ou* UTÉRINE, eft celle qui fe perpétue par les filles, & qui fe communique à leurs maris & aux enfans qui naiffent d'eux. *Voyez ci-après* NOBLESSE UTÉRINE.

NOBLESSE FÉODALE, *ou* INFÉODÉE, eft celle dont les preuves fe tirent de la poffeffion ancienne de quelque fief, & qui remonte jufqu'aux premiers temps de l'établiffement des fiefs où ces fortes d'héritages ne pouvoient être poffédés que par des nobles, foit de père ou de mère, tellement que quand le roi vouloir conférer un fief à un roturier, il le faifoit chevalier, ou du moins l'annobliffoit en lui donnant l'inveftiture de ce fief. Dans les commencemens, ces annobliffemens à l'effet de poffédér des fiefs, ne fe faifoient que verbalement en préfence de témoins. Dans la fuite, quand l'ufage de l'écriture devint plus commun, on dreffa des chartes de l'annobliffement & inveftiture. Il ne faut pas confondre ces annobliffemens à l'effet de poffédér des fiefs, avec ceux qui fe donnoient par lettres fimplement, fans aucune inveftiture de fief. Le premier exemple de ces lettres n'eft que de l'an 1095, au lieu que l'annobliffement par l'inveftiture des fiefs, eft auffi ancien que l'établiffement des fiefs, c'eft-à-dire, qu'il remonte jufqu'au commencement de la troifième race, & même vers la fin de la feconde.

La facilité que l'on eut de permettre aux roturiers de poffédér des fiefs, & l'ufage qui s'introduifit de les annoblir à cet effet, fit dans la fuite que tous ceux qui poffédoient des fiefs, furent réputés nobles. Le fief communiquoit fa *nobleffe* au roturier qui le poffédoit, pourvu qu'il fit fa demeure fur le fief ; tandis qu'au contraire les nobles étoient traités comme roturiers tant qu'ils demeuroient fur une roture.

Cependant la fucceffion d'un roturier qui poffédoit un fief fans avoir été annobli, ne fe partageoit pas noblement jufqu'à ce que le fief fût tombé en tierce foi, c'eft-à-dire, qu'il eût paffé de l'ayeul au fils, & de celui-ci aux petits enfans ; alors le fief fe partageoit noblement, & les petits-enfans jouiffoient de la *nobleffe* héréditaire.

Cet annobliffement par la poffeffion des fiefs, quand ils avoient paffé de l'ayeul au fils, du fils au petit-fils, étoit encore en ufage en Italie & en France, dans le xve. fiècle, ainfi que l'attefte le *Poggio.*

Pour réprimer cette ufurpation de *nobleffe* qui fe faifoit par la poffeffion des fiefs, nos rois ont fait payer de temps en temps aux roturiers une certaine finance que l'on a appellé *droit de francs fiefs*, afin d'urerrompre la poffeffion de la *nobleffe* que les roturiers prétendoient tirer des fiefs.

Cependant les roturiers qui poffédoient des fiefs, continuant toujours à fe qualifier écuyers, l'ordonnance de Blois, art. 258, ordonna que les roturiers & non-nobles achetans fiefs nobles, ne feroient pour ce annoblis, de quelque revenu que fuffent les fiefs par eux acquis, & tel eft actuellement l'ufage. *Voyez* la Roque, *ch. xviij.* la préface de M. de Lauriere, *fur le premier tome des ordonnances*, le mot FIEF, & NOBLESSE IMMÉMORIALE.

NOBLESSE DE MAIRIE, *ou* DE PRIVILÉGE, eft celle qui vient de la fonction de maire, ou autre office municipal, qui a été rempli par celui qui fe prétend noble, ou par quelqu'un de fes ancêtres en ligne directe mafculine, dans une ville où l'exercice des charges municipales donne la *nobleffe*, comme à Paris, à Lyon, à Poitiers, &c.

NOBLESSE MATERNELLE, eft la *nobleffe* de la mere confidérée par rapport aux enfans.

Suivant le droit commun, la *nobleffe* de la mere ne fe tranfmet point aux enfans : on peut voir ce qui eft dit ci-après à ce fujet à *l'article* NOBLESSE UTÉRINE.

C'eft principalement du père que procede la *nobleffe* des enfans ; celui qui eft iffu d'un père noble & d'une mère roturière, jouit des titres & privilèges de *nobleffe*, de même que celui qui eft iffu de père & mère nobles.

Cependant la *nobleffe* de la mère ne laiffe pas d'être confidérée ; lorfqu'elle concourt avec celle du père, elle donne plus de luftre à la *nobleffe* des enfans, & la rend plus parfaite. Elle eft même néceffaire en certains cas, comme pour être admis dans certains chapitres nobles, ou dans quelqu'ordre de chevalerie où il faut preuve de *nobleffe* du côté de père & de mère ; il faut même en certains cas prouver la *nobleffe* des ayeules des pères & mères, de leurs bifayeules, & de leurs trifayeules ; on difpenfe quelquefois de la preuve de quelques degrés de *nobleffe* du côté des femmes, mais rarement difpenfe-t-on d'aucun des degrés néceffaires de *nobleffe* du côté du père.

La *nobleffe* de la mère peut encore fervir à fes enfans, quoique le père ne fût pas noble, lorfqu'il s'agit de partager fa fucceffion, dans une coutume de représentation où il fuffit de repréfenter une perfonne noble, pour partager noblement. *Voyez le premier tome des œuvres* de Cochin, *art.* 20.

NOBLESSE MÉDIATE, en Allemagne, eft celle que donnent les électeurs ; elle n'eft reconnue que dans leurs états, & non dans le refte de l'empire.

De Prade, dans fon *hift. d'Allemagne*, dit que les nobles médiats ont des régales ou droits régaliens dans leurs fiefs par des conventions particulières ; cependant qu'ils n'ont point droit de chaffe. *Voyez ci-devant* NOBLESSE IMMÉDIATE, & *ci-après* NOBLESSE MIXTE.

NOBLESSE MILITAIRE, eft celle qui eft acquife par la profeffion des armes. C'eft de là que la *nobleffe* de France la plus ancienne, tire fon origine ; car les Francs qui faifoient tous profeffion de porter les armes, étoient auffi tous réputés nobles. Les defcendans de ces anciens Francs ont confervé la *nobleffe* ; on la regardoit même autrefois comme attachée à la profeffion des armes en général ; mais fous la troifième race on ne permit de prendre le titre de *noble*, & de jouir des privilèges de *nobleffe*, qu'à ceux qui feroient nobles d'extraction, ou qui auroient été annoblis par la poffeffion de quelque fief, ou par un office noble, ou par des lettres du prince.

Il n'y avoit depuis ce temps aucun grade dans le militaire, auquel la *nobleffe* fût attachée ; la dignité même de maréchal de France ne donnoit pas la *nobleffe*, mais elle la faifoit préfumer en celui qui étoit élevé à ce premier grade.

Henri IV, par un édit du mois de mars 1600, *art.* 25, défendit à toutes perfonnes de prendre le titre d'*écuyer*, & de s'inférer au corps de la *nobleffe*, s'ils n'étoient iffus d'un ayeul & d'un père qui euffent fait profeffion des armes, ou fervi le public en quelqu'une des charges qui peuvent donner commencement à la *nobleffe*.

Mais la difpofition de cet article éprouva plufieurs changemens par différentes lois poftérieures.

Ce n'eft que par un édit du mois de novembre 1750, que le roi a créé une *nobleffe militaire* qu'il a attachée à certains grades & ancienneté de fervice.

Cet édit ordonne entr'autres chofes, qu'à l'avenir le grade d'officier général conférera de droit la *nobleffe* à ceux qui y parviendront, & à toute leur poftérité légitime lors née & à naitre.

Ainfi tout maréchal de camp, lieutenant général, ou maréchal de France, eft de droit annobli par ce grade.

Il eft auffi ordonné que tout officier né en légitime mariage, dont le père & l'ayeul auront acquis l'exemption de la taille par un certain temps de fervice, fuivant ce qui eft porté par cet édit, fera noble de droit, après toutefois qu'il aura été créé chevalier de faint Louis, qu'il aura fervi pendant le temps prefcrit par les articles quatre & fix de cet édit, ou qu'il aura profité de la difpenfe accordée par l'article huit, à ceux que leurs bleffures mettent hors d'état de continuer leurs fervices.

Au lieu des certificats de fervice que l'édit de 1750 avoit ordonné de prendre au bureau de la guerre, pour jouir de la *nobleffe*, la déclaration du 22 janvier 1752 ordonne de prendre des lettres du grand fceau, fous le titre de *lettres d'an-*

P 2

probation *de services*, lefquelles *ne* font fujettes à
aucun enregiftrement.

L'impératrice reine de Hongrie a fait quelque
chofe de femblable dans fes états, ayant par une
ordonnance du mois de février 1757, qu'elle a
envoyé à chaque corps de fes troupes, accordé
la *noblesse* à tout officier, foit national, foit étranger, qui aura fervi dans fes armées pendant 30
ans. *Voyez le Mercure d'avril 1757. pag. 181.* (*A*)

NOBLESSE MIXTE, en Allemagne, eft celle des
feigneurs qui ont des fiefs mouvans directement
de l'empire, & auffi d'autres fiefs fitués dans la
mouvance des électeurs & autres princes qui relèvent eux-mêmes de l'empire. *Voyez* la Roque,
ch. clxxij. & *ci-devant* NOBLESSE IMMÉDIATE,
& NOBLESSE MÉDIATE.

NOBLESSE NATIVE, *ou* NATURELLE, eft la même chofe que *noblesse de race* ; Thomas Miles l'appelle *native* ; Bartole, Landulphus, & Therriat,
l'appellent *naturelle*. *Préface de la Roque.*

NOBLESSE DE NOM ET D'ARMES eft la *noblesse*
ancienne & immémoriale, celle qui s'eft formée
en même temps que les fiefs furent rendus héréditaires, & que l'on commença à ufer des noms
de famille & des armoiries. Elle fe manifefta d'a-
bord par les cris du nom dans les armées & par
les armes érigées en trophées dans les combats
fanglans, & en temps de paix parmi les joûtes
& les tournois.

Les gentilshommes qui ont cette *noblesse* s'appellent *gentilshommes de nom & d'armes* ; ils font confidérés comme plus qualifiés que les autres nobles
& gentilshommes qui n'ont pas cette même prérogative de *noblesse*.

Cette diftinction eft obfervée dans toutes les
anciennes chartes, & par les hiftoriens & autres
auteurs : l'ordonnance d'Orléans, celle de Moulins & celle de Blois veulent que les baillifs &
fénéchaux foient gentilshommes de nom & d'armes, c'eft-à-dire d'ancienne extraction, & non
pas de ceux dont on connoît l'annobliffement.

En allemagne à tous les Pays-Bas, cette
noblesse de nom & d'armes eft fort recherchée ; &
l'on voit par un certificat du gouvernement de
Luxembourg du 11 juin 1619, que dans ce duché on n'admet au fiége des nobles que les gentilshommes de nom & d'armes ; que les nouveaux
nobles, qu'on appelle *francs-hommes*, ne peuvent
pas feoir en jugement avec les autres nobles féo-
daux. *Voyez* la Roque, *ch. vij.* à *la fin.* (*A*)

NOBLESSE NOUVELLE eft oppofée à NO-
BLESSE ANCIENNE, on entend parmi nous par
noblesse nouvelle celle qui procède de quelqu'office
ou de lettres, dont l'époque eft connue. Dans les
Pays-Bas, on regarde comme *noblesse nouvelle*
non-feulement celle qui s'acquiert par charges
ou par lettres, mais même celle de race, lorfqu'elle n'eft pas de nom & d'armes. *Voyez* la
Roque, *ch. vij.* & *ci-devant* NOBLESSE ANCIENNE.

NOBLESSE D'OFFICE *ou* CHARGE eft celle qui

vient de l'exercice de quelqu'office ou charge honorable, & qui a le privilège d'annoblir.

Celui qui eft pourvû d'un de ces offices ne
jouît des privilèges de *noblesse* que du jour qu'il
eft reçu & qu'il a prêté ferment.

Pour que l'officier tranfmette la *noblesse* à fes
enfans, il faut qu'il décède revêtu de l'office ou
qu'il l'ait exercé pendant 20 ans, & qu'au bout
de ce temps il ait obtenu des lettres de vétérance.

Il y a même certains offices dont il faut que
le père & le fils aient été revêtus fucceffivement pour que leurs defcendans jouiffent de la
noblesse.

Les offices qui donnent la *noblesse* font les
grands offices de la couronne, ceux de fecrétaire
d'état & de confeiller d'état, ceux des magiftrats
des cours fouveraines, des tréforiers de France,
des fecrétaires du roi, & plufieurs autres, tant
de la maifon du roi que de judicature & des
finances.

Il y a auffi des offices municipaux qui donnent
la *noblesse*. *Voyez* NOBLESSE DE CLOCHE, D'É-
CHEVINAGE DE VILLE. (*A*)

NOBLESSE OFFICIEUSE eft celle qui fert aux
paffions & inclinations des grands, pour élever
leurs domeftiques qui leur ont rendu des fervices. *Voyez la préface de la Roque.*

NOBLESSE D'ORIGINE, *ou* ORIGINELLE eft celle
que l'on tire de fes ancêtres. *Voyez* Duhaillan *dans
fon hiftoire de France*, & les *articles* NOBLESSE
ANCIENNE, NATIVE, D'EXTRACTION, DE RACE.

NOBLESSE PALATINE eft celle qui tire fon origine des grands offices du palais, ou maifon du
roi & de la reine, auxquels la *noblesse* eft attachée.
Voyez la préface de la Roque.

NOBLESSE DE PARAGE eft la *noblesse* de fang,
& fingulièrement celle qui fe tire du côté du
père. *Voyez* la Roque, *ch. xj.*

NOBLESSE PARFAITE eft celle fur laquelle il n'y
a rien à defirer, foit pour le nombre de fes quartiers, foit pour les preuves : la *noblesse* la plus
parfaite eft celle dont la preuve remonte jufqu'au
commencement de la troifième race fans qu'on
en voye même l'origine ; & pour le nombre des
quartiers en France on ne remonte guères au-delà
du quatrième ayeul, ce qui fournit 32 quartiers :
les Allemands & les Flamands affectent de prouver jufqu'à 64 quartiers. *Voyez* la Roque, *ch. x.*

NOBLESSE PATERNELLE eft celle qui vient de
père ; fuivant le droit commun, c'eft la feule
qui fe tranfmette aux enfans.

On entend auffi quelquefois par *noblesse paternelle* l'illuftration que l'on tire des alliances du
côté paternel. *Voyez* NOBLESSE MATERNELLE.

NOBLESSE *PATRE ET AVO*, on fous-entend *con-
fulibus*, eft celle qui n'eft acquife aux defcendans
d'un annobli par charge qu'autant que le père &
le fils ont rempli fucceffivement une de ces
charges qui donnent commencement à la *noblesse*.

Cet ufage a été établi fur le fondement de la

loi 1. au code de *dignitatibus*, qui porte ; *Si ut proponitis & avum conſularem & patrem prætorium habuiſtis, & non privatæ conditionis hominibus ſed clariſſimis nupſeritis, claritatem generis retinetis.*

Cette loi eſt néanmoins mal appliquée ; car elle ne dit pas qu'il ſoit néceſſaire pour avoir le titre de *clariſſime*, que le père & l'ayeul aient été dans des charges éminentes, on ne révoquoit pas en doute la *nobleſſe* d'origine de la fille, mais de ſavoir ſi elle la conſervoit en ſe mariant.

La loi 2. du même titre confirme que la *nobleſſe* de l'officier ſe tranſmettoit au premier degré, puiſqu'elle dit *paternos honores filiis invidere non oportet.*

Cependant parmi nous tous les offices ne tranſmettent pas la *nobleſſe* au premier degré : ce privilège eſt reſervé aux offices de chancelier, de garde des ſceaux, de ſecrétaire d'état, de conſeiller d'état ſervant actuellement au conſeil, de maître des requêtes, de ſecrétaire du roi.

Les conſeillers de certaines cours ſouveraines ont auſſi la *nobleſſe* au premier degré ; tels ſont ceux des parlemens de Paris, de Beſançon, de Dauphiné ; le parlement de Dombes jouit de ce même privilège, tant en Dombes qu'en France.

La chambre des comptes de Paris & la cour des aides ont auſſi le même droit.

Mais dans la plûpart des autres cours ſouveraines les offices de préſident & de conſeiller ne tranſmettent la *nobleſſe* qu'au ſecond degré, qui eſt ce qu'on appelle *patre & avo. Voyez* la Roque, *ch. ij. du petit traité*, qui eſt à la ſuite du grand. (*A*)

NOBLESSE PATRICIENNE peut s'entendre de ceux qui deſcendoient de ces premiers ſénateurs de Rome, & qui furent nommés *patriciens.*

Dans les Pays-Bas, on appelle *familles patriciennes* celles qui ſont nobles.

En Allemagne, les principaux bourgeois des villes prennent le titre de *patrices*, & ſe donnent des armes, mais ils n'ont point de privilèges particuliers, ſi ce n'eſt dans quelques villes, comme Nuremberg, Augsbourg, Ulm, où ils ſont diſtingués dans le magiſtrat, mais cette *nobleſſe* n'eſt pas reçue dans les collèges.

Les Suiſſes n'eſtiment que la *nobleſſe* qui étoit avant leur changement de gouvernement, & appellent celle qui s'eſt faite depuis *nobleſſe patricienne. Voyez* la Roque, *ch. clxxij.*

NOBLESSE PERSONNELLE eſt celle qui ne paſſe pas à la perſonne, & ne ſe tranſmet pas à ſes enfans ; telle eſt la *nobleſſe* attachée à certains offices de la maiſon du roi & autres qui donnent le titre d'écuyer, & toutes les exemptions des nobles, mais néanmoins communiquent une véritable *nobleſſe* tranſmiſſible aux enfans.

On entend auſſi par *nobleſſe perſonnelle* celle qui eſt attachée à certaines profeſſions honorables, telles que les fonctions de judicature, la profeſſion

d'avocat & celle de médecin : en Dauphiné, à Lyon, en Bourgogne, ces ſortes de perſonnes ſont en poſſeſſion de mettre devant leur nom la qualité de *noble* ; mais cette *nobleſſe* n'eſt qu'honoraire, & ne leur attribue pas les privilèges des nobles. *Voyez* la Roque, *ch. xciv. &* Henris.

NOBLESSE PETITE, en Eſpagne on appelle ainſi les ſeigneurs qui n'ont point de dignité, mais ſeulement juriſdiction ; il y en a encore une moindre qui eſt celle des nobles qui n'ont aucune juriſdiction, & enfin on appelle *nobleſſe* très-petite, *minima*, l'état de ceux qui ne ſont pas vraiment nobles, mais qui vivent noblement & de leurs revenus.

En France, on ne connoît point ces diſtinctions, toute *nobleſſe* eſt de même qualité ; un homme nouvellement annobli jouit des mêmes privilèges que celui qui eſt noble de race, ſi ce n'eſt dans le cas où il faut prouver pluſieurs degrés de *nobleſſe. Voyez* Loyſeau, *traité des ordres, ch. vj. n°. 5.*

NOBLESSE POLITIQUE *ou* CIVILE eſt celle qui prend ſon origine des charges ou des lettres du prince. *Voyez la préface* de la Roque, Landulphus, Therriat & Bartole.

NOBLESSE AU PREMIER DEGRÉ eſt celle qui eſt acquiſe & parfaite en la perſonne des enfans, lorſque leur père eſt mort revêtu d'un office qui annoblit, ou qu'il a ſervi pendant le temps preſcrit par les réglemens. *Voyez* NOBLESSE D'OEFICE, NOBLESSE MILITAIRE, NOBLESSE TRANSMISSIBLE.

NOBLESSE PRIVILÉGIÉE eſt celle qui vient de la mairie & des charges de ſecrétaires du roi. *Voyez la préface* de la Roque.

NOBLESSE PRONONCÉE, on appelle ainſi celle qui n'étant pas bien fondée, eſt reconnue par un jugement paſſé de concert entre le prétendu noble & les habitans du lieu où il demeure. *Voyez la préface* de la Roque.

NOBLESSE PROTÉGÉE eſt celle de quelqu'un dont la *nobleſſe* eſt douteuſe & qui s'allie des grandes maiſons par des mariages, afin de s'aſſurer par le crédit de ces maiſons le titre de *nobleſſe* qu'on lui conteſte. *Voyez la préface* de la Roque.

NOBLESSE DE LA PUCELLE D'ORLÉANS, *voyez* ce qui en eſt dit ci-après à l'article NOBLESSE UTÉRINE.

NOBLESSE DE QUATRE LIGNES *ou* QUARTIERS eſt celle qui eſt établie par la preuve que les quatre ayeuls & ayeules étoient nobles ; d'autres par *nobleſſe de quatre lignes* entendent celle dont la preuve comprend quatre lignes paternelles & autant de lignes du côté maternel, de ſorte que l'on remonte juſqu'à quatre générations, c'eſt-à-dire juſqu'au biſayeul, ce qui forme huit quartiers. Si l'on commence par celui *de cujus*, il eſt compté pour la première ligne ; ſi l'on commence par le biſayeul, celui-ci fait la première ligne, & celui *de cujus* fait la quatrième. En Italie & en

Espagne, on exige communément la preuve de quatre lignes ; il est fait mention de cette *noblesse de quatre lignes* dans les statuts de l'ordre du croissant, institué par René roi de Sicile & duc d'Anjou le 11 août 1448, il déclare que nul ne pourra être reçu dans cet ordre qu'il ne soit gentilhomme de quatre lignes. *Voyez* la Roque, *ch. x.*

NOBLESSE DE RACE, *ou d'ancienne extraction*, est celle qui est fondée sur la possession immémoriale, plutôt que sur les titres : cependant à cette possession l'on peut joindre des titres énonciatifs ou confirmatifs.

En France la possession doit être au moins de cent ans, quoique la déclaration de 1664 semble la fixer à cent quatre, puisqu'elle veut que l'on prouve sa possession depuis 1560 ; mais elle est relative à une autre déclaration de l'an 1660 : ainsi il ne faut que cent ans, comme il est encore ordonné par la déclaration du 16 janvier 1714. *Voyez* NOBLESSE ANCIENNE, NOBLESSE D'EXTRACTION, NOBLESSE DE QUATRE LIGNES.

NOBLESSE DE ROBE, on appelle ainsi celle qui provient de l'exercice de quelqu'office de judicature auquel le titre & les privilèges de *noblesse* sont attachés.

Quoique la profession des armes soit la voie la plus ancienne par laquelle on ait commencé à acquérir la *noblesse*, il ne faut pas croire que la *noblesse* de robe soit inférieure à celle d'épée. La *noblesse* procède de différentes causes ; mais les titres & privilèges qui y sont attachés, sont les mêmes pour tous les nobles, de quelque source que procède leur *noblesse* ; & la considération que l'on attache à la *noblesse* doit être égale, lorsque la *noblesse* procède de sources également pures & honorables, telles que la magistrature & la profession des armes.

Pendant long-temps en France la profession des armes & l'administration de la justice n'étoient point séparées. La justice ne pouvoit être rendue que par des militaires, les lois saliques leur défendoient même de quitter l'écu en tenant le plaids. Dans la suite tout le monde quitta les armes pour rendre la justice, & prit l'habit long, que les gens de loi ont seuls conservé.

Loyseau dans *son traité des offices, l. I. c. ix. n. 10.* fait voir que la vertu militaire n'est nécessaire qu'en cas de guerre, au lieu que la justice est nécessaire en paix & en guerre ; en paix, pour empêcher la guerre ; & en guerre, pour ramener la paix ; que la force sans la justice ne seroit pas une vertu, mais une violence, d'où il infère que la *noblesse* peut aussi-bien procéder de la justice que de la force ou valeur militaire. Il observe encore au *n. 17.* que les offices d'éminente dignité attribuent aux pourvus, non-seulement la simple *noblesse*, mais aussi la qualité de chevalier, qui est un titre emportant haute *noblesse* ; ce qui a eu lieu, dir-il, de tout temps à l'égard des principaux offices de justice, témoins les chevaliers de lois dont il est parlé dans Froissart.

Enfin il conclut au nombre 18, en parlant des offices de judicature, que tous ceux qui, à cause de leurs offices, se peuvent qualifier chevaliers, sont nobles d'une parfaite noblesse eux & leurs enfans, ainsi que l'observe M. le Bret dans son septième plaidoyer, ni plus ni moins que ceux à qui le roi confère l'ordre de chevalerie.

NOBLESSE DU SANG, est celle que l'on tire de la naissance, en justifiant que l'on est issu de parens nobles, ou au moins d'un père noble. *Voyez* NOBLESSE D'EXTRACTION.

NOBLESSE DES SECRÉTAIRES DU ROI, *Voyez ci-dessus* NOBLESSE D'OFFICE ou CHARGE, & NOBLESSE *PATRE ET AVO.*

NOBLESSE SIMPLE, est celle qui ne donne que le titre de noble ou écuyer, à la différence de la haute noblesse, qui donne le titre de chevalier, ou autre encor plus éminent, tels que ceux de baron, comte, marquis, duc. *Voyez* NOBLESSE DE CHEVALERIE & HAUTE NOBLESSE.

NOBLESSE DE SOIE. *Voyez ce qui en est dit ci-devant à l'article* NOBLESSE DE LAINE.

NOBLESSE SPIRITUELLE ou LITTÉRAIRE. *Voyez ci-devant* NOBLESSE LITTÉRAIRE.

NOBLESSE DE TERRE FERME, est le nom que l'on donne dans l'état de Venise & en Dalmatie à la noblesse qui demeure ordinairement aux champs. Dans l'état de Venise les nobles de terre ferme ou de campagne n'ont point de prérogatives ; ils ne participent point aux conseils & aux délibérations. En Dalmatie la *noblesse* de terre ferme gouverne aristocratiquement. *Voyez* la Roque, *c. clxvij.*

NOBLESSE TITRÉE, est celle qui tire son origine de la chevalerie. *Voyez* NOBLESSE DE CHEVALERIE.

On entend aussi par ce terme la haute *noblesse* ou *noblesse* de dignité, c'est-à-dire, les princes, les ducs, les marquis, comtes, vicomtes, barons, &c. *Voyez* HAUTE NOBLESSE.

NOBLESSE DE TOURNOI, est celle qui tire son origine des tournois ou combats d'adresse, institués en 935 par l'empereur Henri l'Oiseleur. Il falloit, pour y être admis, faire preuve de douze quartiers. Ces tournois furent défendus ou négligés l'an 1403 en France ; le dernier fut celui de 1559, qui fut si funeste à Henri II. *Voyez* la Roque, *ch. clxxvij.*

NOBLESSE DE TRANSMIGRATION ou DÉBARQUÉE. *Voyez ci-devant* NOBLESSE DÉBARQUÉE.

NOBLESSE TRANSMISSIBLE, est celle qui passe de l'annobli à ses enfans & petits enfans. Il y a des charges qui donnent une *noblesse* transmissible au premier degré, *voyez* NOBLESSE AU PREMIER DEGRÉ, d'autres qui ne la donnent que *patre & avo consulibus. Voyez* NOBLESSE *patre & avo.*

NOBLESSE VÉNALE, eft celle qui a été accordée par lettres, moyennant finance. *Voyez* NOBLESSE PAR LETTRES.

NOBLESSE VERRIÈRE, on appelle ainfi celle des gentilshommes qui s'occupent à fouffler le verre. C'eft une tradition vulgaire que les gentilshommes ont feuls le droit de travailler à cet ouvrage ; ce qui eft de certain, c'eft que dans la plûpart des verreries, ce font des gentilshommes qui s'occupent à cet exercice, & qu'ils ne fouffriroient pas que des roturiers travaillaffent avec eux, fi ce n'eft pour les fervir. C'eft apparemment ce qui a fait croire à quelques perfonnes que l'exercice de l'art de la verrerie faifoit une preuve de *nobleffe* ; & en effet la Roque, *ch. cxliv.* dit que les arrêts contraires n'ont pas empêché qu'en quelques provinces plufieurs verriers n'aient été déclarés nobles en la dernière recherche des ufurpateurs de *nobleffe* (il parle de celle qui fut faite en exécution de la déclaration de 1696) quoique, dit-il, ces verriers n'euffent aucune charte ni autre principe de *nobleffe*. Mais dans les vrais principes il eft conftant que l'exercice de l'art de verrerie ne donne pas la *nobleffe*, & ne la fuppofe pas. On voit même que des gentilshommes de Champagne demandèrent à Philippe le-Bel des lettres de difpenfe pour exercer la verrerie, & que tous les verriers des autres provinces en ont obtenu de femblables des rois fucceffeurs de Philippe-le-Bel ; ce qu'ils n'auroient pas fait, fi cet art eut annobli, ou s'il eût fuppofé la *nobleffe* : ainfi tout ce que l'on peut prétendre, c'eft qu'il ne déroge pas. On voit en effet au *liv. II. du titre théodofien*, que Théodofe honora les verriers de l'exemption de la plûpart des charges de la république, pour les engager à perfectionner leur profeffion par l'invention admirable du verre. *Voyez* la Roque, *ch. cxliv.* (*A*)

NOBLESSE DE VILLE, eft celle qui tire fon origine de la mairie, c'eft-à-dire, des charges municipales, telles que celles de prévôt des marchands, de maire, d'échevin, capitoul, jurat, &c. dans les villes où ces charges donnent la *nobleffe*, comme à Paris, à Lyon, à Touloufe, &c.

Ce privilège de *nobleffe* a été ôté à plufieurs villes qui en jouiffoient fans titre valable. *Voyez* ÉCHEVIN, ECHEVINAGE, NOBLESSE DE CLOCHE.

NOBLESSE UTÉRINE ou COUTUMIÈRE, eft celle que l'enfant tient feulement de la mère, lorfqu'il eft d'une mère noble & d'un père roturier.

Cette efpèce de *nobleffe* étoit autrefois admife dans toute la France, & même à Paris : en effet, on voit dans les établiffemens de faint Louis, qu'un enfant né d'une *gentilfemme* & d'un père *vilain* ou *roturier* pouvoit pofféder un fief ; ce qui n'étoit alors permis qu'aux nobles & gentilshommes.

Cet ufage eft très-bien expliqué par Beaumanoir fur les coutumes de Beauvaifis, où il obferve que la feule différence qu'il y eût entre les nobles de partage, c'eft-à-dire, par le père

& les nobles de mère, c'eft que ces derniers ne pouvoient pas être faits chevaliers ; il falloit être noble de père & de mère.

Du refte, ceux qui tiroient leur *nobleffe* de leur mère, étoient qualifiés de gentilshommes. Monftrelet, en parlant de Jean de Montaigu, qui fut grand-maître de France fous Charles VI dit qu'il étoit gentilhomme de par fa mère.

Il n'y a point de province où la *nobleffe* utérine fe foit mieux maintenue qu'en Champagne. Toutes les femmes nobles avoient le privilège de tranfmettre la *nobleffe* à leur poftérité. Les hiftoriens tiennent que ce privilège vint de ce que la plus grande partie de la *nobleffe* de cette province ayant été tuée en une bataille l'an 841, on accorda aux veuves le privilège d'annoblir les roturiers qu'elles époufèrent, & que les enfans qui naquirent de ces mariages furent tenus pour nobles. Quelques-uns ont cru que cette *nobleffe* venoit des femmes libres de Champagne, lefquelles époufant des efclaves, leurs enfans ne laiffoient pas d'être libres ; mais la coutume de Meaux dit très-bien que la verge annoblit, & que le ventre affranchit.

Quoi qu'il en foit de l'origine de ce privilège, il a été adopté dans toutes les coutumes de cette province, comme Troyes, Châlons, Chaumont en Baffigny, Vitry.

Les commentateurs de ces coutumes fe font imaginés que ce privilège étoit particulier aux femmes de Champagne ; mais on a déja vu le contraire ; & les coutumes de Champagne ne font pas les feules où il foit dit que le ventre annoblit, celles de Meaux, de Sens, d'Artois & de Saint-Michel portent la même chofe.

Charles VII, en 1430 donna des lettres dattées de Poitiers, & qui furent regiftrées en la chambre des comptes, par lefquelles il annoblit Jean l'Eguifé, Evêque de Troyes, fes père & mère, & tous leurs defcendans, mâles & femelles, & ordonna que les defcendans des femelles feroient nobles.

Sous le règne de Louis XII, en 1509, lorfque l'on préfenta les procès-verbaux des coutumes de Brie & de Champagne aux commiffaires du parlement, les vrais nobles qui ne vouloient point avoir d'égaux, remontrèrent que la *nobleffe* ne devoit procéder que du côté du père ; ceux du tiers état, & même les eccléfiaftiques du bailliage de Troyes & autres refforts de Champagne & de Brie s'y opposèrent, & prouvèrent par plufieurs jugemens, que tel étoit l'ufage de toute ancienneté. On ordonna que la *nobleffe* & le tiers état donneroient chacun leur mémoire, & que les articles feroient inférés par provifion tels qu'ils étoient. Les commiffaires renvoyèrent la conteftation au parlement, où elle eft demeurée indécife.

Dans la fuite, lorfqu'on fit la réduction de la coutume de Châlons, l'article fecond, qui admet la noblesse utérine, ayant été présenté conforme aux coutumes de Troyes, de Chaumont & de Meaux, les gens du roi au siège de Châlons remontrèrent l'absurdité de la coutume de Châlons, & demandèrent que l'on apportât une exception pour les droits du roi ; ce qui fut accordé, & l'exemption confirmée par arrêt du parlement du 23 Décembre 1566 ; & présentement la noblesse utérine admise par les coutumes de Champagne & quelques autres, ne sert que pour ce qui dépend de la coutume, comme pour posséder des fiefs, pour les partages, successions & autres choses semblables ; mais elle ne préjudicie point aux droits du Roi.

La noblesse utérine de Champagne a été confirmée par une foule de jugemens & arrêts, dont les derniers sont de Noël 1599, 11 janvier 1608, 7 septembre 1622, 7 septembre 1627, 14 mars 1633, 18 août 1673. Il y eut en 1668 procès intenté au conseil de la part du préposé à la recherche des faux nobles contre les nobles de Champagne, que l'on prétendoit ne tirer leur noblesse que du côté maternel ; mais le procès ne fut pas jugé, le conseil ayant imposé silence au préposé. Voyez les recherches sur la noblesse utérine de Champagne.

L'exemple le plus fameux d'une noblesse utérine reconnue en France, est celui des personnes qui descendent par les femmes de quelqu'un des frères de la Pucelle d'Orléans. Elle se nommoit Jeanne d'Ars ou d'Arc. Charles VII, en reconnoissance des services qu'elle avoit rendus à la France par sa valeur, par des lettres du mois de décembre 1429, l'annoblit avec Jacques d'Ars ou d'Arc & Isabelle Romée ses père & mère, Jacquemin & Jean d'Arc & Pierre Perrel ses frères, ensemble leur lignage, leur parenté & leur postérité née & à naître en ligne masculine & féminine. Charles VII changea aussi leur nom en celui de du Lys.

On a mis en doute si l'intention de Charles VII avoit été que la postérité féminine des frères de la pucelle d'Orléans eût la prérogative de transmettre la noblesse à ses descendans, parce que c'est un style ordinaire dans ces sortes de chartes d'annoblir les descendans mâles & femelles de ceux auxquels la noblesse est accordée, mais non pas d'annoblir les descendans des filles, à moins qu'elles ne contractent des alliances nobles. La Roque, dans son traité de la noblesse, rapporte vingt exemples de semblables annoblissemens faits par Philippe de Valois, par le roi Jean, par Charles V, Charles VI, Charles VII, & Louis XI, en vertu desquels personne n'a prétendu que les filles eussent le privilège de communiquer la noblesse à leurs descendans ; il n'y a que les parens de la pucelle d'Orléans qui aient prétendu avoir ce privilège.

Il fut néanmoins interprété par une déclaration d'Henri II, du 26 Mars 1555, par laquelle il est dit qu'il s'étend & se perpétue seulement en faveur de ceux qui seroient descendus du père & des frères de la Pucelle en ligne masculine & non féminine, que les seuls mâles seroient censés nobles, & non les descendans des filles, si elles ne sont mariées à des gentilshommes. Ce même privilège fut encore aboli par l'édit d'Henri IV de l'an 1598, sur le fait des annoblissemens créés depuis 1578. L'édit de Louis XIII du mois de juin 1614, art. 10, porte que les filles & les femmes descendues des frères de la pucelle d'Orléans n'annobliront plus leurs maris à l'avenir. Les déclarations de 1634 & de 1635 portent la même chose. Ainsi, suivant l'édit de 1614, les descendans de la pucelle d'Orléans par les filles, nés avant cet édit, sont maintenus dans leur possession de noblesse, mais ce prétendu privilège a été aboli à compter de cet édit.

Il y a dans d'autres pays quelques exemples de semblables privilèges. J'ai vu des lettres du mois de février 1699, accordées dans une souveraineté voisine de la France, qui donnoient aux filles du sieur de *** le droit d'annoblir leurs maris ; mais je ne sais s'il y a eu occasion de faire valoir ce privilège.

Juste-Lipse dit qu'à Louvain il y a sept familles principales & nobles, qui ont droit de transférer la noblesse par les femmes ; de sorte que si un roturier épouse une fille de l'une de ces familles, les enfans qui naissent d'eux sont tenus pour nobles, & leurs descendans pour gentilshommes.

François Pyrard rapporte qu'aux îles Maldives les femmes nobles, quoique mariées à des personnes de condition inférieure & non nobles, ne perdent point leur rang, & que les enfans qui en sont issus sont nobles par leur mère. Voyez les recherches sur la noblesse utérine de Champagne ; le traité de la noblesse par la Roque ; le code des tailles, le mém. alphabétique des tailles, & ci-devant NOBLESSE MATERNELLE. (A)

NOBLESSE. (usurpateur de la) On nomme en France usurpateurs de la noblesse ou faux nobles, ceux qui n'étant pas nobles usurpent les droits & les privilèges de la noblesse. Sous M. Colbert on en fit plusieurs fois la recherche, qui ne parut pas moins intéressante pour les revenus publics, que pour relever l'éclat de la véritable noblesse ; mais la manière d'y procéder fut toujours mauvaise, & le remède qu'on prit pour ce genre de recherches pensa être aussi funeste que le mal. Les traitans chargés de cette discussion, se laissèrent corrompre par les faux nobles qui purent les payer ; les véritables nobles furent tourmentés de mille manières, au point qu'il fallut rechercher les traitans eux-mêmes, qui trouvèrent encore le moyen d'échapper à la peine qu'ils méritoient. (D. J.)

NŒUD. ORDRE DU NŒUD, nom d'un ordre militaire du royaume de Naples, institué en 135_

par

par la reine Jeanne Iere à l'occasion de la paix con-
clue entr'elle & le roi de Hongrie, au moyen de
on mariage avec Louis, prince de Tarente.

Cet ordre étoit composé de soixante chevaliers.
Clément VI l'approuva & lui donna la règle de
S. Basile ; il prit S. Nicolas pour protecteur, mais
il ne dura qu'autant que ses instituteurs vécurent.

NOTRE-DAME DU CHARDON, (l'ordre de)
s'étoit autrefois un ordre militaire institué en
1370 par Louis II duc de Bourbon. Il étoit composé de 26 chevaliers, dont ce prince & ses successeurs furent les chefs. Ils portoient une ceinture bleu céleste, & dans les grandes cérémonies, un manteau de la même couleur, avec un
collier d'or entrelacé de fleurs de lys ; & pour
devise, le mot *Espérance*, qu'on lisoit en grandes
lettres dans les intervalles des fleurs.

NOTRE - DAME DE GLOIRE, (l'ordre de) à
Mantoue, fut institué par Barthélemi, religieux
de l'ordre de S. Dominique, qui fut ensuite évêque de Vicence. Il l'établit pour soulager les pauvres veuves & orphelins, réconcilier les ennemis
& réunir les mauvais ménages entre maris &
femmes.

Les chevaliers suivoient la règle de S. Dominique.

La marque de l'ordre étoit une médaille d'argent chargée d'une croix pattée de pourpre, cantonnée de quatre étoiles de même. *Voyez planche XXV. fig. 50.* (G. D. L. T.)

NOTRE-DAME DES GRACES, *en Espagne* (l'ordre de) fut institué le jour de S. Laurent de
l'année 1223, par Jacques I, roi d'Aragon, dans
la cathédrale de Barcelone, où Pierre de Nolasko
fut nommé grand-maitre.

Les chevaliers portent sur l'estomac un écu, coupé au premier, de gueules à la croix d'argent ;
au deuxième, écartelé en sautoir les premier &
quatrième quartiers d'or, à quatre pals de gueules, qui est d'Aragon : les deuxième & troisième
d'argent à l'aigle de sable, couronnée, languée &
membrée de gueules, qui est de Sicile. (*Voyez
pl. XXIII, fig. 15. G. D. L. T.*)

NOTRE-DAME DE LORETTE, (l'ordre de) fut
institué par le pape Sixte V en 1587, la deuxième année révolue de son pontificat. Il fit pendant
son règne deux cents soixante chevaliers.

La marque de cet ordre est une médaille d'or
où est représentée l'image de *Notre - Dame de Lorette.* (*Voyez planche XXIV. fig. 30. G. D. L. T.*)

NOTRE-DAME DE MONTEZA, (l'ordre de) au
royaume de Valence en Espagne, fut institué par
Jacques II, roi d'Aragon & de Valence, en 1317.

La croix des chevaliers est rouge sur un habit
blanc ; & leurs armoiries un écusson d'or à la croix
fésée de gueules. (*Voyez pl. XXIII, fig. 16.
G. D. L. T.*)

NOUÉ, ÉE, adj. se dit des pièces honorables
Histoire. Tom. I.

& autres qui paroissent liées ou entourées d'un
cordon.

Nouée se dit aussi de la queue fourchée d'un
lion, lorsqu'elle a un ou plusieurs nœuds.

De la Bouexiere du Haut - bois, de la Mettrie,
en Bretagne ; d'argent à deux fasces de gueules,
nouées chacune en deux endroits.

De Bournonville de la Loge, de Chatillon-sur-
Bar, & d'Oiselet en Champagne ; de sable au lion
d'argent, la queue fourchée, *nouée* & passée en
sautoir couronné, lampassé & armé d'or.

Luxembourg; d'argent, au lion de gueules, armé, lampassé & couronné d'azur, la queue fourchée, *nouée* & passée en double sautoir. (*Pl. V.
fig. 241.*)

NOUÉUX, se dit des troncs & branches d'arbres qui ont beaucoup d'inégalités & de nœuds.

Thomassin, en Bourgogne ; d'azur à deux estocs
ou bâtons *noueux* d'or en croix, ou à la croix de
deux bâtons estoqués.

Parent; d'azur, à deux bâtons *noueux* ou écotés
& aléfés d'or, passés en sautoir, accompagnés
d'un croissant d'argent en chef, & de trois étoiles
d'or, deux en flanc, & une en pointe. (*Pl. VIII.
fig. 401.*)

NOURRI, IE, adj. On nomme arbre *au pied-
nourri*, celui dont le fût est coupé horizontalement en bas.

Fleur *au pied - nourri*, celle dont la tige paroit
coupée en sa partie inférieure.

Fleur-de-lys *au pied - nourri*, celle qui n'a point
de queue.

On a donné le nom de *nourri* aux arbres, arbris-
seaux, plantes & fleurs, dont la tige paroit coupée ; parce qu'en les coupant vers la racine, on
conserve plus long - temps aux plantes leur verdure, aux fleurs leurs couleurs.

Baudouin de Chamoult, à Paris ; d'argent à l'arbre de sinople au pied *nourri* ; au chef de gueules,
chargé d'un croissant du champ accôté de deux
étoiles d'or.

De Vignacourt d'Orvillé, en Picardie; d'argent
à trois fleurs-de-lis de gueules au pied *nourri*.

Hames, en Artois ; d'or à trois fleurs-de-lis de
gueules *nourries*.

NOYER, f. m. arbre qu'on ne peut reconnoitre
dans les armoiries qu'à sa feuille longue &
pointue.

Nogaret ; d'argent au *noyer* de sinople, arraché.

NUAGE, f. m. ce mot se dit des pièces qui
sont représentées avec plusieurs ondes, sinuosités
ou lignes courbes, soit fasces, soit bandes.

NUAGÉ, ÉE, adj. se dit de l'écu, où il y a
des pièces ou des divisions telles qu'elles sont annoncées dans l'article précédent. Pour se former
une idée exacte du *nuagé*, il faut voir *pl. première
fig. 51 & 53*, les armes de Hochstetter & de
Hainsbach, les unes, tranchées d'or, *nuagées* d'azur;
les autres, taillées d'or, *nuagées* d'azur.

En comparant ces deux figures, avec la *fig. 13*

Q

Pl. III. repréſentant les armes *nébulées* de la maiſon de Rochechouart, on verra la différence du *nuagé* au *nébulé.*

NUÉE, ſ. f. meuble de l'écu qui imite un nuage.

Curel, originaire du Baſſigny ; d'azur, au lion d'or lampaſſé de gueules , adextré d'un bras de car- nation tenant une balance d'argent , & fortant d'une *nue* ou *nuée* au naturel , chargée d'une étoile auſſi d'argent.

De Beauvais de Gentilly , de la Boiſſière , à Paris ; d'azur à un cœur d'or , accompagné en chef d'une *nuée* d'argent étendue en faſce aléſée, & en pointe d'un croiſſant de même. Cet article d'ailleurs eſt le même que le précédent , c'eſt-à-dire qne *nuage.*

ŒILLET, f. m. meuble d'armoiries repréfentant cette fleur.

Briffon ; d'argent, à trois *œillets* de gueules, feuillés & tigés de finople. (*Pl. VIII. fig. 417.*)

Clémery, en Lorraine ; d'or, à la fafce d'azur, chargée de trois befans d'argent, & accompagnée en chef de trois poignards de gueules, mis en pal & en rang ; en pointe de trois *œillets* de même, mouvans d'une feule tige de finople.

OGOESSE, f. m. il fe dit des tourteaux de fable, pour les diftinguer des autres qui fe nomment *gulpes*, quand ils font de pourpre ; *gufes*, quand ils font de gueules ; *heurtes*, quand ils font d'azur ; *fommes* ou *volets*, quand ils font de finople ; cependant ils retiennent tous en général le nom de *tourteaux. Voyez* TOURTEAU, (*D J.*)

OIGNON, f. m. meuble d'écu.

Mouton, écartelé au premier & au quatrième, d'azur, à la gibecière d'or, au fecond & troifième, de gueules, à trois *oignons* d'argent. (*Pl. X. fig. 548.*)

OISEAU, f. m. On nomme *oifeau* dans l'art héraldique, celui dont on ne peut connoître l'efpèce.

Les *oifeaux* font dits, becqués, langués & membrés, lorfque leur bec, langue & jambes, font d'émail différent de celui de leur corps.

L'aigle paroit de front, le vol étendu.

Le coq de profil, fe diftingue par fa tête levée, fa crête, fa barbe, fes jambes, fa queue retrouffée, dont quelques plumes retombent en portions circulaires.

L'épervier, par fon chaperon, fes grillets & fes longes.

Le paon, parce qu'il fait la roue avec fa queue, qu'il femble s'y mirer, & par une houppe de trois plumes en forme d'aigrette fur la tête.

Il y a quelquefois dans l'écu des paons de profil, leur tête décorée de trois plumes, & leur longue queue traînante les diftinguent, de même que ceux qui font la roue.

Le pélican, fe connoît par l'ouverture qu'il fe fait dans la poitrine avec le bec, pour nourrir fes petits de fon fang.

La grue, par un long bec & un caillou qu'elle tient de fa patte dextre nommée *vigilance*.

Le phœnix, par fon bûcher que l'on nomme *immortalité*.

La colombe, fe diftingue par l'émail d'argent qui lui eft propre, & encore plus par un rameau d'olivier qu'elle porte fouvent en fon bec.

Les alérions, petites aigles au vol abaiffé, n'ont ni bec, ni jambes.

Les merlettes, font de petites cannes de profil, fans bec, ni pattes.

L'hirondelle, eft connue de tout le monde, fon émail particulier eft le fable.

De Vallerot de Senecey, à Paris ; d'or à cinq *oifeaux* d'azur.

Camus, à Dole ; d'azur, à un chevron accompagné en chef de deux étoiles, & en pointe d'un *oifeau* efforant, le tout d'argent.

Verdelin de Montagut, au pays de Comminges ; d'or à la fafce d'azur, accompagnée en chef d'un *oifeau* de même, becqué & membré de gueules. (*G. D. L. T.*)

OISEAU DE PARADIS, f. m. meuble d'armoiries.

Coicault de la Rivière ; d'azur, à un *oifeau de paradis* d'or, pofé en fafce, accompagné de trois étoiles d'argent. (*Pl. XI. fig. 593.*)

OLIVIER, f. m. meuble d'armoiries repréfentant cet arbre.

Olivier ; d'or, à l'*olivier* arraché de finople, au lion contourné & couronné de gueules, grimpant à l'arbre. (*Pl. VIII. fig. 395.*)

Sandrier ; d'azur, au rameau d'*olivier*, à deux branches d'or, mouvant d'un croiffant de même. (*Ibid. fig. 398.*)

OMBELLE, f. f. ce mot fe dit d'une efpèce de parafol que le doge de Venife met fur fes armes par une conceffion que fit le pape Alexandre III, quand il fe réfugia à Venife, en fuyant la perfécution de Frédéric I. Elle eft quelquefois fous les armes de la république.

OMBRE, f. f. image fi déliée qu'on voit le champ ou les pièces de l'écu au travers.

L'*ombre* fe repréfente par un feul trait qui forme la circonférence de la figure & n'eft rempli d'aucun émail, de forte que l'on voit deffous l'émail des pièces qui s'y trouvent.

Trafegniès de Florainville, en Lorraine ; bandé d'or & d'azur, à l'*ombre*-de-lion ; & une bordure engrêlée de gueules.

OMBRE-DE-SOLEIL, f. f. image du foleil, fans yeux, nez, ni bouche.

Ricouart d'Erouville, à Paris ; d'azur à l'*ombre-de-foleil* d'or, au chef d'argent chargé d'un lion léopardé de fable.

Joly de Chouin ; d'azur, à une *ombre-de-foleil* d'or, au chef de même, chargé de trois rofes de gueules. (*Pl. VII. fig. 366.*)

Hurault de Chiverni ; d'or, à la croix d'azur, cantonnée de quatre *ombres-de-foleil* de gueules.

OMBRÉ, ÉE, adj. fe dit des édifices, corps cubiques, & autres corps à plufieurs faces ou facettes, dont les côtés oppofés au jour font d'un émail différent pour marquer l'ombre.

Chapelle de Jumillac, en Périgord ; d'azur à une chapelle d'or, *ombrée* de finople. (*G. D. L. T.*)

ONCEAU, f. m. petit *once*, efpèce de tigre ou

de léopard, employé quelquefois comme meuble dans les armoiries.

Polonceau ; de fable, à un onceau d'or. (*Pl. XII. fig. 620.*)

ONDÉ, ÉE, adj. fe dit des croix, fafces, bandes, pals & autres pièces de longueur qui ont des finuofités curvilignes, concaves & convexes alternativement. (*Voyez pl. IV, fig. 186.*)

Ces pièces font ainfi nommées de ce qu'elles imitent les ondes.

Chalut de Verin, à Paris ; d'or à la croix ondée d'azur.

Selve de Cromieres, en Orléanois ; d'azur à deux fafces ondées d'argent.

Rochefort d'Ally de Saint-Poin, en Auvergne ; de gueules à la bande ondée d'argent, accompagnée de fix merlettes de même en orle.

Moncoquier ; de fable, à trois fleurs de lis d'or, au chef ondé & abbaiffé de même. (*Pl. II. fig. 109.*)

D'Amorezan ; d'azur, à une fafce ondée d'or. (*Pl. III. fig. 133.*)

Chalut de Verin, en Efpagne ; d'or, à la croix ondée d'azur. (*Pl. IV. fig. 186.*)

De Puget ; d'azur, au chevron ondé, accompagné de trois molettes, le tout d'argent (*Pl. IV. fig. 199.*)

De Layat ; d'azur, à quatre pals ondés d'argent, accompagnés de trois flammes d'or entre les pals, rangées en fafce. (*Pl. IX. fig. 478.*)

La Guerre, en Lorraine, feigneurs de Lezeville ; d'or, à deux fafces de gueules, ondées & accompagnées en chef d'un rencontre de biche de même, à la bordure de finople engrêlée.

Charnai ; de gueules, à trois croifettes d'or, ancrées, au pied fiché, au chef d'argent, chargé d'une vergette d'azur ondée.

ONDÉ fe dit tant de la bordure que des pièces qui font dans l'écuffon.

ONGLÉ, ÉE, adj. fignifie les ongles ou ferres des bêtes ou des oifeaux, lorfque ces ongles font d'un émail différent de celui du corps de l'animal. Il fe dit fur-tout de la corne des jambes des bêtes au pied fourchu, lorfqu'elles fe trouvent de différent émail.

De Beaumont du Breil-Varenne, en Bretagne ; d'argent, à trois pieds de biche de gueules, onglés d'or.

De Bourdeilles ; d'or, à deux pattes (ou membres) de griffon de gueules, onglées d'azur, & pofées l'une fur l'autre. (*Pl. V. fig. 263.*)

Le Fortuné ; de gueules, à un éléphant d'or, armé & onglé d'azur. (*Pl. VI. fig. 292.*)

OPPOSÉ, ÉE, adj. fe dit de deux pièces peintes fur l'écu, lorfque la pointe de l'une regarde le chef, & celle de l'autre le bas du même écu.

OR, f. m. couleur jaune que l'on nomme or, le premier des deux métaux. Cet émail eft repré-

fenté en gravure par un nombre infini de petits points. (*Voyez fig. 11. pl. I.*)

De Pratcontal d'Ancone, en Dauphiné ; d'or, au chef d'azur, chargé de trois fleurs-de-lis du champ.

Bandinelli, à Rome ; maifon dont étoit le pape Alexandre III ; porte, d'or plein.

ORANGE, f. f. fe dit de toute pièce ronde qui eft jaune ou tannée.

ORDRE DE CALATRAVA. Cet ordre n'eft plus aujourd'hui ni religieux ni militaire, puifqu'on peut s'y marier une fois, & qu'il ne confifte que dans la jouiffance de plufieurs commanderies en Efpagne. (*Voyez* CALATRAVA, (ordre de) *D. J.*)

ORDRE DU CHARDON ou DE S. ANDRÉ, (*Hift. mod.*) eft un ordre militaire d'Ecoffe, inftitué, à ce que difent quelques-uns, par Hungus ou Hungo, roi des Pictes, après la victoire qu'il remporta fur Athelftan.

La légende porte, que pendant la bataille, une croix de faint André, patron d'Ecoffe, apparut à Hungus qui en conçut un bon augure, décora fon étendard de la figure de cette croix ; & après le gain de la bataille, inftitua un ordre de chevaliers, dont le collier eft d'or entrelacé de fleurs de chardons & de branches de rue.

Au bas du collier pend une médaille fur laquelle on voit l'image de faint André, ayant fa croix fur la poitrine avec cette devife, *nemo me impuné laceffet*, perfonne ne me défia impunément.

D'autres racontent différemment l'origine de cet ordre, & nous affurent qu'il fut inftitué après la conclufion d'une paix entre Charles VII, roi de France, d'une part, & le roi d'Ecoffe de l'autre.

L'abbé Juftiniani remonte plus haut, & prétend qu'il fut inftitué par Achaius I, roi d'Ecoffe en 809, lequel, après avoir conclu une alliance avec Charlemagne, prit pour devife le chardon avec ces mots, *nemo me impuné laceffet*, laquelle devife eft effectivement celle de l'ordre : il ajoute que le roi Jacques IV renouvella cet ordre, & le mit fous la protection de faint André.

L'ordre n'eft compofé que de douze chevaliers, & du roi qui en eft le chef & le fouverain ; ils portent le ruban verd au bas duquel pend un chardon d'or couronné dans un cercle d'or, avec l'infcription de la devife. (*H. Voyez* ANDRÉ & CHARDON.)

ORDRE DE L'ÉLÉPHANT, eft un des ordres militaires des rois de Danemarck ; on l'appelle ainfi parce que fes armes font un éléphant. Il y a bien des fentimens fur l'origine de l'inftitution de cet ordre. Mennenius & Hocpingius l'attribuent à Chriftiern IV qui fut élu roi en 1584 ; Selden & Imhof à Frédéric II élu en 1542 ; Gregorio Leti à Frédéric I, qui régna vers 1530 ; Bernard Rebolledus à Jean I, qui commença à régner en 1478 ; Bechman & Janus Bicherodius foutiennent que Canut VI en eft le premier inftituteur, & que c'eft aux croifades qu'il en faut rapporter l'origine. Il eft certain qu'en 1494 l'ordre de l'éléphant subsistoit. Cet ordre s'appella d'abord l'ordre de sainte Marie, & celui de l'éléphant sous Christiern I ; ce qui donna occasion à son institution, fut une action courageuse de quelques Danois qui tuèrent un éléphant dans une guerre que Canut soutint contre les Sarrasins. Cet ordre a toujours été sous la protection de la Vierge, & s'appelle encore à présent l'ordre de sainte Marie. Au dessous de l'éléphant pend une image de la Vierge, environnée de rayons. Plusieurs princes augmentèrent cet ordre. Frédéric II créa beaucoup de chevaliers à la cérémonie de son couronnement. Christiern V en fit autant, & l'orna beaucoup : les chevaliers portent un collier d'où pend un éléphant d'or, émaillé de blanc, le dos chargé d'un château d'argent, maçonné de sable. L'éléphant est porté sur une terrasse de sinople, émaillée de fleurs. Les rois de Danemarck ne font des chevaliers de l'éléphant que le jour de leur couronnement. (Voyez ELÉPHANT.)

ORDRES MILITAIRES, les ordres militaires sont certains corps de chevaliers institués par des rois ou des princes, pour donner des marques d'honneur & faire des distinctions dans leur noblesse.

Il y a eu en France quatre ou cinq ordres de chevalerie purement militaires.

Charles Martel institua l'ordre de la genette qui ne dura point.

Saint Louis fonda en 1269 l'ordre du navire & du croissant, qui fut aussi de courte durée.

En 1350, le roi Jean institua l'ordre de l'étoile, en faveur des plus grands seigneurs ; la devise étoit monstrant regibus astra viam, par allusion à l'étoile des mages : cet ordre dont le siége étoit à Saint-Ouen près Paris, s'avilit dans la suite par le trop grand nombre de chevaliers, & fut abandonné aux chevaliers du guet.

En 1389, Charles VI fonda l'ordre de la ceinture de l'espérance, dont on ne sait aucun détail.

En 1469, Louis XI institua l'ordre de saint Michel, parce que celui de l'étoile étoit tombé en discrédit. Il fixa le nombre des chevaliers à trente-six, & ce fut au traité de Noyon que Charles-Quint & François I se donnèrent mutuellement, l'un l'ordre de la toison, l'autre celui de saint Michel ; mais François II, en 1559, ayant créé à la fois dix-huit chevaliers de saint Michel, cette promotion commença à avilir cet ordre. Les marques d'honneur, dit M. de Sainte-Palaye, sont la monnoie de l'état ; il est aussi dangereux de la hausser à l'excès que de la baisser.

Enfin, l'an 1693 est la date de l'institution de l'ordre de saint Louis.

Loin d'entrer dans les détails sur ces divers ordres, je me borne à deux réflexions.

1°. Les ordres militaires de chevalerie, comme ceux du temple, ceux de malte, l'ordre teutonique & tant d'autres, sont une imitation de l'ancienne chevalerie qui joignoit les cérémonies religieuses aux fonctions de la guerre. Mais cette espèce de chevalerie fut absolument différente de l'ancienne. Elle produisit en effet les ordres monastiques & militaires fondés par les papes, possédant des bénéfices, astreints aux trois vœux des moines. De ces ordres singuliers, les uns ont été grands conquérans, les autres ont été abolis pour leurs débauches ou leur puissance ; d'autres ont subsisté avec éclat.

2°. Les souverains ont dans leur main un moyen admirable de payer les services considérables que les sujets ont rendus à l'état, en honneurs, en dignités & en rubans, plutôt qu'en argent ou autres semblables récompenses. « Ç'a été, dit Montagne, » une belle invention, & reçue en la plupart des » polices du monde, d'établir certaines marques » vaines & sans prix, pour en honorer & récom- » penser la vertu ; comme sont les couronnes de » laurier, de chêne, de myrte, la forme de cer- » tain vêtement, le privilége d'aller en coche par » ville, ou de nuit avec flambeau, quelque assiette » particulière aux assemblées publiques, la préro- » gative d'aucuns surnoms & titres, certaines mar- » ques aux armoiries, & choses semblables, de » quoi l'usage a été diversement reçu, selon l'opi- » nion des nations, & dure encore. Nous avons » pour notre part & plusieurs de nos voisins, les » ordres de chevalerie qui ne sont établis qu'à cette » fin. Il est beau de reconnoître la valeur des hom- » mes, & de les contenter par des payemens qui » ne chargent aucunement le public, & qui ne » coûtent rien au prince, & ce qui a été toujours » connu par expérience ancienne, & que nous » avons autrefois aussi pû voir entre nous, que » les gens de qualité avoient plus de jalousie de » telles récompenses, que de celles où il y avoit » du gain & du profit, cela n'est pas sans raison » & sans apparence. Si au prix qui doit être sim- » plement d'honneur, on y mêle d'autres commo- » dités & de la richesse, ce mélange, au lieu d'aug- » menter l'estimation, il la ravale, & en retran- » che..... La vertu embrasse & aspire plus vo- » lontiers à une récompense purement sienne, plu- » tôt glorieuse qu'utile ; car, à la vérité, les au- » tres dons n'ont pas leur usage si digne, d'autant » qu'on les employe à toutes sortes d'occasions. » Par les richesses on satisfait le service d'un va- » let, la diligence d'un courrier, le danser, le vol- » tiger, le parler, & les plus vils offices qu'on » reçoive : voire & le vice s'en paye, la flatte- » rie, le maquerelage, la trahison ; ce n'est pas » merveille, si la vertu reçoit & désire moins vo- » lontiers cette sorte de monnoie commune, que » celle qui lui est propre & particulière, toute no- » ble & généreuse. » (D. J.)

ORDRE MILITAIRE ; c'est en France l'ordre de saint Louis que Louis XIV établit en 1693, pour récompenser les officiers de ses troupes, & leur donner une marque de distinction particulière sur les autres états. Ceux qui sont revêtus de cet ordre font appellés *chevaliers de faint Louis* ; ils portent à la boutonnière de leur habit & fur l'eftomac une croix d'or, fur laquelle il y a l'image de faint Louis ; elle y eft attachée avec un ruban couleur de feu.

Il y a dans l'*ordre* de faint Louis huit grandscroix & vingt-quatre commandeurs. Les grandscroix portent leur croix attachée à un ruban large de couleur de feu qu'ils mettent en écharpe ; & outre cela, ils portent une croix en broderie d'or fur leur habit & fur leur manteau. Pour les commandeurs, ils portent auffi leur croix en écharpe, mais ils n'en ont point de brodée fur leurs habits. Le roi eft le grand-maître de cet *ordre* ; M. le dauphin en eft revêtu, & tous les héritiers préfomptifs de la couronne doivent la porter.

Il y a des commandeurs qui ont 4000 liv. de penfion, & d'autres 3000 liv. Il y a auffi un nombre de fimples chevaliers qui ont des penfions, mais elles font moins confidérables. (Q)

ORDRE DU S. ESPRIT, eft un *ordre* de chevalerie inftitué par Henri III en 1579 ; il devoit être compofé de cent chevaliers feulement. Pour y être admis, il falloit faire preuve de trois races de nobleffe. Le grand-maître & les commandeurs font revêtus les jours de cérémonies, de longs manteaux, faits à la façon de ceux qui fe portent le jour de faint Michel. Ils font de velours noir, garnis tout autour d'une broderie d'or & d'argent qui repréfente des fleurs-de-lis, & forme des nœuds d'or entre trois divers chiffres d'argent, & au deffus de ces chiffres, de ces nœuds & de ces fleurs de lis, il y a des flammes d'or femées de part en part. Ce grand manteau eft garni d'un mantelet de toile d'argent verte, couverte d'une broderie femblable à celle du grand manteau, excepté qu'au lieu de chiffres, il y a des colombes d'argent. Ces manteaux & mantelets font doublés de fatin jaune orangé ; ils fe portent retrouffés du côté gauche, & l'ouverture eft du côté droit. Le grand-maître & les commandeurs portent des chauffes & des pourpoints blancs, façonnés à leur difcrétion; ils ont un bonnet noir furmonté d'une plume blanche, & mettent à découvert fur leurs manteaux le grand collier de l'*ordre* qui leur a été donné lors de leur réception.

Le chancelier eft vêtu de même que le commandeur, excepté qu'il n'a pas le grand collier, mais feulement la croix coufue fur le devant de fon manteau, & celle d'or pendante au col. Le prevôt, le grand-tréforier & le greffier ont auffi des manteaux de velours noir & le mantelet de toile d'argent verte, qui ne font brodés que de quelques flammes d'or. Ils portent auffi la croix de l'*ordre* coufue & celle d'or pendante au col ; le héraut & les huiffiers ont des manteaux de fatin & le mantelet de velours verd, bordé de flammes comme ceux des autres officiers. Le héraut porte la croix de l'*ordre* avec fon émail pendue au col,

& l'huiffier une croix de l'*ordre*, mais plus petite que celle des autres officiers.

Les prélats, commandeurs & officiers portent la croix coufue fur le côté gauche de leurs manteaux, robes & autres habillemens de deffus. Le grand-maître, qui eft le roi, la porte aux habillemens de deffous, au milieu de l'eftomac quand bon lui femble, & en ceux de deffus au côté gauche de même grandeur que les commandeurs. Elle eft faite en forme de croix de Malte en broderie d'argent ; au milieu il y a une colombe figurée, & aux angles des rais & des fleurs-de-lis brodées en argent. C'eft un des ftatuts irrévocables de l'*ordre*, de porter toujours la croix aux habits ordinaires avec celle d'or au col pendante à un ruban de foie, de couleur bleu célefte, & l'habit aux jours deftinés. Les cardinaux, prélats, commandeurs & officiers portent auffi une croix de l'*ordre* pendante au col & au même ruban. La croix eft de la forme de celle de Malte, toute d'or, émaillée de blanc par les bords, & le milieu fans émail : dans les angles il y a une fleur-de-lis ; mais fur le milieu ceux qui font chevaliers de l'*ordre* de faint Michel, en portent la marque d'un côté, & de l'autre une colombe. Les cardinaux & les prélats qui ne font point de cet *ordre* portent une colombe des deux côtés.

Le collier de l'*ordre* du faint Efprit eft d'or, fait à fleurs-de-lis avec trois différens chiffres entrelacés de nœuds de la façon de la broderie du manteau. Il eft toujours du poids de deux cents écus ou environ, fans être enrichi de pierreries ni d'autres chofes. Les commandeurs ne le peuvent vendre, engager, ni aliéner, pour quelque néceffité ou caufe que ce foit, parce qu'il appartient à l'*ordre* & lui revient après la mort de celui qui le portoit. Avant que de recevoir l'*ordre du Saint-Efprit*, les commandeurs reçoivent celui de faint Michel ; c'eft pourquoi leurs armes font entourées de deux colliers. En 1664, le roi fixa le nombre des chevaliers à cent. Les officiers font, le chancelier & garde des fceaux, le prévôt & grand-maître des cérémonies, le grand tréforier, le greffier, les intendans, le généalogifte de l'*ordre*, le roi d'armes, les hérauts & les huiffiers. Les chevaliers portent le cordon bleu de droite à gauche, & les pairs eccléfiaftiques en forme de collier pendant fur l'eftomach.

ORDRE DE LA TABLE RONDE, (*Hiftoire de la Chevalerie*) *ordre* de chevalerie célèbre dans les ouvrages des écrivains de romans, qui en attribuent l'inftitution au roi Arthur. Quoiqu'on ait bâti divers récits fabuleux fur ce fondement, il ne s'enfuit point que l'inftitution de cet *ordre* doive entièrement paffer pour chimérique ; il n'eft pas contre la vraifemblance, qu'Arthur ait inftitué un *ordre* de chevalerie dans la Grande-Bretagne, puifque dans le même fiècle, Théodoric, roi des Oftrogoths, en avoit inftitué un en Italie. Arthur a été fans doute un grand capitaine ; c'eft dommage que fes actions aient fervi de bafe à une infinité de fables qu'on a publiées fur fon fujet, au lieu que fa vie méritoit d'être écrite par des hiftoriens fenfés. (*D. J.*)

ORDRE TEUTONIQUE, eft un *ordre* militaire & religieux de chevaliers. Il fut inftitué vers la fin du douzième fiècle, & nommé *teutonique*, à caufe que la plupart de fes chevaliers font allemands ou teutons.

Voici l'origine de cet *ordre*. Pendant que les chrétiens, fous Guy de Lufignan, faifoient le fiège d'Acre, ville de la Syrie, fur les frontières de la Terre-Sainte, auquel fiège fe trouvoient Philippe-Augufte, roi de France, Richard, roi d'Angleterre, & quelques feigneurs allemands de Bremen & de Lubec, on fut touché de compaffion pour les malades & bleffés qui manquoient du néceffaire, & on établit une efpèce d'hôpital fous une tente faite d'un voile de navire, où l'on exerça la charité envers les pauvres foldats.

C'eft ce qui fit naître l'idée d'inftituer un troifième ordre militaire, à l'imitation des templiers & des hofpitaliers.

Ce deffein fut approuvé par le patriarche de Jérufalem, par les évèques & archevèques des places voifines, par le roi de Jérufalem, par les maîtres du temple & de l'hôpital, & par les feigneurs & prélats allemands qui fe trouvoient pour lors dans la Terre-Sainte.

Ce fut du confentement commun de tous ces perfonnages, que Frédéric, duc de Souabe, envoya des ambaffadeurs à fon frère Henri, roi des Romains, pour qu'il follicitât le pape de confirmer cet ordre nouveau. Céleftin III qui gouvernoit l'églife, accorda ce qu'on lui demandoit, par une bulle du 23 février 1191 ou 1192; & le nouvel *ordre* fut appellé *l'ordre des chevaliers teutoniques de l'hofpice de fainte Marie de Jérufalem.*

Le pape leur accorda les mêmes privilèges qu'aux templiers & aux hofpitaliers de faint Jean, excepté qu'il les foumit aux patriarches & autres prélats, & qu'il les chargea de payer la dixme de ce qu'ils poffédoient.

Le premier maître de l'*ordre*, Henri de Walpot, élu pendant le fiège d'Acre, acheta, depuis la prife de cette ville, un jardin où il bâtit une églife & un hôpital, qui fut la première maifon de *l'ordre teutonique*, fuivant la relation de Pierre de Duisbourg, prêtre du même *ordre*. Jacques de Vitry s'éloigne un peu de ce fait hiftorique, en difant que l'*ordre teutonique* fut établi à Jérufalem, avant le fiège de la ville d'Acre.

Hartknoch, dans fes notes fur Duisbourg, concilie ces deux opinions, en prétendant que l'*ordre teutonique* fut inftitué d'abord à Jérufalem par un particulier, allemand de nation : que cet *ordre* fut confirmé par le pape, par l'empereur & par les princes pendant le fiège d'Acre; & qu'après la prife de cette ville, cet *ordre* militaire devint confidérable & fe fit connoître par tout le monde.

S'il eft vrai que cet ordre fut inftitué d'abord par un particulier, auquel fe joignirent ceux de Bremen & de Lubec, qui étoient alors dans la ville de Jérufalem, on ne peut favoir au jufte l'année de fon origine.

L'*ordre* ne fit pas de grands progrès fous les trois premiers grands-maîtres, mais il devint extrêmement puiffant fous le quatrième, nommé *Hermand de Saltz*, Conrad, duc de Mazovie & de Cujavie, lui envoya des ambaffadeurs pour lui demander fon amitié & du fecours, & pour lui offrir & à fon *ordre*, les provinces de Culm & de Livonie, avec tous les pays qu'ils pourroient recouvrer fur les Pruffiens idolâtres qui défoloient fes états par des incurfions continuelles, & auxquels il oppofa ces nouveaux chevaliers, parce que ceux de l'*ordre* de Chrift ou de Dobrin, qu'il avoit inftitués dans la même vûe, étoient trop foibles pour exécuter fes deffeins.

De Saltz accepta la donation, & Grégoire IX la confirma. Innocent publia une croifade pour aider les chevaliers teutons à réduire les Pruffiens. Avec ce fecours l'*ordre* fubjugua, dans l'efpace d'un an, les provinces de Warmie, de Natangie & de Barthie, dont les habitans renoncèrent au culte des idoles, & dans le cours de cinquante ans, ils conquirent toute la Pruffe, la Livonie, la Samogitie, la Poméranie, &c,

En 1204, le duc Albert inftitua l'*ordre* des chevaliers porte-glaives, qui fut uni enfuite à *l'ordre teutonique*, & cette union fut approuvée par le pape Grégoire IX.

Waldemar III, roi de Danemarck, vendit à l'*ordre* la province d'Eftein, les villes de Nerva & de Weffamberg, avec quelques autres provinces.

Quelque temps après, une nouvelle union mit de grandes divifions dans l'*ordre* : cette union fe fit avec les évêques & les chanoines de Pruffe & de Livonie, lefquels en conféquence prirent l'habit de l'*ordre*, & partagèrent la fouveraineté avec les chevaliers dans leurs diocèfes.

L'*ordre* fe voyant maître de toute la Pruffe, fit bâtir les villes d'Elbing, Marienbourg, Thorn, Dantzic, Konigsberg, & quelques autres. L'empereur Frédéric II permit à l'*ordre* de joindre à fes armes l'aigle impérial, & en 1250 faint Louis lui permit d'écarteler de la fleur-de-lis.

Après que la ville d'Acre eut été reprife par les infidèles, le grand-maître de l'*ordre teutonique* transféra fon fiège à Marienbourg. A mefure que l'*ordre* croiffoit en puiffance, les chevaliers vouloient croître en titres & en dignités; de forte qu'à la fin, au lieu de fe contenter, comme auparavant, du nom de *frères*, ils voulurent qu'on les traitât de *feigneurs* ; & quoique le grand-maître Conrad Zolnera de Rotettein fe fût oppofé à cette innovation, fon fucceffeur Conrad Wallerod, non content de favorifer l'orgueil des chevaliers, fe fit rendre à lui-même des honneurs qui ne font dûs qu'aux princes du premier ordre.

Les rois de Pologne profitèrent des divisions qui s'étoient mises dans l'ordre : les Prusliens se révoltèrent ; & après des guerres continuelles entre les chevaliers & les Polonois, les premiers cédèrent au roi Casimir la Prusse supérieure, & conservèrent l'inférieure, à condition de lui en faire hommage.

Enfin, dans le temps de la réformation, Albert, marquis de Brandebourg, grand-maître de l'ordre, se rendit luthérien, renonça à la dignité de grand-maître, détruisit les commanderies, & chassa les chevaliers de la Prusse.

La plupart des chevaliers suivirent son exemple, & embrasfèrent la réformation : les autres transfèrent le siége du grand-maître à Margentheim ou Mariendal en Franconie, où le chef-lieu de l'ordre est encore aujourd'hui.

Ils y élurent pour leur grand-maître Walter de Cromberg, intentèrent un procès contre Albert, que l'empereur mit au ban de l'empire : cependant l'ordre ne put jamais recouvrer ses domaines ; & aujourd'hui les chevaliers ne font tout au plus que l'ombre de ce qu'ils étoient autrefois, n'ayant que trois ou quatre commanderies, qui suffisent à peine pour faire subsister le grand-maître & ses chevaliers.

Pendant que l'ordre teutonique étoit dans sa splendeur, ses officiers étoient le grand-maître, qui faisoit son séjour à Mariendal, & qui avoit sous lui le grand-commandeur, le grand-maréchal, résidant à Konigsberg, le grand-hospitalier, résidant à Elbing, le drapier, chargé de fournir les habits, le trésorier vivant à la cour du grand-maître, & plusieurs autres commandeurs, comme ceux de Thorn, de Culm, de Brandebourg, de Konigsberg, d'Elbing, &c.

L'ordre avoit aussi des commandeurs particuliers dans les châteaux & dans les forteresses, des avocats, des pourvoyeurs, des intendans, des moulins, des provisions, &c.

Waisselms, dans ses annales, dit que l'ordre avoit 28 commandeurs de villes, 46 de châteaux, 81 hospitaliers, 35 maîtres de couvens, 40 maîtresd'hôtels, 37 pourvoyeurs, 93 maîtres de moulins, 700 frères ou chevaliers pour aller à l'armée, 162 frères de chœur ou prêtres, 6200 serviteurs ou domestiques, &c.

Les armes de l'ordre teutonique font une croix partie de fable, chargée d'une croix potencée au champ d'argent. Saint Louis, roi de France, avoit permis d'y joindre quatre fleurs-de-lis d'or ; & anciennement elles faisoient partie de leur Blason, mais peu-à-peu ils ont négligé & enfin abandonné cette marque d'honneur. (*Article resté.*)

ORDRE DE LA TOISON D'OR, est un ordre militaire institué par Philippe le Bon, duc de Bourgogne, en 1429.

Il a pris son nom de la représentation de la toison d'or, que les chevaliers portent au bas d'un collier, composé de fusils & de pierres à feu. Le roi d'Espagne est le chef & grand-maître de l'ordre de la toison, en qualité de duc de Bourgogne. Le nombre des chevaliers est fixé à trente & un. On dit qu'il fut institué à l'occasion d'un gain immense que le duc de Bourgogne fit sur les laines. Les Chimistes prétendent que ce fut pour un mystère de chimie, à l'imitation de cette fameuse toison d'or des anciens, qui, felon les initiés dans cet art, n'étoit autre chose que le secret de l'élixir écrit sur la peau d'un mouton.

Olivier de la Marche dit qu'il remit en mémoire à Philippe I, archiduc d'Autriche, père de l'empereur Charles V, que Philippe le Bon, duc de Bourgogne, son aïeul, avoit institué l'ordre de la toison d'or, dans la vûe de celle de Jason, & que Jean Germain, évêque de Châlons-sur-Saône, & chancelier de l'ordre, étant venu sur ces entrefaites, le fit changer de sentiment, & déclara au jeune prince que cet ordre avoit été institué en mémoire de la toison de Gédéon. Mais Guillaume, évêque de Tournai, qui étoit aussi chancelier de l'ordre, prétend que le duc de Bourgogne eut pour objet la toison d'or de Jason & celle de Jacob ; c'est-à-dire, ces brebis tachetées de diverses couleurs que ce patriarche eut pour sa part, suivant l'accord qu'il avoit fait avec son beau-père Laban ; ce qui a donné lieu à ce prélat de faire un gros ouvrage en deux parties. Dans la première, sous le symbole de la toison de Jason, il parle de la vertu de magnanimité dont un chevalier doit faire profession ; & sous le symbole de la toison de Jacob, de la vertu de justice.

Paradin a suivi ce sentiment, en disant que le duc voulut insinuer que la conquête fabuleuse que l'on dit que Jason fit de la toison d'or, n'étoit autre chose que la conquête de la vertu, qu'on ne peut acquérir sans vaincre les monstres horribles, qui font les vices & les affections désordonnées.

Dans la première institution, les chevaliers portoient un manteau d'écarlate fourré d'hermine. Maintenant leur habit de cérémonie est une robe de toile d'argent, un manteau de velours cramoisi rouge, & un chaperon de velours violet. La devise est, *pretium non vile laborum*, qui semble faire allusion aux travaux que Jason & ses compagnons surmontèrent pour enlever la toison, & dont elle fut le prix. (*Article resté.*)

ORELLES, f. f. pl. ce font deux petites pointes d'émail différent, qui font au haut des grandes coquilles, comme à celles de saint Jacques. Ce mot se dit encore des grandes coquilles quand elles ont des oreilles aussi d'émail différent. *Menestrier.* (*D. J.*)

OREILLÉ, ÉE, adj. se dit des dauphins & des coquilles dont les oreilles font d'un émail différent de celui de leur corps.

ORIFLAMME, f. f. étendard de l'abbaye de faint Denis. Il en sera parlé plus particulièrement dans l'Histoire.

ORLE, f. m. filet qui n'a que la moitié de la largeur de la bordure, laquelle moitié supprimée est l'espace l'espace ou le vuide qui fépare cette pièce du bord de l'écu.

En orle fe dit des meubles de l'écu, pofés dans le fens de l'*orle*, même de ceux qui accompagnent les pièces honorables, lorfqu'ils fe trouvent dans le même fens.

Le mot *orle*, felon Ménage, vient du latin *orlum*, dérivé de *ora*, *æ*; bord ou lifière.

De Vaudricourt d'Allenay, en Picardie; de gueules, à l'*orle* d'argent.

Gaudechard du Fayel, de Bachevilliers, en la même province; d'argent, à neuf merlettes de gueules en *orle*.

De Chandée du Châtelet, de Vaffalieu, en Breffe; d'azur, à la bande d'or, accompagnée de fix befans d'argent en orle.

Pour l'*orle* en nature, *voyez* (*Pl. IV. fig.* 214.)

Et pour les meubles, mis en *orle*: Dupuis; d'azur, à la bande d'or, engoulée de deux mufles de lions de même, accompagnée de fix befans d'argent rangés en *orle*, chacun chargé d'une moucheture d'hermine de fable. (*Pl. IX. fig.* 479.)

Damas; d'argent, à la hie de fable, pofée en bande, à fix rofes de gueules rangées en *orle*. (*Pl. XI. fig. 578.*)

ORNEMENT, f. m. ORNEMENS, fe dit de tout ce qui eft hors de l'écu, comme les timbres, les bourlets, les lambrequins, les cimiers, les fupports, colliers, manteaux, pavillons, &c.

OS, f. m. *os* de jambes ou de quelque autre partie du corps font quelquefois employés comme meubles dans les armoiries.

Douffy; de fable, à trois os de jambes l'un fur l'autre, pofés en fafce. (*Pl. IX. fig.* 453.)

OTELLE, OTELLES, f. f. pl. bouts de fer & piques affez larges par derrière, qu'on a appellés *amandes pelées*, à caufe qu'ils en ont la figure; on charge quelquefois l'écu de ces bouts de fer.

L'auteur du Supplément dit qu'en vieux gaulois une amande pelée fe nommoit une *ôtelle*.

Quelques-uns font venir ce mot de *haffulæ* ou *haffilæ*, pique ou lance, mot de la baffe latinité. Il pourroit venir d'un mot de la bonne latinité avec lequel il auroit encore plus d'analogie, *haftile, haftilia,*

Bina manu lato erifpans haftilia ferro.

Comminge; de gueules, à quatre *ôtelles* adoffées & pofées en fautoir. (*Pl. X. fig. 507.*)

Rollin, en Lorraine; d'azur, à la fafce d'or, accompagnée de douze *ôtelles* d'argent, vuidées de gueules; huit en chef, mifes en deux rangs, quatre en pointe, deux & deux.

OURS, (ordre de l') ou de SAINT-GAL, ordre de chevalerie en Suiffe, établi par Frédéric II, empereur en 1218, fous le pontificat d'Honoré III. Frédéric voulut, par l'inftitution de cet ordre, récompenfer l'abbé de Saint-Gal, des fervices qu'il en avoit reçus lors de fon élection à l'empire; on choifit les chevaliers parmi la principale nobleffe du pays.

Le collier eft une chaîne d'or, où pend une médaille d'argent, chargée d'un *ours* paffant de fable fur une terraffe de finople.

On a ajouté, en 1305, en mémoire de Gautier Furft, Wener Stauffacher, & Arnold de Melchtal, les trois chefs fondateurs de la liberté des Suiffes, *une branche de chêne en redorte*, qui accompagne l'ancien collier. (*Pl. XXVI. fig. 75. G. D. L. T.*)

OURS, f. m. cet animal paroit dans l'écu, de profil, ne montrant qu'un œil & une oreille.

OURS PASSANT, celui qui femble marcher.

OURS LEVÉ, fe dit quand il eft debout fur fes deux pattes de derrière.

De Saint-Ours de Lechaillon, en Dauphiné; d'or, à un *ours* paffant de fable.

De Bermond de Puifferguier, en Languedoc; d'or, à l'*ours levé* de fable, accolé d'un ceinturon de gueules, d'où pend une épée d'argent.

Aubes Roquemartine, à Arles; d'or, à un *ours* écorché de gueules. (*Pl. XII. fig. 621. Voyez* auffi *pl. VI. fig. 294.*)

OUVERT, TE, adj. fe dit des portes des châteaux, tours, murailles, &c. dont l'émail eft différent.

OUVERT, TE, fe dit auffi de quelques inftrumens de mathématiques à charnière qui paroiffent *ouverts*, foit compas ou autres.

OUVERT, TE, fe dit encore des fruits, particulièrement des grenades, dont l'ouverture eft de différent émail.

De Saillans de Brefenod, de Saint-Julien, en Bourgogne & en Breffe; d'azur, à la tour donjonnée de trois donjons d'or, *ouverte* de fable, au chef d'argent, chargé d'un lion iffant, couronné de gueules.

De Murat de Leftang, en Dauphiné; d'azur, à trois murailles d'argent en fafces crénelées l'une fur l'autre; la première de cinq créneaux, la feconde de quatre, la troifième de trois, & *ouverts* en porte.

Le Compaffeur de Courtivron, de Tarfus, de Lamotte, en Bourgogne; d'azur, à trois compas *ouverts* d'or.

Bonneau de Rusbelles, de Terrinière, en Touraine; d'azur, à trois grenades tigées d'or, *ouvertes* de gueules. (*Pl. VIII. fig. 425.*)

PAILLÉ, ÉE, adj. fe dit des fafces, peaux, & autres pièces bigarrées de différentes couleurs.

Clère, en Normandie ; d'argent, à la fafce d'azur, *paillée* d'or.

PAIRLE, f. m. efpèce de pal mouvant du bas de l'écu, qui fe divife au centre en deux parties égales, lefquelles fe terminent aux angles du haut du même écu.

Le *pairle* eft affez femblable à l'i grec, Y.

En *pairle* fe dit de plufieurs meubles ou pièces rangés dans le fens du *pairle*.

Ce mot vient de *pergula*, que l'on a dit anciennement d'une pièce de bois fourchée dont on fe fervoit pour foutenir les chappes & autres ornemens d'églife dans les facrifties.

Conigan de Caugé, au pays Nantois en Bretagne ; de fable, au *pairle* d'argent.

De Kerckreac, auffi en Bretagne ; de gueules, à trois bars d'or en *pairle*, les têtes au centre de l'écu.

Iffoudun, ville du Berri, porte d'azur, au *pairle* accompagné de trois fleurs-de-lis mal ordonnées, le tout d'or. (*Pl. IV. fig. 218.*)

Harach ; de gueules, à trois plumes (ou panaches) pofées en *pairle*, mouvantes d'un befant pofé au centre de l'écu, le tout d'argent. (*Pl. VI. fig. 334.*)

Bricy ; d'argent, au *pairle* d'azur, chargé de cinq billettes du champ, & flanqué de deux ours de fable, levés & affrontés, mufelés de gueules.

Le *pairle renverfé* eft celui qui eft compofé de trois branches qui partent du centre de l'écu, & dont la première, pofée en pal, aboutit au milieu du chef, & les deux autres aux angles inférieurs. C'eft un Y renverfé, ⅄.

PAISSANT, TE, adj. fe dit du cheval, de la vache, du mouton, de la brebis, &c. qui ont la tête baiffée & femblent paître.

De Bonnefoi de Pucheric, diocèfe de Lavaur ; d'azur, au mouton d'argent, *paiffant* fur une terraffe de finople ; au chef d'or, chargé de trois croifettes de gueules.

Berbify d'Hérouville, près de Gifors en Normandie ; d'azur, à la brebis d'argent, *paiffante* fur une terraffe de finople.

Berbifay, en Bourgogne ; d'azur, à une brebis *paiffante* d'argent fur une terraffe de finople.

PAL, f. m. pièce honorable pofée perpendiculairement qui occupe en largeur, étant feule, les deux feptièmes de la largeur de l'écu. (*Voyez fig. 4. pl. XXVIII.*)

S'il y a deux *pals* dans un écu, cet écu eft divifé en cinq parties égales par quatre lignes per-pendiculaires ; chaque *pal* occupe une partie deux-cinquièmes de largeur ; les trois vuides de même proportion forment le champ. (*Fig. 12. pl. XXIX.*)

S'il y a trois *pals*, la divifion de l'écu fe fait par fix lignes perpendiculaires à diftances égales qui le partagent en fept parties ; les *pals* ont chacun une partie en largeur. (*Fig. 13. pl. XXVIII. Voyez auffi pl. II. fig. 99.*)

Le *pal* repréfente un pieu pofé debout, & eft une marque de jurifdiction.

Plufieurs auteurs font venir le mot *pal* du latin *palus*, un pieu, un poteau.

Ducange le dérive de *pallea*, qui a fignifié un tapis ou une pièce d'étoffe de foie, & il dit que les anciens nommoient *pales* les tapifferies qui couvroient les murailles, qu'elles étoient d'étoffe d'or & de foie coufues alternativement ; il ajoute que les anciens difoient *paler* pour *tapiffer*, & que de-là on doit tirer l'origine des mots *pal* & *palé*. Effectivement on voit encore dans quelques châteaux, de vieilles tapifferies d'étoffes d'or & de foie par bandes perpendiculaires, qui imitent le palé des armoiries.

Bolomier de Nercia, en Breffe ; de gueules, au *pal* d'argent. (*Pl. II. fig. 99.*)

De Harlay de Cely, à Paris ; d'argent, à deux *pals* ou *paux* de fable. (*Pl. III. fig. 112.*)

De Robert de Lignerac de Quelus, en Quercy ; d'argent, à trois *pals* de gueules.

D'Eftiffac ; d'azur, à trois *pals* d'argent. (*Pl. III. fig. 113.*)

Bricy, ancienne maifon de Lorraine ; portoit d'or à trois *pals* de gueules, à la bordure de fable.

On appelle *pal brochant* celui qui couvre quelque pièce de l'écu.

Le Clerc de Fleurigny ; de fable, à trois rofes d'argent, au *pal* de gueules, brochant fur la troifième. (*Pl. III. fig. 116.*)

PAL ACCOTÉ, celui qui a des deux côtés quelques autres pièces.

Vallée ; d'azur, au *pal* d'argent, *accôté* de deux aigles d'or. (*Fig. 117.*)

PALS ACCOMPAGNÉS, ceux qui ont entr'eux d'autres pièces placées alternativement.

Boullé ; d'argent, à la fafce de gueules, à trois *pals* brochans d'azur, *accompagnés* de fix mouchetures de fable, quatre en chef & deux en pointe. (*Pl. III. fig. 118.*)

PALS ONDÉS, ceux qui étant de la même largeur dans toute leur étendue, font ondoyans & préfentent des angles faillans & des angles rentrans.

Dabolio ; d'azur, à quatre *pals ondés* d'or. (*Pl. III. fig. 119.*)

De Layat; d'azur, à quatre *pals ondés* d'argent, accompagnés de trois flammes d'or entre les *pals*, rangées en fasces. (*Pl. IX. fig. 478.*)

PALS FLAMBOYANS , ceux qui n'ayant pas la même largeur dans toute leur étendue, & ne touchant pas l'extrémité de l'écu, sont ondoyans ou plutôt semblables à des flammes, & se terminent en pointe.

Bataille, en Bourgogne; d'argent, à trois *pals flamboyans* de gueules, mouvans de la pointe. (*Pl. III. fig. 125.*)

PALS COMÉTÉS sont précisément la même chose que les *pals* flamboyans, mais en sens contraire; c'est-à-dire qu'ils sont mouvans du chef, & que leurs pointes, dirigées vers la partie inférieure de l'écu, ne touchent point à cette partie.

De Termes; d'azur, à trois *pals cométés* ou ondoyans d'argent. (*Pl. VII. fig. 381.*)

PAL FRETTÉ est celui qui est formé par des frettes. (*Voyez* ce mot.)

Miremont; d'azur, au *pal* d'argent, *fretté* de sable, accôté deux fers de lance coupés d'argent & de gueules. (*Pl. III. fig. 120.*)

PAL BANDÉ , celui qui est formé par des bandes.

Chauveron; d'argent, au *pal bandé* de six pièces. (*Pl. III. fig. 121.*)

PAL BRETESSÉ-VERGETTÉ , celui qui a des bretesses des deux côtés, & dont le milieu rétréci offre une vergette plutôt qu'un *pal*.

Sublet; d'azur, au *pal bretessé* d'or, maçonné de sable, chargé d'une vergette de même. (*Ibid. fig. 122.*)

PALS ALAISÉS & FICHÉS , on appelle ainsi les *pals* qui ne touchent point au haut de l'écu, & qui se terminent en pointes; on se appelle aussi, à cause de cette seconde propriété, *pals aiguisés* , & ils servent à faire des palissades.

Saligny; d'or, à trois *pals alaisés* , ou aléfés au pied fiché de fable. (*Fig. 123.*)

PALS ABAISSÉS ; ce sont ceux qui sont posés dans une situation plus basse qu'à l'ordinaire, & qui, par exemple, ne commencent que vers le milieu de l'écu.

Crosse; d'azur, à trois *pals abaissés* d'or, surmontés de trois étoiles de même. (*Fig. 124.*)

PAL RETRAIT. (*Voyez* RETRAIT , & *voyez* pl. XII. fig. 640.)

PALADIN, f. m. (*Hist. de la Chevalerie*) On appelloit autrefois *paladins* , ces fameux chevaliers errans, qui cherchoient des occasions pour signaler leur valeur & leur galanterie. Les combats & l'amour étoient leur unique occupation; & pour justifier qu'ils n'étoient pas des hommes vulgaires, ils publioient de toutes parts, que leurs maîtresses étoient les plus belles personnes qui fussent au monde, & ils obligeoient ceux qui n'en conviendroient pas volontairement, de l'avouer ou de perdre la vie.

On dit que cette manie commença dans la cour d'Artus, roi d'Angleterre, qui recevoit avec beau-

coup de politesse & de bonté les chevaliers de son royaume & ceux des pays étrangers, lorsqu'ils s'étoient acquis par leurs défis, la réputation de braves & de galans chevaliers. Lancelot étant arrivé à la cour de ce prince, devint amoureux de la reine Genèvre, & se déclara son chevalier; il parcourut toute l'île, il livra divers combats dont il sortit victorieux, & se rendant ainsi fameux par ses faits guerriers, il publia la beauté de sa maîtresse, & la fit reconnoître pour être infiniment au-dessus de toutes les autres beautés de la terre. Tristan, d'un autre côté, amoureux de la reine Isforte ou Iseult publioit de même la beauté & les graces de sa maîtresse, avec un défi à tous ceux qui ne le reconnoîtroient pas.

L'amour qui est fondé sur le bonheur attaché au plaisir des sens, sur le charme d'aimer & d'être aimé, & encore sur le desir de plaire aux femmes, se porte plus vers une de ces trois choses, que vers les deux autres, selon les circonstances différentes dans chaque nation & dans chaque siècle. Or, dans le temps des combats établis par la loi des Lombards, ce fut, dit M. de Montesquieu, l'esprit de galanterie qui dut prendre des forces. Des *paladins* , toujours armés dans une partie du monde pleine de châteaux, de forteresses & de brigands, trouvoient de l'honneur à punir l'injustice, & à défendre la foiblesse. De-là encore, dans nos romans, la galanterie fondée sur l'idée de l'amour, jointe à celle de force & de protection. Ainsi naquit la galanterie, lorsqu'on imagina des hommes extraordinaires, qui, voyant la vertu jointe à la beauté & à la foiblesse, furent portés à s'exposer pour elle dans les dangers, & à lui plaire dans les actions ordinaires de la vie. Nos romans de chevalerie flattèrent ce desir de plaire, & donnèrent à une partie de l'Europe cet esprit de galanterie, que l'on peut dire avoir été peu connu par les anciens.

Le luxe prodigieux de cette immense ville de Rome flatta l'idée des plaisirs des sens. Une certaine idée de tranquillité dans les campagnes de la Grèce, fit décrire les sentimens de l'amour, comme on peut le voir dans les romans grecs du moyen âge. L'idée des *paladins* , protecteurs de la vertu & de la beauté des femmes, conduisit à celle de la galanterie. Cet esprit se perpétua par l'usage des tournois, qui, unissant ensemble les droits de la valeur & de l'amour, donnèrent encore à la galanterie une grande importance. *Esprit des loix.* (*D. J.*)

PALÉ , ÉE , adj. se dit d'un écu divisé en six pals égaux par cinq lignes perpendiculaires, dont trois pals d'un émail, trois d'un autre; un de métal, l'autre de couleur alternativement. Ces six pals qui forment le *palé* ont chacun une partie un sixième de partie. (*Voyez* fig. 20-1. pl. XXX.)

Il y a aussi des écus *palés* de huit pièces; alors chaque pal est de sept huitièmes de partie; & en blasonnant, on dit, *palé de huit pièces.*

Rupière de Furuye, en Normandie ; *palé* d'or & d'azur.

De Montferrand , en Gascogne ; *palé* d'argent & d'azur de huit pièces. (*G. D. L. T.*)

De Briqueville ; *palé* d'or & de gueules. (*Pl. III. fig.* 114.)

Mérodes , écartelé ; au premier & quatrième *palé* de huit pièces d'or & de gueules ; au deuxième & troisième , burelé de huit pièces d'argent & d'azur , au lion de gueules , couronné d'argent à l'antique , brochant sur le tout.

CONTRE-PALÉ. (*Voyez la fig.* 115. armes de Joinville , & *voyez* cet article CONTRE-PALÉ , au mot CONTRE.)

PALISSÉ , ÉE , adj. se dit d'une fasce ou autre pièce formée de plusieurs pieux placés près-à-près pointus en haut , qui imite les palissades employées pour la défense des places de guerre.

De Guesille du Rocher , de Chesnay , des Forges , en Bretagne ; d'argent , à la fasce *palissée* d'azur.

Die Mystinkose , à Lubeck ; d'azur , à trois troncs écotés d'or , enclos dans une enceinte ronde , *palissés* de même.

PALME , s. f. meuble de l'écu qui représente un rameau ou branche de palmier.

Leforestier de la Laforesterie , en Normandie ; d'argent , à cinq *palmes* de sinople , liées de gueules.

Magnien de Chailly , en Bourgogne ; d'azur , à deux *palmes* adossées d'or.

Le Boullanger ; d'or , à trois *palmes* de sinople , accompagnées en chef d'une étoile de gueules. (*Pl. VIII. fig.* 408.)

PALMIER , s. m. arbre dont la tige ou le fût est figuré en forme d'écailles ; ses branches vers la cime sont autant de palmes qui penchent en portion de cercle ; son fruit qui a quelque ressemblance aux prunes , se nomme *dattes* & est d'un bon goût.

Le *palmier*, dans les armoiries, est ordinairement de sinople.

De Lesquen de Romeny , de Lestremeur , en Bretagne ; d'or , au *palmier* de sinople.

PAMÉ , ÉE , adj. se dit du dauphin ou autre poisson qui a la gueule ouverte ou béante, & qui semble expirer ; & aussi de l'aigle sans langue, dont le bec paroît fort crochu , & qui a l'œil fermé , parce qu'on prétendoit autrefois que cet oiseau (qui , disoit-on , vit plus d'un siècle) étant sur la fin de ses jours , son bec devient si crochu , qu'il ne peut plus prendre de nourriture ; ce qui lui cause la mort. Le Blason , comme institution ancienne, a conservé toutes les vieilles erreurs.

Ce mot de *dauphin pâmé* distingue le dauphin d'Auvergne du dauphin de Viennois, qui est toujours représenté vif.

Saint-Ilpice de Comberonde , en Auvergne ; de gueules, au *dauphin pâmé* d'or.

De Saqueville , en Normandie ; d'hermine , à l'aigle *pâmée* de gueules, au vol abaissé.

PAMPRE , s. m. cep de vigne orné de quelques feuilles : son émail particulier est le sinople ; il y en a cependant d'autres émaux dans les armoiries.

Les *pampres* sont les attributs de Bacchus & des Bacchantes qui célébroient les mystères de ce dieu.

De Lavigne de la Chesnaye , de la Hautemorais , en Bretagne ; d'argent , au *pampre* de vigne de sinople posé en fasce.

Le Besgue de Majainville ; d'azur , au cep de vigne ou *pampre* d'or , soutenu d'un échalas de même ; un oiseau d'argent perché au haut , & accôté de deux croissans de même. (*Pl. VIII. fig.* 432.)

Monod ; de gueules, au chevron d'argent , accompagné en pointe d'un *pampre* de sinople. (*Pl. XI. fig.* 608.)

PAMPRÉ , ÉE , adj. se dit des feuilles & de la tige d'une grappe de raisins , lorsqu'elles se trouvent d'un autre émail que la grappe.

Arlot de Frugie de la Roque , à Périgueux ; d'azur , à trois étoiles rangées en fasce , accompagnées en chef d'un croissant , & en pointe d'une grappe de raisins , le tout d'argent , la grappe *pamprée* de sinople.

PANACHE ou PENNACHE , ou PLUMES, s. m. meuble d'armoiries.

De Marolles ; d'azur , à l'épée d'argent , la garde en haut d'or , accôtée de deux *panaches* adossés du second émail.

Harach ; de gueules, à trois *plumes* ou *panaches* mouvans d'un besant posé au centre de l'écu , le tout d'argent. (*Pl. VI. fig.* 333-4.)

On représente le *panache* dans les armoiries en pal , le sommet courbé comme une feuille d'acanthe ; d'azur , à trois *panaches* d'or.

PANACHÉ , adj. par lequel on désigne un chapeau ou un bonnet orné de *panaches*.

Un bonnet d'argent , rebrassé d'hermine & *panaché* de trois plumes d'or.

PANELLE , s. f. c'est le nom qu'on donne aux feuilles de peuplier. La maison de Schreisbergdorf , en Silésie ; porte , de gueules , à trois *panelles* ou feuilles de peuplier d'argent , posées en pairle , les queues aboutées en cœur.

Laubenberg , en Souabe ; de gueules , à trois *panelles* d'argent , mises en pointe. (*Pl. XI. fig.* 607.)

PANNON GÉNÉALOGIQUE , écu chargé des diverses alliances des maisons dont un noble est descendu. Il sert à faire ses preuves. Il comprend les armes du père & de la mère , de l'aïeul & de l'aïeule , du bisaïeul & de la bisaïeule. Il est composé de huit , de seize , de trente-deux quarriers , sur lesquels on dresse l'arbre généalogique. (*Voyez* le *pennon* ou pannon généalogique de trente-deux quartiers de la *planche XX.*)

PAON, (vœu du) *Hist. de la Chevalerie.* Les entreprises de guerre & de chevalerie , sur-tout celles des croisades , étoient annoncées & publiées avec un appareil capable d'inspirer à tous les guerriers l'ardeur d'y concourir, & de partager la gloire

qui devoit en être le prix. L'engagement en étoit
ſcellé par des actes de religion , & par des vœux
dont rien ne pouvoit diſpenſer.

Le plus authentique de tous les vœux étoit celui que l'on appelloit le *vœu du paon* ou *du faiſan*.
Ces nobles oiſeaux , car on les qualifioit ainſi , repréſentoient , par l'éclat & la variété de leurs couleurs , la majeſté des rois , & les ſuperbes habillemens dont ces monarques étoient parés pour
tenir ce que l'on nommoit *tinel* ou *cour plénière*. La
chair du *paon* ou du faiſan étoit , ſi l'on en croit
nos vieux romanciers , la nourriture particulière
des preux & des amoureux. Enfin , ſelon Matthieu
Paris , une figure de *paon* ſervoit de but aux chevaliers qui s'exerçoient à la courſe des chevaux &
au maniement de la lance.

Le jour donc que l'on devoit prendre l'engagement ſolemnel , un *paon* ou bien un faiſan quelquefois rôti , mais toujours paré de ſes plus belles
plumes , étoit apporté majeſtueuſement par des dames ou par des demoiſelles dans un grand baſſin
d'or ou d'argent, au milieu de la nombreuſe aſſem-
blée de chevaliers convoqués. On le préſentoit à
chacun d'eux , & chacun faiſoit ſon vœu ſur l'oiſeau : enſuite on le reportoit ſur une table, pour
être enfin diſtribué à tous les aſſiſtans. L'habileté
de celui qui tranchoit, conſiſtoit à le partager , de
manière que tous puſſent en avoir. Les dames ou
demoiſelles choiſiſſoient un des plus braves de l'aſ-
ſemblée, pour aller avec elles porter le *paon* au
chevalier qu'il eſtimoit le plus preux. Le chevalier
choiſi mettoit le plat devant celui qu'il croyoit mériter la préférence , coupoit néanmoins l'oiſeau ,
& le diſtribuoit ſous ſes yeux ; & cette diſtinction
ſi glorieuſe , attachée à la plus éminente valeur ,
ne s'acceptoit qu'après une longue & modeſte ré-
ſiſtance. *Mém. de l'acad. des Inſcript. tome XX.* (*D. J.*)

PAON, ſ. m. oiſeau qui ſe diſtingue dans l'écu
par trois plumes en aigrette ſur la tête & par ſa
longue queue ; il eſt ordinairement de front éta-
lant ſa queue en forme de roue, & ſemblant s'y
mirer ; on le nomme alors *paon rouant*.

Quelquefois il paroît de profil , ſa queue traînante.

Le *paon* eſt l'attribut de Junon , femme de Jupiter.
De Belly d'Arbuſenier , en Breſſe ; d'azur , au
paon rouant d'or.

De Guiſſelin de Fremeſſent, en Picardie ; d'azur ,
à trois *paons* d'or de profil.

Bachelier ; d'azur , à la croix engrêlée d'or, cantonnée de quatre *paons* rouans d'argent. (*Pl. XI.
fig. 596.*)

Badet , en Lorraine ; d'or , au chevron d'azur ,
accompagné de trois têtes de *paon* au naturel , deux
en chef , un en pointe.

PAPELONNÉ , ÉE , adj. ſe dit de l'écu rempli
de parties circulaires qui imitent les écailles des
poiſſons.

Le plein de ces écailles tient lieu de champ , &
les bords de pièces & d'ornemens.

PAPELONNÉ , ÉE , ſe dit auſſi des pièces honorables & autres chargées de pareils ornemens.

D'Arquinvilliers , en Picardie ; d'hermine , *papelonné* de gueules.

Havet de Neuilly , à Paris ; d'azur , à la croix
d'argent, *papelonnée* de gueules.

Fouilleuſe de Flavacourt ; d'argent , *papelonné* de
chaque pièce d'argent , chargée d'un trèfle renverſé
de gueules. (*Pl. V. fig. 239.*)

PAPILLON , ſ. m. inſecte qui paroît dans l'écu ,
de front, le vol étendu.

PAPILLON MIRAILLÉ , eſt celui qui a les marques des ailes d'un autre émail que le corps.

De Rancrolles , en Picardie ; de gueules , à un
papillon d'argent.

Barrin de la Galiſſonnière ; d'azur , à trois *papillons* d'or. (*Pl. VI. fig. 330.*)

PARÉ , ÉE , adj. ſe dit d'un dextrochère , dont
le bras eſt d'un autre émail que la main , & auſſi
d'une foi habillée d'émail différent.

Vaillant de Begnimond , de Rebais , près d'Ar-
ques en Normandie ; d'azur , au dextrochère d'argent , *paré* de gueules , mouvant d'une nuée du ſecond émail , tenant une épée de même , garnie d'or.

De Beauxhoſtes d'Agel , à Narbonne ; d'azur , à
une foi d'argent , *parée* d'or, ſurmontée d'une couronne de comte de même.

PARTI , IE adj. diviſion de l'écu en deux également, par une ligne perpendiculaire.

L'écu eſt quelquefois *parti* de pluſieurs traits : en
ce cas , les diviſions ſe trouvent de même égales
entr'elles.

PARTI ſe dit auſſi du lion ou d'un autre animal
diviſé par une ligne perpendiculaire en deux émaux
différens.

De Bailleul de Chateaugontier , à Paris ; *parti*
d'hermine & de gueules.

De Lüfy de Péliſſac , en Forez ; *parti* au premier, d'or, à la faſce échiquetée d'argent & de gueules , qui eſt de Lüfy ; au deuxième , de gueules ,
au chevron d'argent , accompagné de trois étoiles
d'or, qui eſt de Péliſſac.

Beauvoir de Grimoard , du Roure , de Barjac ,
en Languedoc ; *parti* de deux traits , coupé d'un ,
ce qui forme ſix quartiers ; au premier , d'azur , au
chêne d'or à quatre branches entrelacées en deux
cercles , l'un dans l'autre , qui eſt du Roure ; au deuxième , d'or, au lion de vair , couronné d'azur , qui
eſt de Montlaur ; au troiſième , de gueules , au
chef émanché de trois pièces , qui eſt de Griſſac ,
dit *Grimoard* ; au quatrième , d'or , à deux léopards d'azur , qui eſt de Maubec ; au cinquième,
d'argent , à la tour de gueules , ouverte & ajourée
de ſable , qui eſt de Gevaudan ancien ; au ſixième
& dernier , de ſable , au lion d'argent , à la bordure
engrêlée de même , qui eſt de Beauvoir.

De Cadrieu , en Guyenne ; d'or , au lion couronné , *parti* de gueules & de ſable.

De Lemps de la Touvière , en Dauphiné ; *parti*
d'or & de gueules , au lion de l'un à l'autre.

Rougraff ; *parti* d'or & de gueules.

Graff ; *parti* de fable & d'argent, à l'aigle éployée de l'un en l'autre. (*Pl. I. fig. 37.*)

Chatillon ; *parti* d'argent & de gueules, au lion de l'un en l'autre. (*Ibid. fig. 38.*)

La Pallud, en Savoie ; *parti* de gueules, à la fasce *partie* de l'un en l'autre, chargée de trois rofes de même. (*Fig. 39.*)

Zettritz ; *parti* d'argent & de gueules, à un rencontre de buffle de l'un en l'autre. (*Fig. 40.*)

Karpen ; d'azur, à un rencontre de buffle, *parti* de gueules & d'argent. (*Fig. 41.*)

Les personnes les moins accoutumées à la langue du Blafon, entendent qu'ici le mot *parti* fignifie *partagé* ; mais il a, pour ainfi dire, deux fignifications différentes, l'une particulière, l'autre générale ; fa fignification particulière, qui, même à la rigueur, eft la feule, ne s'applique qu'au *parti* en pal, ou fimplement *parti*. La fignification générale s'applique à toutes fortes de partitions, & on ne s'en fert jamais fans y ajouter quelques mots pour caractérifer la partition particulière que l'on entend.

Ainfi nous avons *parti* en croix, en chef, en pal, en fafce, en bande droite, en bande gauche, en chevron, &c. (*Voyez* ECARTELER.)

L'inclination de nos ancêtres, dit la Colombière, étant fort portée aux faits d'armes & de chevalerie, ils étoient dans l'ufage de conferver leurs armes coupées & fracaffées, comme des marques honorables de leurs exploits ; & ceux qui s'étoient trouvés aux actions les plus vives, étoient diftingués par le plus grand nombre de coupures & de brifures qui paroiffoient fur leurs écus. Pour en perpétuer la mémoire, dit le même auteur, ils les faifoient peindre fur leurs boucliers, & , par ce moyen, les faifoient paffer à la poftérité. Et quand le Blafon devint un art, & que les officiers reçurent ordre de choifir leurs armoiries, ils donnèrent à ces coups des noms convenables à leur nature, & en prefcrivirent quatre dont tous les autres font tirés : favoir *parti* (en anglois) ; *parti* en pal, coupé (en anglois) ; *parti* en fafce, tranché (en anglois) ; *parti* en bande droite, & taillé (en anglois) ; *parti* en bande gauche. (*Voyez* COUPÉ, TRANCHÉ, &c.)

PARTI EN PAL, c'eft quand l'écuffon eft divifé perpendiculairement en deux par une coupure dans le milieu du fommet jufqu'en bas.

PARTI EN FASCE, c'eft quand l'écuffon eft coupé à travers le milieu de côté en côté. (*Voyez* FASCE.)

PARTI EN BANDE DROITE, c'eft quand la coupure defcend depuis l'angle fupérieur de l'écuffon du côté droit jufqu'à l'angle inférieur qui lui eft oppofé. (*Voyez* BANDE.)

PARTI EN BANDE GAUCHE, c'eft quand la coupure defcend de l'angle gauche fupérieur à travers l'écuffon jufqu'à l'angle inférieur qui lui eft oppofé.

De ces quatre partitions générales ont été com-

pofées quantité de partitions particulières de formes différentes.

Spelman dit dans fon *Afpilogie*, que les divifions dont on fe fert à préfent dans les écuffons, étoient inconnues fous le règne de l'empereur Théodofe ; qu'elles ont été introduites dans le temps de Charlemagne, ou après ; qu'elles étoient peu en ufage chez les Anglois fous le règne d'Henri II, roi d'Angleterre, mais beaucoup fous celui d'Edouard III.

La fection droite de haut en bas, obferve le même auteur, eft appellée en latin *palaris*, à caufe de fa reffemblance avec un poteau ou palus ; & il y a fouvent deux armoiries entières fur les côtés, celle des maris à droite, & celle des femmes à gauche. La fection directe en travers étant à la place d'une ceinture, eft appellée *baltica*, &c.

Quand l'écuffon eft *parti* & coupé, on le nomme *écartelé*. (*Voyez* QUARTIER & ECARTELÉ.)

On dit *parti l'un de l'autre*, lorfque l'écuffon entier eft chargé de quelque pièce honorable coupée par la même ligne qui coupe l'écuffon. Il y a une règle qui demande qu'un côté foit de métal, & l'autre de couleur : ainfi il porte de fable, *parti* d'argent, une aigle éployée *partie* de l'un en l'autre.

Bailleul ; d'hermine, *parti* de gueules.

PARTITIONS, f. f. pl. il y a quatre *partitions* générales ; le *parti*, le coupé, le tranché & le taillé.

Le *parti* divife l'écu en deux également par une ligne perpendiculaire.

Le coupé, par une ligne horizontale.

Le tranché, par une ligne diagonale à droite.

Et le taillé, par une ligne diagonale à gauche.

Les autres *partitions* font compofées de ces quatre premières. (*Voyez* pl. I. les *fig. 25-6-7--8.*)

Parti & *partitions* viennent du verbe *partir*, divifer en parts, en portions égales. (*G. D. L. T.*)

PAS D'ARMES, *en chevalerie*, eft une place que les anciens chevaliers entreprenoient de défendre ; par exemple, un pont, un chemin, &c. par lequel on ne fauroit paffer fans combattre la perfonne qui le garde.

Les chevaliers qui défendoient le *pas* pendoient leurs armes à des arbres, à des poteaux, à des colonnes, &c. élevées pour cet ufage ; & quiconque étoit difpofé à difputer le paffage, touchoit une de ces armoiries avec fon épée, ce qui étoit un cartel que l'autre étoit obligé d'accepter ; le vaincu donnoit au vainqueur le prix dont ils étoient convenus avant le combat.

On appelloit auffi *pas d'armes* le combat ou défi qu'un tenant, ou feul, ou accompagné de plufieurs chevaliers, offroit dans les tournois contre tous venans : ainfi, en 1514, François, duc de Valois, avec neuf chevaliers de fa compagnie, entreprit un pareil combat appellé *le pas de l'arc triomphal*, dans la rue Saint-Antoine à Paris, pour les fêtes du mariage de Louis XII ; & le tournoi où Henri II fut bleffé à mort en 1559, étoit auffi un *pas* d'armes, puifqu'il eft dit dans les lettres de cartel, *que le pas eft ouvert par fa majefté très-chrétienne, &c. pour être tenu contre tous venans dûment qualifiés.* Le funefte accident qui mit ce prince au tombeau, a fait ceffer ces dangereux divertiffemens.

PASMÉ, ÉE, adj. (*Voyez* PAMÉ.)

PASSANT, TE, adj. fe dit du cerf, du loup, du lévrier, du bœuf, de la vache, de la licorne & des autres animaux quadrupèdes qui femblent marcher : on en excepte le lion qui, en cette attitude, eft dit *léopardé ;* & auffi le léopard qui eft prefque toujours repréfenté *paffant,* ce qui ne s'exprime point.

De Beugres de la Chapelle-Bragny, en Bourgogne; d'or, au bœuf *paffant* de fable, accorné de gueules.

Ifarn de Freffinet, de Valady, en Rouergue; de gueules, au bouc *paffant* d'argent.

De Bons de Farges, en Breffe; d'azur, au cerf *paffant* d'or,

Trudaine; d'or, à trois daims *paffans* de fable. (*Pl. V. fig. 264.*)

Montholon; d'azur, à un mouton *paffant* d'or, furmonté de trois rofes de même. (*Ibid. fig. 275.*)

La Chétardie ; d'azur, à deux chats *paffans* d'argent l'un fur l'autre. (*Pl. VI. fig. 287.*)

D'Offun; d'or, à l'ours *paffant* de fable, fur une terraffe de finople. (*Pl. VI. fig. 294.*)

PASSÉS-EN-SAUTOIR, PASSÉES, adj. fe dit de deux badelaires, de deux épées, de deux piques, de deux flèches & autres pièces de longueur croifées l'une fur l'autre en diagonales, l'une à dextre, l'autre à feneftre.

PASSÉS-EN-SAUTOIR fe dit auffi de deux lions ou autres animaux rampans, dont l'un contourné broche fur l'autre.

PASSÉE-EN-SAUTOIR fe dit encore de la queue fourchée d'un lion, dont les deux parties divifées fe croifent.

Marec de Launay, de Keridec en Bretagne ; d'azur, à deux badelaires d'or, *paffés-en-fautoir.*

Coignet de la Tuillerie, de Courfan, en Bourgogne; d'azur, à deux épées d'argent, garnies d'or, *paffées-en-fautoir,* accompagnées de quatre croiffans du fecond émail.

Pafcal de Saint-Juéri, de Caffillac, de Rochegude, diocèfe de Béziers, & en Albigeois; d'azur, à deux bourdons de pélerins d'or, *paffés-en-fautoir;* au chef coufu de gueules, chargé d'une étoile d'argent.

Desfoffés de Pot, de Beauville, en Picardie ; d'or, à deux lions de gueules *paffés-en-fautoir.*

De Bruyères-le-Châtel de Chalabre, diocèfe de Mirepoix; d'or, au lion de fable, la queue fourchée, nouée & *paffée-en-fautoir.*

Marbeuf; d'azur, à deux épées d'argent, garnies d'or, *paffées-en-fautoir,* les pointes en bas. (*Pl. X. fig. 493.*)

Varennes; d'argent, à deux haches d'azur, *paffées-en-fautoir,* les têtes en haut. (*Ibid. fig. 497.*)

Clermont-Tonnerre; de gueules, à deux clefs *paffées-en-fautoir.* (*Pl. XI. fig. 568.*)

Parent; d'azur, à deux bâtons écotés & alefés d'or, *paffés-en-fautoir,* accompagnés d'un croiffant d'argent en chef, & de trois étoiles d'or, deux en flanc & une en pointe. (*Pl. VIII. fig. 401.* *Voyez* auffi les lions *paffés-en-fautoir* de la *fig. 247. pl. V.*)

PASSION DE JESUS-CHRIST, (ordre de la) ordre de chevalerie fondé vers l'an 1380, en Angleterre, par le roi Richard II, & en France par Charles VI, lorfque ces princes eurent formé le deffein de reconquérir la Terre-Sainte. Leur but étoit qu'en fe rappellant les circonftances & la fin de la *paffion de Jefus-Chrift*, les croifés vécuffent avec plus de piété & de régularité que n'avoient fait la plupart de ceux qui les avoient précédés dans de femblables entreprifes. Il y eut plus de onze cents chevaliers qui firent les trois vœux, & l'on accorda au grand-maître une autorité qu'un prince auroit enviée.

Dans les folemnités ils devoient porter un habit de pourpre qui defcendoit jufqu'aux genoux, avec une ceinture de foie, & fur la tête un capuce ou chaperon rouge. Leur habit ordinaire étoit couvert d'un furtout de laine blanche, fur le devant duquel étoit une croix de laine rouge, large de trois doigts. On recevoit auffi dans cet ordre des veuves qui devoient foigner les malades, mais il ne fubfifta pas; il y a même des auteurs qui difent qu'on en demeura au fimple projet.

PASSION, (l'ordre de la noble) inftitué par Jean-Georges, duc de Saxe-Weiffenfels, en 1704, pour infpirer des fentimens d'honneur à la nobleffe de fes états.

La marque des chevaliers de cet ordre eft un ruban blanc bordé d'or, fur l'épaule droite en écharpe, qui foutient une étoile d'or fur un cercle d'argent où font écrits ces mots : *J'aime l'honneur qui vient par la vertu;* l'étoile chargée d'une croix de gueules, furchargée d'un médaillon d'azur, avec un chiffre formé de deux lettres J. G. Au revers font les armes de la principauté de Querfurt, & ces mots : *Société de la noble Paffion, inftituée p. J. G. D. d. S. Q. 1704.* (*Pl. XXIV. fig. 25. 6. D. L. T.*)

PASSION, croix de *paffion,* eft une croix à laquelle on donne ce nom, parce qu'à l'imitation de celle de la *paffion,* elle n'eft point croifée dans le milieu ; mais vers le haut, avec les bras courts en proportion de la longueur du côté d'en-haut.

PASSION, (cloux de la) on appelle ainfi une forme particulière de cloux, qu'on fuppofe faits comme ceux dont on crucifia J. C. pour les différencier des autres cloux ordinaires.

Les Machiavelli de Florence portent ; d'argent, à la croix d'azur, onglée de quatre cloux de la *paffion.*

PATENOTRE, f. f. meuble de l'écu qui repréfente un chapelet. (*Voyez pl. IX. fig. 491.*)

Ce terme vient du vieux françois *patenoftre,* dé

rivé des mots latins *pater noster* , & qui fignifioit un *chapelet*.

De Lermite de Saint-Aubin , en Auvergne ; de finople , à la *patenôtre* d'or de vingt-un grains , po-fée en chevron, un dixain de chaque côté , qui fe terminent par une houppe en bas , une croifette de même fur le grain en chef ; cette *patenôtre* ac-compagnée de trois quintefeuilles d'argent. (*Voyez* CHAPELET.)

PATENOTRÉ , ÉE, adj. une croix *patenôtrée* eft une croix faite de grains , tels que ceux du cha-pelet.

PATRIARCHALE , adj. f. fe dit d'une croix haute à deux traverfes, la première moins longue.

On l'appelle *patriarchale* , parce que les croix de cette efpèce appartiennent aux patriarches , comme la triple croix au pape.

Oritel de la Vigne , de la Porte , en Bretagne ; d'azur , à la croix *patriarchale* d'or , le montant ac-côté de deux clefs adoffées d'argent, les pannetons en bas. (*Voyez* LORRAINE , CROIX DE LORRAINE.)

PATTE, f. f. jambe de lion , d'ours , de levrier ou d'autre animal quadrupède, féparée de leur corps.

Les *pattes* jointes au corps d'un quadrupéde, ne fe nomment en blafonnant que lorfqu'elles fe trou-vent d'émail différent.

Les *pattes* de l'aigle & autres oifeaux font nom-mées *membres*.

De Gerard de Hervillers , en Lorraine ; d'ar-gent, à la *patte* de lion de fable, au chef d'azur , chargé de trois étoiles d'or.

De Haut de Sancy , dans le Barrois ; d'azur à trois *pattes* de lion d'or , l'une fur l'autre.

De Brignac de Montarnaud , à Montpellier ; de gueules , au levrier rampant d'argent, accollé d'or, les deux *pattes* dextres de même.

Mallabrancha , à Rome ; de gueules, à une *patte* de lion d'argent, mouvante du flanc dextre & po-fée en bande. (*Pl. V. fig. 256.*)

PATTÉ, ÉE, adj. fe dit du fautoir , de la croix & autres pièces , dont les branches s'élargiffent à leurs extrémités.

Rougé du Pleffis-Bellière, en Bretagne ; de gueul-les , à la croix *pattée* d'argent.

Gaucher , en Lorraine ; d'or , au chevron d'azur , accompagné en chef de deux croix de fable , *pat-tées* , & en pointe d'une étoile de gueules , au chef de même chargé de trois befans d'or en rang.

De Savonières de Lignières , en Anjou ; de gueul-les , à la croix *pattée* & aléfée d'argent.

Barlot du Chatellier , en Poitou ; de fable , à trois croifettes *pattées* d'argent.

Dorat de Chameulles ; de gueules , à trois croix *pattées* d'or. (*Pl. III. fig. 156.*)

On appelle *pattée-chargée* , une croix ainfi élar-gie à fes extrémités , qui eft d'ailleurs chargée de quelques moindres pièces.

Le Peletier ; d'azur , à la croix *pattée* d'argent , chargée en cœur d'un chevron de gueules , & en pointe d'une rofe de même , boutonnée d'or , le

chevron accôté de deux molettes de fable fur la traverfe de la croix. (*Pl. III. fig. 157.*)

PAVILLON , f. m. fignifie une couverture en forme de tente, qui revêt & enveloppe les armoi-ries des fouverains.

Les auteurs héraldiques de France difent qu'il n'y a que les monarques fouverains qui puiffent porter le *pavillon* entier.

Il eft compofé de deux parties ; du comble , qui eft fon chapeau , & de la courtine , qui en fait le manteau. Les rois électifs , ou foumis à quelque dé-pendance , doivent , felon les héraldiftes , ôter le deffus , & ne laiffer que les courtines. (*Voyez* MANTEAU.)

L'ufage des *pavillons* & des manteaux dans les armoiries eft venu , felon les uns , des anciens lam-brequins qui fe font trouvés quelquefois étendus en forme de couverture, & retrouffés de part & d'autre.

D'autres prétendent que cet ufage eft venu des anciens tournois, où l'on expofoit les armes des chevaliers fur des tapis précieux , fur des tentes & des *pavillons*, que les chefs des quadrilles y fai-foient dreffer , pour fe mettre à couvert jufqu'à ce qu'ils entraffent en lice.

On appelle auffi *pavillon* la grande ouverture d'une trompe ou d'une trompette ou d'un cor-de-chaffe, oppofée à l'embouchure.

Rouyer d'Hénamenil , dans le Barrois ; parti, au premier , de gueules à la voile d'or ; au fecond, d'azur femé de croix d'or au pied fiché à trois *pavillons* de même , deux & un , & fur le tout, une rofe auffi d'or en cœur.

PAVILLONNÉ , ÉE , adj. le Blafon fe fert du terme *pavillonné* pour exprimer l'émail du pavillon d'une trompe ou d'un cor-de-chaffe , ou d'un autre inftrument femblable , lorfque le pavillon eft d'un autre émail que le refte. Quand l'embouchure du cor-de-chaffe eft différente, on dit qu'il eft *en-guiché* ; & quand le pavillon ou la grande ouver-ture de l'autre bout fe trouve d'un autre émail , on dit qu'il eft *pavillonné*. On appelle encore *pavillonné* & *pavillonnées*, les châteaux & tours où il y a une girouette ; & on exprime leur émail lorfqu'il eft différent de la tour ou château.

La maifon de Laidet Califfane porte , de gueules, à une tour ronde *pavillonnée* d'or.

Murviel porte dans fes armes, au deuxième & troifième quartier, d'or , à un château fommé de trois dongeons *pavillonnés* d'azur. Méneftrier. (*D. J.*)

PÉAUTRÉ , ÉE , adj. fe dit du bout de la queue du dauphin ou d'un autre poiffon , lorfqu'elle eft différent émail.

On fait venir ce terme du mot gaulois *peautre*, qui a fignifié le gouvernail d'un navire ; parce que le poiffon , au mouvement de fa queue , qui lui fert de gouvernail , va & vient à fon gré dans l'eau.

De Viennois de Vifan , en Dauphiné ; d'or , au dauphin d'azur , allumé , lorré & *peautré* de gueules.

PEGASE , f. m. cheval ailé & volant, qui paroît

paroît dans le Blafon, tel que la fable le repréfente.

Guerard de Bofcheon, du Bourg, en Normandie ; d'azur, au *pégafe* d'argent. (*G. D. L. T.*)

PEIGNE, f. m. s'employe comme meuble dans quelques écus.

Efpeignes ; d'azur, au *peigne* pofé en fafce, accompagné de trois étoiles, le tout d'or. (*Pl. XI. fig. 576.*)

PÉLICAN, f. m. oifeau qui paroît de profil fur fon aire, les ailes étendues comme s'il prenoit l'eflor, fe becquetant la poitrine pour nourrir fes petits au nombre de trois.

Les gouttes de fang qui femblent fortir de fa poitrine, quand elles font d'un autre émail que l'oifeau, font nommées fa *piété.*

Le *pélican* eft le fymbole de la tendreffe des pères & mères pour leurs enfans, & de l'amour du prince pour fes peuples.

Vivefay de la Salle, à Ponteau-de-Mer, en Normandie ; d'azur, au *pélican* d'or.

Le Camus ; de gueules, au *pélican* d'argent, enfanglanté de gueules dans fon aire, au chef coufu d'azur, chargé d'une fleur de lis d'or. (*Pl. VI. fig. 316.*)

Collinet de la Malmaifon, & Boufmard, en Barrois ; d'azur, au *pélican* d'argent, fur une terraffe de même.

PELLE, f. f. meuble d'armoiries.

Claret ; de gueules, à trois *pelles* d'argent. (*Pl. XI. fig. 575.*)

PENDANS, f. m. pl. parties faillantes fous la tringle du lambel, au nombre de deux, trois, quatre, cinq, fix, &c. Elles imitent les gouttes des triglyphes de la frife dorique.

On nomme le nombre des *pendans*, quand il n'y en a que deux, ou quand il y en a plus de trois.

De Saint-Jean ; feigneur dudit lieu, en Bretagne ; d'argent, à la fafce vivrée d'azur, au lambel de quatre *pendans* de même.

PENNON, f. m. bannière à pointe pendante, affectée autrefois aux écuyers & aux bacheliers qui n'avoient pas le droit de porter la bannière quarrée. (*Voyez* PANNON & la *planche XX.*)

PENSÉE, f. f. fleur qui s'employe quelquefois comme meuble dans les armoiries.

Chabenat de Bonneuil ; d'argent, à trois *penfées* au naturel, tigées & feuillées de finople, au chef d'azur, chargé d'un foleil d'or. (*Pl. VIII. fig. 420.*)

PERCÉ, ÉE, adj. ce mot a la même fignification dans le Blafon que par-tout ailleurs ; il exprime l'état fuppofé accidentel d'une pièce actuellement percée, & dont l'état naturel n'eft point de l'être.

La forme de l'ouverture ou trou qui paroît dans la pièce *percée* doit s'exprimer dans le Blafon : ainfi une croix qui a un trou quarré, ou qui eft *percée* au centre, fe blafonne *au quarré percé*, ce qui vaut mieux que de dire *au quartier percé*, comme Leigh s'exprime ; on dit en France, *percé en quarré* : quand le trou eft rond, il faut dire *percé en rond.* C'eft ce que Gibbon nomme en latin *perforata*, à caufe

Hiftoire. Tom. I.

que tous les trous faits avec des perçoirs ou des tarières font ronds. Si le trou au centre eft en forme de lofange, on dit *percé en lofange.*

Tout ce qui eft *percé*, c'eft-à-dire le trou, doit toujours être de la couleur du champ ou de l'écu, parce qu'il eft naturel que le trou d'une pièce laiffe voir ce qui eft deffous : ainfi quand on voit au centre d'une croix de femblables figures qui ne font pas de la couleur de l'écu, on ne doit pas fuppofer que la croix foit *percée*, mais que cette figure eft une autre pièce ; on doit par conféquent l'exprimer en blafonnant.

Les macles, les ruftres, les molettes, bris-d'huis, fers de cheval, moieux de roues, quintefeuilles, ray-d'efcarboucles, &c. font toujours *percés*, de forte que l'on voit le champ de l'écu à travers, ce qui ne s'exprime point en blafonnant ; mais s'il fe trouve dans les armoiries d'autres pièces ouvertes en rond, on dit qu'elles font *percées.*

De Huchet de Cintré, du Breuil, diocèfe de Saint-Malo, en Bretagne ; d'azur, à fix billettes *percées* d'argent.

De Bologne d'Alanfon, en Dauphiné ; d'argent, à la patte d'ours de fable en pal, les griffes en haut ; cette patte *percée* de fix trous.

PERCHE, ÉE, adj. fe dit des oifeaux pofés fur les branches d'arbres, fleurs, bâtons, &c.

Auriol de Lauraguel, diocèfe de Narbonne ; d'argent, au figuier de finople, un oifeau de fable *perché* au haut de l'arbre.

De Rohello de Quenhuen, en Bretagne ; de gueules, à une fleur de lis d'or & deux oifeaux d'argent affrontés & *perchés* fur les retours.

De Laumont de Puigaillard, en Guyenne ; d'azur, au faucon d'argent, *perché* de même.

PERDREAU, f. m.

PERDRIX, f. f. meuble d'armoiries repréfentant cet oifeau.

Raguier ; d'argent, au fautoir de fable, cantonné de quatre *perdrix* de gueules.

Guyot, en Lorraine ; d'azur à une *perdrix* d'or, membrée de gueules, au chef auffi d'or.

Le Doux ; d'azur, à trois têtes de *perdreaux* arrachées d'or. (*Pl. VI. fig. 322--3.*)

PÉRI, IE, adj. fe dit d'un meuble qui fe trouve au centre de l'écu, & qui eft d'une très-petite proportion.

PÉRI fe dit plus ordinairement d'un petit bâton, pofé en bande ou en barre, qui fert de brifure, & qui eft auffi pofé au centre de l'écu.

Lepine de Grainville, près de Gifors, en Normandie ; d'azur, à trois molettes d'éperon d'or, un trêfle de même *péri* au centre.

Quelques branches cadettes de la maifon de France brifent leurs armes d'un bâton *péri en bande*, & les branches légitimées, d'un bâton *péri en barre.* (*Voyez pl. XVIII. fig. 1--6. & planche XVII. fig. 9--12.*)

PERLE, f. f. eft un mot dont font ufage ceux qui blafonnent avec des pierres précieufes, au lieu de

S

couleurs & de métaux ; ils s'en servent pour de l'argent ou pour du blanc.

PERROQUET , f. m. oifeau qui entre dans quelques armoiries ; il paroit de profil & arrêté ; fon émail eft le finople. Il eft le fymbole des voyages aux Indes.

Defchamps de Vitot , de Boishebert , de Beureville , en Normandie ; d'argent , à trois *perroquets* de finople , becqués & membrés de gueules.

Bournel de Monchy , en Picardie ; d'argent , à un écuffon de gueules , accompagné de huit *perroquets* de finople en orle , becqués & membrés du fecond émail.

Beaudoire , en Lorraine ; d'argent , au *perroquet* de finople , pofé fur une terraffe de même , becqué & membré de gueules.

Dormy de Vefvres , à Bourbon-Lancy , en Bourgogne ; d'argent , au chevron de gueules , accompagné en chef de deux *perroquets* de finople affrontés , & en pointe d'un tourteau de fable.

La Cave ; de gueules , au *perroquet* de finople. (*Pl. VI. fig. 317.*)

PHÉONS , ce font des fers , des dards , des flèches ou d'autres armes , barbelés.

D'Egerton ; de fable , à la fafce d'hermine entre trois *phéons*.

Sidney , comte de Lancaftre ; d'or , au *phéon* d'azur.

PHŒNIX , f. m. oifeau qui paroit de profil , les aîles étendues fur un bûcher , qu'on nomme *immortalité* , laquelle ne s'exprime en blafonnant que lorfqu'elle eft d'un autre émail que l'oifeau.

Sur les médailles & anciens monumens le *phænix* eft le fymbole de l'immortalité , parce que , felon la fable , cet oifeau fe renouvelle de cinq fiècles en cinq fiècles ; alors il fe dreffe un bûcher , bat dès ailes pour l'allumer , s'y confume ; il nait dans l'inftant un ver de fa cendre , d'où il fe forme un autre *phœnix*.

Viart de Quemigny , en Bourgogne ; d'or , au *phœnix* de fable fur fon *immortalité* de gueules ; au chef d'azur , chargé de trois coquilles d'argent.

Malet de Lufart ; d'azur , à un *phœnix* fur fon *immortalité* , regardant fixement un foleil d'or. (*Pl. VI. fig. 315.*)

PIE , f. m. nom d'un ordre de chevalerie , inftitué par le pape Pie IV en 1560. Il créa jufqu'à cinq cent trente-cinq chevaliers de cet ordre pendant fon pontificat , & voulut qu'à Rome & ailleurs ils précédaffent les chevaliers de l'empire & ceux de Saint-Jean de Jérufalem : mais , malgré ces prérogatives & beaucoup d'autres qu'il leur accorda , cet ordre ne fubfifte plus depuis long-temps.

PIE , f. f. meuble d'armoiries repréfentant cet oifeau.

Mauger ; d'or , à trois *pies* au naturel. (*Pl. XI. fig. 595.*)

PIÉ , on appelle en termes de Blafon , *pié de l'écu* , la pointe ou partie inférieure de l'écu ; & on dit qu'un animal eft en *pié* , pour dire qu'il eft

pofé fur fes quatre *piés*. Lorfqu'il ne paroit que les trois fleurons de lis , & que le *pié* qui eft au deffous en eft retranché , on dit *pié coupé* & *pié nourri*. On appelle *pié fiché* , celui qui eft pointu & propre à ficher en terre.

PIÈCES HONORABLES , eft le nom que l'on a donné à certaines *pièces* regardées comme les principales qu'on employe dans le Blafon.

Les *pièces honorables* font au nombre de dix , favoir , le chef , le pal , la bande , la barre , la fafce , la croix , le fautoir , le chevron , la bordure & l'orle. (*Voyez* chaque *pièce* fous fon article particulier ; *voyez* CHEF , PAL , &c.)

Quelques-uns y ajoutent le pairle & la pointe ; d'autres , au contraire , n'en veulent compter que fept & retranchent la barre , la bordure & l'orle. Quelques blafonneurs les avoient multipliées jufqu'à vingt , & avoient mis au nombre des *pièces honorables* une multitude de pièces qui ne font point réputées telles : les héraldiftes fe partagent aujourd'hui entre le nombre 10 & le nombre 7.

Si on demande pourquoi ce titre d'*honorables* donné à ces *pièces* , ils en rapportent différentes raifons. 1°. L'ancienneté de ces *pièces* , qu'on croit avoir été les premières employées dans le Blafon , & avoir conftitué dans l'origine cette fcience. 2°. Le volume de ces *pièces* & la place qu'elles occupent dans l'écu , dont elles touchent les bords & dont elles ont près du tiers de la largeur. 3°. Les rapports qu'on trouve entre ces *pièces* & les *pièces* principales de l'armure des chevaliers ou leurs expéditions les plus importantes : à la vérité , ces rapports font un peu arbitraires , & ceux qui admettent un plus grand nombre de *pièces honorables* , trouvent dans toutes , les mêmes rapports que les autres n'apperçoivent que dans un moindre nombre. Quoi qu'il en foit , voici les principaux & les plus naturels de ces rapports.

Le chef occupe la plus haute partie de l'écu ; il repréfente le cafque de l'homme de guerre.

La fafce placée au milieu horifontalement , repréfente l'écharpe de l'ancien chevalier.

Le pal au milieu de l'écu perpendiculairement , eft une marque de jurifdiction.

La croix s'étend par fes branches jufqu'aux bords de l'écu , & laiffe quatre cantons vuides égaux entr'eux ; elle défigne les voyages des croifades.

La bande pofée diagonalement de l'angle dextre du haut de l'écu , à l'angle feneftre du bas , repréfente l'écharpe du chevalier fur l'épaule.

Le chevron formé de deux *pièces* qui fe joignent en pointe vers le haut de l'écu , & s'étendent , l'une à l'angle dextre , l'autre à l'angle fenefire du bas , repréfente , felon certains auteurs , une barrière de lice des anciens tournois ; felon d'autres , l'éperon du chevalier.

Le fautoir a la forme d'une croix de Saint-André : c'étoit anciennement un cordon couvert d'une étoffe précieufe , qui étoit attaché à la felle d'un cheval , & fervoit d'étrier pour monter deffus.

La Garde de Chambonas, en Languedoc; d'azur, au *chef* d'argent.

Laſtic de Saint-Jal, en Auvergne; de gueules, à la *faſce* d'argent.

De Meyferia , en Breſſe ; de finople , au *pal* d'argent.

D'Albon de Montaut, de Saint-Forgeux, en Lyonnois; de fable, à la *croix* d'or.

De Vaſſignac d'Imecourt, des Loges, en Champagne; d'azur, à la *bande* d'argent.

De Nettancourt de Vaubecourt, en la même province ; de gueules, au *chevron* d'or.

De Gerente, ou Jerente, ou Jarente de Senas, en Provence; d'or, au *fautoir* de gueules. (*Voyez* pl. II. fig. 98--9--100--1--2--3--4--5.)

PIECES HÉRALDIQUES. Nous avons déjà dit pluſieurs fois combien les auteurs varient ſur les proportions que doivent avoir ſoit entr'elles, ſoit avec l'écu, les différentes *pieces* honorables & autres, & nous avons quelque peine à nous figurer qu'on doive abſolument réduire à la rigueur ſcrupuleuſe & infaillible des proportions géométriques l'uſage de diſtinctions eſſentiellement arbitraires & vraiſemblablement très-irrégulieres dans l'origine ; cependant , comme la régularité ne peut que donner de la conſiſtance & du poids à la ſcience du Blaſon, nous inférerons ici l'article ſuivant tout entier, tel que nous le trouvons dans le Supplément de l'Encyclopédie.

Ecu ou *écuſſon.* La largeur de l'écu diviſée en ſept parties égales, on en ajoute une huitième pour la hauteur. On arrondit les angles d'en-bas d'une portion de cercle dont le rayon eſt d'une demi-partie ; deux autres portions de cercle de même proportion , au milieu de la ligne horizontale inférieure, ſe joignent en dehors & forment la pointe. (*Voyez la planche XXVIII.*)

PLANCHE XXVIII. *Opération. Première figure.* Une ligne horizontale tracée à volonté *A , B ,* ſera diviſée en deux également au point *C.*

On prend ſur l'échelle 3 parties ½ que l'on porte de *C* en *D* & de *C* en *E.*

On ouvre le compas que l'on porte de *A* en *F*, & enſuite de *B* en *F*, en traçant des portions de cercle ; le point de ſection *F* répond au point *C* pour la ligne perpendiculaire ; on tire cette ligne de *F* en *C.*

On prend avec le compas huit parties qui font la longueur de l'échelle que l'on porte de *D* en *G*, en traçant une portion de cercle , on fait la même opération de *E* en *F*; on trace la ligne *G H.*

On prend ſur l'échelle 3 parties ½ qui eſt la longueur de *C* en *D*, de *C* en *E* que l'on porte de *I*

en *G* & de *I* en *H*, qui donnent 7 parties de *G* en *H*, de même qu'il y a 7 parties de *D* en *E.*

On arrondit les angles *D* , *E* par des portions de cercle dont le rayon eſt de ½ partie ; & par deux autres portions de cercle de ſemblables proportions, on fait la pointe extérieurement ſous la lettre *C.*

En traçant les lignes ponctuées . (*a*) *G H , D E* ; *D G , E H*, on a la hauteur & la largeur de l'écu, leſquelles lignes, miſes à l'encre, donnent la forme de l'écu en lignes pleines *G , H , D , E.*

PIECES HONORABLES. Ces *pieces* ſont ainſi nommées, parce qu'elles ſont les premières qui ont été miſes en uſage dans l'art du Blaſon ; elles ſont au nombre de ſept, & ont chacune deux parties de ſept de la largeur de l'écu.

2e figure. Le chef qui repréſente le caſque de l'homme de guerre , occupe deux parties au haut de l'écu ; on prend cette meſure ſur l'échelle ; on porte les 2 parties de *A* en *B*, de *C* en *D* ; on tire la ligne *B D*, il reſte 6 parties pour le champ de chaque côté , & ½ partie de plus vers la pointe.

3e figure. La faſce repréſente l'écharpe de l'ancien chevalier poſée autour du corps ; elle ſe met au milieu de l'écu horizontalement ; pour la déterminer, on trace une ligne horizontale *A B* , qui partage l'écu en deux , en manière de coupé. On prend ſur l'échelle une partie que l'on porte de *A* en *C*, de *A* en *E*, de *B* en *D* , de *B* en *F* ; la faſce ſe trouve avoir en largeur de *C* en *E*, de *D* en *F*, 2 parties ; le champ a 3 parties au-deſſus, autant en bas & ½ partie de plus vers la pointe.

4e figure. Le pal qui eſt une marque de juriſdiction des ſeigneurs , eſt mis perpendiculairement dans l'écu ; on trace une ligne perpendiculaire *A B* ; on prend ſur l'échelle une partie que l'on porte de *A* en *C*, de *A* en *D*, de *B* en *E*, de *B* en *F* ; on tire les lignes *E C, FD* ; le pal a 2 parties , & les côtés qui rempliſſent le champ, ſe trouvent avoir chacun 2 parties ¼.

5e figure. La croix qui déſigne les voyages faits en terre ſainte du temps des croiſades, occupe par ſes branches la hauteur & la largeur de l'écu ; pour en avoir les dimenſions, on trace deux lignes , une perpendiculaire *A B*, l'autre horizontale *C D*, qui ſe croiſent au centre & partagent l'eſpace en quatre également dans le ſens du parti & du coupé ; on prend ſur l'échelle une partie que l'on porte de *A* en *I*, de *A* en *L*, de *B* en *M*, de *B* en *N*, de *C* en *E*, de *C* en *G*, de *D* en *F*, de *D* en *H*. Les branches de la croix ont deux parties de largeur, & chaque canton a 2 parties ½ de large & 3 parties de hauteur.

(*a*) Les lignes ponctuées ſur les planches ſe font au crayon ſur les deſſins , & on les efface lorſque l'on a tracé les lignes à l'encre.

On auroit pu ne donner à la ligne *A* , *B* , ponctuée de la première figure que la longueur *D* , *E* ; mais plus une ligne horizontale eſt étendue, plus la perpendiculaire tracée géométriquement eſt préciſe.

Les groſſes lignes des ſix planches marquent les ombres des bords des écuſſons & des *pieces* ou figures qui s'y trouvent.

6ᵉ figure. La bande qui eſt l'écharpe de l'ancien chevalier ſur l'épaule ſe poſe diagonalement ſur l'écu, & ſes proportions ſe prennent par une diagonale *A B*, de l'angle dextre à l'angle ſeneſtre oppoſé de haut en bas. On prend ſur l'échelle une partie que l'on porte de *A* en *C*, de *A* en *E*, de *B* en *D*, de *B* en *F*; on tire les lignes *C D*, *E F*, & cette bande ſe trouve avoir 2 parties de largeur.

7ᵉ figure. Le chevron repréſente, ſelon certains auteurs, une barrière de lice des anciens tournois, ſelon d'autres, l'éperon du chevalier; il eſt formé de deux pièces qui ſe joignent en pointe au haut de l'écu, & s'étendent l'une à l'angle dextre, l'autre à l'angle ſeneſtre vers le bas. Pour en avoir les proportions, on trace une perpendiculaire *A B*, on prend une partie ſur l'échelle que l'on porte de *A* en *C*; enſuite on prend ſur la même échelle 6 parties que l'on porte de *D* en *F*, de *E* en *G*; on tire les lignes *F C*, *C G*; on prend enſuite deux parties que l'on porte de *L* en *H*, de *F* en *N*, de *M* en *H*, de *G* en *O*. On tire les lignes *N H*, *H O*, & le chevron ſe trouve déterminé, chaque branche ayant 2 parties de large.

8ᵉ figure. Le ſautoir, en forme de croix de ſaint André, étoit anciennement un cordon couvert d'une riche étoffe, attaché à la ſelle d'un cheval; il ſervoit d'étrier pour monter deſſus; les dimenſions de cette pièce ſe trouvent en traçant deux lignes diagonales, l'une à dextre *A B*, l'autre à ſeneſtre *C D*; on prend ſur l'échelle une partie que l'on porte de *A* en *E*, de *A* en *F*, de *B* en *G*, de *B* en *H*, de *C* en *I*, de *C* en *K*, de *D* en *L*, de *D* en *M*; on tire les lignes *E O*, *Q G*; *F P*, *R H*; *L P*, *O I*; *M R*, *Q K*; chaque branche de ſautoir a 2 parties en largeur.

PLANCHE XXIX. *Pièces honorables en nombre.* 9ᵉ fig. Chef ſous un autre chef. Quand il y a deux chefs dans un écu, on donne à chacun une partie $\frac{1}{2}$ des 7 parties en largeur. On prend ſur l'échelle une partie $\frac{1}{2}$ que l'on porte de *A* en *B*, de *B* en *C*, de *D* en *E*, de *E* en *F*. On trace les lignes *B E*, *C F*, & les deux chefs ont enſemble 3 parties des 8 de la hauteur : il reſte 5 parties pour le champ.

10ᵉ fig. Lorſqu'il y a deux faſces, la hauteur de l'écu, qui eſt toujours de 8 parties, étant diviſée en cinq eſpaces égaux, chacun ſe trouve avoir une partie $\frac{2}{10}$.

On n'a point coté les trois eſpaces qui forment le champ de l'écu, pour mieux diſtinguer les deux faſces, & pareillement les *pièces* héraldiques qui ſuivent.

11ᵉ fig. Trois faſces occupent chacune une partie $\frac{1}{2}$. En diviſant la hauteur de l'écu en ſept eſpaces égaux, les trois eſpaces cotés ſont les faſces; les autres ſont le champ.

12ᵉ fig. Deux pals. On en a les proportions, en diviſant la largeur de l'écu, qui eſt toujours de 7 parties en cinq eſpaces égaux; ils ont chacun une partie $\frac{2}{2}$. Les deux eſpaces cotés ſont les pals; les autres eſpaces ſont le champ.

13ᵉ fig. Trois pals. Leurs proportions ſe trouvent en diviſant la largeur de l'écu en ſept eſpaces égaux; ils ont chacun une partie. Le ſecond, le quatrième & le ſixième eſpaces ſont les pals; les quatre autres ſont le ʹchamp.

14ᵉ fig. Deux bandes ſe déterminent ſur l'écu, par une ligne tracée de l'angle dextre du haut à l'angle ſeneſtre oppoſé du bas *A E*; & ſur cette ligne, avec le compas, on a les proportions, en prenant une partie ſur l'échelle, que l'on porte de *A* en *B*, & de *A* en *C*, de *E* en *D*, de *E* en *F*. Cette opération donne un eſpace de 2 parties, que l'on porte par deux parallèles vers l'angle ſeneſtre du haut de l'écu, & par deux autres parallèles vers l'angle dextre du bas.

15ᵉ fig. Trois bandes ſe déterminent de la même manière par une ligne diagonale de l'angle dextre du haut de l'écu à l'angle ſeneſtre oppoſé *A E*, en portant $\frac{1}{4}$ de partie de *A* en *B*, de *A* en *C*, de *E* en *D*, de *E* en *F*; ce qui forme un eſpace d'une partie $\frac{1}{2}$ de *B* en *C*, de *D* en *F*, qui, étant porté trois fois en haut & autant en bas par des parallèles, les bandes ſe trouvent déterminées par des eſpaces tant pleins que vuides.

16ᵉ fig. Pour tracer deux chevrons, on tire une perpendiculaire *A G*, qui diviſe l'écu en deux également. On prend, avec le compas, $\frac{1}{2}$ partie ſur l'échelle, que l'on porte de *A* en *B*; point qui doit terminer la pointe du premier chevron. On prend enſuite, ſur la même échelle, 4 parties que l'on porte de *C* en *E*, de *D* en *F*. On tire les lignes *E B*, *B F* : de ces deux lignes diagonales à 1 partie $\frac{1}{4}$ de diſtance, on tire ſix autres lignes, trois parallèles de chaque côté; la perpendiculaire fixant les pointes des chevrons.

17ᵉ fig. Trois chevrons ſe déterminent ainſi. La ligne ponctuée étant tracée au milieu de l'écu perpendiculairement *A G*, on donne de *A* en *B*, $\frac{1}{4}$ partie de l'échelle. On prend 3 parties de la même échelle que l'on porte de *C* en *D*, & de *E* en *F*; on a les trois points qui ſervent à tracer les deux lignes de ſuperficie du premier chevron. On tire ces deux lignes *D B*, *B F* : on porte le compas à cinq eſpaces d'une partie, chacun partant de la diagonale *D B*; on tire les cinq lignes parallèles dextres; on fait la même opération partant de la diagonale *B F*; les trois chevrons ſe trouvent déterminés, ayant des eſpaces égaux à leurs branches.

PLANCHE XXX. *Diviſions de l'écu en faſcé, palé, bandé, chevronné.* 18ᵉ fig. Le faſcé ſe fait en diviſant l'écu en ſix eſpaces égaux, par cinq lignes horizontales. Chaque eſpace a une partie $\frac{2}{3}$ de l'échelle en hauteur.

19ᵉ fig. Le faſcé de huit pièces eſt diviſé en autant d'eſpaces égaux par ſept lignes horizontales, chacun ayant en hauteur 1 partie de l'échelle.

20ᵉ fig. Le palé ſe diviſe en ſix eſpaces égaux, par cinq lignes perpendiculaires : chacun a en largeur une partie $\frac{1}{6}$ de l'échelle.

21e fig. Le palé de huit *pièces* est divisé en autant d'espaces, par sept lignes perpendiculaires : chacun se trouve avoir en largeur $\frac{2}{7}$ de partie.

22e fig. Le bandé est divisé en six bandes, par cinq lignes diagonales. Pour en avoir les dimensions, on tire une ligne de l'angle dextre du haut de l'écu *A*, à l'angle senestre du bas *B*. On prend sur l'échelle 1 partie $\frac{2}{3}$ avec le compas ; deux lignes parallèles se tracent à cette distance, partant de la ligne *A B*, vers l'angle senestre du haut de l'écu. On trace deux autres lignes parallèles partant de la même ligne *A B*, vers l'angle dextre du bas, & la figure est déterminée.

23e fig. Le bandé de huit *pièces* se divise en autant d'espaces : on a les mesures en traçant la diagonale *A B* de l'angle dextre supérieur de l'écu à l'angle senestre inférieur. On prend ensuite une partie $\frac{1}{4}$ sur l'échelle, que l'on porte, partant de la diagonale *A B* par trois parallèles au-dessus, & trois parallèles au-dessous, de la même manière qu'à la *fig.* 22e précédente.

24e fig. Le chevronné est l'écu divisé en six chevrons, formé par dix lignes diagonales qui se joignent deux à deux ; cinq en barres, cinq en bandes. Pour en avoir les proportions, on tire une ligne perpendiculaire *A B*, qui partage l'écu en deux également : on prend $\frac{1}{3}$ partie sur l'échelle, que l'on porte de *A* en *C* ; on prend sur la même échelle 2 parties $\frac{1}{2}$ que l'on porte de *D* en *F*, de *E* en *G* : on tire les lignes *F C*, *C G*. Cette opération faite, on tire quatre lignes parallèles à dextre à 1 partie $\frac{1}{4}$ de distance chacune : on en tire quatre autres à senestre ; elles se terminent toutes à la perpendiculaire ponctuée *A B*.

PLANCHE XXXI. *Divises, burèles, trangles, vergettes, cotices.* 25e *fig.* La divise est une fasce diminuée qui n'a que le quart de la fasce ; quelquefois elle est posée immédiatement sous le chef. On dit alors que ce chef est soutenu d'une divise. Pour avoir les proportions de la divise, on prend sur l'échelle 2 parties que l'on porte de *A* en *B*, & de *C* en *D* : cet espace est pour le chef. On prend ensuite sur la même échelle $\frac{1}{2}$ partie que l'on porte de *B* en *E*, & de *D* en *F* ; on trace les lignes *BD*, *EF* ; on a la divise qui soutient le chef.

26e fig. La divise, lorsqu'il n'y a point de chef, est de même placée au haut de l'écu, mais à 2 parties $\frac{1}{2}$ du bord supérieur. Pour la mettre en séante position, on prend sur l'échelle 2 parties $\frac{1}{2}$ que l'on porte de *A* en *C*, de *B* en *D* : on prend ensuite sur l'échelle $\frac{1}{2}$ partie que l'on porte de *C* en *E*, & de *D* en *F* ; on tire les deux lignes horizontales *C D*, *E F* ; la divise se trouve déterminée.

27e fig. Les burèles sont des fasces diminuées en nombre pair, ordinairement de six, quelquefois de huit. Quand on met six burèles dans un écu, on le divise en treize espaces égaux par douze lignes horizontales. Sept de ces espaces alternativement, commençant en haut & finissant en bas, se trou-

vent être le champ de l'écu ; & les burèles qui se trouvent cotées, ont chacune $\frac{1}{2}$ partie $\frac{1}{14}$ de partie.

28e fig. S'il y a huit burèles, l'écu est divisé en dix-sept espaces égaux par seize lignes horizontales. Neuf de ces espaces alternativement, commençant en haut & finissant en bas, se trouvent être le champ de l'écu. En donnant $\frac{1}{2}$ partie à chaque burèle, chacun des intervalles qui forment le champ, aura $\frac{1}{2}$ partie moins $\frac{1}{9}$ de partie. Huit burèles se trouvent rarement dans un écusson.

29e fig. Les trangles sont des fasces diminuées en nombre impair, le plus souvent de cinq, quelquefois de sept. Quand il y a cinq trangles, on divise l'écu en onze espaces égaux par des lignes horizontales. Six de ces espaces forment le champ de l'écu, commençant en haut & finissant en bas alternativement. Chaque trangle, ainsi que chaque espace du champ, est de $\frac{1}{2}$ de partie $\frac{1}{18}$.

30e fig. S'il y a sept trangles, on divise l'écu en quinze espaces égaux. Huit de ces espaces font le champ, commençant en haut, finissant en bas alternativement. Les trangles ont chacune $\frac{1}{2}$ partie $\frac{1}{15}$ de partie, & de même chaque intervalle vuide du champ.

31e fig. La vergette est un pal retreci qui n'a que le tiers de la largeur du pal étant seule, & une moindre proportion, s'il y en a plusieurs. Les dimensions de la vergette dans l'écu se trouvent en traçant une perpendiculaire *A B*, qui le partage en deux également. On prend sur l'échelle $\frac{1}{2}$ de partie, que l'on porte de *C* en *E*, de *C* en *F*, de même de *D* en *G*, de *D* en *H* : on tire les lignes perpendiculaires *LG*, *FG* ; on a déterminé la largeur de la vergette qui est de $\frac{2}{3}$ de partie, faisant le tiers de 2 parties de la largeur du pal.

32e fig. Lorsqu'il y a cinq vergettes, on trace une ligne perpendiculaire *A B* au crayon, qui se trouve ponctuée dans cette figure ; & c'est seulement pour avoir le milieu de l'écu en sa hauteur. On divise cet écu en onze espaces égaux, par dix lignes perpendiculaires, qui sont les lignes au trait : six de ces espaces alternativement, en commençant à dextre & finissant à senestre, se trouvent être le champ de l'écu : les autres espaces sont les vergettes. Les vergettes espacées, tant pleines que vuides, ont chacune $\frac{1}{2}$ partie $\frac{1}{14}$ de partie.

33e fig. La cotice se pose en diagonale à dextre, & n'a que la moitié de la largeur de la bande ; une ligne étant tracée de l'angle dextre *A* à l'angle senestre *D*. On prend sur l'échelle $\frac{1}{2}$ partie ; on la porte de *A* en *B*, de *A* en *C*, de *D* en *E*, de *D* en *F* : on tire les lignes diagonales *BE*, *CF*. La cotice se trouve déterminée, & a 1 partie qui est la moitié de la largeur de la bande.

34e fig. S'il y a deux cotices dans un écu ; après avoir tracé la ligne *A B* de l'angle dextre supérieur à l'angle senestre inférieur, on prend sur l'échelle une partie $\frac{1}{2}$ que l'on porte de *C* en *D*, de *C* en *G*, de *E* en *F*, de *E* en *H*. On prend sur l'échelle une partie que l'on porte de *D* en *I*, de *F* en *K*, de *G* en *L*, de *H* en *M* : on tire les lignes *I K*, *DF*, *GH*, *LM;* on a alors les proportions de chaque cotice.

35e fig. Quand il doit y avoir cinq cotices dans un écu, on trace la ligne diagonale *AB* de l'angle dextre du haut à l'angle feneftre oppofé. Cette ligne qui eft ponctuée, ne fert que pour la divifion des efpaces. On prend fur l'échelle $\frac{2}{8}$ de partie; on en donne la moitié qui eft $\frac{1}{4}$ $\frac{1}{8}$ $\frac{1}{16}$ de *A* en *C*, de *A* en *E*, de *B* en *F* : on tire les lignes *CD*, *EF*; l'efpace entre ces deux lignes pleines qui fait la cotice du milieu, eft de $\frac{2}{8}$ de partie ; de la ligne *CD* on tire quatre lignes parallèles à la diftance de $\frac{2}{8}$ de partie vers l'angle feneftre du haut de l'écu : on fait la même opération en partant de la ligne *EF*, vers l'angle dextre inférieur, & on a cinq cotices de $\frac{2}{8}$ de partie chacune, dont les vuides, qui font le champ, ont chacun pareillement $\frac{2}{8}$ de partie.

PLANCHE XXXII. *Répartitions* ou *différentes divifions de l'écu & diverfes pièces.*

36e fig. Le burelé, divifion de l'écu en dix efpaces égaux par neuf lignes horizontales de deux émaux alternés, eft un fafcé de dix *pièces* ; on en a les proportions en divifant l'écu en deux parties égales par un coupé *AB;* on divife le haut de ce coupé partant de *A* & de *B* en cinq efpaces égaux de chaque côté ; on fait la même opération partant aufîi de *A* & de *B* vers le bas de l'écu ; on tire cinq lignes horizontales au-deflus du coupé & quatre autres lignes au-deflous aux points marqués, & le burelé fe trouve de dix fafcés, ayant chacun $\frac{1}{4}$ de partie de $\frac{1}{20}$ de l'échelle.

37e fig. Le vergetté eft un écu rempli ordinairement de dix pals, quelquefois de douze ; dans cette figure, il eft divifé en dix efpaces qui font autant de pals : pour en avoir les dimenfions, la ligne perpendiculaire *AB* étant tracée, on a un parti ; on divife ce parti en cinq efpaces égaux à dextre en haut & en bas, on fait la même opération à feneftre en haut & en bas ; on trace quatre lignes de chaque côté fur les points marqués, & on a un vergetté de dix *pièces*, chacune ayant $\frac{1}{5}$ partie $\frac{1}{8}$ $\frac{1}{24}$ $\frac{1}{40}$ de partie de l'échelle.

38e fig. Le coticé eft une divifion de dix efpaces égaux dans le fens des bandes, de deux émaux alternés ; pour le conftruire, on tire une ligne diagonale de l'angle dextre fupérieur de l'écu *A* à l'angle feneftre inférieur *B;* on prend fur l'échelle 1 partie que l'on porte fur la ligne *AB*: cet efpace fixe les quatre lignes parallèles vers l'angle feneftre du haut de l'écu, & les quatre autres parallèles vers le bas du côté oppofé.

39e fig. Les points équipollés font neuf carreaux en forme d'échiquier, ceux des quatre angles & celui du centre étant d'un émail, les autres font d'un émail différent. Pour les tracer, on divife la largeur de l'écu en trois efpaces égaux *A*, *B*, *C*, *D; E*, *F*, *G*, *H;* on divife pareillement la hau-

teur en trois efpaces égaux *A*, *I*, *K*, *E; D*, *L*, *M*, *H;* on tire les lignes *BF*, *CG*; *I*, *L*, *K*, *M.* Cette opération finie, on a les points équipollés qui repréfentent le quart de l'échiqueté qui doit toujours être de trente-fix carreaux, comme à la 40e *figure* qui fuit.

40e fig. L'échiqueté eft un écu en échiquier, par un parti de cinq traits & un coupé d'autant de traits, ce qui le divife en trente-fix carreaux. On en a les dimenfions en partageant l'écu en quatre, par les lignes *DL*, *RZ*; ce qui forme l'écartelé : on remplit les quatre quartiers partant de *D* par les points *CBA*, *EFG*; partant de *L* par les points *KIH*, *MNO*, à égales diftances. Partant de *R* par les points *QPA*, *STH;* partant de *Z* par les points *YVG*, & *& a o.* On trace les lignes *CK*, *BI;* *ME*, *NF*, & enfuite les lignes *PV*, *QY*, *S*, *&*, *T a.* Cette opération donne l'échiqueté qui eft toujours de trente-fix carreaux.

41e fig. Le lofangé eft un écu rempli de vingt-quatre lofanges & de feize demi-lofanges. Les dimenfions de cette figure fe trouvent en divifant la largeur de l'écu en quatre efpaces égaux, de *A* en *B*, *C*, *D*, *E;* ce qui donne trois points *B*, *C*, *D;* non compris ceux des angles fupérieurs. On fait la même opération en bas de *F* en *G*, *H*, *I*, *L;* ce qui donne quatre autres efpaces pareils & trois autres points *G*, *H*, *I*. La hauteur fe divife en quatre efpaces pareillement à dextre de *A* en *M*, *N*, *O*, *F;* & à feneftre de *E* en *P*, *Q*, *R*, *L.* On tire les lignes *DP*, *CQ*, *BR*, *AL*, *MI*, *N H*, *OG;* enfuite les lignes *MB*, *NC*, *OD*, *FE*, *GP*, *HQ*, *IR.* Cette opération donne vingt-quatre lofanges & feize demi-lofanges qui en total font la valeur de trente-deux lofanges.

42e fig. Le franc-canton; *pièce* quarrée qui a de large trois parties des fept de la largeur de l'écu & trois parties $\frac{1}{2}$ en hauteur. Il eft toujours placé à dextre & joint l'angle fupérieur. On prend fur l'échelle trois parties que l'on porte de *A* en *B*, de *C* en *D;* on prend fur la même échelle trois parties $\frac{1}{2}$ que l'on porte de *A* en *C*, de *B* en *D.* On tire les lignes *CD*, *DB;* & on a les dimenfions qui lui font propres.

43e fig. Le canton fe place dans l'écu le plus fouvent à dextre vers l'angle fupérieur, alors on le nomme *canton dextre;* il eft quelquefois placé à feneftre ; dans ce cas, il eft nommé *canton feneftre.* Pour avoir les proportions du canton dextre, on prend fur l'échelle deux parties que l'on porte de *A* en *B*, de *C* en *D*, & enfuite deux parties $\frac{1}{2}$ que l'on porte de *A* en *C*, de *B* en *D ;* on tire les lignes *CD*, *DB.*

44e fig. Le canton feneftre fe fait de la même manière que le précédent & a de pareilles proportions; après avoir pris les mefures fur l'échelle, on tire les lignes *AC*, *CD;* & il fe trouve conftruit.

45e fig. Le gironné eft formé du parti, du coupé, du tranché & du taillé ; on en a les proportions en prenant fur l'échelle quatre parties que l'on porte de

E en A, de G en A; de H en B, de F en B; on prend sur la même échelle trois parties $\frac{1}{2}$ que l'on porte de E en C; de H en C; de G en D; de F en D. Par les angles qui se trouvent construits, on a les huit points qui déterminent le gironné; on tire les lignes AB, CD, EF, GH, & la figure se trouve faite.

46e fig. Le gironné de dix *pièces* : ses proportions se trouvent en divisant l'écu en deux également, par un coupé AB; on prend sur l'échelle deux parties $\frac{1}{4}$ que l'on porte de C en G, de D en H; de E en I, de F en K; on prend sur la même échelle une partie $\frac{1}{4}$ que l'on porte de C en L, de D en M, de E en N, de F en O. On tire les lignes GK, IH, LO, NM.

47e fig. Le gironné de douze *pièces* se fait en divisant l'écu en quatre par un écartelé A, B, C, D; on prend sur l'échelle une partie $\frac{1}{4}$ que l'on porte de E en I, de F en K, de G en L, de H en M. On prend sur l'échelle une partie $\frac{1}{4}$ que l'on porte de E en N, de F en O, de G en P, de H en Q. On tire les lignes IM, LK, PO, NQ.

PLANCHE XXXIII. *Autres répartitions & pièces. 48e fig.* Le sur-le-tout; écusson au milieu d'un écu écartelé, doit avoir en largeur deux parties $\frac{1}{2}$ des sept de la largeur de l'écu écartelé, & en hauteur trois parties des huit parties du même écu. L'écu $ABCD$ étant tracé, on prend sur l'échelle deux parties $\frac{1}{2}$ avec le compas, que l'on porte de A en L, de B en M; de C en N, de D en O; on tire les lignes LM, NO; on a la hauteur du sur-le-tout, qui est de 3 parties : on prend sur l'échelle 1 partie $\frac{1}{4}$ que l'on porte de I en E, de I en F; de K en G, de K en H : 1 partie $\frac{1}{4}$ de chaque côté de la perpendiculaire IK, font 2 parties $\frac{1}{2}$ pour la largeur : on tire les lignes EG, FH; on arrondit les angles GH; on trace deux quarts de cercle sous K qui forment la pointe; on met à l'encre le sur-le-tout $EFGH$, comme à la *fig. 49e*.

49e fig. Le sur-le-tout se pose ordinairement au milieu d'un écu écartelé : quelquefois il se trouve sur un écu qui n'est point écartelé, ou sur un écu coupé, ou sur une fasce, ou autres *pièces* : on lui donne toujours 2 parties $\frac{1}{2}$ en largeur, & trois parties de hauteur de l'écu sur lequel il se trouve.

50e fig. Le sur-le-tout du tout est rare en armoiries; s'il falloit en tracer un, on diviseroit le sur-le-tout $ABCD$ en 7 parties de large, & sa hauteur en 8; on feroit une échelle de 8 parties qui n'auroit que la longueur AC; cette échelle donneroit les proportions du sur-le-tout du tout, de même que l'écusson $ABCD$, *fig. 48*, les a données pour le sur-le-tout $EFGH$.

Brisures pour distinguer les branches des anciennes & grandes maisons.

Il y a trois principales brisures, le lambel pour les puînés, le bâton péri en bande pour les cadets de puînés; & la bordure pour les autres cadets.

51e fig. Le lambel est une *pièce* en forme de divise-aléfée à trois pendans; il se place au haut de l'écu horizontalement, à une partie de distance du bord; ses proportions se trouvent en prenant sur l'échelle une partie que l'on porte de A en C, de B en D; on tire la ligne ponctuée CD; on prend sur la même échelle 2 parties que l'on porte de C en E, de D en F; il reste de E en F trois parties, qui sont la longueur du lambel : on donne ordinairement $\frac{1}{2}$ partie de hauteur au lambel, parce qu'étant une brisure, on la fait paroitre le moins qu'il est possible; mais sa vraie proportion est de $\frac{3}{4}$ de partie de E en G, de F en H, dont $\frac{1}{4}$ de partie pour la hauteur de la divise-aléfée, $\frac{1}{2}$ partie pour la saillie des pendans.

52e fig. Le bâton péri en bande, seconde brisure pour les cadets de puînés; on en a les proportions en traçant une diagonale AB, & une autre diagonale CD qui traverse la première; on prend sur l'échelle une partie que l'on porte du point de section G en E & en F; ce qui donne 2 parties pour la longueur; on lui donne en largeur $\frac{1}{9}$ de partie.

53e fig. La bordure, troisième brisure pour les cadets de cadets, se fait en traçant intérieurement autour de l'écu des parallèles à $\frac{7}{8}$ de partie de distance des bords.

Brisure pour les enfans naturels légitimés des grandes maisons.

54e fig. Les enfans naturels, légitimés des grandes maisons, portent pour brisure, eux & leurs descendans, dans leurs armes, un bâton péri en barre. Les proportions semblables à celle du bâton péri en bande, se prennent sur la ligne ponctuée CD; EF est sa longueur. (*Voyez* la *52e fig.* G. D. L. T.)

PIED-FICHÉ, croix au *pied-fiché*. (*Voyez la figure 176. de la pl. IV.*)

Rousset; de gueules, à une croix au *pied-fiché* d'argent. L'inspection de cette figure suffit pour faire comprendre que la croix dont il s'agit, se termine en pointe par le pied : on appelle aussi cette croix, *croix fichée*.

PIERRE (l'ordre de saint) ET DE SAINT PAUL, ordre de chevalerie institué par le pape Paul III, Romain, de la maison de Farnèse, l'an 1540. Ce pontife fit 200 chevaliers jusqu'à sa mort, qui arriva le 10 novembre 1549.

La marque de l'ordre est une médaille ovale d'or où est représentée l'image de *saint Pierre*; au revers est celle de *saint Paul*. Cette médaille est attachée à une chaîne aussi d'or. (*Planche XXVI. fig. 64.* G. D. L. T.)

PIÉTÉ, s. f. On se sert de ce terme dans le Blason, pour signifier les petits d'un pélican, qui s'ouvre le sein pour les nourrir de son sang. Les le Camus de Paris, originaires de Poitou, portent dans leurs armes un pélican avec sa *piété*, le tout de gueules. *Méneſtrier*. (*D J.*)

Tel eft l'article de M. le chevalier de Jaucourt, mais nous croyons, avec l'auteur du Supplément, que ce mot de *piété* repréfente moins les petits que la poitrine du pélican ouverte ; car c'eft le père qui eft pieux, & non pas les petits : nous croyons auffi qu'on ne la nomme en blafonnant que lorfqu'elle eft d'un autre émail que l'oifeau.

Du Drefic de Kerforn, en Bretagne ; d'argent, au pélican d'azur, fa *piété* de gueules.

PIGNONNÉ, ÉE, adj. fe dit de la repréfentation d'un pignon de muraille, qui fe termine en pointe par briques ou carreaux les uns fur les autres, en forme de plufieurs montans ou efcaliers. Il porte d'argent, à un lion naiffant de fable, d'une campagne maçonnée, *pignonnée* de deux montans de gueules. *Dict. de Trévoux.* (*D. J.*)

Klamenftein, en Bavière ; de fable, tranché, maçonné, *pignonné* de deux montans d'argent. (*Pl. IX. fig. 475.*)

Hohenftein, en Allemagne ; d'argent, à la fafce *pignonnée* de cinq montans de fable. (*Fig. 476.*)

PILE, f. f. ce mot fe dit d'une pointe renverfée ou d'un pal aiguifé qui s'étrécit depuis le chef, & va fe terminer en pointe vers le bas de l'écu : quelques-uns croient que ce mot eft emprunté du latin *pilum*, javeline armée de fer.

PILE, f. f. pal aiguifé en forme d'obélifque renverfé, la bafe étant mouvante du bord fupérieur de l'écu.

Cette pièce eft rare en armoiries.

Ce terme vient du latin *pilum* ; les anciens nommoient *piles* les pièces de bois armées de fer, ainfi que les traits ou dards qu'ils décochoient aux prifes des villes & dans leurs batailles ou combats.

De Maillify, en l'Isle de France ; d'azur, à trois *piles* d'or, l'une en pal, les deux autres en bande & en barres appointées vers la pointe de l'écu. (*Pl. II. fig. 95.*)

PILIER, (*Ordre de Malte*) nom qu'on donne dans l'ordre de Malte aux chefs des huit langues qui compofent cet ordre : ainfi *pilier* de langue fignifie celui des grands-croix, qui eft à Malte le repréfentant & le chef d'une des langues. (*D. J.*)

PILIER, f. m. colonne.

Des Pilliers de Fontet ; de gueules, à trois *piliers* d'argent, deux & un.

PIN, f. m. arbre qui fe diftingue dans l'écu par fa tige droite, unie, fes branches écartées, ainfi que par fon fruit nommé *pommes de pin.*

Les anciens fe fervoient du pin pour conftruire les bûchers des victimes qu'ils offroient dans les facrifices.

Silvain, dieu des forêts, fous la forme d'un fatyre, eft quelquefois repréfenté tenant un rameau de *pin.*

Lebouexier de la Chapelle, de Penieuc, en Bretagne ; d'argent, à trois *pins* de finople.

De Budes de Guebriant, de Terrejouan, près Saint-Brieux, en Bretagne ; d'or, au pin de fino-

ple fruité du champ ; le fût de l'arbre accôté de deux fleurs de lis de gueules.

De la Live ; d'argent, au pin de finople, le fût accôté de deux étoiles de gueules. (*Pl. VIII. fig. 397.*)

PIQUE, f. f. meuble d'armoiries.

Villiers ; d'argent, à trois *piques* de fable, pofées en pal. (*Pl. IX. fig. 500.*)

Ferrier ; d'argent, à trois fers de *pique* d'azur. (*Ibid. fig. 501.*)

PLAINE, CHAMPAGNE, POINT-DE-CHAMPAGNE, f. f. pièce qui occupe en hauteur au bas de l'écu, une partie des fept de fa largeur. Le bord fupérieur fe termine de niveau, ou en ligne horizontale.

On coupe l'écu en quarré un peu au-deffus de la pointe, & l'efpace que la pointe laiffe vuide au-deffous du quarré, étant d'un autre émail que l'écu, eft ce qu'on appelle *plaine* ou *champagne* ou *campagne.*

Elle a fervi quelquefois de marque de bâtardife. Les defcendans légitimes des bâtards, en ôtant la barre, le filet ou traverfe que portoient leurs pères, coupoient ainfi la pointe de leurs écus d'un autre émail ; ce qui annonçoit la légitimité dans une branche originairement bâtarde.

La *plaine* ou *champagne* eft rare en armoiries : elle fe nomme après les pièces & meubles qui fe trouvent fur le champ, excepté le chef.

De Geoffroy des Marets, à Paris ; d'azur, à trois épis de bled, tigés & feuillés d'or, mouvans d'une *plaine* d'argent, au chef coufu de gueules, chargé de trois étoiles du troifième émail. (*G. D. L. T.*)

Brochant ; d'or, à l'olivier de finople, accolé de deux croiffans de gueules, à la *plaine* ou *champagne* d'azur, chargée d'un brochet d'argent.

Petite-Pierre ; de gueules, au chevron d'argent, à la *plaine* d'or. (*Pl. II. fig. 73-4.*)

On a pris quelquefois le point de *plaine* ou de *champagne* pour brifure, ou pour marque de dégradation.

PLEIN, adj. m. fe dit d'un écu rempli d'un feul émail, où il ne fe trouve par conféquent aucune pièce ni meuble.

Duvivier de Sarraute, de Lanfac, de Liffac, diocèfe d'Alet & de Rieux, en Languedoc ; *plein* de gueules.

La maifon de Rubei, en Tofcane ; porte auffi de gueules tout pur, ou *plein* de gueules. (*Pl. I. fig. 13.*)

De Barge, en Lorraine, porte ; d'azur pur, ou *plein* d'azur. (*Ibid. fig. 14.*)

Les anciens comtes de Gournay & Defgabets-Dombale-Lorraine ; *plein* de fable. (*Fig. 15.*)

Bordeaux, Puy-Paulin, Paernon, Bandinelli à Rome, maifon dont étoit Alexandre III, pape en 1159 ; d'or pur ou *plein* d'or. (*Figure 11.*)

Boquet, en Normandie ; d'argent pur. (*Fig. 12.*)

PLEINES, adj. f. pl. fe dit des armoiries qui font fans aucune écartelure ni brifure, telles que les portent les aînés d'une maifon illuftre & ancienne. Ce terme

terme s'employe, lorfque les branches cadettes font obligées de mettre des lambel, bâton ou abime, bordure, &c. pour faire des diftinctions entr'elles ; alors on dit : la branche aînée portant les armes pleines. (*G. D. L. T.*)

PLIÉ, ÉE, adj. ou PLOYÉ, fe dit de ce qui eft fimplement courbé, auffi bien que des oifeaux qui n'étendent pas leurs aîles, & fur-tout de l'aigle qu'on nomme alors *au vol plié*.

PLIÉ, ÉE, fe dit auffi du chevron, de la fafce & de quelques autres pièces de longueur, dont la fuperficie eft creufe ou concave.

Saumèfe de Bouze, du Thil-Saint-Loup, en Bourgogne; d'azur, au chevron *plié* d'or, accompagné de trois glands de même, à la bordure de gueules. (*Pl. IV. fig. 200.*)

PLUMETÉ, ÉE, adj. eft la même chofe que le moucheté ou papillonné.

Ceba, à Gênes; *plumeté* d'argent & d'azur.

POÈLE ou POILE, f. f. *poïle* à frire, inftrument de ménage, eft quelquefois un meuble d'armoiries.

Padella, en Efpagne; d'azur, à trois *poïles* à frire rangées en pal, d'argent, accompagnées de neuf croiffans de même, pofés trois en chef renverfés, trois en fafce, contournés, & trois en pointe. (*Pl. XI. fig. 561.*)

POINT, f. m. fe dit de la divifion de l'écu en plufieurs quarrés, au nombre tantôt de neuf, tantôt de quinze, dont les uns font d'un émail, & les autres de l'autre, qu'on appelle auffi *points équipollés.* Voyez ÉQUIPOLLÉ & les armes de Buffy-Rabutin. (*Planche IV. figure 221.*)

On nomme pareillement *points* les divifions de la componure. Il y a auffi une autre divifion de l'écu en plufieurs *points*, où fe trouvent le *point* d'honneur, le nombril, &c.

Le *point* d'honneur fe dit de la place qui eft dans un écu, répondant au milieu du chef & au-deffous.

On appelle le *nombril* de l'écu, un *point* qui eft au milieu du deffous de la fafce, & qui la fépare de la pointe. Ainfi on dit : N. porte d'or à un écuffon de gueules mis au *nombril*. (*D. J.*)

POINT-CHAMPAGNE, le *point-champagne*, dans le blafon d'Angleterre, eft une marque déshonorante, ou une tache à la nobleffe, qu'un gentilhomme eft forcé de porter dans fes armes, lorfqu'il a tué un ennemi qui demandoit quartier. Cette pièce eft rare dans le blafon de France : elle s'appelle encore *plaine*, & elle occupe l'efpace en-bas d'un peu moins du tiers de l'écu. Voyez PLAINE & CHAMPAGNE.

POINTE, f. f. la partie inférieure de l'écu qui aboutit ordinairement à une petite pointe. C'eft auffi une pièce qui monte du bas de l'écu en-haut, & qui étant plus étroite dans fa largeur que le chappé, occupe feulement le tiers de la pointe de l'écu. On appelle *pointe en bande, pointe en barre*, celle qui eft pofée dans la fituation de la bande ou de la barre. *Pointe en fafce* eft celle qui eft

Hiftoire. Tom. I.

mouvante d'un des flancs de l'écu ; & *pointe renverfée* celle qui étant mouvante du chef contrebas, occupe les deux tiers du chef en diminuant jufqu'à la *pointe* de l'écu, fans la toucher néanmoins.

Plus généralement, la *pointe* eft un pal aiguifé qui, mouvant du bas de l'écu, fe termine vers le bord fupérieur à une partie de diftance : fa bafe a deux parties de large.

La *pointe* diffère du giron, en ce que ce dernir finit au centre de l'écu.

Gaillard, baron d'Heillimer; d'argent, à trois fafces d'azur, à la *pointe* de gueules, brochante fur le tout, & chargée de trois befans d'or, mal ordonnés.

Gueret de Montet; d'azur, à la *pointe* d'or chargée d'une croifette d'azur potencée & accompagnée en chef de deux autres croifettes d'or, auffi potencées.

Saint-Blaife de Changy, en Champagne; d'azur à la *pointe* d'argent.

De Fumel, en Quercy ; d'or à trois *pointes* d'azur.

Bredel, au Tirol; d'argent, à trois *pointes* d'azur, à la champagne, de gueules. (*Pl. II. fig. 93.*)

POINTÉ, ÉE, adj. On appelle *écu pointé fafcé*, un écu chargé de plufieurs pointes en fafces, qui font en nombre égal, d'émaux différens. *Pointé* fe dit auffi d'un écu marqué de pointures ou piquures, comme les pointes qui fervent de maffe à la rofe, tandis qu'elle eft en bouton. Il porte trois rofes boutonnées d'or & *pointées* de finople.

POIRE, f. f. meuble d'armoiries repréfentant ce fruit.

Peruffys, d'azur, à trois *poires* d'or. (*Pl. VIII. fig. 424.*)

POISSON, f. m. dans l'art héraldique, on diftingue parmi les *poiffons*, le *dauphin* qui eft de profil, courbé en demi-cercle, dont la tête & la queue fe trouvent tournées du côté dextre de l'écu.

Dauphiné; Province, d'or au *dauphin* d'azur, crété & oreillé de gueules. (*Pl. VI. fig. 335.*)

Les *bars* un peu courbés, & ordinairement deux enfemble & adoffés.

Poiffon de Marigny ; de gueules, à deux *bars* adoffés d'or. (*Pl. VII. fig. 337.*)

Les *chabots* montrent le dos & font en pal, la tête vers le haut de l'écu.

Chabot d'azur ; à trois *chabots* de gueules. (*Ibid. fig. 336.*)

Les *écréviffes* montrent auffi le dos & font en pal, la tête en haut.

Thiars de Biffy ; d'or, à trois *écréviffes* de gueules. (*fig. 346.*)

Les autres efpèces de *poiffons* font nommés fimplement *poiffons*, lorfque l'on ne peut pas en diftinguer l'efpèce.

Vaillant de Benneville, de Barbeville, près de

T

Bayeux en Normandie ; d'azur au *poiſſon* d'argent en faſce au chef d'or.

Aubin de Malicorne, au Maine ; de ſable à trois *poiſſons* d'argent en faſces l'un ſur l'autre.

De Cuſſé, en Bretagne ; d'argent, au ſautoir de ſable, au franc-quartier de gueules, chargé de deux *poiſſons* d'argent en faſce l'un ſur l'autre.

POMME, ſ. f. fruit du pommier ; elle eſt ordinairement repréſentée dans l'écu, attachée au bout de ſa tige, & pendante comme ſur l'arbre même.

Pommereu ; d'azur, au chevron d'argent, accompagné de trois *pommes* d'or. (*Pl. VIII. fig. 422.*)

POMME-DE-PIN, ſ. f. fruit de l'arbre, nommé *pin* ; cette *pomm* paroit dans l'écu attachée au bout de ſa tige, & figurée avec des lignes diagonales qui ſe croiſent à diſtances égales, & forment de petites loſanges qui imitent ce fruit, tel qu'il eſt ſur l'arbre.

Quintin de Richebourg, de Champcenets, à Paris ; d'azur à trois *pommes-de-pin* d'or.

Pinon, marquis de Saint-Georges ; d'azur, au chevron d'or, accompagné de trois *pommes-de-pin*, de même.

Ferrieres de Champigny, en Poitou ; d'azur à trois *pommes-de-pin* d'or, à la bordure de gueules.

Pinard, de gueules, à trois *pommes-de-pin*, d'argent, poſées 2 & 1, abaiſſées ſous un lion léopardé d'or. (*Pl. VIII. fig. 423.*)

POMMETÉ, ÉE, adj. ſe dit de la croix & de quelques autres pièces qui ont à leurs extrémités des petits boutons arrondis.

Rochas de Châteauredon, à Paris ; d'or à la croix *pommetée* de gueules, au chef d'azur, chargé d'une étoile du champ.

Ray, au comté de Bourgogne, de gueules au ray d'eſcarboucle, *pommeté* & fleuretté d'or.

Hennezon ; d'argent, à la faſce d'azur, chargée de trois panthères d'or, paſſantes, & accompagnée de trois rais d'eſcarboucle de gueules, *pommetés*, deux en chef, un en pointe.

PONT, ſ. m. meuble de quelques armoiries repréſentant ce que l'on exprime.

De Pontac ; de gueules, au *pont* à quatre arches d'argent ſur une rivière de même, ombrée d'azur, & ſupportant deux tours du ſecond. (*Pl. IV. fig. 465.*)

Pontbriant ; d'azur, au *pont* d'argent à trois arches, maçonné de ſable.

PORC, ſ. m. La femelle ſe nomme *truie*, le *porc* & la truie paroiſſent dans l'écu de profil & paſſans ; leur émail eſt le ſable.

Février de la Belloniere, à Paris ; d'argent au *porc* de ſable.

De Porcelets de Maillane, à Beaucaire, en Languedoc ; d'or à une truie de ſable.

Il y a des auteurs qui prétendent que la maiſon de Porcelets eſt originaire d'Eſpagne, & iſſue du comte Diego, ſurnommé *Porcelos*, fils de Roderic, comte de Caſtille ; & que le ſurnom de Por-

celos lui fut donné à cauſe que la comteſſe ſa mere, accoucha de ſept fils à la fois, en l'année 884.

Mais l'opinion la plus commune eſt que ceux de ce nom tirent leur origine de Provence, & que ce fut dans la ville d'Arles, que l'imprécation d'une pauvre femme cauſa une heureuſe fécondité à la perſonne qu'elle imploroit dans ſa miſère ; cette pauvre femme ayant mis au monde deux jumeaux, les portoit dans ſes bras, lorſqu'elle parut devant une jeune dame pour lui demander l'aumône ; elle croyoit que la pluralité d'enfans inſpireroit plus de compaſſion à ceux qui la verroient en cet état ; mais la vue de ces enfans fit un effet contraire ; cette dame la traita d'impudique, s'imaginant qu'une honnête femme ne pouvoit avoir qu'un ſeul enfant d'une couche : cette pauvre femme ſe voyant offenſée, levant les yeux au ciel, dit à haute voix : *Je prie Dieu, madame, pour la défenſe de mon honneur, qu'il vous faſſe mettre au monde autant d'enfans que cette truie qui paſſe par-là a de petits cochons.* On aſſure qu'un an après, la dame accoucha de neuf enfans mâles, qui étoit le nombre des petits de la truie.

En conſidération de ce prodige, ces enfans furent nommés les *Porcelets*, & le nom de *Porcelets* fut tranſmis à leur poſtérité, laquelle a depuis porté pour armes une truie de ſable au champ d'or.

Quelques hiſtoriens, & Noſtradamus en ſon *Hiſtoire de Provence*, ont donné cours à ces fables, & elles paſſent pour vraies dans l'idée du peuple d'Arles : on voit encore en cette ville une truie repréſentée en ſculpture ſur la façade de l'ancienne maiſon de Porcelets, dans le quartier appellé *le Bourg-vieux*. (*G. D. L. T.*)

Quelque Apocryphes que ſoient ſans doute de pareils faits, nous n'avons pas crû devoir ſupprimer cet article. Les fables ſont une partie de l'hiſtoire de la nobleſſe, & les fables antiques ſont des preuves de grandeur & des titres de gloire ; d'ailleurs l'hiſtoire eſt relative au ſujet.

PORC-ÉPIC, ſ. m. animal terreſtre, armé de longs aiguillons, qui a quelque reſſemblance avec le porc ; il paroit paſſant dans l'écu.

Les juges d'Athènes ſe ſervoient de vaſes, dont l'extérieur étoit rempli de pointes ſemblables à celles du *porc-épic*, pour faire entendre qu'on ne pouvoit les corrompre dans l'adminiſtration de la juſtice, qu'ils étoient inflexibles & intègres.

Le Coigneux de Belabre, de Bezonville, à Paris ; d'azur à trois *porcs-épics* d'argent.

De Foucrand de la Nouhe, à Luçon ; d'argent à trois *porcs-épics* de ſable.

De Maupeou ; d'argent, au *porc-épic* de ſable. (*Pl. V. fig. 270.*)

PORTAIL, ſ. m. meuble d'armoiries.

De la Poterie ; de gueules, au *portail* antique, donjonné de trois donjons, deux lions affrontés, poſés ſur les perrons, & appuyés contre le *portail*, lé tout d'argent, au chef de même, chargé de trois étoiles d'azur. (*Pl. IX. fig. 469.*)

La Porte ; de gueules, au *portail* d'or.

PORTÉE, adj. f. une croix *portée*, c'est une croix qui n'est pas debout, comme sont généralement les croix, mais qui est couchée de travers sur l'écusson, en forme de bande, comme si elle étoit *portée* sur l'epaule d'un homme.

La Colombiere assure que quelques-uns disent *portée*, parce que J. C. allant souffrir la mort, fut obligé de porter sa croix, qui est toujours représentée de travers & inclinée de cette manière.

PORTE - GLAIVE, PORTE - ÉPÉE, c'est un ordre de chevaliers en Pologne, appellés en latin *ensiferi*.

On les nomme ainsi, parce qu'Albert, évêque de Riga, entre les mains duquel les premiers d'entr'eux firent leurs vœux, leur ordonna de porter pour habit une robe de serge blanche avec la chape ou manteau noir, sur lequel ils portoient, du côté de l'épaule gauche, une épée rouge croisée de noir, & sur l'estomac deux pareilles épées passées en sautoir.

Cet ordre fut confirmé par le pape Innocent III. Il l'envoya en Livonie, pour défendre les prédicateurs de l'Evangile contre les infidèles dans les commencemens de la conversion de cette contrée. Mais n'étant pas assez forts pour exécuter ce dessein, ils s'unirent aux chevaliers teutoniques par l'autorité du pape ; & au lieu de *chevaliers de l'épée*, on les nomma *chevaliers de la croix*. Mais ils en furent séparés en 1541 sous Univivus leur grand-maître, ou selon d'autres en 1525, lorsqu'Albert de Brandebourg renonçant à la grande-maîtrise de l'ordre teutonique, embrassa le Lutheranisme.

Quand les chevaliers teutoniques furent dépossédés de la Prusse & que les *porte-glaives* eux-mêmes vinrent à donner dans les opinions de Luther, leur ordre tomba en décadence ; car en 1557 ils se brouillèrent avec l'évêque de Riga de la maison de Brandebourg, parce qu'il ne vouloit pas embrasser leurs opinions ; & que, pour mettre son propre bien en sûreté, il livra la ville de Riga aux Polonois.

Ensuite les Moscovites ayant pris sur les chevaliers la plus grande partie de la Livonie, ceux-ci se mirent sous la protection de Sigismond - Auguste, roi de Pologne, en 1559. Mais Guillaume de Furstemberg, leur grand-maître, ayant été trahi par ses propres gens ou mercenaires, qui le livrèrent aux Moscovites, Gothard Ketler, son successeur, suivant l'exemple d'Albert grand-maître de Prusse, transigea pour tout l'ordre avec Sigismond : il fut arrêté que Sigismond pourroit disposer de l'ordre dans le château de Riga ; on lui remit la croix, le sceau de l'ordre, les chartes & les brefs des différens papes & empereurs qui le concernoient, comme aussi les clés de la ville & du château de Riga, la dignité de grand-maître,

les droits de monnoie, & tous les pouvoirs & privilèges qui y étoient attachés ; & par retour, Radzivil, plénipotentiaire du roi, fit présent à Gothard Ketler du duché de Courlande, pour lui, & pour ses hoirs, à perpétuité. (*Article resté.*)

PORTER, v. a. On dit *porter telles armoiries*, parce qu'anciennement ceux qui se présentoient aux tournois, y faisoient *porter*, par leurs valets, leur écu où étoient empreintes leurs armes, qu'ils avoient pour être reconnus.

PORTER, on dit de quiconque a des armes, qu'il *porte* les différentes pièces dont est chargé son écusson : si, par exemple, il y a trois lions rampans, on dit qu'il les *porte*.

POSÉ, ÉE, adj. se dit d'un lion, d'un cheval ou d'un autre animal arrêté sur ses quatre piés, pour indiquer qu'il n'est pas dans une posture de mouvement.

Il se dit aussi d'un château, d'une tour, ou autre édifice, d'un arbre, &c. placés sur un rocher, un mont, une terrasse.

Castillon de Saint-Victor, de Roussas, de Belveset, près d'Uzès en Languedoc ; d'azur, à la tour d'argent, *posée* sur un rocher d'or.

Fortia de Piles, de Baumes, de Peiruis, en Provence ; d'azur, à la tour d'or, *posée* sur une terrasse de sinople.

Sarret de Confergues, à Beziers ; d'azur, à deux lions affrontés d'or, lampassés & armés de gueules, *posés* sur une terrasse du second émail, en chef une étoile de même.

Le Fèvre d'Argence ; d'argent, à une loutre de sable, *posée* sur une terrasse de sinople, au chef d'azur, chargé de deux roses d'argent. (*Pl. VI, fig. 289.*)

Loménie ; d'or, à l'arbre arraché de sinople, *posé* sur un tourteau de sable, au chef d'azur, chargé de trois losanges d'argent. (*Pl. VIII. fig. 396.*)

Rogier de la Ville ; d'argent, à une ville *posée* sur un rocher d'azur, surmontée de trois étoiles de gueules. (*Pl. IX. fig. 472.*)

POT, POT A FLEURS, POTS A FLEURS, s. m. est quelquefois un meuble d'armoiries.

Quant au *pot* simple, Pignatelli ; d'or, à trois *pots* de sable, les deux du chef affrontés.

Quant au *pot à fleurs*, Lemperrière ; de gueules, à une tige de trois roses dans un *pot* d'argent. (*Pl. XI. fig. 563-4.*)

POTENCÉ, ÉE, adj. f. se dit d'une croix dont les extrémités représentent une double potence.

De la Poterie ; d'argent, à une croix *potencée* de sable. (*Pl. IV. fig. 169.*)

Rubat ; d'azur, à la croix *potencée* d'or. (*Ibid. fig. 187.*)

Hurault, originaire du Barrois ; d'argent, au lion de sable, armé & lampassé d'or, chargé sur l'épaule senestre d'une croix de même *potencée*, à la bordure de gueules, engrêlée & chargée de treize billettes d'argent.

Viart ; d'azur, à trois croix d'or *potencées*, au chef d'argent.

POTENCÉ se dit aussi de quelques autres pièces.

Bureau ; d'azur, au chevron *potencé* & contrepotencé d'argent, accompagné de trois barils ou fioles d'or.

POURPRE, s. m. émail tirant sur le violet ; on le représente en gravure par des lignes diagonales à senestre. (*Voyez planche I. fig. 17.*)

Cet émail, couleur rare en armoiries, est mixte ; c'est-à-dire, qu'il participe du métal & de la couleur, parce que l'argent qu'on appliquoit par feuilles sur les anciens écussons devenoit de couleur *pourpre* par succession de temps, ainsi que le rapporte Vulson de la Colombière en son livre de la *Science héraldique* : aussi met-on cet émail sans fausseté sur les couleurs, comme sur les métaux.

De Gaste, en Forez ; de *pourpre*, à deux fasces d'azur.

Mesnard de la Barre, en Normandie ; d'azur, au chevron de *pourpre*, chargé de trois croisettes d'argent, & accompagné de trois trefles d'or.

Arbois de Blanchefontaine, en Picardie ; d'azur, au loup passant de *pourpre*, la tête contournée, accompagnée en chef de trois cloches d'argent.

POURSUIVANT D'AMOUR, (*Hist. de la Cheval.*) on vit autrefois à la guerre plusieurs chevaliers prendre le nom de *poursuivant d'amour*, & d'autres titres pareils, se parer du portrait, de la devise & de la livrée de leurs maitresses ; aller férieusement dans les sièges, dans les escarmouches & dans les batailles offrir le combat à l'ennemi, pour lui disputer l'avantage d'avoir une dame plus belle & plus vertueuse que la sienne, & de l'aimer avec plus de passion. Un écuyer anglois, capitaine du château de Beaufort, qui en 1369 prit parti pour la France, se nommoit le *poursuivant d'amour*. Il est encore fait mention de lui sous ce nom dans l'histoire de Bertrand du Guesclin. Sainte-Palaie, *Hist. de la Chevalerie.*

POURSUIVANT D'ARMES, (*chevalerie anc.*) ce mot s'est dit autrefois des gentilshommes qui s'attachoient aux hérauts pour aspirer à leur charge à laquelle ils ne pouvoient parvenir qu'après sept ans d'apprentissage passés dans cet exercice. Ils étoient de la dépendance des hérauts, & assistoient à leur chapitre. Un seigneur banneret pouvoit avoir des *poursuivans* de l'aveu de quelque héraut.

Leurs cottes-d'armes étoient différentes de celles des hérauts ; les *poursuivans* la portoient tournée sur le bras, les hérauts devant & derrière ; & le roi d'armes la portoit semée de lis, la couronne sur l'écu.

Le détail des fonctions de leur ministère est am-

plement expliqué dans un manuscrit composé par René d'Anjou, roi de Sicile, & qui se conserve dans la bibliothèque du roi. Dans un état de la France fait & arrêté en 1644, il y a trois *poursuivans d'armes* : le premier ayant 200 livres de gages, & les autres chacun 100 liv.

La cérémonie de l'institution des *poursuivans d'armes* étoit des plus solemnelles. Ils étoient présentés par un héraut d'armes en habit de cérémonie à leur seigneur & maître pour être nommés. Ils ne devoient point être faits pendant une moindre fête qu'un dimanche. Le héraut les conduisoit par la main gauche au seigneur, & en présence de plusieurs témoins appellés à cet effet, il lui demandoit quel nom il lui plaisoit que portât son *poursuivant d'armes* ; & le seigneur l'ayant déclaré, le héraut l'appelloit de ce nom. Ces noms arbitraires contenoient souvent des devises énigmatiques, qu'on appliquoit aux *poursuivans d'armes* pour les distinguer. Il y en a plusieurs exemples dans les anciens titres : cependant le *poursuivant* ne fait nul serment aux armes, & peut rendre ses armes sans rien mésaire ; ce sont les termes d'un ancien manuscrit cité par le P. Ménestrier dans son livre de la chevalerie. (*D. J.*)

PRÉSENTÉ, ÉE, (*terme de Généalogie.*) celui ou celle qui se présente pour entrer dans un chapitre où il faut faire des preuves de noblesse ; ou pour être fait chevalier de quelque ordre, où l'on ne peut être reçu sans avoir prouvé que l'on est d'une race noble. (*G. D. L. T.*)

PREUVES DE NOBLESSE, s. f. plur. (*Généalogie.*) pour prouver sa noblesse, le présenté ou la présentée doit mettre en évidence son extrait baptistaire, les contrats de mariage de son père, son aïeul, son bisaïeul, son trisaïeul, avec leurs testamens ; les brevets, lettres & commissions des services militaires, les transactions, hommages, dénombremens, actes d'acquisitions de terres, & autres actes, tous titres originaux.

Il doit présenter ses armoiries, celles de sa mère & des femmes de ses ancêtres.

L'usage est de fournir au moins deux actes à chaque degré.

Celui qui est chargé de recevoir les *preuves*, indique au présenté tous les actes qu'il doit fournir, & où doivent remonter les degrés les plus reculés, & s'il est nécessaire de prouver la noblesse des femmes tant du côté paternel que du maternel. (*G. D. L. T.*)

PROBOSCIDE, s. f. trompe de l'éléphant. Elle s'employe quelquefois en armoiries.

Filtz, en Silésie ; de gueules, parti d'argent, à deux *proboscides* ou trompes d'éléphant, adossées, les naseaux en haut de l'un en l'autre. (*Pl. VI. fig. 293.*)

PYRAMIDE, s. f. meuble d'armoiries.

Bigault ; d'azur, à une *pyramide* élevée d'or. (*Pl. IX. fig. 468.*)

QUA

QUARTIER-DESCENTE, *terme de Généalogie*, qui signifie chaque degré d'ordre & de succession des descendans dans une ligne ou une famille.

Ainsi on dit deux *quartiers*, trois *quartiers* de noblesse, &c. Un homme est réputé de bonne noblesse quand il prouve quatre *quartiers* du côté du père, & autant du côté de la mère; c'est-à-dire quand son bisaïeul, son aïeul & son père, tant du côté paternel que du côté maternel, ont été gentilshommes.

Pour entrer dans certains chapitres nobles d'Allemagne, il faut faire preuve de seize *quartiers*, tant du côté paternel que du côté maternel; & comme, selon le calcul le plus généralement reçu, on compte trois générations pour un siècle, la noblesse de ces candidats doit au moins remonter à cinq cents ans. Aussi n'y a-t-il point de nation plus jalouse de sa noblesse, & plus attentive à ne pas se mésallier que la nation allemande. (*Article resté.*)

QUARTIER, s. m. (*terme de Généalogie.*) écu d'une famille noble, qui, dans un arbre généalogique, sert de preuve. Il faut plusieurs *quartiers* pour prouver la noblesse, lorsque l'on veut entrer dans des chapitres qui exigent des preuves.

Ce mot *quartier* vient de ce qu'autrefois on mettoit sur les quatre angles d'un mausolée ou tombeau, les écussons du père, de la mère, de l'aïeul & de l'aïeule du défunt; ce qu'on a augmenté ensuite jusqu'à 8, 16 & 32.

Ces exemples sont fréquens sur les sépultures des maisons nobles en Flandre & en Allemagne. (*G. D. L. T.*)

QUARTIER, s. m. quatrième partie d'un écu, lorsqu'il est écartelé.

On nomme aussi *quartiers*, les divisions d'un écu en un plus grand nombre de parties quarrées.

Il y a même des écus divisés en seize & trente-deux *quartiers*.

Les *quartiers* du haut sont blasonnés les premiers, ensuite les *quartiers* au-dessous, puis on finit par ceux qui se trouvent en bas.

Les *quartiers*, dans l'art héraldique, ont été ainsi nommés, parce que chacun remplit le quart de l'espace de l'écu, lorsqu'ils se trouvent formés par la ligne perpendiculaire du parti & la ligne horizontale du coupé.

Et de même par la ligne diagonale à dextre du tranché, & par la ligne diagonale à senestre du taillé.

Depuis, un plus grand nombre de divisions de l'écu en parties egales entr'elles ont été nommées *quartiers*.

Bonvilar d'Auriac, de la Vernède, de la Crou-

file, en Languedoc; écartelé aux premier & quatrième *quartiers* d'argent, au deuxième d'azur, au troisième de gueules.

De Crevant; écartelé au premier & quatrième *quartiers* d'argent, au deuxième & troisième d'azur. (*Pl. I. fig. 29.*)

Aubert; écartelé au premier & quatrième *quartiers* d'or, au deuxième & troisième d'azur, à la bordure écartelée de l'un en l'autre. (*Pl. IV. fig. 213.*)

Quant aux écartelures plus composées & aux *quartiers* plus multipliés, on peut voir, *pl. XV.* les armes de l'empereur, celles du roi d'Espagne, du roi des Deux-Siciles, du roi de Pologne, du roi de Sardaigne, du roi de Danemarck, du roi de Suède, du roi de Prusse; *Pl. XVI.* celles de l'électeur de Cologne; *Pl. XVII.* celles de la république des Suisses & celles de M. le duc d'Uzès; *Pl. XVIII.* celles de Bouillon & de Lorraine; surtout, *pl. XX.* le pennon généalogique de trente-deux *quartiers*. (*Voyez* PARTI pour un plus grand nombre de *quartiers*.)

QUATRE-FEUILLE, s. f. fleur, dont le nom annonce qu'elle est divisée en *quatre feuilles* ou fleurons.

Phelypeaux; d'azur, semé de *quatre-feuilles* d'or, au canton d'hermine. (*Pl. VIII. fig. 241.*)

QUÊTE, (*Hist. de la Chevalerie.*) terme de l'ancienne chevalerie, qui signifie les courses ou voyages que plusieurs chevaliers qui venoient de recevoir les honneurs de la chevalerie, ou qui avoient assisté aux fêtes qui y étoient relatives, faisoient en commun, soit pour retrouver un fameux chevalier qui avoit disparu, soit pour reprendre une dame restée au pouvoir d'un ennemi, soit pour d'autres objets encore plus relevés, comme celui de la quête du S. Graal. Ces sujets se sont étendus & multipliés à l'infini dans l'imagination des faiseurs de romans. Nos héros errant de pays en pays, parcouroient sur-tout les forêts presque sans autre équipage que celui qui étoit nécessaire à la défense de leur personne; & ils vivoient uniquement de leurs chasses: des pierres plates plantées en terre, qu'on avoit exprès placées pour eux, servoient à faire les apprêts de leurs viandes, comme à prendre leurs repas; les chevreuils qu'ils avoient tués étoient mis sur ces tables, & recouverts d'autres pierres, avec lesquelles ils les pressoient pour en exprimer le sang, d'où cette viande est nommée dans nos romans, *chevaux de presse*, *nourriture des héros*: du sel & quelques épices, les seules munitions dont on se chargeoit, en faisoient tout l'assaisonnement. Afin de surprendre plus sûrement les ennemis qu'ils alloient chercher, ils ne marchoient qu'en petites troupes de trois ou de quatre, ayant foin, pour n'être point connus, de changer, de déguiser leurs armoiries, ou de les cacher en les tenant couvertes d'une houffe. L'efpace d'un an & d'un jour étoit le terme ordinaire de leur entreprife. Au retour, ils devoient, fuivant leur ferment, faire un récit fidèle de leurs aventures, expofer ingénument leurs fautes, leurs malheurs & les fuccès qu'ils avoient eus dans leurs quêtes. (D.-J.)

QUEUE, f. f. fe dit principalement de la *queue* d'un cerf. Celles de plufieurs autres animaux s'expriment par des noms particuliers.

QUILLE, f. f. morceau de bois tourné, de forme à peu près conique. Le jeu de *quilles*.

Quilly, dans le Barrois; d'argent, à la bande d'azur, chargée de fept *quilles* d'or, & accompagnée de deux rofes de gueules, une en chef, l'autre en pointe.

QUINTAINE, f. f. meuble qui repréfente un poteau où eft attaché un écuffon que l'on fuppofe être mobile.

La *quintaine* étoit anciennement un exercice militaire que l'on faifoit à cheval, la lance à la main. On venoit en courant fur un bouclier attaché à un arbre; & fi la lance étoit rompue, on fe trouvoit en défaut.

Il y en a qui prétendent que la *quintaine* a pris fon nom du latin *quintus*, de ce que ces fortes de jeux fe faifoient de cinq ans en cinq ans; d'autres difent qu'un nommé *Quintus* en fut l'inventeur.

De Robert de Lezardières, en Poitou; d'argent, à trois *quintaines* de gueules.

QUINTE-FEUILLE, f. f. fleur à cinq fleurons arrondis, ayant chacun une pointe, & dont le centre eft percé en rond, de manière que l'on voit le champ de l'écu à travers.

Serent de Kerfelix, en Bretagne; d'or, à trois *quinte-feuilles* de fable.

Dupleffis-Châtillon de Nonant, au Maine; d'argent, à trois *quinte-feuilles* de gueules.

Renouard; d'argent, à une *quinte-feuille* de gueules. (*Pl. VIII. fig.* 406.)

Morifot, en Bourgogne; d'argent, à la *quinte-feuille* de gueules, accompagnée de trois mûres de fable.

Patornay, en Franche-Comté; d'azur, à une *quinte-feuille* d'or en cœur, accompagnée de trois croiffans d'argent.

Roskorel, en Bretagne; d'or, à une *quinte-feuille* d'azur, enfilée en cœur par une flèche de gueules en bande, la pointe en bas.

RACCOURCI, IE, adj. ce mot fe dit des pièces honorables qui ne touchent point les bords de l'écu ; c'eft la même chofe que *coupé*, *alaifé* ou *aléfé*. (*D. J.*)

RACE, f. f. (*terme de Généalogie.*) génération continuée de père en fils, defcendans & afcendans d'une ligne noble, ancienne & illuftre.

Le mot *race* tire fon étymologie du latin *radix*, *icis*, qui fignifie la racine généalogique d'une poftérité, dont on ne connoit point le commencement. (*G. D. L. T.*)

RACE, f. f. (*Généalog.*) ce mot eft fynonime à naiffance.

Madame de Lambert dit dans ce dernier fens, que vanter fa *race*, c'eft louer le mérite d'autrui. Si le mérite des pères rehauffe la gloire des enfans qui les imitent, il eft leur honte quand ils dégénèrent : il éclaire également leurs vertus & leurs vices. C'eft un heureux préfent de la fortune qu'un beau nom, mais il faut favoir le porter. « Je » ferai le premier de ma *race*, & toi peut-être le » dernier de la tienne », répondit Iphicrate à Hermodius, qui lui reprochoit la baffeffe de fa naiffance. Iphicrate tint parole ; il commanda en chef les armées d'Athènes, battit les Thraces, rétablit la ville de Seuthée, & tailla en pièces une bande de Lacédémoniens. (*D. J.*)

RADIÉ, ÉE, adj. fe dit des couronnes antiques, qu'on appelle *couronnes radiées*.

RAIS, f. m. pl. ou RAYONS. ce mot fe dit de l'efcarboucle qu'on peint fur les écus avec huit *rayons* ou bâtons pommetés, qui en fortent en croix & en fautoir.

Château-neuf ; d'or, à une étoile à huit *rais* de gueules. (*Pl. VII. fig. 376.*)

Des Baux ; de gueules, à une étoile à feize *rais* d'argent. (*Ibid. fig. 377.*)

Giry ; d'azur, à l'efcarboucle d'or, à huit *rais*, rayons ou bâtons pommetés. (*Pl. X. fig. 538.*)

RAISIN. (*Voyez* GRAPPE.)

Rouzières ou Rozières, en Lorraine ; coupé par une fafce d'azur, chargée de trois rofes d'or ; au premier, d'or, à l'aigle de fable éployée ; au fecond, d'argent, à la *grappe de raifin* de gueules, pendante, tigée & pamprée de finople.

RAMÉ, ÉE, adj. fe dit du bois du cerf, du daim, lorfqu'il eft d'un autre émail que l'animal.

D'Ugues de la Villehux, en Bretagne ; d'azur, au cerf paffant d'argent, *ramé* d'or.

Frédorf, en Bavière ; d'argent, au cerf de gueules, *ramé* d'or.

RAMEAU, (*Généalog.*) il fe dit dans les généalogies de diverfes branches qui fortent d'un même tronc. Cette illuftre famille s'eft divifée en plufieurs *rameaux*, dont les uns fe font portés en France, les autres en Italie.

RAMEAU, f. m. (*Généalogie.*) fe dit figurément d'une branche qui dans une généalogie n'a donné que quelques degrés de filiation, qui fe trouve éteinte par un ou plufieurs enfans morts fans poftérité. (*G. D. L. T.*)

RAMEAU, f. m. meuble de l'écu qui repréfente une petite branche d'arbre ou d'arbriffeau.

Ce terme vient du latin *ramus*, qui a la même fignification.

Heuffaye du Couldray, près Lifieux en Normandie ; d'azur, à trois *rameaux* de chêne d'or, chacun de fix feuilles.

Sandrier ; d'azur, au *rameau* d'olivier, à deux branches d'or, mouvant d'un croiffant de même. (*Pl. VIII. fig. 398.*)

RAMPANT, TE, adj. ce mot a dans le Blafon une acception particulière, & fignifie tout le contraire de *ramper*. Il s'applique aux animaux à quatre pieds, & fignifie qu'ils ont la tête & les pattes de devant élevées vers l'angle dextre de l'écu, comme s'ils vouloient, dit-on, s'élever & monter le long d'une rampe. Telle eft l'étymologie qu'on donne à ce mot. Au refte, quoique cette pofition foit dans le Blafon, celle de la plupart des quadrupèdes, le mot *rampant* ne fe dit guères que du chien, du levrier & du renard, la même pofition dans les autres animaux étant exprimée par un autre mot qui leur eft propre.

Le lion *rampant* ; fa pofition ne s'exprime point, parce qu'il eft fouvent en cette attitude ; s'il fe trouve paffant, on le dit *lion léopardé*.

Le léopard qui eft ordinairement paffant, quand il eft *rampant*, s'appelle *lionné*.

Le loup *rampant* s'appelle *raviffant*.

Le cheval à moitié levé fur fes jambes de derrière, fe nomme *cabré* ; tout droit, il s'appelle *effaré*.

Le taureau *rampant* eft nommé *furieux*.

La licorne, le bélier, le bouc, la chèvre, le chamois *rampans*, font nommés *faillans*.

L'ours *rampant*, *levé*.

Le chat *rampant*, *effarouché*.

Chapelain de Bedos, de la Vialle, de Trouilhas, en Gévaudan ; d'argent, au levrier *rampant* de fable, au chef d'azur.

Auderic de Laftours, diocèfe de Narbonne ; d'argent, à l'arbre de finople, à feneftre un chien de fable *rampant*, les pattes de devant appuyées fur le fût de l'arbre, au chef d'azur, chargé de trois étoiles d'or.

Montregnard ; de gueules, au renard *rampant* d'or.
(*Pl. VI. fig. 290.*)

RAMURE, f. f. meuble de l'écu qui repréſente le bois du cerf ; chaque côté a ſix dagues, y compris celle de l'extrémité.

Demi-ramure eſt un côté ſeul du bois de l'animal.

Maſſacre eſt une *ramure* jointe au crâne du cerf ou à la tête entière.

De Fouraire de Villers-la-Chèvre, en Lorraine ; d'azur, à une *ramure* d'or, au centre de l'écu, entre la ramure une étoile de même.

De Banne d'Avejan, de Montgros, dioceſe d'Uzès en Languedoc ; d'azur, à la *demi-ramure* d'or, poſée en bande.

Cornu ; d'argent, à la corne de cerf ou *ramure* de gueules, ſurmontée d'une aigle éployée de ſable. (*Pl. V. fig. 266.*)

Paſſart ; d'azur, à trois cornes de cerf ou *ramures* d'or, rangées en faſces. (*Ibid. fig. 267.*)

RANGÉS, ÉES, adj. ſe dit des animaux & autres pièces ou meubles de longueur, poſés ſur une ligne horizontale.

De Hugon du Prat, de Maſgonthière, en Limouſin ; d'azur, à deux lions *rangés* d'or, lampaſſés & armés de gueules.

De Coublant de la Touche, en Anjou ; d'azur, à deux aigles *rangées* d'argent.

De Fortiſſon de Roquefort, en Guyenne ; d'azur, à deux tours *rangées* d'argent.

De Hingant de Keriſſac, en Bretagne ; de ſable, à trois épées d'argent garnies d'or, *rangées*.

RANGIER, f. m, meuble de l'écu qui repréſente le fer d'une faulx.

De Sorny des Grelets, près Epernay en Champagne ; de gueules, à trois *rangiers* d'argent en trois pals, les pointes en haut. (*G. D. L. T.*)

De Fourbin ; de gueules, à trois *rangiers* ou fers de faulx d'argent. (*Pl. X. fig. 554.*)

RAQUETTE, f. f. meuble d'armoiries.

La communauté des paumiers, porte, de ſable, à la *raquette* d'or, accompagnée de quatre balles d'argent, rangées en croix. (*Pl. XI. fig. 615.*)

RAT, f. m. meuble d'armoiries, repréſentant cet animal.

La ville d'Arras ; d'azur, à la faſce d'argent, chargée de trois *rats* paſſans de ſable, la faſce ſurmontée d'une mitre, & accompagnée en pointe de deux croſſes paſſées en ſautoir, le tout d'argent. (*Pl. VII. fig. 363.*)

RATEAU, f. m. inſtrument de jardinage, eſt employé comme meuble d'armoiries.

Retel ; de gueules, à trois *rateaux* d'or ſans manches, poſés 2 & 1. (*Pl. XI. fig. 566.*)

RAVISSANT, TE, adj. ſe dit du loup rampant.

Loubens de Verdale, à Revel, près Caſtelnaudary ; de gueules, au loup *raviſſant* d'or.

D'Agoult ; d'or, au loup *raviſſant* d'azur, armé & lampaſſé de gueules. (*Pl. VI. fig. 288.*)

On appelleroit vraiſemblablement auſſi *raviſſant*

un loup, un lion, ou tout autre animal carnacier, qui ſeroit repréſenté emportant ſa proie.

RAY-D'ESCARBOUCLE, f. m. meuble de l'écu percé en rond au centre, diviſé ordinairement en huit rais, dont quatre ſont en croix, les autres en ſautoir ; ces *rais* ſont pommetés au milieu, & terminés en bâtons de pelerins.

Giry de Veillau, en Nivernois ; d'azur, au *ray-d'eſcarboucle* d'or.

Saint-Aubin de Vecourt, de Fouchette, en Picardie ; d'azur, au *ray-d'eſcarboucle* d'or, adextré en chef d'une croiſette d'argent.

Giry ; d'azur, à l'eſcarboucle d'or à huit *rais*. (*Voyez* RAIS.)

RAYON, f. m. s'employe quelquefois pour meuble dans l'écu.

De Merle ; de gueules, aux *rayons* d'argent de trois pointes, naiſſans de l'angle à dextre de l'écu. (*Pl. VII. fig. 379.*)

De Bellegarde ; d'azur, aux *rayons* droits & ondés d'or alternativement, mouvans d'une portion de cercle, du chef vers la pointe de l'écu, chaque intervalle de *rayons* rempli d'une flamme de même, au chef d'or, chargé d'une aiglette de ſable. (*Ibid. fig. 384.*)

RAYONNANT, TE, adj. ſe dit des étoiles & autres aſtres qui ont entre leurs rais des petites lignes en rayons pour les rendre plus lumineux.

Joly de Choin, en Breſſe ; d'azur, à l'étoile *rayonnante*, à ſeize rais d'or, au chef de même, chargé de trois roſes de gueules.

Bernard de Boulainvilliers, à Paris ; d'azur, à une ancre d'argent, accompagnée en chef à ſeneſtre d'une étoile d'argent, *rayonnante* d'or.

REBATTEMENT, f. m. ce mot ſe dit de diverſes figures qui ſe font à fantaiſie, & qu'on uſine beaucoup en Allemagne. Les principales ſont une dextre, une pointe, une plaine, une champagne, une pointe en pointe, des gouſſets, une gore, une billette couchée, un écuſſon renverſé dans un autre, &c. On appelle auſſi *rebattemens* pluſieurs autres diviſions extraordinaires de l'écu, lorſque les figures ſont oppoſées, & qu'elles ſemblent ſe rabattre l'une ſur l'autre. *Méneſtrier.*

RECERCELÉE, adj. f. ſe dit d'une croix ancrée dont les huit pointes circulaires ont chacune deux circonvolutions.

Ce terme vient du vieux mot gaulois *recercelé*, qui a ſignifié tourné en ſpirale en manière de volute, & en quelque ſorte plié comme un cerceau. On appelle même quelquefois cette croix *cercelé.*

Ferlay de Sathonnay, en Breſſe ; de ſable, à la croix *recercelée* d'argent.

Funillis ; d'or, à la croix *recercelée* de ſable, chargée de cinq écuſſons d'argent, bordés, engrelés de ſable. (*Pl. III, fig. 162.*)

RECEVEUR, (*ordre de Malte*) c'eſt le nom d'un chevalier qui réſide dans une commanderie pour en recueillir les revenus. Les *receveurs* dans l'ordre l'ordre de Malte jouiffent de toûs les droits & privilèges de la réfidence conventuelle. (*D. J.*)

RECOUPÉ, adj. on appelle *écu recoupé*, un écu mi-coupé & recoupé un peu plus bas. (*A. R.*)

RECROISETTÉE, adj. fe dit d'une croix ou croifette, dont chaque branche eft traverfée d'une autre branche.

Bouffiers; d'argent, à trois molettes de gueules à fix rais, deux & un, accompagnées de neuf croifettes de même, *recroifettées* au pied fiché, trois en chef, trois en fafce, trois en pointe, ces dernières pofées deux & un.

Mauvoifin; d'azur au chevron d'argent, accompagné de trois croix d'or *recroifettées*.

De Huon de Kerullac, de Kérbrat, en Bretagne; de gueules à cinq croifettes *recroifettées* d'argent, pofées en croix.

Brodeau de Candé; d'azur, à la croix recroifettée d'or, au chef de même, chargé de trois palmes de finople. (*Pl. III. fig. 167.*)

REDORTE, f. f. ce mot fe dit d'une branche de frêne & autres arbres, retortillée en anneaux les uns fur les autres. Il y a dans le Blafon des *redortes* feuillues, & d'autres fans feuilles. (*D. J.*)

Nigry de la Redorte d'Ouveillan, à Toulofe; d'azur, à trois *redortes* d'or, en trois pals, chacune de quatre cercles.

Torta, à Naples; d'azur, à une *redorte* feuillée de trois pièces d'or. (*Pl. XI. fig. 609.*)

REGARDANT, fe dit d'un lion ou autre bète de proie, qui regarde derrière elle, ayant la face tournée du côté de la queue.

D'autres entendent par *regardant*, un animal qui ne meut que la tête & quelque partie du cou, mouvant de quelque divifion de l'écu dans une autre.

Servien; porte d'azur, à trois bandes d'or au chef d'argent chargé d'un lion *regardant* de gueules.

REMPLI, ie, adj. fe dit d'une pièce de l'écu, dont le milieu, dans toute fa longueur, eft d'un autre émail que la pièce. Ainfi l'on dit que telle maifon porte d'azur au chevron potencé & contre-potencé d'or *rempli* d'argent.

Montfort-Thaillant, en Bourgogne; d'argent, à trois ruftres de fable *rempli* d'or.

Méligny; d'azur, à la bande d'or contre-potencée, *remplie* du champ.

Les pièces *remplies* fe diftinguent des pièces bor-dées, en ce que ces dernières ne font chargées d'aucune pièce, & que les premières peuvent l'être.

De Bureau de Pargé, de la Haterie, en Bretagne; d'azur, au chevron contre-potencé d'or, *rempli* de fable, accompagné de trois burettes d'argent.

RENARD, f. m. cet animal paroit de profil, paffant ou rampant; il a fa queue levée perpendiculairement, dont le boyt tend vers le haut de l'écu, ce qui le diftingue du loup qui a toujours fa queue pendante.

Hiftoire. Tom. I.

De Marolles, en Valois; d'azur, au *renard* paffant d'or.

De Reynard de la Serre, de Saint-Julien, d'Avançon en Dauphiné; d'azur, au *renard* rampant d'or.

Montregnard; de gueules, au *renard* rampant d'or. (*Pl. VI. fig. 290.*)

RENCHIER, f. m. meuble de l'écu qui repréfente un cerf de la plus haute taille: il a un bois applati, couché en arrière, beaucoup plus large, que celui du cerf: on croit que c'eft le renne des Lapons.

De la Grange de Villedonné, près Vitry en Champagne; d'azur à trois *renchiers* d'or. (*G. D. L. T.*)

RENCONTRE, f. m. tête de cerf, de buffle, de bélier, ou d'un autre animal quadrupède qui paroit dans l'écu, de front, c'eft-à-dire, montrant les deux yeux.

La tête du lion détachée du corps de l'animal, eft la feule des animaux quadrupèdes, qui ne peut point être nommée *rencontre*, parce qu'elle n'eft jamais de front dans l'écu.

Le *rencontre*, a pris fon nom du verbe *rencontrer*, voir de front, en face.

Et fi on en a dénaturé le genre, c'eft par cette manie de multiplier fans néceffité les mots techniques, & de différencier les fignes, lorfque les chofes font les mêmes, manie dont nous avons parlé dans le difcours placé à la tête de ce Dictionnaire.

Fontaine des Montées, des Bordes, en Orléanois; d'or, au *rencontre* de cerf de fable.

Tournebulle de Buffy, de Villiers - le - Sec en Champagne; d'argent, à trois *rencontres* de buffles de fable.

Perrot, en Bretagne; de fable, au *rençontre* de bélier d'or. (*Pl. V. fig. 276.*)

Bouvet; de gueules, au *rencontre* de bœuf d'or. (*Pl. V. fig. 272.*)

Desjardins, dans le Barrois; d'azur, à la fafce d'argent, accompagnée de trois *rencontres* de cerfs d'or, 2 en chef, 1 en pointe.

Bonnet en Lorraine, parti; au premier d'argent, au *rencontre* de bœuf de gueules, au fecond de gueules, à un lion d'or, tenant une hache de même.

Le canton d'Ury porte d'or, au *rencontre* de buffle de fable, accorné & bouclé de gueules.

Riedefer, dans la Heffe; d'or, à un *rencontre* d'afne de fable, mangeant un chardon de finople. (*Pl. XI. fig. 590.*)

RENVERSÉ, adj. m. fe dit du chevron qui, au lieu d'avoir la pointe en haut & l'extrémité de fes branches en bas, fe trouve dans une pofition contraire.

Renverfé, fe dit auffi d'un écuffon pofé à contre-fens, & des animaux qui font repréfentés dans l'écu portés fur le dos.

Fourré de Beaupré, du Velbourg en Norman-

V

die ; de gueules , à trois chevrons *renverſés* d'argent.

Corville de Ners dans la même Province ; de gueules, à trois écuſſons *renverſés* d'or.

Prévoſt Saint Cir ; d'or, au chevron *renverſé* d'azur, accompagné en chef d'une molette de gueules , & en pointe d'une aiglette de ſable. (*Pl. IV. fig.* 202.)

De Beauſobre ; d'azur, à deux chevrons, dont l'un *renverſé* & entrelacé d'or, au chef couſu de gueules, chargé d'une ombre de ſoleil d'or. (*Ibid. fig.* 206.)

Briel dans le Barrois ; d'azur, au chevron d'or *renverſé* , d'où pend un huchet de même , virolé & lié d'argent.

RÉPARTITIONS, ſ. f. plur. diviſions de l'écu, ou figures compoſées de pluſieurs partitions.

L'*écartelé* eſt formé du parti & du coupé.

L'*écartelé en ſautoir* , du tranché & du taillé.

Le *gironné* , qui eſt ordinairement de huit girons , eſt formé du parti , du coupé , du tranché & du taillé.

Les *points équipolés* de neuf carreaux, ſont formés de deux partis & de deux coupés.

Le *faſcé* , le *burelé* , le *bandé* , le *coticé* , le *palé* , le *vergeté* , l'*échiqueté* , le *fuſelé* , le *loſangé* , le *fretté* , ſont des *répartitions.*

Ce mot vient du verbe *répartir* , diviſer , partager , diſtribuer en pluſieurs parts , des eſpaces qui ont déja été partagés. (*G. D. L. T.*)

REPOTENCÉE, adj. f. ſe dit d'une croix potencée où les extrêmités de chaque branche ſont encore potencées.

Deſcognets de la Ronciere , en Bretagne ; de ſable, à la croix *repotencée* d'argent , cantonnée de quatre molettes d'éperons de même.

RÉSARCELÉ, ÉE, adj. ſe dit de la croix, bande ou autre pièce honorable chargée d'un orle ou d'un filet conduit le long de ſes bords, à une égale diſtance de ſa largeur.

Les pièces *réſarcelées* ſont extrêmement rares.

Leduc de Virvodé, à Paris ; d'or à la bande de gueules, *réſarcelée* de champ & chargée de trois alérions d'argent.

RESEAU, ſ. m. ornement diviſé par des lignes diagonales à dextre & à ſéneſtre ; il in ite un ouvrage de fil ou de ſoie entrelacé , dont les vuides laiſſent des mailles en loſanges.

De Malivert en Breſſe ; bandé d'argent & de gueules, au *réſeau* brochant ſur le tout de l'un en l'autre.

Fovet de Dornes, à Paris ; d'azur à une bande d'argent, chargée d'un *réſeau* de gueules.

Daun ; d'or, au *réſeau* de gueules. (*Pl. XI. fig.* 579.)

RETRAIT, TE, adj. ſe dit des pals, bandes, &c. qui mouvant du haut de l'écu ne s'étendent point juſqu'en bas , & ſe trouvent raccourcis.

Retrait ſe dit auſſi du chef, qui n'a que la moitié de ſa largeur ordinaire, quoiqu'il ne ſoit point abaiſſé ſous un autre chef.

De la Porte de Liſſac , en Limoſin ; d'argent à trois pals *retraits* de gueules ; au chef d'azur chargé de trois étoiles d'or, ſoutenu d'une diviſe du ſecond émail.

Rueſdorf en Bavière ; d'azur, au pal *retrait* d'argent. (*Pl. XII. fig.* 640.)

Defrollans de Rhellanete en Provence ; d'azur à trois pals *retraits* en chef d'or, au cor-de-chaſſe, lié de même en pointe.

D'Eſſeing de Saillans , du Terrail , en Rouergue ; d'azur, à trois fleurs-de-lis d'or, au chef *retrait* de même.

RINCEAU ; lorſqu'on voit des branches croiſées & enlacées ſur un écu, on le blaſonne aux *rinceaux* paſſés en ſautoir. (*D. J.*)

RIVIÈRE, ſ. f. pièce en forme de champagne au bas de l'écu, ou de faſce au milieu. On la diſtingue par des traits curvilignes qui marquent les flots ou courans d'eau ; les berges ſont ondées.

Tremolet de Montpeſat, en Languedoc ; d'azur au cygne d'argent ſur une *rivière* de même, accompagné en chef de trois molettes d'éperons d'or.

Raitry de Vitté en Poitou ; de gueules au cygne d'argent nageant ſur une *rivière* au naturel, mouvante du bas de l'écu ; en chef à dextre une comète d'or.

Paluſte de Chambonneau, dans la même province ; d'azur à une *rivière* d'argent en faſce, un cygne de même nageant ſur les ondes, au chef d'or chargé d'une étoile d'azur.

Ragareu ; de ſinople, à une *rivière* d'argent, ondée en faſce. (*Pl. VII. fig.* 389.)

ROC-D'ÉCHIQUIER, ſ. m. meuble d'armoiries fait en petit pal aleſé , dont la partie ſupérieure eſt ancrée & l'inférieure chargée d'une traverſe.

Les Eſpagnols appellent *rocs* , les tours des échecs, & on prétend que c'eſt de-là qu'eſt venu le nom de *roc-d'échiquier.*

La Roche de Fonteniles, de Rambure à Touloufe ; d'azur à trois *rocs-d'échiquier* d'or.

Manny en Lorraine ; écartelé en ſautoir ; le chef & la pointe de gueules, au *roc-d'échiquier* d'or, la dextre & la ſéneſtre faſcé de ſix pièces d'or & d'azur.

Roquelaure de Saint-Aubin, à l'Ile-Jourdain ; d'azur à trois *rocs-d'échiquier* d'argent.

Normand ; écartelé de gueules & d'or , les quartiers de gueules chargés d'un *roc-d'échiquier* d'or ; ceux d'or chargés d'un *roc-d'échiquier* de gueules, ſur le tout d'azur, à une fleur-de-lis d'or. (*Pl. X. fig.* 510.

ROCHER, ſ. m. meuble de l'écu qui repréſente une roche , elle eſt figurée avec des inégalités pointues.

La Roque d'Oléſ, d'Ornac, diocéſe de Saint-Pons ; d'azur au *rocher* d'argent.

Jobal de Pagny en Lorraine ; d'azur , au *rocher* d'argent, flanqué de deux lions d'or, affrontés , & furmonté d'une croifette de même entre deux étoiles d'argent.

Roquettes d'Amèdes, à Paris ; de gueules au *rocher* d'argent, au chef coufu d'azur , chargé de trois étoiles d'or.

Durey ; de fable à un *rocher* d'argent, furmonté d'une croifette de même. (*Pl. VIII. fig. 393.*)

Durand ; d'azur , au *rocher* d'or mouvant d'une mer d'argent , qui occupe le bas de l'écu, accompagné en chef de fix rofes trois à trois , en forme de bouquets, un de chaque côté feuillé & tigé du fecond (*Pl. VIII. fig. 394.*)

ROMPU , fe dit des pièces ou armes brifées , & des chevrons dont la pointe d'enhaut eft coupée. Ainfi l'on dit : il porte d'argent, au chevron *rompu* , entre trois molettes, &c.

Blanlus en Touraine ; d'azur au chevron *rompu* d'or , accompagné de trois étoiles d'argent.

Rompu , dans cette fignification eft la même chofe que *brifé.* Cependant quelques héraldiftes mettent une différence entre les deux. Ils appellent *brifé* ou *éclaté* le chevron dont on a coupé la pointe, & *rompu* celui dont les côtés font caffés ou brifés. On en peut voir la différence en comparant ensemble les figures 204 & 205. de la *Pl. IV.*)

ROSE, f. f. meuble de l'écu en forme de *rofe* de jardin ; elle paroit épanouie, avec un bouton au centre , quatre feuilles & cinq plus éloignées, avec cinq pointes qui imitent les épines entre les feuilles extérieures , & font ordinairement fans tige.

Les *rofes* ont pour émail particulier le gueules ; il y en a cependant de divers émaux.

Rofes tigées & feuillées, font celles qui ont des tiges & des feuilles.

De Nollant de Limbeuf, en Normandie : d'argent à une fleur-de-lis de gueules, accompagnée de trois *rofes* de même.

De Rofcoet du Mené , en Bretagne ; d'argent à trois *rofes* de gueules, feuillées & tigées de finople.

Longueil ; d'azur , à trois *rofes* d'argent, au chef d'or , chargé de trois *rofes* de gueules. (*Pl. VII. fig. 414.*)

Caradas ; d'argent, au chevron d'azur, accompagné de trois *rofes* de gueules, feuillées & tigées de finople. (*ibid. fig. 45.*)

La *rofe* s'appelle *foutenue* , quand elle eft figurée avec fa queue, elle eft quelquefois d'un même & quelquefois d'un différent émail , mais toujours épanouie.

ROUANT, adj. fe dit du paon qui paroît dans l'écu, de front, & femble fe mirer dans fa queue, qu'il étend en cercle.

Ce terme vient du mot *roue* , parce que la queue de cet oifeau étalée, l'imite par fa circonférence.

De Saint Paul de Ricault à Paris ; d'azur au paon *rouant* d'or.

Bachelier ; d'azur , à la croix engrelée d'or , cantonnée de quatre paons *rouans* d'argent. (*Pl. XI. fig. 596.*)

ROUE, f. f. meuble qui repréfente une roue femblable à celle des chars de triomphe des anciens : elle eft à fix rais dans l'écu.

D'Arros d'Heronval , en Béarn ; de gueules à une *roue* d'argent.

Roftaing ; d'azur , à la *divife* d'or, accompagnée en pointe d'une *roue* de même.

Mouzin ou Mouzain , dans le Barrois ; d'argent à la bande d'azur , chargée de trois *roues* d'or , clouées de gueules.

De Kerouarts de Kermaho , en Bretagne ; d'argent à la *roue* de fable, accompagnée de trois croifettes de même.

Boffuet ; d azur , à trois *roues* d'or. (*Planche X. fig. 523.*)

Bonzy ; d'azur , à la *roue* d'or fans cercle (*Ibid. fig. 524.*)

ROUE DE SAINTE-CATHERINE, f. f. *roue* dont les jantes paroiffent armées de rafoirs ou de fers tranchans.

Elle eft ainfi nommée d'une femblable, qui fert d'attribut au martyre de Sainte Catherine.

Geneft , en Lorraine ; d'azur , au chevron d'or , chargé de trois écuffons de gueules, un & deux, & accompagné de trois *roues* de fainte Catherine, d'argent, deux en chef, un en pointe.

Guillouzou de Keronnes , de Kereden, en Bretagne ; d'azur, au chevron d'or , accompagné de trois *roues* de fainte Catherine de même.

RUBAN, f. m. c'eft la huitième partie d'une bande.

RUCHE, f. f. meuble de l'écu qui repréfente la *ruche* où s'affemblent les abeilles pour faire le miel.

Brion de Houppeville, en Normandie ; d'azur , au chevron d'or, accompagné de trois *ruches* d'argent.

Lourdet; d'argent, à la *ruche* de fable, accotée de deux mouches de chaque côté de même, au chef d'azur , chargé de trois étoiles d'argent. (*Pl. XI. fig. 597.*)

RUPERT (*l'ordre de faint*) fut inftitué par Jean-Erneft de Thun, archevêque de Saltzbourg en Allemagne, en 1701.

La croix eft à huit pointes, émaillée de blanc ; au centre eft une médaille de gueules, où fe trouve la repréfentation du faint prélat fondateur , vêtu de fes ornemens pontificaux , la mitre fur la tête, la main étendue , comme pour donner la bénédiction , & tenant fa croffe de la main féneftre. Sur le revers de la croix eft au centre une croifette de gueules ; le tout attaché à une chaîne d'or. (*G. D. L. T.*)

RUSTRE, f. f. meuble de l'écu en forme de

lófange, percé en rond au centre, de forte que l'on voit le champ de l'écu à travers.

On fait venir ce terme de *raute*, *rutten*, mot allemand, qui fignifie un petit morceau de fer en forme de lofange percé ; tels que ceux qui fervent à arrêter les gros clous à vis des ferrures & des happes des portes.

Souineret d'Effenan, à Lille en Flandres ; de fable à trois *ruftres* d'or.

Montfort de Taillant, en Franche-Comté ; d'argent, à trois *ruftres* de fable remplies d'or.

Schefnaye, en Flandres ; de gueules, à trois *ruftres* d'argent. (*Pl. V. fig. 235.*)

SABLE, f. m. couleur noire (fuivant le fenti-ment ordinaire, quoiqu'il femble qu'on doive plu-tôt le mettre parmi les fourrures que parmi les couleurs, comme on le dira plus bas ;) émail qui fe repréfente en gravure par des lignes horizon-tales & perpendiculaires; croifées les unes fur les autres. (*Voyez pl. I. fig. 15.*)

Les fentimens des auteurs fur l'étymologie de ce terme font partagés, les uns le font venir de *fable*, qui eft une terre noire & humide, fur ce qu'il y a du *fable* de forge qui fert aux peintres pour le noir, après qu'il a été plufieurs fois cuit, mouillé & féché; d'autres, avec plus de vraifemblance, le dérivent de *martres zibelines*, dont les plus noires font les plus belles, qui font nommées en latin, *zabula* ou *fabula*, & en françois *fable*.

Defgabets d'Ombale, à Paris; plein de *fable*.

Les anciens comtes de Gournay, prtoient auffi plein de *fable*.

De Caulincourt de Beauvoir, près Noyon en Picardie; de *fable* au chef d'argent.

Lopriac de Coetmadeuc, en Bretagne; de *fable* au chef d'argent, chargé de trois rofes de gueules. (*G. D. L. T.*)

Ceux qui ont écrit du Blafon ne donnent le nom de *fourrures* qu'à l'hermine & au vair; & ils ont mis le *fable* au nombre des couleurs; parce qu'ils ont ignoré la véritable fignification de ce mot, & qu'ils l'ont pris pour du noir ordinaire, tel que le *fable* de forge, ou une terre noire, humide & fa-blonneufe.

Les martres-zibelines (*a*), dont les plus noires font les plus belles, fe nomment quelquefois en latin *zabula*, en allemand *zable*, en anglois & en françois *fable*.

L'*Hiftoire générale des voyage*, par M. l'abbé Pré-voft, tome *V*, page 187; & l'*Hiftoire naturelle*, par M. de Buffon, tome *II*, page 149, édit. de 1770, s'accordent à dire que le *fable* ou la martre font le même animal : c'eft donc la robe du *fable* qui fait le noir en armoirie, comme les moucheture de

fable, femées fur argent, font les pointes noires de queues d'hermines.

Cette affertion eft conféquente & n'a rien d'arbi-traire, comme pour le vair, lequel eft factice & de convention, quant à la figure & à la couleur de l'animal qu'on défigne ; car des pièces variées d'argent & d'azur, en forme de cloche de melon ou de beffroi fans battant, n'offrent point d'elles-mêmes la dépouille d'un écureuil ou petit gris.

Le *fable* eft donc une troifieme fourrure en Bla-fon. *Mémorial raifonné pour les éditions fuivantes du dict. raif. des fciences*, &c.

SAFFRE, f. f. aiglette de mer.

Cléron de Saffre, en Lorraine; de gueules à la croix d'argent, cantonnée de quatre croix trefflées de même & couronnées d'or; fur le tout, de gueules, chargé à dextre de trois befans d'argent, deux & un, & à féneftre, de cinq *faffies* de même, en fautoir.

SAILLANT, TE, adj. fe dit du chevreuil, du bouc, de la chèvre, de la licorne, qui paroiffent debout ou rampant.

Capriol de Pechaffaut, en Languedoc; d'azur, à une chèvre *faillante* d'or.

Morlat de Doyx, en Auvergne; d'azur, à une licorne *faillante* d'argent.

De Cupis, à Rome; d'argent, au bouc *faillant* d'azur, onglé & accorné d'or.

SAINT-ANTOINE (*ordre de*) ordre militaire inftitué en Hainaut en 1382, par le comte Albert de Bavière, à l'occafion de la maladie appellée *feu faint-Antoine* : ceux qui en étoient attaqués al-lèrent vifiter une chapelle dédiée à ce faint, dans le bois d'Havré, près de Mons. Cet ordre n'étoit compo-fé que de gentilshommes ou de gens réputés du pre-mier mérite : on prétend que les premiers cheva-liers fe diftinguèrent par leur empreffement à aller combattre les infidèles dans la Pruffe & dans l'A-frique; mais cet ordre ne fubfifta pas long-temps: il tenoit fes affemblées dans la chapelle d'Havré, où l'on établit en 1415 des religieux de *faint-An-toine*, avec un hôpital pour recevoir les pélerins. La marque de l'ordre étoit un collier fait en forme

---

(*a*) *Zibeline*, mot tiré de l'italien, & nom d'une forte de martre que les feptentrionaux nomment *zabelle* ou *fable*, dont la peau eft extrêmement eftimée pour les fourrures ; les plus noires font les plus précieufes. *Manuel lexique*, édit. de 1755.

La peau vaudra quelquefois foixante écus, quoiqu'elle n'ait que quatre doigts de largeur. La différence qu'il y a de cette fourrure à toutes les autres, c'eft qu'en quelque fens qu'on pouffe le poil, il obéit également; au lieu que les autres poils pris à rebours, font fentir quelque roideur par leur réfiftance. *Hift. nat. de M. de Buffon*, tome *XI*, age 25, édit. in-12 de 1770.

(Nous avons laiffé ces deux articles, tels qu'ils font & dans le fupplément de l'Encyclopédie, & dans le mémo-al raifonné, &c. Le lecteur jugera & de l'importance de la queftion & de la force des raifons, & en jettant les eux fur la planche première, depuis la figure 13 jufqu'à la figure 19, il verra d'un coup-d'œil fi c'eft aux couleurs u aux fourrures qu'il doit rapporter le *fable*.) (*Fig. 15.*)

de corde d'hermite, auquel pendoit un bâton à s'appuyer & une petite cloche. (*C.*)

SAINT LOUIS, (ordre de) ordre de chevalerie en France, créé en *1693* par le roi Louis-le-Grand, pour honorer la valeur de ses officiers militaires. Le roi en est le grand-maître, & par l'édit de création, il a sous lui huit grands-croix, vingt-quatre commandeurs, & les autres simples chevaliers Mais en 1719, Louis XV rendit un autre édit portant confirmation de l'ordre, création d'officiers pour en administrer les affaires, augmentation de deux grands-croix, de cinq commandeurs & de cinquante-trois pensions, nombre au reste qui n'est pas tellement fixe qu'il ne puisse être augmenté à la volonté du roi, puisqu'en 1740 on comptoit quatorze grands-croix, & quarante-quatre commandeurs. Les maréchaux de France, l'amiral & le général des galères sont chevaliers nés. Pour y être admis, il faut avoir servi dix ans en qualité d'officier, & faire profession de la religion catholique, apostolique & romaine ; cependant le temps du service n'est pas une règle si invariable qu'elle n'ait ses exceptions, le roi accordant quelquefois la croix à un jeune officier qui se sera distingué par quelque action extraordinaire de valeur.

L'ordre a 300000 livres de rente annuelle, qui sont distribuées en pensions de 6000 livres à chacun des grands-croix ; de 4000 & de 3000 livres aux commandeurs ; de 2000 livres à un certain nombre de chevaliers : & ensuite depuis 1500 jusqu'à 800 livres à un grand nombre de chevaliers & aux officiers de l'ordre, ou par rang d'ancienneté, ou à titre de mérite, ou sous le bon plaisir du roi. Ces fonds sont assignés sur l'excédent du revenu attaché à l'hôpital royal des invalides à Paris.

La croix de l'ordre est émaillée de blanc, cantonnée de fleurs de lis d'or, chargée d'un côté, dans le milieu, d'un *saint Louis* cuirassé d'or & couvert de son manteau royal, tenant de sa main droite une couronne de laurier, & de la gauche une couronne d'épines & les clous, en champ de gueules, entourée d'une bordure d'azur, avec ces lettres en or, *Ludovicus magnus instituit* 1693 ; & de l'autre côté, pour devise, une épée nue flamboyante, la pointe passée dans une couronne de laurier, liée de l'écharpe blanche, aussi en champ de gueules bordée d'azur comme l'autre, & pour légende ces mots : *Bellicæ virtutis præmium.* Les grands-croix la portent attachée à un ruban large couleur de feu passé en baudrier, & ont une croix en broderie d'or sur le juste-au-corps & sur le manteau. Les commandeurs ont le ruban en écharpe, mais non la croix brodée, & les chevaliers portent la croix attachée à la boutonnière avec un ruban couleur de feu. Leur nombre n'est pas limité ; on en compte aujourd'hui plus de quatre mille.

Par édit de Louis XIV, donné au mois de Mars 1694, il est statué que « tous ceux qui seront ad-

» mis dans cet ordre, pourront faire peindre ou » graver dans leurs armoiries ces ornemens : sa- ». voir, les grands-croix, l'écusson accollé sur une » croix d'or à huit pointes boutonnées par les » bouts, & un ruban large couleur de feu autour » dudit écusson, avec ces mots, *Bellicæ virtutis* » *præmium*, écrits sur ledit ruban, auquel sera » attachée la croix dudit ordre ; les commandeurs » de même, à la réserve de la croix sous l'écusson ; » & quant aux simples chevaliers, il leur est per- » mis de faire peindre ou graver au bas de leur » écusson une croix dudit ordre attach'e d'un petit » ruban noué aussi de couleur de feu ». (*A. R.*)

SALADE, s. f. nom que l'on donnoit au casque ou armure de tête. C'est proprement un armet morné.

Bettancourt, ancienne maison de Lorraine ; de gueules, à trois *salades d'or.*

SALAMANDRE, s. f. espèce de lézard qui a le dos arrondi, le col long, la langue terminée en pointe de dard, quatre pattes assez semblables à celles du griffon.

La *salamandre* paroît de profil dans l'écu, posée au milieu d'un feu ardent, & environnée de flammes élevées. Elle a la tête contournée ; sa queue est levée sur le dos.

On ne nomme les flammes que lorsqu'elles sont d'un autre émail que la *salamandre.*

Ce qui a fait croire aux anciens que la *salamandre* vivoit dans les flammes, c'est qu'elle jette une écume si froide, qu'elle éteint le feu quand il n'est pas trop violent.

Despières de Brécourt, à Paris ; d'or, à la *salamandre* de gueules, accompagnée de trois croisettes de sinople (*Pl. VII. fig. 388.*)

De Jobelot, en Franche-Comté ; de sable à la *salamandre* couronnée d'or dans des flammes de gueules.

SANG, (l'ordre militaire du PRÉCIEUX) institué par Vincent de Gonzague IV, duc de Mantoue, en 1608, à l'honneur de trois gouttes de *sang* de Jésus-Christ, qui, suivant le rapport de quelques historiens, sont dans la cathédrale de S. André de Mantoue, & que l'on dit avoir été trouvées dans cette ville du temps du pape Léon XI, en avril 1605.

Le collier de l'ordre est composé d'ovales droits & couchés alternativement, entrelacés par des chaînons, le tout d'or. Les ovales sont émaillés de blanc, les couchés se trouvent chargés du mot *domine*, dont un sur la médaille est chargé du mot *probasti* ; les autres ovales levés sont chargés chacun d'un creuset, environné de flammes ardentes de gueules : au-dessous du mot *probasti*, est une médaille attachée par trois chaînons, sur laquelle sont représentés en émail deux anges de carnation avec leurs robes, tenant un ciboire couronné, terminé par une petite croix avec ces mots à l'entour : *Nihil hoc triste recepto*, qui veulent dire qu'il n'arrive rien de fâcheux, quand on est décoré de cet ordre.

Les chevaliers portent la médaille fur l'eftomac journellement, & ne prennent le collier de leur ordre que les jours de cérémonies ; ces jours ils ont une robe de foie cramoifie, femée de creufets d'or en broderie, traînant à terre, ouverte par-devant, & brodée tout au tour d'ornemens fymboliques à l'ordre ; fous cette robe, ils ont un pourpoint de toile d'argent à bandes brodées d'or ; leur bas font auffi de foie cramoifie. (*Pl. XXV. fig. 51. G. D. L. T.*)

SANGLÉ, ÉE, adj. fe dit du cheval, des pourceaux & fangliers qui ont par le milieu du corps une efpèce de ceinture d'un autre émail.

Die Glaubitzer en Siléfie ; d'azur au pourceau d'argent en fafce, *fanglé* de gueules.

SANGLIER, f. m. porc fauvage, qui paroît de profil & paffant dans l'écu ; s'il eft debout, on le dit rampant.

On dit *défendu* de fa dent ou défenfe, *allumé* de fon œil, lorfqu'ils font d'un autre émail que fon corps.

Boutoi fe dit du bout du nez du *fanglier*, foit qu'il fe trouve d'un émail différent ou tourné vers le haut de l'écu.

La tête fe nomme *hure*, & eft fouvent détachée du corps de l'animal.

Cujas & Ménage font venir le mot *fanglier* du latin *fingularis*.

Lamotte de Pont-Roger, en Normandie ; d'argent au *fanglier* de fable.

Nogent de la Peirière, en la même province ; d'argent au *fanglier* rampant de fable.

Février de la Bellonière ; d'argent, au *fanglier* de fable. (*Pl. V. fig. 268.*)

Rofnivinen ; d'argent, à la hure de *fanglier* de fable, flamboyante de gueules. (*Ibid. fig. 269.*)

Pulnhofen, en Bavière ; d'or, à une hure de *fanglier* de fable, le boutoi ou boutoir élevé vers le chef, défendu d'argent. (*Pl. XI. fig. 589.*)

SANGSUE, f. f. meuble de l'écu.

Doullé ; d'argent, à trois *fangfues* de gueules renverfées. (*Pl. VII. fig. 362.*)

SARDINE, f. f. poiffon employé comme meuble dans quelques écus.

Sartine ; d'or, à la bande d'azur, chargée de trois *fardines* d'argent. (*Pl. VII. fig. 342.*)

Quarracino, au royaume de Naples ; d'azur, à une bande d'or, chargée de trois *fardines* de fable, dans le fens de la bande.

SAUMON, f. m. poiffon qu'on reconnoît à fa groffeur & à fes mouchetures rouges.

La principauté de Salm porte, de gueules à deux *faumons* d'argent adoffés.

D'Aubafle, en Lorraine ; de fable à deux *faumons* d'argent adoffés, l'écu femé de croix d'argent recroifettées, au pied fiché.

SAUTERELLE, f. f. meuble d'armoiries repréfentant cet infecte.

Bérard ; d'argent, à la fafce de gueules, chargée de trois treffles d'or, la fafce accompagnée de trois *fauterelles* de finople, deux en chef, & une en pointe. (*Pl. VI. fig. 328.*)

SAUTOIR, f. m. pièce honorable en forme de croix de faint André : fa largeur eft de deux feptièmes de largeur de l'écu, & fes branches fe terminent aux angles. *Voyez* pl. *IV. fig. 190*, & pl. *XXVIII. fig. 8.*

Il y a des *fautoirs* fimples, d'autres chargés, cantonnés, accompagnés, engrêlés, denchés, échiquetés, alefés, ancrés, dentelés, bordés-dentelés, engoulés, breteffés, &c.

Les petits *fautoirs* font nommés *flanchis.*

Le *fautoir* étoit anciennement un cordon de foie ou de corde, couvert d'une étoffe précieufe, il étoit attaché à la felle du cheval, & fervoit d'étrier pour monter ou fauter deffus ; ce qui lui a fait donner le nom de *fautoir.*

Longaulnay de Franqueville, en Normandie ; d'azur au *fautoir* d'argent.

Cherité de la Tour de Voifins, en Anjou ; d'azur, au *fautoir* d'argent, cantonné de quatre croifettes patées d'or.

Boullaye de Feffanvilliers, en Normandie ; d'azur, au *fautoir* alefé d'or.

Mouy ; d'or, au *fautoir* de gueules, cantonné de quatre molettes de même.

Grange, en Franche-Comté ; de gueules, au *fautoir* d'or.

Aucy ; d'argent, au *fautoir* de gueules, alefé, chargé aux quatre bouts d'une croix d'or recroifettée au pied fiché, au lion de fable chargé fur l'épaule gauche d'un écuffon d'or & brochant fur le tout.

D'Entragues ; d'azur, au chef d'argent, à trois *fautoirs* de l'un en l'autre, ceux du chef en rang, les autres deux & un.

Loupy, ancienne maifon du Barrois ; portoit de gueules à cinq annelets d'argent, en *fautoir.*

De la Guiche de Saint-Geran, en Bourgogne ; de finople au *fautoir* d'or.

Bertin ; d'argent, au *fautoir* dentelé de finople, cantonné de quatre mouchetures d'hermine. (*Pl. IV. fig. 191.*)

Froulay de Teffé ; d'argent, au *fautoir* de gueules, bordé-dentelé de fable. (*Ibid. fig. 192.*)

Guichenon ; de gueules, au *fautoir* engoulé de quatre têtes de léopards d'or mouvans des angles, chargé en cœur d'une autre tête de léopard du champ. (*Fig. 193.*)

Frizon de Blamont ; d'azur, au *fautoir* breteffé d'or. (*Fig. 194.*)

Broglio ; d'or, au *fautoir* ancré d'azur. (*Fig. 195.*)

SAUVAGE, f. m.

Il s'emploie de deux manières dans le Blafon.

Comme meuble de l'écu.

De Lier d'Andilly ; d'or, au *fauvage* au naturel, appuyé fur fa maffue de même, fur une terraffe de finople, chappée & arrondie d'azur, à deux lions affrontés d'or. (*Pl. XI. fig. 584.*)

Comme ornement extérieur de l'écu. (*Voyez pl. XV. fig. 8*, les armes du Roi de Dannemarck, où les tenans font des *fauvages*.)

SAUVEUR DE MONTEZAT, SAINT, (*Ordre militaire*) Mariana, *liv. XV. ch. xvj.* dit que cet ordre militaire a été inftitué par Alphonfe, roi d'Aragon dans le royaume de Valence l'an 1317, que les biens des templiers furent donnés aux chevaliers, lefquels furent unis à l'ordre de Calatrava; mais enforte néanmoins qu'ils auroient leur grand-maître particulier, & qu'ils porteroient une croix rouge fur un manteau blanc. Dom Joseph Michieli, l'abbé Juftiniani, & le père Helyot, ont parlé les uns & les autres diverfement & fort peu exactement de cet ordre. (*D. J.*)

SCEPTRE, f. m. bâton de commandement, l'une des marques de la royauté, que le Blafon repréfente toujours en pal.

L'électorat de Brandebourg, porte ; d'azur, au *fceptre* d'or.

SCORPION, f. m. petit infecte noirâtre ou de couleur de fuie, réputé venimeux ; on le repréfente à-peu-près comme l'écreviffe.

D'or, à un *fcorpion* de fable.

SECTION, f. f. fe dit lorfque l'écu eft divifé en deux parties égales de droite à gauche, parallèlement à l'horifon, & en manière de fafce.

Ce mot fe dit auffi des pièces honorables, & même des animaux & des meubles, quand ils font également divifés dans le même fens, de manière qu'une moitié foit de couleur, & l'autre de métal. On dit que les pièces font coupées, quand elles ne viennent pas pleines aux extrémités de l'écu.

SELLÉ, ÉE, adj. fe dit d'un cheval qui a une *felle*.

Werderern, en Saxe ; d'azur, au cheval effrayé d'argent, *fellé*, bridé & caparaçonné de gueules.

SEMÉ, ÉE, adj. fe dit d'un écu ou pièce honorable, chargé de plufieurs fleurs de lis, trefles, rofes, étoiles, croiffans ou autres meubles, tant pleins que vuides en un nombre incertain, dont ceux des extrémités meuvent des bords du champ.

De Châteaubriant des Roches, en Bretagne ; de gueules, *femé* de fleurs de lis d'or.

Trelon de la Tour, en Bourgogne ; d'azur, *femé* de trefles d'or.

Thouars ; d'or, femé de fleurs de lis d'azur, au canton de gueules. (*Pl. II. fig. 97.*)

Foucault ; d'azur, *femé* de fleurs de lis d'argent, (*Pl. VIII, fig. 411.*)

Phelipeaux ; d'azur, *femé* de quatre feuilles d'or, au canton d'hermine. (*Pl. VIII. fig. 421.*)

L'églife de Laon ; d'azur, *femé* de fleurs de lis d'or, à la croffe d'argent pofée en pal. (*Pl. IX. fig. 484.*)

Peirenc de Moras ; de gueules, *femé* de pierres ou cailloux d'or, à la bande d'argent brochante fur le tout (*Pl. XII. fig. 631.*)

Anglure de Coublanc, d'Amblife, de Sy, en Champagne ; d'or, *femé* de croiffans de gueules, chaque croiffant furmonté d'un grillet d'argent.

Oger de Saint-Cheron époufa Helvinde d'Anglure, dame d'Anglure, héritière de fa maifon ; il mourut en 1236. Les ancêtres d'Helvinde, dame d'Anglure, avoient accompagné Godefroy de Bouillon à fes conquêtes d'outre-mer, & il eft dit dans l'hiftoire de ce temps : « Qu'un feigneur d'Anglure étant prifonnier de Saladin, foudan d'Egypte, s'étoit attiré les bonnes graces de ce prince & en étoit confidéré ; pour marque de fon eftime, il lui permit, fur fa parole, de venir en France chercher fa rançon : il partit ; mais n'ayant pu trouver l'argent qu'il falloit pour la payer, n'ayant qu'une légitime de cadet, il retourna vers Saladin, lequel admirant fa foi & fa fidélité en la tenue de fa parole, lui quitta fa rançon, le combla de préfens & le renvoya, avec des regrets de le perdre pour toujours : il le chargea de prendre pour armes, des croiffans de gueules, furmontés de grillets d'argent, en un champ d'or, au lieu des armes de fa maifon, qui étoient d'or à la croix ancrée de fable ; ce foudan voulut auffi qu'en mémoire de ce qu'il le renvoyoit libre, il fît porter le nom de Saladin à tous les aînés mâles qui defcendroient de lui ». Ce qui a donné lieu aux feigneurs d'Anglure, d'ajouter à tous leurs defcendans mâles aînés, le nom de Saladin, précédé des noms de baptême.

Depuis que l'héritière d'Anglure a pris alliance avec la maifon de Saint-Cheron, les feigneurs de Saint-Cheron ont quitté leur nom & pris celui d'Anglure & les armes de cette maifon, éteint & fondue en la leur, qui font d'or *femé* de croiffans de gueules, furmontés d'autant de grillets d'argent; & ils ont continué d'ajouter aux noms de baptême de leurs defcendans mâles, celui de Saladin.

(Ce trait d'hiftoire étant relatif à l'origine des armes d'Anglure & de Saint-Cheron, nous le laiffons tel que nous le trouvons dans le Supplément.)

SÉNESTRE, f. f. côté gauche de l'écu, où l'on met quelque pièce ou meuble.

On dit *à féneftre*, pour dire à gauche, de même que l'on dit *à dextre* pour la droite.

Dufrefne de la Roullière, en Normandie; d'azur, à la fafce d'argent, accompagnée de trois fers de cheval d'or tournés à *féneftre*.

Collardin du Boisolivier, dans la même province; d'azur, à la fafce d'or, chargée à *féneftre* d'un tourteau

teau de fable, & accompagnée à dextre en chef d'une fleur de lis du fecond émail.

Mendoce ; de finople, à une bande d'or, chargée d'une autre de gueules, écartelé au fautoir d'or, aux mots : *Ave Maria ;* à dextre : & *gratiâ plena* , à *féneftre* , d'azur.

Thomaffin ; de fable, femé de faulx d'or, à dextre & à *féneftre* d'argent. (*Pl. II.* fig. *70.*)

Papillon ; d'or, à dextre de trois rofes de gueules pofées en pal, & à *féneftre* d'un lion de même. (*Ibid.* fig. *71.*)

Ragot ; d'azur, à dextre d'un croiffant d'argent, furmonté de trois étoiles mal ordonnées ; & à *féneftre* , d'un épi feuillé & tigé, le tout d'or. (*Pl. II.* fig. *72.*)

Meynier, en Provence ; d'azur, à deux chevrons rompus , le premier à dextre, le fecond à *féneftre.* (*Pl. IV.* fig. *205.*)

SÉNESTRÉ , ÉE, adj. fe dit d'une bande, d'un chevron, d'un pal, d'une croix, d'une fafce, d'un arbre ou autre pièce de l'écu qui eft accompagnée à féneftre de quelque meuble.

Villiers de Laubardière, en Anjou ; d'argent à la bande de gueules, *féneftrée* en chef d'une rofe de même.

Charité de Ruthie, en baffe Navarre ; d'argent à l'arbre de finople *féneftré* d'un ours de fable ; le tout pofé fur une terraffe du fecond émail.

De finople, *féneftré* d'or. (*Pl. II,* fig. *69.*)

Dans tous les exemples où nous avons vu employer les mots *à dextre* & *à féneftre* , on pouvoit dire de l'écu qu'il étoit *adextré* & finiftré de telle & telle pièce, de tel & tel émail.

SENESTROCHÈRE, f. m. bras gauche mouvant du flanc dextre de l'écu.

Le dextrochère eft toujours mouvant du flanc féneftre.

Le *féneftrochère* eft beaucoup plus rare que le dextrochère.

Broffard de Bazinval, des Aunettes, de Rigecourt, à Paris ; d'azur, au *féneftrochère* d'argent, ganté d'or, tenant un épervier du fecond émail, accompagné de trois monchetures de même, furmontées chacune d'une fleur de lis du troifième émail.

SÉPULCHRE, SAINT, nom *d'un ordre militaire* établi dans la Paleftine. La plupart des écrivains en attribuent la fondation à Godefroi de Bouillon ; mais c'eft une idée chimérique. Les chevaliers du *faint Sépulchre* ne s'élevèrent que fur les ruines de chanoines réguliers ainfi nommés ; ce fut Alexandre VI qui inftitua l'ordre militaire de ce nom, dont il prit la qualité de grandmaître. Clément VII, en 1525, accorda de vive voix, au gardien des religieux de faint François en Terre-Sainte, le pouvoir de faire de ces chevaliers. Paul V, fous Louis XIII, confirma la réunion de l'ordre du *faint Sépulchre* , à celui de faint Jean de Jérufalem. (*D. J.*)

SERPENT, f. m. reptile repréfenté diverfement

Hiftoire. Tom. *I.*

dans les armoiries, tantôt rampant, tantôt en pal, quelquefois plié ou cerclé.

Morlant, en Lorraine ; d'azur, à un pieu de gueules, fiché de trois croix de Lorraine d'argent, furmonté d'une colombe de même, & accompagné à dextre d'un *ferpent* au naturel, dreffé & fe bouchant l'oreille de fa queue, & à féneftre , d'un lion d'or, orné & lampaffé de gueules.

Copons, à Perpignan ; porte, de gueules à une coupe d'or, d'où fortent trois têtes de *ferpent* au naturel, placées fur un même cou. (*Voyez* BISSE, COULEUVRE & GIVRE, ou GUIVRE.

SERVANS D'ARMES , frères ou chevaliers du troifième rang dans l'ordre de Malte. Les frères *fervans* portent l'épée, & combattent comme les chevaliers ; mais il n'eft pas néceffaire qu'ils prouvent la même nobleffe que ceux-ci. Quoiqu'ils foient gentilshommes , ils ne peuvent être reçus dans le premier rang, fi leur nobleffe ne va jufqu'au bifaïeul & au-delà de cent ans, tant du côté paternel que du côté maternel. Il y a dans toutes les langues des commanderies affectées aux chevaliers *fervans.*

SICAMOR , f. m. c'eft un cerceau ou cercle lié comme celui d'un tonneau. On voit des écus de fable à un *ficamor* d'or. (*D. J.*)

SINGE, f. m. meuble d'armoiries repréfentant cet animal.

Coulombier , en Dauphiné ; d'argent, au *finge* affis de gueules. (*Pl. XII.* fig. *617.*)

SINOPLE, f. m. c'eft ainfi qu'on appelle le verd ou la couleur prafine dans les armoiries. Cette couleur fignifie, felon les fymboliftes, *amour, jeuneffe, beauté, réjouiffance* , & fur-tout *liberté* ; d'où vient qu'on fcelle en cire verte & en lacs de foie verte les lettres de grace , d'abolition & de légitimation. L'origine du mot *finople* eft inconnue ; mais il ne faut pas la tirer de la terre de Sinope dans le Pont, car cette terre n'étoit point verte , dit M. le chevalier de Jaucourt ; mais l'auteur du fupplément dit que ce nom vient de la ville de Sinope, parce qu'on y faifoit trafic de cette couleur. On repréfente le *finople* en gravure, par des hachures qui prennent de l'angle dextre du chef, à l'angle féneftre de la pointe.

Les évèques ont pris le chapeau de *finople* fur leurs armoiries, pour marque de leurs priviléges & exemptions de droits.

Dufrefne du Bois, en Normandie ; de finople au chef denché d'or, chargé de trois tourteaux de gueules.

Vergeze d'Aubuffargues, en Languedoc ; de finople, au levrier d'argent, ayant un collier de gueules, bordé d'or, quatre rofes du fecond émail aux cantons de l'écu.

Voyez pl. *I.* fig. *16* le *finople* parmi les différens émaux du Blafon. *Voyez* auffi le fond des armes de Mendoce, pl. *II.* fig. *60* & *69.*

SIRENE, f. f. monftre marin, ayant la tête, le

X

fein, le bras & le corps jufqu'au nombril d'une jeune fille, le refte terminé en queue de poiffon ; elle tient d'une main un miroir ovale à manche, & de l'autre un peigne.

On voit peu de *firènes* dans les armoiries, elles fervent quelquefois de tenans aux écus.

De Seré des Landes, au pays Nantois en Bretagne ; de gueules à la *firène*, fe peignant de la main dextre, & fe mirant de la main gauche, pofée fur des ondes mouvantes du bas de l'écu, le tout d'argent.

Sequière, à Touloufe ; d'azur, à une *firène* fe peignant & mirant, d'argent, nageant fur des ondes au naturel. (*Pl. VII. fig. 345.*)

Mathieu de Moulon, en Lorraine ; d'azur, à la *firène* d'argent, tenant dans fa main droite une lampe d'or antique, allumée de gueules.

SOC, f. m. *foc* de charrue, eft quelquefois un meuble d'armoiries.

Pheilhan ; d'azur, au *foc* de charrue d'argent. (*Pl. X. fig. 552.*)

SOL, f. m. il fe dit quelquefois du champ de l'écu qui porte les pièces honorables & les meubles.

SOLEIL, f. m. meuble de l'écu, dont le vifage avec un nez, deux yeux & une bouche, eft un cercle parfait, entouré de feize rayons, huit droits, huit ondoyans, pofés alternativement, un droit & un ondoyant ; fon émail particulier eft l'or, il y en a cependant de différens émaux.

Soleil levant eft celui qui meut de l'angle dextre du haut de l'écu.

Soleil couchant, celui qui meut de l'angle féneftre du haut de l'écu.

Ombre de *foleil*, eft un *foleil* qui n'a ni yeux, ni nez, ni bouche.

Felines de la Renaudie, en Limofin ; d'azur, au *foleil* d'or.

Pouffard Lhommelière, en Poitou ; d'azur, à trois *foleils* d'or.

De Cheries ; gironné de gueules & d'azur, au *foleil* d'or, en abime, brochant fur le tout. (*Pl. VII. fig. 365.*)

Joly de Choin ; d'azur, à une ombre de *foleil* d'or, au chef de même, chargé de trois rofes de gueules. (*Ibid. fig. 366.*)

SOMMÉ, ÉE, adj. fe dit des petites tours ou donjons qui fe trouvent pofés fur une tour ou château.

Sommé fe dit auffi des ornemens extérieurs de l'écu, foit des couronnes, cafques ou autres.

Le terme *fommé* vient du vieux verbe *fommer*, qui a fignifié mettre le fommet, le couronnement à quelque chofe.

Dornant des Vallées, de Befnière, en Normandie ; de gueules à la tour d'or, *fommée* d'un donjon de même.

Caftille ; de gueules, au château, ou à la tour *fommé* de trois tours d'or. (*Pl. IX. fig. 463.*)

Sommé appliqué aux ornemens extérieurs peut

fe dire de tout écu fur lequel il y a un cafque ou une couronne.

SOUCI, f. m. meuble de l'écu qui repréfente une fleur de *fouci*.

Ce mot vient du latin *folfequium, ii,* tournefol, parce que la fleur de cette plante fe ferme quand le foleil fe couche, & s'ouvre le matin, quand il fe lève. (Nous répétons que le Blafon, en hiftoire naturelle, comme dans l'hiftoire proprement dite, conferve les fables autant qu'il confacre les vérités.)

Le Maiftre de Ferrière, à Paris ; d'azur, à trois *foucis* d'or. Ces armes font parlantes, faifant allufion au proverbe : *fi les valets ont la peine, le maître a les foucis.* (*Pl. VIII. fig. 416.*)

D'Auburtin, en Lorraine ; d'azur, à une gerbe d'or avec fes racines, flanquée de deux *foucis* de même, au chevron d'argent brochant fur le tout, & furmonté de trois étoiles d'or, en rang.

SOUTENANT, adj. fe dit d'un ou de plufieurs animaux qui paroiffent foutenir quelques pièces ou meubles.

S'il fe rencontroit dans un écu une figure humaine qui foutînt quelque pièce, il faudroit fe fervir du terme *tenant.* Les figures humaines font fi rares fur le champ de l'écu en France, qu'il eft difficile d'en trouver des exemples ; mais il y a beaucoup de parties du corps humain, particulièrement des dextrochères, qui tiennent différentes pièces.

De Marches de la Saigne en Condomois, pays de Gafcogne ; d'argent, à deux lions de fable affrontés, *foutenant* un croiffant d'azur.

De Saint-Jean de Maffaguel, de Bouiffe, en Languedoc ; d'azur, à deux lions affrontés d'or, lampaffés de gueules, *foutenant* une cloche d'argent bataillée de fable.

De Saint-Brieuc du Guerne, de Pembulfo, en Bretagne ; d'azur, au dextrochère d'or, tenant une fleur de lis de même.

SOUTENU, adj. m. fe dit d'un cep de vigne que foutient un échalas lorfqu'ils font d'émail différent.

Soutenu fe dit auffi d'un chef qui paroit pofé fur une divife.

Guyon de Vanguyon, de Sauffay, en Normandie ; d'argent au cep de vigne pampré de finople, fruité de gueules, *foutenu* d'un échalas de fable, & pofé fur une terraffe du fecond émail.

Soulfour de Gouzangrés, dans la même province ; d'azur, à trois bandes d'argent, au chef coufu de gueules, chargé de trois lofanges du fecond émail, & *foutenu* d'une divife d'or.

Caylar, en Languedoc ; d'or, à trois bandes de gueules, au chef d'or, chargé d'un lion naiffant de fable, *foutenu* d'une divife coufue d'or, chargée de trois trefles de fable.

Des Urfins ; d'argent, bandé de gueules, au chef du premier, chargé d'une rofe du fecond, pointé d'or, *foutenu* de même, chargé d'une givre d'azur. (*Pl. II, fig. 110.*)

Le Belgue de Majainville ; d'azur, au cep de

vigne d'or *foutenu* d'un échalas de même ; un oifeau d'argent perché au haut, & accôté de deux croiffans de même. (*Pl. VIII. fig. 432.*)

SPHÈRE, f. m. meuble de l'écu qui repréfente la *fphère* célefte.

Danican de Lepine de Landivifiau, à Paris ; d'azur, à la *fphère* d'argent cintrée d'un cercle ou zodiaque de fable, accompagnée en chef d'une étoile d'or & en pointe d'un grand vol de même dont les bouts des ailes s'élèvent au-deffus de la *fphère*. (*Pl. VII. fig. 372.*)

Raymond ; de gueules à une *fphère* d'argent. (*Pl. VII. fig. 364.*)

Bardin, en Lorraine ; écartelé en fautoir ; les cantons du chef & de la pointe de gueules à la *fphère* célefte, d'argent, les cantons dextre & féneftre, d'azur, à la croix d'argent aléfée.

SPHINX, f. m. meuble de l'écu qui repréfente le monftre fabuleux de ce nom, avec la tête & le fein d'une femme, les griffes d'un lion & le refte du corps fait en forme de chien.

Savalette de Magnanville, à Paris ; d'azur, au *fphinx* d'argent, accompagné en chef d'une étoile d'or. (*Voyez planche VII. fig. 344.*)

STANGUE, f. f. meuble de l'écu, repréfentant la tige droite d'une ancre de navire ; elle eft traverfée en fa partie fupérieure vers l'anneau d'une pièce que l'on nomme *trabs*.

La *flangue* n'eft nommée en blafonnant que lorfqu'elle fe trouve d'un autre émail que l'ancre.

La *flangue* d'émail différent eft rare en armoiries.

Dupaftiz de Montcollain, en Normandie ; d'argent à l'ancre de fable, *la flangue* & le *trabs* d'azur.

SUPPORTS, f. m. plur. *lions*, *griffons*, *levriers*, *aigles* & autres animaux qui femblent foutenir un écu d'armoiries.

Il y a ordinairement deux *fupports* enfemble & ils font affrontés ; il y en a auffi en diverfes autres attitudes.

On diftingue les *fupports* des *tenans* : ces derniers font des *anges*, des *fauvages*, & autres figures humaines.

Le mot *fupport* vient du verbe *fupporter*, porter, foutenir.

Voyez *Pl. XXII.* toutes les figures, excepté les deux premières, qui font des *tenans*, & (*Pl. XV.* les *fig.* 3. 4. 5. 7. 9. 10.)

SUPPORTANT, fe dit de la fafce, lorfqu'elle femble foutenir ou fupporter quelqu'animal qui eft peint au chef de l'écu, quoiqu'il ne porte que fur le champ, & c'eft la différence qu'il y a entre la fafce *fupportant* & la fafce chargée ; ce dernier mot ne fe dit que lorfqu'il y a des pièces qui pofent effectivement fur la fafce ; l'on dit auffi *fupportant* dans le même cas, des jumelles, d'une bande, d'un croiffant. *Méneftrier.* (*D. J.*)

SUPPORTÉ, ce mot fe dit des plus hauts quartiers d'un écu divifé en plufieurs quartiers, qui

femblent être *fupportés* & foutenus par ceux d'en bas. On appelle auffi le chef *fupporté* ou foutenu, lorfqu'il eft de deux émaux, & que l'émail de la partie fupérieure en occupe les deux tiers. En ce cas, il eft en effet *fupporté* par l'autre émail qui eft au-deffous. *Méneftrier.* (*D. J.*)

SURCHARGÉ, ÉE, adj. fe dit d'une pièce honorable ou autre chargée, où il s'en trouve encore une ou plufieurs brochantes.

Combeau d'Auteuil, près Beauvais en Picardie ; d'or à trois merlettes de fable, au chef de gueules, chargé à dextre d'un écuffon du champ, *furchargé* d'un lionceau de gueules & de huit coquilles de même en orle. (*G. D. L. T.*)

SUR-LE-TOUT, f. m. écuffon pofé fur un écu écartelé ; il doit avoir en largeur 2 parties ⅟₇ des 7 de la largeur de l'écu, & en hauteur 3 parties des 7. Voyez *Pl. IX. fig. 502. Pl. 33. fig. 48 & 49.*

Le *fur-le-tout* eft deftiné pour les armes propres de la famille, & les quatre quartiers de l'écartelé pour les alliances.

En blafonnant, on commence par les quartiers de l'écartelé & on finit par le *fur-le-tout* ; & s'il y a un *fur-le-tout-du-tout*, il eft blafonné après le *fur-le-tout*.

Roffet de Fleury, de Ceilhes, en Languedoc ; écartelé au premier quartier, d'argent au bouquet de trois rofes de gueules, feuillé & tigé de finople qui eft de Roffet ; au deuxième d'azur au lion d'or, qui eft de Laffet, la Zude, de Ganges ; au quatrième d'azur à trois roc-d'échiquiers d'or, qui eft de Rocozel, *fur-le-tout* ; d'azur à trois rofes d'or, qui eft de Fleury.

SUR-LE-TOUT-DU-TOUT, f. m. petit écuffon brochant fur un *fur-le-tout*.

Le *fur-le-tout-du-tout* doit avoir en largeur 2 parties ⅟₂ des 7 de la largeur du fur-le-tout, & en hauteur 3 parties des 7 de la même largeur. *Voyez Pl. XXXIII. fig. 50.*

De Villeneuve de Trans, en Provence ; écartelé, au premier quartier, contr'écartelé d'or à trois pals de gueules, qui eft de Foix ; & d'or à deux vaches de gueules, onglées, clarinées & accolées d'azur, qui eft de Béarn : au deuxième, de gueules aux chaînes d'or, pofées en croix, fautoir, double-orle, une émeraude au centre, qui eft de Navarre : au troifième écartelé en fautoir, aux premier & quatrième d'or à quatre pals de gueules, qui eft d'Aragon ; aux deuxième & troifième d'argent à l'aigle de fable, qui eft de Sicile ? au quatrième & dernier quartier, d'azur à la bande componnée d'argent & de gueules, accôtée de deux fleurs de lis d'or, qui eft d'Évreux. *Sur-le-tout* de gueules freté de fix lances d'or, les claires-voies remplies chacune d'un écuffon de même. *Sur-le-tout-du-tout*, d'azur à une fleur de lis d'or, *Voyez* l'article LE TOUT & les planches & figures qu'on y a indiquées.

SURMONTÉ, ÉE, adj. fe dit des fafces, chevrons, jumelles ou autres pièces de longueur de

l'écu, qui étant au-dessous de leur position ordinaire, sont accompagnés en chef de quelque animal ou meuble.

Bazan de Flamanville, en Normandie; d'azur à
deux jumelles d'argent surmontées d'un lion léopardé de même, couroné & lampassé d'or.

Cibo; de gueules, à la bande échiquetée de trois
traits d'argent & d'azur au chef d'argent à la croix
de gueules, *surmontée*, à l'aigle de l'empire avec
la devise ou divise (*Pl. II. fig. III.*)

Rogier de la Ville; d'argent à une ville d'azur
sur un rocher de même, *surmontée* de trois étoiles
de gueules.

Bigos, en Guyenne; d'azur, à une levrette d'argent, courante, bouclée & accolée de même &
surmontée de trois tours aussi d'argent, maçonnées
de sable & mises en rang.

Ernécourt, en Champagne; d'azur à trois paux ou
pals d'argent, abaissés, *surmontés* de trois étoiles d'or.

TABLE RONDE, f. f. Chevaliers de la *table ronde* : ordre militaire qu'on prétend avoir été inf- titué par Arthur ou Artus, premier roi des Bre- tons, vers l'an 516.

On dit que ces chevaliers, tous choifis en- tre les plus braves de la nation, étoient au nombre de vingt-quatre, & que la *table ronde*, d'où ils tirèrent leur nom, fut une invention d'Ar- thur, qui voulant établir entr'eux une parfaite égalité, imagina ce moyen d'éviter le cérémonial, & les difputes du rang au fujet du haut & bas bout de la *table*.

Lefly nous affure qu'il a vu cette *table ronde* à Wincheftre, fi on en veut croire ceux qui y en montrent une de cette forme avec beaucoup de cérémonies, qu'ils difent être celle même dont fe fervoient les chevaliers ; & pour confirmer la vérité de cette tradition, ils montrent les noms d'un grand nombre de ces chevaliers tracés autour de la *table*. Larrey, & plufieurs autres écrivains, ont débité férieufement cette fable comme un fait hiftorique. Mais outre que Camden obferve que la ftructure de cette *table* eft d'un goût beau- coup plus moderne que les ouvrages du fixième fiècle, on regarde le roi Arthur comme un prince fabuleux, & le P. Papebrok a démontré qu'avant le dixième fiècle on ne favoit ce que c'étoit que des ordres de chevalerie.

Il paroît au contraire que la *table ronde* n'a point été un ordre militaire, mais une efpèce de joûte ou d'exercice militaire entre deux hommes armés de lances, & qui différoit des tournois où l'on combattoit troupe contre troupe. C'eft ce que Mat- thieu Paris diftingue expreffément. « *Non in hafli- » ludio illo*, dit-il, *quod* TORNEAMENTUM *dici- » tur, fed potius in illo ludo militari qui* MENSA » ROTUNDA *dicitur* ». Et l'on croit qu'on donnoit à cette joûte le nom de *table ronde*, parce que les chevaliers qui y avoient combattu venoient au retour fouper chez le principal tenant, où ils étoient affis à une *table ronde*. *Voyez* encore fur ce fujet l'abbé Juftiniani & le père Helyot.

Plufieurs auteurs difent qu'Artus, duc de Breta- gne, renouvella l'ordre de la *table ronde*, qu'on fup- pofoit fauffement avoir exifté. Paul Jove rappor- te que ce ne fut que fous l'empire de Frédéric Bar- beroufe qu'on commença à parler des chevaliers de la *table ronde* : d'autres attribuent l'origine de ces chevaliers aux factions des Guelphes & des Gibelins. Edouard III. fit, felon Walfingham, bâtir un palais qu'il appella la *table ronde*, dont la cour avoit deux cent piés de diamètre. (*A. R.*)

TABLE, f. f. fe dit des écus ou des écuffons qui ne contiennent que la fimple couleur du champ, qui ne font chargés d'aucune pièce, figure, &c.

On les appelle *tables d'attente*, ou *tables rafes*. *Voyez* (*Pl. I.* les *fig. 13. 14. 15. 16. 17.*)

TAILLÉ, EÉ, adj. fe dit de l'écu divifé en deux parties par une ligne diagonale de l'angle fineftre en chef, à l'angle dextre oppofé.

D'Efclope ; taillé d'or & d'azur. (*Pl. I. fig. 28.*)

Camus, originaire du Barrois, taillé d'or & d'ar- gent, au lion de fable, armé & lampaffé de gueu- les, brochant.

Clercy au pays de Vaud, près des Suiffes ; taillé d'or & de gueules, à un fanglier iffant de fable & mouvant de gueules fur l'or.

Hainsbach ; taillé d'or, nuagé d'azur. (*Pl. I. fig. 53.*)

Fentzl ; taillé de fable & d'or, au lion de l'une en l'autre. (*Ibid. fig. 54.*)

Lorfqu'il y a une tranche au milieu de la taillé on dit *taillé-tranché*, & quand il y a une entaille fur la tranche, on dit *tranché-taillé*.

On appelle *taillé-chargé* un écu taillé, dont cha- cune des divifions eft chargée d'une pièce de l'au- tre émail.

Goberg ; taillé d'or & d'azur, l'or chargé d'une molette du fecond de ces deux émaux, & l'azur d'un croiffant du premier. Ce qui fe rapporte à ce qu'on appelle *de l'un en l'autre*. (*Voyez* ce mot & *voyez Pl. I. fig. 52.*)

TANCHE, f. f. poiffon de rivière, repréfenté montant, dans les armoiries.

Tanques, en Picardie ; d'or, à trois *tanches* de gueules.

TANNÉ, f. m. fe dit d'une couleur brillante, faite de rouge & de jaune mêlés enfemble. Les graveurs l'expriment par des lignes diagonales, qui partent du chef féneftre, comme le pourpre dont ils diftinguent cette couleur par un T.

Dans les cottes d'armes de tous ceux qui en An- gleterre font au-deffous du degré des nobles, cette couleur s'appelle *tanné*, dans celles des nobles *hyacinthe*, & dans celles des princes *tête* ou *fang de dragon*. (*A. R.*)

TARRÉ, adj. fe dit du cafque qui termine l'écu en fa partie fupérieure, foit qu'il fe trouve de front ou de profil.

Un cafque *tarré* de front eft une marque d'an- cienne nobleffe.

Ce terme, felon le père Meneftrier, vient des grilles des cafques qui étoient repréfentés ancien- nement à la manière des tarots des cartes. (*G. D. L. T.*)

TARRER, v. act. ce verbe fignifie donner un certain tour au heaume ou timbre de l'écu. On dit *tarrer* de front, de côté ou de profil. Ce terme employé pour les cafques, vient de leurs grilles qui étoient autrefois représentées à la manière des tarots de cartes. *Menest.*

TAU , f. m. meuble de l'écu qui a beaucoup de resſemblance au *T*. On le nomme auſſi *croix de Saint-Antoine* , à cauſe qu'il eſt ſemblable à la croix que portent les chanoines réguliers de Saint-Antoine.

L'origine du *tau*, ſelon quelques-uns , eſt tirée de l'Apocalypſe où elle eſt une marque que l'ange mit ſur le front des prédeſtinés. Selon d'autres , c'é-toit une béquille d'eſtropié , convenable à l'ordre de S. Antoine, qui étoit hoſpitalier. Enfin , il y a des auteurs qui diſent , que c'eſt le deſſus d'une croſſe grecque ; ils fondent leur opinion , ſur ce que les évèques & abbés du rit grec la portent encore à préſent ainſi , & ils ajoutent que ſi les chanoines réguliers de S. Antoine la portent de cette façon, c'eſt que leur fondateur étoit abbé.

Jourdain de la Panne , au Mans ; de gueules au *tau* d'argent.

La Potterie de Pommereux , en Normandie ; d'argent au *tau* de ſable.

Quelo de Cadouan , en Bretagne ; d'azur à trois *taux* d'argent. (*G. D L. T.*)

TAUREAU, f. m. cet animal dans l'écu paroît furieux ; c'eſt-à-dire , rampant , la queue retrouſſée ſur le dos , le bout tourné à ſéneſtre.

Ce qui le diſtingue eſſentiellement du bœuf , c'eſt qu'il eſt tout-à-fait *vilainé* ; c'eſt-à-dire , re-préſenté avec ce qui conſtitue le mâle dans cette eſpèce.

Couſſant de Morainville ; d'azur au chef d'argent, chargé d'un *taureau* de ſable naiſſant, allumé d'argent.

Ranconnet , en Périgord ; de gueules à la faſce d'argent , ſurmontée d'un *taureau* d'or , paſſant.

De Becary , en Provence ; de gueules au *taureau* furieux d'or , au chef couſu d'azur , chargé de trois fleurs-de-lis du ſecond émail.

Berthier ; d'or au *taureau* furieux de gueules , chargé de cinq étoiles d'argent , poſées en bande. (*Pl. V. fig. 271.*)

TENANT , f. m. on appelloit proprement *te-nans* , ceux qui ouvroient le carouſel , & qui fai-ſoient les premiers défis par les cartels que pu-blioient les hérauts ; c'étoit eux qui compoſoient la première quadrille ; les autres chevaliers étoient les aſſaillans. Les *tenans* furent ainſi nommés , parce qu'ils ſoutenoient les armes à la main les pro-poſitions qu'ils avoient avancées. (*D. J.*)

TENANT, TE, adj. ſe dit d'une figure humaine, d'un dextrochère, d'une main , qui paroît tenir quel-ques pièce ou meuble dans un écu.

Du Chaſtelier , en Bretagne ; de gueules au dex-trochère , mouvant de l'angle ſéneſtre en chef , & poſé en barre , tenant une fleur-de-lis, ac-compagnée de quatre beſans , un en chef , deux aux flancs, un en pointe ; le tout d'argent.

Gemmel, en Bavière ; de gueules au pal d'ar-

gent, accôté de deux enfans de carnation , *tenant* un cœur du champ poſé ſur le pal. (*Pl. 8. fig. 437.*)

Wolefkeel , en Franconie ; d'or , à un homme paſſant de carnation habillé de ſable , *tenant* de la main droite une branche de roſier, de trois roſes de gueules , & la main gauche poſée ſur ſon côté. (*ibid. fig. 438.*)

Deſmartes ; d'azur au dextrochère d'argent , *te-nant* une plante de trois lis de même , (*fig. 445.*)

De Maſſol ; coupé d'or & de gueules , l'or chargé d'une aigle éployée de ſable , membrée & languée de gueules, le gueules chargé d'un dextrochère armé d'or , *tenant* un marteau de même , & mouvant d'une nuée d'argent. (*fig. 447.*)

TENANS, f. m. plur. anges , ſauvages , mores, ſirènes , qui ſemblent tenir l'écu. Ils ſont ordinai-rement deux , un de chaque côté.

L'origine des *tenans* , vient de ce que dans les anciens tournois , les chevaliers faiſoient porter leurs écus par des valets déguiſés en mores , ſauvages & dieux de la fable , même en monſtres pour inſ-pirer de la terreur à leurs adverſaires.

Il y avoit auſſi des valets déguiſés en ours, lions & autres animaux.

Ces valets tenoient l'écu de leurs maîtres ; lorſ-que l'on ouvroit les pas d'armes , ceux qui devoient combattre , touchoient de leur lance l'écu du che-valier avec lequel ils devoient entrer en lice. Celui qui voyoit toucher ſon écu, ſe préſentoit & atta-quoit ſe champion.

Les auteurs ont nommé *tenant* dans les armoiries, les figures humaines , & *ſupports* les figures des animaux. (*Voyez la Pl. XXII.*) Figure 1. où deux religieux Auguſtins ſoutiennent d'une main l'écu des Grimaldi , princes de Monaco , & tiennent de l'autre une épée nue pour le défendre ; *fig.* 2. où deux ſirènes ſont les *tenans* des armes de Vérac.

Voyez auſſi la Planche XV. fig. 2 où des anges ſont les *tenans* de l'écu de France ; *fig.* 8. où deux ſau-vages , cachés de lierre , armés de leur maſſue , ſont les *tenans* des armes du roi de Dannemarck, & *fig.* 11. où les armes de roi de Pruſſe , ont pour *tenans* deux ſauvages caſqués qui tiennent deux éten-darts , chargés d'une aigle impériale.

TENTE, f. f. meuble d'armoiries.

Hutte-zu-heufpach , en Bavière ; de ſable à une *tente* d'argent. (*Pl. XI. fig. 602.*)

TERRASSE, f. f. *terra ſcuti* , pièce mouvante du bas de l'écu en toute ſa largeur , elle n'a de hauteur qu'une partie ⅜ de ſept ; la ligne qui la ter-mine n'eſt pas de niveau, mais elle a quelques ſi-nuoſités arrondies qui la diſtinguent de la Cham-pagne.

La *terraſſe* ne ſe nomme qu'après les pièces ou meubles de l'écu qui ſont deſſus , ſoit arbre , ani-mal , tour, &c.

De Suge de Braſſac , près de Caſtres , en Albi-geois ; d'azur, à un olivier d'argent poſé ſur une *terraſſe* de ſinople, adextré d'un croiſſant d'or, & féneſtré d'une étoile de même.

De Vignes de Puilaroque, au bas Montauban; d'or, à une vache de gueules, clarinée d'argent, paſſante ſur une *terraſſe* de ſinople.

De Lier d'Andilly; d'or, au ſauvage au naturel, appuyé ſur ſa maſſue de même, ſur une *terraſſe* de ſinople, chappée & arrondie d'azur, à deux lions affrontés d'azur. (*Pl. XI. fig. 584.*)

Le Fevre d'Argencé; d'argent à une loutre de ſable, poſée ſur une *terraſſe* de ſinople, au chef d'azur, chargé de deux roſes d'argent. (*Pl. VI. fig. 289.*)

D'Oſſun: d'or, à l'ours paſſant de ſable, ſur une *terraſſe* de ſinople. (*Ibid. fig. 294.*)

Des Pruetz, en Languedoc; d'azur, à une chapelle d'argent, ſur une *terraſſe* d'or, ombrée de ſinople, au chef d'argent, chargé de deux arbres auſſi de ſinople.

TERRASSÉ, ÉE, adj. ſe dit de la pointe de l'écu faite en forme de champ plein d'herbes.

Il ſe dit en général d'un écu chargé d'une terraſſe; on peut auſſi s'en ſervir pour déſigner un animal abbatu & renverſé.

TERTRE, ſ. m. petite terraſſe, employée comme pièce d'armoiries, & dont la poſition eſt indéterminée.

TÊTES DE MORE, ou de MAURE, ſ. f. meuble de l'écu qui repréſente une *tête de more*; elle eſt ordinairement de profil avec un bandeau ou tortil ſur le front, noué ſur le derrière des cheveux qui paroiſſent crépus & courts; ſon émail eſt le ſable.

De Sarraſin de Chambonnet, près Genolnac dans les Cévennes; d'or, à trois *têtes de more* de ſable.

Camus de Romainville, en Anjou; d'or, à la *tête de more* de ſable, tortillée d'argent, accompagnée de trois coquilles de gueules.

Le Goux; d'argent, à une *tête de more* de ſable, tortillée du champ, accompagnée de trois molettes d'éperons de gueules. (*Pl. VIII. fig. 442.*)

TÊTE DE MORT (ordre de la), inſtitué par Silvius Nimrod, duc de Wirtemberg, en Siléſie, l'an 1652,

La marque de cet ordre eſt une *tête de mort*, avec un ruban blanc, en manière de liſtel, où ſont écrits ces mots: *memento mori*; le tout attaché & ſuſpendu à un ruban noir. (*Pl. XXIII. fig. 20.*)

TÊTE DE MORT, ſ. f. meuble d'armoiries. Tête humaine décharnée. Cette pièce, dit la Colombière, porte ſa ſignification avec elle.

Mortal, en Lorraine; de ſable, à trois *têtes de mort* d'argent, deux & un, au chef d'azur, couſu & chargé d'un cheval d'argent, naiſſant & cabré.

TÊTES D'ANIMAUX, ſ. f. plur. *têtes* de lions, aigles, licornes, levriers, béliers, bœufs, & de quelques autres animaux qui ſe trouvent de profil dans l'écu.

Les *têtes* des léopards ſont toujours de front; c'eſt-à-dire, montrent les deux yeux; les *têtes* de

front des autres animaux quadrupèdes, ſont nommées *rencontres*.

Lampaſſées ſe dit des *têtes* des animaux pédeſtres;

Languées, de celles des aigles & autres oiſeaux, lorſque les langues ſont de différent émail.

Si parmi pluſieurs *têtes* il s'en trouve d'affrontées, on l'exprime en blaſonnant.

La *tête* du ſanglier, toujours de profil, eſt nommée *hure*, ainſi que celle du ſaumon & du brochet.

Têtes arrachées, ſont celles des lions, des aigles & autres animaux, où l'on voit quelques parties pendantes & inégales deſſous.

Têtes coupées, celles qui au contraire ſont ſans aucun filament.

De Morges de Ventavon, dans le Gapençois, pays du Dauphiné; d'azur, à trois *têtes* de lion d'or, couronnées d'argent, lampaſſées de gueules.

Carnin de Lillers, en Artois; de gueules à trois *têtes* de léopards d'or.

Aiſcelin de Montagu, en Auvergne; de ſable à trois têtes de lion, arrachées d'or, lampaſſées de gueules.

Thierry; d'azur, à trois *têtes* de levrier d'argent, accolées de gueules & bouclées d'or.

Fruche de Domprel, en Franche-Comté; de gueules à trois *têtes de licornes* d'argent, les deux en chef affrontées.

Mercier de Malaval, en Gévaudan; d'or à deux *hures* de ſangliers de ſable, allumées de gueules..

Saint-Amadour; de gueules, à trois *têtes de lion* d'argent, arrachées. (*Pl. V. fig. 255.*)

Fremont d'Auneuil, d'azur, à trois *têtes de léopards* d'or (*ibid. fig. 261.*)

Voyez même Planche le *maſſacre* ou la *tête de cerf*, (*fig. 265.*) La *hure* de ſanglier, (*fig. 269.*) Le *rencontre* de bœuf, (*fig. 272.*) De belier, (*fig. 276.*) La *tête* & le col d'un cheval, (*fig. 279.*) *Planche VI.* une tête de licorne, (*fig. 282.*) Des *têtes* de levrette, (*fig. 284.*) De braque, (*fig. 286.*) Une *tête* d'ours emmuſelée, (*fig. 295.*) Une de loup arrachée, (*fig. 296.*) Des *têtes* arrachées d'aigles, (*fig. 305.*) De corbeaux, (*fig. 319.*) De perdrix, (*fig. 323.*) De bécaſſes, (*fig. 324.*)

TIERCES *ou* TIERCHES, ſ. f. pl. ce ſont des faſces en diviſe qui ſe mettent trois à trois, comme les jumelles deux à deux, les trois faſces n'étant comptées que pour une, & toutes les trois n'occupant que la largeur de la faſce ordinaire, ou de la bande, ſi elles y ſont poſées, pourvu qu'il n'y en ait qu'une dans un écu.

Bourbourg; d'azur, à trois *tierces* d'or. (*Pl. III. fig. 138.*)

TIERCE-FEUILLE, ſ. f. figure dont on charge les écus des armoiries; elle a une queue par laquelle elle eſt diſtinguée des trefles.

De Prie ; de gueules à trois *tierce - feuilles* d'or , au chef d'argent , chargé d'une aiglette de fable. (*Pl. VIII. fig.* 407.)

TIERCÉ , adj. ce mot se dit d'un écu qui est divisé en trois parties , soit en pal , soit en bande , soit en fasce , par deux lignes parallèles. *Tiercé en bande* , est lorsque l'écu est divisé en trois parties égales , comme en trois bandes faites de trois émaux différens , sans autre champ ni figure. Le *tiercé* en pal , en fasce & en barre forme de même trois pals égaux , trois fasces égales , trois barres égales.

Polani ; *tiercé* en fasce , d'or, d'azur & d'argent. (*Pl. I. fig.* 32.)

Le Roi ; *tiercé* en pal , d'azur , d'argent & de gueules (*ibid. fig.* 32.)

Caumont ; *tiercé* en bande, d'or , de gueules & d'azur. (*Fig. 34.*)

Verteuil, à Bordeaux ; *tiercé* en barre, d'argent, de gueules & d'azur, l'argent chargé de trois losanges d'argent , & l'azur de trois étoiles aussi d'argent , le tout dans le sens de la barre. (*Fig. 35.*)

Drouyn, ou de Rouyn ; *tiercé* en fasce , ou coupé de deux ; au premier, de gueules à une jambe & une cuisse humaine d'argent, pliées & mises en chevron; au second, d'or , à trois chevrons d'azur; au troisième , d'argent, à la bande de gueules , chargée de trois besans d'or.

TIGÉ , ÉE , adj. se dit des plantes & des fleurs représentées sur leurs *tiges*.

Le Fevre d'Ormesson & d'Eaubonne , à Paris ; d'azur, à trois lis au naturel d'argent , feuillés & *tigés* de sinople. (*Pl. VIII. fig.* 413.)

Caradas ; d'argent, au chevron d'azur, accompagné de trois roses de gueules, feuillées & *tigées* de sinople. (*Pl. VIII. fig.* 415.)

Brinon ; d'argent, à trois œillets de gueules , feuillés & *tigés* de sinople. (*Ibid. fig.* 417.)

Thumerie ; d'or, à la croix de gueules , cantonnée de quatre tulipes de même, feuillées & *tigées* de sinople. (*Fig.* 418.)

Chabenat de Bonneuil ; d'argent, à trois pensées au naturel, *tigées* & feuillées de sinople, au chef d'azur , chargé d'un soleil d'or. (*Ibid. fig.* 420.)

D'Hame, en Lorraine; d'azur, à la rose d'argent, *tigée* & feuillée de sinople , issante d'un cœur de gueules , mise en abime & accompagnée en chef de deux étoiles d'or à six rais, & en pointe d'un croissant d'argent.

TIGRE , s. m. quadrupède sauvage , rare en armoiries. On le représente de profil, courant ou passant, la queue retroussée sur le dos & courbée, comme celle du léopard.

TIMBRE, s. m. ce mot se dit de tout ce qui se met sur l'écu pour distinguer les degrés de noblesse ou de dignité , soit ecclésiastique, soit séculière, comme la tiare papale, le chapeau des cardinaux , évêques & protonotaires, les croix, les mitres, les couronnes, bonnets, mortiers, &

sur-tout les casques, que les anciens ont appellés particulièrement *timbres* , parce qu'ils approchoient de la figure des *timbres* d'horloges, ou parce qu'ils résonnoient comme les *timbres* quand on les frappoit. C'est l'opinion de Loyseau qui prétend que ce mot vient de *tintinnabulum*.

Les armoiries des cardinaux sont ornées d'un chapeau rouge qui leur sert de *timbre*. Les rois & les princes portent le *timbre* ouvert ; les ducs, les marquis & les comtes le portent grillé & mis de front ; les vicomtes, les barons & les chevaliers le portent un peu tourné , & on le nomme alors de *trois quartiers*.

Voyez la tiare & les chapeaux rouges ou verds de la *Pl. XIII.* les casques de la *Pl. XIV.* les couronnes de la *Pl. XV.* &c. & des *Planches XVII. XVIII. XIX.*

TIMBRÉES , ARMES , armes qui sont chargées d'un *timbre* , & qui n'appartiennent qu'aux nobles, suivant les règles du blason.

TIRES, s. f. pl. ce mot se dit des traits ou rangées de vair, dont on se sert pour distinguer le beffroi, le vair, & le menu vair. Le beffroi est composé de trois *tires* , le vair de quatre , & le menu vair de six. Quand un chef ou une fasce sont vairés, il faut spécifier de combien de *tires* ou de rangs. Ce mot s'applique aussi aux rangées de carreaux qui se trouvent sur un chef, une fasce , une bande , un chevron ou autre pièce échiquetée : on nomme en blasonnant le nombre de *tires*.

Grivel d'Ouroy , en Berry ; d'or à la bande échiquetée de sable & d'argent de deux *tires*.

Hamelin d'Epinay, en Normandie ; d'argent au chevron échiqueté de gueules & d'or de trois *tires*.

D'Ailly ; de gueules à deux branches d'alizier d'argent, passées en double sautoir, au chef *échiqueté* d'argent & d'azur, de trois traits ou *tires*. (*Pl. II. fig.* 106.)

Cibo ; de gueules à la bande *échiquetée* de trois traits ou *tires* d'argent & d'azur au chef d'argent à la croix de gueules surmontée d'or , à l'aigle de l'empire avec la divise. (*Ibid. fig.* 111.)

TOISON, (ordre de la) ordre que confère le roi d'Espagne comme héritier des ducs de Bourgogne. Ce fut en 1430 que Philippe le bon, duc de Bourgogne, après avoir épousé à Bruges , en troisièmes noces, Elisabeth de Portugal, institua *l'ordre de la toison* en l'honneur d'une de ses maîtresses. Il eut quinze bâtards qui eurent tous du mérite. L'amour des femmes , dit M. de Voltaire , ne doit passer pour un vice que quand il détourne les hommes de remplir leurs devoirs , & qu'il conduit à des actions blâmables. Anvers , Bruges & autres villes appartenantes à Philippe le bon , faisoient un grand commerce , & répandoient l'abondance dans ses états. La France dut à ce prince sa paix & sa grandeur.

Louis XI, qui ne lui ressembla point , eut d'abord

bord intention de se rendre chef de l'*ordre de la toison*, & de le conférer à la mort de Charles le téméraire, comme étant aux droits de la maison de Bourgogne ; mais ensuite il le dédaigna, dit Brantôme, & ne crut pas qu'il lui convint de se rendre chef de l'ordre de son vassal. Cet ordre a cependant continué de se soutenir jusqu'à ce jour, & se seroit soutenu bien davantage si le nombre des chevaliers étoit borné comme au commencement à trente & un. Quoiqu'il en soit, il a fourni la matière de trois volumes *in-fol.* publiés en 1756 par Julien de Pinedo y Salazar. (*D. J.*)

TOISON, s. f. dépouille d'agneau ou de mouton.

De gueules à une *toison* d'argent, suspendue à un ruban d'or.

TONNANT adj. CANON. C'est un canon représenté avec des jets de flammes & des tourbillons de fumée, au moment où le coup est supposé partir.

Un *canon* d'azur, *tonnant* de gueules, & fumant de sable.

TONNE, s. f. est quelquefois un meuble d'armoiries.

Creney ; d'argent, à trois *tonnes* de gueules. (*Pl. X. fig. 544.*)

TORQUE, s. f. se dit d'un bourrelet de figure ronde, tant dans sa circonférence, que dans son tortil, étant composé d'étoffe tortillée, comme le bandeau dont on charge la tête de more qui se pose sur les écus. La *torque* est toujours de deux principaux émaux, qui sont le gros des armoiries, aussi-bien que les lambrequins ; mais c'est le moins noble des enrichissemens qui se posent sur le heaume pour cimier. (*D. J.*)

TORTIL ou TORTIS, s. m. c'est un cordon qui se tortille autour des couronnes des barons ; ce mot se dit aussi du bandeau qui ceint les têtes de more sur les écus. *Ménestrier.* (*D. J.*)

TORTILLANT ; se dit du serpent ou de la guivre qui entourent quelque chose.

Bardel, en Dauphiné ; de gueules au basilic *tortillant* d'argent en pal, couronné d'or.

TORTILLÉ, ÉE, adj. ce mot se dit en blasonnant, de la tête qui porte le tortil, comme est celle du more, qui est toute semblable au bourrelet & qui sert quelquefois de timbre.

Le Goux de la Berchere, de Rochepot, d'Inteville, en Bourgogne ; d'argent à la tête de more, de sable *tortillée* du champ, accompagnée de trois molettes d'éperons de gueules. (*Pl. VIII. fig. 442.*)

TORTUE, s. f. meuble de l'écu représentant cet animal.

D'Eslinger ; d'or, à une *tortue* de sable. (*Pl. XII. fig. 662.*)

TOULOUSE, croix de Toulouse, ou croix cléchée.

Toulouse ; de gueules, à la croix *vuidée*, *cléchée*, *pommetée* & *aléfée* d'or, dite, croix de *Toulouse.* (*Pl. IV. fig. 188.*)

Histoire. Tom. I.

Lautrec, en Languedoc ; de gueules, à *la croix de Toulouse*, d'or.

TOUR, s. f. il y a en blason différentes espèces de *tours* ; on les appelle *rondes*, *quarrées*, *crevées*, *carnelées* ou *crenelées*. Les unes sont sans portes, les autres avec la porte grillée, les unes sont maçonnées, quelques autres sont couvertes ; & il y en a de sommées de girouettes, ou d'autres pièces. (*Voyez Pl. IX.* les *fig. 462. 463. 464. 465. 470.*)

Raigecourt, en Lorraine, originaire de Metz ; d'or, à la *tour* de sable.

Dattel de Marzéville ; d'azur, à trois *tours* d'argent, maçonnées de gueules.

TOURNÉ, ce mot dans le blason, ne se dit proprement que d'un croissant dont les cornes regardent le flanc dextre de l'écu, parce que ce n'est pas la situation naturelle du croissant, dont les cornes doivent regarder en haut ; & si elles regardoient le flanc sénestre, on le diroit *contourné.*

Parmi les croissans en cœur de la *figure 370. Planche VII.* & parmi les croissans affrontés de la *figure 373.* même *Pl.*, le croissant qui regarde le côté dextre, s'appelleroit *tourné*, s'il étoit seul.

TOURNOI, s. m. exercice de guerre & de galanterie que faisoient les anciens chevaliers pour montrer leur adresse & leur bravoure. C'est l'usage des *tournois*, qui unissant ensemble les droits de la valeur & de l'amour, vint à donner une grande importance à la galanterie, ce perpétuel mensonge de l'amour.

On appelloit *tournois*, dans le temps que régnoit l'ancienne chevalerie, toutes sortes de courses & combats militaires, qui se faisoient conformément à certaines règles, entre plusieurs chevaliers & leurs écuyers par divertissement & par galanterie. On nommoit *joutes*, des combats singuliers qui se faisoient dans les *tournois* d'homme à homme avec la lance ou la dague ; ces joutes étoient ordinairement une partie des *tournois.*

Il est difficile de fixer l'époque de l'institution des *tournois*, dont les Allemands, les Anglois & les François se disputent la gloire, en faisant remonter l'origine de ces jeux au milieu du neuvième siècle.

L'historien Nithard parle ainsi des jeux militaires, dont les deux frères Louis le Germanique & Charles le Chauve se donnèrent plusieurs fois le spectacle vers l'année 842, après avoir juré cette alliance qui est devenue si célèbre par la formule de leur serment. *Ludos etiam hoc ordine sæpe causâ exercitii frequentabant.... Subsistente hinc indè omni multitudine, primum pari numero Saxonum, Vasconum, Austrasiorum, Britannorum, ex utraque parte veluti invicem adversari sibi vellent, alter in alterum veloci cursu ruebat....* & plus bas, *eratque res digna.... spectaculo.*

Il paroît assez clairement par la suite du texte de Nithard, que l'Allemagne fut le théâtre de ces jeux qui avoient quelque reffemblance aux *tournois* qui fuccédèrent. La plûpart des auteurs Allemands prétendent que l'empereur Henri I. furnommé l'*oifeleur*, qui mourut en 936, fut l'inftituteur des *tournois* ; mais quelques-uns avec plus de fondement en font honneur à un autre Henri, qui eft poftérieur d'un fiècle au premier. En ce cas, les Allemands auroient peu d'avantage fur les François, chez qui l'on voit les *tournois* établis vers le milieu du onzième fiècle, par Geoffroi, feigneur de Preuilli en Anjou. *Anno* 1066, dit la chronique de Tours, *Gaufridus de Pruliaco, qui torneamenta invenit, apud Andegavum occiditur.*

Il y a même un hiftorien étranger, qui parlant des *tournois*, les appelle des combats françois, *conflictus gallici*, foit parce qu'il croyoit qu'ils étoient nés en France, foit parce que de fon temps les François y brilloient le plus. *Henricus rex Anglorum junior*, dit Mathieu Paris, fous l'an 1179, *mare tranfiens in* conflictibus gallicis, & *profuforibus expenfis, triennium peregit, regiâque majeftate depofitâ, totus eft de rege tranflatus in militem.* Selon les auteurs de l'hiftoire byfantine, les peuples d'orient ont appris des François l'art & la pratique des *tournois* ; & en effet notre nation s'y eft toujours diftinguée jufqu'au temps de Brantome.

La veille des *tournois* étoit annoncée dès le jour qui la précédoit, par les proclamations des officiers d'armes. Des chevaliers qui devoient combattre, venoient aufli vifiter la place deftinée pour les joutes. « Si venoit devant eux un » hérault qui crioit tout en hault, feigneurs » chevaliers, demain aurez la veille du *tournoy*, » où proueffe fera vendue, & achetée au fer & » à l'acier ».

On folemnifoit cette veille des *tournois* par des efpèces de joutes appellées, tantôt *effais* ou *épreuves*, *épreuves*, tantôt les *vêpres du tournoi*, & quelquefois *efcrémie*, c'eft-à-dire *efcrimes*, où les écuyers s'effayoient les uns contre les autres avec des armes plus légères à porter, & plus aifées à manier que celles des chevaliers, plus faciles à rompre, & moins dangereufes pour ceux qui s'en bleffoient. C'étoit le prélude du fpectacle nommé le *grand tournoi*, le *maitre tournoi*, la *maitre épreuve*, que les plus braves & les plus adroits chevaliers devoient donner le lendemain.

Les dames s'abftinrent dans les premiers temps d'affifter aux grands *tournois* ; mais enfin, l'horreur de voir répandre le fang céda dans le cœur de ce fexe né fenfible, à l'inclination encore plus puiffante qui le porte vers tout ce qui appartient aux fentimens de la gloire, ou qui peut caufer de l'émotion. Les dames donc accoururent bientôt en foule aux *tournois*, & cette époque dut être celle de la plus grande célébrité de ces exercices.

Il eft aifé d'imaginer quel mouvement devoit produire dans les efprits la proclamation de ces *tournois* folemnels, annoncés long-temps d'avance,

& toujours dans les termes les plus faftueux ; ils animoient dans chaque province & dans chaque cour tous les chevaliers & les écuyers à faire d'autres *tournois*, ou par toutes fortes d'exercices, ils fe difpofoient à paroître fur un plus grand théâtre.

Tandis qu'on préparoit les lieux deftinés aux *tournois*, on étaloit le long des cloîtres de quelques monaftères voifins, les écus armoriés de ceux qui prétendoient entrer dans les lices, & ils y reftoient plufieurs jours expofés à la curiofité & à l'examen des feigneurs, des dames & demoifelles. Un héraut ou pourfuivant d'armes, nommoit aux dames ceux à qui ils appartenoient ; & fi parmi les prétendans, il s'en trouvoit quelqu'un dont une dame eût fujet de fe plaindre, foit parce qu'il avoit mal parlé d'elle, foit pour quelqu'autre offenfe, elle touchoit l'écu de fes armes pour le recommander aux juges du *tournoi* ; c'eft-à-dire pour leur en demander juftice.

Ceux-ci, après avoir fait les informations néceffaires, devoient prononcer ; & fi le crime avoit été prouvé juridiquement, la punition fuivoit de près. Le chevalier fe préfentoit-il au *tournoi* malgré les ordonnances qui l'en excluoient, une grêle de coups que tous les autres chevaliers faifoient tomber fur lui, le puniffoit de fa témérité, & lui apprenoit à refpecter l'honneur des dames & les loix de la chevalerie. La merci des dames qu'il devoit reclamer à haute voix, étoit feule capable de mettre des bornes au châtiment du coupable.

Je ne ferai point la defcription des lices pour le *tournoi*, ni des tentes & des pavillons dont la campagne étoit couverte aux environs, ni des hours, c'eft-à-dire des échafauds dreffés autour de la carrière où tant de nobles perfonnages devoient fe fignaler. Je ne diftinguerai point les différentes efpèces de combats qui s'y donnoient, joutes, caftilles, pas d'armes & combats à la foule ; il me fuffit de faire remarquer que ces échafauds, fouvent conftruits en forme de tours, étoient partagés en loges & en gradins, décorés de riches tapis, de pavillons, de bannières, de banderoles & d'écuffons. Aufli les deftinoit-on à placer les rois, les reines, les princes & princeffes, & tout ce qui compofoit leur cour, les dames & les demoifelles, enfin les anciens chevaliers qu'une longue expérience au maniement des armes avoit rendu les juges les plus compétens. Ces vieillards, à qui leur grand âge ne permettoit plus de s'y diftinguer encore, touchés d'une tendreffe pleine d'eftime pour cette jeuneffe valeureufe, qui leur rappelloit le fouvenir de leurs propres exploits, voyoient avec plaifir leur ancienne valeur renaître dans ces effaims de jeunes guerriers.

La richeffe des étoffes & des pierreries relevoi encore l'éclat du fpectacle. Des juges nommés exprès, des maréchaux du camp, des confeillers ou affiftans, avoient en divers lieux des places marquées pour maintenir dans le champ de bataille les loix des *tournois*, & pour donner leur avis à ceux qui pourroient en avoir befoin. Une multitude de hérauts & pourfuivans d'armes, répandus de toutes parts, avoient les yeux fixés fur les combattans, pour faire un rapport fidèle des coups qui feroient portés & reçus. Une foule de méneftriers avec toute forte d'inftrumens d'une mufique guerrière, étoient prêts à célébrer les proueffes qui devoient éclater dans cette journée. Des fergens actifs avoient ordre de fe porter de tous les côtés où le fervice les lices les appelleroit, foit pour donner des armes aux combattans, foit pour contenir la populace dans le filence & le refpect.

Le bruit des fanfares annonçoit l'arrivée des chevaliers fuperbement armés & équipés, fuivis de leurs écuyers tous à cheval. Des dames & des demoifelles amenoient quelquefois fur les rangs ces fiers efclaves attachés avec des chaines qu'elles leur ôtoient feulement, lorfqu'entrés dans l'enceinte des lices, ils étoient prêts à s'élancer. Le titre d'efclave ou de ferviteur de la dame que chacun nommoit hautement en entrant au *tournoi*, étoit un titre d'honneur qui devoit être acheté par des exploits ; il étoit regardé par celui qui le portoit, comme un gage de la victoire, comme un engagement à ne rien faire qui ne fût digne de lui. *Servans d'amour*, leur dit un de nos poëtes dans une ballade qu'il compofa pour le *tournoi* fait à Saint-Denis, fous Charles VI, au commencement de Mai 1389.

Servans d'amour, regardez doucement
Aux échafauds, anges de paradis,
Lors jouterez fort, & joyeufement,
Et vous ferez honorés & chéris.

A ce titre, les dames daignoient joindre ordinairement ce qu'on appelloit *faveur, joyau, nobleffe, nobloy*, ou *enfeigne* ; c'étoit une écharpe, un voile, une coëffe, une manche, une mantille, un braffelet, un nœud, en un mot quelque pièce détachée de leur habillement ou de leur parure ; quelquefois un ouvrage tiffu de leurs mains, dont le chevalier favorifé ornoit le haut de fon heaume ou de fa lance, fon écu, fa cotte d'armes, ou quelqu'autre partie fon armure.

Souvent dans la chaleur de l'action, le fort des armes faifoit paffer ces gages précieux au pouvoir d'un ennemi vainqueur, ou divers accidens en occafionnoient la perte. En ce cas la dame en renvoyoit d'autres à fon chevalier pour le confoler, & pour relever fon courage : ainfi elle l'animoit à fe venger, & à conquérir à fon tour les faveurs dont fes adverfaires étoient parés, & dont il devoit enfuite lui faire une offrande.

Ce n'étoit pas les feules offrandes que les chevaliers vainqueurs faifoient aux dames ; ils leur préfentoient auffi quelquefois les champions qu'ils avoient renverfés, & les chevaux dont ils leur avoient fait vuider les arçons.

Lorfque toutes ces marques, fans lefquelles on ne pouvoit démêler ceux qui fe fignaloient, avoient été rompues & déchirées, ce qui arrivoit fouvent par les coups qu'ils fe portoient en fe heurtant les uns les autres, & s'arrachant à l'envi leurs armes, les nouvelles faveurs qu'on leur donnoit fur le champ, fervoient d'enfeignes aux dames, pour reconnoitre celui qu'elles ne devoient point perdre de vue, & dont la gloire devoit rejaillir fur elles. Quelques-unes de ces circonftances ne font prifes à la vérité que des récits de nos romanciers ; mais l'accord de ces auteurs, avec les relations hiftoriques des *tournois*, juftifie la fincérité de leurs dépofitions.

Enfin, on ne peut pas douter que les dames attentives à ces *tournois* ne priffent un intérêt fenfible aux fuccès de leurs champions. L'attention des autres fpectateurs n'étoit guères moins capable d'encourager les combattans : tout avantage remarquable que remportoit quelqu'un des tournoyans, étoit célébré par les fons des ménétriers, & par les voix des hérauts. Dans la victoire on crioit, *honneur au fils des preux* ; car, dit Monftrelet, nul chevalier ne peut être jugé preux lui-même, fi ce n'eft après le trépaffement. D'autrefois on crioit, *louange & prix aux chevaliers qui foutiennent les griefs, faits & armes, par qui valeur, hardement & proueffe eft guaingné en fang mêlé de fueur.*

A proportion des criées & huées qu'avoient excitées les hérauts & les ménétriers, ils étoient payés par les champions. Leurs préfens étoient reçus avec d'autres cris ; les mots de *largeffes* ou *nobleffe*, c'eft-à-dire *libéralité*, fe répétoient à chaque diftribution nouvelle. Une des vertus les plus recommandées aux chevaliers, étoit la générofité ; c'eft auffi la vertu que les jongleurs, les poëtes & les romanciers ont le plus exaltée dans leurs chanfons & dans leurs écrits : elle fe fignaloit encore par la richeffe des armes & des habillemens. Les débris qui tomboient dans la carrière, les éclats des armes, les paillettes d'or & d'argent dont étoit jonché le champ de bataille, tout fe partageoit entre les hérauts & les ménétriers. On vit une noble imitation de cette antique magnificence chevalerefque à la cour de Louis XIII, lorfque le duc de Buckingham, allant à l'audience de la reine, parut avec un habit chargé de perles, que l'on avoit exprès mal attachées ; il s'étoit ménagé par ce moyen un prétexte honnête de les faire accepter à ceux qui les ramaffoient pour les lui remettre.

Les principaux réglemens des *tournois*, appellés *écoles de proueffe* dans le roman de Perceforeft, confiftoient à ne point frapper de la pointe, mais du tranchant de l'épée, ni combattre hors de fon rang ; à ne point bleffer le cheval de fon adver-

faire ; à ne porter des coups de lance qu'au visage, & entre les quatre membres ; c'est-à-dire au
plastron ; à ne plus frapper un chevalier dès qu'il
avoit ôté la visière de son casque, ou qu'il s'étoit
déheaumé, à ne point se réunir plusieurs contre
un seul dans certains combats, comme dans celui
qui étoit proprement appelé *joute*.

Le juge de paix, choisi par les dames, avec un
appareil curieux, étoit toujours prêt d'interposer
son ministère pacifique, lorsqu'un chevalier ayant
violé par inadvertance les loix du combat, avoit
attiré contre lui seul les armes de plusieurs combattans. Le champion des dames, armé d'une longue pique, ou d'une lame surmontée d'une coëffe,
n'avoit pas plutôt abaissé sur le heaume de ce
chevalier le signe de la clémence & de la sauve-
garde des dames, que l'on ne pouvoit plus toucher au coupable. Il étoit absous de sa faute lorsqu'on la croyoit en quelque façon involontaire ;
mais si l'on s'appercevoit qu'il eût eu dessein de
la commettre, on devoit la lui faire expier par
une rigoureuse punition.

Celles qui avoient été l'ame de ces combats,
y étoient célébrées d'une façon particulière. Les
chevaliers ne terminoient aucun exercice sans faire
à leur honneur une dernière joute, qu'ils nommoient *le coup des dames* ; & cet hommage se
répétoit en combattant pour elles à l'épée, à la
hache d'armes & à la dague. C'étoit de toutes les
joutes, celle où l'on se piquoit de faire les plus
nobles efforts.

Le *tournoi* fini, on s'occupoit du soin de distribuer les prix proposés, suivant les divers genres
de force ou d'adresse ; soit pour avoir brisé le plus
grand nombre de lances ; soit pour avoir fait le
plus beau coup d'épée ; soit pour être resté plus
long-temps à cheval sans être démonté, ni dé-
sarçonné ; soit enfin pour avoir tenu plus long-
temps de pied ferme dans la foule du *tournoi*, sans
se déheaumer, ou sans lever la visière pour reprendre haleine.

Les officiers d'armes faisoient leur rapport du
combat devant les juges, qui prononçoient le
nom du vainqueur. Souvent on demandoit l'avis
des dames, qui adjugeoient le prix comme sou-
veraines du *tournoi* ; & quand il arrivoit qu'il n'é-
toit point adjugé au chevalier qu'elles en avoient
estimé le plus digne, elles lui accordoient elles-
mêmes un second prix. Enfin, lorsque le prix
avoit été décerné, les officiers d'armes alloient
prendre parmi les dames ou les demoiselles, celles
qui devoient présenter ce prix au vainqueur. Le
baiser qu'il avoit droit de leur donner en recevant
le gage de sa gloire, lui paroissoit le plus haut
point de son triomphe.

Ce prix que les dames lui portoient étoit adjugé
tantôt sur les lices, & tantôt dans le palais au
milieu des divertissemens qui venoient à la suite
du *tournoi*, comme on le vit dans les fêtes du

duc de Bourgogne à Lille en 1453. « Tandis
» qu'on dansoit, dit Olivier de la Marche, *mém.*
» *liv. I. pag.* 437. » les rois d'armes & héraux,
» aveques les nobles hommes qui furent ordon-
» nés pour l'enqueste, allèrent aux dames & aux
» demoiselles, savoir à qui l'on devoit présenter
» le prix, pour avoir le mieux jousté & rompu
» bois pour ce jour, & fut trouvé que M. de
» Charolois l'avoit gagné, & desservy. Si prirent
» les officiers d'armes deux damoyselles, prin-
» cesses (mademoiselle de Bourbon & mademoi-
» selle d'Estampes), pour le prix présenter, &
» elles le baillèrent à mon dict seigneur de Cha-
» rolois, lequel les baisa, comme il avoit accou-
» tumé, & qu'il étoit de coutume, & fut crié
» mont joye, moult hautement ».

Non-seulement le vainqueur recevoit le baiser,
gage de son triomphe, mais il étoit désarmé par
les mêmes dames qui lui présentoient des habits,
& le menoient à la salle où il étoit reçu par le
prince, qui le faisoit asseoir au festin dans la
place la plus honorable. Son nom étoit inscrit
dans les registres des officiers d'armes, & ses
actions faisoient souvent la matière des chansons
& des lays que chantoient les dames & les demoiselles au son des instrumens des ménétriers.

Voilà le beau des *tournois*, il n'est pas difficile
d'en voir le ridicule & les abus. Comme il n'y
avoit qu'un pas de la dévotion des chevaliers à l'ir-
réligion, ils n'eurent aussi qu'un pas à faire de leur
fanatisme en amour, aux plus grands excès du
libertinage ; les *tournois*, presque toujours défendus par l'Eglise à cause du sang que l'on y répandoit, & souvent interdits par nos rois, à cause
des dépenses énormes qui s'y faisoient, les tournois, dis-je, ruinèrent une grande partie des nobles, qu'avoient épargnés les croisades & les autres guerres.

Il est vrai néanmoins que si nos rois réprimè-
rent souvent par leurs ordonnances la fureur des
tournois, ils les ranimèrent encore plus souvent
par leur exemple ; de-là vient qu'il est fait mention dans nos anciens fabliaux, d'une de ces dé-
fenses passagères, qui fut suivie de la publication
d'un *tournoi* fait à la Haye en Touraine. Ainsi ne
soyons pas surpris que ces sortes de combats fussent toujours en honneur, malgré les canons des
conciles, les excommunications des papes, les re-
montrances des gens d'église, & le sang qui s'y
répandoit. Il en coûta la vie, en 1240, à soixante
chevaliers & écuyers, dans un seul *tournoi* fait à
Nuys, près de Cologne. Charles VI les soutint,
& sa passion pour cet exercice lui attira souvent
des reproches très-sérieux ; car contre l'usage ordinaire des rois, il s'y mesuroit avec les plus adroits
jouteurs, compromettoit ainsi sa dignité, & ex-
posoit témérairement sa vie en se mêlant avec
eux.

Enfin, le funeste accident d'Henri II, tué dans
un *tournoi* en 1559, sous les yeux de la nation,

modéra dans le cœur des François, l'ardeur qu'ils avoient témoignée juſques-là pour ces ſortes d'exercices ; cependant la vie déſœuvrée des grands, l'habitude & la paſſion, renouvellèrent ces jeux funeſtes à Orléans, un an après la fin tragique d'Henri II. Henri de Bourbon-Montpenſier, prince du ſang, en fut encore la victime; une chûte de cheval le fit périr. Les tournois ceſſèrent alors abſolument en France; ainſi leur abolition eſt de l'année 1560. Avec eux périt l'ancien eſprit de chevalerie qui ne parut plus guères que dans les romans. Les jeux qu'on continua depuis d'appeller tournois, ne furent que des carouſels, & ces mêmes carouſels ont entièrement paſſé de mode dans toutes les cours de l'Europe.

Les lettres reprenant le deſſus ſur tous ces amuſemens frivoles, ont porté dans le cœur des hommes le goût plein de charmes de la culture des arts & des ſciences. « Notre ſiècle plus éclairé (dit » un auteur roi, moins célèbre encore par la » gloire de ſes armes que par ſon vaſte génie,) » notre ſiècle plus éclairé n'accorde ſon eſtime » & ſon goût qu'aux talens de l'eſprit, & à ces » vertus qui relèvent l'homme au-deſſus de ſa » condition, le rendent bienfaiſant, généreux & » ſecourable ».

Les curieux pourront conſulter ſur les tournois Ducange au mot torneamentum, & ſa Diſſertation placée à la ſuite de Joinville ; le père Méneſtrier, divers traités ſur la chevalerie ; le père Honoré de Sainte Marie, Diſſertation hiſtorique ſur la chevalerie ancienne & moderne ; Lacolombiere, Théâtre d'honneur & de chevalerie, où il donne, tome I. pag. 519, la liſte de pluſieurs relations de tournois faits depuis l'an 1500 ; les Mémoires de littérature.

Mais le charmant ouvrage ſur l'ancienne chevalerie, conſiderée comme un établiſſement politique & militaire par M. de la Curne de Sainte-Palaye, & dont j'ai tiré ce court mémoire, doit tenir lieu de tous ces livres. (Le chevalier DE JAUCOURT.)

TOURTEAU, f. m. ce mot ne ſe dit maintenant en blaſon que de ces repréſentations de gâteaux qui ſont de couleur, à la différence des beſans qui ſont de métal.

Le tourteau eſt plein comme le beſan, ſans aucune ouverture, autrement ce ſeroit un cercle ou un anneau. Il eſt ainſi nommé, à cauſe de ſa rondeur. Quelques-uns lui donnent différens noms, ſelon la différente couleur, & appellent ogœſes ceux de ſable ; gulpes, ceux de pourpre ; guſes, ceux de gueules ; heurtes, ceux d'azur ; & pommes ou volets, ceux de ſinople.

Tourteau-beſan, eſt une pièce ronde d'armoiries, qui eſt moitié de couleur, & moitié de métal, ſoit qu'elle ſoit partie, tranchée ou coupée de l'un en l'autre. On nomme la couleur la première.

Ce terme vient du mot latin torta qui a ſignifié anciennement un gâteau ou pain que l'on faiſoit pour les ſacrifices.

Giou de Cailus de Sales, en Auvergne ; d'argent à trois tourteaux de gueules.

Mitry, en Lorraine, & Courtenay ; d'or, à trois tourteaux de gueules.

Amerval, dans le Hainault ; d'argent à trois tourteaux de gueules.

Nani, à Veniſe ; tranché d'or & de gueules, au tourteau-beſan, en cœur de l'un à l'autre.

Seriſay de la Roche ; d'argent à dix tourteaux de gueules ; 4, 3, 2 & 1.

De Monteſquiou; d'or, à deux tourteaux de gueules, poſés l'un ſur l'autre. (Pl. V. fig. 236.)

Abtot, en Angleterre; d'or, parti de gueules aux tourteaux & beſans de l'un en l'autre, en chef un tourteau & un beſan, en pointe un tourteau-beſan. (Ibid. fig. 237.)

Pour voir la différence des tourteaux-beſans aux beſans-tourteaux, & en général des tourteaux aux beſans, il faut joindre à ces deux figures, la fig. 235. & la fig. 238.

TOURTELÉ, ÉE, adj. qui s'applique aux pièces chargées de tourteaux.

Goutdot-Dambrières, dans le Barrois ; de ſinople, à trois beſans d'or, 2 & 1, à la bordure de même, tourtelée du champ.

TOURTERELLE, f. f. Oiſeau connu.

Regnaudin ; d'or, au laurier de ſinople, accoſté de deux tourterelles de ſable, affrontés.

TRABE, f. f. ce mot ſe dit du bâton qui ſupporte l'enſeigne & la bannière; on dit par exemple, il porte une bannière ſemée de France, à la trabe d'argent.

La trabe eſt auſſi le bois d'une ancre, & dans l'ancre, la trabe traverſe la ſtangue perpendiculairement.

Boler & Rodemack, en Lorraine ; d'argent, à l'ancre de ſable, dont la trabe eſt d'or ; mais c'eſt à l'enſeigne ou drapeau que ce mot s'applique le plus communément. On dit auſſi quelquefois trabs, & ce mot eſt maſculin.

TRACÉ, ÉE, adj. Voyez OMBRÉ.

Scribani, à Gènes; d'or à une croix ancrée & fleurée ſimplement, tracée à filets de ſable, à deux chicots de ſinople, l'un au canton dextre du chef, l'autre au canton ſéneſtre de la pointe.

TRAIT, f. m. ſignifie une ligne qui partage l'écu. Elle prend depuis le haut juſqu'au bas, & ſert à faire différens quartiers.

Écu parti d'un, & coupé de deux traits.

TRANCHÉ, on dit qu'un écu eſt tranché, lorſqu'il eſt diviſé en deux diagonalement, & que la diviſion vient de l'angle dextre du chef, à l'angle ſéneſtre de la pointe ; quand il eſt diviſé dans le ſens contraire, on l'appelle taillé. On dit tranché-crénélé, quand la diviſion du tranché eſt faite par créneaux ; tranché-endenté eſt quand les deux parties de l'écu entrent l'une dans l'autre par dentelure. Tranché-retranché, ſe dit de ce qui eſt tranché, puis taillé & retranché ; & tranché-taillé, quand ſur le *tranché* il y a une petite taille ou entaille au cœur de l'écu. *Ménétrier.* (*D. J.*)

Aglion ; *tranché* d'argent & de gueules. (*Pl. I. fig. 27.*)

De Bouilloud , feigneur de Cellettes ; *tranché* d'argent & d'azur , à fix tourteaux & befans mis en orle de l'un en l'autre. (*Ibid. fig. 46.*)

Lampardi ; *tranché* d'argent & d'azur , à une aigle de l'un en l'autre. (*fig. 47.*)

Mignot ; *tranché* d'argent & de gueules , l'argent chargé d'une croix de Lorraine de fable ; & le gueules , d'une tour d'argent. (*fig. 48.*)

Bartholi ; *tranché-crénelé* de gueules & d'argent , à deux étoiles de l'un en l'autre. (*fig. 49.*)

Aych en Souabe ; *tranché- danché* ou *dentelé* de gueules & d'argent , à deux rofes de l'un en l'autre. (*fig. 50.*)

Hochftetter d'or ; *tranché-nuagé* d'azur.

Durand de Silly , en Lorraine ; *tranché* de gueules & d'or , à la fafce d'azur , accompagnée de deux léopards contre-paffans , de l'un en l'autre.

TRANCHÉ-MAÇONNÉ , ÉE , adj. fe dit d'un écu *tranché* , dont une des divifions eft en maçonnerie , & l'autre feulement en couleur.

Klamenftein en Bavière ; de fable *tranché - maçonné* , pignonné de deux montans d'argent. (*Pl. IX. fig. 475.*)

TRANGLE , f. f. ce mot fe dit des fafces rétrécies qui n'ont que la moitié , ou même qu'une moindre partie de leur largeur , & qui font en nombre impair. (*Voyez Pl. XXXI. fig. 29 & 30.*)

TRAVERSE , f. f. ce mot fe dit d'une efpèce de filet qui fe pofe dans les armes des bâtards , traverfant l'écu de l'angle féneftre du chef , à l'angle dextre de la pointe , & qui ne contient dans fa largeur que la moitié du bâton. P. *Méneftrier.* (*D. J.*)

Leonnet de Bourbon , feigneur d'Aubigny , fils naturel de Jean de Bourbon , feigneur de Carency , portoit d'azur , à trois fleurs-de-lis d'or , c'eft-à-dire les armes de France , à la *traverfe* de pourpre.

Le comte de Dunois ; portoit d'Orléans , brifé d'une *traverfe* de fable.

TRAVERSÉ , ÉE , adj. fe dit des pièces enfilées par d'autres pièces.

Hatton-Châtel , ancienne maifon de Lorraine ; portoit écartelé , au premier & quatrième , de fable , à la croix d'or ; au deuxième & troifième , d'azur , à fix annelets d'argent , *traverfés* de dards de même , & pofés 3. 2. & 1. qui étoit de Clermont en Argone.

TRÉCHEUR , f. m. c'eft une treffe ou une efpèce d'orle , qui n'a néanmoins que la moitié de fa largeur. Le *trécheur* eft conduit dans le fens de l'écu. Il y en a de fimples & de doubles , quelquefois de fleuronnés , & quelquefois de fleurdelifés , comme celui du royaume d'Ecoffe ; on l'appelle autrement *effonnier.* (*D. J.*)

Boffu d'Efcry ; d'or , au *trécheur* , d'azur , au fautoir de gueules , brochant fur le tout , chargé

d'un écuffon auffi de gueules , furchargé d'une bande d'or. (*Pl. IV. fig. 215.*)

De Scoll , en Angleterre ; d'or , à trois pointes renverfées de gueules , aboutiffantes l'une à l'autre , chargé à l'abime d'un écuffon du champ au *trécheur* de même. (*Ibid. fig. 216.*)

Moyenneville , en Picardie ; d'argent à deux livres de fable , affrontés , dans un *trécheur* de gueules.

La Mothe-Ferchaud ; d'or , au croiffant d'azur , enfermé dans *un double trécheur* , de finople.

Dandric ; d'argent , à trois aigles de fable au double *trécheur* de gueules. (*fig. 217.*)

On peut voir dans les armes du roi d'Angleterre , au fecond quartier , les armes d'Écoffe , qui font d'or au lion de gueules , enfermé dans un double *trécheur* fleuronné de même. (*Pl. XV. fig. 10.*)

TREFFLE , f. m. eft tantôt employé comme un meuble de l'écu.

Malet ; d'azur , à trois *treffles* d'or. (*Pl. VIII. fig. 405.*)

Vauban ; d'azur au chevron d'or , accompagné de trois *treffles* de même , & furmonté d'un croiffant d'argent , entre les *treffles* du chef.

Montberon ; de gueules , femé de *treffles* d'argent , à deux bars d'or adoffés.

Tantôt comme fimple acceffoire & comme une modification d'un autre meuble ; par exemple , dans la croix *trefflée* , qui eft ainfi nommée , parce que fes extrémités font en forme de *treffle.*

Surville ; de gueules , à la croix *trefflée* d'argent , au chef coufu d'azur. (*Pl. IV. fig. 178.*)

De l'Ifle , dans le Barrois ; d'azur , au chevron d'or , chargé de trois croix de gueules *trefflées* 1 & 2 , & accompagné de trois têtes de licorne d'argent , 2 & 1.

Dans l'exemple fuivant , le fubftantif & l'adjectif font employés l'un & l'autre.

Afprey ; de gueules , à la croix d'or *trefflée* , foutenue de trois *treffles* d'argent à la queue tortillante , pofés 2 & 1.

TREILLIS , f. m. c'eft une efpèce de frettes. Les *treillis* en diffèrent feulement , en ce que les frettes ne font point clouées , mais les liftes , ou bâtons qui (fe traverfant en fautoir) , les compofent , font pofés nuement les uns fur les autres , au lieu que les *treillis* font garnis de clous dans le folide , & aux endroits où les liftes & bâtons fe rencontrent.

Le mot *treillis* , fe dit auffi des grilles , des cafques & heaumes fervants de timbres aux armoiries , le nombre en eft proportionné à la qualité de ceux qui les portent. P. *Méneftrier.* (*D. J.*)

TREILLISSÉ , ÉE , adj , ce mot nonfeulement fe dit du fretté le plus ferré , mais il faut remarquer de plus qu'au fretté les bandes font entrelacées avec les barres , & qu'au *treilliffé* elles font feulement appliquées les unes fur les autres , & fouvent clouées.

On exprime même le *cloué*, lorfqu'il eft d'un autre émail que le refte du *treilliffé*.

Bardonenche ; d'argent , *treilliffé* de gueules, *cloué* d'or. (*Pl. V. fig. 224.*)

L'écu peut être *treilliffé* par des burelles & des vergettes, comme dans les armoiries fuivantes.

Billaut, de Lefchicault , en Lorraine ; d'argent à la bande d'azur, accompagnée en chef d'une hure de fanglier , de fable, arrachée , armée & allumée d'argent , en pointe, *treilliffé* de fable , de quatre montans & d'autant de traverfes.

TRIANGLE , f. m. meuble de l'écu qui repré-fente un triangle équilatéral , il pofe ordinaire-ment fur fa bafe.

Il y a des triangles pleins & d'autres évidés ; on ne fpécifie que ces derniers en blafonnant, ainfi que la pofition de ceux qui fe trouvent ap-puyés fur leur pointe.

Bachet de Meziriac, de Vauveifant , en Breffe ; de fable au *triangle* d'or, au chef coufu d'azur , chargé de trois étoiles du fecond émail. (*Pl. XI. fig. 580.*)

Languet de Gergy , de Rochefort , en Bourgo-gne ; d'azur au *triangle* évidé d'or , pofé fur fa pointe, les trois extrémités chargées chacune d'une molette d'éperon de fable.

Stahler , en Suède ; de gueules , à deux *triangles* cléchés & enlacés d'or , les pointes aux flancs. (*Pl. XI. fig. 581.*)

Baillivy , en Lorraine ; de gueules, au chevron d'or, accompagné en chef de deux étoiles, & en pointe d'un *triangle* de même.

TROIS, DEUX , UN , fe dit de fix pièces dif-pofées , *trois* en chef fur une ligne, *deux* au mi-lieu, & *une* en pointe de l'écu.

Illiers , en Beauce ; d'or, à fix annelets de gueu-les, 3, 2, 1.

La Vieuville ; d'argent, à fix feuilles de houx, pofées 3. 2. & 1. (*Pl. VIII. fig. 403.*)

Caillebot ; d'or, à fix annelets de gueules, po-fés 3. 2. & 1. (*Pl. X. fig. 517.*)

Ces exemples fuffifent pour faire connoître les fept à 3. 3. & 1. les cinq à 2. 2. & 1. & les trois à 2. & 1. Ce dernier arrangement étant le plus ordinaire & formant pour ainfi-dire, la régle gé-nérale , s'exprime rarement.

TROMPETTE , f. f. inftrument de guerre en ufage dans la cavalerie. On repréfente la *trom-pette* en pal ou en fafce, l'embouchure en pointe ou à dextre,

De gueules, à une *trompette* d'or en pal.

TRONC D'ARBRE , f. m. tige d'un arbre ; repréfentée avec fes racines & fans branches.

Bannerot d'Herbéviller, en Lorraine ; d'argent , à trois *troncs d'arbre* de fable , écotés , allumés de gueules, & pofés 2. & 1.

D'argelot ; d'or, à deux *troncs d'arbre*, arrachés, de fable. (*Pl. VIII. fig. 402.*)

TRONÇONNÉ , ÉE , adj. fe dit d'une croix coupée par morceaux & démembrée, de forte, ce-pendant , que toutes les pièces confervent la for-me d'une croix , quoiqu'elles foient féparées les unes des autres par un petit intervalle.

TRONQUÉ , fe dit des arbres coupés par les deux bouts.

TRUITE , f. f. poiffon qui eft employé comme meubles dans quelques écus.

Orcival ; d'azur, à la *truite* d'argent, pofée en bande, à l'orle de cinq étoiles d'or, 2 & 3. (*Pl. VII. fig. 339.*)

TULIPE, f. f. meuble d'armoiries, repréfentant cette fleur.

Thumerie ; d'or, à la croix de fable engrelée, cantonnée de quatre *tulipes* de gueules, feuillées & tigées de finople. (*Pl. VIII. fig. 418.*)

Dondorff en Franconie ; de gueules , au dex-trochère d'or, armé, la main de carnation tenant trois *tulipes* variées d'argent & de gueules, avec leurs tiges & leurs oignons au naturel.

TURCOPOLIER, f. m. dignité dans l'ordre de Malthe, qui ne fubfifte plus depuis que l'Angle-terre a fecoué le joug de Rome. Avant ce temps-là, le *turcopolier* étoit le chef de cette langue. Il avoit en cette qualité le commandement de la ca-valerie & des gardes de la marine. *Turcopoli* figni-fioit anciennement dans le levant *un chevau-léger* ; aujourd'hui les fonctions de *turcopolier* font déférées en partie au fénéchal du grand-maître. (*D. J.*)

TYMBRE , f. m. *Voyez* TIMBRE.

TYMBRÉ , on appelle armes *tymbrées*, celles qui n'appartiennent qu'aux nobles ; & l'écu *tym-bré*, celui qui eft couvert d'un cafque ou d'un tymbre.

VACANT, (le) on appelle le *vacant*, dans l'ordre de Malthe, le revenu entier de chaque commanderie après la mort du commandeur, c'est-à-dire l'année qui suit le mortuaire. Le *vacant* appartient au tréfor de l'ordre. Le commandeur nommé à la commanderie, est obligé de l'y faire tenir.

VACHE, f. f. meuble d'armoiries repréfentant cet animal.

Puget; d'argent, à une *vache* de gueules, furmontée fur la tête d'une étoile d'or. (*Pl. V. fig. 274.*)

On dit d'une *vache*, *accornée*, en parlant de fes cornes, *couronnée* d'une couronne qu'on lui met quelquefois fur la tête, *clarinée* d'une clochette qu'elle a quelquefois au cou, *accollée* du collier ou lien d'où pend cette clochette, quand il y a différence d'émaux.

Portail, femé de France, à la *vache* d'argent, *clarinée* de même, *accollée*, *accornée* & *couronnée* de gueules. (*Pl. V, fig. 273.*)

VAIR, f. m. c'eft une fourrure faite de plufieurs petites pièces d'argent & d'azur à-peu-près comme un U voyelle, ou comme une cloche de melon. Les *vairs* ont la pointe d'azur oppofée à la pointe d'argent, & la bafe d'argent à celle d'azur.

On dit *vair affronté*, lorfque les *vairs* ont leurs pointes tendantes au cœur de l'écu, & *vair appointé* ou *vair en pal*, quand la pointe d'un *vair* eft oppofée à la bafe de l'autre.

On appelle *vair contre vair*, lorfque les *vairs* ont le métal oppofé au métal, & la couleur oppofée à la couleur : ce qui eft contraire à la difpofition ordinaire du *vair*.

Vairé fe dit de l'écu, ou des pièces de l'écu chargées de *vairs* : quand la fourrure eft d'un autre émail que d'argent & d'azur, alors on dit *vairé* de telle couleur ou métal. Senecé porte *vairé* d'or & de gueules. On appelle aufli des pièces honorables de l'écu *vairées*, quand elles font chargées de *vair*. (*Voyez* les article VAIR, CONTRE-VAIR, VAIRÉ & CONTRE-VAIRÉ, au mot ÉMAIL. (*D. J.*)

Fléville, ancienne maifon de Lorraine; portoit *plein* de *vair*.

De Fresnoy, en Bretagne; porte de même.

Fay; d'or, à trois paux ou pals de *vair*, au chef de gueules.

Creue, ancienne maifon de Lorraine; portoit d'azur, à la croix d'argent, au franc-canton *vairé* d'or & de fable.

Hennequin; *vairé* d'or & d'azur au chef de gueules, chargé d'un lion d'argent léopardé.

Bofredon, en Auvergne; écartelé au premier

& quatrième, d'azur, au lion d'argent, armé & lampaffé de gueules; au deuxième & troifième, *vairé* d'argent & de finople de quatre tires.

VAISSEAU, f. m. *navire*, eft quelquefois un meuble d'armoiries.

Auvelliers; d'azur, au *vaiffeau* d'argent, équippé de gueules, fur une mer d'argent, au chef d'or, chargé d'une aiglette d'azur. (*Pl. X. fig. 527.*)

VANNETS, f. m. pl. on appelle ainfi en termes de Blafon, les coquilles dont on voit le creux, à caufe qu'elles reffemblent à un van à vanner.

De Gars; d'argent, à trois bandes de gueules; au chef de finople, chargé de trois *vannets* d'or. (*Pl. VII. fig. 352.*)

VEILLE, (des armes, la) ancienne cérémonie, qui confiftoit en ce que la *veille* du jour où quelqu'un devoit être fait chevalier, il paffoit la nuit à veiller dans une chapelle où étoient les armes dont il devoit être armé le lendemain; & en ce fens on difoit, faire la *veille des armes*. Voyez *l'hift. de la Chevalerie* par M. de Sainte-Palaye. (*D. J.*)

VERGETTE, f. f. on appelle ainfi un pal rétréci de moitié, felon les uns, des deux tiers, felon les autres.

VERGETÉ, ÉE, adj. fe dit d'un écu partagé en *vergettes* comme le pal l'eft en pals, & on appelle *breteffé-vergeté* ou *vergeté-breteffé*, celui où un pal ainfi rétréci a des *breteffes* des deux côtés. *Voyez* BRETESSE.

Sublet; d'azur, au pal *breteffé* d'or, maçonné de fable, chargé d'une *vergette* de même.

Ou d'azur *breteffé-vergeté* d'or & de fable. (*Pl. III. fig. 122.*)

VERSÉ, ÉE, fe dit des glands, pommes de pin, croiffans.

Arlande, en Dauphiné; d'azur au croiffant *verfé* d'or ou fur une étoile d'argent.

VÊTU, adj. m. ce mot fe dit lorfque l'écu eft rempli d'un quarré pofé en lofange dont les quatre pointes touchent les bords; alors ce quarré tient lieu de champ, & les quatre cantons qui reftent aux quatre flancs du quarré, donnent à l'écu la qualité de *vétu*, parce que cette figure eft compofée du chappé par le haut, & du chauffé par le bas. *Méneftrier.* (*D. J.*)

Gibing; de gueules, *vétu* d'or. (*Pl. II. fig. 85.*)

Gervaife, en Lorraine; d'azur, à un bras droit de carnation, *vétu* d'argent, & tenant une croix de calvaire d'or.

VICAIRE ou CHAMPION, étoit celui qui fe fubftituoit à quelqu'un & fe battoit pour lui en duel, ou qui fubiffoit à fa place quelqu'autre épreuve du nombre de celles qu'on appelloit *purgation vulgaire*, telles que celles de l'eau froide ou de l'eau

bouillante

bouillante, du feu, du fer ardent, de la croix, de l'Euchariftie, &c. Hincmar, archevêque de Reims, parlant du divorce de Lothaire, roi de Lorraine, avec Tierberge, dit qu'à défaut de preuve, le vicaire de la reine fe préfenta pour fubir l'épreuve de l'eau bouillante dont il fortit fans aucun mal.

VILLE, f. f. meuble de quelques écus repréfentant une ville.

Rogier de la Ville; d'argent, à une ville fur un rocher d'azur, furmonté de trois étoiles de gueules. (Pl. IX. fig. 472.)

VILENÉ, adj. fe dit du lion dont la verge eft d'émail différent.

De Feuillens du Chaftenay, en Breffe; d'argent au lion de fable, lampaffé & vilené de gueules.

Rochay Guengo; d'argent, au lion vilené, armé & lampaffé de gueules. (Pl. V. fig. 251.)

VIOLETTE, f. f. fleur du printemps, qui paroit quelquefois dans l'écu.

Jaquot en Bourgogne; d'argent à trois violettes au naturel, tigées & feuillées de finople.

VIOLON, f. m. c'eft quelquefois un meuble d'armoiries.

Sueting en Angleterre; d'azur, à trois violons d'argent, les manches en bas, pofés 2. & 1. (Pl. X. fig. 530.)

VIRE, qui fe dit de plufieurs anneaux paffés les uns dans les autres, en forte que les plus petits foient au milieu des plus grands, avec un centre commun, comme aux armoiries d'Albiffi & de Virieu.

VIROLE, f. f. ce mot fe dit du cercle, ou de la boucle qui eft aux extrémités du cornet, du huchet, ou de la trompe, qu'il faut fpécifier en blafonnant, quand elle eft d'un différent émail : & en ce cas on l'appelle le cornet virolé d'or ou d'azur, &c. (D. J.)

Nefmond; d'or, à trois cors de chaffe de fable, liés & virolés de gueules. (Pl. X. fig. 534.)

VIVRE, ée, adj. fe dit de bandes & de fafces qui font finueufes & ondées avec des entailles faites d'angles rentrans & faillans, comme des redens de fortification.

Sart, au pays de Valois; de gueules à la bande vivrée d'argent.

De la Baume Montrevel; d'or, à la bande vivrée d'azur.

L'ancienne maifon de Chatel, portoit d'argent, à la fafce de gueules vivrée.

Beaufort; de fable, à la fafce d'or vivrée & accompagnée de deux léopards de même, armés de gueules, celui de la pointe contourné.

VŒU DU PAON ou DU FAISAN; du temps que la chevalerie étoit en vogue, c'étoit le plus authentique de tous les vœux que faifoient les chevaliers, lorfqu'ils étoient fur le point de prendre quelqu'engagement pour entreprendre quelqu'expédition. La chair du paon & du faifan étoit, fe-

Hiftoire. Tom. I.

lon nos vieux romanciers, la nourriture particulière des preux & des amoureux. Le jour auquel on devoit prendre l'engagement, on apportoit dans un grand baffin d'or ou d'argent, un paon ou un faifan, quelquefois roti, mais toujours paré de fes plus belles plumes. Ce baffin étoit apporté avec cérémonie par des dames ou damoifelles; on le préfentoit à chacun des chevaliers, lequel faifoit fon vœu fur l'oifeau; après quoi on le rapportoit fur une table, pour être diftribué à tous les affiftans, & l'habileté de celui qui le découpoit, étoit de le partager de manière que chacun en pût avoir. Les cérémonies de ce vœu font expliquées dans un mémoire fort curieux de M. de Sainte - Palaye, fur la chevalerie; où il rapporte un exemple de cette cérémonie, pratiquée à Lille en 1453, à l'occafion d'une croifade projettée contre les Turcs, laquelle néanmoins n'eut pas lieu.

VŒUX de chevalerie, engagemens généraux ou particuliers, que prenoient les anciens chevaliers dans leurs entreprifes, par honneur, par religion, & plus encore par fanatifme.

Soit que l'on s'enfermât dans une place pour la défendre, foit qu'on en fit l'inveftiffement pour l'attaquer, foit qu'en pleine campagne on fe trouvât en préfence de l'ennemi, les chevaliers faifoient fouvent des fermens & des vœux inviolables, de répandre tout leur fang plutôt que de trahir, ou d'abandonner l'intérêt de l'état.

Outre ces vœux généraux, la fuperftition du temps leur en fuggéroit d'autres, qui confiftoient à vifiter divers lieux faints auxquels ils avoient dévotion; à dépofer leurs armes ou celles des ennemis vaincus, dans les temples & dans les monaftères; à faire différens jeûnes, à pratiquer divers exercices de pénitence. On peut voir la Colombière, théâtre d'honneur, c. xxj, des vœux militaires; mais en voici quelques exemples qui lui ont échappé, & qui fe trouvent dans l'hiftoire de Bertrand du Guefclin.

Avant que de partir pour foutenir un défi d'armes propofé par un anglois, il entendit la meffe; & lorfque l'on étoit à l'offrande, il fit à Dieu celle de fon corps & de fes armes, qu'il promit d'employer contre les infidèles, s'il fortoit vainqueur de ce combat. Bientôt après, il en eut encore un autre à foutenir contre un anglois, qui en jettant fon gage de bataille, avoit juré de ne point dormir au lit fans l'avoir accompli. Bertrand relevant le gage, fit vœu de ne manger que trois foupes en vin au nom de la fainte Trinité, jufqu'à ce qu'il l'eût combattu. Je rapporte ces faits pour la juftification de ceux qu'on voit dans nos romans; d'ailleurs ces exemples peuvent fervir d'éclairciffemens à quelques paffages obfcurs des anciens auteurs, tels que le Dante.

Du Guefclin étant devant la place de Moncontour que Cliffon affiégeoit depuis long-temps fans

Z

pouvoir la forcer ; jura de ne manger de viande ; & de ne fe déshabiller qu'il ne l'eût prife ; » jamais ne mangerai chair, ne dépouillerai ne de » jour, ne de nuit ». Une autre fois il avoit fait *vœu* de ne prendre aucune nourriture après le fouper qu'il alloit faire, jufqu'à ce qu'il eût vû les Anglois pour les combattre. Son écuyer d'honneur, au fiége de Breffière, en Poitou, promit à Dieu de planter dans la journée fur la tour de cette ville la bannière de fon maître qu'il portoit, en criant *du Guefclin*, ou de mourir plutôt que d'y manquer.

On lit dans la même hiftoire plufieurs autres *vœux* faits par des chevaliers affiégés, comme de manger toutes leurs bêtes ; & pour dernière reffource, de fe manger les uns les autres par rage de faim, plutôt que de fe rendre. On jure, de la part des affiégeans, de tenir le fiége toute fa vie, & de mourir en bataille, fi l'on venoit la préfenter, ou de donner tant d'affauts qu'on emportera la place de vive force. J'ai *vœu* à Dieu & à S. Yves, dit Bertrand aux habitans de Tarafcon, que par force d'affaut vous aurez. De-là ces façons de parler fi fréquentes *avoir de vœu, vouer, vouer à Dieu, à Dieu le vœu*, &c. Cependant Balzac exaltant la patience merveilleufe des François au fiége de la Rochelle, la met fort au-deffus de celle de nos anciens chevaliers, quoiqu'ils s'engageaffent par des fermens dont il rappelle les termes, à ne fe point défifter de la réfolution qu'ils avoient prife.

La valeur, ou plutôt la témérité, dictoit encore aux anciens chevaliers des *vœux* finguliers, tels que d'être le premier à planter fon pennon fur les murs ou fur la plus haute tour de la place dont on vouloit fe rendre maître, de fe jetter au milieu des ennemis, de leur porter le premier coup ; en un mot, de faire tel exploit, &c. Voyez encore la Colombiere au fujet des *vœux* dictés par la valeur : les romans nous en fourniffent une infinité d'exemples. Je me contente, pour prouver que l'ufage nous en eft connu par de meilleures autorités, de rapporter le témoignage de Froiffart. James d'Endelée, fuivant cet hiftorien, avoit fait *vœu* qu'à la première bataille où fe trouveroit le roi d'Angleterre, ou quelqu'un de fes fils, il feroit le premier en affaillant de fon côté, où qu'il mourroit à la peine ; il tint parole à la bataille de Poitiers, comme on le voit dans le récit du même auteur. Sainte Palaye, *Mémoires fur l'ancienne chevalerie.*

Mais le plus authentique de tous les *vœux* de l'ancienne chevalerie, étoit celui que l'on appelloit le *vœu du paon* ou *du faifan*, dont nous avons parlé ci-deffus. (*D. J.*)

VOILE, f. f. C'eft d'une voile de navire qu'il s'agit ici, & dans le Blafon elle eft ordinairement repréfentée attachée à une vergue montée fur un mât en pal.

Boncourt, en Lorraine ; d'azur, à la *voile* d'or.

VOGUANT, TE, adj. qui fert à défigner un batteau ou un navire flottant fur les eaux.

Pouget, en Lorraine ; d'azur, au vaiffeau d'argent équippé, *voguant* fur une mer de même, adextré en chef d'une étoile d'or.

VOL, f. m. deux ailes d'oifeau étendues & jointes enfemble, dont les bouts s'élèvent vers le haut de l'écu, l'un à dextre, l'autre à feneftre. Un aile feule fe nomme *demi-vol*.

Il y a quelquefois plufieurs *vols* ou *demi-vols* dans un écu.

Vol abaiffé fe dit d'un *vol*, dont les bouts des ailes, au lieu de s'étendre vers le haut de l'écu, font au contraire tournés vers le bas.

On nomme auffi le *vol* d'un aigle, lorfqu'il fe trouve *abaiffé*.

Du Coftal de Verines, de Saint-Benigne, en Bourgogne ; d'azur au *vol* d'or.

Pidou de Saint-Olon, à Paris ; d'azur à trois *vols* abaiffés d'argent.

Grain de Saint-Marfault, en Anjou ; de gueules à trois *demi-vols* d'or, les deux en chef affrontés.

La Mothe de la Mothevillebret, en Tourraine ; d'argent à l'aigle au *vol* abaiffé d'azur, becquée & membrée de gueules.

Fourcy ; d'azur, à une aigle, le *vol abaiffé* d'or ; au chef d'argent, chargé de trois befans de gueules. (*Pl. VI. fig. 301.*)

D'Ofmond ; de gueules, au *vol* renverfé ou retourné d'hermines. (*Ibid. fig. 331.*)

Bevard ; de gueules, au *demi-vol* d'argent. (*fig. 332.*)

VOLANT, TE, adj. fe dit des oifeaux qui femblent voler.

Olivari de Campredon, en Provence ; d'azur à trois colombes d'argent, *volantes* en bande ; la première ayant en fon bec un rameau d'olivier d'or.

La maifon de Noël, en Languedoc ; porte d'azur à la colombe *volante* en bande, becquée & membrée d'or, à la bordure componée d'or & de gueules.

Doublet de Perfan ; d'azur, à trois doublets ou papillons d'or *volans* en bande, (c'eft-à-dire en troupe) 2 & 1. (*Pl. VI. fig. 327.*)

VOLET, f. m. c'eft un ornement que les anciens chevaliers portoient fur leurs heaumes, qui étoit un ruban large pendant par derrière, volant au gré du vent dans leurs marches & leurs combats ; il s'attachoit avec le bourlet ou tortil, dont leur cafque étoit couvert. Voyez le *volet* ou lambrequin des ducs de Bourbon & de Bretagne. (*Pl. 12.* dans le tableau d'en bas.

VOTATION, f. f. ce mot en général eft l'action de donner fa voix pour quelque élection ; mais il eft fur-tout d'ufage, dans l'ordre de Malthe, à caufe de l'exactitude requife dans les formalités de l'élection du grand-maître. Lorfqu'il s'agit de nommer les trois premiers électeurs, il faut que tous les votaux donnent chacun leur bulletin, &

ſi le nombre de ceux-ci n'égaloit pas celui des votaux, on les brûleroit, & l'on recommenceroit
une nouvelle *votation*. Il faut, pour qu'un chevalier puiſſe être électeur, qu'il ait le quart franc
des bulletins, ou balottes, en ſa faveur; & lorſqu'aucun n'a le quart franc des ſuffrages, il faut
recommencer la *votation*. (*D. J.*)

VUIDÉ, ÉE, ſe dit d'une pièce principale,
croix, ſautoir, &c. dont la partie intérieure eſt
vuide, & dont il ne reſte que les bords pour en
faire connoître la forme, de ſorte que le champ
paroît au travers; il n'eſt pas néceſſaire d'exprimer la couleur ou le métal de la partie *vuidée*,
puiſque c'eſt naturellement la couleur du champ.

La croix *vuidée* eſt différente de la croix engrelée, en ce que cette dernière ne fait pas voir le
champ au travers, comme fait la première.

La même choſe a lieu pour les autres pièces.

Buffevent, en Dauphiné; d'azur à la croix cléchée, *vuidée* & ſ onnée d'argent.

Duboſquet de V unier, de Veilhes, près
Montauban; d' la oix *vuidée* de gueules.

De Saint-Pe de Ligonier, près Saint-Malo,
en Bretagne; d'azur à dix billettes *vuidées* d'argent, 4, 3, 2 & 1.

Clément, en Lorraine; d'azur, à l'étoile d'argent
vuidée.

Selon la remarque d'un héraldiſte très-inſtruit,
c'eſt improprement qu'on applique l'adjectif *vuidé*
aux pièces bordées, dont le milieu paroît ſous un
émail différent du champ & de la bordure. On dit
dans ce cas que ces pièces ſont *remplies* ou *bordées*.

Ainſi Fourault, en Lorraine; porte, d'argent à
deux bandes de gueules, engrêlées, chargées chacune d'une autre bande, d'azur, ou *remplies* d'azur,
& non pas *vuidées* d'azur.

VUIDÉE, CLECHÉE, POMMETÉE & ALESÉE, adj.
ſe dit d'une croix à jour, ſemblable à celle des
anciens comtes de Toulouſe; on la nomme auſſi
croix de Toulouſe. (*Voyez* TOULOUSE.)

Vuidée, ſignifie que l'on voit le champ de l'écu
à travers; *clechée*, qu'elle eſt faite à la manière
des clefs antiques; *pommetée*, qu'elle a de petits
boutons ou pommes aux angles ſaillans; & *aléſée*,
que les extrémités ne touchent point les bords
de l'écu.

D'Oradour de Saint-Gervaſy, d'Autheſat en
Auvergne; d'argent à la croix *vuidée*, *clechée*,
pommetée & *aléſée* d'azur.

Fin du Blaſon.

DISCOURS PRÉLIMINAIRE

DE

L'HISTOIRE.

» LE Public, dit M. de Fontenelle, ne fouffre pas volontiers qu'on lui dérobe rien
» de ce qu'il a une fois eu en fa poffeffion, peut-être même fa malignité en feroit-
» elle affligée, elle perdroit des fujets de s'exercer : il pourra bien méprifer, oublier
» ce qu'on lui donne de trop; mais il veut en avoir le plaifir; & fi ce trop entraîne
» la difgrace du refte, c'eft ce qui ne lui importe guères ».

C'eft cette même raifon qui nous détermine à donner, & à donner dans l'Encyclopédie, un nouveau dictionnaire hiftorique.

Nous l'avons dit hautement dans le *profpectus*, & nous le répétons ici, l'hiftoire
particulière, l'hiftoire proprement dite ne devoit point entrer dans l'Encyclopédie, &
elle n'étoit point entrée dans la première édition de cet ouvrage; elle eft elle-même
plus vafte que l'Encyclopédie, & c'eft une entreprife à part.

Mais les Auteurs du *Supplément de l'Encyclopédie* ayant cru devoir admettre l'hiftoire
dans ce fupplément, & ayant même fait envifager l'omiffion (très-réfléchie) de cette
partie, comme une des principales caufes qui rendoient ce fupplément néceffaire, leur
exemple nous fait la loi, d'après le principe de M. de Fontenelle, *le Public ne veut
rien perdre.*

On ne peut pas même dire, fans reftriction, que l'hiftoire ait été exclue de la première édition de l'Encyclopédie; il n'y avoit d'exclu que la biographie, parce qu'elle
n'a point de bornes; on avoit envifagé l'hiftoire comme une fcience qui a fes mots
techniques; on avoit défini ces mots; on avoit admis l'hiftoire des chofes; on n'avoit
rejetté que celle des perfonnes. Le fupplément ayant admis après coup les perfonnes,
notre plan général eft tout tracé; c'eft un dictionnaire mixte qu'il faut faire, c'eft à-dire,
un dictionnaire hiftorique des chofes & des perfonnes.

La partie des chofes étant compofée d'articles affez courts, qui font plutôt des dé-
finitions que des récits, nous reproduifons ici la plupart de ces articles avec les corrections convenables, tant par rapport au fond que par rapport au ftyle.

Mais quant à l'hiftoire des perfonnes, quant à la biographie, nous avons été long-
temps à chercher notre plan; l'inconvénient de l'immenfité nous paroiffoit toujours fans
remède.

Tantôt, ne voyant dans l'Encyclopédie que le dictionnaire des fciences & des arts,
nous ne voulions parler que de ceux qui avoient cultivé ou protégé les fciences & les
arts.

Tantôt, confidérant un objet plus vafte, l'humanité, mais ne la confidérant que d'un
côté, nous voulions ne parler que de ceux qui ont fait du bien aux hommes.

Tantôt enfin, augmentant encore ce plan, & le bornant toujours, nous voulions ne
parler que des perfonnages extrêmement célèbres dans quelque genre que ce fût, &
ce principe, quoique nous ne l'adoptions pas fans diftinction, fera pourtant celui dont
nous nous écarterons le moins.

Mais comme nous travaillons (car il faut l'avouer) fur un plan effentiellement défectueux, c'eſt-à-dire, ſur celui d'admettre l'hiſtoire dans l'Encyclopédie, nous marchons envi-ronnés d'écueils, & nous ſommes obligés de faire attention à tout. Une ſuite d'articles choiſis d'hommes illuſtres dans les divers genres ne ſuffiroit pas pour un *dictionnaire hiſtorique;* ce titre ſuppoſe plus d'étendue, une ſorte d'*intégrité*, en un mot, un ou-vrage à-peu-près complet; d'ailleurs, la partie qui concerne les choſes étant aſſez en-tière, ſi la biographie étoit ſi prodigieuſement incomplette, il y auroit une diſparate trop marquée entre ces deux parties, l'ouvrage manqueroit de proportion & d'enſemble.

D'un autre côté, mettre toute l'hiſtoire, même en abrégé, dans l'Encyclopédie, c'eſt une choſe impoſſible; il y faut du choix, il en faut beaucoup : il en faut entre le vrai & le faux, entre le certain & le douteux, entre l'important & le frivole, entre l'utile & l'inutile, entre les perſonnages illuſtres & les perſonnages obſcurs. La foule des rois, des miniſtres, des généraux, des écrivains qui n'ont rien fait de mémorable, & qui ne ſervent qu'à marquer la chronologie, doit faire place ici à ceux qui ont occupé d'eux l'univers, même lorſqu'ils n'étoient plus.

Ce n'eſt pas tout, il faut encore du choix dans les détails de chaque article. Tout n'eſt pas mémorable dans les perſonnages les plus dignes de mémoire; il ne faut dire aux hommes que ce qu'ils ont intérêt de ſavoir, que ce qu'il leur ſeroit ou honteux, ou préjudiciable d'ignorer. En conſéquence, il faut que les articles ſoient courts pour laiſſer de la place à tous ceux qui doivent être admis, & ſubſtantiels pour contenir tout ce qui mérite d'être ſu. Voilà ce qu'ils doivent être en général; en particulier, l'éten-due de chaque article doit être meſurée ſur ſon importance; mais il y a encore ici du choix, & la règle la plus raiſonnable en apparence doit ſouvent céder à de certaines conſidérations. Plus un fait eſt important, plus ordinairement il eſt connu; on ne doit quelquefois alors que l'indiquer & le juger : ce ſeroit être mauvais économe de l'eſ-pace qu'il eſt permis de donner à l'hiſtoire dans l'Encyclopédie, que de s'arrêter à ra-conter avec détail des faits que perſonne n'ignoreroit. Les faits qui demanderoient un récit détaillé, ſont ceux qui ne ſeroient pas connus en proportion de leur importance, & la mal-adreſſe des hiſtoriens en a laiſſé ſubſiſter quelques-uns de ce genre. En un mot, de l'inſtruction pour les ignorans, des ſouvenirs pour les ſavans; voilà ce que chaque article doit fournir;

Indocti diſcant, & ament meminiſſe periti.

Ce vers doit être la deviſe de tout abrégé; mais cette deviſe contient une règle aſſez difficile à ſuivre.

Quant aux faits incertains, il y a une diſtinction néceſſaire à faire. Si ces faits n'ont point partagé les ſavans, s'ils n'ont point fait naître des opinions diverſes, ils ne ſont bons qu'à omettre, comme n'étant ni aſſez importans, ni aſſez avérés.

S'ils ont donné lieu à des opinions & à des ſyſtêmes connus, alors ces opinions, ces ſyſtêmes deviennent la matière propre de l'hiſtoire, qui eſt autant le tableau des opi-nions que des faits réels.

Nous avons refait entièrement, ou ſi conſidérablement remanié, réduit & changé le plus grand nombre des articles d'hiſtoire inſérés dans le ſupplément de l'Encyclopédie, que nous pouvons les regarder comme étant à nous; nous en faiſons ici aux auteurs de ces articles toutes les excuſes convenables, & nous les prions de croire qu'aucun motif déſobligeant pour eux ne nous a déterminés à ce parti. Mais chacun a ſa manière de voir & de faire, & nous avons voulu éviter, autant que les circonſtances ont pu le permettre, la bigarure qui réſulteroit de ces différentes manières. D'ailleurs, l'éten-due qu'on a donnée à de certains articles dans le ſupplément, ne nous a point paru compatible avec notre plan. Ceux de ces articles qui ont pu s'accorder avec notre plan, & que par cette raiſon nous avons conſervés en entier, ou avec de très-légers changemens de ſtyle, continueront de porter le nom de leurs auteurs, ou la marque qui les déſignoit, ſoit dans l'Encyclopédie, ſoit dans le ſupplément, ou enfin une indication quelconque, qui aſſure à chacun ce qui lui appartient. Au défaut de nom, les lettres *A. R.* ſignifieront *article reſté*. Mais le nombre de ces articles conſervés en entier ne ſera pas auſſi grand qu'on l'auroit déſiré, du moins dans la biographie. Les articles tirés de l'hiſtoire ſainte nous ont paru le plus dans le cas d'être conſervés.

On nommera ou on indiquera de même les auteurs qui auront fourni des articles nouveaux : il n'y aura enfin que les articles appartenans en propre à l'auteur de ce dictionnaire, qui n'auront, comme dans le dictionnaire du blaſon, d'autre indication que de n'en point avoir.

Quand on ajoutera quelque choſe aux articles même conſervés, ſoit pour les contredire, ſoit pour les modifier, on mettra ces additions entre deux parenthèſes.

Nous ne prenons de l'hiſtoire ancienne, dont l'hiſtoire ſainte forme une partie ſi importante, que la biographie, que l'hiſtoire perſonnelle & individuelle ; le reſte appartient ou à l'auteur chargé des antiquités, médailles, monumens, &c., ou à l'auteur du dictionnaire théologique & de l'hiſtoire eccléſiaſtique, ou à l'auteur de l'hiſtoire de la philoſophie ancienne & moderne, ou aux auteurs du dictionnaire de l'art militaire, ou aux auteurs du dictionnaire de géographie, qui ſont en poſſeſſion de joindre à la géographie proprement dite des détails hiſtoriques & politiques, &c. Quant à l'hiſtoire moderne, nous embraſſons, comme nous l'avons dit plus haut, & les choſes & les perſonnes, mais toujours en abandonnant aux auteurs que nous venons d'indiquer, & à d'autres encore, tout ce qui peut appartenir à leurs genres. En général, nous nous laiſſerons circonſcrire & ſerrer de fort près par nos voiſins, ne cherchant qu'à reſtreindre notre genre, que nous avouons être trop étendu, tout ſacrifice ſera pour nous une acquiſition.

Voici donc les différences principales qui diſtingueront ce nouveau dictionnaire hiſtorique, de preſque tous les autres. Il ſera d'abord eſſentiellement diſtingué des grands dictionnaires hiſtoriques de Moréry, de Bayle, de Proſper Marchand, de Chauffepié, &c.; en ce qu'il ſera un abrégé, aſtreint par conſéquent à toutes les loix des ouvrages de ce genre, comme de rejetter tous les articles peu importans, peu utiles, de choiſir même entre les autres, & ſur-tout de les reſſerrer pour la plupart dans un eſpace aſſez court, de rejetter encore les longues diſſertations, les diſcuſſions ſavantes, & de ne préſenter que des précis & des réſultats. Telle ſera du moins la règle générale, mais elle recevra des exceptions, qui ſeront déterminées par les circonſtances.

Il ſera diſtingué enſuite & de ces mêmes grands dictionnaires, & des abrégés, par l'avantage qu'il aura d'être mixte ; c'eſt-à-dire, d'être à la fois une dictionnaire & des choſes & des perſonnes.

Il ſera encore diſtingué & des uns & des autres, en ce que ceux-ci tendent toujours à multiplier les articles, & qu'il tendra toujours à les choiſir.

Pour rendre les articles plus ſubſtantiels, on aura ſoin d'y inférer, ſans les charger ni les allonger, autant qu'il ſera poſſible, les diſcours mémorables, les traits qui peignent, ces mots qui quelquefois montrent encore mieux que les actions le fond de l'ame, enfin tout ce qui fait lire l'hiſtoire ; car puiſqu'il n'y a d'utile que ce qu'on lit, il faut tâcher de faire lire juſqu'aux dictionnaires, ce ſera peut-être encore une diſtinction.

Mais il en eſt une plus importante que nous ambitionnons ſur-tout de procurer à cet ouvrage, autant qu'il peut en être ſuſceptible, c'eſt de faire ſervir le paſſé à l'inſtruction du préſent & de l'avenir, de donner à l'hiſtoire toute ſon utilité, en la rendant la leçon des rois & des peuples, de la purger de ces faux jugemens, de ces réflexions machiavelliſtes qui infectent nos hiſtoires, même les plus eſtimées, de cet éloge perpétuel des guerres, des conquêtes, des victoires & du faſte ruineux des rois ; de cette admi-

ration pour le crime infolent & pour le crime adroit, fur-tout de ce principe fi perni-
cieux, qu'il y a une morale pour les états, & une pour les particuliers; que la politique peut fe paffer de la juftice, fe féparer de la bonne foi, & admettre le menfonge
& le crime. On diroit, à entendre les politiques machiavelliftes, que les hommes d'état
fe font réfervé le crime, comme Dieu s'eft réfervé la vengeance.

Pour nous, nous n'écrirons rien fur l'hiftoire, qui ne foit la cenfure du machiavellifme
dans toutes fes branches; nous affurerons cet avantage à ce dictionnaire fur tous les
dictionnaires hiftoriques & fur toutes les hiftoires; nous en prenons ici l'engagement de
la manière la plus folemnelle.

N. B. Comme l'hiftoire n'a point d'autre ordre didactique ou encyclopédique que
celui qui réfulte de la géographie & de la chronologie combinées, ordre qui eft né-
ceffairement marqué à chaque article; comme d'ailleurs en rangeant dans l'ordre géo-
graphique & chronologique tous les articles qui entreront dans la compofition de ce
dictionnaire, il n'en réfulteroit jamais une hiftoire complette & fuivie de chaque pays
ni de chaque fiècle, nous fommes difpenfés, par la nature même du fujet, de placer
ici le tableau d'analyfe que la plupart des auteurs de l'Encyclopédie méthodique met-
tront à la tête de leurs dictionnaires particuliers, & que nous avons mis nous-mêmes
en abrégé à la tête du dictionnaire du blafon, nous y fuppléerons par l'attention à
diftinguer dans les titres de chaque article, l'hiftoire ancienne & l'hiftoire moderne,
l'hiftoire facrée & l'hiftoire profane, l'hiftoire politique & l'hiftoire littéraire, & enfin
l'hiftoire de tous les différens peuples, tant anciens que modernes.

L'objet d'un dictionnaire étant de faciliter l'inftruction, & ce motif étant le feul qui
puiffe faire préférer l'ordre alphabétique à l'ordre didactique & encyclopédique, on aura
foin de placer tous les articles fous les noms les plus connus, afin que le lecteur trouve
toujours les notions dont il a befoin dans l'endroit où il doit naturellement les chercher.
Ainfi les renvois, quand il y en aura, feront toujours du nom le moins connu au nom
le plus connu.

HISTOIRE

RECUEIL

DE PLANCHES

DE L'ENCYCLOPÉDIE

PAR ORDRE DE MATIÈRES.

BLASON.

A PARIS,

Chez PANCKOUCKE, Libraire, hôtel de Thou, rue des Poitevins.

A LIÈGE,

Chez PLOMPTEUX, Imprimeur des États.

M. DCC. LXXXVII.

AVEC APPROBATION ET PRIVILÈGE DU ROI.

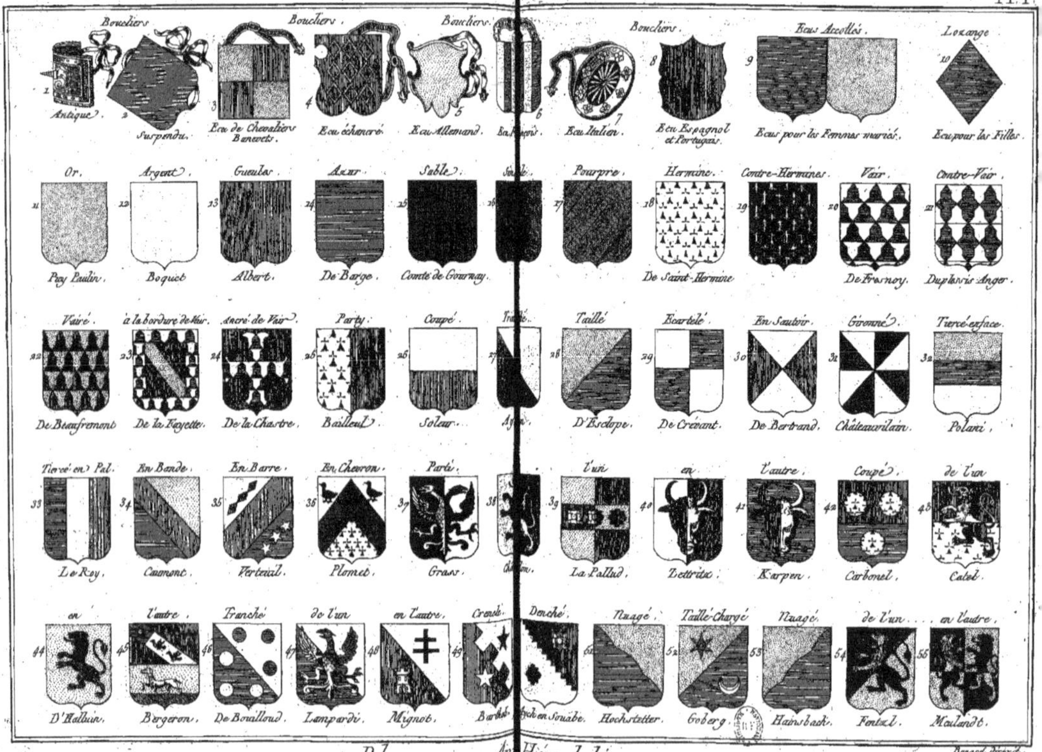

Blason, ou Art Héraldique.

Pl. 2.

Ecartelé	de lion	en Lambre	En Sautoir	Gironné de 6	de 10	de 12	de 16	Enté	Devise
56	57	58	59	60	61	62	63	64	65	66
Rupe	La Roche	D'Argouges	Kerouser	Mendoce	Miniprot	De Pugnos	Stuck	Bécourt	Frégosi	De Puysieux

Filets	Adextré	Senestré	Senestré	Adextré		Champagne	Plaine	Mantelé	Chappé
67	68	69	70	71	72	73	74	75	76	77
Quatrebarres	N.	N.	Thomassin	Papillon	Rota	Brochant	Petite-Pierre	De Sarate	Ramolay	Hautin

Chappé		Chaussé	Chappé Chaussé	Vertu	Embrassé à Dextre à Senestre	Emmanché en pal
78	79	80	81	82	83	84	85	86	87	88
Reitembach	Thémar	Montéar	Sachet	Lickenstein	Public en Rigot	Corrario	Gibing	N.	Domants	Holman

en chef	En Bande	et en Barre	Pointe		Enarré et Renversée	Franc-quartier	Canton	Chef	Pal
89	90	91	92	93	94	95	96	97	98	99
De Gandre	Persil	N.	Thomasseau de Cursay	Bredel	De Gimel	Mahexi	Patier	Thouars	La Garde	Bolomier

Face	Bande	Barre	Croix	Sautoir	Chevron	Chef Eschiqueté	Chargé	Denché	Ondé et Abaissé	Soutenu	Surmonté
100	101	102	103	104	105	106	107	108	109	110	111
Bethune	De Teroy	Saint-Cler	Baudrivurt	Angenner	Vaubecourt	Dilly	Schulemberg	Persil	Moncoquier	Des Ursins	Cybo

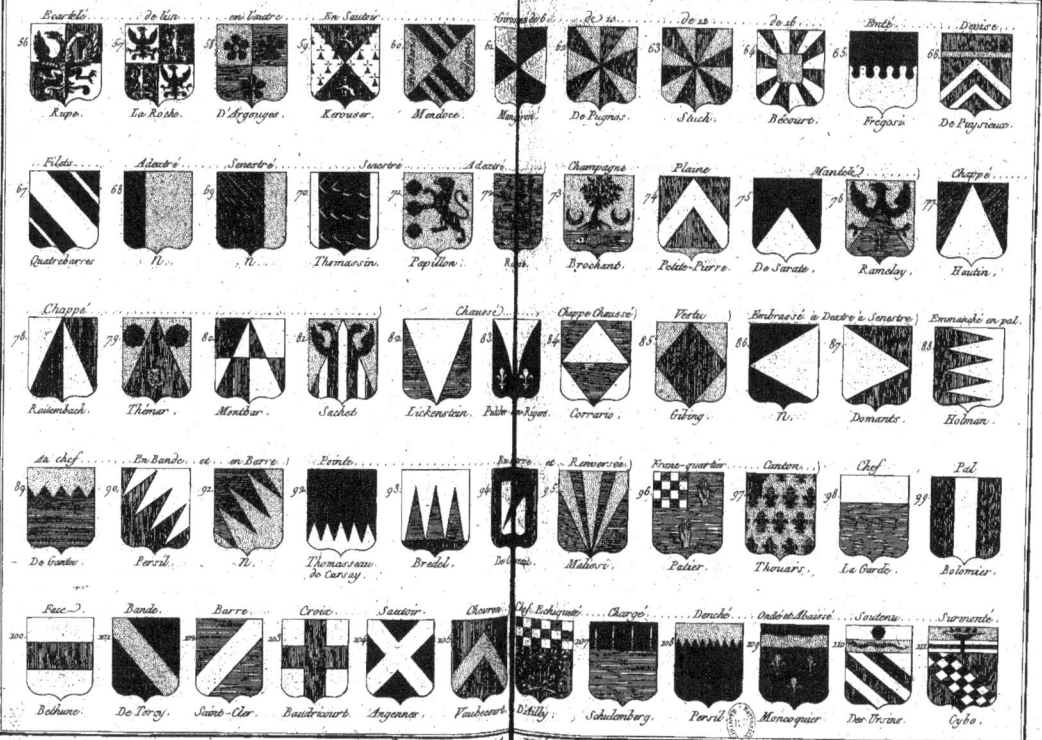

Blason ou Art Héraldique.

Benard direxit.

2.

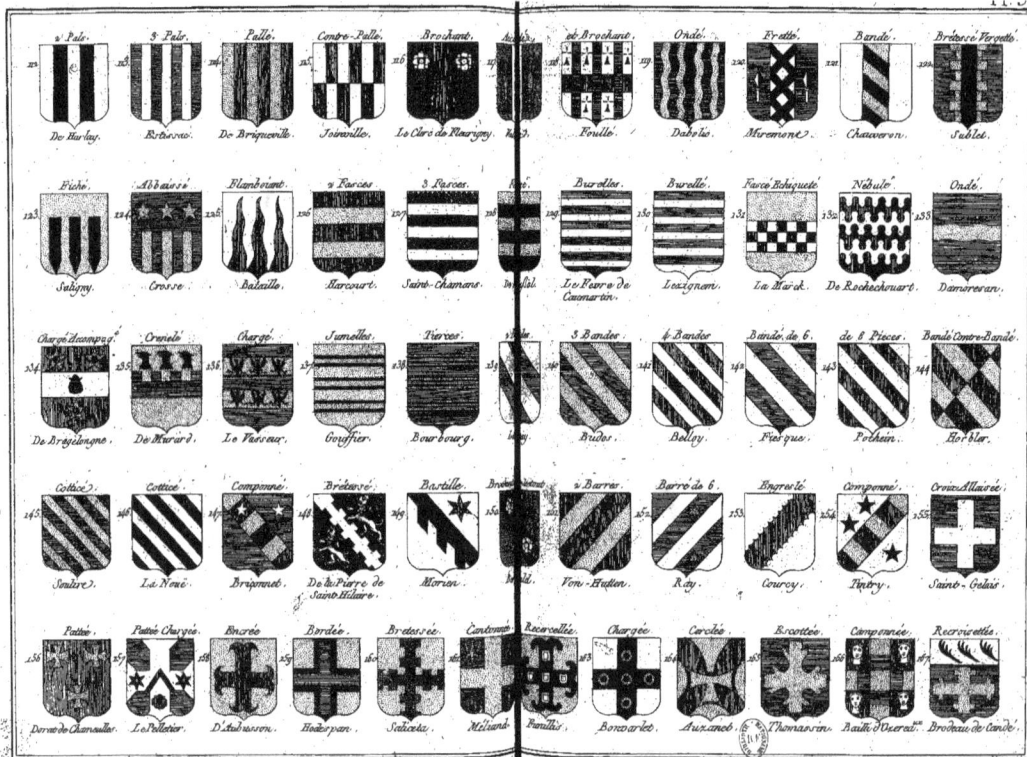

Top row: 2 Pals. — 3 Pals. — Palé. — Contre-Palé. — Brochant. — ... — et Brochant. — Ondé. — Fretté. — Bandé. — Bretessé Vergetté.

De Harlay. — Brésesse. — De Briqueville. — Joinville. — Le Clerc de Flacrigny. — ... — Foullé. — Dabelis. — Miremont. — Chauveron. — Sublet.

Second row: Fiche. — Abbaissé. — Flamboiant. — 2 Fasces. — 3 Fasces. — Fret. — Burelles. — Burellé. — Fasce Eschiquetée. — Nebulé. — Ondé.

Saligny. — Crosse. — Bataille. — Harcourt. — Saint-Chamans. — Dormillial. — Le Febvre de Caumartin. — Lezignem. — La Marck. — De Rochechouart. — Damoresan.

Third row: Chargé d'un champag. — Crenelé. — Chargé. — Jumelles. — Tiercé. — Vivré. — 3 Bandes. — 4 Bandes. — Bande de 6. — de 8 Pieces. — Bande Contre-Bandé.

De Bréselongne. — De Murard. — Le Vasseur. — Gouffier. — Bourbourg. — ... — Brides. — Bolley. — Fiesque. — Pothein. — Horblar.

Fourth row: Cottice. — Cottice. — Componné. — Bretessé. — Bastillé. — Brochet retrait. — 2 Barres. — Barre de 6. — Engreslé. — Componné. — Croix Allaisée.

Soultre. — La Noue. — Briçonnet. — De la Pierre de Saint Hilaire. — Morien. — Mallal. — Von Hutten. — Raty. — Couroy. — Tintry. — Saint-Gelais.

Fifth row: Patté. — Patté Chargé. — Ancrée. — Bordée. — Bretessée. — Cantonnée. — Recercellée. — Chargée. — Cerclée. — Escottée. — Campanée. — Recroisettée.

Dorre de Chanoilles. — Le Pelletier. — D'Aubusson. — Hodespan. — Sedicida. — Melsand. — Faullis. — Bonvarlet. — Auzanet. — Thomassin. — Bailli d'Oserail. — Brodeau de Candé.

Blason ou Art Héraldique.

Benard direxit.

Pl. 4

Croix Haute · Potencée · Endentée · Dentelée · Engreslée · Porte maréchalle de Lorraine · Écartelée · Échiquetée · Fichée · Fleurdelisée · Tréflée

168 · 169 · 170 · 171 · 172 · 173 · 174 · 175 · 176 · 177 · 178

Bignon · De la Poterie · Josserand · D'Estourmel · Gilbert de Voisins · Le Paré · De Tigny · Du Bosc · Rousset · Villequier · Surville

Fourchée · Fourchetée · Frettée · Gringolée · Tréflée au Pied Fiché · Mala · Nislée · Ondée · Potencée · Clechée · Croisettes

179 · 180 · 181 · 182 · 183 · 184 · 185 · 186 · 187 · 188 · 189

La Rochethenerault · Touchus Kalenthal · Rignier · Pigeault · Bec de Lievre · Verdun · De Barres · Chalut de Vérin · Rubat · Toulouse · Boivin

Sautoir · Dentelé · Bordé Dentelé · Engoulé · Bretessé · Éré · 3 Chevrons · Contre-Potencé · Chevronné · Ondé · Playé et Accompagné

190 · 191 · 192 · 193 · 194 · 195 · 196 · 197 · 198 · 199 · 201

De la Guiche · Berlin · Froulay de Tessé · Guichenon · Friz en de Blamont · Melio · Du Plessis Richelieu · Le Hardy · D'Affry · De Puget · Saulmoire de Chasans

Onché et Contourné · Renversé · Chevron Chargé d'un autre · Brisé ou Éclaté · Rompu · Renversé entrelacé · Allaisé · Dentelé Chargé · Parti · Écussons · Bordure

201 · 202 · 203 · 204 · 205 · 206 · 207 · 208 · 209 · 210 · 211

Mauchalek · Prévost Saint-Cir · Michelet · Baugier · Meynier · Du Quesbre · Kerven · La Grange Trianon · Saligdon · Coëtlogon · Holland

Crenelée · Écartelée · Orle · Trancheur Chargé · Tranché Brochant · Doublé Tranché · Peirle · Pointe · Échiquetée · Points Équipollés · Frette

212 · 213 · 214 · 215 · 216 · 217 · 218 · 219 · 220 · 221 · 222 · 223

Brunet · Aubert · Cornu · Bossu d'Escry · De Scoll · Dandru · Jasouduin · Estampes · Le Nain · Genève · Tolède · Montjean

Blason ou Art Héraldique.

Pl. 5

Treillissé	Coulisses	Hersé	Losanges	Losangé	Fusée	Fuselé	Maclé	Rustres	Billettes	Carreaux
Bardeneche	Vieille Maison	Morienville	Mollart	Turpin de Crissé	Somesserre	Grimaldy Monaco	Rohan	Schesnaye	Beaumanoir	Chenel

Besans	Tourteaux	Tourteaux Besans	Besans Tourteaux	Papelonné	Lion	Doublequeue	Teste Contournée	Teste Humaine	Diffamé	Affronté
Boula	De Montesquiou	Abbot	Funs alda	Fouillouse de Flavacourt	De Febvin	Luxembourg	Charolois	Dar Reaux	D'Avernes	De Carrois

Adossé	en Sautoir	Naissant	Issant	Lionceaux	Vilé	Lion Dragonné	Léopardé	Contre passant	Têtes de Lion	Patte de Lion
Descordes	Frelon	Varnier	Servient	De Beauveau	Roche savage	De Bretigny	De Guzmadeuc	Tertu de Balincourt	Saint-Amadour	Mallabranche

Pattes de Lion	Léopard	Léopard Lionné	Testes	griffon	Patin de griffons	Daims	Massacre	Cornes de	Cerfs
De Brancas	Croismare	Voyer Paulmy d'Argenson	La Baume le Blanc de la Vallière	Fromont d'Auteuil	Drue	De Beaurdeilles	Trudaine	Cornulier	Cornui	Passard

Sanglier	Hure	Porc-Épic	Taureau	Rencontre	Vache Clarine	Licorne	Mouton	Rencontre	Cheval	Cheval Gai	Teste et Col
Ferrier de la Bellonniere	Rosnaivan	De Maupeou	Berthier	Boæues	Portail	Puget	Montholon	Perrot	Duguet	La Chevalerie	De la Croix de Chevrieres

Blason ou Art Héraldique.

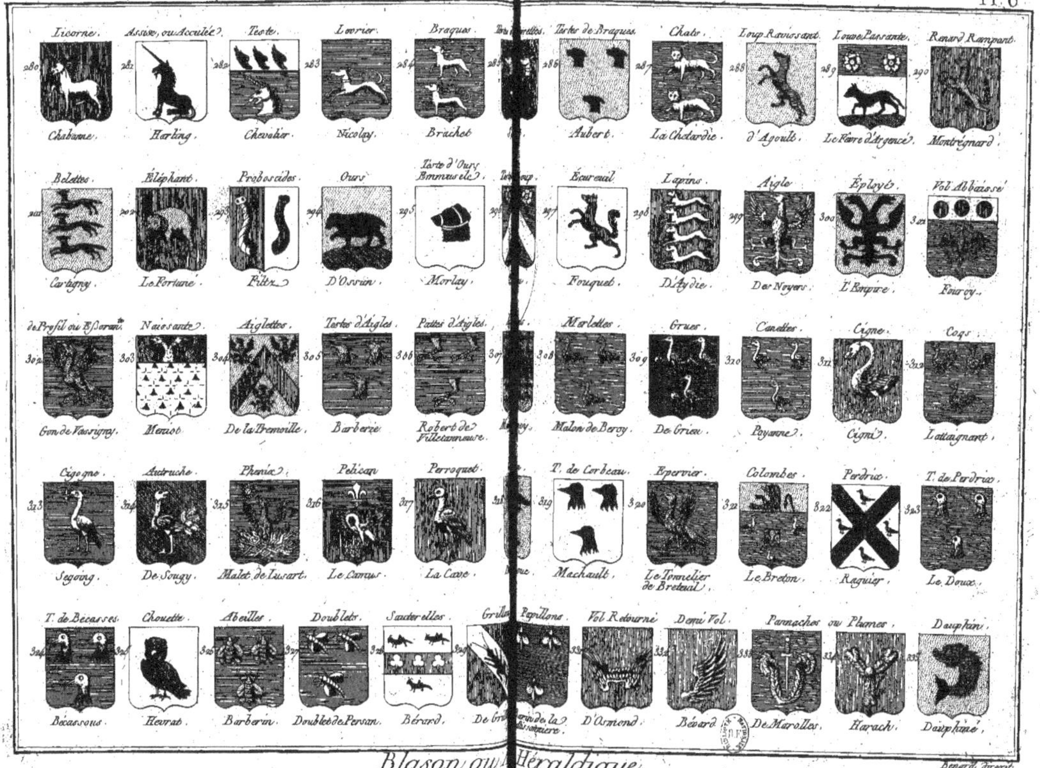

Pl. 6

Licorne. — Assise ou Accculée? — Teste. — Levrier. — Braques. — Tête d'oreilles. — Tarte de Braques. — Chats. — Loup Ravissant. — Louve Passante. — Rener Rampant.

280 — 281 — 282 — 283 — 284 — 285 — 286 — 287 — 288 — 289 — 290

Chabanne. — Harling. — Chevalier. — Nicolay. — Brachet. — — Aubert. — La Chevardie. — d'Agoult. — Le Fevre d'Argence? — Montrignard.

Belettes. — Éléphant. — Proboscides. — Ours. — Tarte d'Ours Emmure etc. — — Écureuil. — Lapins. — Aigle. — Éployé? — Vol Abbaissé.

291 — 292 — 293 — 294 — 295 — 296 — 297 — 298 — 299 — 300 — 301

Carbigny. — Le Fortune. — Filtz. — D'Ossun. — Morley. — — Fouquet. — D'Aydie. — Des Noyers. — L'Empire. — Fouroy.

de Profil ou Essorant. — Naissante? — Aiglettes. — Tartes d'Aigles. — Pattes d'Aigles. — — Marlottes. — Grues. — Canettes. — Cigne. — Coqs.

302 — 303 — 304 — 305 — 306 — 307 — 308 — 309 — 320 — 311 — 312

Gen de Vaurigny. — Menot. — De la Trémoille. — Barberie. — Robert de Villeneuve. — — Malon de Bercy. — De Grieu. — Payenne? — Cigni? — Lattaignant.

Cigogne. — Autruche. — Phénix? — Pélican. — Perroquet. — T. de Corbeau. — Epervier. — Colombes. — Perdrix. — T. de Perdrix.

313 — 314 — 315 — 316 — 317 — 318 — 319 — 320 — 321 — 322 — 323

Sogeing. — De Sougy. — Malet de Lussart. — Le Camus. — La Cave. — Machault. — Le Tonnelier de Breteuil. — Le Breton. — Raquier. — Le Doux.

T. de Bécasses. — Chouette. — Abeilles. — Doublets. — Sauterelles. — Grillons. — Papillons. — Vol Rebourné. — Demi Vol. — Pennaches ou Plumes. — Dauphin.

324 — 325 — 326 — 327 — 328 — 329 — 330 — 331 — 332 — 333 — 334

Bécassous. — Heurat. — Barberin. — Double de Persan. — Bérard. — De Grillon... — D'Osmond. — Bérard. — De Marolles. — Harach. — Dauphiné.

Blason ou Héraldique.

Benard Direxit.

6.

Pl. 7.

Chabots.	Bar ou Barbeaux.	Poissons.	Truite.	Brochet.	Rouget.	Sardine.	Goujons.	Sphinx.	Sirène.	Ecrevisses.
336	337	338	339	340	341	342	343	344	345	346
Chabot.	Poisson de Marigny.	Manciny.	Orcival.	Gardereau.	Raoul.	Sartine.	Goujon.	Savalette.	Séguière.	Thiars de Bissy.

Crabe ou Scorpion.	Grenouilles.	Limaçons.	Limaces.	Coquilles.	Vergis.	Couleuvre.	Bisses.	Guivre.	Lézards.	
347	348	349	350	351	352	353	354	355	356	357
Tarteron.	Andelin.	Alessau.	Le Maçon.	Peydeau de Brou.	De Geri.	Colbert.	Reffuge.	Milan.	Le Tellier.	Cottereau.

Hydres.	Dragons.	Volant.	Fourmis.	Sangsues.	Rats.	Sphère.	Soleil.	Ombre de Soleil.	Croissans.	Etoile et Croissant.
358	359	360	361	362	363	364	365	366	367	368
Joyeuse.	D'Ancézune.	Carisis de Condorcet.	Bigot.	Doullé.	La Villestreux.	Raymont.	De Cheries.	Joly de Chouin.	Le Clerc de Lesseville.	Bochart.

Adossé.	En Cœur.	Globe.	Sphère accompagné.	Croissant affronté.	Lune.	Etoiles.	a 8 Raies.	a 16 Raies.	Comète.	Rayons.
369	370	371	372	373	374	375	376	377	378	379
Prisserb.	Perichon.	Courten en Suisse.	D'Anicau.	Lunati.	Zily de Suisse.	Géliot.	Châteauneuf.	Des Beaux.	Ronviry.	Merle.

Nuée.	Cometes.	Arc en Ciel.	Feu et Fumée.	Rayons Ondés.	Flammes.	Enflammé.	Flambeaux.	Salamandre.	Rivière.	Mer.	Fontaines.
380	381	382	383	384	385	386	387	388	389	390	391
Morelly.	De Termes.	Larcher.	Chaumont.	De Belgarde.	Pollart.	Héricard.	Béral.	Des Pierres.	Rajaveau.	Franchemer.	Guynet.

Blason ou Art Héraldique.

Benard direxit.

Lambel.	Montagne.	Rocher en Mer.	Olivier.	Chesne.	Feu.	Rameau d'Olivier.	Épines.	Créquier.	Batons Noueux.	Troncs.
392	393	394	395	396	397	398	399	400	401	402
Manfrein de Fournex.	Darcy de Noinville.	Durand.	Olivier.	Loménie.	De l'Isle.	Sandrier.	Dubourg.	Créqui.	Parent.	D'Argelot.

Feuilles de Houx.	de Lauriers.	Trefsles.	Quinte-Feuilles.	Tierce-Feuilles.	Pignes.	Fleurs de Lis.	Au Pied Nourri.	Semé.	Lys de Jardin.	Lys.
403	404	405	406	407	408	409	410	411	412	413
La Feuville.	Messané.	Malet.	Renouard.	De Prie.	Le Menager.	France.	Pignacourt.	Foucauld.	Joly de Fleury.	Le Fevre.

Roses.	Feuilles.	Soucis.	Oeillets.	Tulippes.	Aulx.	Pensées.	Quatre-Feuilles.	Pommes.	de Pin.	Poires.
414	415	416	417	418	419	420	421	422	423	424
Longueil.	Carades.	Le Maitre.	Brinon.	Thumerie.	Paris.	Chabenat de Bonneuil.	Phelypeaux.	Pomereu.	Pinard.	Perussys.

Grenades.	Fraises.	Coquerelles ou Noisettes.	Concombres.	Chou.	Pois.	Champignons.	Cep de Vigne.	Raisins.	Epis de Bled.	Ananas.
425	426	427	428	429	430	431	432	433	434	435
Bonneau.	Frison.	Noix de Bara.	Favier du Boulay.	Chauvelin.	De Polie.	Gast.	Le Begue de Mapinville.	Courbei.	De Talon.	Dionis du Séjour.

Melons.	Enfans.	Homme.	Cavalier.	Femme.	T. de Parame.	T. de Maure.	T. d'Argus.	Yeux.	Dextrochere.	Foi.	Armé.
436	437	438	439	440	441	442	443	444	445	446	
Rapveneau.	Gemmel.	Wolsskecl.	Saint-Georges.	Andelberg.	Granment.	Le Goux.	Santeuil.	Legier.	Desmarets.	Le Royer.	De Maisol.

Blason ou Art Héraldique.

8

Mains	Jambe	3 Jambes	Tetes de Morts	Costés	Orle...	Coeurs	Gerbe	Houseaux	Chapeaux
448	449	450	451	452	454	455	456	457	458
Rouillé de Mesley	Cessa	Courtin	Durant	Telles	...	Amelot	Perrotin de Barmont	Sevin	Artier / Communauté des Chapeliers

Bonnets à l'antique	Manches Maltaillées	Chemise	Chateaux	Tour Sommée	...	Pont	Maison Esserée	Chapelle	Pyramide	Portail
459	460	461	462	463	464	465	466	467	468	
Hylimair	Condé	Avandaenes	Lopis	Castille	...	De Pontac	Casanova	De la Chapelle	Bigault	De la Poterie

3 Tours	Colonne	Ville	Muraille	Maçonné	Tre...	Pignoné	Fasce Crenelée	Pals Ondés	Bande Engoulée	Bretessé
470	471	472	473	474	476	477	478	479	480	
Pompadour	De Lionne	Régier de la Ville	Le Frère	De Merillac	...	Hohenstein	De Vigny	De Layat	Du Puis	Aldobrandin

Contre-Bretessé	Caltros	Coupes	Crosse	Mitre	...	Chandelier	Manipule	Gonfanon	Livre	Chapelet
481	482	483	484	485	486	487	488	489	490	491
Grivel	Gerbonville	Godet	Laon	Xaintonge	Le...ville	Dieuxyonye	De Villiers	Auvergne	Université de Paris	L'Hermite

Cloche	Epées		Badelaires	Haches ...les d'Armes	Dards	Piques	Fers de Piques	Lances	Flèches
492	493	494	495	496	497	498	499	500	501	502
Bellegarde	Marboeuf	Poulet	Ferrand	De Courtejambe	Varenne Mazarin	Grandin de Mancigny	Villiers	Ferrier	Villeneuve	Aster

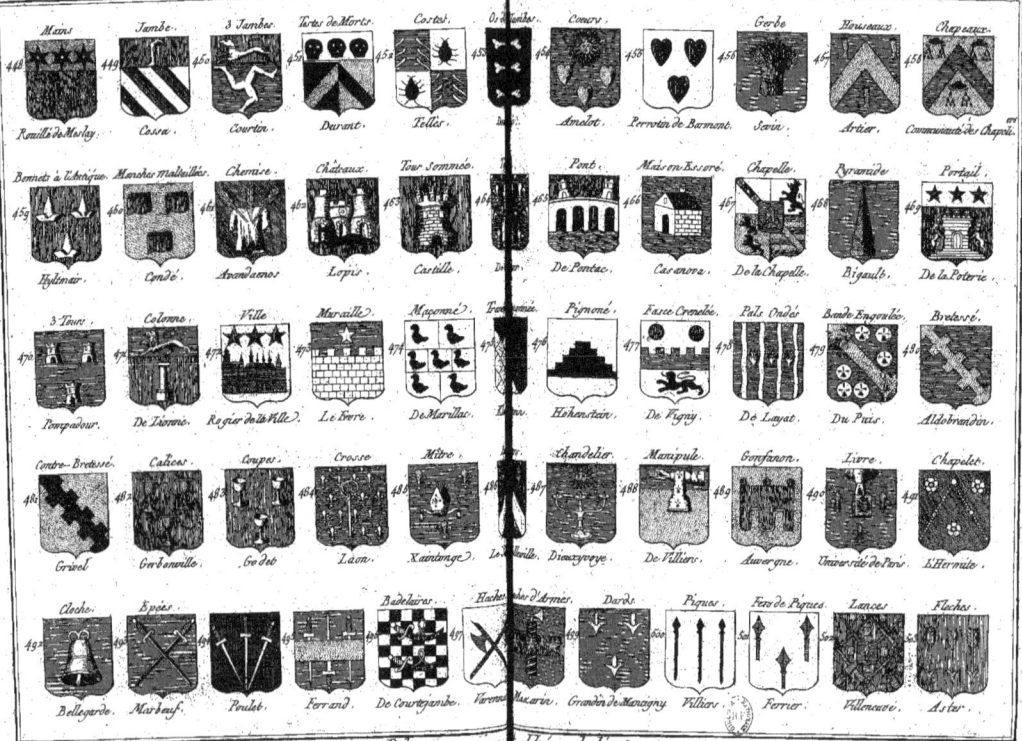

Blason ou Héraldique.

Benard direxit

9

Pl. 10.

Fers de Flèches	Hallebardes	Massue	Cuirasse	Arbalette	R'ou d'Echiquier	Couples de Chien	Eviers	Eprons	Canon
503	504	505	507	508	509	511	512	513	514
Millet	Cronan	Maesiac	Harmischt	Zmodz	Arbatete	Normand	Beaupoil	Bourdelet de Montelet	Gautier	Bombarde

Puril	Fermaux	Annelets	Merailles	Fers de Cheval	Chausse Trappes	Chaines		Roues		Heaumes
515	516	517	518	519	520	521	522	523	524	525
Valette	Malet de Graville	Caillebot	Morailles	Fresney	D'Asque	Cadench	Feret	Bossuet	Bonzy	Bretin

Mat	Vaisseau	Ancre		Violons	Fleu	Harpes	Grenades	Cors de Chasse	Couronnes	d'Epines
526	527	528	529	530	531	532	533	534	535	536
Dumas	Auvilliers	Du Fossé de la Motte Vateville	Péricard	Sueting	Lay	Davy	De Segant	Normond	Bazin	De Mesur

Otelles	Escarboucles	Diamant en Triangle		Clous		Anilles	Tonnes	Barillets	Balances	Bourdons
537	538	539	540	541	542	543	544	545	546	547
Cornninger	Giry	Duret	Avice	De Crail	Morgad	Hubert	Corney	Brulart	Montpezat	De la Bourdonnaye

Gibecières et Oignons	Brosses	Etendars	Chaises à l'Antique	Joo	Faulx	Fers de Faulx	Faucilles	Forces	Douloirs	Carreaux	Compas
548	549	550	551	553	554		555	556	557	558	559
Moudoro	De Brosses	Vasselot	Moncfort	Phoilhan	Fourbin	De Bourbon	Haude	Hautefort	Renby	Kerpatrix	Pelhlain

Blason ou Art Héraldique.

Benard direxit.

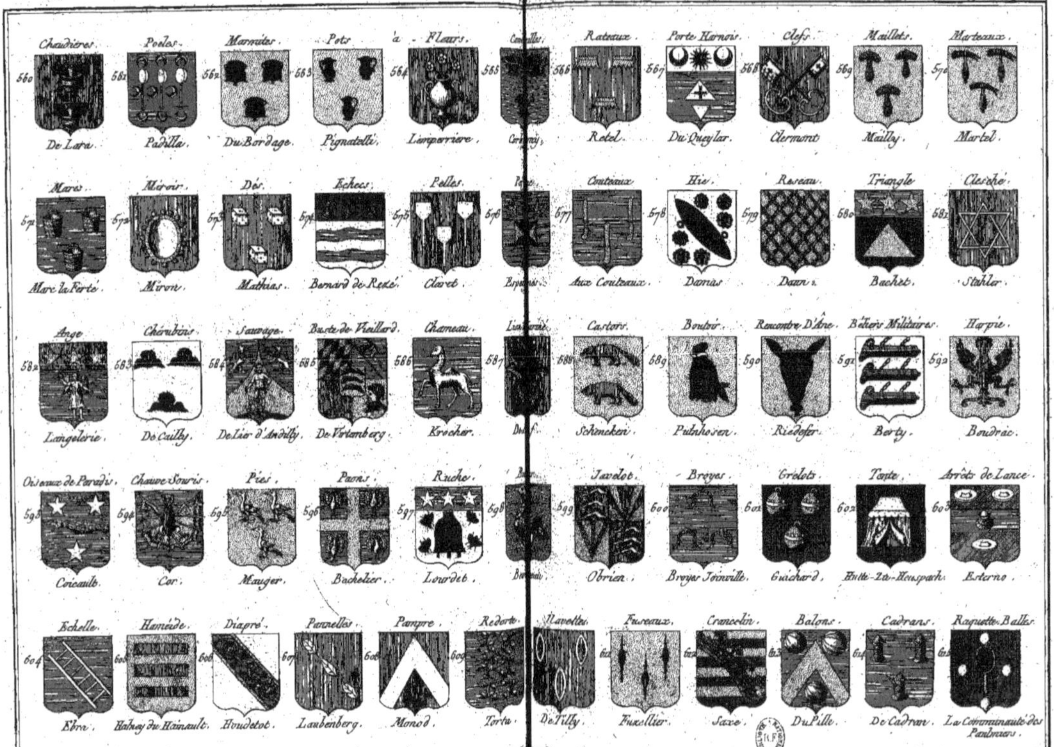

Pl. 11

Chaudières	Poêles	Marmites	Pots	à	Fleurs	Camelle	Rateaux	Porte Harnois	Clefs	Maillets	Marteaux
560	561	562	563	564	565	566		567	568	569	570
De Lara	Padilla	Du Bordage	Pignatelli	L'imperrière	Crinoy		Rotel	Du Queylar	Clermont	Mailly	Martel

Mors	Miroir	Dés	Echecs	Pelles	Feu	Couteaux	Hie	Raseau	Triangle	Clesche
571	572	573	574	575	576	577	578	579	580	581
Marc la Ferté	Miron	Mathias	Bernard de Resté	Claret	Espeuis	Aux Couteaux	Domas	Dann	Bachet	Stahler

Ange	Chérubins	Sauvage	Buste de Vieillard	Chameau	Lion marin	Castors	Boubir	Rencontre D'Ane	Bâtière Militaire	Harpie
582	583	584	585	586	587	588	589	590	591	592
Langelerie	De Cailly	De Lûr d'Andilly	De Vortemberg	Krochar	Dulf	Schôncken	Pulnhosen	Risedoser	Berty	Boudrac

Oiseaux de Paradis	Chauve Souris	Pies	Paons	Ruche	Foin	Javelot	Broyes	Grelots	Tente	Arrêts de Lance
593	594	595	596	597	598	599	600	601	602	603
Cricaille	Cor	Mauger	Bachelier	Lourdet	Burnulst	O'Brien	Broyes Joinville	Guichard	Hutte-Za-Houspach	Esterno

Echelle	Herniede	Diapré	Pannellis	Pampre	Rederte	Navettes	Fuseaux	Crancelin	Balons	Cadrans	Raquette Balles
604	605	606	607	608	609	610	611	612	613	614	615
Ebra	Halnay du Hainault	Houdetot	Laubenberg	Monod	Torta	De Tilly	Fuseltier	Saxe	Du Pille	De Cadran	La Communauté des Paulmiers

Blason ou Art Héraldique.

PL. 12

| Bouc. | Singe. | Hermines. | Tasson. | Onceau. | Ours Ecorché. | Tortue. | Éperviers Chaprōnnei | Ajouré | Haie. | Chef Pal. | Chef Barre. |
| Kessel. | Coulombier. | Mudel. | Paris. | Polonceau. | Aubes Roquemaure. | D'Rlinger. | Mangot. | Winterbecher. | La Haye. | Munsingen. | Wisbecken. |

| Avant-Mur. | Glands. | Larmes. | Cailloux. | Cornière. | Crampon. | | Enclavé. | Bourdes | Bouterolle. | Bourdes | Bande Rs arcelée. |
| Langins. | Du Charne. | Fermeaux de Nointel. | Peireis de Morse. | Labenscker. | Sortern. | De Hamen. | Dachazau. | Roos. | Angrie. | Bourtier. | Le Duc. |

| Pal retrait. | Escarré. | Merlottes. | Croix Aiguisée. | Armes de | Concessions | des Patronages. | | de Chapitre. | des Chartreux. | Communauté. | Académie. |
| Ruesdorf. | Hanscry. | D'Aumont. | Maney. | | | | | | | | |

Volet ou Lambrequin, et Chevaliers au Tournoi.

Duc de Bretagne.   Chevalr de Salewing.   Duc de Bourbon.

Blason ou Art Héraldique.

Benard Direxit.

12.

Pl. 1

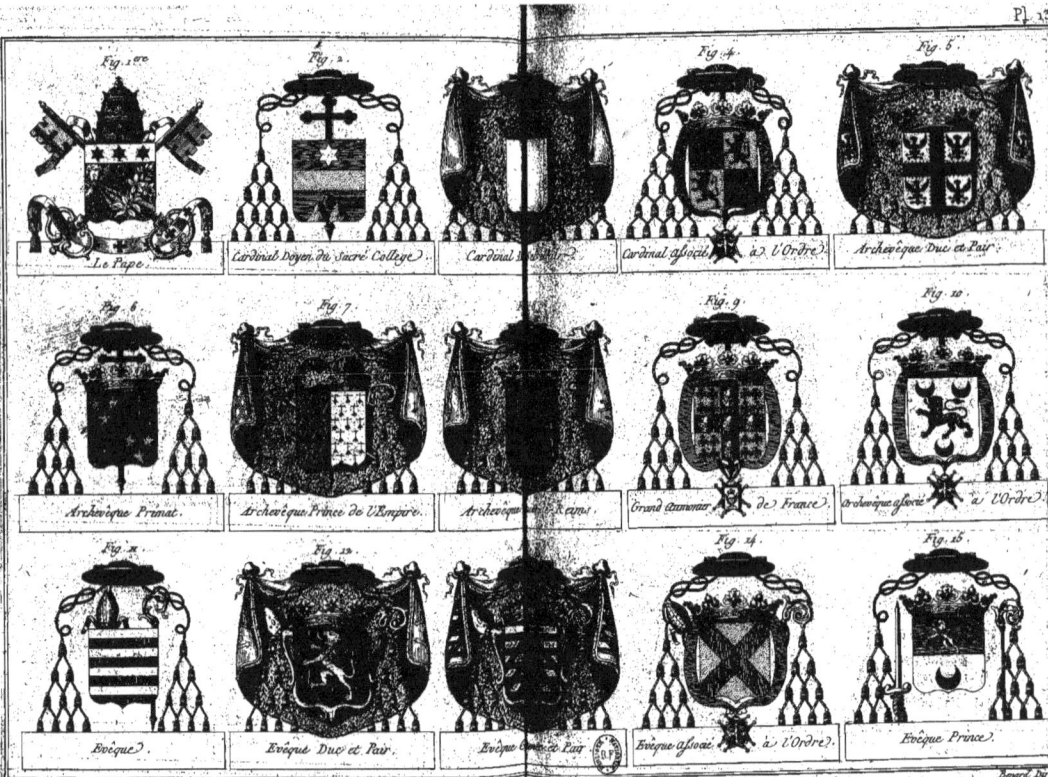

Fig. 1ere — Le Pape.

Fig. 2 — Cardinal Doyen du Sacré Collège.

Fig. 3 — Cardinal ....

Fig. 4 — Cardinal associé à l'Ordre.

Fig. 5 — Archevêque Duc et Pair.

Fig. 6 — Archevêque Primat.

Fig. 7 — Archevêque Prince de l'Empire.

Fig. 8 — Archevêque .... Reims.

Fig. 9 — Grand Aumonier de France.

Fig. 10 — Archevêque associé à l'Ordre.

Fig. 11 — Evêque.

Fig. 12 — Evêque Duc et Pair.

Fig. 13 — Evêque Comte et Pair.

Fig. 14 — Evêque associé à l'Ordre.

Fig. 15 — Evêque Prince.

Blason où Art Héraldique.

Benard Dir.

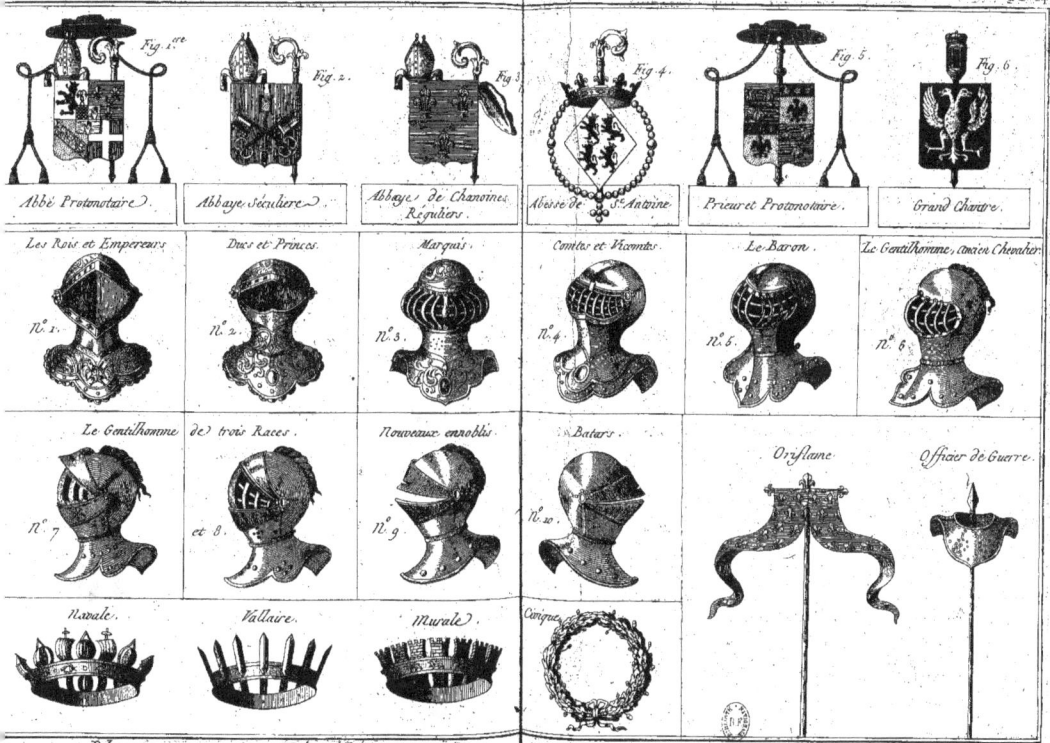

Pl. 14.

Fig. 1re.   *Fig. 2.*   *Fig. 3.*   *Fig. 4.*   *Fig. 5.*   *Fig. 6.*

Abbé Protonotaire.   Abbaye Séculiere.   Abbaye de Chanoines Réguliers.   Abesse de St. Antoine.   Prieur et Protonotaire.   Grand Chantre.

Les Rois et Empereurs.   Ducs et Princes.   Marquis.   Comtes et Vicomtes.   Le Baron.   Le Gentilhomme, ancien Chevalier.

N.° 1.   N.° 2.   N.° 3.   N.° 4.   N.° 5.   N.° 6.

Le Gentilhomme   de trois Races.   Nouveaux ennoblis.   Bâtars.   Oriflame.   Officier de Guerre.

N.° 7.   et 8.   N.° 9.   N.° 10.

Navale.   Vallaire.   Murale.   Civique.

Bernard Direx.

Blason ou Art Héraldique, Armes de Dignités, differens Casques, Couronnes, Oriflame, Haussecol et Pique.

14.

Pl. 15

Fig. 1. Joseph II d'Autriche, Empereur, Roi de Hongrie, de Boheme &c.

Fig. 2. LOUIS SEIZE, Roi de France et de Navarre.

Fig. 3. Charles III, Roi d'Espagne et des Indes.

Fig. 4. Ferdinand IV, Infant d'Espagne, Roi de Naples et des Deux Siciles.

Fig. 5. Marie Françoise Elisabeth de Portugal, Reine de Portugal et des Algarves.

Fig. 6. Stanislas Auguste Poniatowski II, Roi de Pologne, et Grand Duc de Lithuanie.

Fig. 7. Victor Amédée Marie de Savoie, Roi de Sardaigne.

Fig. 8. Christian VII, Roi de Dannemarck et de Norwege.

Fig. 9. Gustave III d'Holstein-Eutin, Roi de Suede.

Fig. 10. Georges III de Brunswick, Roi d'Angleterre et Electeur d'Hanovre.

Fig. 11. Fréderic Guillaume II, Roi de Prusse, et Electeur de Brandebourg.

Fig. 12. Catherine Alexiewna II, Impératrice de toutes les Russies.

Blason ou Art Héraldique.

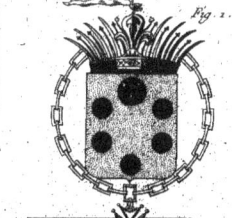

Pl. 16.

Fig. 1.

Pierre Léopold Joseph, Archiduc
d'Autriche, Grand Duc de Toscane.

Fig. 2.

Roi Abyssin, ou d'Éthiopie.

Fig. 3.

François Joseph Charles Jean,
Archiduc d'Autriche, Prince Héréditaire.

Fig. 4.

Clement Auguste, Archevêque de
Cologne, Prince Electeur Ecclésiastique.

Fig. 5.

Charles Théodore, Prince Palatin,
Duc de Bavière, Prince Electeur Laïc.

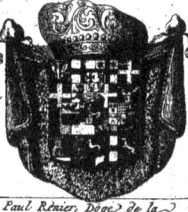

Fig. 6.

Paul Rénier, Doge de la
Sérénissime République de Venise.

Fig. 7.

Barberin, Préfet de Rome.

Fig. 8.

Armes de l'Empereur de la Chine.

Fig. 9.

Abdhul-Hamet, Grand Sultan.

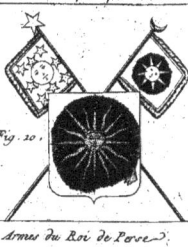

Fig. 10.

Armes du Roi de Perse.

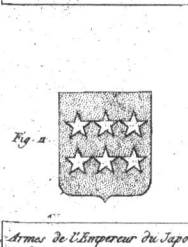

Fig. 11.

Armes de l'Empereur du Japon.

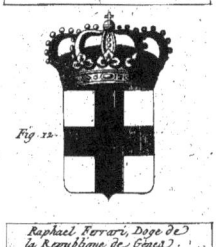

Fig. 12.

Raphael Ferrari, Doge de
la République de Gênes.

Blason où Art Héraldique.

Pl. 1.

Fig. 1.

Fig. 2.

Fig. 3.

Fig. 4.

Fig. 5.

La République de Genève.

La République des Suisses.

1.er Prince du Sang
Joseph d'Orléans

Louis Philippe
Duc d'Orléans

François Bonne de Lesdiguières,
Connétable. Cette Charge fut Supprimée
par Lettres de Louis XIII. en Janvier 1627

René Nicolas
de Maupeou, Chancelier de France 1768

Charles Augustin

Fig. 6.

Fig. 7.

Fig. 8.

Fig. 9.

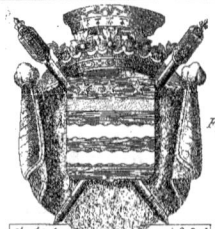

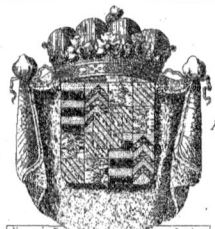

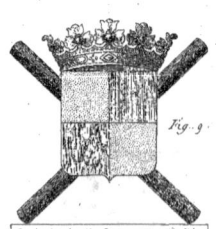

Charles Louis
François de Paule
Barentin, Garde des Sceaux de France, 1788.

François Emmanuel, Sire
de Crussol, Duc d'Uzès en Languedoc
1.er Pair Héréditaire de France.

Louis François Armand Duplessis, Duc de
Richelieu, 1748. Doyen des Maréchaux de France.

Louis Antoine de Gontaut, Duc de Biron,
Maréchal de France 1759.

Fig. 10.

Fig. 11.

Fig. 12.

Fig. 13.

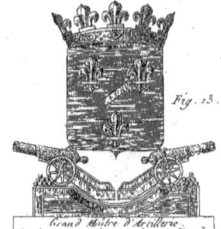

Amiral de France.
Louis Jean Marie de Bourbon, Duc de Penthièvre.

Général des Galères.
J. Philippe d'Orléans, Grand Prieur de France,
cette Charge a été supprimée.

Vice Amiral.
M. le Comte d'Estaing.

Grand Maître d'Artillerie.
Louis Auguste de Bourbon, P.ce d'Ombes
Supprimée en Octobre 1755.

Bernard Direxit

Blason ou Art Héraldique.

Pl. 18.

Fig. 1.ᵉʳ

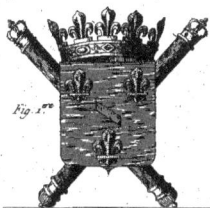

Grand Maître de France.
1740. M. le Prince de Condé.
1771. M. le Duc de Bourbon, en survivance.

Fig. 2.

Grand Chambellan.
1771. M. le Duc de Bouillon.

Fig. 3.

Grand Écuyer de France.
1761. M. le Prince de Lambesc.
1767. M. le Prince de Vaudemont, en survivance.

Fig. 4.

Grand Bouteiller - Échanson.
André de Gironde. Cette charge est supprimée.

Fig. 5.

Grand Pannetier.
1782. M. le Duc de Brissac.

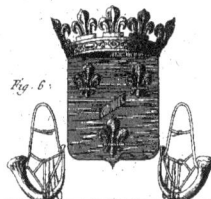

Fig. 6.

Grand Veneur.
1737. M. le Duc de Penthièvre.

Fig. 7.

Grand Fauconnier.
1780. M. le Comte de Vaudreuil.

Fig. 8.

Grand Louvetier.
1780. M. le Comte d'Haussonville.

Fig. 9.

Grand Maréchal des Logis.
1771. M. le Marquis de la Suze.

Fig. 10.

Grand Prévôt.
1786. M. le Marquis de Sourches.

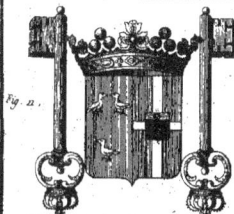

Fig. 11.

Capitaine Colonel des Gardes de la Porte du Roi.
1783. M. le Vicomte de Vergennes.

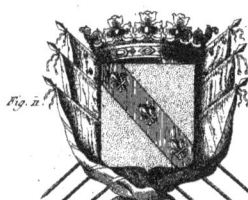

Fig. 12.

Colonel Général des Gardes Françoises.
1788. M. le Duc du Chatelet.

Blason ou Art Héraldique

Benard Direxit.

18

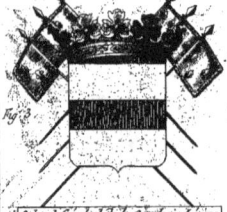

Pl. 1

Fig. 1.ᵉʳ

Colonel Général des Suisses et Grisons.
Monseigneur le Comte d'Artois.

Fig. 2.

Colonel Général d'Infanterie Françoise
et Etrangère, M. le Prince de Condé,
Lieutenant Général des Armées du Roi.

Fig. 3.

Colonel Général de la Cavalerie Légère.
M. le Marquis de Béthune,
Lieutenant Général des Armées du Roi.

Fig. 4.

Colonel Général des Hussards.
M. le Duc d'Orléans,
Lieutenant Général des Armées du Roi.

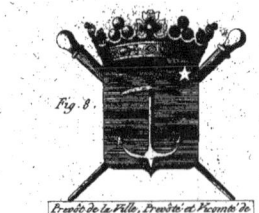

Fig. 5.

Colonel Général des Dragons.
M. le Duc de Lorges,
Maréchal de Camp des Armées du Roi.

Fig. 6.

Premier Président
du Parlement de Paris,
Louis François de Paule le Fevre d'Ormesson.

Fig. 7.

Président du Parlement de Paris,
Jean-Baptiste Gaspar Bochard de Saron.

Fig. 8.

Prévôt de la Ville, Prévôté et Vicomté de
Paris, Anne-Gabriel-Henri-Bernard,
Marquis de Boulainvillier.

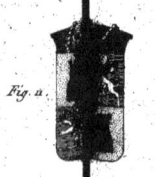

Fig. 9.

Marquis.
Louis Philogène Brulart, Marquis de Puysieulx.

Fig. 10.

Comte.
François Bulkeley, Comte de Bulkeley.

Fig. 11.

Baron.
de Vauban.

Fig. 12.

Vidame.
Marie Joseph d'Albert d'Ailly, Vidame d'Amiens.

Fig. 13.

Vicomte.
Armand-César-Louis, Vicomte de Choiseul.

Blason ou Art héraldique.

Benard Direx.

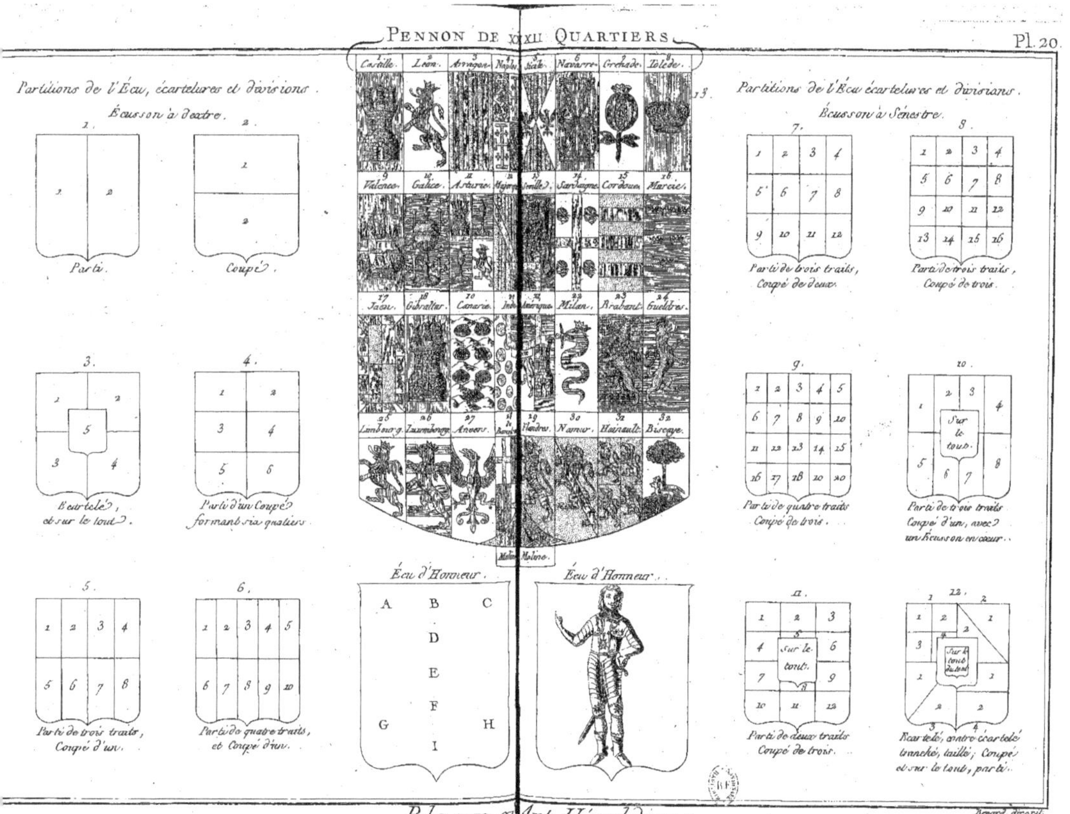

Pl. 20.

Partitions de l'Écu, écartelures et divisions.

Écusson à dextre.

| Castille. | Léon. | Arragon | Naples | Siba | Navarre. | Grenade | Tolède. |

| Valence. | Galice. | Asturie | Majorq. | Seville. | Sardaigne | Cordoue | Murcie. |

| Jaen | Gibraltar | Canarie | Indes orient. | Milan | Brabant | Gueldres |

| Limbourg | Luxembourg | Anvers | Flandre | Namur | Hainault | Biscaye. |

1.

2 | 1

Parti.

2.

1
—
2

Coupé.

3.

1 | 2
5
3 | 4

Écartelé, et sur le tout.

4.

1 | 2
3 | 4
5 | 6

Parti d'un Coupé formant six quatiers.

5.

1 | 2 | 3 | 4
5 | 6 | 7 | 8

Parti de trois traits, Coupé d'un.

6.

1 | 2 | 3 | 4 | 5
6 | 7 | 8 | 9 | 10

Parti de quatre traits, et Coupé d'un.

Partitions de l'Écu écartelures et divisions.

Écusson à Sénestre.

7.

1 | 2 | 3 | 4
5 | 6 | 7 | 8
9 | 10 | 11 | 12

Parti de trois traits, Coupé de deux.

8.

1 | 2 | 3 | 4
5 | 6 | 7 | 8
9 | 10 | 11 | 12
13 | 14 | 15 | 16

Parti de trois traits, Coupé de trois.

9.

1 | 2 | 3 | 4 | 5
6 | 7 | 8 | 9 | 10
11 | 12 | 13 | 14 | 15
16 | 17 | 18 | 19 | 20

Parti de quatre traits Coupé de trois.

10.

1 | 2 | 3 | 4
Sur le tout.
5 | 6 | 7 | 8

Parti de trois traits Coupé d'un, avec un Écusson en coeur.

11.

1 | 2 | 3
4 | Sur le tout. | 6
7 | 8 | 9
10 | 11 | 12

Parti de deux traits Coupé de trois.

12.

Sur le tout du tout.

Écartelé, quatre écartelé tranché, taillé, Coupé et sur le tout, parti.

Écu d'Honneur.

A | B | C
D
E
F
G | H
I

Écu d'Honneur.

Blason ou Art Héraldique.

Benard direxit.

20.

LES TRISAYEULS ET TRISAYEULES PATERNELS. LES TRISAYEULS ET TRISAYEULES MATERNELS.

XVI · XVII · XVIII · XIX · XX · XXI · XXII · XXIII · XXIV · XXV · XXVI · XXVII · XXVIII · XXIX · XXX · XXXI

| LOUIS DE FRANCE Duc de Bourgogne, pere du Dauphin, né à Versailles le 6 aoust 1682, mort le 18 Février 1712. | MARIE ADELAIDE DE SAVOIE, née le 6 Décembre 1685 morte le 12 Février 1712. | STANISLAS I. Roi de Pologne, Duc de Lorraine et de Bar, né le 20 Avril 1677, mort le 23 Février 1766. | CATHERINE née Comtesse de Bnin-Opalinska, le 8 de Novembre 1680 morte le 19 Mars 1747. | FREDERIC AUGUSTE I. Electeur de Saxe, Roi de Pologne né le 12 May 1670 mort le 1 Février 1733. | CHRISTINE EBERHARDINE DE BRANDEBOURG BAIREUTH née le 1 Décembre 1671 morte le 1 Septembre 1727. | JOSEPH, né à Vienne le Juillet 1678 Roi de Hongrie en 1687, Empereur en 1705 mort le 17 Avril 1711. | GUILLELMINE AMELIE DE BRUNSWICK née le 21 Avril 1673 mariée à l'Empereur Joseph le 24 Février 1699. | CHARLES LEOPOLD JOSEPH GONTHIER Duc de Lorraine et de Bar né à Vienne le 1659 mort à Belle le 1690 | ELEONORE MARIE JOSEPHE D'AUTRICHE née le 31 May 1653 morte le 17 Décembre 1697. | PHILIPPE Duc d'Orléans le frere unique du Roi Louis XIV né à S. Germain le 21 Septembre 1640 mort à S. Cloud le 1701 | ELIZABETH CHARLOTTE DE BAVIERE née le 27 May 1652 morte le 8 Décembre 1722. | LEOPOLD, né à Vienne le 11 Juin 1679 Duc de Lorraine et de Bar mort à Luneville le 1 May 1729. | ELEONORE MADELEINE DE NEUBOURG, Princesse Palatine née le 6 Janvier 1655 morte le 19 | LOUIS RODOLPHE Duc de Brunswick né le 22 Juillet 1671 mort le 1735. | CHRISTINE LOUISE D'OTTINGEN, née le 1 Mars 1671. |

LOUIS DE FRANCE Duc de Bourgogne... | 4" QUARTIERS. BISAYEULS ET BISAYEULES PATERNELS. | 4" QUARTIERS. BISAYEULS ET BISAYEULES MATERNELS.

VIII · IX · X · XI · XII · XIII · XIV · XV

| LOUIS XV, Roi de France et de Navarre, né le 1710 mort le 1774, marié en 1725 | MARIE CATHERINE SOPHIE FELICITE LECZINSKA, né le 23 Juin 1703 morte le 24 Juin 1768 | FREDERIC AUGUSTE II. Roi de Pologne, Electeur de Saxe, né le 1696 marié 1719 mourut 1763 | MARIE JOSEPHINE, Archiduchesse d'Autriche, née le 8 Décembre 1699 | LEOPOLD JOSEPH CHARLES Duc de Lorraine et de Bar, né le 1679 Duc de Lorraine le 1696 mort le 1729 | ELIZABETH CHARLOTTE D'ORLEANS née à S. Cloud le 13 7bre 1676 mariée au Duc de Lorraine 1698 | CHARLES VI, né le 1 Octob. 1685 Empereur en 1711. Roi de Hongrie en 1712 et de Boheme en 1711. | ELIZABETH CHRISTINE DE BRUNSWICK BLANCKENBOURG née le 28 Aoust 1691 Imperatrice Reine de Hongrie et de Boheme en 1711 morte en 1750. |

2" QUARTIERS. AYEUL ET AYEULE PATERNELS. | 2" QUARTIERS. AYEUL ET AYEULE MATERNELS.

IV · V · VI · VII

| LOUIS DAUPHIN, né à Versailles le 4 7bre 1729 marié en France à Marie Therese Infante d'Espagne le 23 Février 1745 | MARIE JOSEPHE DE SAXE Dauphine, (2° Epouse) née à Dresde le 4 Novembre 1731, morte le 13 Mars 1767. | FRANÇOIS I. Duc de Lorraine, né le 8 Décembre 1708 Grand Duc de Toscane puis Empereur en 1745 mort le 18 Aoust 1765. | MARIE THERESE WALPURGE AMELIE CHRISTINE, Imperatrice née le 13 May 1717 Reine de Hongrie et de Boheme en 1740 morte en 1780. |

PERE. | MERE.

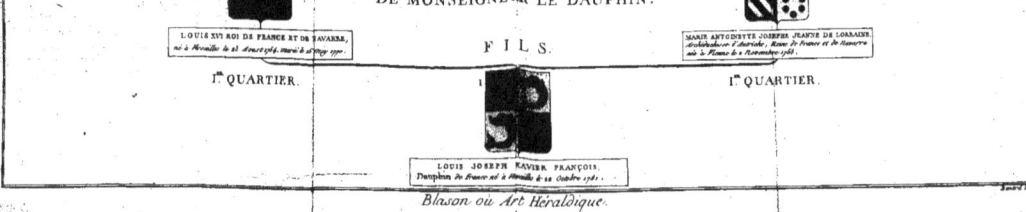

CÔTÉ PATERNEL. | LES XXXII QUARTIERS PATERNELS ET MATERNELS, DE MONSEIGNEUR LE DAUPHIN. | CÔTÉ MATERNEL.

I. QUARTIER. | FILS. | I. QUARTIER.

| LOUIS XVI ROI DE FRANCE ET DE NAVARRE, né à Versailles le 23 Aoust 1754, marié le 16 May 1770. | MARIE ANTOINETTE JOSEPHE JEANNE DE LORRAINE, Archiduchesse d'Autriche, Reine de France et de Navarre née à Vienne le 2 Novembre 1755. |

LOUIS JOSEPH XAVIER FRANÇOIS, Dauphin de France né à Versailles le 22 Octobre 1781.

Blason ou Art Héraldique.

Pl. 22.

Grimaldi de Monaco.

Supports de deux Moines de St Augustin.

De St Georges de Vérac.

Supports de Sirènes.

D'Escoubleau de Sourdis.

Supports de Levrette.

Gélas de Lautrec.

Supports d'Ours muselés accollés.

Mancini Mazarin.

Supports d'Hermine, Colletés et manteleés.

Molun.

Supports de Griffons.

Cossé de Brissac.

Supports d'Aigles couronnés.

Albret.

Supports de Lions casqués supportent chacun 1 Aigle.

De Grave.

Supports de Paons à têtes humaines.

De Bassompierre.

Supports de Cignes.

De Lamoignon.

Supports de cerfs ailés.

Quatrebarbes.

Supports de Tigres.

Blason ou l'Héraldique.

Ronard direxit.

22.

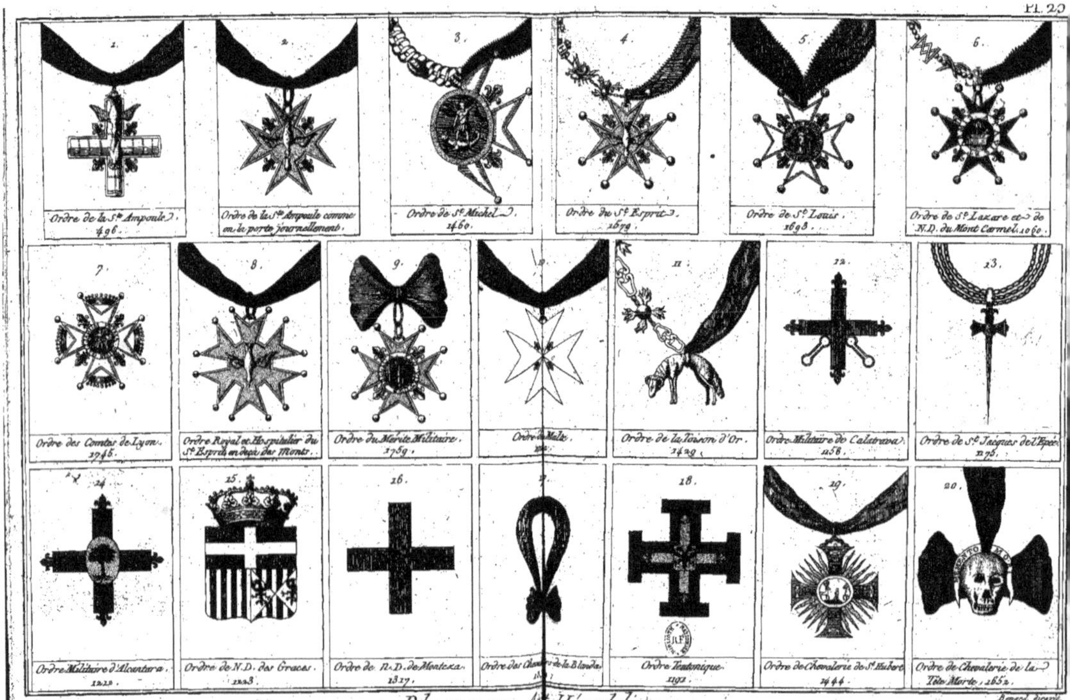

Pl. 20

1.	2.	3.	4.	5.	6.
Ordre de la St Ampoule. 496.	Ordre de la St Ampoule comme on le porte journellement.	Ordre de St Michel. 1460.	Ordre du St Esprit. 1579.	Ordre de St Louis. 1693.	Ordre de St Lazare et de N.D. du Mont Carmel. 1080.

7.	8.	9.	10.	11.	12.	13.
Ordre des Comtes de Lyon. 1745.	Ordre Royal et Hospitalier du St Esprit en deça des Monts.	Ordre du Mérite Militaire. 1759.	Ordre de Malte.	Ordre de la Toison d'Or. 1429.	Ordre Militaire de Calatrava. 1158.	Ordre de St Jacques de l'Epée. 1175.

14.	15.	16.	17.	18.	19.	20.
Ordre Militaire d'Alcantara. 1213.	Ordre de N.D. des Graces. 1223.	Ordre de N.D. de Montesa. 1317.	Ordre des Chevaliers de la Bande.	Ordre Teutonique. 1191.	Ordre de Chevalerie de St Hubert. 1444.	Ordre de Chevalerie de la Tête Morte. 1652.

Blason ou Art Héraldique.

Benard Direxit.

22. Ordre de Chevalerie de la Concorde. 1680.

23. Ordre de Chevalerie des Dames Esclaves de la Vertu. 1662.

24. Ordre de Chevalerie des Dames Réunies pour honorer la Croix. 1668.

25. Ordre de Chevalerie de la Générosité. 1685.

26. Ordre de Chevalerie de la Noble Passion. 1704.

27. Ordre de Chevalerie de l'Amour du Prochain. 1708.

28. Ordre de St Georges défenseur de l'Immaculée Conception de la Vierge.

29. Ordre du St Sépulcre. 1103.

30. Ordre des Dames de la Croix étoilée. 1767.

31. Ordre de N. de Lorette.

32. Ordre du Lis. 1545.

33. Ordre Militaire de l'Étoile. 1198.

34. Ordre de St Jean et de St Thomas. 1054.

35. Ordre Militaire du Christ. 1319.

36. Ordre de la Jarretière. 1347.

37. Ordre du Bain. 1399.

38. Ordre de N. du Chardon de la Rue. 1452.

39. Ordre Militaire de Danneброg. 1219.

40. Ordre de Chevalerie de l'Éléphant. 1448.

Ordre de la Fidélité. 1732.

Blason ou Héraldique.

Benard Direxit.

24.

41.	42.	43.	44.	45.	46.
Ordre des Chérubins et des Séraphins. 1334.	Ordre d'Amaranthe 1653.	Ordre de Chevalerie de St. André en Russie. 1699.	Ordre de Chevalerie de Ste. Catherine. 1725.	Ordre de Chevalerie dé l'Aigle Noir. 1701.	Ordre de Chevalerie de l'Aigle Blanc. 1705.
47.	48.	49.	50.	51.	52.	53.
Ordre de St. Etienne 1561.	Ordre Militaire de l'Annonciade. 1362.	Ordre de St. Maurice et de St. Lazare. 1570.	Ordre de N. Dame de Gloire. 1233.	Ordre Militaire du Précieux Sang. 1608.	Ordre Militaire de St. George.	Ordre de Chevalerie de St. Marc à Venise.
54.	55.	56.	57.	58.	59.	60.
Ordre de St. Georges à Gènes.	Ordre de St. Janvier 1738.	Ordre de Liberté dit du des Nevre Portes-Glaives. 1203.	Ordre de Cavalière 1558.	Ordre de St. Blaise.	Ordre de St. Antoine dont les Chevaliers font Ecclesiastiques	Ordre de Ste. Catherine du Mont Sinai.

Blason où Art Héraldique.

Bernard Direxit

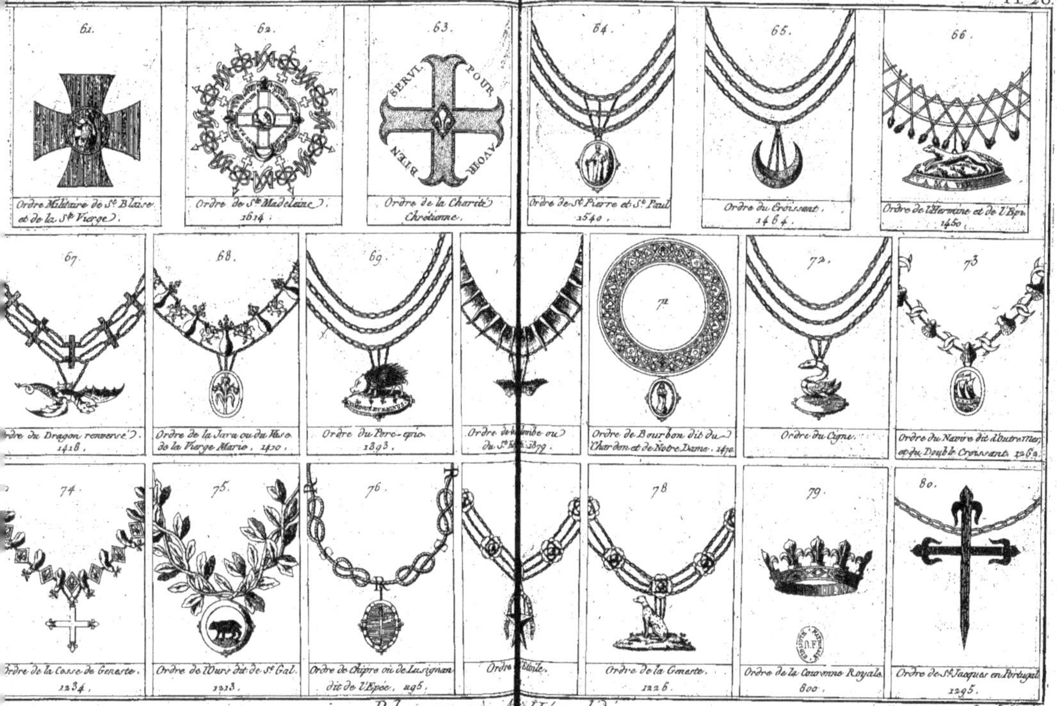

Pl. 26.

61.

Ordre Militaire de St Blaise
et de la Ste Vierge.

62.

Ordre de Ste Madeleine.
1614.

63.

SERVI — POUR — BIEN — AVOIR

Ordre de la Charité
Chrétienne.

64.

Ordre de St Pierre et St Paul.
1540.

65.

Ordre du Croissant.
1464.

66.

Ordre de l'Hermine et de l'Epi.
1450.

67.

Ordre du Dragon renversé.
1418.

68.

Ordre de la Jure ou du Nœud
de la Vierge Marie. 1410.

69.

Ordre du Porc-epic.
1393.

Ordre de la Colombe ou
du St Esprit 1379.

72.

Ordre de Bourbon dit du
Chardon et de Notre-Dame. 1370.

72.

Ordre du Cigne.

73.

Ordre du Navire dit Illustrissime,
ou du Double Croissant. 1368.

74.

Ordre de la Cosse de Genôte.
1234.

75.

Ordre de l'Ours dit de St Gal.
1213.

76.

Ordre de Chipre ou de Lusignan
dit de l'Epée. 1195.

Ordre Etoilé.

78.

Ordre de la Genôte.
1126.

79.

Ordre de la Couronne Royale.
800.

80.

Ordre de St Jacques en Portugal.
1295.

Blason ou Art Héraldique.

Benard direxit.

26

Pl. 27.

81.

Ordre Militaire des Chevaliers
de l'Epée. 1623.

82.

Ordre de St Jean de Latran.
1560.

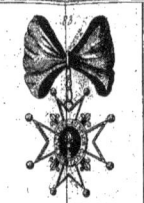

83.

Ordre du Chapitre d'Alix.

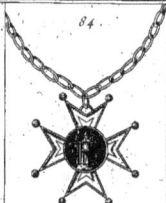

84.

Ordre de St Rupert.
1701.

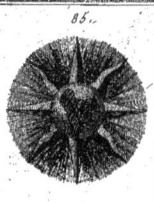

85.

Ordre de l'Aîle de St Michel.
1171.

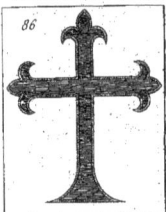

86.

Ordre de St Antoine en Ethiopie.

87.

Ordre de la Chausse, ou
de la Calza. 1507.

88.

Ordre du Croissant.
1468.

Chevaliers
Grands
Croix de
St Louis.

Chevaliers de
Notre Dame
du Mont Carmel
de Saint Lazare.

Chevaliers
de St Jean
de Jerusalem
dit de Malte.

Grands — Croix — de — différents — Ordres.

Manière de poser les Lambrequins pour Chevaliers créés par Lettres, pour Nobles et Gentilshommes, pour Annoblis et pour Veuves.

Chevaliers créés
par Lettres.

Nobles et
Gentilshommes.

Annoblis.

Veuves.

Blason ou Art Héraldique.

Benard Direxit.

Proportions Géometriques des Pieces où Figures Héraldiques.

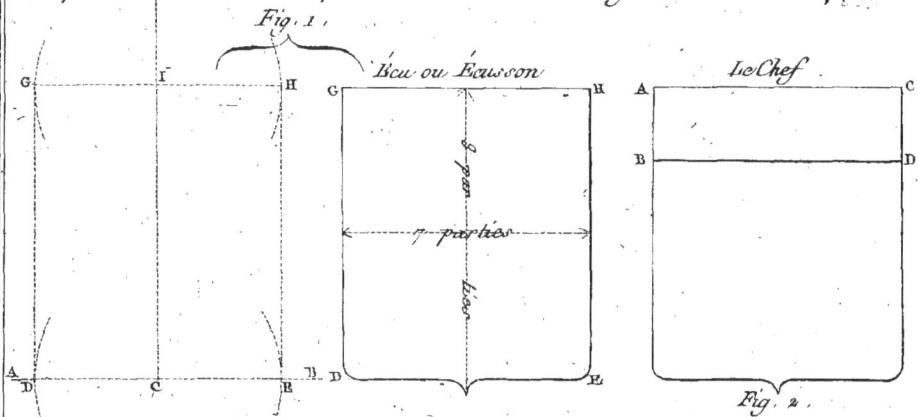

Fig. 1.

Écu ou Écusson

Le Chef.

Fig. 2.

Pieces Honorables. Il y en a sept.

La Face

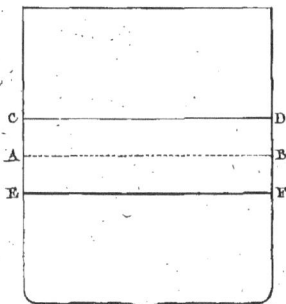

Fig. 3.

Le Pal

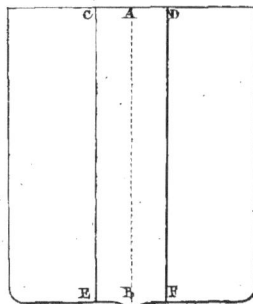

Fig. 4.

La Croix

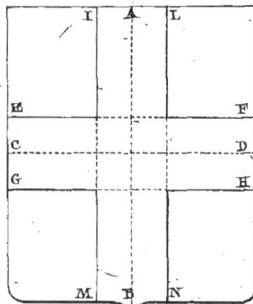

Fig. 5.

La Bande

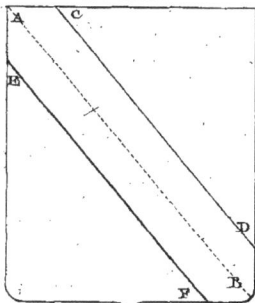

Fig. 6.

Le Chevron

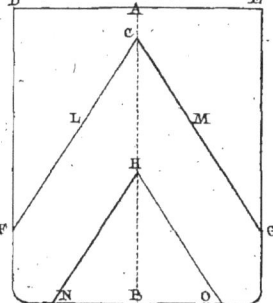

Fig. 7.

Le Sautoir

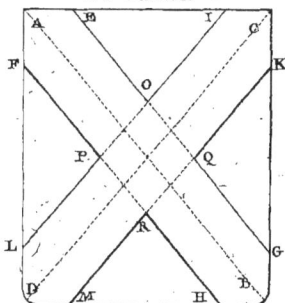

Fig. 8.

Echelle de ... Parties

Benard Direxit.

Blason où Art Héraldique.

28.

Pieces Honorables en nombre.

Chef sous un autre Chef.
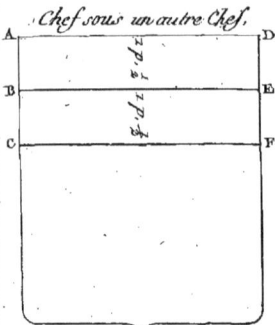

Fig. 9.

deux Fasces.
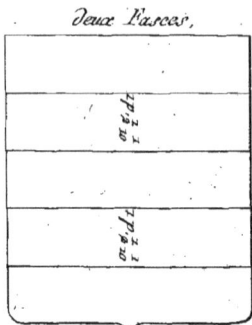

Fig. 10.

trois Fasces.
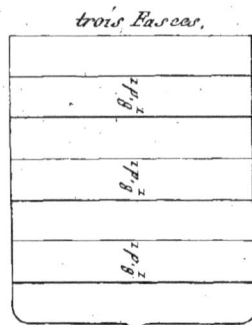

Fig. 11.

deux Pals.
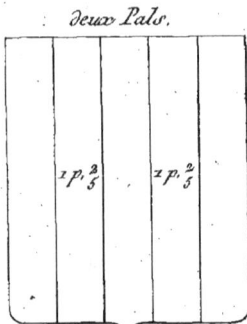

Fig. 12.

trois Pals.
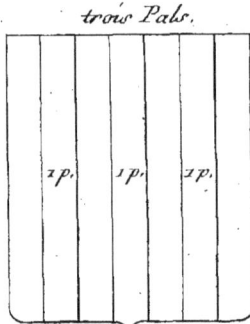

Fig. 13.

deux Bandes.
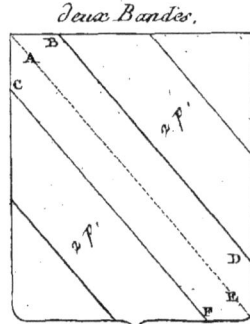

Fig. 14.

trois Bandes.
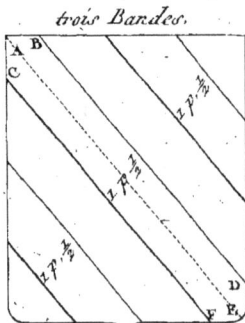

Fig. 15.

deux Chevrons.
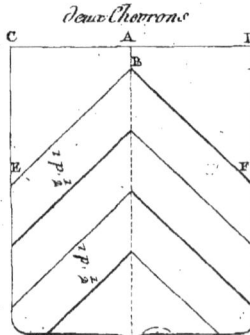

Fig. 16.

trois Chevrons.
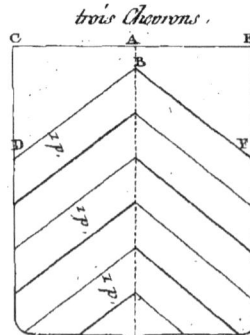

Fig. 17.

Les Croix et les Sautoirs ne se trouvent point en nombre comme Pieces Honorables.

Echelle de Parties.

Blason où Art Héraldique.

Repartitions où Divisions de l'Écu.

Fascé

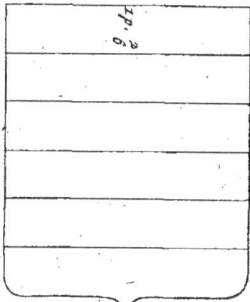

Fig. 18.

Fascé de 8 pieces

Fig. 19.

Palé

Fig. 20.

Palé de 8 pieces.

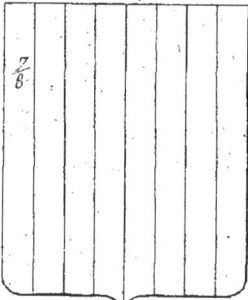

Fig. 21.

Bandé

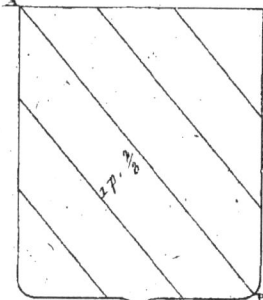

Fig. 22.

Bandé de 8 pieces

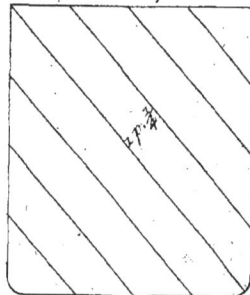

Fig. 23.

Chevronné

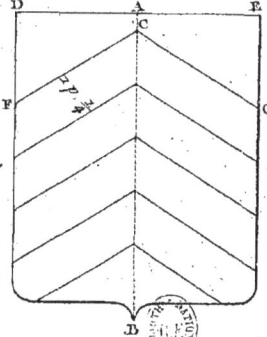

Fig. 24.

Echelle de | | | | | | | | | | Parties
$\frac{1}{4}$ $\frac{1}{2}$ 1   2   3   4   5   6   7   8.

Blason où Art Héraldique.

29.

Pl. 31.

Divises, Bureles, Tranches, Vergettes et Cotices.

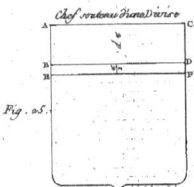

Chef soutenu d'une Divise.

Fig. 25.

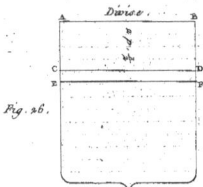

Divise.

Fig. 26.

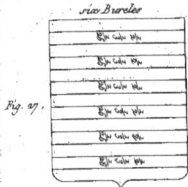

six Bureles

Fig. 27.

Huit Bureles

Fig. 28.

Cinq Tranglee.

Fig. 29.

Sept Tranglee.

Fig. 30.

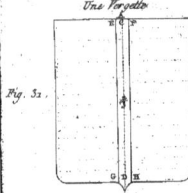

Une Vergette

Fig. 31.

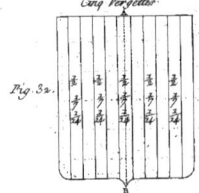

Cinq Vergettes.

Fig. 32.

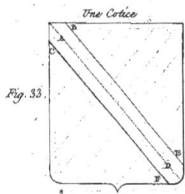

Une Cotice.

Fig. 33.

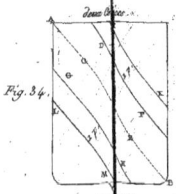

deux Cotices.

Fig. 34.

Echelle   Parties

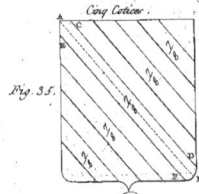

Cinq Cotices.

Fig. 35.

Blason ou Art Héraldique.

Benard direxit.

Pl. 32.

Répartitions ou différentes Divisions et diverses Pieces.

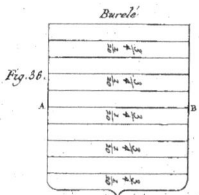

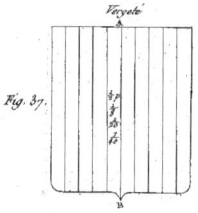

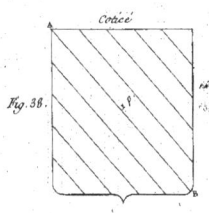

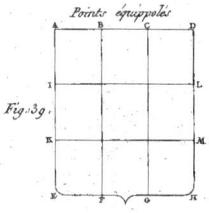

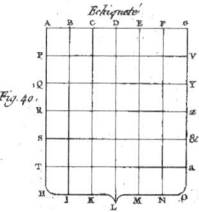

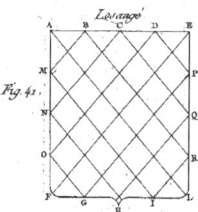

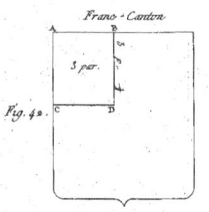

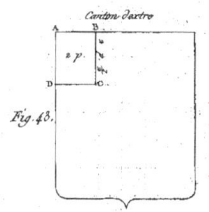

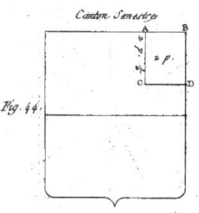

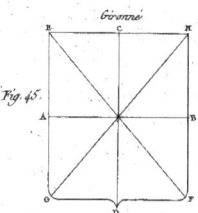

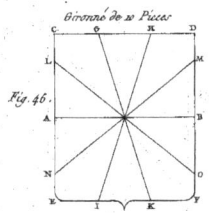

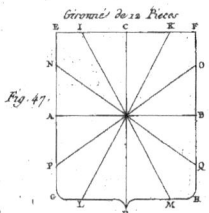

Burelé
Fig. 36.

Vergeté
Fig. 37.

Coticé
Fig. 38.

Points équipolés
Fig. 39.

Echiqueté
Fig. 40.

Losangé
Fig. 41.

Franc-Canton
Fig. 42.

Canton dextre
Fig. 43.

Canton Senestre
Fig. 44.

Gironné
Fig. 45.

Gironné de 10 Pieces
Fig. 46.

Gironné de 12 Pieces
Fig. 47.

Parties.

Benard Direxit

Blason ou Art Héraldique.

31

Pl. 33.

Autres Répartitions.

Sur-le-tout.

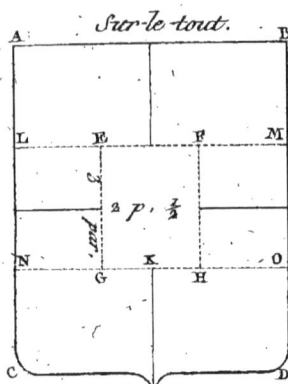

Fig. 48.

Sur-le-tout.

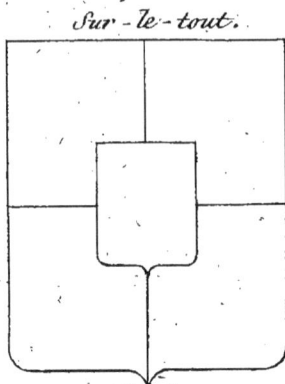

Fig. 49.

Sur-le-tout-du-tout.

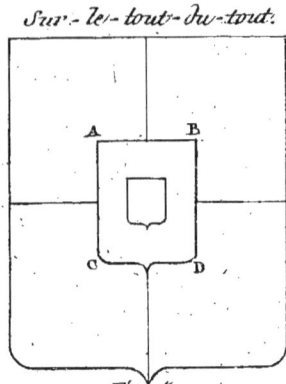

Fig. 50.

Brisures pour distinguer les Branches.

Lambel.

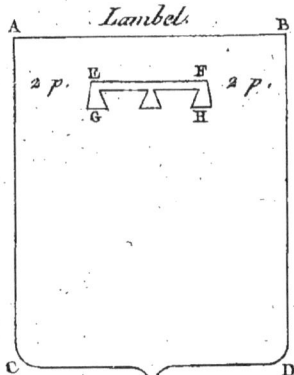

Fig. 51.

Bâton péri en bande.

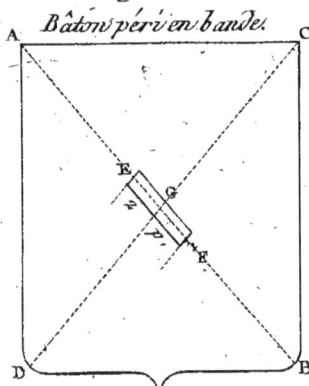

Fig. 52.

Bordure.

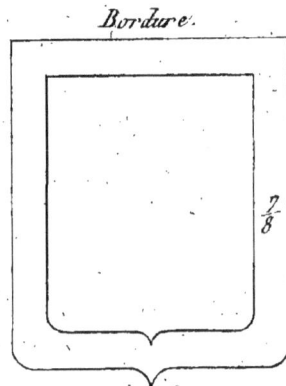

Fig. 53.

Bâton péri en barre.

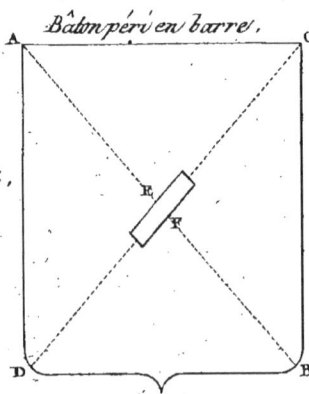

Fig. 54.

Echelle.

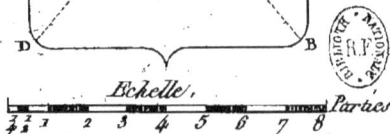

Parties

Benard Direxit

Blason ou Art Héraldique.

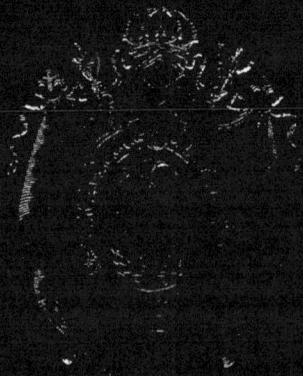

www.ingramcontent.com/pod-product-compliance
Lightning Source LLC
Chambersburg PA
CBHW061015280326
41935CB00009B/978